Aufrechnung und internationale Zuständigkeit unter besonderer Berücksichtigung des deutsch-spanischen Rechtsverkehrs

Studien zum vergleichenden und internationalen Recht -
Comparative and International Law Studies

Herausgeber: Bernd von Hoffmann, Erik Jayme
und Heinz-Peter Mansel

Band 103

PETER LANG
Frankfurt am Main · Berlin · Bern · Bruxelles · New York · Oxford · Wien

Thomas Badelt

Aufrechnung und internationale Zuständigkeit unter besonderer Berücksichtigung des deutsch-spanischen Rechtsverkehrs

PETER LANG
Europäischer Verlag der Wissenschaften

Bibliografische Information Der Deutschen Bibliothek
Die Deutsche Bibliothek verzeichnet diese Publikation in der Deutschen Nationalbibliografie; detaillierte bibliografische Daten sind im Internet über <http://dnb.ddb.de> abrufbar.

Zugl.: Heidelberg, Univ., Diss., 2004

D 16
ISSN 0930-4746
ISBN 3-631-52896-5

www.peterlang.de

VORWORT

Die vorliegende Arbeit wurde im Wintersemester 2003/2004 von der Juristischen Fakultät der Ruprecht-Karls-Universität zu Heidelberg als Dissertation angenommen. Das Manuskript war grundsätzlich bei Einreichung der Arbeit im August 2001 geschlossen worden. Der anschließenden Entwicklung der Rechtsprechung des Bundesgerichtshofs ist gleichwohl Rechnung getragen worden, die durch das Schuldrechtsmodernisierungsgesetz, das Zivilprozessreformgesetz sowie die Einführung des Euro bedingten Änderungen haben Berücksichtigung gefunden. Vereinzelt konnte aktuelle Literatur - inbesondere neue Auflagen der einschlägigen Kommentarliteratur - eingearbeitet werden.

Mein Dank gilt in erster Linie meinem verehrten Doktorvater, Herrn Professor Dr. Dr. h.c. mult. Erik Jayme, der mir die Anregung zum Thema dieser Arbeit gegeben und ihr Entstehen stets wohlwollend mit wertvollen Ratschlägen begleitet hat. Herrn Prof. Dr. Thomas Pfeiffer danke ich für die Erstellung des Zweitgutachtens. Für die Aufnahme in die vorliegende Schriftenreihe danke ich den Herausgebern Prof. Dr. Dr. h.c. mult. Erik Jayme, Prof. Dr. Heinz-Peter Mansel und Prof. Dr. Bernd von Hoffmann.

Weiter danke ich Herrn Prof. Dr. Christian Kohler für die Ermöglichung meiner Recherchen am Europäischen Gerichtshof in Luxemburg und die freundliche Unterstützung, die er mir, zusammen mit Herrn Kuerten, dabei zuteil werden ließ.

Besondere Dankbarkeit empfinde ich für die überwältigende Freundlichkeit und Hilfsbereitschaft, die mir während meiner Forschungsaufenthalte an der Universität von Santiago de Compostela entgegengebracht wurde; in diesem Zusammenhang gilt mein Dank vor allem Prof. Dr. Santiago Álvarez González, daneben aber auch Dr. Hilda Aguilar Grieder, Dr. Laura Carballo Piñeiro, Dr. Marta Carballo Fidalgo und ganz besonders Dr. Miguel-Ángel Michinel Álvarez von der Universität Vigo (Campus Ourense). Für die finanzielle Förderung dieser Forschungen in Form eines Stipendiums danke ich der Robert E. Schmidt-Stiftung in Heidelberg.

Schließlich möchte ich mich ganz herzlich bei meiner Familie - besonders bei meiner Mutter und meiner Frau Ana - bedanken, die durch ihre Unterstützung und Geduld wesentlich zum Gelingen dieser Arbeit beigetragen hat.

Heidelberg im September 2004

Für Ana

INHALTSÜBERSICHT

INHALTSVERZEICHNIS

ABKÜRZUNGSVERZEICHNIS

ABGB	Österreichisches Allgemeines Bürgerliches Gesetzbuch vom 1.6.1811
ABl.EG	Amtsblatt der Europäischen Gemeinschaften
AcP	Archiv für die civilistische Praxis
ADC	Annuario de Derecho civil
a.F.	alte Fassung
AP	Audiencia Provincial
AT	Audiencia Territorial
AWD	Außenwirtschaftsdienst des Betriebs-Beraters
BB	Betriebs-Berater
BGBl.	Bundesgesetzblatt
BGE	Entscheidungen des Schweizerischen Bundesgerichts
BOE	Boletín Oficial del Estado
BT-Drs.	Bundestags-Drucksache
CA	Court of Appeal of England and Wales
Cass.	Suprema Corte di Cassazione
CC	Código Civil
CCJC	Cuadernos Civitas de Jurisprudencia Civil
CE	Constitución Española
CISG	Wiener UN-Übereinkommen über Verträge über den internationalen Warenkauf vom 11. April 1980, BGBl. 1989 II, S. 588
Col. Leg.	Colección Legislativa de España - Jurisprudencia Civil
CPC	Codice di procedura civile
DB	Der Betrieb
DNotZ	Deutsche Notar-Zeitschrift
DZWiR	Deutsche Zeitschrift für Wirtschaftsrecht
EGMR	Europäischer Gerichtshof für Menschenrechte
EG-Vertr.	Vertrag zur Gründung der Europäischen Gemeinschaft vom 7.2.1992, BGBl. II, 1253, 1256 in der Fassung vom 2.10.1997, BGBl. 1998 II, 387

EMRK	Europäische Menschenrechtskonvention
EuGVÜ	Brüsseler EWG-Übereinkommen vom 27.09.1968 über die gerichtliche Zuständigkeit und die Vollstreckung gerichtlicher Entscheidungen in Zivil- und Handelssachen, BGBl. 1972 II, 774, im Verhältnis zu Spanien seit 1.4.1999 in Kraft in der Fassung des 4. Beitrittsübereinkommens vom 29.11.1996, BGBl. 1999 II, 697
EuGVVO	Verordnung (EG) Nr. 44/2001 des Rates vom 22. Dezember 2000 über die gerichtliche Zuständigkeit und die Anerkennung und Vollstreckung von Entscheidungen in Zivil- und Handelssachen, ABl.EG 2001 Nr. L 12 v. 16.1.2001, S. 1 (ist gemäß ihren Art. 66, 68 u. 76 am 1.3.2002 an die Stelle des EuGVÜ getreten)
EuÜ	Europäische Übereinkommen über die internationale Handelsschiedsgerichtsbarkeit vom 21.04.1961, BGBl. 1964 II, 426
EuZW	Europäische Zeitschrift für Wirtschaftsrecht
EVÜ	Römisches EWG-Übereinkommen vom 19.07.1980 über das auf vertragliche Schuldverhältnisse anzuwendende Recht, BGBl. 1986 II, 810 (s. auch BGBl. 1991 II, 871)
EWiR	Entscheidungen zum Wirtschaftsrecht
EWS	Europäisches Wirtschafts- und Steuerrecht
F.	Fall
FamRZ	Zeitschrift für das gesamte Familienrecht; Ehe und Familie im privaten und öffentlichen Recht
Fn.	Fußnote
Foro It.	Foro Italiano
FS	Festschrift
Giust. Civ.	Giustizia civile
GS	Gedächtnisschrift
h.L.	herrschende Lehre
h.M.	herrschende Meinung
HL	House of Lords
HRR	Höchtsrichterliche Rechtsprechung
IPRax	Praxis des Internationalen Privat- und Verfahrensrechts

IPRspr.	Die deutsche Rechtsprechung auf dem Gebiet des Internationalen Privatrechts
JbIntR	Jahrbuch für internationales Recht
JbItalR	Jahrbuch für italienisches Recht
JDI	Journal du droit international (= Clunet)
JW	Juristische Wochenschrift
JZ	Juristenzeitung
LEC	Ley de enjuiciamiento civil (Ley 7/2000 v. 7. Januar, BOE Nr. 7, 08.01.2000), in Kraft getreten am 08.01.2001 (s. die "Disposición final vigésimaprimera" des Gesetzes)
LEC-1881	alte Ley de enjuiciamiento civil vom 03.02.1881
LGDCU	Ley General para la Defensa de los Consumidores y Usuarios (Ley 26/1984 v. 19. Juli, B.O.E. Nr. 176, 24.7.1984)
LJCA	Ley de la Jurisdicción Contencioso-Administrativa (Ley 29/1998 v. 13. Juli, B.O.E 14.07.1998)
LM	Lindenmaier-Möhring, Nachschlagewerk des Bundesgerichtshofs, hrsg. von Lindenmaier, Möhring u.a. (Loseblattsammlung)
LOPJ	Ley Orgánica del Poder Judicial (Ley Orgánica 6/1985, v. 1. Juli, B.O.E. Nr. 157, 2.7.1985, s. auch B.O.E. 4.11.1985)
LPL	Ley de Procedimiento Laboral (Real Decreto Legislativo 2/1995, v. 7. April, B.O.E. Nr. 86, 11.04.1995)
LugÜ	Luganer Übereinkommen über die gerichtliche Zuständigkeit und die Vollstreckung gerichtlicher Entscheidungen in Zivil- und Handelssachen vom 16.9.1988, BGBl. 1994 II, 2660
m.w.N.	mit weiteren Nachweisen
Mass.	Massimario
MDR	Monatsschrift des deutschen Rechts
Mot.	Motive zum Entwurf eines Bürgerlichen Gesetzbuches
NEJ	Nueva enciclopedia jurídica Seix
NIPR	Nederlands Internationaal Privaatrecht
NJW	Neue Juristische Wochenschrift

NJW-RR	NJW-Rechtsprechungs-Report Zivilrecht
OGH	Österreichischer Oberster Gerichtshof
ÖJZ	Österreichische Juristen-Zeitung
OR	Schweizerisches Obligationenrecht vom 30.3.1911
RabelsZ	Rabels Zeitschrift für ausländisches und internationales Privatrecht
RAJ	Aranzadi, Repertorio de Jurisprudencia
RCDI	Revista crítica de Derecho inmobiliario
RCDIP	Revue critique de Droit international privé
RDP	Revista de Derecho privado
RDPr	Revista de Derecho procesal
REDI	Revista española de Derecho internacional
RGLJ	Revista general de legislación y jurisprudencia
RIW	Recht der internationalen Wirtschaft
RJC	Revista Jurídica de Cataluña
RJUAM	Revista Jurídica de Estudiantes. Universidad Autónoma de Madrid.
Rs.	Rechtssache
Rz.	Randziffer
TC	Tribunal Constitucional
TranspR	Transportrecht
TS	Tribunal Supremo
UNÜ	New Yorker UN-Übereinkommen über die Anerkennung und Vollstreckung ausländischer Schiedssprüche vom 10.06.1958, BGBl. 1961 II, 122
VersR	Versicherungsrecht
vol.	volumen
WM	Wertpapier-Mitteilungen
ZEuP	Zeitschrift für europäisches Privatrecht
ZfRV	Zeitschrift für Rechtsvergleichung
ZIP	Zeitschrift für Wirtschaftsrecht
ZZP	Zeitschrift für den Zivilprozeß

EINLEITUNG

A. Gegenstand der Betrachtungen

I. Einführung

1. Die Aufrechnung und ihre mangelnde positivrechtliche Erfassung im IPR und IZPR

Das Rechtsinstitut der Aufrechnung, dessen Wurzeln bis in das römische Recht zurück reichen,[1] ist, wenn auch in unterschiedlichen Ausformungen, fester Bestandteil aller entwickelten Rechtsordnungen.[2] Der Grund dafür liegt vor allem in seinen unbestreitbaren wirtschaftlichen Vorteilen, derer man sich auch bei den Beratungen zum BGB bewußt war.[3] Inzwischen ist die praktische Bedeutung der Aufrechnung mit der fortschreitenden Intensivierung des internationalen Wirtschafts- und Rechtsverkehrs noch erheblich angewachsen, trägt sie doch dem auf internationaler Ebene in besonderem Maße bestehenden Bedürfnis nach Vereinfachung und Beschleunigung des Zahlungsverkehrs Rechnung, indem sie wirtschaftlich wenig sinnvolle Transferleistungen mit entgegengesetzter Zahlungsrichtung überflüssig macht. Sie erspart dem Gläubiger langwierige gerichtliche Verfahren und oft nicht von Erfolg gekrönte Vollstreckungsversuche gegen zahlungsunwillige Auslandsschuldner. Im Prozeß stellt sie eines der wichtigsten Verteidigungsmittel des Beklagten dar.

Letzteres führt auch bereits auf die Crux bei der dogmatischen Erfassung und rechtlichen Behandlung der Aufrechnung hin: "Le véritable noeud gordien est celui qui rattache la compensation de droit matériel à la procédure destinée à la mettre en oeuvre."[4] Verteidigt sich ein Beklagter, indem er geltend macht, er schulde die vom Kläger geforderte Leistung nicht, weil ihm ein entsprechender Gegenanspruch zustehe, der die Klageforderung insgesamt oder zumindest teilweise zum Erlöschen bringe, so sind dadurch sowohl materiellrechtliche als auch verfahrensrechtliche Aspekte angesprochen. Das Rechtsinstitut der Aufrechnung bewegt sich also im Grenzbereich von materiellem Recht und Prozeßrecht.

---

[1] S. dazu näher *Martin Wolf*, 3 ff., *Gäbel*, 1 ff., *Berger*, 59 ff. u. auch *Kannengießer*, 3 ff.

[2] Siehe z.B. Art. 1289 des französischen Code Civil, Art. 1241 des italienischen Codice Civile, Art. 1195 des spanischen CC, § 1439 des österreichischen ABGB und Art. 120 des schweizerischen OR. Zu den US-amerikanischen Rechten siehe *Wild*, 86 ff. und *Gäbel*, 18 ff. u. 76 ff., zum englischen Recht siehe *Wood*, 1 ff. und *Eujen*, 20, 55, 65.

[3] Siehe dazu die Protokolle der Kommission für die zweite Lesung des Entwurfs des BGB, Bd. I, S. 363.

[4] *De Kotzebue*, 1.

Die von dieser Grenzstellung bereits im nationalen Recht aufgeworfenen Schwierigkeiten potenzieren sich noch im internationalen Rechtsverkehr. Zum einen liegt die Aufrechnung hier zusätzlich am Schnittpunkt von Internationalem Privat- und Internationalem Zivilprozeßrecht. Zum anderen ist es hier nicht damit getan, das Prozeßrecht mit *einem* nationalen materiellrechtlichen Aufrechnungsrecht abzustimmen, sondern es muß mit *allen* existierenden nationalen Aufrechnungssystemen möglichst weitgehend kompatibel sein. Und dies angesichts des Umstands, daß gerade bezüglich des Rechts der Aufrechnung die internationale Divergenz der Sachnormen besonders ausgeprägt ist.[5]

In scharfem Kontrast zu diesen komplexen Anforderungen und der zuvor beschriebenen wirtschaftlichen Relevanz der Aufrechnung steht die Tatsache, daß in den nationalen Rechtsordnungen kaum Vorschriften existieren, die ihre internationalprivat- und -zivilprozeßrechtliche Behandlung positivrechtlich regeln.[6] Auch in internationale Staatsverträge haben entsprechende Bestimmungen allenfalls fragmentarisch Eingang gefunden.[7] Vor diesem Hintergrund ergeben sich für die praktische Rechtsanwendung zahlreiche Probleme, deren sachgerechte Lösung Rechtsprechung und Lehre überlassen bleibt.

---

[5] So kann die Aufrechnung beispielsweise in den anglo-amerikanischen Rechtsordnungen nur vom Gericht herbeigeführt werden, eine außergerichtliche Aufrechnung findet hier überhaupt nicht statt, siehe z.B. *Gäbel*, 76 ff.; *Eickhoff*, 34 ff.; *Ahlt*, 16, 30; *Eujen*, 20, 55, 65; *Wood*, 1 ff. In den Rechtsordnungen wiederum, welche dem Modell der Legalkompensation folgen, ist nicht wie im deutschen Recht eine Aufrechnungserklärung erforderlich, sondern die Aufrechnung tritt kraft Gesetzes ein, siehe. dazu *Martin Wolf*, 35-48, *Eujen*, 34-47 und *Kannengießer*, 51-57 zur Aufrechnung im französischen Recht sowie *Kannengießer*, 3-51 zur Aufrechnung im italienischen Recht.

[6] Eine Ausnahme bildet beispielsweise Art. 148 Abs. 2 des schweizerischen IPRG. Im deutschen Recht werden IPR-Fragen im Zusammenhang mit der Aufrechnung lediglich von Art. 32 Abs. 1 Nr. 4 EGBGB angesprochen und das auch nur indirekt unter dem Oberbegriff des "Erlöschens der Verpflichtungen". Zudem entstammt diese Vorschrift dem in deutsches Recht inkorporierten Art. 10 Abs. 1 d des EVÜ, siehe dazu und zu dessen fragmentarischem Charakter unten, Fn. 7.

[7] Siehe etwa Art. 10 Abs. 1 d des EVÜ (inkorporiert ins deutsche Recht als Art. 32 Abs. 1 Nr. 4 EGBGB), der allerdings keine weitere Klarheit gebracht hat, da nach seinem Wortlaut immer noch das Statut der Hauptforderung, das der Gegenforderung und auch beide Statute kumulativ als Aufrechnungsstatut in Frage kommen, siehe dazu mehr unten, S. 3 f., oder Art. 4 Abs. 2 d und Art. 6 Abs. 1 der (Insolvenz-)Verordnung (EG) Nr. 1346/2000, ABl.EG Nr. L 160/1 ff. (30.6.2000), die am 31.5.2002 in Kraft getreten ist (Art. 47 InsolvenzVO), siehe zu dieser Verordnung näher *Eidenmüller*, IPRax 2001, 2. Nicht erfaßt wird die Aufrechnung beispielsweise vom CISG (grundsätzlich, siehe dazu Staudinger/*Magnus*, Art. 4 CISG Rz. 46 m.w.N. sowie *Frigge*, 97) und vom EuGVÜ (Art. 6 Nr. 3 EuGVÜ regelt nach der Rechtspr. des *EuGH* nur die Widerklage, nicht aber die Aufrechnung, siehe dazu näher unten im Zweiten Abschnitt unter D., S. 97 ff. - keine Änderung hat Art. 6 Nr. 3 der EuGVVO gebracht, die am 1.3.2002 an die Stelle des EuGVÜ getreten ist, siehe Art. 66, 68 u. 76 EuGVVO).

Was die im Zusammenhang mit der Aufrechnung auftretenden internationalprivatrechtlichen Fragen anbelangt, so können diese - jedenfalls für das deutsche Recht - als weitgehend geklärt angesehen werden, weil sich entweder befriedigende Lösungen bereits aus den bestehenden gesetzlichen Bestimmungen ableiten lassen oder sich in Rechtsprechung und Lehre übereinstimmend eine solide herrschende Meinung herausgebildet hat. Sie sollen daher in der Folge zwar kurz aufgezeigt werden - nicht zuletzt weil die dazu gefundenen Lösungen teilweise für die in der Arbeit behandelten Fragen als Ausgangspunkt dienen werden -, eine tiefere Auseinandersetzung damit muß aber unterbleiben, um nicht den Rahmen dieser Arbeit zu sprengen. Im Vordergrund soll vielmehr die Auseinandersetzung mit Fragen des Internationalen Zivilprozeßrechts, und hier speziell der internationalen Zuständigkeit (im weiteren Sinne),[8] stehen, weil diese im Gegensatz zu den internationalprivatrechtlichen Problemen bisher noch nicht befriedigend gelöst beziehungsweise noch gar nicht behandelt worden sind, wie in der Folge noch weiter auszuführen sein wird.

2. *Die Aufrechnung im Internationalen Privatrecht - Probleme und Lösungen*

Das zentrale und deshalb auch seit jeher meistbehandelte Problem der Aufrechnung im IPR ist die Ermittlung des Aufrechnungsstatuts. Für das Erlöschen von Forderungen aus vertraglichen Schuldverhältnissen fällt diese Frage jetzt unter den Regelungsbereich des dem Art. 10 Abs. 1 d EVÜ entsprechenden Art. 32 Abs. 1 Nr. 4 EGBGB. Dieser sieht das Vertragsstatut als maßgeblich vor, welches gemäß Art. 27 ff. EGBGB zu bestimmen ist. Das ist unproblematisch, solange Haupt- und Gegenforderung demselben Vertragsstatut unterstehen. Hingegen hilft die Vorschrift nicht weiter, wenn für Haupt- und Gegenforderung verschiedene Vertragsstatute maßgeblich sind.[9] Für diesen Fall verfahren die deutsche Rechtsprechung[10] und der bei weitem überwiegende Teile der Lehre[11]

---

[8] Auf den Begriff der "internationalen Zuständigkeit" im weiteren Sinne, wie er hier gebraucht wird, wird später noch näher einzugehen sein, siehe dazu unten unter 3., S. 10 f.

[9] A.A. Staudinger/*Magnus*, Art. 32 EGBGB Rz. 62: Art. 32 Abs. 1 Nr. 4 EGBGB unterstelle das Erlöschen der Verpflichtungen dem Statut des Vertrages, um dessen Wirkungsbeendigung es gehe und dies sei der Vertrag der Hauptforderung, die kraft Aufrechnung erlöschen soll. Ob man letzteres der Vorschrift entnehmen kann, ist aber äußerst fraglich - ihr Wortlaut gibt dergleichen nicht her und auch ihre Entstehungsgeschichte spricht dagegen, siehe dazu unten, S. 5 f.

[10] St. Rspr., z.B. *BGH* 22.11.1962, *BGHZ* 38, 254, 256 = NJW 1963, 243; 25.11.1993, NJW 1994, 1413, 1416; *OLG Frankfurt* 27.10.1966, NJW 1967, 501; *OLG Hamm*, 09.06.1995, NJW-RR 1996, 179; *OLG Koblenz* 03.05.1991, RIW 1992, 59, 61; 17.09.1993, RIW 1993, 937; *OLG Düsseldorf*, 10.02.1994, DB 1994, 2492.

[11] *Kropholler*, IPR, § 52 VIII 5., S. 474 f.; *Gäbel*, 32 ff., 35; *Ferid*, § 6 Rz. 115 ff.; *Kegel/Schurig*, § 18 V, S. 651 f.; Wieczorek/Schütze/*Hausmann*, Art. 6 EuGVÜ Rz. 38; Stau-

nach der bereits vor der Änderung des EGBGB 1986[12] herrschenden Meinung und sehen das Statut der Hauptforderung (= Passivforderung) als maßgeblich an.

Dabei wird in dogmatischer Hinsicht allerdings ein entscheidender Umstand übersehen oder gar bewußt ignoriert: Jedwede Lösung müßte nämlich eigentlich gemäß Art. 36 EGBGB über eine europäisch-einheitliche Auslegung des Art. 32 Abs. 1 Nr. 4 EGBGB gefunden werden. Diese Vorschrift kann nicht einfach wie "gewöhnliches" autonomes deutsches Recht ausgelegt werden, weil es sich dabei um aus dem EVÜ (siehe dessen Art. 10 Abs. 1 d) stammendes, in das EGBGB inkorporiertes europäisches Einheitsrecht handelt.[13] Der deutsche Gesetzgeber hat sich mit Art. 1 Abs. 2 des Zustimmungsgesetzes zum EVÜ vom 25.7.1986[14] dazu entschieden, den Art. 1-21 des Übereinkommens in der Bundesrepublik Deutschland keine unmittelbare Geltung einzuräumen, sondern diese statt dessen - mit gewissen redaktionellen Änderungen - in das EGBGB zu übernehmen.[15] Mit der Schaffung des Art. 36 EGBGB ist er der völkerrechtlichen Verpflichtung der Bundesrepublik Deutschland nachgekommen, die Bestimmung des Art. 18 EVÜ in deutsches Recht zu transformieren.[16] Bei der Formulierung der Vorschrift ist der deutsche Gesetzgeber noch über den in deutsches Recht umzusetzenden Art. 18 EVÜ hinausgegangen und hat eine verbindliche Rechtspflicht des deutschen Richters zur einheitlichen europäischen Auslegung normiert ("... ist zu berücksichtigen ...").[17] Zweck des Art. 36 EGBGB ist die Sicherstellung der einheitlichen, nicht ausschließlich von nationalen Einflüssen bestimmten

---

dinger/*Magnus*, Art. 32 EGBGB Rz. 61 f.; MünchKomm/*Spellenberg*, Art. 32 Rz. 50; Zöller/*Geimer*, Art. 2 EuGVVO Rz. 23; *Geimer/Schütze*, EuZVR, Art. 6 Rz. 65; Reithmann/*Martiny*, Rz. 284 u. 286; Palandt/*Heldrich*, Art. 32 EGBGB, Rz. 6; Soergel/*Kegel*, Rz. 439 vor Art. 7 EGBGB; Soergel/*v. Hoffmann*, Art. 32 EGBGB Rz. 49; Ehrmann/*Hohloch*, Art. 32 EGBGB, Rz. 13; *Kindler*, IPRax 1996, 16, 20; *Gebauer*, JbItalR 12 (1999), 31, 35 f. A.A. aus der jüngeren Lit. eigentlich nur *Kannengießer*, 117 ff., der alternativ an das jeweils aufrechnungsfreundlichere Recht anknüpfen will, *Martin Wolf*, 179 ff., 187, der das Recht der zuerst entstandenen Forderung zum Aufrechnungsstatut machen möchte und - allerdings auch bereits aus dem Jahre 1975 - *Eujen*, 123 ff. 127, der das Recht des Staates anwenden will, in dem der Aufrechnende zur Zeit der Entstehung der Aufrechnungslage seinen Wohn- bzw. Geschäftssitz hatte.

[12] Durch das IPR-Gesetz v. 25.7.1986, BGBl. I, S. 1142.

[13] Staudinger/*Reinhart*, 12. Aufl., Art. 36 EGBGB Rz. 8; *ders.*, RIW 1994, 445, 447; Staudinger/*Magnus*, Art. 36 Rz. 5, 7 f.

[14] BGBl. 1986 II, 809.

[15] Durch Art. 1 Ziff. 7 des IPR-Gesetzes v. 25.7.1986, BGBl. I, S. 1142. Diese Entscheidung des deutschen Gesetzgebers ist im In- und Ausland auf vielfältige Kritik gestoßen, siehe *Jayme*, Narrative Normen, 15 (Fn. 13) und Staudinger/*Magnus*, Vorbem. zu Art. 27-37 Rz. 29 m.w.N.

[16] *Reinhart*, RIW 1994, 445, 446 m.w.N.; *ders.* in Staudinger, 12. Aufl., Art. 36 EGBGB Rz. 1.

[17] Begründung BT-Drs. 10/504, S. 84; Staudinger/*Reinhart*, 12. Aufl., Art. 36 EGBGB Rz. 27 und 43 ff. sowie *ders.* in RIW 1994, 445, 448 f. u. 451, jeweils m.w.N.; Staudinger/*Magnus*, Art. 36 Rz. 7; *Martiny*, ZEuP 1995, 67, 71.

Auslegung der Kollisionsnormen für vertragliche Schuldverhältnisse durch die dazu berufenen Organe aller Vertragsstaaten des EVÜ[18] - ohne einheitliche Auslegung kann das Übereinkommen seine Aufgabe der Rechtsvereinheitlichung in den Vertragsstaaten nicht erfüllen; durch "eigenständig-separate Auslegung und Lückenfüllung seitens der nationalen Gerichte" droht die Gefahr einer "Re-Nationalisierung" des vereinheitlichten Rechts.[19]

Ist im konkreten Fall eine aus dem EVÜ stammende Vorschrift des EGBGB auszulegen, so muß der deutsche Richter daher neben der Anwendung der ihm vertrauten nationalen Auslegungsregeln zusätzlich eine "funktionale rechtsvergleichende Auslegung"[20] vornehmen, das heißt, er hat neben dem Wortlaut der betreffenden Norm in der Fassung des Übereinkommens in den Sprachen aller Vertragsstaaten (jeder Wortlaut ist gleichermaßen verbindlich, siehe Art. 33 EVÜ) und der Materialien zum EVÜ insbesondere auch die Ergebnisse der ausländischen Literatur und Rechtsprechung zu berücksichtigen.[21] Besonderes Gewicht ist dabei der Rechtsvereinheitlichung in der Europäischen Union beizumessen; Vorrang hat im Zweifelsfall eine Lösung, die international akzeptabel ist, der integrationsfreundliche Weg ist der nationalen Sonderlösung vorzuziehen.[22]

Dieser aufwendigen, aber zwingenden[23] einheitlichen europäischen Auslegung des Art. 32 Abs. 1 Nr. 4 EGBGB entziehen sich Rechtsprechung und fast die gesamte Literatur[24] bislang jedoch, ohne das theoretische Erfordernis einer solchen Vorgehensweise überhaupt nur anzusprechen.[25] Dabei könnte das Ergebnis einer einheitlichen europäischen Auslegung der genannten Vorschrift durchaus anders aussehen, als die in Deutschland herrschende Meinung. Denn

---

[18] Staudinger/*Reinhart*, 12. Aufl., Art. 36 EGBGB Rz. 1 sowie *ders.* in RIW 1994, 445, 446, jeweils m.w.N.

[19] *Taupitz*, 5; *Mansel*, JZ 1991, 532; Staudinger/*Reinhart*, 12. Aufl., Art. 36 EGBGB Rz. 2; *ders.* in RIW 1994, 445, 446.

[20] Staudinger/*Reinhart*, 12. Aufl., Art. 36 EGBGB Rz. 12 sowie *ders.* in RIW 1994, 445, 447, jeweils m.w.N.

[21] *BGH* 2.5.1990, IPRax 1991, 254, 256, BT-Drs. 10/504, S. 84 sowie zur Technik der einheitlichen europäischen Auslegung im einzelnen: Staudinger/*Reinhart*, 12. Aufl., Art. 36 EGBGB Rz. 28 ff.; *ders.* in RIW 1994, 445, 449 f.; *Martiny*, ZEuP 1995, 67, 72; Palandt/*Heldrich*, Art. 36 EGBGB, Rz. 1; *Junker*, RabelsZ 55 (1991), 674 ff.; *Jayme*, IPRax 1986, 265 f.

[22] *Reinhart*, RIW 1994, 445, 449 f., sowie *ders.* in Staudinger, 12. Aufl., Art. 36 EGBGB Rz. 28 ff., 33 m.w.N.

[23] Staudinger/*Reinhart*, 12. Aufl., Art. 36 EGBGB Rz. 43 ff. sowie *ders.* in RIW 1994, 445, 451, jeweils m.w.N.

[24] Eine löbliche Ausnahme bildet *Kannengießer*, 89 ff., insbes. 91. *Martin Wolf*, 134 ff. und *Eujen*, 123 ff. unternehmen zwar keine einheitliche europäische Auslegung der Vorschrift, suchen die Lösung aber wenigstens über rechtsvergleichende Betrachtungen.

[25] Kritisch dazu auch *Martin Wolf*, 134 sowie allgemein zum Vorgehen des BGH *Martiny*, ZEuP 1995, 67, 73 f.

beispielsweise sowohl in der französischen[26] als auch in der italienischen[27] und der spanischen[28] Rechtsordnung ist die *Kumulationstheorie* vorherrschend,[29] nach der die Aufrechnung nach den Statuten beider Forderungen zulässig sein muß.[30] Zudem ist auch der Bericht zum EVÜ-Entwurf von 1972 der *Kumulationstheorie* gefolgt.[31]

Betrachtet man diese Theorie in ihren Auswirkungen allerdings genauer, so stellt man fest, daß sie praxisfeindlich ist, weil sie die internationalprivatrechtliche Lösung durch das Erfordernis verkompliziert, zwei Rechtsordnungen zu überprüfen.[32] Hinzu kommt, daß gegenwärtig noch weitgehend ungeklärt ist, wie genau die Kumulation der Vollzugs- und insbesondere der Wirkungsvorschriften vonstatten gehen soll.[33] Des weiteren verhilft die *Kumulationstheorie* letztlich immer dem aufrechnungsfeindlicheren Recht zur Durchsetzung und schränkt auf diese Weise die Möglichkeit zur Aufrechnung von Forderungen, die verschiedenen Vertragsstatuten unterstehen, stark ein[34] - ein Ergebnis, das den zu Beginn angesprochenen Bedürfnissen des internationalen Wirtschaftsverkehrs diametral entgegensteht. Andererseits bietet die Anknüpfung an das Statut der Hauptforderung sach- und interessengerechte Problemlösungen, denn der Gläubiger der Hauptforderung ist derjenige, der seine Forderung ohne seinen Willen durch einen Akt des Schuldners im Wege der Aufrechnung verlieren soll, während der Schuldner es in der Hand hat, seine Forderung durch die Aufrechnung erlöschen zu lassen oder nicht.[35] Trotz der beschriebenen dogmatischen Versäumnisse ist daher der deutschen herrschenden Meinung im Ergebnis zuzustimmen.[36]

Für das Erlöschen von Forderungen aus außervertraglichen Schuldverhältnissen enthält das EGBGB (ebenso wie das EVÜ) keine Regelung. Insoweit bleibt es also bei der Problematik, wie sie sich vor der 1986 erfolgten Änderung des EGBGB[37] auch hinsichtlich der vertraglichen Schuldverhältnisse darstellte.

---

[26] *Martin Wolf*, 147 - 149; *Kegel/Schurig*, § 18 V, S. 652; *Vischer/Oser*, Rz. 1115.
[27] *Vitta*, 305 m.w.N.
[28] Marín López, 312.
[29] In diesem Sinne auch folgende jüngere niederländische Entscheidungen: *Rechtsbank Arnhem* 19.12.1991, NIPR 1992, 107; *Kantongerecht Terborg* 25.6.1992, NIPR 1992, 403.
[30] Vgl. dazu auch *Martiny*, ZEuP 1997, 107, 120.
[31] Drucks. XIV/408/72 - D der Kommission der EG, Anm. 1 zu Art. 15 (S. 67 f.); vgl. *Siehr*, AWD 1973, 569, 583 f.
[32] *Gäbel*, 33.
[33] *Kannengießer*, 108.
[34] Siehe dazu näher *Kannengießer*, 110.
[35] *Kropholler*, IPR, § 52 VIII 5., S. 475; MünchKomm/*Spellenberg*, Art. 32 EGBGB Rz. 50; Reithmann/*Martiny*, Rz. 284; *Coester-Waltjen*, FS Lüke, 37; *Gebauer*, JbItalR 12 (1999), 31, 36. Vgl. auch *Wolff*, 93.
[36] Siehe dazu auch *González Campos*, Der. Int. Priv., Rz. 254 (S. 198), der die Anknüpfung an die Passivforderung als die modernere Lösungsmöglichkeit bezeichnet.
[37] S. Fn. 12.

Dementsprechend sind sich Rechtsprechung[38] und fast die gesamte jüngere Literatur[39] in Deutschland auch hier einig, daß auf das (in diesen Fällen nach Art. 38 ff. EGBGB zu ermittelnde) Statut der Hauptforderung abzustellen ist, also der Forderung, gegen die aufgerechnet wird.

Fraglich bleibt in diesem Zusammenhang allein, wann eine Aufrechnung der Regelung des Art. 32 Abs. 1 Nr. 4 EGBGB beziehungsweise Art. 10 Abs. 1 d EVÜ unterfallen soll und wann diese auf das Erlöschen von vertraglichen Verpflichtungen beschränkten Vorschriften nicht einschlägig sein sollen (dabei handelt es sich zugegebenermaßen um ein Problem vorwiegend theoretischer Natur, das allerdings dann praktische Bedeutung erlangen könnte, wenn man die betreffenden Vorschriften wirklich einmal autonom auslegen und dabei zu einem anderen Ergebnis kommen sollte, als die in Deutschland herrschende Meinung). Folgt man der in Deutschland herrschenden Meinung und sieht das Erlöschen der Hauptforderung als entscheidenden Vorgang bei der Aufrechnung an, so muß man wohl Art. 32 Abs. 1 Nr. 4 EGBGB immer dann anwenden, wenn die Hauptforderung einem vertraglichen Schuldverhältnis entstammt. Nicht anwendbar ist die Vorschrift demnach hingegen in denjenigen Fällen, in denen die Hauptforderung aus einem außervertraglichen Schuldverhältnis herrührt.

Im deutschen Recht kann die Aufrechnung aber nicht nur einseitig erklärt, sondern auch vertraglich vereinbart werden.[40] Das Statut für den Aufrechnungsvertrag ist, hierin ist man sich allgemein einig,[41] wie bei jedem anderen Vertrag nach Art. 27 ff. EGBGB zu ermitteln. Im Falle einer wirksamen Rechtswahl durch die Parteien ist also gemäß Art. 27 EGBGB das gewählte Recht maßgeblich.[42] Fehlt eine solche Rechtswahl, so unterliegt der Aufrechnungsvertrag gemäß Art. 28 Abs. 1 S. 1 EGBGB dem Recht des Staates, mit dem er die engsten Verbindungen aufweist. Gemäß Art. 28 Abs. 2 S. 1 ist in dieser Hinsicht in der Regel auf die für den zu beurteilenden Vertrag charakteristische Leistung abzustellen. Im Falle des Aufrechnungsvertrags opfern beide Parteien jeweils eine eigene Forderung auf und erlangen dafür Befreiung von einer Schuld, es werden also zwei absolut gleichwertige Leistungen ausgetauscht. Dementsprechend läßt sich hier keine der beiden Leistungen als charakteristisch bezeichnen, so daß Art. 28 Abs. 2 EGBGB keine Anwendung finden kann (siehe S. 3 der genannten

---

[38] Vgl. die Fundstellen oben in Fn. 10.

[39] Palandt/*Heldrich*, Art. 32 EGBGB, Rz. 6; MünchKomm/*Spellenberg*, Art. 32 EGBGB, Rz. 50; Soergel/*Kegel*, Rz. 439 vor Art. 7 EGBGB; Ehrmann/*Hohloch*, Art. 32 EGBGB, Rz. 13; Reithmann/*Martiny*, Rz. 284; *Kegel/ Schurig*, § 18 V, S. 652; *Kropholler*, IPR, § 52 VIII 5., S. 474 f.; *Ferid*, IPR, § 6 Rz. 115; *Gäbel*, 29 ff., 34.

[40] Siehe z.B. Staudinger/*Gursky*, vor §§ 387 ff., Rz. 61 ff. m.w.N. Auch die französische, die italienische und die englische Rechtsordnung kennen die vertragliche Aufrechnung, vgl. *Kannengießer*, 84. Ebenso das spanische Recht, siehe dazu mehr unten im Ersten Abschnitt unter B. III., S. 50.

[41] *Gäbel*, 167 ff. m.w.N.; *Kannengießer*, 132.

[42] *Berger*, 452; *Gäbel*, 167 ff., 169; *Kannengießer*, 132.

Vorschrift).[43] Deshalb ist in einer wertenden Gesamtschau aller denkbaren Aspekte des Einzelfalls zu entscheiden, zu welcher Rechtsordnung im Sinne des Art. 28 Abs. 1 EGBGB die engsten Verbindungen bestehen.[44] Hierbei sind dieselben Kriterien maßgebend, die allgemein bei der objektiven Anknüpfung gemäß Art. 28 Abs. 1 EGBGB heranzuziehen sind.[45] In diesem Rahmen ist auch eine akzessorische Anknüpfung an das Statut eines anderen, übergeordneten Vertragsverhältnisses denkbar, falls der Aufrechnungsvertrag mit diesem wirtschaftlich derart eng verbunden ist, daß die Behandlung nach unterschiedlichen Statuten die angestrebte Funktion beider Verträge zu stören droht.[46] Insgesamt kann man daher sagen, daß die gesetzlichen Regelungen der Art. 27 ff. EGBGB eine hinreichende Grundlage für die Ermittlung des Statuts des Aufrechnungsvertrages bieten, weil eine flexible, einzelfallangepaßte Lösung ermöglicht, gleichzeitig aber durch Abstellen auf klare Kriterien auch die Vorhersehbarkeit für die Parteien gewährleistet wird.

3. *Offene Fragen: Die zuständigkeitsrechtlichen Probleme der Aufrechnung im IZPR*

Unter den Problemen, die die Aufrechnung im Internationalen Zivilprozeßrecht aufwirft, ist - aus der Sicht des angerufenen Gerichts, aber auch der Parteien - die Frage nach der internationalen Entscheidungszuständigkeit sicherlich von herausragender Bedeutung. Dies belegt nicht nur die Häufigkeit, mit der sich höherinstanzliche Gerichte damit auseinanderzusetzen haben,[47] sondern auch das rege Interesse der Lehre daran.[48]

---

[43] *Berger*, 456 ff.; *Wild*, 218; *Kannengießer*, 133 und 136. Vgl. auch MünchKomm/*Martiny*, Art. 28 EGBGB Rz. 53.

[44] *OLG Köln* 19.4.1963, IPRspr. 1962-63 NR. 26, S. 75; *Kannengießer*, 136; *Wild*, 220 f. (zum schweizerischen Recht). Vgl. auch *Berger*, 459 ff. Zur Art und Weise der Vornahme dieser Gesamtschau siehe näher MünchKomm/*Martiny*, Art. 28 EGBGB Rz. 74.

[45] Dazu näher Reithmann/*Martiny*, Rz. 105 ff. u. 130 ff. sowie MünchKomm/*Martiny*, Art. 28 EGBGB Rz. 75 ff.

[46] *Gäbel*, 201 ff.; *Berger*, 459 f.; *Kannengießer*, 136 f. Vgl. auch *Jayme*, Bankgeschäfte, 13 ff., 33 ff.

[47] Siehe z.B. *EuGH* 13.7.1995 - *Danvaern/Otterbeck*, Rs. C-341/93 - Slg. 1995, 2053; 7.3.1985 - *Spitzley/Sommer* - Rs. C-48/84 - Slg. 1985, 787; 9.11.1978 - *Meeth/Glacetal*, Rs. C-23/78 - Slg. 1978, 2133; *BGH* 12.5.1993, NJW 1993, 2753; 20.6.1979, NJW 1979, 2477; 20.12.1972 - VIII ZR 186/70, *BGHZ* 60, 85 = NJW 1973, 421; 20.12.1972 - VIII ZR 113/71, NJW 1973, 422;. *OLG München* 25.3.1992, RIW 1992, 672; *OLG Koblenz*, Beschl. v. 3.2.1984 RIW 1984, 396 f.; *OLG Hamburg* 11.11.1971, AWD 1973, 101; *OLG Hamm* 7.10.1970, MDR 1971, 217.

[48] Siehe vor allem die Arbeiten von *Eickhoff*, *Kannengießer*, *Gäbel*, *Martin Wolf* und *Ahlt*, aber auch die Beiträge von *G. Wagner*, IPRax 1999, 65 ff., *Gebauer* in IPRax 1998, 79 ff. und in JbItalR 12 (1999), 31, 54, 113; *Leipold*, ZZP 107 (1994), 216 ff., *Mankowski*, ZZP 109

Im Mittelpunkt der Diskussion steht dabei die Frage, ob bei der aufrechnungsweisen Geltendmachung einer Forderung diejenigen Schranken entfallen sollen, die bei ihrer klageweisen Geltendmachung zu beachten wären. Dabei sind zwei Problemkonstellationen zu unterscheiden: Bei der ersten Fallgruppe geht es darum, ob das mit der Klage befaßte Gericht über eine vom Beklagten vorgebrachte Aufrechnung auch dann entscheiden darf, wenn es nach den Vorschriften des gesetzlichen Zuständigkeitssystems für den Fall der selbständigen klageweisen Geltendmachung der Aufrechnungsforderung international nicht zuständig wäre.[49] Die zweite Fallgruppe betrifft die Frage, ob eine zwischen den Parteien vereinbarte Gerichtsstandsabrede dahingehend auszulegen ist, daß auch die Aufrechnung mit davon erfaßten Forderungen nur vor den als zuständig vereinbarten Gerichten geltend gemacht werden darf.[50]

Beide Problemkonstellationen können, trotz der bereits angesprochenen, seit Jahren anhaltenden intensiven Diskussion in Rechtsprechung und Wissenschaft, bei weitem noch nicht als geklärt angesehen werden[51] - zu unvereinbar sind die Positionen des BGH auf der einen Seite und weiter Teile der Lehre auf der anderen Seite.[52] Die vorliegende Arbeit möchte einen Beitrag dazu leisten, die beschriebenen Fragen einer sachgerechten Lösung zuzuführen und so die bestehende Lücke im positiven deutschen Recht auszufüllen.

Neben den beiden genannten Fällen bereitet die Aufrechnung im Internationalen Zivilprozeßrecht aber noch in zwei weiteren Konstellationen Probleme, die mit der Frage der internationalen Zuständigkeit in engem Zusammenhang stehen:

Zum einen können die Parteien die Zuständigkeit der deutschen Gerichte nicht nur durch eine Gerichtsstandsvereinbarung zugunsten der Gerichte eines oder mehrerer anderer Staaten abbedingen, sondern auch durch eine Schiedsvereinbarung zugunsten eines nichtstaatlichen Schiedsgerichts. Dann stellt sich ebenfalls die Frage, ob die betreffende Vereinbarung dahingehend auszulegen ist, daß auch die Aufrechnung mit davon erfaßten Forderungen nur vor dem als zuständig vereinbarten Schiedsgericht geltend gemacht werden darf.[53]

Zum anderen kennen die romanischen Rechtsordnungen eine besondere Variante der Aufrechnung, das Rechtsinstitut der "richterlichen" (oder auch "gericht-

---

(1996), 376 ff., *Dageförde*, RIW 1990, 873 ff., *Geimer* in NJW 1973, 951 ff., in IPRax 1994, 82 und in IPRax 1986, 208 ff., *von Hoffmann*, AWD 1973, 168 ff., *Coester-Waltjen*, FS Lüke, 35 ff., *Schröder*, Internat. Zust., 595 ff. sowie zahlreiche weitere kürzere Stellungnahmen in der einschlägigen Literatur.

[49] S. dazu näher unten unter III. 1., S. 16 ff.

[50] S. dazu näher unten unter III. 2., S. 21 ff.

[51] In Bezug auf die erstgenannte Konstellation teilt diese Ansicht auch *Piekenbrock*, RIW 2000, 751.

[52] S. dazu näher unten unter III. 1., S. 16 ff. bzw. 2., S. 21 ff.

[53] S. dazu näher unten unter III. 3., S. 30 ff.

lichen") Aufrechnung.[54] Dabei beseitigt der Richter ein bestehendes materiellrechtliches Aufrechnungshindernis und führt so den Eintritt der Aufrechnung herbei. In diesem Zusammenhang stellt sich die Frage, ob auch ein deutsches Gericht die richterliche Aufrechnung vornehmen kann, wenn das im konkreten Fall maßgebliche Aufrechnungsstatut eine solche vorsieht, oder ob ihm dies verwehrt ist, weil das deutsche Prozeßrecht dieses - prozessuale - Rechtsinstitut nicht kennt.[55]

Bei beiden Fallgestaltungen handelt es sich nicht um Probleme der internationalen Zuständigkeit im eigentlichen Sinne, da es dabei nicht um die Abgrenzung der Zuständigkeit der deutschen Gerichte gegenüber den Gerichten anderer Staaten geht.[56] Vielmehr steht im erstgenannten Fall die Abgrenzung der Zuständigkeit der staatlichen deutschen Gerichte gegenüber nichtstaatlichen Schiedsgerichten in Frage und im zweiten Fall die Befugnis der deutschen Gerichte, einen bestimmten ausländischen Rechtsakt zu vollziehen. Dennoch weisen beide Fälle eine charakteristische Gemeinsamkeit mit den Fragen der internationalen Zuständigkeit im eigentlichen Sinne auf: Es geht jeweils um eine negative Abgrenzung der Kompetenzen der (staatlichen) deutschen Gerichte. Versteht man den Begriff der "internationalen Zuständigkeit" in diesem weiteren Sinne, so erscheint eine Mitbehandlung der beiden zuletzt beschriebenen Problemkonstellationen unter dem Titel dieser Arbeit durchaus gerechtfertigt.[57] Sie drängt sich darüber hinaus aber auch in sachlicher Hinsicht auf.

So ist die zuerst beschriebene Fallgestaltung derart eng mit dem bereits zuvor dargestellten Parallelfall verwandt, in denen die Parteien eine internationale Gerichtsstandsvereinbarungen abgeschlossen haben - nicht nur was die Konstellation der berührten Interessen anbelangt, sondern auch im Hinblick darauf, daß der BGH seine Rechtsprechung zum letztgenannten Fall auf der Frage der Auswirkungen von Schiedsvereinbarungen auf die Zulässigkeit des Aufrechnungseinwands und den diesbezüglichen Entscheidungen des Reichsgerichts aufgebaut hat[58] -, daß ein kurzes Eingehen darauf angebracht erscheint. Die Frage, ob

[54] "Compensazione giudiziale" im italienischen Recht, siehe Art. 1243 Abs. 2 Codice Civile; "compensation judiciaire" im französischen Recht, siehe z.B. *Kannengießer*, 55 ff. und *G. Wagner*, IPRax 1999, 65, 69; "compensación judicial" im spanischen Recht, siehe dazu mehr unten im Ersten Abschnitt unter B. V., S. 51 f.

[55] Siehe dazu näher unten unter III. 4., S. 32 ff.

[56] Zur Definition der "internationalen Zuständigkeit" siehe z.B. *von Hoffmann*, IPR § 3 Rz. 28, *Kropholler*, Hdb. IZVR, Kap. III, § 1 A II 1 a, Rz. 6 ff., Nagel/*Gottwald*, § 3 Rz. 3 ff. sowie *Pfeiffer*, 3 (Fn. 1).

[57] Zur grundsätzlichen Möglichkeit einer solch weiten Definition des Begriffs "nternationale Zuständigkeit" vgl. *Heldrich*, 265. Abgesehen vom Titel wird der Begriff jedoch auch in dieser Arbeit ausschließlich im bereits dargelegten, allgemein anerkannten (s. dazu oben, Fn. 56) engeren Sinne gebraucht werden.

[58] Siehe dazu *BGH* 20.12.1972 - VIII ZR 186/70, AWD 1973, 165, 166 i.V.m. *BGH* 20.12.1956, *BGHZ* 23, 17 sowie *RG* 21.11.1911, JW 1912, 132 Nr. 3; 1.3.1929, *RGZ* 123, 348; 3.7.1936, HRR 1936, Nr. 1419. Näher zu alledem unten im Vierten Abschnitt unter B. I.,

deutsche Gerichte die richterliche Aufrechnung der romanischen Rechte vornehmen können, wiederum ist aus wissenschaftlicher Sicht insbesondere deshalb von Interesse, weil das Problem zwar vereinzelt kurz angesprochen worden ist,[59] eine eingehende Auseinandersetzung damit bisher aber noch nicht stattgefunden hat.

4. *Auswahl des spanischen Rechts als Bezugsrechtsordnung*

Kollisionsrechtliche Probleme können nur anhand divergierender Sachnormen deutlich herausgearbeitet werden. Ebenso erfordert die Entwicklung sachgemäßer Lösungen einen Blick über den Tellerrand des deutschen Rechts hinaus. Es muß überprüft werden, ob die Harmonie zwischen dem deutschen Prozeßrecht und dem vom maßgeblichen Aufrechnungsstatut angeordneten materiellrechtlichen Aufrechnungsvollzug, aber auch die das Internationale Zivilprozeßrecht beherrschenden Ideale des internationalen Entscheidungseinklangs und der internationalen Entscheidungsgerechtigkeit gewahrt bleiben. Daher soll im folgenden eine "Bezugsrechtsordnung" verwendet werden.

Fragen wirft, wie bereits oben unter 3. kurz angedeutet, insbesondere das Zusammenspiel zwischen deutschem Prozeßrecht und den Aufrechnungssystemen der romanischen Rechtsordnungen, die dem Modell der Legalkompensation folgen, auf. Diese Konstellation bildet dementsprechend immer wieder den Gegenstand gerichtlicher Entscheidungen[60] und wird auch in der Literatur lebhaft diskutiert.[61] Dabei wird häufig ohne nähere Auseinandersetzung mit den betreffenden romanischen Rechtsordnungen ins Blaue hinein argumentiert und postuliert, die *Ipso-iure*-Wirkung der Aufrechnung lasse in Bezug auf das Zuständigkeitsproblem nur eine bestimmte Lösung zu[62] - die Richtigkeit dieser Argumentation gilt es im folgenden zu überprüfen.

S. 196 ff.

[59] So etwa von *Gebauer*, JbItalR 12 (1999), 31, 55 f., *Kindler*, IPRax 1996, 16, 21, *Schack*, IZVR Rz. 354 a.E. oder MünchKomm/*Spellenberg*, Art. 32 EGBGB Rz. 54.

[60] So zuletzt etwa *OLG Hamm* 5.12.1997, JbItalR 12 (1999), 208 oder *OLG Stuttgart*, 21.8.1995, RIW 1995, 943, beide zum italienischen Recht.

[61] Siehe zuletzt *Gebauer*, JbItalR 12 (1999), 31 ff., *G. Wagner*, IPRax 1999, 65 ff. und die Arbeit von *Kannengießer*. Mehr Fundstellen unten bei Fn. 63.

[62] Als Beispiele seien erwähnt: *Schulte-Beckhausen*, 174 (meint, eine Geltendmachung der Aufrechnung im Prozeß durch den Bekl. sei wegen des Eintritts der Aufrechnung kraft Gesetzes nicht nötig, der Richter könne im Zusammenhang mit der Klage immer zugleich über die Folgen der Aufrechnung entscheiden); *Mankowski*, ZZP 109 (1996), 376, 388 (meint, die Frage der internationalen Zuständigkeit für die Aufrechnung könne sich in einer Rechtsordnung, die dem Modell der Legalkompensation folge, gar nicht stellen und versucht diesen Standpunkt mit der Aussage zu untermauern, "dementsprechend" sei "noch nie von romanischen Autoren die internationale Zuständigkeit zur Voraussetzung der Legalkompensation gemacht worden"); im gleichen Sinne wie *Mankowski* auch *Ahlt*, 109 und *Gottwald*, IPRax

Nun ist die Behandlung der Aufrechnung im Internationalen Privatrecht und auch im Internationalen Zivilprozeßrecht bereits wiederholt Thema wissenschaftlicher Arbeiten gewesen.[63] Dabei ist untersucht worden, welche Konflikte sich aus der Sicht des deutschen Rechts in diesem Zusammenhang im Verhältnis zur französischen, zur italienischen, zur schweizerischen, zur österreichischen und zur englischen Rechtsordnung sowie zu den US-amerikanischen Rechtsordnungen ergeben können.[64] Eine Beleuchtung aus dem Blickwinkel des deutsch-spanischen Rechtsverkehrs aber hat bisher noch nicht stattgefunden, dessen spezifische Problemstellungen wurden noch nicht untersucht.[65]

Überhaupt hat das spanische Recht in der deutschen wissenschaftlichen Literatur bislang nur wenig Beachtung gefunden, monographische Abhandlungen über den deutsch-spanischen Rechtsverkehr haben Seltenheitswert.[66] Eine der Ursachen dafür mag darin liegen, daß Spanien eine noch vergleichsweise junge Demokratie ist (die spanische Verfassung ist am 29. Dezember 1978 in Kraft getreten)[67] und das Land erst mit deren Einführung seine Annäherung an das übrige Europa begonnen hat, die 1986 zum EG-Beitritt Spaniens führte.[68]

Dabei sprechen zahlreiche Gründe dafür, sich wissenschaftlich mit dem spanischen Recht auseinanderzusetzen. Zum einen steht es in römisch-französischer (romanischer) Rechtstradition[69] und unterscheidet sich damit in wesentlichen Fragen vom deutschen Recht, was kollisionsrechtliche Probleme schafft. Zum anderen hat sich in Spanien, angestoßen durch die Integration in die Europäische Gemeinschaft, insbesondere durch den Beitritt zu EVÜ[70] und EuGVÜ,[71] auf den Gebieten des Internationalen Privatrechts und des Internationalen Zivilprozeßrechts in den letzten Jahren ein bedeutsamer Wandel vollzogen - wie im weite-

---

1986, 10, 11. Im entgegengesetzten Sinne, aber ebenfalls ins Blaue hinein: Stein/Jonas/*Leipold*, § 145 V Rz. 39 (i.V.m. Fn. 79) (meint, die Beobachtung, daß im französischen Recht die Geltendmachung der Aufrechnung in bestimmten Fällen in Form einer Widerklage zu erfolgen habe, spreche dafür, "im Interesse einer Harmonisierung die internationale Zuständigkeit für die Gegenforderung grundsätzlich auch bei der Aufrechnung zu verlangen"). Siehe zu alledem näher unten im Dritten Abschnitt unter D., S. 114 ff.

[63] Siehe vor allem die Arbeiten von *Kannengießer*, *Wild*, *Martin Wolf*, *Eickhoff*, *Gäbel*, *Ahlt*, *Eujen*, *Rausch* und *Kegel*, Aufrechnung.

[64] Siehe die zuvor bei Fn. 63 genannten Arbeiten.

[65] Noch nicht einmal die deutschen Gerichte haben sich bisher - soweit ersichtlich - mit Fällen auseinandersetzen müssen, in denen das spanische Recht Aufrechnungsstatut war.

[66] *Löber*, Abkommen, 7; als löbliche Ausnahme sind zu erwähnen die Arbeiten von *Mangold*, *Hauschild*, *Weigand*, *Karl*, u. *Munz*.

[67] BOE Nr. 311-1, 29.12.1978.

[68] Beitrittsvertrag der EG mit Spanien und Portugal vom 12.6.1985, ABl.EG 1985 Nr. L 302/1 sowie Beitrittsbeschluß des Rates gem. Art. 98 EGKSV gleichen Datums.

[69] *Zweigert/Kötz*, § 8.

[70] Beitrittsübereinkommen von Funchal vom 18.05.1992, ABl.EG 1992 Nr. L 333/1; das EVÜ ist für Spanien am 01.09.1993 in Kraft getreten, ABl.EG 1993 Nr. C 187/1.

[71] 3. Beitrittsübereinkommen vom 26.05.1989, BGBl. 1994 II, S. 519.

ren Verlauf der Arbeit an einigen Beispielen noch zu sehen sein wird -, bei dem der während der Zeit der Diktatur bestimmende Gedanke der nationalen Souveränität[72] (*Miaja de la Muela* hat für die Haltung der spanischen Judikatur den heute von vielen spanischen Autoren verwendeten Begriff des "imperialismo jurisdiccional" geprägt[73]) allmählich immer mehr zugunsten toleranterer Leitprinzipien wie der Gleichwertigkeit in- und ausländischen Rechts, dem Ideal des internationalen Entscheidungseinklangs und der Parteiautonomie in den Hintergrund getreten ist.

Des weiteren kommt dem spanischen Recht gerade auch für deutsche Juristen aus wirtschaftlichen Gründen wachsende Bedeutung zu. Der deutsch-spanische Handelsverkehr hat sich, besonders seit Spaniens EG-Beitritt im Jahre 1986, stetig weiter intensiviert (was seinen Ausdruck unter anderem im deutsch-spanischen Anerkennungs- und Vollstreckungsabkommen vom 14.11.1983, in Kraft getreten am 18.04.1988,[74] gefunden hat). Spaniens Außenhandelsvolumen hat sich von 1986 bis 2002 nahezu versechsfacht (der Export stieg von ca. 22,9 Milliarden Euro im Jahre 1986 auf ca. 133,3 Milliarden Euro im Jahre 2002, während der Import von ca. 29,8 Milliarden Euro im Jahre 1986 auf ca. 175,3 Milliarden Euro im Jahre 2002 zunahm).[75] Dabei stiegen von 1986 bis 2003 der Export von Gütern nach Deutschland um nahezu das viereinhalbfache, der Import von Gütern aus Deutschland um mehr als das fünffache an (1986 wurden aus Spanien Güter im Wert von ca. 3,8 Milliarden Euro nach Deutschland exportiert, 2003 Güter im Wert von 16,4 Milliarden Euro; das Volumen von Importen aus Deutschland betrug 1986 ca. 6,2 Milliarden Euro, 2003 ca. 32,5 Milliarden Euro).[76] Im Jahre 2002 war Deutschland der zweitgrößte Handelspartner

---

[72] So war der *Tribunal Supremo* z.B. noch bis in die siebziger Jahre hinein in ständiger Rechtsprechung der Ansicht, die spanischen Gerichte seien für jeden Rechtsstreit, der bei ihnen anhängig gemacht wird, international zuständig (s. z.B. *TS* 30.5.1961, RAJ 1961, 2343; 22.05.1972, RAJ 1972, 2893; 22.12.1972, RAJ 1973, 195; 20.03.1973, RAJ 1973, 3775; sowie *Calvo Caravaca/Carascosa González*, Der. Int. Priv., 241.). Auch hat der *TS* noch 1986 die anderweitige internationale Rechtshängigkeit für unbeachtlich gehalten, vgl. *Ramos Méndez*, 501. Gerichtsstandsvereinbarungen, durch die eine bestehende Zuständigkeit der spanischen Gerichte zugunsten ausländischer Gerichte derogiert wird, hat der *TS* noch zu Beginn der 90er Jahre für unwirksam erklärt (*TS* 30.04.1990, RAJ 1990, Nr. 2807; als *obiter dictum* auch in *TS* 18.06.1990, RAJ 1990, Nr. 4764).

[73] *Miaja de la Muela*, El "imperialismo jurisdiccional"..., insbesondere S. 89.

[74] Bek. vom 23.3.1988, BGBl. II, S. 375.

[75] Die Daten stammen aus der Internet-Datenbank des spanischen *Instituto Nacional de Estadística* (Inernet-Adresse: www.ine.es). Dort sind sie über den Reiter "INE base" und dann die Felder "Economía", "Comercio exterior" und schließlich den Link "Principales resultados de comercio exterior" zu finden.

[76] Die Zahlen des Jahres 1986 wurden freundlicherweise vom *Statistischen Bundesamt - Abteilung Außenhandel,* Wiesbaden zur Verfügung gestellt. Die Daten über den Außenhandel des Jahres 2002 stammen aus der Internet-Datenbank des *Statistischen Bundesamtes* (Internet-Adresse: www.destatis.de). Dort sind sie über die Links "Außenhandel" und "Rangfolge

Spaniens (nach Frankreich), sowohl was die Exporte, als auch was die Importe betraf.[77] Andererseits war Spanien für Deutschland 2003 das acht-wichtigste Exportland und stand an zwölfter Stelle als Ursprungsland von Importen.[78] Zu der beschriebenen wirtschaftlichen Bedeutung kommt noch hinzu, daß man durch die Beschäftigung mit dem spanischen Recht auch Zugang zu den ihm verwandten Rechtsordnungen in Lateinamerika und der dazugehörigen Rechtssprache erhält.

Gerade auch in Bezug auf das Rechtsinstitut der Aufrechnung ist die Betrachtung des spanischen Rechts von außerordentlichem Interesse. Hier divergieren die nationalen Sachnormen in besonderem Maße. Während die Aufrechnung im deutschen Recht ein durch Aufrechnungserklärung auszuübendes Gestaltungsrecht ist (§§ 387, 388 BGB), sieht das spanische Recht einen Eintritt der Aufrechnungswirkungen *ipso iure* vor, das heißt unabhängig vom Willen der Parteien (Art. 1195, 1202 CC). Damit folgt es im Grundsatz der römisch-französischen Rechtstradition.[79] Aus diesem Grunde kann das spanische Recht gleichsam stellvertretend für alle romanischen Rechtsordnungen herangezogen werden, um daran die Besonderheiten des Systems der Legalkompensation herauszuarbeiten und die Probleme zu verdeutlichen, die sich aus dem diesem innewohnenden grundlegend anderen Verständnis der Aufrechnung ergeben. Gleichzeitig aber hat sich das spanische Aufrechnungsrecht in einigen wesentlichen Punkten durchaus eigenständig entwickelt. Von aktuellem Interesse ist in diesem Zusammenhang nicht zuletzt auch die Tatsache, daß in Spanien am 8.1.2001 eine völlig neue Zivilprozeßordnung in Kraft getreten ist,[80] die die alte, noch aus dem Jahre 1881 stammende, abgelöst hat. In dieser Eigenständigkeit liegt - zusammen mit dem Umstand, daß das spanische Aufrechnungsrecht bisher in der deutschen Wissenschaft noch nicht behandelt worden ist und demzufolge auch keine Möglichkeit bestanden hat, sich darüber in deutscher Sprache hinreichend zu informieren - der besondere Wert einer Beschäftigung mit dem spanischen Recht als Bezugsrechtsordnung im Rahmen dieser Arbeit.

II. Begriffliches

Im deutschen Recht kann das Verteidigungsmittel der Aufrechnung im Prozeß in zwei verschiedenen Erscheinungsformen auftreten: der Beklagte kann sich auf

---

der Handelspartner im Außenhandel" zu finden.

[77] Quelle der Daten siehe Fn. 75.

[78] Quelle der Daten siehe Fn. 76.

[79] Siehe zu dieser Rechtstradition sowie näher zum römischen, italienischen und französischen Recht *Kannengießer*, 3-57.

[80] Ley 1/2000 de enjuiciamiento civil v. 7. Januar, BOE Nr. 7, 8.1.2000. Zum 8.1.2001 als Zeitpunkt des Inkrafttretens siehe die "Disposición final vigésimaprimera" der neuen LEC.

eine vor oder außerhalb eines anhängigen Rechtsstreits erklärte Aufrechnung berufen; die Aufrechnungserklärung kann aber auch erst innerhalb eines anhängigen Prozesses in der mündlichen Verhandlung erfolgen - hier fallen materiellrechtliche Aufrechnungserklärung und Prozeßhandlung zeitlich in einem Akt zusammen, es liegt ein Doppeltatbestand vor.[81] Letzteres wird im allgemeinen als "Prozeßaufrechnung" (im engeren Sinne) bezeichnet.[82] Dementsprechend wird in dieser Arbeit, um Mißverständnisse zu vermeiden, der Begriff "Prozeßaufrechnung" nur dort verwendet werden, wo ausschließlich jene innerhalb eines Prozesses erklärte Aufrechnung gemeint ist. Soll hingegen zwischen den beiden möglichen Erscheinungsformen des prozessualen Verteidigungsmittels der Aufrechnung nicht differenziert,[83] sondern vielmehr Bezug auf beide gleichzeitig genommen werden, so wird stets von "Geltendmachung der Aufrechnung im Prozeß",[84] "prozessualer Geltendmachung der Aufrechnung", "prozessualer Aufrechnungseinrede" oder "prozessualem Aufrechnungseinwand" die Rede sein.

Die Forderung, mit der aufgerechnet wird, wird im deutschen Sprachraum als "Gegenforderung" oder auch "Aufrechnungsforderung" bezeichnet; die Forderung, gegen die aufgerechnet wird, nennt man "Hauptforderung" oder "Passivforderung". Diese Terminologie ist Ausfluß des Systems der Erklärungsaufrechnung des deutschen Rechts. Im spanischen Recht, wo die Aufrechnung nicht erklärt werden muß, sondern kraft Gesetzes eintritt, sind die beiden sich gegenüberstehenden Forderungen naturgemäß gleichberechtigt, es gibt keine "Haupt-" und keine "Gegenforderung" im eigentlichen Sinne. Trotzdem ist aber auch in der spanischen Literatur für die Forderung des Beklagten der Ausdruck "contracrédito", also "Gegenforderung", durchaus nicht ungebräuchlich[85] (der Grund dafür dürfte darin liegen, daß die Aufrechnung trotz ihres Eintritts *ipso iure* auch im spanischen Recht im Prozeß geltend gemacht werden muß, um Berücksichtigung zu finden)[86]. Dementsprechend wird der Begriff "Gegenforderung" in diesem untechnischen Sinne auch in der vorliegenden Arbeit im Rahmen der Behandlung des spanischen Rechts dort verwendet werden, wo dies zum besseren Verständnis beiträgt.

Schließlich sei zur Klarstellung noch darauf hingewiesen, daß, wenn im Rahmen dieser Arbeit der Begriff "hypothetischer Parteiwille" gebraucht wird, damit

---

[81] *Jauernig*, ZPO, § 45 I., S. 176; Musielak/*Stadler*, § 145 Rz. 14. Siehe dazu näher unten im Ersten Abschnitt unter E. III. 1., S. 76.

[82] Musielak/*Stadler*, § 145 Rz. 14; *Rosenberg/Schwab/Gottwald*, § 105, II., S. 593.

[83] Ob eine Differenzierung der beiden Erscheinungsformen in prozessualer Hinsicht überhaupt erforderlich ist, sei an dieser Stelle noch einmal zurückgestellt - dazu mehr unten im Ersten Abschnitt unter E. III. 1., S. 76.

[84] So die Formulierung in §§ 145 Abs. 3, 302 Abs. 1, 322 Abs. 2 ZPO.

[85] Siehe etwa *Fernández López*, 442 f., *Tapia Fernández*, 102, 104, o. 105 oder *Calvo Caravaca*, Comentario, 188.

[86] Siehe dazu näher unten im Ersten Abschnitt unter B. II. 3., S. 47 u. C. I., S. 53.

nicht die entsprechende, durch das IPR-Gesetz vom 25.7.1986[87] beziehungsweise das EVÜ überholte Anknüpfung des Vertragsstatuts[88] wieder aufgegriffen werden soll; vielmehr wird der besagte Begriff hier ausschließlich im Zusammenhang mit der ergänzenden Vertragsauslegung verwendet werden.[89]

III. Problemstellung

1. Zuständigkeitsrechtliche Relevanz der prozessualen Aufrechnungseinrede im IZPR

Das Grundproblem, das sich hinsichtlich der internationalen Zuständigkeit im Zusammenhang mit der Aufrechnung stellt, ist die Frage, ob das Gericht der Klage auch dann über den Aufrechnungseinwand des Beklagten entscheiden darf, wenn es für eine selbständige Geltendmachung der Aufrechnungsforderung im Wege der Klage nach den Vorschriften des gesetzlichen Zuständigkeitssystems international unzuständig wäre. Zur Verdeutlichung der Problematik soll folgender Beispielsfall dienen, der einem Sachverhalt nachgebildet wurde, den der BGH am 12.5.1993 zu entscheiden hatte:[90]

> Ein spanisches Unternehmen erhebt Klage vor einem deutschen Gericht und verlangt von der Beklagten, einem deutschen Unternehmen, unter Berufung auf spanisches Recht (Art. 1.500 CC) die Bezahlung des Kaufpreises für Warenlieferungen. Die Forderung ist der Entstehung und der Höhe nach zwischen den Parteien nicht streitig. Die Beklagte macht dagegen die Aufrechnung mit einer Forderung des ehemaligen Handelsvertreters (H.) der Klägerin in Deutschland geltend, die ihr H. zuvor abgetreten hat. Die Klägerin rügt die internationale Unzuständigkeit der deutschen Gerichte für die im Wege der Aufrechnung geltend gemachte Gegenforderung.

Der BGH stellt in seiner Entscheidung zunächst fest, ob die Klageforderung durch die Aufrechnung erloschen sei, hänge von der Entscheidung über den Bestand und die Höhe der zur Aufrechnung gestellten Gegenforderung sowie davon ab, ob diese der Beklagten zustehe. Da diese Entscheidung nach § 322

[87] BGBl. I, 1142.
[88] Siehe dazu näher *Lorenz*, IPRax 1987, 269, 271 u. 274.
[89] Zur ergänzenden Vertragsauslegung s. näher unten im Vierten Abschnitt unter D. I., S. 247.
[90] *BGH* 12.5.1993, IPRax 1994, 115 (m. Anm. *Geimer*, 82) = NJW 1993, 2753 (m. Anm. *Kegel*, 561) = RIW 1993, 846 = EuZW 1993, 576 = EWS 1993, 260 = MDR 1993, 1012 = LM EG Übk Nr. 39 (m. Anm. *Manfred Wolf*) = ZZP 107 (1994), 211 (m. Anm. *Leipold*) = IPRspr. 1993 Nr. 139.

Abs. 2 ZPO der materiellen Rechtskraft fähig sei, könnten die deutschen Gerichte über die Gegenforderung nur dann entscheiden, wenn sie auch insoweit international zuständig seien.[91] Im Anschluß daran prüft der BGH dann, ob sich eine solche internationale Zuständigkeit der deutschen Gerichte für die Gegenforderung aus den Vorschriften des EuGVÜ ergibt, was er letztlich verneint. Insbesondere beziehe sich Art. 6 Nr. 3 EuGVÜ ausschließlich auf die Widerklage, so daß hinsichtlich der Aufrechnung nur eine entsprechende Anwendung der Vorschrift in Frage komme.[92] Aus deren Rechtsgedanken und "nach dem im Wortlaut zum Ausdruck kommenden eindeutigen Grundkonzept des EuGVÜ" sei abzuleiten, daß sich die Geltendmachung einer inkonnexen Gegenforderung im Wege der Aufrechnung vor dem international dafür unzuständigen Gericht erst recht verbiete, wenn sie nicht einmal im Wege der Widerklage zulässig sei.[93] Folglich stehe "der Berücksichtigung der Aufrechnung ... ein zwingendes prozessuales Hindernis entgegen", so daß die Beklagte entsprechend dem Klagantrag zu verurteilen sei. Da damit aber keine Entscheidung über das Bestehen oder Nichtbestehen der Gegenforderung verbunden sei, bleibe es der Beklagten unbenommen, ihre angeblichen Ansprüche vor den international zuständigen Wohnsitzgerichten der Klägerin zu verfolgen.

Dieses vom BGH[94] erzielte Ergebnis hat in der Wissenschaft zu intensiven Diskussionen geführt. Ein Teil der Lehre hat sich der Auffassung des BGH angeschlossen.[95] Andere Stimmen legen den Schwerpunkt hingegen auf den Charakter der Prozeßaufrechnung als Verteidigungsmittel und halten dementsprechend für die Zulässigkeit des Aufrechnungseinwands eine internationale Entscheidungszuständigkeit des Gerichts für die Gegenforderung nicht für erforderlich,[96] da das angerufene Gericht immer auch für die Verteidigung des Beklagten

---

[91] IPRax 1994, 115, 116.

[92] IPRax 1994, 115, 117.

[93] Diesen Erst-recht-Schluß vollzieht im Anschluß daran auch das *LG Berlin*, 30.1.1996, IPRax 1998, 97, 100 (m. krit. Anm. *Gebauer*, 79).

[94] Ebenso die Rspr. der Instanzgerichte, siehe z.B.: *OLG München* 25.3.1992, RIW 1992, 672; *LG Frankfurt* 13.7.1994, NJW-RR 1994, 1264 = EWiR Art. 39 CISG 1/95, 249.

[95] Wieczorek/Schütze/*Hausmann*, Art. 6 EuGVÜ Rz. 40 u. § 33 ZPO Rz. 65; Stein/Jonas/*Leipold*, § 145 V Rz. 39 (anders noch in der 20. Auflage); Thomas/Putzo/*Reichold*, § 145 Rz. 23; MünchKomm-ZPO/*Peters*, § 145 Rz. 37; Staudinger/*Magnus*, Art. 36 EGBGB Rz. 66; Soergel/*Kronke*, Art. 38 EGBGB Anh. IV Rz. 56 (der Autor widerspricht sich allerdings selbst a.a.O. bei Rz. 21); *Schack*, IZVR, Rz. 355; *Geimer/Schütze*, EuZVR Art. 6 Rz. 70; *Geimer*, NJW 1973, 951; *ders.*, IPRax 1986, 208, 212 (merkwürdig daher die Stellungnahme desselben Autors in *Geimer/Schütze*, Internat. Urteilsanerkennung, § 80 IX, 527: "Die Frage der Zulässigkeit der Prozeßaufrechnung ist kein kompetenzrechtliches Problem."); Nagel/*Gottwald*, § 3 Rz. 59 u. 246 sow. § 5 Rz. 22; *Otte*, EWiR Art. 6 EuGVÜ 9/93, 877; *Jauernig*, ZPO, § 45 III., 178; *Schröder*, Internat. Zust., 595 ff.; *Eickhoff*, 164 ff.; *Banniza von Bazan*, 160.

[96] So im Ergebnis Stein/Jonas/*Leipold*, ZPO, 20. Aufl. 1984, § 145 Rz. 39 (anders die 21. Aufl. 1994, siehe oben, Fn. 95); Staudinger/*Gursky*, Vorbem zu §§ 387 ff. Rz. 49; *von Hoff-*

international zuständig sei. Nach einer dritten, vermittelnden Ansicht soll zwar der Aufrechnungseinwand auch vor einem für die Gegenforderung international unzuständigen Gericht zugelassen werden; das betreffende Gericht dürfe dann aber nicht über das Bestehen der Gegenforderung entscheiden, sondern habe über die Hauptforderung gemäß § 302 ZPO ein Vorbehaltsurteil zu erlassen und den Rechtsstreit gemäß § 148 ZPO auszusetzen, bis der Beklagte über die Gegenforderung ein ausländisches Urteil erlangt habe.[97] Allgemeine Übereinstimmung herrscht lediglich dahingehend, daß die internationale Entscheidungszuständigkeit des Gerichts der Klage für die Gegenforderung immer dann nicht Voraussetzung zur Entscheidung über die Aufrechnung sein soll, wenn Bestehen und Höhe der Aufrechnungsforderung bereits rechtskräftig festgestellt sind oder vom Kläger nicht bestritten werden.[98]

Im Hauptteil der Arbeit werden die soeben vorgestellten Lösungsansätze kritisch zu analysieren sein, um schließlich untersuchen zu können, auf welche Weise die betroffenen Interessen am besten in Einklang zu bringen sind. Die wesentlichen Aspekte, die dabei zu beachten sein werden, sind von den zitierten Ausführungen des BGH bereits angeschnitten worden.

---

mann, AWD 1973, 168, 169; *Gebauer*, IPRax 1998, 79, 85; *ders.*, JbItalR 12 (1999), 31, 54; Soergel/*Kegel*, 11. Aufl. 1984, vor Art. 7 EGBGB (a.F.), Rz. 442; Soergel/*Kronke*, Art. 38 EGBGB Anh. IV Rz. 21 (der Autor widerspricht sich allerdings selbst a.a.O. bei Rz. 56); *Kropholler*, Hdb. IZVR, Rz. 439; *Ahlt*, 105 ff., 113; *Manfred Wolf*, LM-EGÜbk Nr. 39, Bl. 4, Anm. 2 b; *Coester-Waltjen*, FS Lüke, 45; *Kannengießer*, 181. I.d.S. auch *Rosenberg/Schwab/Gottwald*, § 105 IV 1 sowie - wenn auch nur für den Geltungsbereich des EuGVÜ - *Dageförde*, RIW 1990, 873, 877, 879 und *Kim*, 199 (zur Auffassung des Autors zum autonomen deutschen Recht siehe S. 197).

[97] MünchKomm-ZPO/*Peters*, § 145 Rz. 37; *Schröder*, Internat. Zust., 599 f.; *Eickhoff*, 172 ff. u. 185 f.; *Leipold*, ZZP 107 (1994), 216, 225 ff.; *G. Wagner*, 73 ff.; *Dageförde*, RIW 1990, 873, 876 u. 879 (anderer Ansicht ist der Autor allerdings für den Geltungsbereich des EuGVÜ mit Verweis auf den Sinn des Übereinkommens, a.a.O., 877 u. 879). Siehe auch *Mankowski*, ZZP 109 (1996), 376, 393 f., (der ein solches Vorgehen in Ausnahmefällen für möglich hält, es allerdings nicht zur generellen Lösung des Problems geeignet ansieht) und *von Hoffmann*, AWD 1973, 168 f. (der die Möglichkeit eines solchen Verfahrens ebenfalls in Erwägung zieht, sie letztlich aber dann mit der - jedenfalls für den Geltungsbereich des EuGVÜ bzw. der EuGVVO nicht haltbaren - Begründung verwirft, "derartige Skrupulanz", die praktisch meist einer ausländischen Partei zugute käme, sei der ZPO fremd, wie § 23 ZPO zeige). Vgl. auch den Beschl. des *OLG Hamm* v. 18.10.1982, NJW 1983, 523, 524 u. 525 - das OLG geht dort von der grds. Möglichkeit der Aussetzung des Verfahrens bis zur Entscheidung eines ausländischen Gerichts über die aufrechnungsweise geltend gemachte Forderung aus.

[98] *OLG München* 25.3.1992, RIW 1992, 672, 673; Stein/Jonas/*Leipold*, § 145 V Rz. 40; Wieczorek/Schütze/*Hausmann*, Art. 6 EuGVÜ Rz. 41 u. § 33 ZPO Rz. 65; *Geimer/Schütze*, EuZVR Art. 6 Rz. 72-74; Musielak/*Stadler*, § 145 Rz. 34; Zöller/*Geimer*, Art. 2 EuGVVO Rz. 25; *ders.* in IPRax 1994, 82, 84; *Kropholler*, EuZPR, Art. 6 EuGVÜ, Rz. 39; *Schröder*, Internat. Zust., 597 f.; *Eickhoff*, 167, 175 u. 185; *Schack*, IZVR Rz. 355; *Mankowski*, ZZP 109 (1996), 376, 386 f.; *Gebauer*, IPRax 1998, 79, 82 (i.V.m. S. 85); *Banniza v. Bazan*, 159 f.; *Kannengießer*, 157 f.; *G. Wagner*, IPRax 1999, 65, 72.

So stellt sich zunächst einmal die Frage, ob sich dem für den deutsch-spanischen Rechtsverkehr in erster Linie maßgebenden EuGVVO (zur Behandlung dieser Verordnung vom 22. Dezember 2000, die gemäß ihren Art. 66, 68 und 76 am 1. März 2002 an die Stelle des EuGVÜ getreten ist, in dieser Arbeit siehe näher unten unter B.)[99] bzw. dem EuGVÜ eine Regelung der Problematik entnehmen läßt. Der BGH spricht in diesem Zusammenhang Art. 6 Nr. 3 EuGVÜ an und kommt zu dem Ergebnis, diese Vorschrift beziehe sich ausschließlich auf die Widerklage.[100] Insoweit ist er mittlerweile durch die Entscheidung des EuGH vom 13.7.1995 "*Danvaern/Otterbeck*"[101] bestätigt worden. Sodann setzt der BGH die Aufrechnung in Relation zur Widerklage und schlußfolgert, daß sich die Geltendmachung einer inkonnexen Gegenforderung im Wege der Aufrechnung vor dem international dafür unzuständigen Gericht in entsprechender Anwendung von Art. 6 Nr. 3 EuGVÜ erst recht verbiete, da sie nicht einmal im Wege der Widerklage zulässig sei.[102] Ob auch diese Überlegungen des BGH zutreffend sind, wird zu überprüfen sein. Zu diesem Zwecke wird zum einen das angesprochene Urteil des EuGH einer gründlichen Analyse zu unterziehen sein, zum anderen werden Wesen und Wirkung der Aufrechnungseinrede und ihre Einordnung in das System des Zivilprozeßrechts zu untersuchen sein, nicht zuletzt auch im Hinblick auf die Gemeinsamkeiten und Unterschiede im Verhältnis zur Widerklage.

Des weiteren wird zu ermitteln sein, welche Interessen durch die Problematik im einzelnen betroffen sind und in welchem Verhältnis sie zueinander stehen. Dabei wird in erster Linie den Interessen der Parteien Bedeutung zukommen. Darüber hinaus werden bei der Lösung des Problems aber auch noch andere Gesichtspunkte zu bedenken sein. So wird etwa zu untersuchen sein, ob Überlegungen der Prozeßökonomie hinsichtlich der Zulassung der Aufrechnung eine Rolle spielen und wie sie im Verhältnis zu anderen zu beachtenden Interessen ins Gewicht fallen. Ferner wird zu prüfen sein, ob nicht möglicherweise dahingehend zu differenzieren ist, ob die Gegenforderung zwischen den Parteien streitig (so im eingangs vorgestellten BGH-Fall) oder unstreitig oder rechtskräftig festgestellt ist beziehungsweise ob sie zur Klageforderung konnex oder (wie im eingangs geschilderten Fall) nicht konnex ist. Berührt werden durch eine Zurückweisung des Aufrechnungseinwands außerdem das Gerichtsinteresse an einer einheitlichen und den gesamten Streitstoff berücksichtigenden Entscheidung sowie das Prinzip der Waffengleichheit der Parteien, das aus dem Rechtsstaatsprinzip gemäß Art. 20 Abs. 2 GG und aus Art. 103 Abs. 1 GG sowie aus Art. 6 Abs. 1 EMRK und dem Geist des EuGVÜ selbst folgt.

---

[99] Siehe 35 f.

[100] Siehe dazu oben, S. 17.

[101] Rs. C-341/93 - Slg. 1995, 2053. Siehe dazu näher unten im Zweiten Abschnitt unter D., S. 97 ff.

[102] Siehe dazu oben, S. 17.

Daneben werden auch das Ziel der Rechtsvereinheitlichung im Geltungsbereich des EuGVÜ[103] sowie die internationale Entscheidungsharmonie und Entscheidungsgerechtigkeit als Leitideale des Internationalen Privat- und Zivilverfahrensrechts im allgemeinen und des Übereinkommens im besonderen zu beachten sein. Vor diesem Hintergrund ist bei der Erarbeitung einer Lösung darauf zu achten, daß Reibungen zwischen den materiellrechtlichen Vorgaben ausländischer Aufrechnungsstatute und dem deutschen Verfahrensrecht möglichst vermieden werden. Solche Reibungen drohen, darauf wurde bereits hingewiesen, insbesondere dann, wenn - wie im eingangs gebildeten Beispielsfall -[104] eine Rechtsordnung Aufrechnungsstatut ist, die dem Modell der Legalkompensation folgt. So müßte eine Zurückweisung der Aufrechnungseinrede als unzulässig, wie sie der BGH für den Fall der fehlenden internationalen Zuständigkeit des Gerichts der Klage für die Gegenforderung praktiziert, streng genommen einen Widerspruch zwischen Urteilsausspruch und materieller Rechtslage zur Folge haben, denn materiellrechtlich gesehen wäre die Aufrechnung - unabhängig von ihrer prozessualen Berücksichtigung - kraft Gesetzes bereits eingetreten. Eine Zurückweisung des Aufrechnungseinwands als unzulässig müßte demnach dazu führen, daß der Beklagte bei einem der Klage stattgebendem Urteil seine Gegenforderung ohne Gegenleistung verlieren würde.

Diese Überlegungen verdeutlichen die Notwendigkeit, neben der Betrachtung des materiellen spanischen Aufrechnungsrechts auch ein Blick auf die Rechtslage im spanischen (nationalen und internationalen) Zivilprozeßrecht zu werfen, insbesondere um zu klären, wie dort das Verhältnis von materieller Rechtslage und der Geltendmachung der Aufrechnungseinrede im Prozeß ist. Das spanische Recht, darauf wurde bereits hingewiesen, soll dabei zugleich stellvertretend als Beispiel für das Modell der Legalkompensation schlechthin dienen, um daran zu untersuchen, ob der materiellrechtliche Aufrechnungseintritt kraft Gesetzes be-

---

[103] Zwar regelt das EuGVÜ nach der Rspr. des EuGH die Frage der kompetenzrechtlichen Relevanz der Aufrechnung nicht, sondern verweist auf nationales Recht (siehe dazu oben S. 19), das nationale Recht muß aber dennoch die Vorgaben beachten, welche das EuGVÜ nach Sinn, Zweck und Systematik der Verweisung macht, *EuGH* 10.7.1986 - *Carron/Bundesrepublik Deutschland*, Rs. 198/85 - Slg. 1986, 2437, 2444 Rz. 8 ff., 2445 f. Rz. 13 f. = IPRax 1987, 229, 230; 3.10.1985 - *Capelloni u. Aquilini/Pelkmans*, Rs. 119/84 - Slg. 1985, 3147, 3159 f. Rz. 20 f.; *Jayme/Abend*, IPRax 1987, 209, 210; *Mankowski*, 383; *Schulte-Beckhausen*, 77 ff., insbes. 21 f. (siehe auch 36).

[104] Aufrechnungsstatut ist nach der deutschen herrschenden und richtigen Meinung das Statut der Hauptforderung (siehe dazu oben unter I. 2., S. 3 ff.). Hauptforderung ist im Beispielsfall die Klageforderung Diese stammt aus einem Kaufvertrag. Bei einem Kaufvertrag erbringt in aller Regel der Verkäufer die vertragscharakteristische Leistung, hier also der spanische Kläger. Statut der Klageforderung und somit auch Aufrechnungsstatut ist demnach gem. Art. 28 Abs. 2 S. 1 EGBGB das spanische Recht (im vom BGH zu entscheidenden Originalfall hingegen hatten die Parteien ihren Ausführungen einvernehmlich deutsches Recht zugrunde gelegt und somit gem. Art. 27 EGBGB stillschweigend dessen Anwendung gewählt).

reits für sich genommen eine bestimmte zuständigkeitsrechtliche Behandlung der prozessualen Aufrechnungseinrede indiziert.

2. *Internationale Gerichtsstandsvereinbarungen als prozessuale Aufrechnungsverbote?*

Die internationale Entscheidungszuständigkeit für eine bestimmte Forderung kann nicht nur aufgrund gesetzlicher Vorschriften fehlen, sondern auch von den Parteien in Form von internationalen Gerichtsstandsvereinbarungen gemäß Art. 17 EuGVÜ[105] beziehungsweise §§ 38, 40 ZPO ausgeschlossen werden. In den meisten Fällen wird eine solche Gerichtsstandsvereinbarung nur für die klageweise Geltendmachung einer Forderung ausdrücklich einen bestimmten ausschließlichen internationalen Gerichtsstand vorsehen. Es stellt sich dann die Frage, ob diese Vereinbarung dahingehend ausgelegt werden kann, daß auch die Aufrechnung mit der betreffenden Forderung nicht vor den Gerichten eines anderen als dem vereinbarten Staat erfolgen darf. Das Problem ist, daß die meisten der internationalen Gerichtsstandsvereinbarungen nur wenige Anhaltspunkte für eine entsprechende Auslegung aufweisen. Fraglich ist deshalb, ob man bereits aus der Prorogationsabrede allein darauf schließen kann, daß die Parteien einen Ausschluß der prozessualen Aufrechnungseinrede vereinbaren wollten. Die Problematik dieser Frage gerade auch im deutsch-spanischen Rechtsverkehr soll an einem leicht abgewandelten BGH-Fall[106] verdeutlicht werden, über den der EuGH im Wege der Vorabentscheidung zu befinden hatte:[107]

> Ein spanisches Unternehmen (S) fordert von einem deutschen Unternehmen (D) die restliche Bezahlung für Warenlieferungen. Vertraglich vereinbart war, daß auf den Vertrag deutsches Recht anwendbar sein sollte und daß bei Streitigkeiten jede Seite nur in dem Land ihres Geschäftssitzes verklagt werden durfte, der jeweilige Kläger also im Ausland klagen mußte. Als S schließlich in Deutschland klagte, wandte D die Aufrechnung mit Schadensersatzansprüchen aus Lieferverzögerung und -verweigerung ein. Das Berufungsgericht (OLG Koblenz) hatte die Aufrechnung für unzulässig erklärt, weil die vertragliche Gerichtsstandsvereinbarung die Geltendmachung von Gegenansprüchen vor deutschen Gerichten ausschließe.

---

[105] Entsprechend gem. Art. 23 EuGVVO.

[106] *BGH* 20.06.1979, NJW 1979, 2477 = RIW 1979, 713 f.

[107] *EuGH* 9.11.1978 - *Meeth/Glacetal*, Rs. 23/78 - Slg. 1978, 2133, abgedruckt in RIW 1978, 814, siehe dazu näher unten im Zweiten Abschnitt unter B., S. 86 ff.

Der BGH legte nun, da er der Auffassung war, die Entscheidung des Falles hänge von der Auslegung des Art. 17 EuGVÜ ab, folgende Fragen dem EuGH zur Vorabentscheidung vor[108]:

1. ob die getroffene Gerichtsstandsvereinbarung nach Art. 17 EuGVÜ zulässig sei,
   und
2. ob eine solche Vereinbarung die Aufrechnung vor einem für die Klage zuständigen Gericht ausschließe.

Zur Frage 1 entschied der EuGH, daß die oben geschilderte Zuständigkeitsvereinbarung mit Art. 17 EuGVÜ vereinbar sei. Zur Frage 2 führte er folgendes aus:

> "... kann Art. 17 nicht dahin ausgelegt werden, daß er das Gericht, das aufgrund einer Gerichtsstandsvereinbarung ... angerufen wird, daran hindert, die Aufrechnung mit einer Forderung, die im Zusammenhang mit dem streitigen Rechtsverhältnis steht, zu berücksichtigen, wenn es dies für vereinbar mit Wortlaut und Sinn der Gerichtsstandsvereinbarung hält."[109]

Diese Formulierung geht eigentlich etwas an der Fragestellung des BGH vorbei und ist nur aus dem Umstand heraus zu erklären, daß dem zu entscheidenden Fall eine wechselseitige Gerichtsstandsvereinbarung zugrunde lag. Aus den Ausführungen des EuGH im Zusammenhang mit der vom BGH gestellten Frage ergibt sich aber, daß sich die Entscheidung gerade auch auf die Fälle bezieht, in denen aufgrund einer Gerichtsstandsvereinbarung ein anderes Gericht als das mit der Klage befaßte für die Gegenforderung zur Entscheidung berufen ist. Der EuGH stellt dabei fest, daß einer Prorogationsabrede nach Art. 17 EuGVÜ nicht zwangsläufig zugleich eine Vereinbarung zu entnehmen sei, wonach die Aufrechnung mit einer von ihr betroffenen Forderung nicht vor einem anderen Gericht geltend gemacht werden dürfe. Vielmehr sollten die betreffenden Gerichtsstandsvereinbarungen jeweils im Hinblick auf ihre besondere Ausgestaltung ausgelegt werden.

Der BGH entschied schließlich auf das nach seinem Vorlagebeschluß ergangene Urteil des EuGH hin, daß die betreffende Gerichtsstandsvereinbarung ein Aufrechnungsverbot beinhalte, denn die Parteien hätten ihr Interesse deutlich zum Ausdruck gebracht, alle Streitigkeiten aus dem Vertrag in ihrem Heimatstaat unter der ihnen vertrauten Verfahrensordnung und in ihrer Sprache auszu-

---

[108] Vgl. RIW 1978, 815.
[109] *EuGH* 9.11.1978, RIW 1978, 814, 815.

tragen.[110] Demgegenüber könne der Umstand, daß der Wortlaut der Vereinbarung nur von den zu erhebenden Klagen spreche, keine Bedeutung haben, denn die Parteien seien juristische Laien und hätten sich offensichtlich keine genaueren Vorstellungen über Einzelheiten der Prozeßabwicklung im Falle gleichzeitig erhobener gegenseitiger Ansprüche gemacht. Weiter führt er zur Begründung an, bei Zulassung der Aufrechnung bestünde für die zuerst klagende Partei ein doppelter Nachteil, denn sie sei nach der Vereinbarung schon gezwungen, vor einem für sie fremden Gericht zu klagen, und müßte dann auch die gegen sie gerichteten, vereinbarungsgemäß nur vor ihrem Heimatgericht einklagbaren Ansprüche der Gegenseite vor dem fremden Gericht abwehren. Schließlich sei es auch nicht sachgerecht, entsprechend der insoweit eindeutigen Gerichtsstandsklausel Widerklagen vor dem Gericht der beklagten Partei auszuschließen, die dieselben Gegenansprüche geltend machende Aufrechnung aber zuzulassen.

In der Literatur ist die Auffassung des BGH lebhaft diskutiert worden. Während einige Stimmen sogar noch weiter gehen und aus einer Gerichtsstandsvereinbarung im Zweifel stets die Vereinbarung eines Aufrechnungsausschlusses ableiten wollen,[111] sind die meisten Vertreter der Lehre der Ansicht, daß bei Prorogationsabreden eine Vermutung zugunsten des Ausschlusses der Aufrechnungsmöglichkeit in keinem Fall besteht.[112] Eine solche Vermutung widerspreche dem Interesse der Parteien an einer ökonomischen Prozeßführung und dem Gebot der Waffengleichheit der Parteien,[113] dem Beklagten werde die Möglichkeit genommen, seine Gegenansprüche auf einfache Weise in demselben Verfahren geltend zu machen.[114]

Im Hauptteil der Arbeit wird zu untersuchen sein, inwieweit den Ausführungen des BGH hinsichtlich des von ihm erzielten Ergebnisses der Auslegung und Abwägung der beteiligten Interessen zugestimmt werden kann. An dieser Stelle soll aber bereits auf einen bemerkenswerten Umstand hingewiesen werden, der bisher in der Wissenschaft noch kaum erkannt und noch weniger problematisiert worden ist:[115] Bei der Diskussion der Problemkonstellation wird, obwohl man

---

[110] *BGH* 20.06.1979, NJW 1979, 2477 = RIW 1979, 713 f.; so auch *BGH* 08.07.1981, NJW 1981, 2644 = ZZP 96 (1983), 364 sowie *BGH* 20.12.1972 - VIII ZR 186/70, *BGHZ* 60, 85, 91 = NJW 1973, 421 = AWD 1973, 165 und *BGH* 20.12.1972 - VIII ZR 113/71, NJW 1973, 422 = LM § 38 Nr. 18 = WM 1973, 174 = AWD 1973, 167, jew. m. Anm. *von Hoffmann*, AWD 1973, 168.

[111] Stein/Jonas/*Leipold*, § 145 Rz. 41; Staudinger/*Gursky*, Vorbem zu §§ 387 ff. Rz. 51; *Kropholler*, Hdb. IZVR, Rz. 590.

[112] Reithmann/Martiny/*Hausmann*, Rz. 1290; *Geimer*, NJW 1973, 951, 952; *ders.* IZPR, Rz..1777, 1779; *Schack*, IZVR, Rz. 460; *Kropholler*, EuZPR, Art. 17 EuGVÜ Rz. 105 f.; *v. Hoffmann*, AWD 1973, 169; *Gottwald*, IPRax 1986, 10; *ders.* in MünchKomm-ZPO, Art. 17 EuGVÜ Rz. 73.

[113] MünchKomm-ZPO/*Gottwald*, Art. 17 EuGVÜ, Rz. 73.

[114] *Geimer*, IZPR, Rz. 1779.

[115] Wenigstens angesprochen wird der Punkt v. *Leipold*, ZZP 107 (1994), 216, 224 u. *Schulte-Beckhausen*, 179.

sich scheinbar mit ein und derselben Fragestellung beschäftigt, zum Teil von völlig unterschiedlichen Ausgangspunkten ausgegangen. Während einige Autoren das Problem - wie bereits das Reichsgericht[116] und übrigens auch der EuGH[117] - als auf der Ebene des Zuständigkeitsrechts angesiedelt ansehen, sich also die Frage stellen, ob in einer Gerichtsstandsvereinbarung die Derogation auch für die aufrechnungsweise Geltendmachung einer dieser Vereinbarung unterfallenden Forderung zu sehen ist,[118] prüft der überwiegende Teil des Schrifttums wie der BGH, ob daraus der über die zuständigkeitsrechtliche Komponente hinausgehende "besondere geschäftliche Bedeutungsgehalt"[119] eines vertraglichen Verbots der Geltendmachung der Aufrechnung im Prozeß abgeleitet werden kann[120] (oft wird zwischen internationaler Unzuständigkeit und Aufrechnungsverbot begrifflich noch nicht einmal sauber unterschieden)[121]. Auf die mit

---

[116] *RG* 21.11.1911, JW 1912, 132 Nr. 3, 1.3.1929, *RGZ* 123, 348 u. 3.7.1936, HRR 1936, Nr. 1419 - alle zur Parallelproblematik bei Schiedsvereinbarungen.

[117] Der Gerichtshof spricht in seinem Urt. v. 9.11.1978 - *Meeth/Glacetal*, Rs. C-23/78 - Slg. 1978, 2133 auf S. 2142 bei Rz 8 ausdrücklich davon, es gehe darum, "... inwieweit ein aufgrund einer wechselseitigen Gerichtsstandsvereinbarung der vorliegenden Art angerufenes Gericht für die Entscheidung über eine Aufrechnung *zuständig* ist" (Hervorhebung durch den Verfasser). Gleiches gilt für das Urt. v. 7.3.1985 - *Spitzley/Sommer*, Rs. C-48/84 - Slg. 1985, 787 = IPRax 1986, 27, 29: hier interpretiert der *EuGH* den Vorlagebeschl. des *OLG Koblenz* v. 3.2.1984 (RIW 1984, 396) dahingehend, das *OLG* wolle wissen, "ob Art. 18 auch dann Anwendung finden kann, wenn sich die *Unzuständigkeit* des angerufenen Gerichts daraus ergibt, daß für die Aufrechnungsforderung die Zuständigkeit der Gerichte eines anderen Vertragsstaats als des Staates des angerufenen Gerichts vereinbart wurde." (Hervorhebung durch den Verfasser) - dies ist insbes. deshalb bemerkenswert, weil das *OLG Koblenz* ausdrücklich die Frage gestellt hatte, ob ein "prozessuales Aufrechnungsverbot" durch eine rügelose Einlassung nach Art. 18 EuGVÜ überwunden werden könne, siehe dazu unten im Zweiten Abschnitt unter C. I., S. 92.

[118] So z.B. Stein/Jonas/*Leipold*, § 145 V Rz. 41, MünchKomm-ZPO/*Peters*, § 145 Rz. 38, *Geimer*, NJW 1973, 951, 952 ("Es handelt sich um eine *Derogation* der internationalen Zuständigkeit der BRD zur Entscheidung über die Gegenforderung im Wege der Prüfung des Aufrechnungseinwandes." - die Hervorhebung ist bereits in der zitierten Quelle enthalten) und *Geimer/Schütze*, EuZVR, Art. 6 Rz. 76.

[119] So ausdrücklich *Mankowski*, ZZP 109 (1996), 376, 378 u. *Gebauer*, IPRax 1998, 79.

[120] S. z.B. *Kropholler*, Hdb. IZVR, Rz. 439 u. 590; *ders.* in EuZPR, Art. 17 Rz. 105; MünchKomm/*Spellenberg*, Art. 32 EGBGB Rz. 56; MünchKomm-ZPO/*Gottwald*, Art. 17 EuGVÜ Rz. 73; *ders.* in IPRax 1986, 10, 12; Staudinger/*Gursky*, Vorbem zu §§ 387 ff. Rz. 51; Wieczorek/Schütze/*Hausmann*, § 38 Rz. 100 u. Art. 6 EuGVÜ Rz. 42 a.E.; *ders.* in Reithmann/Martiny, §§ 38-40 Rz. 2286 u. Art. 17, 18 Rz. 2197; Baumbach/Lauterbach/*Hartmann*, § 145 Rz. 18; Musielak/*Stadler*, § 145 Rz. 34 (vgl. auch Rz. 24); Soergel/*von Hoffmann*, Art. 32 Rz. 52; *Schack*, IZVR Rz. 460; *Schütze*, IZPR, 57; *Schlosser*, EWiR 1985, 781 f.; *Gebauer*, IPRax 1998, 79, 83; *Coester-Waltjen*, FS Lüke, 41; *G. Wagner*, IPRax 1999, 65, 75; *Kim*, 199 ff.

[121] Dies bemängelt auch *Schulte-Beckhausen*, 179 am Beispiel von *Kropholler*, der in EuZPR, Art. 17 Rz. 106 a.E. von der Überwindung des "Aufrechnungsverbots" durch rügelose Einlassung spricht und hierzu auf Art. 18 Rz. 19 verweist, wo dann allerdings die Überwindung der

den beiden unterschiedlichen Betrachtungsweisen jeweils verbundenen Konsequenzen wird zu gegebener Zeit noch zurückzukommen sein.[122] Für den Moment genügt es, darauf hinzuweisen, daß eine saubere gedankliche und begriffliche Trennung unbedingt erforderlich ist, will man die Problematik voll erfassen.

Festzuhalten ist, daß Art. 17 EuGVÜ die für deutsch-spanische Rechtsverhältnisse in erster Linie maßgebende Vorschrift ist.[123] Sinn und Zweck dieser Vorschrift sollen nach der Absicht der Verfasser des EuGVÜ vor allem darin bestehen, zu gewährleisten, daß Zuständigkeitsvereinbarungen nicht unbemerkt Inhalt eines Vertrages werden.[124] Es wird zu prüfen sein, ob und gegebenenfalls inwieweit diese Intention und darüber hinaus auch die Zielvorstellungen des Übereinkommens insgesamt, also insbesondere die internationale Entscheidungsharmonie und Entscheidungsgerechtigkeit als Leitideale des Internationalen Privat- und Zivilverfahrensrechts im allgemeinen und des EuGVÜ im besonderen, bei der Auslegung von Gerichtsstandsvereinbarungen zu beachten sind. Zu diesem Zwecke wird auch noch einmal genauer auf das vorgestellte Urteil des EuGH einzugehen sein.

Im übrigen wird bei der Problemlösung auch hier, wie bereits bei der oben unter 1. vorgestellten Grundfrage, von Wesen und Funktion der Aufrechnung und ihrer Einordnung in das System des Zivilprozeßrechts auszugehen sein. Weiter wird zu prüfen sein, inwieweit bei der Auslegung neben den zuvor schon genannten Interessen der Parteien die ebenfalls bereits oben unter 1. angeführten objektiven Gesichtspunkte der Prozeßökonomie und des Gerichtsinteresse an einer einheitlichen und den gesamten Streitstoff berücksichtigenden Entscheidung zu berücksichtigen sein werden.

Schließlich wird man verschiedene in der Praxis vorkommende Varianten auseinanderhalten müssen, in denen die hier interessierende Problematik auftreten und für die die Abwägung der beteiligten Interessen jeweils unterschiedlich

---

"Unzuständigkeit" für eine Aufrechnungsforderung durch Art. 18 EuGVÜ behandelt wird. Vgl. auch *Kannengießer*, der wiederholt den Begriff "prozessuales Aufrechnungsverbot" verwendet (z.B. auf S. 197 o. 199), obwohl er inhaltlich prüft, ob in einer internationalen Gerichtsstandsvereinbarung die Derogation auch für die aufrechnungsweise Geltendmachung von davon erfaßten Forderungen zu sehen ist (dies geht insbes. aus der Heranführung an die Problemlage durch den Autor auf S. 191 hervor) sowie *Gebauer*, der einerseits das Vorliegen eines prozessualen "Aufrechnungsverbots" prüft (IPRax 1998, 79 f. u. noch deutlicher in JbItalR 12 (1999), 31, 45 ff.), andererseits aber ausführt, bei prozessualer Geltendmachung der Aufrechnung mit unstreitigen oder bereits rechtskräftig festgestellten Gegenforderungen gehe es um keine gerichtliche Entscheidung mehr, auf die sich die "Frage der Internationalen Zuständigkeit" auswirken könne, sondern um eine bloße Verrechnung, der durch den Kl. nichts an "schützenswerten Zuständigkeitsinteressen" entgegen gesetzt werden könne, "was mit dem Sinn einer Gerichtsstandsvereinbarung zu tun" habe (IPRax 1998, 79, 82). Siehe auch Stein/Jonas/*Leipold*, § 145 V Rz. 41.

[122] Siehe dazu unten im Vierten Abschnitt unter C. IV. 1., S. 234 ff.

[123] Entsprechend Art. 23 EuGVVO.

[124] *Jenard*, Bericht zum EuGVÜ, zu Art. 17.

ausfallen kann. So kann etwa die Aufrechnungsforderung des Beklagten zur Klageforderung konnex sein oder auch in keinerlei rechtlichem Zusammenhang stehen. Sie kann von seiten des Klägers bestritten werden, aber zwischen den Parteien auch unstreitig oder bereits in einem anderen Verfahren rechtskräftig festgestellt worden sein. Die Parteien können einen einzigen Gerichtsstand als ausschließlich zuständig für Klagen beider Parteien vereinbaren. Sie können aber auch eine Partei einseitig im Sinne des Art. 17 Abs. 4 EuGVÜ begünstigen[125] oder eine sogenannte "wechselseitige" (oder auch "reziproke") Gerichtsstandsvereinbarung abschließen, nach der Klagen gegen den jeweils anderen Vertragspartner nur vor dessen Heimatgerichten erhoben werden dürfen. Die auszulegende Gerichtsstandsvereinbarung kann eine Individualvereinbarung darstellen oder aber in Allgemeinen Geschäftsbedingungen enthalten sein. Des weiteren sind Fälle denkbar, in denen nicht nur die Zulässigkeit der Aufrechnungseinrede in Frage steht, sondern bereits die Klageerhebung vor einem dafür aufgrund der Gerichtsstandsvereinbarung international nicht zuständigen Gericht erfolgt. An all diesen verschiedenen Fallkonstellationen muß sich die zu findende Problemlösung bewähren.

Läßt man das vom BGH letztlich erreichte Ergebnis zunächst einmal außen vor, so erscheint jedenfalls problematisch, daß er mit keinem Wort begründet hat, warum er die Gerichtsstandsvereinbarung nach deutschem Recht auslegt, sondern das deutsche Recht vielmehr unreflektiert anwendet.[126]

Richtigerweise hätte der BGH zunächst zur Frage Stellung nehmen müssen, wie das auf die Auslegung der Gerichtsstandsvereinbarung anzuwendende Recht zu ermitteln ist. Die Gerichtsstandsvereinbarung wird im deutschen Recht als ein Vertrag angesehen, dessen Zustandekommen sich nach materiellem Recht und dessen Zulässigkeit und Wirkungen sich nach Prozeßrecht richten.[127] Folglich richten sich, soweit Art. 17 EuGVÜ nicht einschlägig ist, Zulässigkeit und

---

[125] Diese Vorschrift findet keine ausdrückliche Entsprechung in der EuGVVO, gleichwohl ist auch nach dieser Verordnung gem. ihrem Art. 23 Abs. 1 S. 2 ("sofern die Parteien nichts anderes vereinbart haben") eine Parteivereinbarung entsprechenden Inhalts grds. zulässig, siehe *Kohler*, Revision, 22.

[126] Dies kritisieren u.a. *Schack*, Anm. zu *BGH* 24.11.1988 in IPRax 1990, 19, *ders.*, IZVR Rz. 456 u. *Pfaff*, ZZP 96 (1983), 334, 338. Dabei geht der *BGH* selbst in st. Rspr. davon aus, daß die Auslegung eines Rechtsgeschäfts - und um ein solches handelt es sich bei einer Gerichtsstandsvereinbarung, siehe nächster Absatz - durch die *lex causae* beherrscht wird, vgl. *BGH* 23.10.1980, RIW 1981, 194; 02.06.1976, WM 1976, 811 f.; 10.12.1971, RIW/ AWD 1972, 298, 299; 16.06.1969, WM 1969, 1140. Auch in der Lit. wird häufig übersehen, daß vor einer Auslegung von internationalen Gerichtsstandsvereinbarungen zunächst zu prüfen ist, welcher Rechtsordnung die Maßstäbe dafür zu entnehmen sind, so z.B. v. *Kannengießer*, 191 ff., *Ahlt*, 99 ff. o. *Martin Wolf*, 113 ff.

[127] H.M., grundlegend *BGH* 29.02.1968, *BGHZ* 49, 384 = IPRspr. 1968-69 Nr. 199; auch *BGH* 17.05.1972, *BGHZ* 59, 23, 26 f.; *Schack*, IZVR, Rz. 432; *Geimer*, IZPR, Rz. 1675; Zöller/*Vollkommer*, ZPO, § 38 Rz. 4 f.; Stein/Jonas/*Bork*, ZPO, § 38 Rz. 13; *von Hoffmann*, IPR, § 3 Rz. 73 u. Rz. 245.

Wirksamkeitsvoraussetzungen einer Gerichtsstandsvereinbarung nach der jeweiligen *lex fori*, während für ihr Zustandekommen das nach deutschem IPR zur Anwendung berufene Sachrecht maßgebend ist. Insoweit ist man sich allgemein einig.[128] Da die Fragen nach dem Zustandekommen und dem Inhalt eines Vertrags untrennbar miteinander verbunden sind, richtet sich auch die Auslegung nach der vom IPR des Forums berufenen *lex causae*[129] (vgl. die gesetzliche Wertung in Art. 32 Abs. 1 Nr. 1 EGBGB), soweit Art. 17 EuGVÜ keine Regelung enthält. Art. 17 EuGVÜ enthält Voraussetzungen für den wirksamen Abschluß von Gerichtsstandsvereinbarungen (unter anderem in Abs. 1 S. 2) und regelt bestimmte Wirkungen derselben (zum Beispiel in Abs. 1 S. 1, S. 3 oder Abs. 4).[130] Systematisch stehen diese Vorschriften über Voraussetzungen und Wirkungen von internationalen Gerichtsstandsvereinbarungen neben den Problemen der materiellen Willenseinigung, tatsächlich aber stellen sie teilweise nur die andere Seite derselben Medaille dar.[131] Es wird zu prüfen sein, ob und inwieweit aus diesen Vorschriften im Zusammenhang mit der Zielsetzung des EuGVÜ im allgemeinen und dem Sinn und Zweck des Art. 17 im besonderen Rückschlüsse auf die Auslegung von Gerichtsstandsvereinbarungen gezogen werden können, vollständig wird die Auslegung durch Art. 17 EuGVÜ jedenfalls nicht geregelt. Es muß also die nach deutschem IPR berufene *lex causae* ermittelt werden.

Maßgebend sind hierfür die Art. 27 bis 37 EGBGB, die jedoch aufgrund Art. 1 Abs. 2 d EVÜ, der Schieds- und Gerichtsstandsvereinbarungen aus dem Anwendungsbereich des EVÜ ausschließt und wegen Art. 36 EGBGB auch für die dem EVÜ entsprechenden Vorschriften des EGBGB zu beachten ist, nur entsprechende Anwendung finden können.[132] Da sich die vertragscharakteristische Leistung bei einer Gerichtsstandsvereinbarung nicht bestimmen läßt und Art. 28 Abs. 2 EGBGB folglich nicht zur Anwendung gelangt, stellt sich die Frage, wie das Recht des Staates ermittelt werden kann, mit dem sie die engsten Verbindungen aufweist (Art. 28 Abs. 1 S. 1 EGBGB analog).

Es sind diesbezüglich im wesentlichen zwei Möglichkeiten denkbar. Zum einen kann man, wenn die Gerichtsstandsvereinbarung im Zusammenhang mit einer vertraglichen Beziehung getroffen wurde, das Sachrecht auf sie anwenden,

---

[128] Grundlegend *BGH* 29.02.1968, *BGHZ* 49, 384 (s. Fn. 127). Seither st. Rspr., vgl. etwa *BGH* 24.11.1988, NJW 1989, 1431 = IPRax 1990, 41, 19 m. Anm. *Schack* = IPRspr. 1988 Nr. 165; *Kropholler*, IPR, § 58 IV 2., S. 584 f.; *ders.*, EuZPR, Art. 17 Rz. 26; *Schack*, IZVR, Rz. 432; *Jung/Sandrock*, E § 17 IV. 1. Rz. 124; *von Hoffmann*, IPR, § 3 Rz. 73 ff. u. Rz. 245.

[129] Allgemeine Auffassung, vgl. MünchKomm/*Spellenberg*, vor Art. 11 EGBGB, Rz. 53 f. m.w.N.

[130] Entspr. Art. 23 EuGVVO; ledigl. Art. 17 Abs. 4 EuGVÜ findet in der EuGVVO keine ausdrückl. Entsprechung, siehe dazu *Kohler*, Revision, 22.

[131] Vgl. *Günter H. Roth*, ZZP 93 (1980), 156, 162.

[132] *Von Hoffmann*, IPR, § 3 Rz. 75; Soergel/*von Hoffmann*, Art. 37, Rz. 8; *Schack*, IZVR Rz. 444. Krit. auch zur entspr. Anwendung *Jayme/Kohler*, IPRax 1992, 346, 353 und IPRax 1989, 337, 342.

das für den Hauptvertrag maßgeblich ist (akzessorische Anknüpfung).[133] Zum anderen kann man eine selbständige Bestimmung des Rechts, das die engsten Verbindungen zum Vertrag aufweist, unternehmen.[134] Diese wird regelmäßig zur Anwendung der *lex fori* des prorogierten Gerichts führen. Es wird zu prüfen sein, durch welche Lösung man den Parteiinteressen am besten gerecht werden kann.

Im oben geschilderten Fall war die Entscheidung des BGH, die Gerichtsstandsvereinbarung nach deutschem Recht zu beurteilen, jedenfalls im Ergebnis konsequent, da sie nach seiner Auffassung akzessorisch an den Hauptvertrag anzuknüpfen ist, und die Parteien den Hauptvertrag dem deutschen Recht unterstellt hatten.[135] Das deutsche Recht gab als Vertragsstatut der Gerichtsstandsvereinbarung gem. Art. 32 Abs. 1 Nr. 1 EGBGB analog die gesetzlichen und richterrechtlichen Regeln für die Auslegung vor.[136]

Nun hat der BGH aber nicht nur die Auslegungsregeln des deutschen Rechts angewandt (in erster Linie §§ 133, 157 BGB), sondern auch den Inhalt der Gerichtsstandsvereinbarung ausschließlich aus deutscher Sicht beurteilt. Gemäß § 133 BGB war jedoch - unter Beachtung der Verkehrssitte (§ 157 BGB) - der in der Formulierung zum Ausdruck gebrachte wirkliche Wille der Parteien zu ermitteln.

Es stellt sich die Frage, ob bei der Ermittlung des Willens der ausländischen Partei nicht unter Umständen - neben zwischen den Parteien möglicherweise entstandenen Gepflogenheiten und internationalen Handelsbräuchen - auch ausländisches Recht als ihr Umweltrecht zu berücksichtigen ist. Ausführlichere Ausführungen zur Vorgehensweise bei der Auslegung von internationalen Verträgen sollen dem Hauptteil dieser Arbeit vorbehalten bleiben. An dieser Stelle soll nur vorweggenommen werden, daß das Heimatrecht einer ausländischen Partei bei der Auslegung ihrer Willenserklärung durchaus eine Rolle spielen kann. Insbesondere wird es dann relevant, wenn die betreffende Partei erkennbar oder vermutlich ihr Erklärungsverhalten an ihrem eigenen Recht und dortigen Gepflogenheiten ausgerichtet hat[137] und der Empfänger nach Treu und Glauben nicht annehmen durfte, der Erklärende habe sich von ihm aus gesehen fremdem

---

[133] So der *BGH* in st. Rspr. u. die h.L.: *BGH* 29.02.1968, *BGHZ* 49, 384; 24.11.1988 (s. Fn. 128); *Kropholler*, Hdb. IZVR, Rz. 482 m.w.N. in Fn. 1103; *ders.*, IPR, § 58 III 4.; Thomas/*Putzo*, vor § 38 Rz. 6.

[134] *Geimer*, NJW 1972, 391; *ders.* in Zöller, IZPR Rz. 26.

[135] Der BGH hat allerdings auch bei ausländischem Prorogationsstatut bisher stets unreflektiert eine Auslegung nach deutschem Recht vorgenommen, *BGH* 08.02.1968, AWD 1968, 189; 08.07.1981, siehe Fn. 110; 24.11.1988, IPRax 1990, 41, 42. Kritisch zu dieser Praxis u.a. *Schack*, IPRax 1990, 19 u. *Pfaff*, ZZP 96 (1983), 334, 338.

[136] Vgl. *Schack*, IZVR, Rz. 456, der allerd. im Ergebn. eine Auslegg. *lege fori* für vorzugsw. zu halten scheint.

[137] MünchKomm/*Spellenberg*, Art. 31, Rz. 74. Vgl. auch *Wieser*, AcP 184 (1984), 40 u. *RG* 31.05.1943, DNotZ 1944, 151.

Recht und dortigen Gepflogenheiten anpassen wollen.[138] Im Zweifel wird davon auszugehen sein, daß der Erklärende sich nach seinem Umweltrecht gerichtet hat.

Der BGH hat all diese Fragen in der hier behandelten Entscheidung nicht angesprochen und auch sonst ist die Rechtsprechung mehrfach bei der Ermittlung der inhaltlichen Bedeutung von Gerichtsstandsvereinbarungen ausschließlich vom deutschen Recht ausgegangen (zumindest wenn die Gerichtsstandsvereinbarung in deutscher Sprache abgefaßt war)[139].

Nimmt man aber einmal an, im hier gebildeten Fall gäbe es keine weiteren Anhaltspunkte, daß sich S dem deutschen Recht und den deutschen Erklärungsbräuchen anpassen wollte, so wäre nach dem oben zur Auslegung Ausgeführten wohl davon auszugehen, daß S sich bei der Erklärung nach seinem spanischen Umweltrecht gerichtet hat. Die Folge davon wäre, daß bei der Beantwortung der Frage, ob der Gerichtsstandsvereinbarung gleichzeitig ein Aufrechnungsausschluß zu entnehmen ist, die Behandlung von entsprechenden Gerichtsstandsvereinbarungen im spanischen Recht zumindest zu berücksichtigen wäre. Gleiches gilt im übrigen für den Fall, daß beide Parteien sich erkennbar nach den spanischen Erklärungsgebräuchen richten wollten.

Die Frage, wie spanische Gerichte entsprechende Fälle entscheiden würden, ist aber über ihre soeben geschilderte Bedeutung für die Ermittlung des Inhalts der Parteierklärungen hinaus auch noch aus anderen Gesichtspunkten relevant: sie berührt die internationale Entscheidungsharmonie und Entscheidungsgerechtigkeit als Leitideale des Internationalen Privat- und Zivilverfahrensrechts einerseits und die Prinzipien der Waffengleichheit der Parteien und des fairen Verfahrens (geschützt durch Art. 20 Abs. 2 und 103 Abs. 1 GG sowie Art. 6 Abs. 1 EMRK) andererseits. Würde im umgekehrten Fall nämlich ein spanisches Gericht die internationale Zuständigkeit für die Aufrechnung bejahen beziehungsweise der inländischen Partei eine Verteidigung durch die Geltendmachung der Aufrechnung gestatten, so würde die Rechtsprechung des BGH zu einer kaum zu rechtfertigenden Benachteiligung des deutschen Beklagten führen.[140]

Zudem kann im konkreten Fall, anders als im vorgestellten BGH-Fall, das spanische Recht die Regeln für die Auslegung von internationalen Gerichtsstandsvereinbarungen vorgeben. Daher wird zu untersuchen sein, wie diese Auslegungsregeln des spanischen Rechts im einzelnen aussehen. Des weiteren kann das spanische Recht im konkreten Fall Aufrechnungsstatut sein. Es stellt sich dann die Frage, inwieweit der Eintritt der Aufrechnungswirkung kraft Gesetzes des spanischen Rechts (Art. 1195, 1202 CC) überhaupt - wie dies der BGH internationalen Gerichtsstandsvereinbarungen im Zweifel entnehmen will - durch

---

[138] MünchKomm/*Spellenberg*, Art. 31, Rz. 75.

[139] Anschauliches Beispiel ist *BGH* 08.07.1981, s. Fn. 110. Anders bei Abfassung in ausländischer Sprache, vgl. *OLG München* 25.02.1988, IPRax 1989, 42 m. Anm. *Lorenz*, 22.

[140] In diesem Sinne auch *Pfaff*, ZZP 96 (1983), 334, 352-356, insbes. 355 f.

vertragliche Vereinbarungen abbedungen werden kann. Auch ist - entsprechend dem bereits oben unter 1. Ausgeführten - von Bedeutung, wie das Verhältnis von materieller Rechtslage und der Geltendmachung der Aufrechnungseinrede im Prozeß ist. So müßte eine Vereinbarung, wonach die Aufrechnung vor einem bestimmten Gericht nicht geltend gemacht werden darf, streng genommen dazu führen, daß der Beklagte bei einem der Klage stattgebendem Urteil seine Gegenforderung ohne Gegenleistung verlieren würde, denn der Eintritt der Aufrechnung kraft Gesetzes kann nicht derart relativiert werden, daß die betreffenden Forderungen erloschen sind oder nicht, je nachdem vor welchem Gericht die Aufrechnung gerade geltend gemacht wird.

Nach dem Gesagten wäre es also durchaus denkbar, daß die Vereinbarung eines Aufrechnungsausschlusses im spanischen Recht gar nicht zulässig ist und wenn doch, daß sie möglicherweise ausdrücklich getroffen werden muß. Fraglich ist auch, wie das Verhältnis von materieller Rechtslage und prozessualer Zurückweisung der Aufrechnungseinrede dogmatisch konstruiert wird. Schließlich soll untersucht werden, wie entsprechende Gerichtsstandsvereinbarungen im spanischen Recht ausgelegt werden. Je nachdem, ob dies zu demselben oder zu einem anderen Ergebnis führt, als das von der deutschen Rechtsprechung für richtig gehaltene, könnte der Standpunkt des BGH entweder bestärkt oder in Frage gestellt werden.

3. *Die Auswirkungen von Schiedsvereinbarungen auf die Zulässigkeit des Aufrechnungseinwands*

Die Parteien können die Entscheidungszuständigkeit der deutschen Gerichte nicht nur durch eine internationale Gerichtsstands-, sondern auch durch eine Schiedsvereinbarung abbedingen (vgl. §§ 1025 ff. ZPO). Auch in dieser Problemkonstellation stellt sich aus der Sicht der staatlichen deutschen Gerichte[141] - ganz ähnlich wie in der zuvor unter 2. behandelten - die Frage, ob die betreffende Vereinbarung im Zweifel dahingehend auszulegen ist, daß auch die Aufrechnung mit davon erfaßten Forderungen nur vor dem als zuständig vereinbarten Schiedsgericht geltend gemacht werden darf. Auch hier soll ein Beispielsfall zur Verdeutlichung der Problematik beitragen, der einer Entscheidung des BGH vom 22.11.1962 nachgebildet wurde:[142]

[141] Nur aus dieser Perspektive, die auch im Rest der Arbeit eingenommen wird, soll das Problem untersucht werden. Für die korrespondierenden Probleme aus der Sicht der Schiedsgerichte - Aufrechnung vor einem Schiedsgericht mit einer Gegenforderung, für die im Falle der selbständigen Geltendmachung ein ordentliches Gericht zuständig wäre - ist in der vorliegenden Arbeit kein Raum. Insoweit sei verwiesen auf *Schreiber*, ZZP 90 (1977), 395, 413 ff. u. *Kannengießer*, 203 ff.

[142] *BGH* 22.11.1962, *BGHZ* 38, 254 = BB 1963, 578 = AWD 1963, 26 = NJW 1963, 243 = JZ 1963, 681 = IPRspr 1962-63 Nr. 35 = WM 1963, 23 = ZZP 76 (1963), 461.

Die Klägerin ist eine Aktiengesellschaft mit Sitz in Spanien. Der Beklagte war ihr Handelsvertreter in Deutschland, und zwar nach Maßgabe zweier Verträge. Diese Verträge enthalten eine Schiedsvereinbarung. Die Klägerin verlangt die Bezahlung des Kaufpreises für Warenlieferungen. Der Beklagte bestreitet das Bestehen der Klageforderung und rechnet vorsorglich mit einem Provisionsanspruch auf. Die Klägerin hält die Aufrechnung für unzulässig, weil über die angebliche Gegenforderung nur das Schiedsgericht zu befinden habe.

Der BGH führt dazu in seinen Urteilsgründen aus, der Schiedsvertrag enthalte ein vertragliches Verbot, sich im Prozeß auf die Aufrechnung mit einer Gegenforderung zu berufen, über die nach dem Willen der Beteiligten das Schiedsgericht habe entscheiden sollen. Denn nach dem Schiedsvertrag seien die Parteien gehalten, das Zustandekommen des Schiedsspruches zu fördern und alles zu unterlassen, was jenes Ziel vereiteln könne. Damit hätten sie sich verpflichtet, die Prüfung, ob die Forderung bestehe, nicht dem ordentlichen Gericht zu unterbreiten.[143] Demzufolge dürfe im ordentlichen Prozeß die Aufrechnung mit einer Gegenforderung nicht beachtet werden, wenn letztere mit einer rechtswirksamen Schiedsabrede versehen sei.

Anders als im Fall der oben unter 2. vorgestellten Parallelproblematik bei internationalen Gerichtsstandsvereinbarungen ist die Rechtsprechung des BGH in Bezug auf Schiedsvereinbarungen in der Lehre auf weitgehende Zustimmung gestoßen.[144] Teilweise wird allerdings abweichend davon die Ansicht vertreten, die Aufrechnungseinrede dürfe in einem solchen Fall nicht als unzulässig zurückgewiesen werden, sondern das ordentliche Gericht habe das Verfahren nach § 148 ZPO auszusetzen[145] und gegebenenfalls ein Vorbehaltsurteil nach § 302 ZPO zu erlassen.[146]

Es wird zu prüfen sein, ob die vorgeschlagenen Lösungswege zu angemessenen Ergebnissen führen. Dabei werden der Sinn von Schiedsvereinbarungen sowie die in der betreffenden Konstellation bestehende besondere Interessenlage zu ermitteln sein. Im übrigen werden bei der Problemlösung weitgehend die gleichen Aspekte eine Rolle spielen, wie bei der oben unter 2. angesprochenen

[143] *BGHZ* 38, 254, 258.

[144] Musielak/*Stadler*, § 145 Rz. 24; Palandt/*Heinrichs*, § 387 Rz. 14; MünchKomm-ZPO/*Peters*, § 145 Rz. 35; MünchKomm/*v. Feldmann*, § 387 Rz. 26; Stein/Jonas/*Schlosser*, § 1025 Rz. 37 m.w.N.; Wieczorek/*Schütze*, § 1025 Rz. 68; Zöller/*Greger*, § 145 Rz. 20; Baumbach/Lauterbach/*Albers*, § 1029 Rz. 22; Thomas/Putzo/*Reichold*, § 145 Rz. 23; *Schreiber*, ZZP 90 (1977), 395, 413; *Rosenberg/Schwab/Gottwald*, § 105 III 1. f; *Geimer*, IZPR Rz. 3818; *Jauernig*, ZPO, § 45 III., S. 178. Differenzierend: *Kannengießer*, 210 ff.

[145] So etwa: MünchKomm-ZPO/*Peters*, § 145 Rz. 35; Thomas/Putzo/*Reichold*, § 145 Rz. 23; *Kannengießer*, 213.

[146] So z.B. MünchKomm-ZPO/*Peters*, § 145 Rz. 35.

Parallelproblematik bei internationalen Gerichtsstandsvereinbarungen, insoweit sei auf die betreffenden Ausführungen verwiesen.

4. Die "compensación judicial" des spanischen Rechts im deutschen Zivilprozeß

Wie bereits kurz erwähnt, kennen die romanischen Rechtsordnungen, die dem Modell der Legalkompensation folgen, eine Variante der Aufrechnung, die dem deutschen Recht unbekannt ist: das Rechtsinstitut der "richterlichen" oder "gerichtlichen" Aufrechnung. Im spanischen Recht nennt man diese besondere Form der Aufrechnung "compensación judicial".[147] Dabei beseitigt der Richter in Ausübung einer richterlichen Gestaltungsbefugnis ein bestehendes materiellrechtliches Hindernis - meist wird es sich dabei um die fehlende Liquidität einer Forderung handeln, deren Existenz und Höhe dann mit dem Urteil festgeschrieben wird -, aufgrund dessen die "gesetzliche Aufrechnung" ("compensación legal") nicht gemäß Art. 1195 ff. CC *ipso iure* eintreten konnte. Die Aufrechnung vollzieht sich dann - mit Wirkung *ex nunc* - bei Erlaß des Urteils, denn zu diesem Zeitpunkt liegen alle Voraussetzungen vor.

Die Frage ist nun, ob ein deutsches Gericht die richterliche Aufrechnung vornehmen kann, wenn das spanische Recht Aufrechnungsstatut ist und der Beklagte die Aufrechnung mit einer Forderung geltend macht, die nicht alle materiellrechtlichen Voraussetzungen für den Aufrechnungseintritt erfüllt, oder ob ihm dies verwehrt ist, weil das deutsche Prozeßrecht dieses - prozessuale - Rechtsinstitut nicht kennt. Zur Verdeutlichung der Problematik soll auch hierzu wieder ein Beispielsfall dienen, der einer Entscheidung des OLG Stuttgart vom 21.8.1995[148] nachempfunden wurde:

> Die Klägerin, ein spanisches Unternehmen, verlangt von der deutschen Beklagten die Zahlung des Kaufpreises für gelieferte Maschinen. Die Beklagte macht hiergegen die Aufrechnung mit Schadensersatzansprüchen geltend, deren genaue Bezifferung sie in das Ermessen des Gerichts stellt. Für die Entscheidung über die Aufrechnung der Beklagten besteht die deutsche internationale Zuständigkeit jedenfalls

---

[147] *Albaladejo*, 167 f.; *Puig Brutau*, 375. Die "compensación judicial" ist nicht gesetzlich geregelt, sondern entstammt dem Richterrecht; siehe dazu näher unten im Ersten Abschnitt unter B. V., S. 51. Im italienischen Recht "compensazione giudiziale", siehe Art. 1243 Abs. 2 Codice Civile und im französischen Recht "compensation judiciaire", siehe z.B. *Kannengießer*, 55 f. u. *G. Wagner*, IPRax 1999, 65, 69.

[148] *OLG Stuttgart*, 21.8.1995, RIW 1995, 943 (zum Sachverhalt siehe *Kronke*, IPRax 1996, 139).

gemäß Art. 18 EuGVÜ, weil sich die Klägerin auf die Aufrechnung rügelos eingelassen hat.

Zunächst ist festzuhalten, daß in diesem Fall gemäß Art. 28 Abs. 2 S. 1 EGBGB das spanische Recht Aufrechnungsstatut ist, da die vertragscharakteristische Leistung bei einem Kaufvertrag vom Verkäufer erbracht wird. Maßgebend sind die Art. 1195 ff. CC.[149] Danach tritt die Aufrechnung kraft Gesetzes ein (Art. 1195, 1202 CC), wenn die betreffenden Forderungen die gesetzlichen Voraussetzungen der Gegenseitigkeit ("reciprocidad", Art. 1195 und 1196 Nr. 1 CC), Gleichartigkeit ("homogenidad", Art. 1196 Nr. 2 CC), Fälligkeit ("vencimiento", Art. 1196 Nr. 3 CC) sowie der Liquidität und Durchsetzbarkeit ("liquidez y exigibilidad", Art. 1196 Nr. 4 CC) erfüllen und keine Aufrechnungsverbote eingreifen. Unter einer liquiden Forderung versteht man im spanischen Recht eine solche, deren Höhe genau bestimmt ist oder durch nichts weiter als eine einfache Rechenoperation bestimmt werden kann.[150] Demnach ist eine Forderung nicht liquide, wenn ihre Höhe von der Einschätzung eines bestimmten Verhaltens (Vorsatz, Fahrlässigkeit oder Schuld) oder von der Bewertung von Gütern beziehungsweise Vermögen oder Schäden abhängt.[151] Genau dies ist hier aber der Fall: die Gegenforderung steht der Höhe nach noch nicht fest, vielmehr soll ihr Betrag vom Gericht erst noch nach billigem Ermessen festgelegt werden. Sie ist also noch nicht liquide, die "gesetzliche Aufrechnung" ("compensación legal") gemäß Art. 1195 ff. CC ist bisher noch nicht eingetreten.

Das OLG Stuttgart vertrat nun die Auffassung, im Rahmen des deutschen Zivilprozesses, welcher der *lex fori* unterstehe, entfalle die Möglichkeit des prozeßrechtlichen Instruments der gerichtlichen Aufrechnung,[152] die Aufrechnungsmöglichkeit hänge lediglich von den materiellrechtlichen Voraussetzungen des Aufrechnungsstatuts ab.[153] Nach anderer Ansicht hingegen kann die richter-

---

[149] Siehe dazu näher unten im Ersten Abschnitt, S. 41 ff.

[150] *Orduña Moreno*, 311; *Puig Brutau*, 377; *TS* in st. Rspr., s. z.B. *TS* 12.4.1985, RAJ 1985, 1693; 11.6.1981, RAJ 1981, 260; 3.7.1978, RAJ 1978, 2932; 26.2.1952, RAJ 1952, 724; 18.4.1940, RAJ 1940, 290; 31.3.1932, RAJ 1932, 968; 29.12.1930, RAJ 1930, 1390. *AP Ciudad Real* 5.11.1993, La Ley 1994, Marginal 470. Vgl. jetzt auch Art. 219 LEC.

[151] Min. de Justicia/*Valpuesta Fernández*, Art. 1196, 283; *TS* 4.7.1962, RAJ 1962, 3188; 6.12.1979, RAJ 1979, 4316; 20.3.1982, RAJ 1982, 1386; 13.3.1986, RAJ 1986, 1249. *AP Ciudad Real* 5.11.1993, La Ley 1994, Marginal 470. Nichts zu tun hat das Erfordernis der Liquidität im spanischen Recht hingegen - anders als beispielsweise im italienischen (siehe dazu *Gebauer*, JbItalR 12 (1999), 31, 40 f. u. *Kannengießer*, 14-16) oder im französischen (siehe dazu *Kannengießer*, 52 f. u. *G. Wagner*, IPRax 1999, 65, 69) Recht - mit der Streitigkeit oder Unstreitigkeit einer Forderung, siehe dazu näher unten im Ersten Abschnitt unter B. II. 1., S. 44.

[152] Im vom *OLG Stuttgart* zu entscheidenden Originalfall war italienisches Recht anwendbar, es ging um die Durchführbarkeit der "compensazione giudiziale" nach Art. 1243 Abs. 2 Codice Civile.

[153] So auch *LG Darmstadt*, 16.10.1991, JbItalR 6 (1993), 225 (ebenf. zum italien. Recht).

liche Aufrechnung von deutschen Gerichten durchaus vorgenommen werden.[154] Zur Begründung wird angeführt, sie sei kein rein prozeßrechtliches Rechtsinstitut, sondern vielmehr materiellrechtlich zu qualifizieren.[155] Es wird zu prüfen sein, inwieweit die beschriebenen Standpunkte Zustimmung verdienen.

Dabei wird zu bedenken sein, daß die zitierten Ausführungen fast ausnahmslos die Situation im deutsch-italienischen Rechtsverkehr zum Gegenstand haben, daneben wird lediglich die gerichtliche Aufrechnung nach französischem Recht kurz erwähnt.[156] Daher wird zu prüfen sein, inwieweit sich das spanische Aufrechnungsrecht gegenüber den anderen romanischen Rechtsordnungen eigenständig entwickelt hat und ob sich daraus Besonderheiten ergeben, die bei der Problemlösung zu beachten sind.

Im übrigen führt der Weg zu einer Lösung, dies zeigen schon die zuvor zitierten Stellungnahmen in Rechtsprechung und Lehre, unweigerlich über eine Auseinandersetzung mit der Frage nach der Reichweite des *Lex-fori*-Prinzips.

Daß die *Lex-fori*-Regel nicht uneingeschränkt gelten kann, ist heute weitgehend anerkannt.[157] Über Umfang und Tragweite der Ausnahmen, die davon zu machen sind, gehen die Meinungen allerdings auseinander.[158] Es wird auf höchst unterschiedlichen Wegen versucht, die Reichweite des *Lex-fori*-Prinzips dogmatisch zu erfassen. Die Ansätze reichen vom Vorschlag, solche Rechtsfragen, die im deutschen Recht traditionell als verfahrensrechtlich eingestuft werden, im internationalen Bereich materiellrechtlich zu qualifizieren, um sie so dem Einflußbereich der *Lex-fori*-Regel zu entziehen und stattdessen der kollisionsrechtlichen Verweisung zugänglich zu machen,[159] bis hin zum grundsätzlichen Infragestellen der besagten Regel,[160] teilweise verbunden mit der Forderung nach einem eigenen Verfahrenskollisionsrecht.[161]

---

[154] *LG München I*, 20.3.1995, IPRax 1996, 31; *Kindler*, IPRax 1996, 16, 21; *Gebauer*, JbItalR 12 (1999), 31, 56; *Schack*, IZVR Rz. 354 a. E.; MünchKomm/*Spellenberg*, Art. 32 EGBGB Rz. 54.

[155] *LG München I*, 20.3.1995, IPRax 1996, 31; *Gebauer*, JbItalR 12 (1999), 31, 56.

[156] Von *Schack*, IZVR Rz. 354 a.E.

[157] *BGH* 22.3.1967, *BGHZ* 47, 324 = NJW 1967, 2109; MünchKomm/*Sonnenberger*, Einl. IPR Rz. 397; *Schack*, IZVR Rz. 40; *Geimer*, IZPR Rz. 325; *Kropholler*, IPR, § 56 IV, S. 553 f.; *von Bar*, Rz. 371; *Linke*, IZPR, Rz. 37 f.; *Heldrich*, 22; *Schröder*, Internat. Zuständigkeit, 525 u. 797; *Jaeckel*, 68 ff.; *Niederländer*, RabelsZ 20 (1955), 1, 32; *Jayme*, RabelsZ 32 (1968), 323, 335; *Jayme*, FamRZ 1972, 301, 302; *Schlosser*, Gestaltungsklagen, 304 f.; *Isaak Meier*, 42; *Böhm*, 107; *Stalev*, 43 ff.; auch *Basedow*, Qualifikation, 139 f. räumt dies ein und läßt Ausnahmen zu, "wo der Bezug zum materiellen Recht eindeutig überwiegt", s. S. 140. Vgl. auch *Radtke*, 19.

[158] Siehe dazu MünchKomm/*Sonnenberger*, Einl. IPR Rz. 294 ff. m.w.N.; *Böhm*, 107 ff.; *Herbert Roth*, 1045 f.; *Jaeckel*, 62 ff.

[159] S. z.B. *Niederländer*, RabelsZ 20 (1955), 1, 19 u. 39 ff., insbes. 42 o. *Neuhaus*, RabelsZ 20 (1955), 201, 237.

[160] S. z.B. *Grunsky*, ZZP 89 (1976), 241, 252 f.

[161] S. z.B. *Schack*, IZVR Rz. 44, *Coester-Waltjen*, Internat. Beweisrecht, Rz. 145 u. 173 o.

Die betreffenden in Rechtsprechung und Lehre vorgeschlagenen Ansätze werden zu analysieren sein, um schließlich einen eigenen rechtstechnischen Lösungsansatz formulieren zu können, anhand dessen dann geprüft werden kann, ob die Vorschriften des spanischen Rechts über die "compensación judicial" im deutschen Verfahren zu berücksichtigen sind und, wenn ja, wie dies im einzelnen zu geschehen hat.

B. Gang der Untersuchung

Ziel der Arbeit ist es, zu den angesprochenen Fragen sach- und interessengerechte Lösungsvorschläge zu entwickeln und so einen Beitrag zu ihrer Klärung zu leisten. Entsprechend der gewählten Ausrichtung auf das spanische Recht als Bezugsrechtsordnung[162] werden sich die Untersuchungen vorwiegend mit dem deutsch-spanischen Rechtsverkehr beschäftigen. Demzufolge wird naturgemäß die Rechtslage im Anwendungsbereich der europäischen Verordnungen bzw. Übereinkommen, insbesondere des EuGVÜ, im Mittelpunkt der Betrachtungen stehen zumal diese ohnehin für die Mehrzahl der von deutschen Gerichten zu entscheidenden Fälle maßgeblich ist. Zwar ist am 1. März 2002 an die Stelle des EuGVÜ die EuGVVO vom 22. Dezember 2000 getreten (Art. 66, 68 und 76 EuGVVO). Das EuGVÜ gilt aber noch im Verhältnis zu Dänemark[163] und auch das weitgehend inhaltsgleiche LugÜ ist nach wie vor in Kraft.[164] Vor diesem Hintergrund und angesichts der Tatsache, dass sich die für die vorliegende Untersuchung maßgebenden gerichtlichen Entscheidungen, insbesondere des EuGH, sowie die sich damit näher auseinandersetzende Literatur überwiegend mit den Vorschriften des EuGVÜ beschäftigen, sollen diese im Zentrum der Überlegungen stehen. Die EuGVVO hat für die hier interessierenden Fragen im wesentlichen keine Änderung der Rechtslage gebracht; auch ihre generellen Ziele und Leitprinzipien entsprechen weitgehend denen des EuGVÜ.[165] Die zu den Vorschriften des EuGVÜ gemachten Ausführungen sind daher grundsätzlich ohne weiteres auf die entsprechenden Vorschriften der EuGVVO übertragbar. Dort, wo sich dennoch Abweichungen ergeben, und sei es lediglich hinsichtlich der Numerierung der Artikel, wird darauf hingewiesen werden. Die Rechtslage

Heldrich, 18 ff.

[162] S. dazu näher oben unter A. I. 4., S. 11 ff.

[163] Abl.EG 16.01.2001, Nr. L 12, S. 1, 2/3 unter Ziff. 21 u. 22.

[164] Eine gesonderte Behandlung der Rechtslage unter dem LugÜ wird nicht erfolgen, da sie - zumindest hinsichtlich der hier interessierenden Fragen - nicht wesentlich von derjenigen unter dem EuGVÜ abweicht (insbes. ist der Wortlaut von Art. 6 Nr. 3 EuGVÜ u. Art. 6 Nr. 3 LugÜ identisch) und mithin nicht notwendig erscheint. Erwähnenswert ist in diesem Zusammenhang lediglich, daß die Entscheidungen des EuGH für den Geltungsbereich des LugÜ keine bindende Wirkung entfalten können, siehe *von Hoffmann*, IPR, § 3 Rz. 193.

[165] S. dazu näher *Heß*, JZ 2001, 573, 577 ff. sowie *Kohler*, Revision, 1 ff.

im autonomen deutschen - und, wo relevant, auch spanischen - Recht wird ergänzend angesprochen werden.

Um sich im weiteren Verlauf der Arbeit fundiert mit ihren eigentlichen Problemstellungen auseinandersetzen zu können, wird es zunächst einmal erforderlich sein, sich als Basis einen Überblick darüber zu verschaffen, wie die Aufrechnung im spanischen Recht geregelt ist - dies soll im Ersten Abschnitt geschehen. Auf eine gesonderte Darstellung des deutschen Aufrechnungsrechts soll im Interesse der Beschränkung des Umfangs der Ausführungen verzichtet werden, da dessen Kenntnis bei dem Adressatenkreis dieser Arbeit weitgehend vorausgesetzt werden kann. Gleichwohl sollen dort, wo bei der Untersuchung des spanischen Rechts besonders bemerkenswerte Übereinstimmungen oder Abweichungen deutlich werden, kurze Hinweise gegeben werden. Den Abschluß dieses Abschnitts sollen rechtsvergleichende Betrachtungen bilden, die die Unterschiede in der Ausgestaltung der Sachnormen aufzeigen sollen. In diesem Rahmen wird das deutsche Recht dann naturgemäß mit zu berücksichtigen sein.

Da dem EuGVÜ im deutsch-spanischen Rechtsverkehr Vorrang vor den autonomen Zivilprozeßrechten zukommt,[166] wird im Zweiten Abschnitt zu untersuchen sein, ob das Übereinkommen abschließende Regelungen in Bezug auf die zuständigkeitsrechtliche Behandlung der Aufrechnung in seinem Anwendungsbereich enthält beziehungsweise welchen Rahmen es dem autonomen Recht in dieser Hinsicht vorgibt. Dabei wird insbesondere eine eingehende Analyse der zu diesem Thema ergangenen Entscheidungen des EuGH vorzunehmen sein, dem die Auslegung des Übereinkommens gemäß Art. 1 des Luxemburger Protokolls vom 3. Juni 1971[167] anvertraut ist.

Im Dritten Abschnitt wird dann als erster Schwerpunkt der Arbeit eine Auseinandersetzung mit der Grundsatzfrage nach der zuständigkeitsrechtlichen Relevanz der Aufrechnungseinrede im Internationalen Zivilprozeßrecht folgen: hängt die Befugnis zur Entscheidung über eine aufrechnungsweise geltend gemachte Forderung davon ab, daß das mit dem Verfahren befaßte Gericht nach den Vorschriften des gesetzlichen Zuständigkeitssystems für ihre selbständige Geltendmachung international zuständig wäre? Bevor mit der eigentlichen Annäherung an diese Problematik begonnen werden kann, wird zunächst zu prüfen sein, welches Sachrecht jeweils auf die einzelnen Aspekte der prozessualen Aufrechnungseinrede anzuwenden ist, die sich, wie bereits eingangs der Einleitung festgestellt wurde, im Grenzbereich zwischen materiellem und Prozeßrecht sowie zwischen Internationalem Privat- und Internationalem Zivilprozeßrecht bewegt.

---

[166] Allgem. Meinung, vgl. z.B. Wieczorek/Schütze/*Hausmann*, § 38 Rz. 44. Die EuGVVO ihrerseits ist aufgrund ihrer Rechtsnatur als (sekundäres) Gemeinschaftsrecht in den Mitgliedsstaaten ohnehin unmittelbar geltendes Recht, siehe Art. 76 EuGVVO.

[167] Luxemburger Protokoll betreffend die Auslegung des Übereinkommens vom 27. September 1968 über die gerichtliche Zuständigkeit und die Vollstreckung gerichtlicher Entscheidungen in Zivil- und Handelssachen durch den Gerichtshof, BGBl. 1972 II, 846.

Sodann werden die bisherigen Auffassungen in der deutschen Rechtsprechung und Lehre zu sichten sein.

Anschließend soll ein Blick auf die Rechtslage im spanischen Recht geworfen werden. Zwar ist die betreffende Problematik - entsprechend der zuvor unter A. definierten Zielsetzung der Arbeit - selbstverständlich in erster Linie für das deutsche Internationale Zivilprozeßrecht zu beantworten. Bei der Suche nach einer angemessenen Lösung sind aber, wie bereits zuvor bei der Problembeschreibung erwähnt, unter anderem auch das Ziel der Rechtsvereinheitlichung im Geltungsbereich des EuGVÜ sowie die internationale Entscheidungsharmonie und Entscheidungsgerechtigkeit als Leitideale des Internationalen Privat- und Zivilverfahrensrechts zu berücksichtigen. Insbesondere sind Reibungen zwischen materiellrechtlichen Vorgaben ausländischer Aufrechnungsstatute und dem deutschen Verfahrensrecht möglichst zu vermeiden. Vor diesem Hintergrund erscheint es sinnvoll, die Rechtslage im spanischen Recht bereits bei der Entwicklung eines Lösungsvorschlags zu berücksichtigen, um daran exemplarisch untersuchen zu können, ob die Tatsache, daß die Aufrechnung in einer Rechtsordnung materiellrechtlich gesehen kraft Gesetzes eintritt, möglicherweise bereits für sich genommen eine bestimmte zuständigkeitsrechtliche Behandlung der prozessualen Aufrechnungseinrede indiziert.

Der Vierte Abschnitt wird sich mit der Frage beschäftigen, ob internationale Gerichtsstandsvereinbarungen dahingehend auszulegen sind, daß davon erfaßte Forderungen auch im Wege der Aufrechnung nicht vor den Gerichten eines anderen als dem vereinbarten Staat geltend gemacht werden dürfen. Hier wird der zweite Schwerpunkt dieser Arbeit liegen. Dabei soll zunächst einmal von den bisherigen Standpunkten der deutschen Rechtsprechung und Lehre ausgegangen werden, deren Betrachtung auf die für die Lösung maßgeblichen Gesichtspunkte hinführen und die Einzelfragen verdeutlichen wird, die sich im Zusammenhang mit der Auslegung einer internationalen Gerichtsstandsvereinbarung stellen.

Im Anschluß daran werden einige grundlegende Fragen bezüglich der internationalen Gerichtsstandsvereinbarung zu klären sein, deren Beantwortung die Voraussetzungen dafür schaffen wird, daß eine angemessene Lösung erarbeitet werden kann. So wird unter anderem zu ermitteln sein, welchem Recht solche Vereinbarungen und insbesondere ihre Auslegung unterliegen und wie bei ihrer Auslegung im einzelnen vorzugehen ist. Unter Berücksichtigung der gewonnenen Erkenntnisse sollen sodann die Standpunkte von Rechtsprechung und Lehre einer kritischen Überprüfung unterzogen und anschließend eine eigene Stellungnahme zu der Problematik abgegeben werden. Hierbei werden die verschiedenen Konstellationen zu unterscheiden sein, in denen internationale Gerichtsstandsvereinbarungen in der Praxis vorkommen und für die die Abwägung der beteiligten Interessen jeweils unterschiedlich ausfallen kann. Abschließend werden die dabei erzielten Ergebnisse dann darauf hin zu überprüfen sein, ob sie auch der spezifischen Interessenlage der Parteien im deutsch-spanischen Rechtsverkehr gerecht zu werden vermögen.

Die Rechtslage nach spanischem Recht kann für deutsche Gerichte bei der Auslegung von internationalen Gerichtsstandsvereinbarungen in verschiedener Hinsicht relevant werden: Das spanische Recht kann Aufrechnungsstatut sein. Es kann die Maßstäbe für deren Auslegung vorgeben. Es kann aber auch als Umweltrecht einer oder beider Parteien zu berücksichtigen sein;[168] auch Erklärungsgepflogenheiten des spanischen Rechtsraumes können eine Rolle spielen, wenn eine Partei ihr Verhalten erkennbar danach ausgerichtet hat. Schließlich werden bei der Auslegung über den Grundsatz von Treu und Glauben als normative Gesichtspunkte unter anderem auch die Grundsätze der internationalen Entscheidungsharmonie und -gerechtigkeit als Leitideale des Internationalen Privat- und Zivilprozeßrechts im allgemeinen und des EuGVÜ im besonderen zu berücksichtigen sein - auch insoweit ist es von Bedeutung, wie die hier untersuchte Problematik von spanischen Gerichten beurteilt werden würde.

Dementsprechend wird zu untersuchen sein, wie internationale Gerichtsstandsvereinbarungen nach spanischem Recht auszulegen sind und ob danach im Zweifel die Aufrechnung mit von der Vereinbarung erfaßten Forderungen vor den Gerichten eines anderen als dem vereinbarten Staat als ausgeschlossen anzusehen ist. Anschließend soll dann geprüft werden, ob die erarbeitete Lösung vor diesem Hintergrund auch für diejenigen Fälle aufrechterhalten werden kann, in denen eine Verbindung zum spanischen Recht besteht, oder ob die ergänzende Auslegung hier möglicherweise einen davon abweichenden (hypothetischen) Parteiwillen ergibt.

Im Fünften Abschnitt wird die eng mit der zuvor angesprochenen Problematik verwandte Frage behandelt werden, ob eine Schiedsvereinbarung im Zweifel dahingehend auszulegen ist, daß auch die Aufrechnung mit davon erfaßten Forderungen nur vor dem als zuständig vereinbarten Schiedsgericht geltend gemacht werden darf. Dabei werden im wesentlichen die gleichen Punkte anzusprechen sein wie bei der Parallelkonstellation bei internationalen Gerichtsstandsvereinbarungen. Soweit sich für die Behandlung von Schiedsvereinbarungen nichts Abweichendes ergibt, wird, um unnötige Wiederholungen zu vermeiden, auf die zu letzterer gemachten Ausführungen verwiesen werden. Im übrigen werden die gegenüber der Interessenlage bei internationalen Gerichtsstandsvereinbarungen bestehenden Besonderheiten herauszuarbeiten sein, um schließlich prüfen zu können, ob diese eine abweichende Beurteilung der Situation bei Schiedsvereinbarungen erforderlich machen.

Der Sechste Abschnitt wird die Untersuchung der Frage zum Gegenstand haben, ob der deutsche Richter die richterliche Aufrechnung ("compensación judicial") des spanischen Rechts, wenn dieses Aufrechnungsstatut ist, im deutschen Zivilprozeß vornehmen darf. Auch hier wird zunächst von den bisherigen Er-

---

[168] Vgl. MünchKomm/*Sonnenberger*, Einl. IPR Rz. 4, 7, 555-557 m.w.N.; *von Hoffmann*, IPR, § 1 Rz. 129; *Jayme*, Ausländische Rechtsregeln und Tatbestand inländischer Sachnormen - Betrachtungen zu Ehrenzweigs Datum-Theorie, GS Ehrenzweig, 35 ff.

kenntnissen in Rechtsprechung und Lehre auszugehen sein. Bevor eine eigene Stellungnahme abgegeben werden kann, wird herauszuarbeiten sein, welche Gesichtspunkte für die Entscheidung maßgebend sind, ob ausländisches Verfahrensrecht von deutschen Gerichten angewandt werden darf oder nicht. Auf der Grundlage der dabei gewonnenen Erkenntnisse wird dann ein eigener dogmatischer Lösungsansatz zu formulieren sein, anhand dessen schließlich geprüft werden kann, ob die Vorschriften des spanischen Rechts über die "compensación judicial" auch in Zivilprozessen vor deutschen Gerichten Berücksichtigung zu finden haben.

Den Abschluß der Arbeit wird eine Zusammenfassung der in den einzelnen Abschnitten gefundenen Ergebnisse bilden.

Erster Abschnitt: Die Aufrechnung im spanischen Recht

A. Einführung

In der Einleitung wurde deutlich, daß das spanische Recht aus deutscher Sicht bei der Beurteilung einer vom Beklagten im Prozeß geltend gemachten Aufrechnung in mehrerlei Hinsicht relevant werden kann. Zur direkten Anwendung spanischen Rechts kommt es in einem deutschen Verfahren in diesem Zusammenhang insbesondere dann, wenn es im konkreten Fall Aufrechnungsstatut ist. Dann stellt sich für das deutsche Gericht die Frage, wie sich die Aufrechnung danach materiellrechtlich vollzieht. Dementsprechend soll im folgenden unter B. zunächst ein Blick auf die materiellrechtliche Aufrechnung des spanischen Rechts geworfen werden.[1]

Im Hinblick auf die prozeßrechtlich ausgerichtete Fragestellung dieser Arbeit ist jedoch darüber hinaus auch eine Untersuchung der prozeßrechtlichen Behandlung der Aufrechnung im spanischen Recht unerläßlich. Nur auf der Grundlage der dabei gewonnenen Erkenntnisse kann eine für den deutsch-spanischen Rechtsverkehr befriedigende Lösung der internationalzuständigkeitsrechtlichen Probleme gelingen, die im Zusammenhang mit der Aufrechnung auftreten können[2] und die im weiteren Verlauf der Arbeit untersucht werden sollen. Unter C. wird demzufolge zu prüfen sein, welche Behandlung die Aufrechnung im spanischen Zivilprozeßrecht erfährt.[3]

Eine Sonderbehandlung wird im spanischen Recht synallagmatischen Gegenforderungen zuteil - darauf wird unter D. einzugehen sein.[4] Den Abschluß der Betrachtung des spanischen Aufrechnungsrechts sollen unter E. schließlich einige rechtsvergleichende Bemerkungen bilden, welche die wesentlichen Unterschiede zum deutschen Recht verdeutlichen sollen, insbesondere insofern sie mit Blick auf den weiteren Verlauf der Arbeit von Bedeutung sind.[5]

---

[1] Siehe unten, S. 42 ff.
[2] Siehe dazu oben in der Einleitung unter A. I. 3., S. 8 ff. sowie III., S. 16 ff.
[3] Siehe unten, S. 53 ff.
[4] Siehe unten, S. 67 ff.
[5] Siehe unten, S. 72 ff.

B. Die materiellrechtliche Aufrechnung ("la compensación"), Art. 1195 ff. CC

I. Die Funktion der Aufrechnung im spanischen Recht

Der Código Civil führt die Aufrechnung - und insoweit ist er nicht ganz präzise - als einen der Gründe für das Erlöschen von Schuldverhältnissen ("extinción de las obligaciones", Art. 1156 CC) auf. Gemeint ist damit ihre Funktion als Erfüllungssurrogat, als Mittel zur Schuldbefreiung.[6]

Im einzelnen ist die Aufrechnung in den Art. 1195 bis 1202 des Código Civil geregelt. Art. 1195 sieht vor, daß die Aufrechnung stattfindet, wenn zwei Personen aus eigenem Recht wechselseitig Gläubiger und Schuldner von einander sind ("Tendrá lugar la compensación cuando dos personas, por derecho propio, sean recíprocamente acreedoras y deudoras la una de la otra.") und Art. 1202 bestimmt, daß es die Wirkung der Aufrechnung ist, beide Forderungen in der Höhe, in der sie sich gegenüberstehen, erlöschen zu lassen, auch wenn Gläubiger und Schuldner keine Kenntnis von ihrem Eintritt haben ("El efecto de la compensación es extinguir una y otra deuda en la cantidad concurrente, aunque no tengan conocimiento de ella los acreedores y deudores."). In der Folge wird noch zu ergründen sein, was das Gesetz mit diesen Formulierungen meint.[7]

Als Zweck des Rechtsinstituts der Aufrechnung, dessen eigentliche Wurzeln einige Autoren und auch der Tribunal Supremo im Prinzip *dolo facit qui petit quod statim redditurus est* und damit im Grundsatz von Treu und Glauben sehen (wer eine Forderung gegen jemanden geltend mache, dessen Schuldner er gleichzeitig sei, handle objektiv ungerechtfertigt und unredlich),[8] werden - ähnlich wie in der deutschen -[9] auch in der spanischen Rechtswissenschaft und Rechtsprechung vor allem die Vermeidung unnötiger gegenseitiger Zahlungen und somit die Vereinfachung des Rechtsverkehrs im öffentlichen Interesse sowie der Schutz des Schuldners vor dem Risiko, als erster zahlen zu müssen und dann anschließend vielleicht nicht bezahlt zu werden (Sicherungs- oder Garantiefunktion), genannt.[10] Darüber hinaus wird aber auch auf die Besonderheit hingewiesen, daß es die Aufrechnung einem Gläubiger ermöglicht, seine Forderung ohne Inanspruchnahme der Gerichte und folglich ohne die damit verbundenen Verzögerungen und den Aufwand sowie die Furcht vor im Zwangsvollstreckungsverfahren besserrangigen Rechten Dritter zu verwerten - das Recht, die Auf-

---

[6] *Diez-Picazo*, 538; *Orduña Moreno*, 308.

[7] Siehe dazu näher unten unter II. 3., S. 47.

[8] *Diez-Picazo*, 537; *Orduña Moreno*, 308; *Lete del Río*, Bd. I, 179. *TS* 1.2.1995, La Ley 1995, 968.

[9] Siehe dazu in der Einleitung unter A. I. 1., S. 1 sowie unten unter E. II. 1. S. 72.

[10] *Albaladejo*, Curso, 164; *Puig Brutau*, 373; *Lete del Río*, Bd. I, 179; *Diez-Picazo*, 537; *De Arrillaga*, 480; *TS* 20.5.1993; RAJ 1993, 3809.

rechnung geltend zu machen, weise insofern einige Eigenschaften auf, die es an die Sicherungsrechte annäherten.[11]

Nach der Ursache, die letztendlich den Eintritt der Aufrechnungswirkungen herbeiführt, wird unterschieden zwischen der gesetzlichen Aufrechnung ("compensación legal"), der vertraglichen Aufrechnung ("compensación convencional"), der fakultativen oder freiwilligen Aufrechnung ("compensación facultativa") und der richterlichen Aufrechnung ("compensación judicial").[12]

II. Die gesetzliche Aufrechnung ("compensación legal")

Als gesetzliche Aufrechnung wird diejenige bezeichnet, bei der die Aufrechnungswirkungen nicht aufgrund einer (so bei der "compensación facultativa")[13] oder mehrerer (so bei der "compensación convencional")[14] rechtsgeschäftlicher Erklärungen oder eines richterlichen Gestaltungsaktes (so bei der "compensación judicial")[15], sondern ausschließlich kraft der gesetzlichen Bestimmungen und mit den dort vorgesehenen Folgen eintritt.[16] Es handelt sich dabei um die Grundform der Aufrechnung, die als einzige ihrer Erscheinungsformen ausdrücklich im Código Civil geregelt ist (Art. 1195 ff. CC).

1. Voraussetzungen

Als Voraussetzungen für den Eintritt der Aufrechnungswirkungen nennt der Código Civil zunächst - ebenso wie das BGB in § 387 - die Gegenseitigkeit ("reciprocidad", Art. 1195 und 1196 Nr. 1 CC) und die Gleichartigkeit ("homogenidad", Art. 1196 Nr. 2 CC) der beiden sich gegenüberstehenden Forderungen. Letztere ist unter anderem dann nicht gegeben, wenn eine der beiden Forderungen in ausländischer Währung zu leisten ist (das heißt, wenn der Schuldner nicht auch wahlweise in spanischer Währung - jetzt: in Euro - leisten darf), es sei denn, die Parteien haben den Wechselkurs in ihrer vertraglichen Vereinbarung fixiert und die betreffende Währung ist im Verhältnis zur spanischen Währung - jetzt: dem Euro - frei konvertibel.[17]

---

[11] *Rojo Ajuría*, CCJC 1988, 453, 460; *Peña y Bernaldo de Quirós*, 453; *Diez-Picazo*, 537.

[12] Siehe z.B. *Puig Brutau*, 375 u. *Albaladejo*, Curso, 167. Vgl. auch *TS* 7.6.1983, RAJ 1983, 7000.

[13] Siehe dazu unten IV., S. 51.

[14] Siehe dazu unten III., S. 50.

[15] Siehe dazu unten V., S. 51.

[16] *Diez-Picazo*, 538.

[17] *Albaladejo*, Der. Civ., 310 ff.; Albaladejo/*López Vilas*, Art. 1196, 427 ff.; *Orduña Moreno*, 309. Der letztgenannte Autor fordert darüber hinaus, daß der Zinsgewinn des Gläubigers durch die Aufrechnung nicht beeinträchtigt werden dürfe. Vgl. auch *TS* 10.12.1941, RAJ

Anders als das deutsche Recht verlangt das spanische die Fälligkeit ("vencimiento", Art. 1196 Nr. 3 CC) und die Durchsetzbarkeit ("exigibilidad", Art. 1196 Nr. 4 CC) *beider* Forderungen (der Grund dafür liegt in der Gleichberechtigung der beiden Forderungen, es ist nicht eine davon Haupt- und die andere Gegenforderung) - wobei die Fälligkeit entgegen der Systematik des CC auch in Spanien allgemein als Unterfall der Durchsetzbarkeit angesehen wird -[18] sowie die Liquidität[19] ("liquidez", ebenfalls Art. 1196 Nr. 4 CC) derselben. Unter einer liquiden Forderung versteht man im spanischen Recht eine solche, deren Höhe genau bestimmt ist oder durch nichts weiter als eine einfache Rechenoperation bestimmt werden kann.[20] Demnach ist eine Forderung nicht liquide, wenn ihre Höhe von der Einschätzung eines bestimmten Verhaltens (Vorsatz, Fahrlässigkeit oder Schuld) oder von der Bewertung von Gütern beziehungsweise Vermögen oder Schäden abhängt.[21] Nichts zu tun hat das Erfordernis der Liquidität im spanischen Recht hingegen - anders als beispielswiese im italienischen[22] oder im französischen[23] Recht - mit der Streitigkeit oder Unstreitigkeit einer Forderung.[24]

Konnexität der beiden sich gegenüberstehenden Forderungen ist für den Eintritt der Aufrechnungswirkungen nicht erforderlich, sie können vielmehr aus verschiedenen Rechtsverhältnissen herrühren.[25]

1941, 1391 u. 27.12.1952. Siehe zum Meinungsstand im deutschen Recht stellvertretend Palandt/*Heinrichs*, § 387 Rz. 9, Staudinger/*Magnus*, Art. 32 EGBGB Rz. 63 u. Staudinger/*Schmidt*, § 244 Rz. 47-50, jeweils m.w.N. sowie *Birk*, AWD 1969, 12, 15 u. 17 einerseits u. *KG* NJW 1988, 2181 andererseits. Vgl. jetzt auch § 95 Abs. 2 InsO.

[18] Siehe statt vieler: *Albaladejo*, Curso, 166; Albaladejo/*López Vilas*, Art. 1196 V B., S. 434; Min. de Justicia/*Valpuesta Fernández*, Art. 1196 V 3., S. 283.

[19] Im spanischen Recht ist die Liquidität also eine materiellrechtliche Voraussetzung, während sie im deutschen Recht nur bei der in einem Prozeß geltend gemachten Aufrechnung eine gewisse Berücksichtigung findet, vgl. §§ 145 Abs. 3, 302 Abs. 1 ZPO.

[20] *Orduña Moreno*, 311; *Puig Brutau*, 377; *TS* in st. Rspr., s. z.B. *TS* 12.4.1985, RAJ 1985, 1693; 11.6.1981, RAJ 1981, 260; 3.7.1978, RAJ 1978, 2932; 26.2.1952, RAJ 1952, 724; 18.4.1940, RAJ 1940, 290; 31.3.1932, RAJ 1932, 968; 29.12.1930, RAJ 1930, 1390. *AP Ciudad Real* 5.11.1993, La Ley 1994, Marginal 470. Vgl. jetzt auch Art. 219 LEC.

[21] Min. de Justicia/*Valpuesta Fernández*, Art. 1196, 283; *TS* 4.7.1962, RAJ 1962, 3188; 6.12.1979, RAJ 1979, 4316; 20.3.1982, RAJ 1982, 1386; 13.3.1986, RAJ 1986, 1249. *AP Ciudad Real* 5.11.1993, La Ley 1994, Marginal 470.

[22] Siehe dazu *Gebauer*, JbItalR 12 (1999), 31, 40 f. u. *Kannengießer*, 14-16.

[23] Siehe dazu *Kannengießer*, 52 f. u. *G. Wagner*, IPRax 1999, 65, 69.

[24] *Tapia Fernández*, 109-124, insbes. 109, 112 f.; Albaladejo/*López Vilas*, Art. 1196, 431-434, insbes. 431; Min. de Justicia/*Valpuesta Fernández*, Art. 1196, 282; vgl. jetzt auch den Wortlaut des Art. 219 LEC. Mißverständlich *Diez-Picazo*, 540. Sonst bräuchte der Kl. nämlich die Forderung des Bekl. nur zu bestreiten, um die Voraussetzung der Liquidität wegfallen zu lassen und so den Erfolg der Aufrechnungseinrede zu vereiteln, *Tapia Fernández*, 115. Die Streitigkeit einer Forderung ist eine Frage, die im spanischen Recht ausschließlich das Prozeßrecht berührt, die Liquidität wird vom CC aber als materiellrechtliche Voraussetzung genannt und materiellrechtlich gesehen kann die Forderung nur entweder existieren oder nicht existieren.

[25] *Diez-Picazo*, 541; Albaladejo/*López Vilas*, Art. 1195, 420; *TS* 7.6.1983, RAJ 1983, 7000;

2. *Ausschluß der materiellrechtlichen Aufrechnungswirkungen*

a) *Aufrechnungsausschluß kraft Gesetzes*

Nach dem Código Civil sind ausnahmsweise von der Aufrechnung ausgenommen:

(1) Forderungen, die vom Sicherungsmittel der "retención" (eine Art Pfändung beziehungsweise Beschlagnahme) oder von einem Rechtsstreit über die Gläubigerstellung ("contienda") erfaßt werden,[26] falls diese von dritter Seite angestrengt und dem Schuldner rechtzeitig und formgerecht (aufgrund der prozeßrechtlichen Natur der "retención" und der "contienda" muß die Benachrichtigung in der von der LEC vorgesehenen Form erfolgen[27]) mitgeteilt wurden, Art. 1196 Nr. 5 CC. Durch diese Vorschrift sollen die Interessen Dritter in Bezug auf eine der Aufrechnung unterworfene Forderung geschützt werden, indem ihrem Recht gegenüber den Interessen des Schuldners zur Durchsetzung verholfen wird, sobald sie es diesem ordnungsgemäß angezeigt haben.[28] Obwohl der Código Civil dies nicht ausdrücklich erwähnt, erfaßt Art. 1196 Nr. 5 CC auch die Fälle, in denen über das Vermögen eines der beiden Gläubiger ein Konkursverfahren eröffnet worden ist ("quiebra" oder "concurso").[29] Ausgeschlossen ist die Aufrechnung in diesen Fällen nach herrschender Meinung aber nur, wenn die betreffenden Forderungen erst aufgrund der Wirkungen der Konkurseröffnung alle Aufrechnungsvoraussetzungen erfüllen;[30] stehen sich die beiden Forderungen hingegen bereits vor Konkurseröffnung aufrechenbar gegenüber, erlöschen sie aufgrund der Wirkung der Aufrechnung *ipso iure* gemäß Art. 1202 CC ohne weiteres zu diesem Zeitpunkt - die spätere Eröffnung des Konkursverfahrens kann darauf keinen Einfluß mehr haben.[31]

(2) Forderungen, die eine Hinterlegung ("depósito") zum Ursprung haben oder Verpflichtungen des Hinterlegenden oder eines Entleihers ("comodatorio"), Art. 1200 Abs. 1 CC.[32]

(3) Forderungen aus gesetzlichen Unterhaltsansprüchen unter Verwandten, denen gegenüber die Aufrechnung nicht geltend gemacht werden darf, Art. 1200 Abs. 2 CC in Verbindung mit Art. 151 Abs. 1 S. 2 CC. Der Aufrechnungsausschluß basiert in diesem Fall auf Natur und Zweck des Unterhaltsrechts, das die

---

8.11.1911.

[26] Siehe dazu näher *Diez-Picazo*, 547.

[27] *Orduña Moreno*, 311; Min. de Justicia/*Valpuesta Fernández*, Art. 1196, 283 f.

[28] Albaladejo/*López Vilas*, Art. 1196, 437.

[29] *Diez-Picazo*, 547.

[30] *TS* 19.2.1973, RAJ 1973, 565; *Diez-Picazo*, 548; *Tapia Fernández*, 160 f.

[31] *TS* 16.10.1975, RAJ 1975, 3599; 30.4.1968, RAJ 1968, 2538; 10.12.1941, RAJ 1941, 1391; 12.3.1931, RAJ 1931, 968; *Diez-Picazo*, 547; *Álvarez Vigaray*, 56; *Tapia Fernández*, 160-168.

[32] Siehe dazu im einzelnen *Puig Brutau*, 377 f. u. *Diez-Picazo*, 548 ff.

grundlegenden Bedürfnisse der berechtigten Personen abdecken soll[33] und das der Disposition des Berechtigten entzogen ist.[34] Das Verbot bezieht sich folglich auf die zukünftigen Unterhaltsansprüche, weshalb der Unterhaltsberechtigte[35] mit bereits fälligen Unterhaltsansprüchen durchaus die Aufrechnung geltend machen kann, Art. 151 Abs. 2 CC, denn hier ist die Beziehung von Unterhaltsleistung und grundlegenden Bedürfnissen des Berechtigten bereits verloren gegangen.[36]

b) Aufrechnungsausschluß kraft vertraglicher Vereinbarung

Als Konsequenz der Privatautonomie bleibt es den Parteien unbenommen, durch Vertrag (Art. 1255 CC) auf den Eintritt der Aufrechnungswirkungen zu verzichten.[37] Dieser Verzicht ist ausdrücklich oder stillschweigend möglich und kann im Voraus, aber auch noch nach Eintritt der Aufrechnung (zum Beispiel konkludent durch Erfüllung der Schuld einerseits und Annahme dieser Leistung andererseits)[38] vereinbart werden.[39] Der präventive Verzicht wird gewöhnlich im selben Vertrag enthalten sein, der auch die Forderung zur Entstehung bringt, deren Aufrechenbarkeit ausgeschlossen werden soll; er kann aber genauso gut zu einem späteren Zeitpunkt erfolgen.[40] Dabei kann die Aufrechnung aller zukünftigen Forderungen einer Partei ausgeschlossen werden oder der Ausschluß kann auf eine bestimmte Art Forderungen oder auf eine ganz konkrete Forderung beschränkt werden.[41]

---

[33] *Diez-Picazo*, 550.
[34] *Lacruz Berdejo*, 307.
[35] Und nur dieser! Dies folgt aus der Tatsache, daß man Art. 151 Abs. 2 CC im Zusammenhang mit Art. 1200 Abs. 2 lesen muß, *Diez-Picazo*, 550.
[36] *Diez-Picazo*, 550; krit. hierzu *Lacruz Berdejo*, 307.
[37] Ganz h.M., siehe z.B. Albaladejo/*López Vilas*, Art. 1202, 492; *Puig Brutau*, 380 f.; *Diez-Picazo*, 546 f. u. 550; *Albaladejo*, Curso, 167; *Tapia Fernández*, 43; *Álvarez Vigaray*, 64 ff., mit der - m.E. richtigen - Einschränkung, daß durch die Aufrechnung begünstigte Dritte ihre Rechte trotz des Verzichts der Parteien behalten (so z.B. der Bürge sein Recht aus Art. 1853 CC), s. S. 66 - diese Einschränkung machen auch Min. de Justicia/ *Valpuesta Fernández*, Art. 1202, 293 und *Lete del Río*, Bd. I, 182.
[38] Vgl. Álvarez Vigaray, 66 f.
[39] Min. de Justicia/*Valpuesta Fernández*, Art. 1202, 293; *Puig Brutau*, 380 f.; *Tapia Fernández*, 43; *Manresa y Navarro*, CC, 852; *Álvarez Vigaray*, 64 m.w.N, 65 f. Vgl. auch Art. 1198 Abs. 1 CC, der bestimmt, daß der Schuldner, der der Abtretung einer gegen ihn gerichteten Forderung an einen Dritten zugestimmt hat, diesem nicht das vorherige Erlöschen dieser Forderung durch Aufrechnung entgegenhalten kann - nach h.M. stellt dies die gesetzliche Regelung einer Form des nachträglichen Verzichts durch schlüssiges Verhalten dar oder zumindest die gesetzliche Vermutung eines solchen Verzichts, siehe *Álvarez Vigaray*, 66; Albaladejo/*López Vilas*, 492; Min. de Justicia/*Valpuesta Fernández*, siehe oben.
[40] *Álvarez Vigaray*, 64 f.
[41] *Álvarez Vigaray*, 65.

3. *Eintritt der Aufrechnungswirkungen ipso iure*

Art. 1202 CC bestimmt, daß die Aufrechnung zwei sich aufrechenbar gegenüberstehende Forderungen zum Erlöschen bringt, soweit sie in der Höhe übereinstimmen, auch wenn Gläubiger und Schuldner keine Kenntnis davon haben ("El efecto de la compensación es extinguir una y otra deuda en la cantidad concurrente, aunque no tengan conocimiento de ella los acreedores y deudores"). Während vereinzelt die Ansicht vertreten wird, der Eintritt der Aufrechnungswirkungen erfolge erst dann, wenn sich eine der Parteien auf sie berufe,[42] interpretieren der bei weitem größte Teil der Lehre[43] und der Tribunal Supremo in ständiger Rechtsprechung[44] diese Vorschrift (in der traditionellen Weise) dahingehend, daß die Aufrechnung ihre Wirkungen kraft Gesetzes in dem Moment entfaltet, in dem sich zwei Forderungen gegenübertreten, die die in Art. 1196 CC enthaltenen Voraussetzungen erfüllen.

In der Tat geht aus dem Wortlaut des Art. 1202 CC, wonach die Aufrechnung ihre Wirkung selbst dann entfaltet, wenn Gläubiger und Schuldner keine Kenntnis davon haben, einwandfrei hervor, daß das Gesetz den Eintritt der Aufrechnungswirkungen nicht von einer bestimmten Aktivität einer der Parteien (etwa einer Aufrechnungserklärung, wie sie gemäß § 388 BGB im deutschen Recht erforderlich ist) oder einem Ausspruch des Richters abhängig machen will. Dies gilt um so mehr, als der Código Civil insoweit den französischen Code Civil (Art. 1290: "la compensation s'opère de plein droit, par la seule force de la loi, même a l'insu des débiteurs") und den italienischen Codice Civile von 1865 (dessen Art. 1286 fast wörtlich die Regelung des französischen Code Civil übernahm)[45] zum Vorbild hat,[46] die beide noch deutlicher den Eintritt der Aufrech-

---

[42] I.d.S. - soweit ersichtl. - nur *González Palomino*, 9 ff. (der Eintritt der Aufrechnungswirkungen erfolge nach dem CC nicht automatisch, sondern er hänge vom Willen der Part. ab; werde die Aufr. von einer Partei geltend gemacht, so trete ihre Wirkung *ex nunc* ab diesem Zeitpunkt ein) sowie *Diez-Picazo*, 554 (der Eintritt der Aufrechnungswirkungen setze eine Willenserklärung der interessierten Partei voraus, d.h. die - prozessuale oder außerprozessuale - Erhebung der Aufrechnungseinrede. Die Aufrechnung entfalte ihre Wirkungen dann *ex tunc* bezogen auf den Zeitpunkt, in dem sich die beiden Forderungen gegenübergetreten seien. Dementsprechend könne der zur Erhebung der Aufrechnungseinrede Berechtigte das bereits auf seine Schuld Geleistete nicht über die *condictio indebiti* zurückfordern, ihm bleibe vielmehr nur die selbständige Geltendmachung seiner Gegenforderung).

[43] Min. de Justicia/*Valpuesta Fernández*, Art. 1202, 293; *Albaladejo*, Curso, 165; *Álvarez Vigaray*, 53 ff.; *Ruíz Serramalera*, 338; *Tapia Fernández*, 40 u. 44; *Fernández López/Rifá Soler/Valls Gombau*, Bd. III, 434; *Lorca Navarrete*, 275; *Prieto-Castro y Ferrándiz*, 514 f.; *De la Oliva*, La Ley 1982, 918, 920 f.; *Moreno Mocholi*, 488 f.; *Manresa y Navarro*, CC, 851; *Puig Brutau*, 379-381; *Cortés Domínguez*, Der.Proc.Civ., 209.

[44] *TS* 1.2.1995, La Ley 1995, 968; 21.11.1988, RAJ 1988, 9039; 7.3.1988, RAJ 1988, 1556; 7.6.1983, RAJ 1983, 7000; 16.10.1975, RAJ 1975, 3599; 26.2.1952, RAJ 1952, 724; 19.4.1901, RGLJ 1901 (Bd. 91), Nr. 105.

[45] Vgl. Albaladejo/*López Vilas*, 407. Dementsprechend setzt der Eintritt der Aufrechnungs-

nung *ipso iure* anordnen. Die Tatsache, daß einige Artikel des Código von der "Geltendmachung" der Aufrechnung sprechen (z.B. Art. 1197, 1198 u. 1200 Abs. 2), kann nicht dagegen ins Feld geführt werden.[47] Daraus läßt sich lediglich die Notwendigkeit für die Parteien ableiten, die Aufrechnung ordnungsgemäß in den Prozeß einzuführen, wenn sie von ihren materiellrechtlich bereits eingetretenen Wirkungen profitieren wollen.[48] Dementsprechend spricht auch die neue LEC nicht von der Geltendmachung der "Aufrechnung", sondern vom Vorbringen der "Existenz einer aufrechnungstauglichen Forderung" (so z.B. in Art. 408 Abs. 1: "Si ... el demandado alegare la existencia de crédito compensable ..."; ähnlich auch in Art. 438 Abs. 2). Deshalb ist der letztgenannten Auffassung zuzustimmen.

Der Eintritt der Aufrechnungswirkungen kraft Gesetzes hat zur Folge, daß Tatsachen, die zwischen den Zeitpunkten des Gegenübertretens der Forderungen und der Geltendmachung der Aufrechnung im Prozeß eintreten, keinen Einfluß auf sie haben können. So bleiben etwa der spätere Ablauf der Verjährungsfrist für die Forderungen oder eine nachträgliche Abtretung derselben (dazu siehe Art. 1198 Abs. 2 und 3 CC) und sogar - wie bereits zuvor ausgeführt -[49] die spätere Eröffnung eines Konkursverfahrens auf die einmal eingetretene Aufrechnung grundsätzlich ohne Wirkungen. Die von der Aufrechnung betroffenen, also bereits erloschenen Forderungen können auch nicht die Wirkungen einer noch bestehenden Forderung entfalten: sie können keine Zinsansprüche auslösen, es kann kein Verzug eintreten und keine Vertragsstrafe wegen Nichtleistung fällig werden. Akzessorische Sicherungsrechte erlöschen ab dem Tag des Erlöschens der gesicherten Forderung (deshalb kann der Bürge dem Gläubiger auch gemäß Art. 1197 CC entgegenhalten, dessen Forderung sei durch Aufrechnung mit einer gegen ihn gerichteten Forderung des Hauptschuldners erloschen). Sollte auf eine bereits durch Aufrechnung erloschene Schuld geleistet werden, ohne daß der Leistende zu diesem Zeitpunkt von der Aufrechnung Kenntnis hat, kann das Geleistete über die *condictio indebiti* zurückgefordert werden.[50]

Weitere Konsequenz der Wirkung der Aufrechnung *ipso iure* ist, daß die Geschäftsfähigkeit der Parteien für ihren Eintritt keine Rolle spielt.[51] Auch findet

---

wirkungen auch nach ständiger italienischer Rechtsprechung keine Willenserklärung einer der Parteien voraus, sondern erfolgt *ope legis*, s. z.B. *Cass.* 4.5.1981, Nr. 2705, Foro It. Mass. 1981; *Cass.* 5.6.1976, Nr. 2037, Giust. civ. 1976, I, 1638; *Cass.* 23.10.1958, Nr. 3420, Foro It. 1959, I, 599; *Cass.* 4.7.1956, Nr. 2431, Giust. civ. 1957, I, 91.

46 Albaladejo/*López Vilas*, Art. 1202, 486.

47 So aber z.B. *González Palomino*, 82-141 u. *Diez-Picazo*, 554.

48 Vgl. *Álvarez Vigaray*, 54 u. *Gómez Orbaneja*, 276.

49 Oben unter 2. a) (1), S. 45. Siehe dazu *Diez-Picazo*, 547; *Álvarez Vigaray*, 56.

50 Siehe zu alledem *Álvarez Vigaray*, 55 - 58; Albaladejo/*López Vilas*, Art. 1202, 489 f.; *Tapia Fernández*, 44; Min. de Justicia/*Valpuesta Fernández*, Art. 1202, 293; *Puig Brutau*, 380. A.A. zu letzterem *Diez-Picazo*, 554 (siehe dazu oben, Fn. 42).

51 Min. de Justicia/*Valpuesta Fernández*, Art. 1202, 293; Albaladejo/*López Vilas*, Art. 1202, 488.

die Regelung des Art. 1201 CC i.V.m. Art. 1172 ff. CC[52] über die Reihenfolge des Erlöschens mehrerer sich gegenüberstehender aufrechenbarer Forderungen immer dann keine Anwendung, wenn die verschiedenen Forderungen der jeweiligen Partei nicht im selben Augenblick entstanden sind (und gleichzeitig alle Aufrechnungsvoraussetzungen erfüllen), sondern zu unterschiedlichen Zeitpunkten - dann erlöschen nämlich immer die sich zuerst gegenüberstehenden Forderungen der Parteien kraft Gesetzes durch Aufrechnung.[53]

Trotz des materiellrechtlichen Eintritts der Aufrechnungswirkungen kraft Gesetzes ist man sich jedoch darin einig, daß die Aufrechnung zum einen, wie bereits zuvor unter II. 2. festgestellt,[54] verzichtbar ist und zum anderen - aufgrund des Prinzips der Parteiherrschaft über den Zivilprozeß -[55] vom Gericht nicht von Amts wegen beachtet werden kann.[56] Dabei wird die letztgenannte Einschränkung allerdings in sehr unterschiedlicher Weise verstanden: Während die herrschende Lehre den Standpunkt vertritt, die Aufrechnung sei - anders als etwa die Erfüllung - nur dann zu berücksichtigen, wenn sie von der interessierten Partei im Prozeß ausdrücklich geltend gemacht werde,[57] hat die Rechtsprechung wiederholt erklärt, der Beklagte müsse die Aufrechnung als solche nicht ausdrücklich einwenden, vielmehr reiche es aus, daß die Tatsachen vorgetragen würden, aus denen sie sich ergebe.[58] Auf diese konträren Standpunkte wird später im

[52] Art. 1172 Abs. 1 CC sieht vor, daß der Schuldner, der demselben Gläubiger zu mehreren gleichartigen Leistungen verpflichtet ist, bei der Leistung bestimmen kann, welche der Schulden getilgt werden soll (entspricht in etwa § 366 Abs. 1 BGB) und Art. 1201 CC erklärt diese Vorschrift auch für die Reihenfolge des Erlöschens mehrerer Forderungen im Falle einer Aufrechnung für anwendbar.

[53] *Álvarez Vigaray*, 56; Albaladejo/*López Vilas*, 490.

[54] Siehe oben, S. 46.

[55] Siehe Art. 19 f., 216 u. 218 LEC sowie auch De la Oliva/*M. A. Fernández*, Der.Proc.Civ., Bd. II, 23 (noch zum alten Art. 359 LEC-1881).

[56] Siehe dazu z.B. *TS* 31.5.1985, Col.Leg. 1985, Nr. 356 = RAJ 1985, 2839; 28.3.1981, RAJ 1981, 1135; 25.6.1962, RAJ 1962, 3023; 8.6.1965, RAJ 1965, 3304; 29.4.1944, RAJ 1944, 547. Vgl. auch *Tapia Fernández*, 180 sowie *Fernández López/Rifá Soler/Valls Gombau*, Bd. III, 434.

[57] *Tapia Fernández*, 43, 74 u. 177; *Diez-Picazo*, 554 f.; Min. de Justicia/*Valpuesta Fernández*, Art. 1202, 293; *Álvarez Vigaray*, 55 u. 58; Albaladejo/*López Vilas*, Art. 1202, 487; *Puig Brutau*, 380; *Fernández López/Rifá Soler/Valls Gombau*, Bd. III, 433; *Orduña Moreno*, 312; *Albaladejo*, Curso, 165; *Lorca Navarrete*, 275; *Ruiz Serramalera*, 338 (Fn. 20); *Gómez Orbaneja*, 275.

[58] *TS* 17.7.2000, La Ley 2000, 3287; 27.12.1995, La Ley 1996, 647; 1.2.1995, La Ley 1995, 968 - in all diesen Fällen handelte es sich um eine richterliche Aufrechnung - sowie *TS* 30.5.1990, La Ley 1990, 2322; 24.11.1988, RAJ 1988, 9040; 21.11.1988, RAJ 1988, 9039 = La Ley 1989, 1005; 21.4.1988, RAJ 3269 = CCJC 1988, 449; 7.3.1988, RAJ 1988, 1556 = La Ley 1988, 1583; 6.2.1985, Col.Leg. 1985, Nr. 80 = RAJ 1985, 536; 21.10.1980, RAJ 1980, 3631; 26.9.1977, RAJ 1977, 3518; 2.1.1976, RAJ 1976, 42; 1.2.1962, RAJ 1962, 642; *AP Barcelona*, 3.10.1990, RJC 1991, 109. Vgl. *Fernández López/Rifá Soler/Valls Gombau*, Bd. III, 434-436; *Tapia Fernández*, 180; *Rojo Ajuria*, CCJC 1988, 453, 456.

Rahmen der Untersuchung der prozeßrechtlichen Behandlung der Aufrechnung im spanischen Recht noch zurückzukommen sein[59] - an dieser Stelle erscheint ein näheres Eingehen darauf noch nicht erforderlich und auch unpassend.

In jedem Fall ist die prozessuale Einrede der Aufrechnung nur das notwendige Mittel, um die Tatsache in den Prozeß einzuführen, daß die Klageforderung materiellrechtlich bereits vorher durch die *ipso iure* eingetretene Aufrechnung erloschen ist. Das auf die entsprechende Einrede hin ergehende, die Aufrechnung berücksichtigende Urteil hat deshalb nur deklaratorischen Charakter, das heißt es beschränkt sich darauf, das bereits vorher aufgrund der Aufrechnung erfolgte Erlöschen der Forderungen festzustellen.[60] Etwas irreführend ist es daher, im selben Atemzug von einer Wirkung des die Aufrechnung berücksichtigenden Urteils "*ex tunc*" oder von "Rückwirkung" zu sprechen,[61] wie es häufig in der Literatur,[62] aber auch in einigen Urteilen des Tribunal Supremo[63] geschieht. Entsprechendes gilt für die Ausführungen *López Vilas'*,[64] der einerseits davon spricht, das die Aufrechnung berücksichtigende Urteil habe nur deklaratorischen Charakter,[65] andererseits aber erklärt, die Aufrechnungswirkungen träten in der Praxis erst zu dem Zeitpunkt ein, zu dem sie von einer Partei geltend gemacht werde und entfalte ihre Wirkung dann so "als ob die Forderungen bereits in dem Moment erloschen wären, in dem sie sich gegenübertraten." [66]

III. Die vertragliche Aufrechnung ("compensación convencional")

Als vertragliche Aufrechnung bezeichnet man diejenige, deren Wirkungen kraft vertraglicher Vereinbarung zwischen den Parteien eintreten.[67] Der Código Civil sieht diese Art der Aufrechnung zwar nicht ausdrücklich vor (im Gegensatz beispielsweise zu Art. 1252 des italienischen Codice Civile), die Zulässigkeit solcher Aufrechnungsverträge ergibt sich aber aus dem in Art. 1255 CC verankerten Grundsatz der Vertragsfreiheit.[68]

---

[59] Siehe dazu näher unten unter C. I., S. 57 ff. - dort auch mit Angabe der entsprechenden Fundstellen.

[60] Albaladejo/*López Vilas*, Art. 1202, 490; *Ruíz Serramalera*, 338; *Álvarez Vigaray*, 55; *Tapia Fernández*, 60; *Moreno Mocholi*, 489; *Cortés Domínguez*, Der. Proc. Civ., 209.

[61] Krit. zu dieser Terminologie zu Recht *Ruíz Serramalera*, 338.

[62] So etwa bei *Tapia Fernández*, 44 u. 171, *Álvarez Vigaray*, 55, Albaladejo/*López Vilas*, Art. 1202, 490 o. *Puig Brutau*, 380.

[63] Siehe z.B. *TS* 7.6.1983, RAJ 1983, 7000, S. 5383; 30.10.1917.

[64] Ebenso *Rojo Ajuria*, CCJC 1988, 453, 456, der sich ausdrücklich *López Vilas* anschließt, u. *Lacruz Berdejo*, 309.

[65] Albaladejo/*López Vilas*, Art. 1202, 490.

[66] Albaladejo/*López Vilas*, Art. 1202, 496 f.

[67] Albaladejo/*López Vilas*, 413.

[68] *TS* 7.6.1983, RAJ 1983, 7000; *De Arrillaga*, 484; Albaladejo/*López Vilas*, 413; *Albaladejo*, Curso, 167.

Eine entsprechende vertragliche Vereinbarung kann sowohl bereits vor der Entstehung der zu verrechnenden gegenseitigen Forderungen als auch im Nachhinein abgeschlossen werden.[69] Die Parteien sind dabei nicht an die Voraussetzungen der gesetzlichen Aufrechnung gebunden, vielmehr richten sich Voraussetzungen, Wirkungen und auch Zeitpunkt des Eintritts der vertraglichen Aufrechnung ausschließlich nach dem im Aufrechnungsvertrag zum Ausdruck gekommenen Parteiwillen.[70]

IV. Die freiwillige Aufrechnung ("compensación facultativa")

Auch die freiwillige Aufrechnung ist im Código Civil nicht ausdrücklich vorgesehen, wird aber als Ausfluß der Privatautonomie von Rechtsprechung und Lehre für zulässig erachtet.[71] Dabei wird ein den Eintritt der gesetzlichen Aufrechnung verhindernder Umstand einseitig durch den dadurch Begünstigten ausgeräumt, indem er auf sein Recht zur Geltendmachung desselben verzichtet. Folge davon ist der Eintritt der gesetzlichen Aufrechnung mit Wirkung *ex nunc* ab diesem Zeitpunkt.[72]

V. Die richterliche Aufrechnung ("compensación judicial")

Das Institut der richterlichen Aufrechnung, das im spanischen Recht nicht gesetzlich geregelt ist,[73] ist von Rechtsprechung und Lehre entwickelt worden.[74] Es darf keinesfalls mit der Geltendmachung einer materiellrechtlich bereits eingetretenen Aufrechnung im Prozeß ("compensación en juicio") verwechselt werden.[75] Im Gegensatz zu letzterer handelt es sich bei der "compensación judicial"

---

[69] *Diez-Picazo*, 538; *Tapia Fernández*, 53 f.; Ein typisches Beispiel für einen im Voraus abgeschlossenen Aufrechnungsvertrag stellt der im Handelsverkehr und Bankbereich übliche Kontokorrentvertrag dar.

[70] *TS* 7.6.1983, RAJ 1983, 7000; *Puig Brutau*, 381; Albaladejo/*López Vilas*, 413; *Orduña Moreno*, 308.

[71] *TS* 23.3.1974, RAJ 1974, 1123; 14.6.1971, RAJ 1971, 3200; *Albaladejo*, Curso, 167; Albaladejo/*López Vilas*, 414; *Lacruz Berdejo*, 311; *Tapia Fernández*, 56 f.; *Puig Brutau*, 375.

[72] *Puig Brutau*, 381; *Albaladejo*, Curso, 168.

[73] Auch in die neue LEC ist es - warum auch immer - nicht mit aufgenommen worden.

[74] *Tapia Fernández*, 64. Vgl. auch *TS* 16.11.1993, RAJ 1993, 9098 = La Ley 1994, 833. Gesetzlich verankert ist die richterliche Aufrechnung hingegen im italienischen Recht, s. Art. 1243 Abs. 2 Codice Civile.

[75] *Albaladejo*, Curso, 168 Fn. 2; *Tapia Fernández*, 57 ff. Der *TS* hat in der Vergangenheit die Bezeichnung "compensación judicial" gelegentlich untechnisch in Bezug auf eine im Prozeß geltend gemachte gesetzliche Aufrechnung gebraucht, s. *TS* 7.10.1966, RAJ 1966, 5266 u. 8.6.1965, RAJ 1965, 3304.

um einen richterlichen Gestaltungsakt, kraft dessen das Gericht in seinem Urteil ein bestehendes Aufrechnungshindernis ausräumen und so den Eintritt der gesetzlichen Aufrechnung herbeiführen kann.[76]

In den meisten Fällen wird es sich bei dem bestehenden Aufrechnungshindernis um das Fehlen der Liquidität der betreffenden Forderung handeln, deren Höhe dann in den Entscheidungsgründen des Urteils nach freiem richterlichen Ermessen festgesetzt wird.[77] Der Richter kann theoretisch aber auch andere Aufrechnungshindernisse ausräumen,[78] wie zum Beispiel fehlende Durchsetzbarkeit oder mangelnde Fälligkeit[79] (wenngleich aus der Praxis bisher keine Entscheidung bekannt ist, in der ein Gericht die "compensación judicial" einmal in einer anderen Konstellation als der fehlenden Liquidität einer Forderung vorgenommen hätte)[80]. In jedem Fall unentbehrlich sind lediglich die Gegenseitigkeit und die Gleichartigkeit der zu verrechnenden Forderungen.[81]

Die Wirkungen der richterlichen Aufrechnung (Erlöschen der gegenüberstehenden Forderungen gemäß Art. 1202 CC) treten nicht *ex tunc* zu dem Zeitpunkt ein, zu dem sich die Forderungen gegenübertraten, sondern *ex nunc* ab dem Tag des Wirksamwerdens des Urteils, das das zuvor noch bestehende Aufrechnungshindernis beseitigt.[82]

---

[76] Albaladejo/*López Vilas*, 412; *Diez-Picazo*, 551; *De Arrillaga*, 484; *Castán Tobeñas*, 474 f.; *Puig Brutau*, 375; *Albaladejo*, Curso, 167 f.; *Tapia Fernández*, 66; *Lacruz Berdejo*, 311; *TS* 17.7.2000, La Ley 2000, 3287; 27.12.1995, La Ley 1996, 647; 1.2.1995, La Ley 1995, 968; 9.4.1994, La Ley 1994, 2092; 16.11.1993, RAJ 1993, 9098 = La Ley 1994, 833; 2.21989, RAJ 1989, 658; 7.6.1983, RAJ 1983, 7000; 6.12.1979, RAJ 1979, 4316; 31.1.1978, RAJ 1978, 20. Zur Form der Geltendmachung der "compensación judicial" siehe näher unten unter C. I. S. auch den Sechsten Abschnitt dieser Arbeit, S. 325.

[77] Je nach Fall erfordert dies entweder die Einschätzung eines bestimmten Verhaltens (Vorsatz, Fahrlässigk. oder Schuld) oder die Bewertung von Gütern bzw. Vermögen oder Schäden, siehe z.B. *TS* 1.2.1995, La Ley 1995, 968 sowie oben unter B. II. 1., S. 44.

[78] *De Arrillaga*, 484; Albaladejo/*López Vilas*, 412; *Albaladejo*, Curso, 167 f.; *Tapia Fernández*, 66; *Diez-Picazo*, 551; *Lacruz Berdejo*, 312; *TS* in st. Rspr., s. z.B.: *TS* 17.7.2000, La Ley 2000, 3287; 27.12.1995, La Ley 1996, 647; 9.4.1994, RAJ 1994, 2739; 16.11.1993, La Ley 1994, 833; 2.2.1989, RAJ 1989, 658; 24.10.1985, RAJ 1985, 7139; 7.6.1983, RAJ 1983, 7000; *AP Ciudad Real* 5.11.1993, La Ley 1994, Marginal 470. Anders Art. 1243 des italienischen Codice Civile, der nur die Liquidität nennt. Auch im französischen Recht kann mit der gerichtlichen Aufrechnung wohl nur die fehlende Liquidität einer der Forderung überwunden werden, vgl. z.B. *Kannengießer*, 55 f. und *G. Wagner*, IPRax 1999, 65, 69.

[79] *TS* 17.7.2000, La Ley 2000, 3287; 27.12.1995, La Ley 1996, 647; 16.11.1993, La Ley 1994, 833; *AP Cádiz* 10.1.2000, La Ley [BDE 35865/2000]; *Lacruz Berdejo*, 312, der in diesem Zusammenhang auf Art. 1128 CC hinweist (nach dieser Vorschrift haben die Gerichte eine Frist für die Leistung zu bestimmen, wenn sich aus der Natur des zugrunde liegenden Schuldverhältnisses und aus den Umständen ergibt, daß die Parteien eine solche festsetzen wollten).

[80] Siehe dazu für den Zeitraum bis 1988 auch *Tapia Fernández*, 67 Fn. 79.

[81] Albaladejo/*López Vilas*, 413; *TS* 8.6.1998, La Ley 1998, 2660; 27.12.1995, La Ley 1996, 647; 7.6.1983, RAJ 1983, 7000.

[82] *TS* 6.12.1979, RAJ 1979, 4316; *AP Ciudad Real* 5.11.1993, La Ley 1994, Marginal 470;

C. Die Aufrechnung im Prozeß

I. Form der Geltendmachung der Aufrechnung im Prozeß

Wie zuvor bereits erwähnt besteht Einigkeit dahingehend, daß die Berücksichtigung der Aufrechnung durch den Richter aufgrund des Prinzips der Parteiherrschaft über den Zivilprozeß vom Willen der Parteien abhängig ist und daß diese dementsprechend auf ihre prozessuale Geltendmachung ausdrücklich oder auch konkludent verzichten können[83] (hierbei handelt es sich zunächst einmal nur um den Verzicht auf ein prozessuales Recht, der nicht mit dem materiellrechtlichen Verzicht auf den Eintritt der Aufrechnungswirkungen verwechselt werden darf)[84].

Im übrigen fällt die Einordnung der Aufrechnung in die Systematik des spanischen Prozeßrechts schwer, da das positive Recht diesbezüglich kaum Anhaltspunkte bietet,[85] und so hat dann auch die spanische Rechtsprechung hinsichtlich der prozeßrechtlichen Behandlung der Aufrechnung eine beachtliche Unsicherheit und Unentschlossenheit an den Tag gelegt.[86]

Vor allem in früheren Urteilen vertrat der Tribunal Supremo die Auffassung, die Aufrechnung könne in einem Prozeß nur in Form einer Widerklage ("reconvención") geltend gemacht werden.[87] Dem haben sich auch in der Lehre einige Stimmen angeschlossen.[88]

Bei zahlreichen anderen Gelegenheiten - und in den letzten Jahren hat sich diese Überzeugung wohl gefestigt - hat die Rechtsprechung demgegenüber die Einführung der Aufrechnung in den Prozeß über eine prozessuale Einrede ("excepción") für zulässig erachtet.[89] Dies entspricht auch der in der Lehre deutlich

---

Albaladejo, Curso, 168; *Puig Brutau*, 382; *Tapia Fernández*, 67 f.

[83] Albaladejo/*López Vilas*, Art. 1202, 493; *Álvarez Vigaray*, 60.

[84] Zu letzterem siehe oben unter B. II. 2. b)., S. 46. Zu den Auswirkungen dieses "prozessualen" Verzichts auf die materielle Rechtslage siehe unten unter V. 1., S. 64 ff.

[85] *Gómez Orbaneja*, 274; *Prieto-Castro y Ferrándiz*, 514; *AP Ciudad Real* 5.11.1993, La Ley 1994, Marginal 470; vgl. auch De la Oliva/*M. A. Fernández*, Der. Proc. Civ., Bd. II, 92 a.E. Die Ausnahme bilden Art. 408 Abs. 1 u. Art. 438 Abs. 2 LEC - auf diese Vorschrift wird später noch zurückzukommen sein - sowie Art. 557 Abs. 2 LEC, der die Aufrechnung mit einer Gegenforderung, deren Bestehen und Höhe aus einer vollstreckbaren Urkunde hervorgeht, als eine der möglichen Einreden in Zwangsvollstreckungsverfahren, die ihrerseits aus vollstreckbaren Urkunden betrieben werden, nennt.

[86] *Tapia Fernández*, 2, 171 u. 172; *García Gutiérrez*, RJUAM 1 (1999), 119, 134. Diese Einschätzung teilt auch *AP Ciudad Real* 5.11.1993, La Ley 1994, Marginal 470.

[87] *TS* 31.1.1978, RAJ 1978, 20; 3.11.1965, RAJ 1965, 4850; 8.6.1965, RAJ 1965, 3304; 26.2.1952, RAJ 1952, 724; 19.4.1901, RGLJ 1901 (Bd. 91), Nr. 105.

[88] *Prieto-Castro y Ferrándiz*, 514; De la Oliva/*M. A. Fernández*, Der. Proc. Civ., Bd. II, 93 (mit der Begründung, es werde die Erklärung des Richters begehrt, daß eine Aufrechnung stattgefunden habe).

[89] *TS* 8.3.2000, RAJ 2000, 1347: "La compensación ... se puede alegar como excepción de

herrschenden Ansicht.[90] Begründet wird dies - zu Recht - damit, es sei nicht das Ziel der Geltendmachung der Aufrechnung im Prozeß, mittels eines Gegenangriffs eine Verurteilung des Klägers zu erreichen, wie das bei der Erhebung einer Widerklage der Fall sei; vielmehr werde damit lediglich die Abweisung der Klage aufgrund des Erlöschens der Klageforderung begehrt.[91] So formuliert dann auch die neue LEC in Art. 406 Abs. 3: "En ningún caso se considerará formulada reconvención en el escrito del demandado que finalice solicitando su absolución respecto de la pretensión o pretensiones de la demanda principal." (frei übersetzt: "Auf keinen Fall ist die Erhebung einer Widerklage in einem Schriftsatz des Beklagten zu sehen, der darauf abzielt, die Abweisung des mit der Klage geltend gemachten Anspruchs oder der damit geltend gemachten Ansprüche zu beantragen.").[92]
Immer dann aber, wenn das Begehren des Beklagten über die bloße Verteidigung mit dem Ziel der Abweisung der Klage hinausgeht, reicht die Erhebung der Aufrechnungseinrede nach ganz h.M. nicht mehr aus und der Beklagte muß von der Widerklage Gebrauch machen.[93] Dies gilt unzweifelhaft für den Fall, daß die Gegenforderung die Klageforderung in ihrer Höhe übersteigt und der Beklagte vom Kläger die Zahlung des Differenzbetrags verlangen möchte: hier muß der Beklagte zum Gegenangriff übergehen, um eine Verurteilung des Klägers zu erreichen. Dementsprechend hat er sich - zumindest was den Differenzbetrag angeht - der Widerklage zu bedienen.[94]

---

derecho material ..." ("Die Aufrechnung kann als materiellrechtliche Einrede geltend gemacht werden"); 7.3.1988, RAJ 1988, 1556 = La Ley 1988, 1583; 31.5.1985, Col.Leg. 1985, Nr. 356 = RAJ 1985, 2839; 12.4.1985, RAJ 1985, 1693; 7.6.1983, RAJ 1983, 7000; 11.6.1981, Col.Leg. 1981, Nr. 260; 16.10.1975, RAJ 1975, 3599; 11.5.1966, RAJ 1966, 2419; *AP Cádiz* 10.1.2000, La Ley 2000 [BDE 35865/2000]; *AP Santa Cruz de Tenerife* 5.6.1999, La Ley 2000, Marginal 519; *AP Baleares* 13.2.1997, La Ley 1997, Marginal 1706; *AP Ciudad Real* 5.11.1993, La Ley 1994, Marginal 470.

[90] LEC comentada, Art. 408; Lledó Yagüe/*San Román Carneros*, Art. 408; *Gómez Orbaneja*, 276; Albaladejo/*López Vilas*, Art. 1202, 495; *Lacruz Berdejo*, 309; *Álvarez Vigaray*, 61; *Fernández López/Rifá Soler/Valls Gombau*, Bd. III, 432; *De la Plaza*, 374 f. u. 382 f.; *Gómez de Liaño González*, 109; *Cortés Domínguez*, Der. Proc. Civ., 207-210; Min. de la Justicia/*Valpuesta Fernández*, Art. 1202, 294; *Rojo Ajuria*, CCJC 1988, 453, 456; *De la Oliva*, La Ley 1982, 918, 919 f.; *Moreno Mocholi*, 487-499; *Lorca Navarrete*, 275; *Tapia Fernández*, 75 u. 86; *Manresa y Navarro*, LEC, 221.

[91] *LEC comentada*, Art. 408; *Álvarez Vigaray*, 61; Albaladejo/*López Vilas*, Art. 1202, 495; *Tapia Fernández*, 86. Vgl. auch *Fenech Navarro*, 132; *TS* 8.3.2000, RAJ 2000, 1347; *AP Ciudad Real* 5.11.1993, La Ley 1994, Marginal 470.

[92] Siehe auch Art. 408 Abs. 1 LEC. Bereits Art. 1464 Nr. 3 der alten LEC-1881 führte die Aufrechnung ausdrücklich als "Einrede" auf.

[93] S. z.B.: *Tapia Fernández*, 86; *Cortés Domínguez*, Der. Proc. Civ., 207-210; *De la Oliva*, La Ley 1982, 918, 919; *AP Ciudad Real* 5.11.1993, La Ley 1994, Marginal 470.

[94] *TS* 6.2.1985, RAJ 1985, 536; *AP Baleares* 13.2.1997, La Ley 1997, Marginal 1706; Lledó Yagüe/*San Román Carneros*, Art. 408; *Gómez Orbaneja*, 276; *Cortés Domínguez*, Der. Proc. Civ., 208 f.; Albaladejo/*López Vilas*, Art. 1202, 495; *Álvarez Vigaray*, 62 (Fn. 67 a.E.);

Weniger klar war die Rechtslage hingegen bis zum Inkrafttreten der neuen LEC in Bezug auf die richterliche Aufrechnung ("compensación judicial")[95]: In der Literatur wurde die Ansicht vertreten, auch wenn der Beklagte die richterliche Aufrechnung herbeiführen wolle, um ein bestehendes Aufrechnungshindernis durch das Gericht beseitigen zu lassen, müsse er von der Widerklage Gebrauch machen.[96] Schließlich strebe er damit die Ausübung eines richterlichen Gestaltungsrechts im Urteil an, er begehre also mehr als die bloße Abweisung der Klage. Dieser Auffassung hatten sich auch einige unterinstanzliche Gerichte angeschlossen.[97] Dabei stützte man sich auf vereinzelte ältere höchstrichterliche Urteile,[98] deren Aussagekraft in dieser Hinsicht allerdings fragwürdig war.[99]

Fernández López/Rifá Soler/Valls Gombau, Bd. III, 436; *De la Plaza*, 382 f.; *Moreno Mocholi*, 499; *Lorca Navarrete*, 275; *De la Oliva*, La Ley 1982, 918, 919; *Tapia Fernández*, 86. Die davon abweichende Entscheidung des *TS* 24.4.1999, RAJ 1999, 3363, wonach sich der Bekl. - im Widerspruch zur zuvor zitierten Rspr. - immer der Widerklage bedienen muß, wenn seine Gegenforderung die Klageforderung übersteigt, und zwar selbst dann, wenn er nur die Abweisung der Klage erreichen möchte und nicht zugleich eine Verurteilung des Klägers in Höhe des Differenzbetrages, ist spätestens seit Inkrafttreten der neuen LEC am 8.1.2001 wegen Art. 406 Abs. 3 (zu dessen Wortlaut s.o., S. 54) nicht mehr haltbar (dementsprechend ist auch den darauf aufbauenden Ausführungen von *García Gutiérrez* in RJUAM 1 (1999), 119, 126 und insbesondere 134 ff. der Boden entzogen).

[95] Siehe zur "compensación judicial" auch. oben unter B. V., S. 51 f. und unten im Sechsten Abschnitt unter A., S. 325 ff.

[96] *Álvarez Vigaray*, 62 (Fn. 67); *Fernández López/Rifá Soler/Valls Gombau*, Bd. III, 438; *De la Plaza*, 382 f.; *De Arrillaga*, 484; *Tapia Fernández*, 68 u. 105 f. So die Rechtslage im französischen (siehe dazu *Wagner*, IPRax 1999, 65, 69 und *Kannengießer*, 55, jeweils m.w.N.) und auch im italienischen (siehe dazu *Kindler*, IPRax 1996, 16, 21 und *Gebauer*, JbItalR 12 (1999), 31, 41, jeweils m.w.N.) Recht.

[97] So etwa *AP Baleares* 13.2.1997, La Ley 1997, Marginal 1706 u. *AP Ciudad Real* 5.11.1993, La Ley 1994, Marginal 470.

[98] Insbes. *TS* 7.6.1983, RAJ 1983, 7000 (zit. z.B. v. *Fernández López/Rifá Soler/Valls Gombau*, Bd. III, 438), 6.12.1979, RAJ 1979, 4316 u. 31.1.1978, RAJ 1978, 20 (beide zit. v. *Tapia Fernández*, 68, Fn. 82 u. S. 68 f.).

[99] In der Entsch. v. 7.6.1983, RAJ 1983, 7000 spricht der *TS* zwar in der Tat davon, die "compensación judicial" werde "ordinariamente por el cauce de una demanda reconvencional" ("gewöhnlich auf dem Weg einer Widerkl.") geltend gemacht; andererseits nimmt er darin aber an anderer Stelle ausdrücklich Bezug auf *TS* 11.6.1981, RAJ 1981, 260 (siehe dazu näher unten, Fn. 100) und erklärt dementsprechend hinsichtlich der Geltendmachung der richterlichen Aufrechnung mittels einer bloßen Einrede: "posibilidad que .. debe afirmarse" ("eine Möglichkeit, die zu bejahen ist") und: "ha de entenderse correctamente introducida en el juicio y con ello obligado el juzgador a resolver sobre tal compensación (judicial), se haya agitado, ejercitado o deducido como acción reconvencional o háyase hecho valer u opuesto en función de mera excepción." (zu übersetzen in etwa wie folgt: "ist eine solche richterliche Aufrechnung als ordnungsgemäß in den Prozeß eingeführt und somit der Richter als darüber zu befinden verpflichtet anzusehen, sei sie nun über eine Widerklage vorgebracht, ausgeübt oder aus einer solchen abgeleitet worden oder sei sie in der Rolle einer bloßen Einrede geltend gemacht oder eingewandt worden."). Was die Urt. v. 6.12.1979, RAJ 1979, 4316 u. 31.1.1978, RAJ 1978, 20 anbelangt, so geht daraus nicht zweifelsfrei hervor, ob die erken-

Demgegenüber hatte es der Tribunal Supremo seit Beginn der Achtzigerjahre wiederholt für ausreichend erklärt, daß die richterliche Aufrechnung über eine prozessuale Einrede ("excepción") in den Prozeß eingeführt wird[100] - genau wie dies mit der "gewöhnlichen" gesetzlichen Aufrechnung geschieht. Dieser Rechtsprechung waren auch einige Instanzgerichte gefolgt.[101] Die von der Literatur in den Vordergrund gestellte Tatsache, daß der Beklagte mit der richterlichen Aufrechnung die Beseitigung eines bestehenden Aufrechnungshindernisses durch das Gericht begehrt, wurde in den betreffenden Urteilen als nicht so bedeutsam angesehen. Vielmehr wurde entscheidend darauf abgehoben, daß das Ziel auch hier einzig und allein darin besteht, die Klageforderung ganz oder teilweise zum Erlöschen zu bringen und somit die volle oder teilweise Abweisung der Klage zu erreichen.[102] In der Praxis wurde aber dennoch häufig von der Widerklage

---

nenden Richter nicht ohnehin die - damals auch innerhalb des *TS* durchaus noch weit verbreitete (siehe dazu oben, Fn. 87) - Ansicht vertraten, die Aufrechnung könne überhaupt nur mittels Widerklage geltend gemacht werden. Dies räumt - zumindest in Bezug auf *TS* 31.1.1978 - auch *Tapia Fernández* ein (172, Fn. 205).

[100] Siehe insbesondere *TS* 16.11.1993, La Ley 1994, 833, in dem der *TS* m. Bez. auf das angefochtene Urt. der Vorinstanz, welches die richterliche Aufrechnung als nicht ordnungsgemäß über die Widerklage geltend gemacht unberücksichtigt gelassen hatte, erklärt: "no era necesario ... la formulación de reconvención ..., para que el órgano jurisdiccional sentenciador hubiese entrado a conocer de la excepción de compensación alegada" (zu übersetzen in etwa wie folgt: "es war nicht erforderlich, Widerkl. zu erheben, damit das urteilende Organ der Rechtspr." [gemeint ist die Tatsacheninstanz] "über die vorgebrachte Aufrechnungseinr. entscheide"); 6.2.1985, RAJ 1985, 536 = Col.Leg. 1985, Nr. 80; 7.6.1983, RAJ 1983, 7000 (s. dazu näher oben, Fn. 99); 5.6.1983, RAJ 1983; 11.6.1981, RAJ 1981, 260: "puede operar como excepción sin necesidad de reconvenir" ("kann als Einrede Wirkung entfalten, ohne die Notwendigk. der Erhebung einer Widerkl."). Siehe auch den "Comentario" zu *TS* 24.10.1985, La Ley 1986, 160, im Anschluß an die genannte Entscheidung. Vgl. weiter *TS* 27.12.1995, La Ley 1996, 647.

[101] So z.B.: *AP Cádiz* 10.1.2000, La Ley 2000 [BDE 35865/2000] - das Gericht erklärt mit Bezug auf die von der Rspr. grds. anerkannte Möglichkeit, die "gesetzliche" Aufrechnung über eine bloße Einrede geltend zu machen: "posibilidad que también ha sido afirmado por la jurisprudencia respecto a la compensación judicial, frente a la línea anterior que exigía se hiciera valer mediante reconvención" (zu übersetzen in etwa wie folgt: "eine Möglichkeit, die von der Rechtsprechung auch bezüglich der richterlichen Aufrechnung bejaht worden ist, im Gegensatz zur früheren Linie, die forderte, daß sie mittels Widerklage geltend gemacht werde"); *AP Santa Cruz de Tenerife* 5.6.1999, La Ley 2000, Marginal 519 - die richterliche Aufrechnung könne geltend gemacht werden "por vía de reconvención o de simple excepción" ("auf dem Wege der Widerklage oder der einfachen Einrede").

[102] Siehe dazu etwa *TS* 16.11.1993, La Ley 1994, 833, Bezug nehmend auf *TS* 6.2.1985, RAJ 1985, 536 = Col.Leg. 1985, Nr. 80: "cuando el crédito cuya compensación se invoca, es igual o inferior (al del reclamado por el actor), la posición procesal del demandado tiende única y exclusivamente a que el crédito del actor se declare extinguido total o parcialmente con la consiguiente absolución en todo o en parte", frei übersetzt: "wenn die Forderung, deren Aufrechnung geltend gemacht wird, gleich hoch oder niedriger (als die vom Kläger eingeforderte) ist, zielt die prozessuale Haltung des Beklagten einzig und allein darauf ab, daß die Forderung

Gebrauch gemacht[103] - vermutlich um kein Risiko einzugehen. Die neue LEC hat die zuvor beschriebene Auffassung des Tribunal Supremo nun in Art. 406 Abs. 3 und Art. 408 Abs. 1 deutlich bestätigt und positivrechtlich festgeschrieben.[104]

Darüber hinaus besteht in Rechtsprechung und Lehre aber - wie bereits oben unter B. II. 3. angesprochen -[105] auch Uneinigkeit hinsichtlich der formellen Anforderungen, denen die Aufrechnungseinrede genügen muß, um vom Gericht berücksichtigt zu werden. Einig ist man sich, wie bereits mehrfach betont wurde, noch dahingehend, daß die Aufrechnung - aufgrund des Prinzips der Parteiherrschaft über den Zivilprozeß -[106] vom Gericht nicht von Amts wegen beachtet werden kann.[107] Darüber, was genau unter dieser Einschränkung zu verstehen ist, gehen die Meinungen freilich auseinander.

Die herrschende Lehre vertritt (wenn auch "unsicher und in bestimmten Bereichen widersprüchlich" - so die Bewertung durch *Tapia Fernández*[108]), den Standpunkt, die Aufrechnung sei - anders als etwa die Erfüllung - nur dann zu berücksichtigen, wenn sie von der interessierten Partei im Prozeß ausdrücklich geltend gemacht werde.[109] Begründet wird dies damit, die Aufrechnung gewähre dem Beklagten ein Gegenrecht, dessen Ausübung ausschließlich seinem Willen überlassen sei und auf das er dementsprechend wirksam verzichten könne.[110] Abgesehen von der zweifelhaften Stichhaltigkeit dieser Argumentation[111] liegt

---

des Klägers für ganz oder teilweise. erloschen erklärt wird, mit der Folge der völligen oder teilweisen Klagabweisung". I.d.S. auch *TS* 7.6.1983, RAJ 1983, 7000 sowie *AP Cádiz* 10.1.2000, La Ley 2000 [BDE 35865/2000] u. *AP Santa Cruz de Tenerife* 5.6.1999, La Ley 2000, Marginal 519.

[103] Siehe z.B. *TS* 17.7.2000, La Ley 2000, 3287; 8.6.1998, La Ley 1998, 2660; 27.12.1995, La Ley 1996, 647; 9.4.1994, La Ley 1994, 2092.

[104] Zum Wortlaut des Art. 406 Abs. 3 LEC s.o., S. 54 f. Zu Art. 408 Abs. 1 LEC siehe *Cortés Domínguez*, Der. Proc. Civ., 209 f. u. *LEC comentada*, Art. 408.

[105] Siehe dort, S. 49.

[106] Siehe Art. 19 f., 216 u. 218 LEC sowie auch De la Oliva/*M. A. Fernández*, Der.Proc.Civ., Bd. II, 23 (noch zum alten Art. 359 LEC-1881).

[107] Siehe dazu z.B. *TS* 31.5.1985, Col.Leg. 1985, Nr. 356 = RAJ 1985, 2839; 28.3.1981, RAJ 1981, 1135; 8.6.1965, RAJ 1965, 3304; 25.6.1962, RAJ 1962, 3023; 29.4.1944, RAJ 1944, 547. Vgl. auch *Tapia Fernández*, 180 sowie *Fernández López/Rifá Soler/Valls Gombau*, Bd. III, 434.

[108] *Tapia Fernández*, 73: "la doctrina, vacilante y en cierto sector contradictoria ..."

[109] *Tapia Fernández*, 43, 74 u. 177; *Diez-Picazo*, 554 f.; Min. de Justicia/*Valpuesta Fernández*, Art. 1202, 293; *Álvarez Vigaray*, 55 u. 58; Albaladejo/*López Vilas*, Art. 1202, 487; *Puig Brutau*, 380; *Fernández López/Rifá Soler/Valls Gombau*, Bd. III, 433; *Orduña Moreno*, 312; *Albaladejo*, Curso, 165; *Lorca Navarrete*, 275; *Ruíz Serramalera*, 338 (Fn. 20); *Gómez Orbaneja*, 275.

[110] Siehe z.B. *Tapia Fernández*, 25 u. 74 oder *Álvarez Vigaray*, 60.

[111] Materiellrechtlich gesehen ist die "Ausübung" des Aufrechnungsrechts - was immer dies im Zusammenhang mit einer kraft Gesetzes eintretenden Aufrechnung auch sein soll - keineswegs ausschließlich dem Willen des Beklagten überlassen, denn einen materiellrechtlichen

das Problem der beschriebenen Auffassung vor allem darin, daß sie sich nicht widerspruchsfrei mit dem gesetzlich angeordneten Aufrechnungseintritt *ipso iure* vereinbaren läßt - dies müssen auch ihre Anhänger einräumen.[112] Folglich ist es nicht weiter verwunderlich, daß der Tribunal Supremo wiederholt - zu Recht - entschieden hat, der Beklagte müsse die Aufrechnung als solche nicht ausdrücklich einwenden, um zu erreichen, daß das Gericht die Klageforderung gemäß Art. 1202 CC für erloschen erklärt; vielmehr reiche es - wie bei den anderen prozessualen Einreden - aus, daß die Tatsachen vorgetragen würden, aus denen sich der Eintritt der Aufrechnung ergebe.[113] Im Streitfalle hat der Beklagte dafür Beweis anzutreten.[114]

Nichts anderes gilt für die richterliche Aufrechnung ("compensación judicial"): Ergibt sich aus dem Parteivortrag - und zwar unabhängig davon, ob aus dem

---

Aufrechnungsverzicht kann er nur im Einvernehmen mit dem Kläger durch Vertrag wirksam vereinbaren (siehe dazu näher oben unter B. II. 2. b)., S. 46). Dieser Situation ist auch im Prozeßrecht Rechnung zu tragen. Demnach darf also auch die prozessuale Geltendmachung der Aufrechnung nicht alleine dem Willen des Beklagten überlassen werden. Das bedeutet aber wiederum, daß die Aufrechnung sehr wohl auch ohne den Willen des Beklagten vom Gericht zu berücksichtigen ist, wenn sie durch den Kläger - etwa aus Unachtsamkeit - in den Prozeß eingeführt wird.

112 Siehe vor allem *Tapia Fernández*, 75, die die betreffende, von ihr geteilte Auffassung im Hinblick auf den von Art. 1202 CC angeordneten Aufrechnungseintritt *ipso iure*, zusammen mit der nachfolgend beschriebenen Haltung der Rspr., als eine "afirmación arriesgada", eine "riskante Behauptung", bezeichnet. Siehe außerdem *Álvarez Vigaray*, 58 f. u. *Fernández López/Rifá Soler/Valls Gombau*, Bd. III, 433.

113 *TS* 30.5.1990, La Ley 1990, 2322; 24.11.1988, RAJ 1988, 9040; 21.11.1988, RAJ 1988, 9039 = La Ley 1989, 1005; 21.4.1988, RAJ 3269 = CCJC 1988, 449; 7.3.1988, RAJ 1988, 1556 = La Ley 1988, 1583; 6.2.1985, Col.Leg. 1985, Nr. 80 = RAJ 1985, 536; 21.10.1980, RAJ 1980, 3631; 26.9.1977, RAJ 1977, 3518; 2.1.1976, RAJ 1976, 42; 1.2.1962, RAJ 1962, 642. Ebenso *AP Barcelona*, 3.10.1990, RJC 1991, 109. Vgl. *Fernández López/Rifá Soler/Valls Gombau*, Bd. III, 434-436; *Tapia Fernández*, 180; *Rojo Ajuria*, CCJC 1988, 453, 456. Diese Rspr. scheint nun auch durch die neue LEC bestätigt zu werden, in der nicht von der "Geltendmachung der Aufrechnung", sondern nur vom "Vorbringen der Existenz einer aufrechnungstauglichen Forderung" (so Art. 408 Abs. 1 LEC: "Si ... el demandado alegare la existencia de crédito compensable ..."; ähnlich auch Art. 438 Abs. 2) die Rede ist. Anders: *TS* 24.4.1999, RAJ 1999, 3363 (zur Problematik dieser Entsch. s.o., Fn. 94). Die Annahme einer konkludenten Widerklage ("reconvención implícita"), wie sie die Rspr. u. Teile der Lehre noch unter der alten LEC-1881 für die Fälle vertreten haben, in denen das Begehren des Beklagten über die bloße Abweisung der Klage hinausging (so *TS* 8.6.1996, RAJ 1996, 4833; 16.11.1993, RAJ 1993, 9098; 19.12.1988, RAJ 1988, 9479; 6.2.1985, Col.Leg. 1985, Nr. 80 = RAJ 1985, 536; 5.12.1983, La Ley 1984, 604; 11.7.1983, RAJ 1983, 4206; 7.10.1966, RAJ 1966, 5266; *Fernández López/Rifá Soler/Valls Gombau*, Bd. III, 437 f.; *Tapia Fernández*, 85; *García Gutiérrez*, RJUAM 1 (1999), 119, 126), ist nach der neuen LEC nicht mehr möglich: nach Art. 406 Abs. 3 muß die Widerklage nun in einer der "gewöhnlichen" Klageerhebung entsprechenden Form (siehe dazu Art. 399) geltend gemacht werden.

114 Insoweit zutreffend: Albaladejo/*López Vilas*, Art. 1202, 494; *Álvarez Vigaray*, 58; *Tapia Fernández*, 177 (Fn. 218).

Vortrag des Beklagten bei der Verteidigung gegen die Klage oder im Rahmen einer Widerklage oder gar aus dem Vortrag des Klägers selbst[115] -, daß alle ihre Voraussetzungen vorliegen,[116] wird das Gericht auch hier Klage- und Gegenforderung von sich aus verrechnen.[117] Denn, so der Tribunal Supremo in seinem Urteil vom 1.2.1995[118]: "Sería extraña una sentencia que pronunciase condenas que entre sí se neutralizan, condenando a pagar a una persona cuando el acreedor de dicho pago es deudor de ella, dando lugar por tanto a la posibilidad de comportamientos contrarios a la buena fe, como lo es exigir lo mismo que ha de ser restituido (dolo facit qui petit quod redditurus est)." (zu übersetzen in etwa wie folgt: "Eine Entscheidung, welche Verurteilungen ausspräche, die einander neutralisierten, indem sie eine Person zur Zahlung verurteilte, während der Gläubiger der betreffenden Zahlung ihr Schuldner wäre und welche folglich die Möglichkeit von Verhaltensweisen eröffnete, die Treu und Glauben widersprächen, wie etwa das Fordern von etwas, das zurückgegeben werden muß (dolo facit qui petit quod redditurus est), wäre befremdlich.").
Die Aussage, das Gericht könne die Aufrechnung nicht von Amts wegen berücksichtigen, bedeutet hiernach also lediglich, daß der Richter ihren Eintritt wegen des Grundsatzes der Parteiherrschaft über den Zivilprozeß nicht gegen den übereinstimmenden Willen beider Parteien feststellen kann oder gar von sich aus Ermittlungen anstellen darf, ob die Klageforderung möglicherweise bereits durch Aufrechnung mit irgendeiner Gegenforderung des Beklagten gemäß Art. 1202 CC kraft Gesetzes erloschen ist.[119] Werden die Tatsachen, aus denen sich der Eintritt der Aufrechnung ergibt, aber ordnungsgemäß in den Prozeß eingeführt (egal, ob vom Beklagten oder vom Kläger), so hat das Gericht das zu tun, was stets seine Aufgabe ist - es hat den unstreitigen beziehungsweise bewiesenen Prozeßstoff unter die gesetzlichen Vorschriften zu subsummieren, also auch gegebenenfalls die Klageforderung für gemäß Art. 1202 CC durch Aufrechnung erloschen zu befinden. In der Praxis wird dem Beklagten gleichwohl anzuraten sein, die Aufrechnungseinrede sicherheitshalber ausdrücklich geltend zu machen.

II. Wesen und Wirkung der prozessualen Aufrechnungseinrede

Angesichts der Tatsache, daß der Aufrechnungseinwand - wie bereits erwähnt - im spanischen Zivilprozeß grundsätzlich als "excepción" (prozessuale Einrede)

---

115 Zum letztgenannten Fall siehe z.B. *TS* 27.12.1995, La Ley 1996, 647.
116 Zu den Voraussetzungen der richterl. Aufrechnung siehe näher oben unter B. V., S. 51 f.
117 *TS* 17.7.2000, La Ley 2000, 3287; 27.12.1995, La Ley 1996, 647; 1.2.1995, La Ley 1995, 968; *AP Cádiz* 10.1.2000, La Ley 2000 [BDE 35865/2000].
118 *TS* 1.2.1995, La Ley 1995, 968.
119 I.d.S. wird die Berücksichtigung "von Amts wegen" auch im deutschen Recht definiert, siehe z.B. *Jauernig*, ZPO § 43 IV 2., S. 172 u. § 25 X., S. 95 f.

angesehen wird, ist es nicht weiter verwunderlich, daß man in der Literatur gelegentlich auf die Auffassung stößt, die Aufrechnungseinrede sei prozessrechtlich nicht anders zu behandeln als alle übrigen prozessualen Einreden.[120] Bei näherer Betrachtung wird jedoch deutlich, daß sie sich erheblich von den anderen, "gewöhnlichen" prozessualen Einreden unterscheidet, und so betonen die spanische Rechtsprechung und Literatur, ähnlich wie die deutsche Lehre,[121] nahezu einhellig den eigentümlichen Charakter des Aufrechnungseinwands.[122]

Worin liegt nun dieser Unterschied zu den anderen prozessualen Einreden?

Auch in der spanischen Literatur und Rechtsprechung wird darauf hingewiesen, daß bei der Aufrechnungseinrede, im Gegensatz zu den anderen prozessualen Einreden, der Gegenstand des Prozesses nicht auf die einfache, in der Klage enthaltene rechtliche Beziehung beschränkt bleibt, sondern daß der Beklagte durch sie eine neue, unabhängige rechtliche Beziehung in den Prozeß einführt, die bis jetzt der Auseinandersetzung zwischen den Parteien noch nicht zugänglich war - insoweit habe sie gewisse Ähnlichkeit mit der Widerklage.[123] Die Existenz dieser neuen rechtlichen Beziehung muß vom Gericht überprüft und gegebenenfalls im Prozeß erörtert werden. Die Entscheidung des Gerichts über ihre Existenz oder Nichtexistenz ist unabdingbare Voraussetzung für die endgültige Entscheidung darüber, ob die Klageforderung durch Aufrechnung erloschen ist. In der spanischen Literatur und Rechtsprechung wird deshalb davon gesprochen, die prozessuale Aufrechnungseinrede habe eine Erweiterung des Streitgegenstandes zur Folge.[124]

---

[120] Z.B. *Rodríguez Benot*, Los acuerdos, 450 f.; *Desantes Real*, 229. Die betreffenden Autoren stellen dies allerdings nur lapidar fest, ohne die Problematik näher zu untersuchen oder sich gar mit den möglichen Konsequenzen ihres Standpunktes auseinanderzusetzen - z.B. rechtskraftfähige Entscheidung über die Gegenforderung eines dafür eigentlich unzuständigen Richters (dazu mehr unten im Dritten Abschnitt unter E. III. 1., S. 134 ff.).

[121] Siehe dazu näher unten unter E. III. 2., S. 78 ff.

[122] So wird die Aufrechnungseinrede als "especial", "atípica", "peculiar" oder gar "particularísima" bezeichnet, vgl. *Tapia Fernández*, 76 ff.; *De la Oliva*, La Ley 1982, 918, 921; *Gómez Orbaneja*, 275; *Prieto Castro*, Tratado, 514; *Manresa y Navarro*, LEC, 221; *Moreno Mocholi*, 488; *AP Ciudad Real* 5.11.1993, La Ley 1994, Marginal 470. Vgl. auch *Cortés Domínguez*, Der. Proc. Civ., 209, *Montero Aroca*, El nuevo proceso civil, 383 f.; *LEC comentada*, Art. 408 u. *García Gutiérrez*, RJUAM 1 (1999), 119, 125.

[123] *Cortés Domínguez*, Der. Proc. Civ., 209; *Álvarez Vigaray*, 61; *Gómez Orbaneja*, 276; *Lorca Navarrete*, 275; *De la Oliva*, La Ley 1982, 918, 921; *Michinel Álvarez*, REDI 1997-2, 47, 64; *AP Ciudad Real* 5.11.1993, La Ley 1994, Marginal 470. Von manchen Autoren wird sie deshalb auch als "excepción reconvencional" bezeichnet, so Albaladejo/*López Vilas*, 495; *De la Plaza*, 365. Vgl. *Tapia Fernández*, 80 f.

[124] De la Oliva/*M. A. Fernández*, Der. Proc. Civ., Bd. II, 92: "... aumenta la materia que es objeto del proceso"; *Tapia Fernández*, 87: "... supone una ampliación del objeto del proceso"; *AP Ciudad Real* 5.11.1993, La Ley 1994, Marginal 470: "... amplía el objeto procesal"; siehe auch *Michinel Álvarez*, REDI 1997-2, 47, 64. Zum deutschen Recht formuliert *Geimer* in

Deshalb ist man allgemein der Auffassung, der Aufrechnungseinwand habe mit den prozessualen Einreden im eigentlichen Sinne nichts gemein, außer der äußeren Form und der Zielsetzung, die Abweisung der Klage zu erreichen.[125] Seine dogmatisch strenge systematische Einordnung in eine der bekannten Institute des Prozeßrechts wird daher für unmöglich erachtet und ihr auch der praktische Nutzen abgesprochen; es handle sich vielmehr um ein Institut *sui generis*.[126] Dementsprechend ließen sich die von Rechtsprechung und Lehre entwickelten Regeln für die prozessualen Einreden auch nicht ohne weiteres auf den Aufrechnungseinwand übertragen.

Daß auch der Gesetzgeber diese Sichtweise teilt und die Sonderstellung der Aufrechnungseinrede unter den prozessualen Einreden sowie gewisse Ähnlichkeiten mit der Widerklage erkennt, wird an einigen Vorschriften der neuen LEC deutlich. So wird die Aufrechnung der Widerklage zum Beispiel hinsichtlich der Verteidigung des Klägers gegen sie gleichgestellt:[127] gemäß Art. 408 Abs. 1 LEC kann der Kläger sich gegen sie in der für die Verteidigung gegen eine Widerklage vorgesehenen Form (siehe dazu Art. 407 Abs. 2 LEC) verteidigen und nach Art. 438 Abs. 2 LEC hat ein Beklagter, der sich in einem "juicio verbal"[128] auf eine aufrechnungstaugliche Gegenforderung berufen möchte, dies dem Kläger mindestens fünf Tage vor der Verhandlung anzuzeigen - das ist die gleiche Frist, die gemäß Art. 438 Abs. 1 S. 2 LEC bei der Erhebung einer Widerklage einzuhalten ist.[129] Der wichtigste Unterschied zwischen "gewöhnlichen" prozessualen Einreden und dem Aufrechnungseinwand liegt aber in der Reichweite, die der gerichtlichen Entscheidung darüber jeweils zugemessen wird: die Entscheidung über das Bestehen oder Nichtbestehen einer aufrechnungsweise geltend gemachten Gegenforderung erwächst gemäß Art. 408 Abs. 3 und Abs. 1 i.V.m. Art. 222 Abs. 2 LEC in Rechtskraft ("cosa juzgada"),[130] die Entscheidung

---

IPRax 1994, 82, 83 ähnlich, im Fall der Prozeßaufrechnung werde "ein zweiter Streitgegenstand in den Prozeß eingeführt".

[125] *Tapia Fernández*, 91; *Michinel Álvarez*, REDI 1997-2, 47, 64; *AP Ciudad Real* 5.11.1993, La Ley 1994, Marginal 470.

[126] *Tapia Fernández*, 103. I.d.S. auch *Michinel Álvarez*, REDI 1997-2, 47, 64. Vgl. weiter *García Gutiérrez*, RJUAM 1 (1999), 119, 125.

[127] Darauf weisen auch *Montero Aroca*, El nuevo proceso civil, 384 u. *LEC comentada*, Art. 408, hin.

[128] Von der neuen LEC (s. Art. 248 Abs. 2 Nr. 2, 250 u. 437 ff.) vorgesehene, besondere Verfahrensart für Streitwerte unter 3.000,- EUR, Art. 250 Abs. 2, sowie die im einzelnen in Abs. 1 Nr. 1-11 der Vorschrift aufgeführten Streitgegenstände.

[129] Siehe dazu auch *Montero Aroca*, El nuevo proceso civil, 460 f., *LEC comentada*, Art. 438 sow. Lledó Yagüe/ *Herbosa Martínez*, Art. 438.

[130] *Cortés Dominguez*, Der. Proc. Civ., 210 u. 363; *Montero Aroca*, El nuevo proceso civil, 384. So bereits die h.L. zum alten Recht, s. z.B.: *Gómez Orbaneja*, 277; *De la Oliva*, Der. Proc. Civ., Bd. II, 206; *ders.*, La Ley 1982, 918, 921 f.; *Fernández López/Rifá Soler/Valls Gombau*, Bd. III, 442, insbes. Fn. 35; *Tapia Fernández*, 102 u. 194 - 209; *Gutiérrez Sanz*, 51. Ebenso die Rechtslage im deutschen Recht gemäß § 322 Abs. 2 ZPO.

über alle anderen prozessualen Einreden hingegen nicht.[131] Auch in diesem wichtigen Punkt wird die Aufrechnung also wie eine Widerklage behandelt.

III. Eventualaufrechnung

Wie im deutschen Recht wird auch im spanischen die Eventualaufrechnung allgemein für zulässig erachtet[132] - insbesondere wird darin kein Widerspruch zur Wirkung der Aufrechnung *ipso iure* gesehen, weil dabei nicht der Eintritt der Aufrechnungswirkungen als solcher unter eine Bedingung gestellt werde, sondern nur deren Geltendmachung im Prozeß.[133] Das Erfordernis, die Aufrechnung im Rahmen der Klageerwiderung in den Prozeß einzuführen und die drohende Präklusion machten es erforderlich, dem Beklagten die Möglichkeit einzuräumen, die Aufrechnungseinrede sofort zu erheben und sie gleichzeitig - wegen des mit ihr verbundenen Verlusts seiner Gegenforderung - an die Bedingung zu knüpfen, daß die Klageforderung besteht und andere Einreden nicht durchgreifen.
Auch im spanischen Recht wird das Vorbringen einer Gegenforderung im Prozeß im Zweifel als Eventualaufrechnung ausgelegt, weil dadurch die Interessen des Beklagten am besten gewahrt werden.[134]

IV. Zeitpunkt der Einführung der Aufrechnung in den Prozeß

Der Beklagte muß die Tatsachen, aus denen sich der Eintritt der Aufrechnung ergibt, grundsätzlich in der Klageerwiderung vorbringen (Art. 405 Abs. 1 LEC).[135] Tut er dies nicht, verzichtet er damit konkludent auf ihre Berücksichtigung und es tritt Präklusion ein (Art. 412 Abs. 1 und Art. 413 Abs. 1 LEC).[136]

---

[131] So die h.M., s. z.B.: *TS* 10.4.1984, RAJ 1984, 4424 = La Ley 1984, 3; *TS* 17.7.1987, RAJ 1987, 9497; *De la Oliva*, Der. Proc. Civ., Bd. II, 199 f. u. 204 f. (allerdings mit einigen krit. Anm. zur h.M.); *Tapia Fernández*, 197 f., 200 u. 205; *Cortés Domínguez*, Der. Proc. Civ., 210 u. 364; *Prieto-Castro y Ferrándiz*, 799.

[132] Álvarez Vigaray, 63; Albaladejo/López Vilas, Art. 1202, 495; Gómez Orbaneja, 277; Prieto-Castro y Ferrándiz, 515.

[133] *Álvarez Vigaray*, 63 f.; Albaladejo/*López Vilas*, Art. 1202, 495.

[134] *Álvarez Vigaray*, 63; Albaladejo/*López Vilas*, Art. 1202, 495; *Gómez Orbaneja*, 277.

[135] *Montero Aroca*, El nuevo proceso civil, 384.

[136] Noch zum alten Recht: *TS* 28.3.1981, RAJ 1981, 1135; 21.10.1980, RAJ 3631; 16.3.1979, RAJ 1979, 874; 25.6.1962, RAJ 1962, 3023; 16.4.1957, RAJ 1592; *AP Baleares* 13.2.1997, La Ley 1997, Marginal 1706; *Fernández López/Rifá Soler/Valls Gombau*, Bd. III, 433; *Tapia Fernández*, 181 u. 184 f. Allgemein zu Art. 412 ff. der neuen LEC: *Montero Aroca*, El nuevo proceso civil, 366 ff. u. 388 sowie die entsprechenden Kommentierungen bei *LEC comentada* u. Lledó Yagüe/*San Román Carneros*.

Ausnahmsweise ist die Einführung der Aufrechnung in den Prozeß auch noch zu einem späteren Zeitpunkt möglich: wenn die Forderung des Beklagten erst nach der Klageerwiderung entstanden ist, wenn erst nach dem maßgeblichen Zeitpunkt alle Voraussetzungen für den Eintritt der Aufrechnungswirkungen erfüllt sind oder der Beklagte bei Einreichung der Klageerwiderung noch keine Kenntnis vom Eintritt der Aufrechnung hatte (Art. 413 Abs. 1 LEC).[137] Die Einführung der Aufrechnung ist gemäß Art. 564 LEC sogar noch im Zwangsvollstreckungsverfahren zuzulassen, falls die Forderung des Beklagten erst nach Abschluß des Erkenntnisverfahrens entstanden ist oder erst nach diesem Zeitpunkt alle Voraussetzungen für den Eintritt der Aufrechnungswirkungen erfüllt sind.[138]

V. Verhältnis von prozessualer Berücksichtigung der Aufrechnung und materieller Rechtslage

Oben unter B. wurde festgestellt, daß die prozessuale Einrede der Aufrechnung nur das notwendige Mittel ist, um die bereits vorher *ipso iure* eingetretenen Aufrechnungswirkungen im Prozeß geltend zu machen.[139] Das daraufhin ergehende, die Aufrechnung berücksichtigende Urteil hat deshalb nur deklaratorischen Charakter und beschränkt sich darauf, das bereits vorher aufgrund der Aufrechnung stattgefundene Erlöschen der Forderungen festzustellen.

Angesichts dieser Erkenntnis drängt sich die Frage auf, wie eine mögliche Nichtberücksichtigung der Aufrechnungseinrede durch das Gericht - sei es, weil der Beklagte auf die Einführung der Aufrechnung in den Prozeß freiwillig verzichtet hat, sei es, weil die Berufung auf die Aufrechnung im konkreten Fall als prozessual unzulässig zu bewerten war - mit der materiellen Rechtslage in Einklang gebracht werden kann: streng genommen müßten Klageforderung und Gegenforderung des Beklagten nämlich in beiden Fällen materiellrechtlich gesehen gemäß Art. 1202 i.V.m. 1195 CC bereits vorher *ipso iure* erloschen sein, so daß das Gericht ein insoweit fehlerhaftes Urteil erließe, wenn es die Aufrechnung nicht berücksichtigte. Für den Fortgang der Arbeit ist die Beantwortung dieser Frage nicht zuletzt deshalb von Bedeutung, weil - wie in der Einleitung kurz angedeutet wurde -[140] der BGH und Teile der deutschen Literatur die Aufrechnungseinrede als unzulässig zurückweisen wollen, wenn das angerufene Gericht entweder kraft Gesetzes oder kraft Zuständigkeitsvereinbarung für die selb-

[137] Noch zum alten Recht: *Álvarez Vigaray*, 62; *Tapia Fernández*, 183; *Manresa y Navarro*, LEC, 240. Vgl. jetzt auch *LEC comentada*, Art. 413 sow. Lledó Yagüe/*San Román Carneros*, Art. 413.

[138] *Tapia Fernández*, 183 f. (noch gestützt auf den alten Art. 949 Abs. 2 LEC-1881 in entsprechender Anwendung). Vgl. zum neuen Recht auch *Montero Aroca*, El nuevo proceso civil, 645 f., Lledó Yagüe/*Ruigómez Momeñe*, Art. 564 u. *LEC comentada*, Art. 564.

[139] S.o. unter II. 3., S. 47 ff.

[140] Siehe dazu dort unter A. III. 1., S. 16 bzw. 2., S. 21.

ständige Geltendmachung der Gegenforderung international nicht zuständig wäre.

1. Freiwilliger Verzicht auf die Einführung der Aufrechnung in den Prozeß

Oben unter I. wurde festgestellt, daß die Parteien auf die prozessuale Geltendmachung der Aufrechnung ausdrücklich oder konkludent - indem sie sie nicht in den Prozeß einführen - verzichten können, da die Berücksichtigung dieser Einrede durch den Richter von ihrem Willen abhängig ist[141] (hierbei handelt es sich zunächst einmal nur um den Verzicht auf ein prozessuales Recht, der nicht mit dem materiellrechtlichen Verzicht auf den Eintritt der Aufrechnungswirkungen verwechselt werden darf)[142]. Wenn der Beklagte es unterläßt, die Tatsachen, aus denen sich der Eintritt der Aufrechnung ergibt, in der Klageerwiderung vorzubringen und damit konkludent auf ihre prozessuale Geltendmachung verzichtet, tritt Präklusion ein.[143]
Wie wirkt sich dieser "prozessuale" Verzicht beziehungsweise die Präklusion nun auf die materielle Rechtslage aus? Ist die Forderung des Beklagten materiellrechtlich gesehen trotzdem gemäß Art. 1202 i.V.m. 1195 CC *ipso iure* erloschen, so daß er sie in einem gesonderten Prozeß nicht mehr einklagen kann oder beeinflußt der Verzicht auf die prozessuale Geltendmachung der Aufrechnung auch die materielle Rechtslage, so daß der Beklagte seine Forderung nicht verliert?
Es erscheint eindeutig, daß diese Frage nur im letzteren Sinne beantwortet werden kann - anderenfalls würde dem Beklagten durch das Zulassen eines materiellrechtlich unrichtigen Urteils unter Verletzung des in Art. 3 Nr. 2 CC geschützten Grundsatzes der Billigkeit ("equidad") das sinnlose Opfer seiner Aufrechnungsforderung zugemutet - und zu diesem Befund gelangt dann auch die spanische Lehre.[144] Dogmatisch läßt sich dieses Ergebnis wie folgt begründen:

---

[141] Albaladejo/*López Vilas*, Art. 1202, S. 493; *Álvarez Vigaray*, 60; Siehe dazu oben unter I., S. 53.

[142] Zu letzterem s.o. im Ersten Abschnitt unter II. 2. b)., S. 46. Siehe außerdem die folgenden Ausführungen.

[143] Siehe Art. 412 Abs. 1 u. Art. 413 Abs. 1 LEC. So bereits die h.M. in Rspr. u. Lehre zum alten Recht. Etwas anderes gilt selbstverständlich für den Fall, daß die Forderung des Beklagten erst nach diesem Zeitpunkt entstanden ist oder erst nach diesem Zeitpunkt alle Voraussetzungen für den Eintritt der Aufrechnungswirkungen erfüllt, s. Art. 413 Abs. 1 LEC. S. zu alledem oben unter IV., S. 62 (m.w.N.).

[144] *Tapia Fernández*, 106 f. (insbes. Fn. 74) u. 185 (insbes. Fn. 227); *Ruíz Serramalera*, 338, Fn. 20; *Álvarez Vigaray*, 65 f. (mit der - m.E. richtigen - Einschränkung, daß durch die Aufrechnung begünstigte Dritte ihre Rechte trotz des Verzichts der Parteien behalten - so z.B. der Bürge sein Recht aus Art. 1853 CC -, siehe S. 60 u. 66 - diese Einschränkung macht auch *Lete del Río*, Bd. I, 182). Im Ergebnis ebenso die deutsche h.M., siehe dazu unten unter E. III. 4., S. 81.

oben unter B. II. 2. b). wurde festgestellt, daß die Parteien auch nachträglich noch - ausdrücklich oder konkludent - auf den Eintritt der Aufrechnungswirkungen verzichten können, mit der Folge, daß beide Forderungen ihre Existenz behalten.[145] Der Kläger gibt nun dadurch, daß er seine Forderung einklagt, unmißverständlich zu verstehen, daß er sowohl auf die prozessuale Geltendmachung der Aufrechnung als auch auf den Eintritt der materiellrechtlichen Aufrechnungswirkungen verzichten möchte[146] - wollte man anderes annehmen, wäre seine Klage bereits unschlüssig. Der Beklagte seinerseits gibt durch die Nichteinführung der Aufrechnung in den Prozeß, wie bereits festgestellt, zunächst einmal eindeutig zu verstehen, daß er auf ihre gerichtliche Berücksichtigung verzichtet.

Gleichzeitig beinhaltet dieses Verhalten aber auch die Aussage, daß er auf den Eintritt der materiellrechtlichen Aufrechnungswirkungen verzichten will: es wäre lebensfremd anzunehmen, der Beklagte wolle einerseits auf sein prozessuales Recht, die Aufrechnung einzuwenden, verzichten, andererseits aber die materiellrechtliche Wirkung der Aufrechnung, das heißt den ersatzlosen Verlust seiner (Gegen-)Forderung, nicht ausschließen. Dies gilt um so mehr, als die Nichterhebung der Aufrechnungseinrede im Zusammenhang mit der zuvor analysierten Erklärung des Klägers zu beurteilen ist - in dem Verhalten des Beklagten ist gleichsam eine konkludente Annahmeerklärung zu sehen, durch die er das Angebot des Klägers auf Abschluß eines nachträglichen vertraglichen Ausschlusses der Aufrechnungswirkungen akzeptiert.[147] Die Folge davon ist, daß die Forderung des Beklagten nicht durch Aufrechnung erloschen ist und er sie demnach in einem gesonderten Prozeß einklagen kann.

2. *Zurückweisen der Aufrechnungseinrede als prozessual unzulässig*

Damit die Aufrechnungseinrede vom Gericht berücksichtigt werden kann, muß sie alle für die wirksame Vornahme von Prozeßhandlungen erforderlichen Voraussetzungen erfüllen, das heißt die Partei, die sie in den Prozeß einführt, muß partei-, prozeß- (vgl. Art. 6 beziehungsweise Art. 7 f. LEC) und postulationsfähig (vgl. Art. 23 und 31 LEC) sein, und sie muß in der richtigen Form[148] und zum richtigen Zeitpunkt[149] vorgebracht werden. Ist eine der ersten drei Voraussetzungen nicht erfüllt, hat das Gericht den Aufrechnungseinwand gemäß Art. 9 beziehungsweise Art. 23 und 31 LEC, bei nicht formgemäßem oder ver-

[145] Siehe oben, S. 46.

[146] Vgl. *Moreno Mocholi*, 497, dort zum konkludenten Verzicht auf den Eintritt der materiellrechtlichen Aufrechnungswirkungen durch Erhebung einer Widerklage.

[147] S. zu der Möglichk. einer solchen vertragl. Abbedingung der Art. 1195, 1202 CC oben unter B. II. 2. b)., S. 46.

[148] S.o. unter I., S. 53 ff. u. II., S. 59.

[149] S.o. unter IV., S. 62.

spätetem Vorbringen gemäß Art. 412 Abs. 1 und 413 Abs. 1 LEC von Amts wegen unbeachtet zu lassen.[150]

Der Fall des verspäteten Vorbringens wurde bereits oben unter 1. behandelt, wobei festgestellt wurde, daß darin allgemein ein konkludenter Verzicht auf die prozessuale Geltendmachung der Aufrechnungseinrede und letztendlich auch auf den Eintritt der materiellrechtlichen Aufrechnungswirkungen gesehen wird. Auch in den übrigen Fällen stellt sich nun die Frage, welche Auswirkungen die prozessuale Nichtberücksichtigung der Aufrechnung auf die materielle Rechtslage hat. Auch hier kann das Ergebnis eigentlich nicht anders ausfallen als oben unter 1.: die Gegenforderung des Beklagten muß bestehen bleiben, da auch hier dem Beklagten das sinnlose Opfer seiner Aufrechnungsforderung durch das Zulassen eines materiellrechtlich unrichtigen Urteils unter Verletzung des in Art. 3 Nr. 2 CC geschützten Grundsatzes der Billigkeit ("equidad") nicht zugemutet werden kann[151] (einen Hinweis darauf, daß der Gesetzgeber dies ebenso sieht, bietet Art. 438 Abs. 2 S. 2 LEC: nach dieser Vorschrift hat das Gericht in einem "juicio verbal"[152] die Aufrechnungseinrede des Beklagten als nicht erhoben zu betrachten und ihn auf die selbständige Geltendmachung seiner aufrechnungstauglichen Forderung in einem separaten Prozeß zu verweisen, falls diese Forderung ihrer Höhe nach den Betrag übersteigt, für den die Verfahrensart des "juicio verbal" zulässig ist).

Allerdings haben sich bisher weder Rechtsprechung noch Lehre dazu geäußert, wie ein solches Ergebnis dogmatisch begründet werden könnte. Dementsprechend erscheint hier in dieser Hinsicht eine etwas nähere Betrachtung angebracht. In Bezug auf die Annahme eines nachträglichen konkludenten Verzichts auf den Eintritt der Aufrechnungswirkungen von Seiten des Klägers durch die Erhebung der Klage ergeben sich keinerlei Unterschiede gegenüber 1. Hinsichtlich der Annahme eines entsprechenden konkludenten Verzichts durch den Beklagten aber ließe sich unter Umständen einwenden, dieser habe ja zumindest versucht, die Aufrechnung wirksam einzuwenden, so daß von einem schlüssigen Verzicht auf die Aufrechnung keine Rede sein könne.

Führt man sich allerdings vor Augen, daß die herrschende Meinung ohnehin auch bei den unter 1. behandelten Fällen bereits das bloße Nichteinführen der Aufrechnung in den Prozeß zum richtigen Zeitpunkt - also mit anderen Worten das Schweigen des Beklagten - als stillschweigende Erklärung ansieht, dieser

---

[150] Siehe dazu z.B. *TS* 28.3.1981, RAJ 1981, 1135; 21.10.1980, RAJ 1980, 3631; 16.3.1979, RAJ 1979, 874. Vgl. auch *TS* 20.6.1981, Col. Leg. 1981, Nr. 280.

[151] In diesem Sinne *AP Ciudad Real* 5.11.1993, La Ley 1994, Marginal 470: "... y por tanto debe quedar imprejuzgado si existe o no el crédito de la demandada, para que lo ejercite en el procedimiento que estime pertinente ..." (frei übersetzt: "... und deshalb darf nicht darüber entschieden werden, ob die Forderung der Bekl. besteht oder nicht, damit sie sie in dem ihrer Ansicht nach dafür sachgemäßen Verfahren geltend machen kann ...").Vgl. auch für diese Fälle *Tapia Fernández*, 106 f. (insbes. Fn. 74) u. 185 (insbes. Fn. 227).

[152] Zu dieser Verfahrensart siehe näher oben, S. 61, Fn. 128.

wolle auf die prozessuale Geltendmachung der Aufrechnung verzichten, so wird deutlich, daß für die hier betrachteten Fälle Gleiches gelten dürfte: der Beklagte versucht zwar zunächst in der Tat, die Aufrechnung wirksam einzuwenden. Danach unterläßt er es aber, die Einrede abermals - und diesmal unter Erfüllung aller prozessualer Voraussetzungen - zu erheben (auch hier mit der Folge der Präklusion). An dieses Unterlassen dürfte anzuknüpfen sein, mit dem Ergebnis, daß auch in den Fällen der fehlenden Partei-, Prozeß- oder Postulationsfähigkeit des Beklagten sowie der nicht formgerechten Geltendmachung der Aufrechnung von einer stillschweigenden Annahmeerklärung des vom Kläger mit der Erhebung der Klage konkludent angebotenen vertraglichen Ausschlusses der Aufrechnungswirkungen auszugehen wäre. Folge davon wäre, daß in den betreffenden Fällen die Forderung des Beklagten ebenfalls nicht durch Aufrechnung erloschen wäre und er sie somit in einem gesonderten Verfahren selbständig einklagen könnte.

D. Die Behandlung synallagmatischer Gegenforderungen

I. Synallagmatische Gegenforderungen und Aufrechnung

Nach ständiger Rechtsprechung des Tribunal Supremo findet bei Forderungen, die in einem synallagmatischen Verhältnis zueinander stehen, keine Aufrechnung im Sinne der Art. 1195 ff. CC statt.[153] Obwohl vom Código Civil an keiner Stelle ausdrücklich gefordert, liest das Gericht aus der Voraussetzung der Gegenseitigkeit gemäß Art. 1195 und 1196 Nr. 1 CC heraus, daß die betreffenden Forderungen auf verschiedenen Rechtsgründen beruhen müssen (der Tribunal Supremo spricht vom Erfordernis der "dualidad de títulos")[154], damit die Art. 1196 bis 1202 CC zur Anwendung gelangen können.[155] Die Lehre hat sich dem weitgehend angeschlossen.[156]

Dieser Standpunkt ist auf den ersten Blick nicht ohne weiteres nachvollziehbar, erscheint doch gerade das Rechtsinstitut der Aufrechnung als ein idealer Weg, um der besonders engen Verknüpfung und gegenseitigen Abhängigkeit von in einem synallagmatischen Verhältnis stehenden Leistungen gerecht zu werden. Bei näherem Studium der einschlägigen Urteile des Tribunal Supremo stößt man

[153] *TS* 9.4.1994, RAJ 1994, 2739; 16.11.1993, RAJ 1993, 9098, 25.5.1993, RAJ 1993, 3736; 21.12. 1988, RAJ 1988, 9745; 7.6.1983, Col. Leg. 1983, Nr. 328 = RAJ 1983, 7000; 27.5.1983, RAJ 1983, 2915; 17.5.1984, RAJ 1984, 2418; 5.7.1980, RAJ 1980, 3085; 29.11.1977, RAJ 1977, 4288; 27.11.1931, RAJ 1931, 3949. S. auch *AP Baleares* 13.2.1997, La Ley 1997, Marginal 1706.

[154] Siehe die in Fn. 153 genannten Urteile.

[155] Siehe z.B. *TS* 7.6.1983, RAJ 1983, 7000.

[156] *Manresa y Navarro*, CC, 815; *Castán Tobeñas*, Bd. III, 402; *Tapia Fernández*, 140-154, insbes. 151 f. u. 154. Skeptisch dazu *Diez-Picazo*, 541 f.

dann auch immer wieder auf die einschränkende Formulierung, bei synallagmatischen Forderungen finde keine Aufrechnung "im eigentlichen Sinne" statt[157] und es stellt sich heraus, daß das Gericht im Ergebnis letztendlich dennoch eine Art Aufrechnung vornimmt, indem es nämlich die sich gegenüberstehenden Forderungen und die bereits erbrachten Leistungen saldiert[158] (in einigen Urteilen verwendet der Tribunal Supremo für diesen Vorgang sogar trotz allem die Bezeichnung "compensación")[159].
Mehr noch, das Gericht macht deutlich, daß es ihm in den betreffenden Fällen im Interesse der Respektierung der synallagmatischen Verknüpfung gerade darauf ankommt, daß die beiden sich gegenüberstehenden Forderungen und die daraufhin bereits erbrachten Leistungen in jedem Fall miteinander verrechnet werden.[160] Dies erforderten grundlegende Gesichtspunkte der Billigkeit ("elementales criterios de equidad", wie es der Tribunal Supremo in seinem Urteil vom 5.7.1980[161] formuliert), nur so könne die Gefahr der ungerechtfertigten Bereicherung einer der Vertragsparteien vermieden werden, die sich ergebe, wenn diese die ihr obliegende Leistung nicht erbringe.[162]
Mit der Abgrenzung der Situation der synallagmatischen Forderungen von der Aufrechnung, wie sie in Art. 1195 bis 1202 CC geregelt ist, möchte das Gericht nur klarstellen, daß zum einen nicht alle der genannten Vorschriften auf erstere

---

[157] *TS* 7.6.1983, RAJ 1983, 7000, S. 5383: "... no existirá compensación en su *genuino sentido* ...", "... debe existir, para que de compensación se hable *propiamente*, una dualidad, al menos de títulos y créditos recíprocos ..." u. "... siendo la estructura sinalagmática ajena a la situación que propicia la compensación *propia* ..."; 15.10.1979, RAJ 1979, 3391: "... el recurrente ... incide en el error de entender que el fallo recurrido establece una compensación en el *sentido estricto y técnico* de dicha figura jurídica ...". Siehe auch *AP Baleares* 13.2.1997, La Ley 1997, Marginal 1706: "... la sentencia hoy apelada ... no está ... practicando una compensación de deudas en el *sentido conceptual rigoroso* de este instituto jurídico ..."). Ähnliche Formulierungen werden auch von der Lit. verwendet, vgl. z.B. *Tapia Fernández*, 148: "... no se da una *propia* compensación ...", 149: "... no existe *verdadera* compensación ..." u. 151: "... no puede *en rigor* hablarse de compensación ...". Alle Hervorhebungen stammen vom Verfasser.
[158] *TS* 27.5.1983, RAJ 1983, 2915 ("deducción", zu übersetzen mit "Saldierung"); 29.11.1977, RAJ 1977, 4288 ("... [el Juzgador de instancia] no hace sino fijar el montante líquido a pagar ...", frei übersetzt " der Instanzrichter tut nichts anderes, als die zu zahlende Nettosumme festzulegen"); 5.2.1976, RAJ 1976, 318 ("... liquidación de las cuentas existentes entre las partes ...", in etwa zu übersetzen mit "Bereinigung der zwischen den Parteien existierenden Rechnungen"); 27.11.1931, RAJ 1931, 3949. Vgl. auch *Tapia Fernández*, 146, 149 u. 151.
[159] S. z.B. *TS* 29.4.1974, RAJ 1974, 1796: "... se extinguen por compensación ..."; 25.3.1971, RAJ 1971, 1304: "... se concedió la compensación al deudor ...". S. weiter *TS* 22.11.1984, RAJ 1984, 4908; 22.2.1983, RAJ 1983, 1066; 19.4.1982, RAJ 1982, 1955.
[160] S. *TS* 7.6.1983, RAJ 1983, 7000, S. 5384 oben rechts: "... obligaciones ... comprendidas en el sinalagma ... deben ser enjuiciadas simultáneamente ..." (frei übersetzt: "über Leistungspflichten, die in einem synallagmatischen Verhältnis stehen, muß gleichzeitig entschieden werden."). Vgl. auch *Tapia Fernández*, 154.
[161] *TS* 5.7.1980, RAJ 1980, 3085.
[162] *TS* 29.4.1974, RAJ 1974, 1796; 5.7.1980, RAJ 1980, 3085. S. auch *Tapia Fernández*, 152.

passen[163] (vergleiche insbesondere Art. 1200 und 1201 CC) und daß vor allem die Voraussetzungen des Art. 1196 CC darauf keine Anwendung finden sollen (insbesondere Nr. 4, Liquidität und Durchsetzbarkeit),[164] damit die gegenseitige Abhängigkeit der Leistungen in jedem Fall berücksichtigt werden kann und das vertragliche Gleichgewicht gewahrt bleibt.[165]
Es kann also festgehalten werden, daß bei Forderungen, die in einem synallagmatischen Verhältnis zueinander stehen, keine Aufrechnung im eigentlichen Sinne stattfindet, so daß die Vorschriften der Art. 1196 bis 1202 CC keine Anwendung finden, daß aber das Gericht im Ergebnis dennoch eine Verrechnung der beiden Forderungen vornimmt, deren Resultat - nämlich das Erlöschen der Forderungen - sich letztlich nicht wesentlich von dem der Aufrechnung unterscheidet.

II. Die Geltendmachung synallagmatischer Gegenforderungen im Prozeß

Der Tribunal Supremo führt in seinem (zuvor bereits mehrfach zitierten) Urteil vom 7.6.1983 aus: "... obligaciones ... comprendidas en el sinalagma ... deben ser enjuiciadas simultáneamente sin posibilidad de remitir a un juicio posterior los cargos opuestos ..." [166] (frei übersetzt: "über Leistungspflichten, die in einem synallagmatischen Verhältnis stehen, muß gleichzeitig entschieden werden, ohne daß hinsichtlich der geltend gemachten Gegenansprüche auf ein späteres Verfahren verwiesen werden kann").
Daraus - in Verbindung mit der bereits zuvor unter I. vorgestellten Ansicht des Tribunal Supremo, im Hinblick auf die Berücksichtigung der gegenseitigen Abhängigkeit der Leistungen und der Wahrung des vertraglichen Gleichgewichts seien die beiden sich gegenüberstehenden Forderungen und die darauf bereits erbrachten Leistungen in jedem Fall miteinander zu verrechnen -[167] will *Tapia Fernández* nun ableiten, synallagmatische Forderungen müßten zwangsläufig in ein und demselben Verfahren vorgebracht werden, der Beklagte könne sich die Geltendmachung seiner Gegenforderung nicht für ein späteres gesondertes Verfahren vorbehalten.[168] Dies ergebe sich zum einen als logische Schlußfolgerung aus der Rechtsprechung des Tribunal Supremo und zum anderen aus der materiellen Rechtskraftwirkung des Urteils: die beiden synallagmatischen Forde-

[163] *TS* 7.6.1983, RAJ 1983, 7000, S. 5383 unten: "incompatible". In diesem Sinne auch *AP Baleares* 13.2.1997, La Ley 1997, Marginal 1706.
[164] *TS* 15.10.1979, RAJ 1979, 3391; 27.5.1983, RAJ 1983, 2915; 16.3.1979, RAJ 1979, RAJ 1979, 874; 29.11.1977, RAJ 1977, 4288; 5.2.1976, RAJ 1976, 318. Ebenso *AP Baleares* 13.2.1997, La Ley 1997, Marginal 1706. Vgl. auch *Tapia Fernández*, 151; 154 u. 146.
[165] *TS* 5.7.1980, RAJ 1980, 3085; 29.4.1974, RAJ 1974, 1796.
[166] *TS* 7.6.1983, Col. Leg. 1983, Nr. 328 = RAJ 1983, 7000, S. 5384 oben rechts.
[167] *TS* 5.7.1980, R.A.J 1980, 3085; 29.4.1974, RAJ 1974, 1796.
[168] *Tapia Fernández*, 152 f.

rungen bildeten einen einheitlichen Streitgegenstand, so daß die Gegenforderung des Beklagten in jedem Falle von der materiellen Rechtskraft des auf die Klage hin ergehenden Urteils erfaßt werde, egal ob er sie im Prozeß geltend gemacht habe oder nicht.[169]

Diese Begründung ist in beiden Punkten angreifbar. Was die zitierten Ausführungen des Tribunal Supremo angeht, so beschäftigen sich diese dem Wortlaut, aber auch dem Sinn nach nur mit der Pflicht des Gerichts, über synallagmatische Forderungen in ein und demselben Verfahren zu entscheiden, ohne die Möglichkeit, den Beklagten hinsichtlich der von ihm erhobenen Gegenansprüche auf ein späteres Verfahren zu verweisen. Dies wird besonders deutlich, wenn man sie im Zusammenhang mit dem durch die Revision angegriffenen und vom Tribunal Supremo aufgehobenen Urteil des Instanzgerichts betrachtet: dieses hatte die Gegenansprüche des Beklagten nicht berücksichtigt - in der Annahme, sie seien nicht ordnungsgemäß vorgebracht worden - und ihn auf eine spätere gesonderte Geltendmachung derselben verwiesen.[170]

Es läßt sich daraus aber nicht entnehmen, daß der Beklagte auf die Geltendmachung seiner synallagmatischen Gegenansprüche im selben Verfahren nicht von seiner Seite aus verzichten könnte, um sie später in einem gesonderten Verfahren einzuklagen. Entsprechendes läßt sich auch nicht aus den Ausführungen des Tribunal Supremo über die Bedeutung der Verrechnung der beiden sich gegenüberstehenden Forderungen und der darauf bereits erbrachten Leistungen für die Berücksichtigung der gegenseitigen Abhängigkeit derselben und der Wahrung des vertraglichen Gleichgewichts herleiten - selbst wenn die gemeinsame Verhandlung synallagmatischer Forderungen aus Gesichtspunkten der Prozeßökonomie und der Billigkeit noch so sinnvoll und wünschenswert ist, muß es dem Beklagten aufgrund des Prinzips der Parteiherrschaft über das Verfahren (vgl. Art. 19 f., 216 und 218 LEC) [171] letztlich selbst überlassen bleiben, ob er seine Gegenansprüche im selben oder später in einem gesonderten Verfahren geltend machen will.

Abzulehnen ist schließlich auch *Tapia Fernández'* These, eine spätere Geltendmachung der Gegenansprüche sei dem Beklagten aufgrund der materiellen Rechtskraft des auf die Klage hin ergehenden Urteils verwehrt. Auch im spanischen Recht werden nämlich die Urteilsgründe nicht von der Rechtskraft erfaßt, sondern nur der Urteilstenor, insoweit er die Existenz oder Nichtexistenz einer Tatsache oder rechtlichen Beziehung ausspricht.[172] Im Urteilstenor spricht das

---

[169] *Tapia Fernández*, 153.

[170] Siehe *TS* 7.6.1983, RAJ 1983, 7000, S. 5383.

[171] Siehe dazu De la Oliva/*M. A. Fernández*, Der. Proc. Civ., Bd. II, 23 (noch zu der entsprechenden Vorschrift des Art. 359 der alten LEC-1881).

[172] Vgl. Art. 222 Abs. 2 LEC. Siehe dazu auch *Cortés Domínguez*, Der. Proc. Civ., 361 f. Bereits zum alten Recht h.M., siehe z.B.: *Cortés Domínguez*, Der. Proc. Civ., 2. Aufl., 316; *Guasp*, ADC 1948, Nr. 1, 445; *Prieto-Castro y Ferrándiz*, 798 u. sogar *Tapia Fernández* selbst, 197 f. u. 200; vgl. auch *De la Oliva*, Der. Proc. Civ., Bd. II, 198 f.; *TS* 17.7.1987, RAJ

Gericht aber nur aus, ob und gegebenenfalls in welcher Höhe die Klageforderung besteht. Zwar liegt die Autorin insoweit grundsätzlich richtig, als daß sich die materielle Rechtskraftwirkung des Urteils auch auf all jene Einreden des Beklagten erstreckt, die mit den im Tenor getroffenen Feststellungen inzident zwangsläufig ausgeschlossen wurden,[173] weil sie über ihren Einfluß auf die Begründetheit der Klageforderung hinaus keine eigenständige Bedeutung besitzen.[174] Das heißt, der rechtskräftig zur Zahlung verurteilte Beklagte kann beispielsweise nicht mehr wirksam geltend machen, der betreffende Anspruch des Klägers sei verjährt oder durch Erfüllung untergegangen, weil dies durch den Urteilsausspruch logisch zwingend ausgeschlossen ist. Was *Tapia Fernández* jedoch dabei übersieht, ist, daß über das Bestehen von Gegenanforderungen des Beklagten nur dann entschieden wird, wenn diese im Prozeß auch geltend gemacht werden - in diesem Falle erwächst der entsprechende Ausspruch gemäß Art. 408 Abs. 3 i.V.m. Art. 222 Abs. 2 LEC in Rechtskraft. Hingegen trifft das Gericht keine Feststellungen hinsichtlich des Bestehens solcher Gegenansprüche des Beklagten, die dieser im Prozeß nicht eingefordert hat[175] - und zwar auch dann nicht, wenn es sich dabei um synallagmatische handelt. Demnach kann sich die materielle Rechtskraftwirkung im Sinne des Art. 222 LEC auch nicht auf letztere erstrecken und sie können in einem späteren Verfahren gesondert geltend gemacht werden.

Es bleibt also festzuhalten, daß es dem Beklagten freisteht, synallagmatische Gegenansprüche entweder als Einrede geltend zu machen - mit der Folge ihrer aufrechnungsähnlichen Verrechnung mit der Klageforderung - oder später in einem gesonderten Verfahren selbständig einzuklagen. Auch hinsichtlich der ordnungsgemäßen Geltendmachung im Prozeß unterscheiden sich synallagmatische Gegenansprüche demnach nicht wesentlich von nichtsynallagmatischen Gegenforderungen.

1987, 9497; 10.4.1984, RAJ 1984, 4424 = La Ley 1984, 3. A.A.: *Montero Aroca*, El nuevo proceso civil, 548 (die Rechtskraft erfasse auch die Urteilsgründe).

173 *Tapia Fernández*, 198. Siehe dazu auch *De la Oliva*, Der. Proc. Civ., Bd. II, 198. Noch weitergehend *Montero Aroca*, El nuevo proceso civil, 549, nach dessen Ansicht alle materiellen Einreden von der Rechtskraft erfaßt werden (anders die h.M.).

174 Auf diesen Umstand hebt *Cortés Domínguez*, Der. Proc. Civ., 363 f., ab.

175 H.M., s. z.B. *Tapia Fernández* selbst, 197 u. 205; *TS* 17.7.1987 u. 10.4.1984, s.o., Fn. 172. Vgl. auch *De la Oliva*, Der. Proc. Civ., Bd. II, 199.

E. Rechtsvergleichende Bemerkungen

I. Einführung

Den Abschluß der Betrachtung des spanischen Aufrechnungsrechts sollen nun einige rechtsvergleichende Bemerkungen bilden. Zielsetzung soll es dabei aber nicht sein, einen umfassenden und detaillierten Vergleich des deutschen und spanischen Rechts der Aufrechnung zu unternehmen. Vielmehr sollen - im Interesse der Beschränkung des Umfangs der Arbeit und der Konzentration auf das Wesentliche - in erster Linie diejenigen Unterschiede oder Übereinstimmungen noch einmal kurz herausgearbeitet werden, die entweder hinsichtlich der grundsätzlichen Konzeptionen der beiden Aufrechnungssysteme besonders bemerkenswert erscheinen oder mit Blick auf den weiteren Verlauf der Arbeit von Bedeutung sind. Dabei werden gegebenenfalls an einigen Stellen zur Klarstellung etwas eingehendere Ausführungen zum deutschen Aufrechnungsrecht erforderlich sein, da dieses zuvor nicht gesondert dargestellt, sondern seine Kenntnis vorausgesetzt worden ist.

II. Die Aufrechnung im materiellen Recht

1. Die Funktion der Aufrechnung

Hinsichtlich der Funktion des Rechtsinstituts der Aufrechnung besteht in der deutschen[176] und der spanischen Lehre und Rechtsprechung weitgehend Einigkeit: Es dient in erster Linie der Vereinfachung und Beschleunigung des Zahlungsverkehrs sowie dem Schutz des Schuldners vor dem Risiko, als erster zahlen zu müssen und seine Forderung dann anschließend vielleicht nicht realisieren zu können (Sicherungs- oder Garantiefunktion). Übereinstimmend wird auch auf die Besonderheit hingewiesen, daß es die Aufrechnung demjenigen, der sie geltend macht, ermöglicht, seine Forderung ohne die Inanspruchnahme staatlicher Organe durchzusetzen, indem sie gemäß Art. 1202 CC beziehungsweise § 389 BGB eine Schuld zum Erlöschen bringt, die ihn seinerseits gegenüber dem Aufrechnungsgegner verpflichtet (in der deutschen Lehre ist dieser Umstand als Möglichkeit des Aufrechnenden zur "Selbstexekution" [177] oder auch "Privatvollstreckung" [178] seiner Forderung bezeichnet worden)[179].

---

[176] Dazu siehe stellvertr. Palandt/*Heinrichs*, § 387 Rz. 1 m.w.N. sowie *Berger*, 4 ff. u. 59 ff.
[177] So *Bötticher*, 95-110.
[178] So *Fikentscher*, 168.
[179] Siehe dazu auch *Berger*, 74 ff. m.w.N.

2. *Aufrechnungsarten; Grundform der Aufrechnung*

Im deutschen wie im spanischen Recht lassen sich verschiedene Arten der Aufrechnung unterscheiden, von denen jeweils eine gleichsam als Grundform eine gesetzliche Regelung erfahren hat. Im deutschen Recht ist dies die Aufrechnung nach §§ 387 ff. BGB, im spanischen die "compensación legal" (gesetzliche Aufrechnung) gemäß Art. 1195 ff. CC. Beide Rechtsordnungen kennen daneben eine nicht gesetzlich geregelte Form der Aufrechnung, bei der Voraussetzungen und Wirkungen - auch abweichend von gesetzlichen Regelungen, soweit diese nicht zwingenden Charakter haben - durch vertragliche Vereinbarungen zwischen den Parteien bestimmt werden können ("Aufrechnungsvertrag" [180] beziehungsweise "compensación convencional").
Darüber hinaus finden sich im spanischen Recht zwei weitere, von der spanischen Rechtsprechung und Lehre entwickelte Aufrechnungsformen, die dem deutschen Recht nicht bekannt sind: die freiwillige Aufrechnung ("compensación facultativa"), bei der ein den Eintritt der gesetzlichen Aufrechnung verhindernder Umstand einseitig durch den dadurch Begünstigten ausgeräumt wird, so daß die gesetzliche Aufrechnung eintreten kann, und die richterliche Aufrechnung ("compensación judicial"), bei der das Gericht in seinem Urteil ein bestehendes Aufrechnungshindernis ausräumen und so den Eintritt der gesetzlichen Aufrechnung herbeiführen kann. Im Zusammenhang mit letzterer können sich für deutsche Gerichte kollisionsrechtliche Probleme ergeben: ist im konkreten Fall spanisches Recht Aufrechnungsstatut und besteht ein Aufrechnungshindernis, welches danach durch eine richterliche Aufrechnung ausgeräumt werden könnte, so stellt sich die Frage, ob der für diese Form der Aufrechnung erforderliche richterliche Gestaltungsakt trotz des *Lex-fori*-Prinzips auch von einem deutschen Gericht vorgenommen werden kann.[181]

3. *Vollzug und Wirkungen der Aufrechnung*

Der grundlegende Unterschied zwischen den beiden Aufrechnungssystemen des deutschen und des spanischen Rechts liegt in der Art und Weise, wie sich die Aufrechnung in ihrer Grundform dort jeweils vollzieht. Während die Aufrechnung im deutschen Recht ein durch Willenserklärung gegenüber dem Aufrechnungsgegner auszuübendes Gestaltungsrecht ist (§§ 387, 388 BGB),[182] entfaltet sie im spanischen Recht ihre Wirkungen *ipso iure* unabhängig vom Willen der

---

[180] Dazu siehe stellvertretend Palandt/*Heinrichs*, § 387 Rz. 19 f.
[181] Siehe dazu näher unten, im Sechsten Abschnitt der Arbeit, S. 325 ff.
[182] Ähnlich Art. 124 des schweizerischen OR (Obligationenrecht v. 30.3.1911).

Parteien in dem Moment, in dem sich zwei Forderungen aufrechenbar gegenüberstehen (Art. 1195, 1202 CC).[183]
Folge dieser unterschiedlichen Grundkonzeption ist zunächst, daß die Geschäftsfähigkeit der Parteien im spanischen Recht für den Eintritt der Aufrechnung nicht Voraussetzung ist,[184] während im deutschen Recht die Wirksamkeit der Aufrechnungserklärung und damit der Vollzug der Aufrechnung von der Geschäftsfähigkeit des Aufrechnenden abhängt (§§ 105-108, 111 BGB). Weiter kann bei Geltung spanischen Rechts das Geleistete über die *condictio indebiti* zurückgefordert werden, wenn der Leistende bei der Leistung keine Kenntnis davon hatte, daß seine Schuld zu diesem Zeitpunkt bereits durch Aufrechnung erloschen war.[185] Im deutschen Recht hingegen führt erst die Aufrechnungserklärung zum Erlöschen der Hauptforderung (§ 387, 388 BGB), so daß bei vorheriger Erfüllung keine Leistung auf eine Nichtschuld im Sinne des § 812 Abs. 1 S. 1 F. 1 BGB vorliegt; das in Unkenntnis der Aufrechnungsmöglichkeit Geleistete kann auch nicht nach § 813 BGB zurückverlangt werden,[186] da das bloße Bestehen der Aufrechnungslage grundsätzlich keinerlei Rechtswirkung entfaltet,[187] also auch keine Einwendung oder Einrede gewährt. Schließlich ist für die Reihenfolge des Erlöschens mehrerer sich gegenüberstehender aufrechenbarer Forderungen bei Maßgeblichkeit spanischen Rechts nicht wie nach § 396 Abs. 1 S. 1 BGB grundsätzlich der Wille des Aufrechnenden maßgeblich (und hilfsweise eine gesetzlich festgelegte Ordnung wie nach § 396 Abs. 1 S. 2 BGB), sondern in erster Linie der Zeitpunkt der Entstehung der jeweiligen Forderungen - sobald sich zwei Forderungen der beiden fraglichen Parteien gegenüberstehen, erlöschen diese kraft Gesetzes.[188] Nur wenn mehrere Forderungen einer Partei zu exakt demselben Zeitpunkt entstehen und gleichzeitig alle Aufrechnungsvoraussetzungen erfüllen, findet die von Art. 1201 CC i.V.m. Art. 1172 ff. CC gesetzlich festgelegte Erlöschensreihenfolge Anwendung.
Abgesehen von den genannten Abweichungen erreichen die beiden theoretisch so unterschiedlichen Aufrechnungssysteme in der Praxis aber weitgehend gleiche Ergebnisse, dies hat die Betrachtung des spanischen Rechts der Aufrechnung gezeigt. Ursächlich dafür ist in erster Linie die von § 389 BGB ausgesprochene Rückwirkungsfiktion, durch die der Eintritt der Aufrechnungswirkungen im deutschen Recht letztlich auf den Zeitpunkt zurückverlegt wird, der auch im spanischen Recht maßgeblich ist: der Moment, in dem die betreffenden Forderungen einander zur Aufrechnung geeignet gegenübergetreten sind.

---

[183] S. dazu oben unter B. II. 3., S. 47 ff.
[184] S. dazu oben unter B. II. 3., S. 48.
[185] S. dazu oben unter B. II. 3., S. 48.
[186] Mot. II, 109, 832; RG 5.3.1928, *RGZ* 120, 280; 9.3.1934, *RGZ* 144, 93; jetzt h.M., vgl. *Larenz*, § 18 VI Fn. 75 m.w.N.
[187] *BGH*, Beschl. v. 20.6.1951, *BGHZ* 2, 300, 302 ff.; 26.1.1983, *BGHZ* 86, 349, 353.
[188] Siehe dazu oben unter B. II. 3., S. 49.

Bleiben im spanischen Recht nach diesem Zeitpunkt der Ablauf der Verjährungsfrist für die Forderungen, eine nachträgliche Abtretung derselben oder gar die Eröffnung eines Konkursverfahrens auf die einmal eingetretene Aufrechnung ohne Wirkungen, so ermöglicht im deutschen Recht dementsprechend § 215 BGB die Durchsetzung einer nach Entstehung der Aufrechnungslage verjährten Forderung durch Erklärung der Aufrechnung, bewahrt § 406 BGB dem Schuldner die bei Abtretung bestehende Aufrechnungslage gegenüber dem Neugläubiger[189] und erhalten die §§ 94, 95 InsO dem Insolvenzgläubiger (unter den Voraussetzungen des § 95 InsO) die zur Zeit der Eröffnung des Insolvenzverfahrens bestehende Aufrechnungsmöglichkeit.[190] Können nach spanischem Recht die bereits durch Aufrechnung erloschenen Forderungen naturgemäß nicht wie eine noch bestehende Forderung Zinsansprüche, Verzugseintritt oder eine Vertragsstrafe wegen Nichtleistung auslösen, so entfallen im deutschen Recht Zinsansprüche, Verzugsfolgen und Vertragsstrafen aufgrund der Rückwirkungsfiktion des § 389 BGB *ex tunc*.[191] Erlöschen im spanischen Recht aufgrund des Aufrechnungseintritts kraft Gesetzes akzessorische Sicherungsrechte, sobald die gesicherte Forderung einer anderen Forderung zur Aufrechnung geeignet gegenübertritt, so gibt im deutschen Recht das Bestehen der Aufrechnungslage gemäß § 770 Abs. 2 BGB dem Bürgen[192] und gemäß § 1137 Abs. 1 S. 1 BGB i.V.m. § 770 Abs. 2 BGB analog auch dem Eigentümer gegen eine sein Grundstück belastende Hypothek ein Leistungsverweigerungsrecht; erklärt der persönliche Schuldner wirksam die Aufrechnung gegen die gesicherte Forderung, so gilt die Hypothek gemäß § 389 BGB als zu dem Zeitpunkt als Eigentümergrundschuld auf den Eigentümer übergegangen (§ 1163 Abs. 1 S. 2 BGB i.V.m. § 1177 BGB), zu dem die Aufrechnungslage eingetreten war.[193]

Eine weitere Annäherung der beiden Aufrechnungssysteme in der Praxis hat die Tatsache zur Folge, daß der Aufrechnungseintritt als Konsequenz der Privatautonomie auch im spanischen Recht letztlich doch vom Willen der Parteien abhängig gemacht wird, indem diesen die Möglichkeit eingeräumt wird, jederzeit

---

[189] Die Vorschrift geht sogar noch darüber hinaus und bewahrt die Aufrechnungsmöglichkeit für den Fall, daß sich nach Kenntnis der Abtretung die Aufrechnungslage einstellt, es sei denn, der Schuldner hatte bei dem Erwerb der Gegenforderung von der Abtretung Kenntnis oder die Forderung ist erst nach der Erlangung der Kenntnis und später als die abgetretene Forderung fällig geworden. Wurde die Aufrechnung bereits vor der Abtretung erklärt, gelangt § 404 BGB zur Anwendung, nicht § 406 (*BGH* v. 26.06.2002, NJW 2002, 2865; Palandt/*Heinrichs*, § 406 Rz. 1).

[190] Nach § 95 InsO kann der Insolvenzgläubiger grds. sogar dann noch aufrechnen, wenn die Aufrechnungslage erst im Insolvenzverfahren eingetreten ist, es sei denn, die Hauptforderung ist vor dem Zeitpunkt ihres Eintritts unbedingt und fällig geworden. Ähnlich bereits die am 1.1.1999 außer Kraft getretenen (s. dazu Art. 2 i.V.m. Art. 110 sowie Art. 103 EGInsO) §§ 53-56 KO für Konkursverfahren.

[191] *BGH* 6.5.1981, *BGHZ* 80, 269, 278.

[192] Palandt/*Sprau*, § 770 BGB Rz. 3 f.

[193] Palandt/*Bassenge*, § 1163 BGB Rz. 13 i.V.m. Rz. 15.

einvernehmlich durch Vertrag (auch konkludent) auf den Eintritt der Aufrechnungswirkungen verzichten zu können.

4. Die Voraussetzungen

Als Voraussetzungen für die Aufrechnung nennen sowohl der Código Civil als auch das BGB zunächst die Gegenseitigkeit und Gleichartigkeit der beiden sich gegenüberstehenden Forderungen (Art. 1196 Nr. 1 und 2 CC, § 387 BGB). Anders als das deutsche Recht verlangt das spanische aber aufgrund der dort herrschenden Gleichberechtigung beider Forderungen nicht nur die Fälligkeit und Durchsetzbarkeit der Gegen-, sondern auch der Hauptforderung (Art. 1196 Nr. 3 und 4 CC). Darüber hinaus ist nach Art. 1196 Nr. 4 CC auch die Liquidität der beiden Forderungen materiellrechtliche Aufrechnungsvoraussetzung, während sie im deutschen Recht über §§ 145 Abs. 3, 302 Abs. 1 ZPO nur bei der in einem Prozeß geltend gemachten Aufrechnung eine gewisse Berücksichtigung findet. Unter einer liquiden Forderung versteht man im spanischen Recht eine solche, deren Höhe genau bestimmt ist oder durch nichts weiter als eine einfache Rechenoperation bestimmt werden kann. Nichts zu tun hat das Erfordernis der Liquidität hingegen mit der Streitigkeit oder Unstreitigkeit einer Forderung.[194]

III. Die Aufrechnung im Prozeßrecht

1. Die prozessuale Geltendmachung der Aufrechnung

Wie bereits in der Einleitung unter A. II. angesprochen,[195] kann das Verteidigungsmittel der Aufrechnung im Prozeß im deutschen Recht in zwei verschiedenen Erscheinungsformen auftreten: der Beklagte kann sich auf eine vor oder außerhalb eines anhängigen Rechtsstreits erklärte Aufrechnung berufen; die Aufrechnungserklärung kann aber auch erst innerhalb des anhängigen Prozesses in der mündlichen Verhandlung erfolgen - hier fallen materiellrechtliche Aufrechnungserklärung und Prozeßhandlung zeitlich in einem Akt zusammen, es liegt ein Doppeltatbestand vor.[196] Dieses Zusammenfallen ist jedoch rein äußerlich, auch in diesem Fall sind Zulässigkeit, Voraussetzungen und Wirkungen der materiellrechtlichen Aufrechnung allein nach materiellem Recht zu bestimmen, während für die Geltendmachung der Aufrechnung im Prozeß als Prozeßhandlung stets Prozeßrecht maßgeblich ist.[197] Aus rein prozeßrechtlicher Sicht macht

[194] Siehe dazu oben unter B. II. 1., S. 43 f.
[195] S.o., S. 14.
[196] *Jauernig*, ZPO, § 45 I., S. 176; Musielak/*Stadler*, § 145 Rz. 14; *Schilken*, ZPO, Rz. 433.
[197] *Jauernig*, ZPO, § 45 I., S. 176; *Rosenberg/Schwab/Gottwald*, § 105, I. 1., S. 592; Musie-

es demnach keinen Unterschied, ob die Erklärung der Aufrechnung innerhalb oder außerhalb des Prozesses abgegeben wird.[198] Dementsprechend unterscheidet die ZPO diese beiden Möglichkeiten auch nicht, sie spricht immer nur von der "Geltendmachung der Aufrechnung" (§§ 145 Abs. 3, 302 Abs. 1, 322 Abs. 2, 530 Abs. 2).

Ein Doppeltatbestand wie im deutschen Recht kann sich im spanischen aufgrund des automatischen Eintritts der Aufrechnung kraft Gesetzes gemäß Art. 1202 CC naturgemäß nicht ergeben.[199] Abgesehen davon lassen sich aber zwischen dem Aufrechnungseinwand nach spanischem Recht und der prozessualen Geltendmachung der Aufrechnung nach deutschem Recht im Grundsatz keine wesentlichen Unterschiede ausmachen[200] (besonders anschaulich ist diesbezüglich der Vergleich des Aufrechnungseinwands im spanischen Recht mit der prozessualen Geltendmachung einer bereits vor oder außerhalb eines anhängigen Rechtsstreits erklärten Aufrechnung nach deutschem Recht) - in beiden Fällen beruft sich der Beklagte mit einer rechtsvernichtenden Einwendung darauf, daß die Klageforderung aufgrund des materiellrechtlich erfolgten Eintritts der Aufrechnungswirkungen (zumindest teilweise) erloschen ist.

Zudem wurde festgestellt, daß die Aufrechnung auch im spanischen Recht trotz Aufrechnungseintritts *ipso iure* vom Gericht nicht in dem Sinne von Amts wegen beachtet werden kann, als daß es sie gegen den übereinstimmenden Willen beider Parteien berücksichtigen könnte oder etwa von sich aus Ermittlungen anstellen dürfte, ob die Klageforderung möglicherweise bereits durch Aufrechnung mit irgendeiner Gegenforderung des Beklagten gemäß Art. 1202 CC kraft Gesetzes erloschen ist. Andererseits muß der Beklagte aber im spanischen Recht genauso wenig wie im deutschen die Aufrechnung als solche ausdrücklich einwenden, um ihre prozessuale Berücksichtigung zu erreichen. Vielmehr ist dafür nach beiden Rechtsordnungen - wie bei allen anderen rechtsvernichtenden Einreden auch - ausreichend, daß diejenigen Tatsachen ordnungsgemäß in den Prozeß eingeführt (sei es vom Beklagten oder vom Kläger) und gegebenenfalls bewiesen werden, aus denen sich der Eintritt der Aufrechnungswirkungen ergibt[201] (wozu im deutschen Recht freilich gemäß § 388 BGB auch notwendigerweise

lak/*Stadler*, § 145 Rz. 12 f.; *Varvitsiotis*, 34, vgl. auch 38.

[198] *Varvitsiotis*, 83 ff.; *Schreiber*, ZZP 90 (1977), 395, 396 f.

[199] Gleiches gilt auch für das französische (Art. 1290 Code Civil) und das italienische Recht (Art. 1242 Codice Civile). Sieht das Aufrechnungsstatut die Aufrechnung indessen als rein prozessuales Institut an - so z.B. das Institut des "set off" im englischen Recht, vgl. *Bunge*, 123 -, so ist der Aufrechnungseinwand ausschließlich Prozeßhandlung ohne materiellrechtliche Wirkung.

[200] Vgl. dazu - generell zum Modell der Legalkompensation - auch *Geimer*, IPRax 1986, 208, 210 (Fn. 15) sowie *Kannengießer*, 73 u. 87.

[201] Zur Situation im deutschen Recht siehe z.B. *Jauernig*, ZPO § 45 I., S. 176 i.V.m. § 43 IV 1. b u. 2., S. 171 f., siehe auch § 25 VI. 1., S. 87 sowie *Rosenberg/Schwab/Gottwald*, § 105 III. und *Medicus*, Rz. 96.

der Umstand gehört, daß die Aufrechnung vor- oder außerprozessual bereits wirksam erklärt worden ist - ansonsten bleibt, wie zuvor bereits ausgeführt worden ist, noch die Möglichkeit, eine solche Erklärung im Prozeß abzugeben).
Auch was die Abgrenzung der Aufrechnungseinrede zur Widerklage angeht, bestehen zwischen beiden Rechtsordnungen kaum Unterschiede. Hier wie dort kann mit der Aufrechnungseinrede nur die (gegebenenfalls teilweise) Abweisung der Klage erreicht werden. Soweit aber der Beklagte die Verurteilung des Klägers zur Zahlung des Differenzbetrages erreichen möchte, zu dem die Gegenforderung die Klageforderung übersteigt, muß er sich der Widerklage bedienen.

2. *Wesen und Wirkung der prozessualen Aufrechnungseinrede*

Im spanischen wie im deutschen Recht bereitet - in Ermangelung einer umfassenden ausdrücklichen gesetzlichen Regelung -[202] die Einordnung des Aufrechnungseinwands in das System des Zivilprozeßrechts einige Schwierigkeiten. So ist hier wie dort immer wieder darüber diskutiert worden, ob ohne weiteres die Regeln über prozessuale Verteidigungsmittel auf sie Anwendung finden können oder ob sie eher entsprechend der Widerklage behandelt werden sollte.[203] Der Grund für diese Zuordnungsprobleme liegt darin, daß der Aufrechnungseinwand Charakteristika beider prozessualer Rechtsinstitute aufweist.
Wie zuvor unter 1. festgestellt wurde,[204] stellt der Aufrechnungseinwand sowohl im deutschen als auch im spanischen Recht eine Prozeßhandlung dar, mit der die Partei die materiellrechtlich eingetretene Aufrechnung in den Prozeß einführt; der Beklagte macht mit ihm also eine rechtsvernichtende Einwendung gegen den Klageanspruch geltend. Während die Widerklage ein selbständiger, auf eine Verurteilung des Klägers abzielender Angriff ist, bleibt die Aufrechnung immer von der Klage abhängig und wird ohne Entscheidung über die Klageforderung nicht beschieden. Mit dem Aufrechnungseinwand macht der Beklagte zwar geltend, daß die Klageforderung in Höhe der Aufrechnungsforderung erloschen sei. Eine selbständige Entscheidung, das Erlöschen der Klageforderung durch Auf-

[202] Wie im spanischen (siehe dazu oben unter C. I., S. 53) haben auch im deutschen Recht in prozeßrechtlicher Hinsicht nur Teilaspekte der Aufrechnung eine ausdrückliche gesetzliche Regelung erfahren, so z.B. §§ 145 Abs. 3, 302, 322 Abs. 2, 533 ZPO.
[203] So bezeichnen etwa *E. Schmidt*, ZZP 87 (1974), 29, 33 u. *Schreiber*, ZZP 90 (1977), 395, 398 ff. die Aufrechnungseinrede als "unentwickelte", *Bettermann*, NJW 1972, 2285, 2287 als "unterentwickelte " u. *Mittenzwei*, ZZP 85 (1972), 466, 484 als "unselbständige" Widerklage. S. weiter *Eickhoff*, 159 ff. m.w.N.; *Gottwald*, IPRax 1986, 10 ff.; *Schröder*, Internat. Zust., 595 ff.; *Geimer*, IPRax 1994, 82 ff. Zu Stimmen zum spanischen Recht s.o. unter C. II., S. 60 Fn. 122.
[204] S.o., S. 77.

rechnung festzustellen, begehrt der Beklagte aber gerade nicht.[205] Insoweit läßt sich der Aufrechnungseinwand in beiden Rechtsordnungen ohne weiteres den prozessualen Verteidigungsmitteln zuordnen.
Im übrigen sind sich die deutsche und die spanische Rechtsprechung und Lehre aber darin einig, daß sich der Aufrechnungseinwand in anderer Hinsicht wesentlich von allen anderen Verteidigungsmitteln unterscheidet:[206] Während sich jene allein auf den Bestand oder den Untergang der Klageforderung, höchstens noch auf die Durchsetzbarkeit Zug um Zug gegen Erfüllung von in Zusammenhang mit der Klageforderung stehenden Gegenansprüchen beziehen, führt die Aufrechnungseinrede mit der Gegenforderung eine möglicherweise in keinerlei Zusammenhang mit der Klageforderung stehende neue rechtliche Beziehung in den Prozeß ein, die bis dahin der Auseinandersetzung zwischen den Parteien noch nicht zugänglich war.[207] Die Existenz dieser neuen rechtlichen Beziehung muß vom Gericht überprüft und gegebenenfalls im Prozeß erörtert werden, die Entscheidung darüber erwächst sowohl nach deutschem (gemäß § 322 Abs. 2 ZPO) als auch nach spanischem Recht[208] in Rechtskraft. Erst nach der Feststellung, daß die Gegenforderung des Beklagten besteht, kann das Gericht das eigentliche Verteidigungsmittel berücksichtigen, nämlich den auf die (zumindest teilweise) Vernichtung der Klageforderung abzielenden Aufrechnungseinwand als solchen. Zudem stehen, wie *Eickhoff* mit Blick auf das deutsche Recht richtig hervorhebt,[209] alle anderen Verteidigungsmittel (der Autor nennt z.B. die Einreden der Verjährung gem. § 214 BGB und der Eingehung einer Verbindlichkeit ohne rechtlichen Grund, § 821 BGB, sowie die Zurückbehaltungsrechte aus §§ 273, 320, 1000 BGB - Entsprechendes läßt sich für die betreffenden Verteidigungsmittel aber auch im spanischen Recht sagen) in rechtlichem Zusammenhang mit der Klageforderung. Bei der Aufrechnung indes besteht der Zusammenhang mit der Klage nur im Hinblick auf die Einrede als solche, soweit sie auf das Erlöschen der Klageforderung gerichtet ist. Die durch sie neu in den Prozeß eingeführte Gegenforderung hingegen weist nicht notwendig einen Zusammenhang mit dem Klageanspruch auf - die beiden Ansprüche sind voneinander losgelöst, ihre gemeinsame Verhandlung und Entscheidung ist zufällig[210] (eine Tatsache, der im deutschen Recht die §§ 145, 302 Abs. 2 ZPO Rechnung tragen). Insoweit wird der Aufrechnungseinrede sowohl von der deutschen[211] als auch von der

[205] *Rosenberg/Schwab/Gottwald*, § 105 II. 2., S. 597. Zum span. Recht s.o. unter C. I., S. 54.
[206] Zu diesen Unterschieden siehe auch *Varvitsiotis*, 160-171.
[207] Zum dt. Recht siehe *Eickhoff*, 162; *Gottwald*, IPRax 1986, 10; *Geimer*, IPRax 1994, 82, 83; *Kannengießer*, 168. Zum spanischen Recht s.o. unter C. II., S. 60.
[208] Siehe dazu oben unter C. II., S. 61.
[209] *Eickhoff*, 162 f. S. auch *Varvitsiotis*, 166 ff.
[210] Eickhoff, 162 f. Vgl. auch Banniza von Bazan, 160 u. Kannengießer, 168.
[211] *Mittenzwei*, ZZP 85 (1972), 466, 471, 474 ff. u. 484; *E. Schmidt*, ZZP 87 (1974), 29, 33; *Schreiber*, ZZP 90 (1977), 395, 401; *Bettermann*, NJW 1972, 2285, 2287; *Eickhoff*, 159 ff. m.w.N.; *Gottwald*, IPRax 1986, 10 ff.; *Schröder*, Internat. Zust., 595 ff.; *Geimer*, IPRax 1994,

spanischen[212] Lehre eher Ähnlichkeit mit einer selbständigen (Wider-)Klage bescheinigt. Dementsprechend billigte der deutsche Gesetzgeber ihrer Erhebung - wie sonst nur der Erhebung einer (Wider-)Klage - in § 204 Abs. 1 Nr. 5 BGB verjährungshemmende Wirkung zu und stellte sie auch für den Fall ihres erstmaligen Vorbringens in der Berufungsinstanz der Widerklage gleich (§ 533 ZPO).[213]

Es kann mithin festgehalten werden, daß sich der Aufrechnungseinwand weder im deutschen, noch im spanischen Recht in die gängigen Kategorien des Zivilprozeßrechts einordnen läßt. Aus der Perspektive beider Rechtsordnungen fällt er in mehrfacher Hinsicht aus dem Rahmen der übrigen Verteidigungsmittel heraus und nimmt als Institut *sui generis* eine Sonderstellung zwischen einer eigenen Klage und einem "gewöhnlichen" Verteidigungsmittel ein.[214] Auch hinsichtlich des gerichtlichen Vorgehens, das der Aufrechnungseinwand auslöst, bestehen zwischen deutschem und spanischem Prozeßrecht keine Unterschiede - die gerichtliche Prüfung vollzieht sich hier wie dort in drei unterschiedlichen Phasen: Zuerst muß die prozessuale Zulässigkeit des Einwands geprüft werden. Anschließend muß in einem zweiten Schritt über Bestehen und Höhe der Gegenforderung entschieden werden, damit das Gericht dann gegebenenfalls in einem dritten Schritt - nach Prüfung der materiellrechtlichen Aufrechnungsvoraussetzungen - die auf das (zumindest teilweise) Erlöschen der Klageforderung abzielende eigentliche Aufrechnungseinrede berücksichtigen kann. In der ersten und dritten Phase unterscheidet sich der Aufrechnungseinwand nicht wesentlich von den übrigen prozessualen Verteidigungsmitteln. In der zweiten Phase allerdings weist er im deutschen wie im spanischen Recht die oben angesprochenen Charakteristika einer selbständigen (Wider-)Klage auf.

Dieses "zwiespältige Wesen" des Aufrechnungseinwands hat - im deutschen wie im spanischen Recht - zur Folge, daß auf ihn weder die Regeln über die "gewöhnlichen" Verteidigungsmittel, noch die Vorschriften über die Widerklage ohne weiteres und in vollem Umfang angewandt werden können. Vielmehr muß bei der Lösung prozeßrechtlicher Fragen jeweils darauf geachtet werden, daß alle unterschiedlichen Phasen, in denen sich die Entscheidung über den Aufrechnungseinwand vollzieht, angemessene Berücksichtigung finden.

---

82 ff.

212 Siehe dazu oben unter C. II., S. 60.

213 Dafür, daß der Gesetzgeber die Aufrechnung in gewissem Ausmaß der Widerklage gleich behandelt sehen wollte, sprechen auch einige Anhaltspunkte in den Motiven, siehe dazu *Schreiber*, ZZP 90 (1977), 395, 402 f. Die betreffenden Motive selbst finden sich bei *Hahn*, 292.

214 Zum deutschen Recht siehe *Eickhoff*, 163; *Schreiber*, ZZP 90 (1977), 395, 398 ff. (der Autor spricht auf S. 399 von einer "Zwitterstellung" des prozessualen Aufrechnungsvorbringens); *Wolf*, LM-EGÜbk Nr. 39, Bl. 4, Anm. 2 a; *G. Wagner*, IPRax 1999, 65, 67; *Kannengießer*, 169. Vgl. auch *Mittenzwei*, ZZP 185 (1972), 466, 484 und *Gottwald*, IPRax 1986, 10. Zum spanischen Recht s.o. unter C. II., S. 59 ff.

3. *Eventualaufrechnung*

Wie im deutschen Recht wird auch im spanischen - obwohl sich die Aufrechnung dort *ipso iure* vollzieht - die Eventualaufrechnung allgemein als zulässig angesehen. Begründet wird dieses Ergebnis in beiden Rechtsordnungen damit, daß dabei nicht der materiellrechtliche Aufrechnungseintritt mit einer Bedingung verknüpft werde, sondern nur die Geltendmachung der Aufrechnung im Prozeß.

4. *Auswirkungen der prozessualen Nichtberücksichtigung auf das materielle Recht*

Sowohl in der deutschen[215] als auch in der spanischen Rechtsprechung und Lehre herrscht Einigkeit dahingehend, daß im Falle einer prozessualen Nichtberücksichtigung der Aufrechnung ein Bedürfnis nach Anpassung der materiellen Rechtslage besteht, weil der Beklagte seine Aufrechnungsforderung sonst ersatzlos verlieren würde. Wie sich allerdings eine solche Harmonisierung von Urteil und materieller Rechtslage rechtskonstruktiv erreichen läßt, ist in beiden Rechtsordnungen noch nicht für alle möglichen Fallkonstellationen geklärt.[216]
Im deutschen Recht wird unterschieden: Bei während des Prozesses erklärten Aufrechnungen wird entweder die prozessuale Berücksichtigung als stillschweigende innerprozessuale Bedingung der Aufrechnung angesehen[217] oder materiellrechtliche und prozeßrechtliche Aufrechnungserklärung werden als eine gemäß § 139 BGB voneinander abhängige Einheit betrachtet.[218] Diese dogmatischen Konstruktionen versagen jedoch in den Fällen, in denen der Beklagte die Aufrechnung vor- oder außerprozessual erklärt hat - hier konnte bis jetzt noch keine Einigung über eine befriedigende Lösung erzielt werden. Die Lösungsversuche variieren von der Empfehlung, die Aufrechnung einfach - rückwirkend - "als ungeschehen zu behandeln", weil das der Klage stattgebende Urteil sich über die Aufrechnung hinwegsetze,[219] über den Gedanken, dem der Klage stattgebenden Urteil könne auch die Feststellung entnommen werden, daß die Klageforderung nicht durch Aufrechnung erloschen sei,[220] bis hin zum Vorschlag, aus

---

[215] Siehe dazu MünchKomm-ZPO/*Peters*, § 145 Rz. 25-28; Stein/Jonas/*Leipold*, § 145 Rz. 56 ff.; *Leipold*, ZZP 107 (1994), 216, 223; *Geimer/Schütze*, EuZVR Art. 6 Rz. 75; *Geimer*, IPRax 1994, 82, 85; *Jauernig*, ZPO, § 45 III., S. 177 f.; *Gebauer*, IPRax 1998, 79, 83 (i.V.m. S. 85).
[216] Zum deutschen Recht teilen diese Einschätzung *Geimer/Schütze*, EuZVR Art. 6 Rz. 75.
[217] Stein/Jonas/*Leipold*, § 145 Rz. 56; *Leipold*, ZZP 107 (1994), 216, 223.
[218] *Rosenberg/Schwab/Gottwald*, § 105 III 2. a, S. 596 f. Zum Meinungsstand siehe auch MünchKomm-ZPO/*Peters*, § 145 Rz. 25 ff.
[219] MünchKomm-ZPO/*Peters*, § 145 Rz. 28.
[220] Stein/Jonas/*Leipold*, § 145 Rz. 59; *Varvitsiotis*, 97 u. 173 ff.

der Funktion der Aufrechnung einen ergänzenden materiellrechtlichen Rechtssatz abzuleiten, der bei einer endgültigen Zurückweisung im Prozeß auch die materiellrechtliche Wirksamkeit der Aufrechnung beseitigt, oder der Anregung, im Sichberufen auf das Erlöschen der Gegenforderung durch Aufrechnung bei gleichzeitiger Inanspruchnahme des ohne Berücksichtigung der Aufrechnung ergangenen Urteils einen Verstoß gegen Treu und Glauben zu sehen.[221]
Im spanischen Recht haben sich bisher weder Rechtsprechung noch Lehre dazu geäußert, wie sich das Nichterlöschen der Aufrechnungsforderung des Beklagten im Falle einer Zurückweisung seines Aufrechnungseinwands als prozessual unzulässig dogmatisch begründen läßt. Aufgrund des Vollzugs der Aufrechnung *ipso iure* muß eine Lösung hier naturgemäß anders aussehen als im deutschen Recht. Denkbar ist, einen einvernehmlichen nachträglichen Verzicht beider Parteien auf den Eintritt der Aufrechnungswirkungen anzunehmen, wobei die Verzichtserklärung des Klägers im Einklagen seiner Forderung und die des Beklagten in der Nichterhebung (beziehungsweise nicht unter Erfüllung aller prozessualer Voraussetzungen erfolgten Erhebung) der Aufrechnungseinrede zu sehen ist.[222]

5. *Besonderheiten hinsichtlich der Behandlung synallagmatischer Forderungen*

Anders als im deutschen Recht findet im spanischen nach herrschender Meinung bei Forderungen, die in einem synallagmatischen Verhältnis zueinander stehen, keine Aufrechnung im eigentlichen Sinne statt, das heißt die gesetzlichen Vorschriften der Art. 1195 ff. CC gelangen hier nicht zur Anwendung.[223]
Diese auf den ersten Blick verblüffende Abgrenzung der Situation der synallagmatischen Forderungen von der Aufrechnung, wie sie in Art. 1195 bis 1202 CC geregelt ist, dient allerdings nur der Klarstellung, daß zum einen nicht alle der genannten Vorschriften auf erstere passen und daß vor allem die Voraussetzungen des Art. 1196 CC darauf keine Anwendung finden sollen, damit die gegenseitige Abhängigkeit der Leistungen in jedem Fall berücksichtigt werden kann und das vertragliche Gleichgewicht gewahrt bleibt. Im Ergebnis nimmt das Gericht aber dennoch eine Verrechnung der beiden Forderungen vor, deren Resultat - nämlich das Erlöschen der Forderungen - sich letztlich nicht wesentlich von dem der Aufrechnung unterscheidet. Im Prozeß sind synallagmatische Gegenforderungen auf die gleiche Weise geltend zu machen, wie nichtsynallagmatische Gegenansprüche. Im weiteren Verlauf der Arbeit sollen daher beide

---

[221] Insgesamt zum Meinungsstand inklusive der letzten beiden Lösungsvorschläge siehe Stein/Jonas/*Leipold*, § 145 Rz. 56-60 (m.w.N.).
[222] Siehe dazu näher oben unter C. V., S. 63 ff.
[223] Siehe dazu näher oben unter D., S. 67 ff.

Fälle der Einfachheit halber grundsätzlich nicht weiter unterschieden, sondern - in Anlehnung an die vom Tribunal Supremo in einigen seiner Urteile verwendete Terminologie -[224] unter dem Begriff der "compensación", also der "Aufrechnung", zusammengefaßt werden.

IV. Gesamtwürdigung

Die rechtsvergleichende Betrachtung hat deutlich gemacht, daß sich die beiden Aufrechnungssysteme des deutschen und des spanischen Rechts, obwohl sie auf einer auf den ersten Blick so unterschiedlichen Konzeption basieren - hier Erklärungsaufrechnung, dort Legalkompensation -, hinsichtlich der in der Praxis erzielten Ergebnisse in beachtlichem Maße annähern. Besonders aufgefallen ist dabei die weitgehende Übereinstimmung beider Rechtsordnungen hinsichtlich der prozeßrechtlichen Behandlung der Aufrechnung, die mit Inkrafttreten der neuen LEC sogar noch leicht angewachsen ist.
Als wichtigste Ursachen für die festgestellte Annäherung wurden einerseits die Rückwirkungsfiktion des § 389 BGB, durch die der Eintritt der Aufrechnungswirkungen im deutschen Recht letztlich auf den auch im spanischen Recht maßgeblichen Zeitpunkt, in dem die betreffenden Forderungen einander zur Aufrechnung geeignet gegenübergetreten sind, zurückverlegt wird, und andererseits die Tatsache ausgemacht, daß auch im spanischen Recht sowohl der materiellrechtliche Aufrechnungseintritt als auch dessen gerichtliche Berücksichtigung letztendlich doch vom Parteiwillen abhängig gemacht werden.
Der einzige Unterschied zwischen beiden Rechtsordnungen, der aus deutscher Sicht wirklich kollisionsrechtliche Probleme aufwerfen kann, ist die richterliche Aufrechnung ("compensación judicial") des spanischen Rechts. Hier stellt sich die Frage, ob der für diese Form der Aufrechnung erforderliche richterliche Gestaltungsakt trotz des *Lex-fori*-Prinzips auch von einem deutschen Gericht vorgenommen werden kann - diesem Problem soll unten im Sechsten Abschnitt der Arbeit nachgegangen werden.[225]

[224] Siehe dazu oben unter D. I., S. 68, Fn. 159.
[225] Siehe unten, S. 325 ff.

Zweiter Abschnitt: Der vom EuZPR vorgegebene Rahmen

A. Einführung

Am 1. März 2002 ist an die Stelle des EuGVÜ die EuGVVO vom 22. Dezember 2000 getreten (Art. 66, 68 und 76 EuGVVO). Das EuGVÜ gilt aber noch im Verhältnis zu Dänemark[1] und auch das weitgehend inhaltsgleiche LugÜ ist nach wie vor in Kraft.[2] Vor diesem Hintergrund und angesichts der Tatsache, dass sich die für die vorliegende Untersuchung maßgebenden Entscheidungen des EuGH ausschließlich mit den Vorschriften des EuGVÜ beschäftigen - und folglich naturgemäß auch der überwiegende Teil der sich damit näher auseinandersetzenden Literatur -, sollen diese im Zentrum der Übelegungen stehen. Die EuGVVO hat für die hier interessierenden Fragen im wesentlichen keine Änderung der Rechtslage gebracht; auch ihre generellen Ziele und Leitprinzipien entsprechen weitgehend denen des EuGVÜ.[3] Die zu den Vorschriften des EuGVÜ gemachten Ausführungen sind daher grundsätzlich ohne weiteres auf die entsprechenden Vorschriften der EuGVVO übertragbar. Dort, wo sich dennoch Abweichungen ergeben, und sei es lediglich hinsichtlich der Numerierung der Artikel, wird darauf hingewiesen werden.

Im Grundsatz beansprucht das EuGVÜ Vorrang vor dem autonomen einzelstaatlichen Recht.[4] Es stellt sich deshalb zunächst einmal die Frage, ob das Übereinkommen abschließende Regelungen in Bezug auf die zuständigkeitsrechtliche Behandlung der Aufrechnung in seinem Anwendungsbereich enthält beziehungsweise welchen Rahmen es dem autonomen Recht in dieser Hinsicht vorgibt. Eine ausdrückliche Regelung für die prozessuale Geltendmachung der Aufrechnung ist darin nicht enthalten. Es wird in diesem Zusammenhang jedoch über die Reichweite insbesondere von Art. 6 Nr. 3, Art. 17 und Art. 18 EuGVÜ[5] diskutiert. Der EuGH, dem die Auslegung des Übereinkommens gemäß Art. 1 des Luxemburger Protokolls vom 3. Juni 1971[6] anvertraut ist, hat sich bisher im

---

[1] Abl.EG 16.01.2001, Nr. L 12, S. 1, 2/3 unter Ziff. 21 u. 22.

[2] Obgleich die Entscheidungen des EuGH für den Geltungsbereich des zum EuGVÜ weitgehend inhaltsgleichen LugÜ keine bindende Wirkung entfalten können (siehe *von Hoffmann*, IPR, § 3 Rz. 193), können sie dennoch bei dessen Auslegung Berücksichtigung finden.

[3] S. dazu näher *Heß*, JZ 2001, 573, 577 ff. sowie *Kohler*, Revision, 1 ff.

[4] Allgem. Meinung, vgl. z.B. Wieczorek/Schütze/*Hausmann*, § 38 Rz. 44. Die EuGVVO ihrerseits ist aufgrund ihrer Rechtsnatur als (sekundäres) Gemeinschaftsrecht in den Mitgliedsstaaten ohnehin unmittelbar geltendes Recht, siehe Art. 76 EuGVVO.

[5] Art. 17 u. Art. 18 EuGVÜ entsprechen (weitgehend) Art. 23 u. 24 EuGVVO, s. dazu *Kohler*, Revision, 22 f.

[6] Luxemburger Protokoll betreffend die Auslegung des Übereinkommens vom 27. September 1968 über die gerichtliche Zuständigkeit und die Vollstreckung gerichtlicher Entscheidungen in Zivil- und Handelssachen durch den Gerichtshof, BGBl. 1972 II, 846. Die Auslegungskompetenz des EuGH hinsichtl. der EuGVVO als unmittelbares Gemeinschaftsrecht wird sich

wesentlichen dreimal mit den Auswirkungen der genannten Bestimmungen auf die Behandlung der prozessualen Aufrechnungseinrede auseinandergesetzt:[7] in der bereits in der Einleitung[8] kurz vorgestellten Entscheidung vom 9.11.1978 *Meeth/Glacetal*[9] zu Art. 17 EuGVÜ sowie in den Urteilen vom 7.3.1985 *Spitzley/Sommer*[10] zu Art. 18 EuGVÜ und vom 13.7.1995 *Danvaern/Otterbeck*[11] zu Art. 6 Nr. 3 EuGVÜ. Anhand einer Analyse dieser Urteile sowie ihrer Auslegung durch die Lehre ist nun in der Folge der gegenwärtige Standpunkt des EuGH zu ermitteln.

B. Das Urteil des EuGH vom 9.11.1978 "*Meeth/Glacetal*"[12]

I. Die Entscheidung des EuGH

Der Entscheidung lag folgender Sachverhalt zugrunde: Das französische Unternehmen G. forderte vom deutschen Unternehmen M. die restliche Bezahlung für Warenlieferungen. Vereinbart war, daß auf den Vertrag deutsches Recht anwendbar sein sollte und daß bei Streitigkeiten jede Seite nur in dem Land ihres Geschäftssitzes verklagt werden durfte, der jeweilige Kläger also im Ausland klagen mußte. Als G. schließlich in Deutschland klagte, wandte M. die Aufrechnung mit Schadensersatzansprüchen aus Lieferverzögerung und -verweigerung ein. Das Berufungsgericht (OLG Koblenz) erklärte die Aufrechnung für unzulässig, weil die vertragliche Gerichtsstandsvereinbarung die Geltendmachung von Gegenansprüchen vor deutschen Gerichten ausschließe.

Der BGH legte nun, da er der Auffassung war, die Entscheidung des Falles hänge von der Auslegung des Art. 17 EuGVÜ ab, folgende Fragen dem EuGH zur Vorabentscheidung vor:[13]

---

direkt aus Art. 177 b EG-Vertr. (Vorabentscheidungsverfahren) ergeben.

[7] Das Urt. des EuGH v. 4.7.1985 - *AS-Autoteile/Malhé*, Rs. 220/84 - Slg. 1985, 2267 = NJW 1985, 2892 = IPRax 1986, 232 enthält keine verallgemeinerungsfähige Aussage des EuGH zur generellen Behandlung der Prozeßaufrechnung. In der speziellen Fallkonstellation war für die Zurückweisung des im Wege der Vollstreckungsgegenkl. vorgebrachten Aufrechnungseinwands vielmehr die enge Auslegung von Art. 16 Nr. 5 EuGVÜ maßgebend (s. dazu *Leipold*, ZZP 107 (1994), 216, 221 sowie *Mankowski*, ZZP 109 (1996), 376, 379 f. u. *Geimer*, IPRax 1986, 208).

[8] Siehe dort unter A. III. 2., S. 21.

[9] Siehe unten, Fn. 12.

[10] Siehe unten, Fn. 48.

[11] Siehe unten, Fn. 68.

[12] Rs. C-23/78, Slg. 1978, 2133 = RIW 1978, 814 = WM 1978, 622.

[13] Vgl. *EuGH* Slg. 1978, 2133, 2135 f. u. 2140 ff.

1. ob die getroffene Gerichtsstandsvereinbarung nach Art. 17 EuGVÜ zulässig sei, und
2. ob eine solche Vereinbarung zwingend jede Aufrechnung vor einem für die Klage zuständigen Gericht ausschließe.

Frage 1 beantwortete der EuGH dahingehend, daß die oben geschilderte Zuständigkeitsvereinbarung mit Art. 17 EuGVÜ vereinbar sei. Zur Frage 2 führte er folgendes aus:

> "Bei der Beantwortung der Frage ... sind sowohl der Gesichtspunkt der Wahrung der Privatautonomie, auf dem ... Art. 17 beruht, als auch die Erfordernisse der Prozeßökonomie zu berücksichtigen, die dem gesamten Übereinkommen, zu dem dieser Artikel gehört, zugrunde liegen. Im Lichte dieser zweifachen Zweckbestimmung kann Art. 17 nicht dahin ausgelegt werden, daß er das Gericht, das aufgrund einer Gerichtsstandsvereinbarung der vorstehend beschriebenen Art angerufen wird, daran hindert, die Aufrechnung mit einer Forderung, die im Zusammenhang mit dem streitigen Rechtsverhältnis steht, zu berücksichtigen, wenn es dies für vereinbar mit Wortlaut und Sinn der Gerichtsstandsvereinbarung hält." [14]

II. Die Auslegung der Entscheidung durch die Lehre und den BGH

Die Entscheidung des EuGH ist im Schrifttum in höchst unterschiedlicher Weise verstanden worden.

Huet setzt sich intensiv mit der Bezugnahme des EuGH auf den Parteiwillen einerseits und auf die Prozeßökonomie andererseits auseinander und stellt fest, die Gewichtung letzterer komme im Urteil nicht völlig eindeutig zum Ausdruck.[15] Es scheine aber so, als ob der Gerichtshof mit seiner Formulierung "... die Aufrechnung mit einer Forderung, die im Zusammenhang mit dem streitigen Rechtsverhältnis steht ..." deutlich machen wolle, daß die Erfordernisse der Prozeßökonomie eine Unterscheidung zwischen konnexen und nichtkonnexen Forderungen geböten: bei konnexen Forderungen könne das angerufene Gericht über die Aufrechnung entscheiden, wenn es dies für vereinbar mit dem Wortlaut und Sinn der Gerichtsstandsvereinbarung halte; bei nichtkonnexen Forderungen könne das Gericht hingegen auf keinen Fall entscheiden, unabhängig von Wortlaut und Sinn der Gerichtsstandsvereinbarung.[16]

---

[14] *EuGH* Slg. 1978, 2133, 2142.

[15] *Huet*, JDI (= Clunet) 1979, 663, 669: "L'arrêt de la Cour de justice n'est pas parfaitement clair à cet égard." Dies bemängelt auch *Gaudemet-Tallon*, RCDIP 70 (1981), 131, 141.

[16] *Huet*, JDI (= Clunet) 1979, 663, 669 f.

Auch *Gaudemet-Tallon* merkt an, der EuGH beziehe in dem betreffenden Urteil nicht eindeutig Stellung zwischen Parteiwillen und Prozeßökonomie.[17] Die Autorin versteht die Bezugnahme des Gerichtshofs auf den "Zusammenhang mit dem streitigen Rechtsverhältnis" in der gleichen Weise wie *Huet*.[18] Darüber hinaus liest sie aber aus dem Urteil heraus, der EuGH habe dabei das Postulat "*iudex actionis est iudex exceptionis*" angewandt.[19]

Rodríguez Benot lehnt sich bei seinen Ausführungen eng an *Huet* an und stimmt ebenfalls dessen Ergebnis zu, was die Interpretation der Bezugnahme des EuGH auf die Konnexität angeht.[20] Im übrigen scheint der Autor allerdings den Sachverhalt beziehungsweise die Vorlagefrage des BGH nicht ganz richtig verstanden zu haben, denn er problematisiert in erster Linie den Ausschluß einer "demanda reconvencional" (= Widerklage) durch die zwischen den Parteien im konkreten Fall getroffene Gerichtsstandsvereinbarung,[21] obwohl alleiniger Gegenstand der Vorlagefrage des BGH und somit auch der darauf gegebenen Antwort des EuGH die Zulässigkeit der Aufrechnung ("compensación") war.[22] Demselben Irrtum scheinen übrigens auch noch einige andere Autoren aus dem romanischen Rechtskreis unterlegen zu sein.[23]

Desantes Real will der Entscheidung eine noch weitergehende Aussage entnehmen als die bisher genannten Autoren: er vertritt die Ansicht, das Urteil lasse ohne weiteres den Schluß zu, daß der EuGH die Aufrechnung als pures Verteidigungsmittel ohne kompetenzrechtliche Relevanz sehe und der Prozeßökonomie insoweit Vorrang vor dem Parteiwillen einräume.[24]

Im Gegensatz dazu sind *Kropholler* und *Eickhoff* der Auffassung, aus der Entscheidung ergebe sich, daß das EuGVÜ der Aufrechnung durchaus zuständigkeitsrechtliche Relevanz beimesse, denn schließlich habe der EuGH ja Art. 17 EuGVÜ auf die Gegenforderung angewandt.[25]

Etwas vorsichtiger formuliert *Leipold*, aus der Entscheidung könne vor dem Hintergrund der Bezugnahme des EuGH auf die Erfordernisse der Prozeßökonomie zumindest nicht entnommen werden, daß die internationale Zuständigkeit

---

17 *Gaudemet-Tallon*, RCDIP 70 (1981), 131, 141.

18 *Gaudemet-Tallon*, RCDIP 70 (1981), 131, 141.

19 *Gaudemet-Tallon*, Gerichtsstandsvereinbarungen, 120.

20 *Rodríguez Benot*, Los acuerdos, 448 f.

21 *Rodríguez Benot*, Los acuerdos, z.B. 443 o. 446 (dort insbes. auch Fn. 40).

22 Was *Huet* zu Beginn seiner Ausführungen zur 2. Vorlagefrage zu Recht feststellt, JDI 1979, 663, 666.

23 So z.B. *Calvo Caravaca*, Comentario, 371 u. *Tirado Robles*, 68. Auch *Gaudemet-Tallon*, RCDIP 70 (1981), 142 f. spricht in ihrem Vorschlag zur Antwort auf die Frage des BGH ausschließlich von "demande renconventionnelle".

24 *Desantes Real*, 229: "Este fue, como es fácil suponer, el criterio seguido por el Tribunal de Justicia ..." ("Dies war, wie sich ohne weiteres annehmen läßt, das Kriterium, dem der EuGH gefolgt ist..."). So im Ergebnis wohl auch Soergel/*von Hoffmann*, Art. 32 Rz. 52.

25 *Kropholler*, ZZP 100 (1987), 352, 354 f.; *Eickhoff*, 183 oben, 184 u. 185. I.d.S. auch *García Gutiérrez*, RJUAM 1 (1999), 119, 133.

für die Gegenforderung grundsätzlich nicht erforderlich sei, denn immerhin sei es im konkreten Fall um eine konnexe Gegenforderung gegangen.[26]

Für *Von Falkenhausen* und *Rauscher* ergibt sich aus den Urteilsgründen, daß zumindest eine Klausel, wie sie im konkreten Fall vorgelegen habe, eine Aufrechnung nicht ausschließe[27] und *Geimer*, *Hausmann*, *Schulte-Beckhausen* und auch *Michinel Álvarez* sind der Meinung, das Urteil beinhalte als generelle Vorgabe für die Auslegung von Gerichtsstandsvereinbarungen durch die nationalen Gerichte die Regel, daß im Zweifel ein Ausschluß der Aufrechnung nicht anzunehmen sei.[28]

Nach Ansicht von *Mankowski* und *Gebauer* macht die Entscheidung deutlich, daß Art. 17 EuGVÜ nur für das Zustandekommen und die Wirksamkeit von Gerichtsstandsvereinbarungen gilt. Auf Aufrechnungsbeschränkungen als solche finde Art. 17 hingegen keine Anwendung.[29] Demnach stehe allein die Existenz einer Gerichtsstandsvereinbarung der Aufrechnung nicht entgegen.[30] Andererseits könne eine Gerichtsstandsvereinbarung aber auch noch nach der betreffenden Entscheidung des EuGH einen Aufrechnungsausschluß bedeuten.[31] Zum selben Ergebnis gelangen auch *Albers*, *Spellenberg*, *Dageförde*, *Gottwald* und *Kim*.[32]

Der BGH schließlich entnahm der Vorabentscheidung des EuGH in seinem daraufhin ergangenen Urteil vom 20.6.1979 ebenfalls ausschließlich die Aussage, Art. 17 EuGVÜ als solcher verbiete nicht die Berücksichtigung der Aufrechnung mit einer von einer Gerichtsstandsvereinbarung erfaßten Gegenforderung, so daß der Wille der Parteien im Einzelfall maßgebend sei.[33]

---

[26] *Leipold*, ZZP 107 (1994), 216, 221.

[27] *Von Falkenhausen*, RIW 1982, 386, 389; *Rauscher*, RIW 1985, 887, 888.

[28] *Geimer* in *Geimer*/Schütze, Int. Urteilsanerkennung, 528 (Fn. 37); ders. in Zöller, Art. 2 EuGVVO Rz. 26; *Geimer/Schütze*, EuZVR Art. 6 Rz. 76; *Hausmann* in Wieczorek/Schütze, Art. 6 Rz. 42; *Schulte-Beckhausen*, 178; *Michinel Álvarez*, REDI 1997-2, 47, 70. So wohl auch *Rauscher*, RIW 1985, 887, 888.

[29] *Mankowski*, 376, 378 f.; *Gebauer*, IPRax 1998, 79.

[30] *Gebauer*, JbItalR 12 (1999), 31, 48.

[31] *Gebauer*, JbItalR 12 (1999), 31, 48. So ebenfalls *Tirado Robles*, 68, wenn auch - aufgrund des bereits zuvor erwähnten Irrtums, Gegenstand der Vorlagefrage des BGH sei die Zulässigkeit der Widerklage gewesen - mit Bezug auf die Widerklage.

[32] Baumbach/Lauterbach/*Albers*, Art. 23 EuGVVO Rz. 26; MünchKomm/*Spellenberg*, Art. 32 EGBGB Rz. 56; *Dageförde*, RIW 1990, 873, 878; *Gottwald*, IPRax 1986, 10, 11; *Kim*, 200.

[33] *BGH* 20.6.1979, NJW 1979, 2477 = RIW 1979, 713. Ebenso *OLG Koblenz* 3.2.1984, RIW 1984, 396 f.

III. Stellungnahme

Wenn ein Gericht die Urteilsbegründung so knapp hält, wie es der EuGH im Fall *Meeth/ Glacetal* getan hat,[34] so birgt das erfahrungsgemäß die Gefahr in sich, daß die Auslegung allzu sehr von der jeweils eigenen Ansicht des Betrachters - gegebenenfalls auch geprägt durch seine nationale Rechtsordnung - beeinflußt wird,[35] mit der Folge, daß die unterschiedlichsten Standpunkte sich von der Entscheidung bestätigt sehen.

Versucht man das Urteil aber einmal nüchtern und unvoreingenommen zu betrachten, so erschließen sich unschwer seine zentralen Aussagen: Art. 17 EuGVÜ schließt nicht *per se* die Berücksichtigung der Aufrechnung mit einer Forderung aus, für deren klageweise Geltendmachung ein anderer Gerichtsstand vereinbart wurde - insoweit läßt der EuGH also noch die Belange der Prozeßökonomie durchschlagen. Auf der anderen Seite kann dem Urteil aber auch nicht entnommen werden, daß eine Gerichtsstandsvereinbarung in keinem Fall einen Aufrechnungsausschluß bedeuten kann, denn der Gerichtshof läßt keinen Zweifel daran, daß er am Ende dem Wortlaut und Sinn der Vereinbarung die entscheidende Bedeutung für den konkreten Einzelfall beimißt - letztlich räumt er der Parteiautonomie also deutlich Vorrang vor der Prozeßökonomie ein.[36] Dies steht im Einklang mit der Konzeption des EuGVÜ, das den Parteiwillen mit Rücksicht auf die Bedürfnisse des internationalen Handelsverkehrs grundsätzlich als maßgeblich betrachtet, ausgenommen lediglich die in Art. 17 Abs. 3 und 5 genannten Fälle.[37] Demnach enthält Art. 17 EuGVÜ selbst keine Regelung in Bezug auf mögliche Aufrechnungsbeschränkungen.[38]

Aus diesem Grund ist die Annahme von *Geimer*, *Hausmann*, *Schulte-Beckhausen* und *Michinel Álvarez* abzulehnen, aus dem Urteil gehe hervor, daß im Zweifel ein Ausschluß der Aufrechnung nicht anzunehmen sei.[39] Wenn nämlich Art. 17 nach Ansicht des EuGH die betreffende Problematik überhaupt nicht erfaßt, sondern Wortlaut und Sinn der jeweiligen Gerichtsstandsvereinbarung maßgeblich sind, so kann die Vorschrift als solche diesbezüglich auch weder die gesetzliche Vermutung für einen bestimmten Parteiwillen, noch irgendwelche sonstigen Auslegungsregeln vorgeben.[40] Auch der Auffassung *von Falkenhau-*

---

[34] Dies bemängeln u.a. *Gaudemet-Tallon*, RCDIP 70 (1981), 131, 141 u. *Geimer* in *Geimer*/Schütze, Int. Urteilsanerkennung, 529 (Fn. 37).

[35] Diese Neigung sieht auch *Eickhoff*, 182.

[36] So auch *Gottwald*, IPRax 1986, 10, 12.

[37] Entsprechend Art. 23 Abs. 3-5 EuGVVO. Siehe zur Maßgeblichkeit des Parteiwillens auch Nr. 14 der Begründung der EuGVVO (L12, S. 2).

[38] So auch der *BGH*, siehe Fn. 33, *Mankowski*, siehe Fn. 29, *Gebauer*, siehe Fn. 29 und 30 sowie *Albers*, *Spellenberg*, *Dageförde*, *Gottwald* und *Kim*, siehe Fn. 32.

[39] Siehe dazu Fn. 28.

[40] Vgl. *Mankowski*, ZZP109 (1996), 376, 378 (Fn. 16). Dies schließt freilich nicht aus, daß die Ziele und Wertvorstellungen des EuGVÜ im allgemeinen und des Art. 17 im besonderen bei

sens und *Rauschers*, aus den Entscheidungsgründen ergebe sich, daß die Klausel, die im konkreten Fall vorgelegen habe, eine Aufrechnung nicht ausschließe, kann nicht zugestimmt werden. Der EuGH legt in seinem Urteil nicht die Gerichtsstandsklausel selbst aus, sondern ausschließlich Art. 17 EuGVÜ. Die Auslegung einer konkreten Gerichtsstandsvereinbarung ist auch gar nicht Aufgabe des EuGH, sie obliegt vielmehr den nationalen Gerichten[41] (der Gerichtshof bringt dies in seiner Entscheidung durch die Formulierung "... wenn es" [das angerufene nationale Gericht] "dies für vereinbar mit Wortlaut und Sinn der Gerichtsstandsvereinbarung hält" zum Ausdruck)[42].

Nicht zuletzt aufgrund der Tatsache, daß der EuGH Wortlaut und Sinn der jeweiligen Gerichtsstandsvereinbarung für maßgeblich erklärt, ist auch die Auffassung *Huets* (und *Gaudemet-Tallons* sowie *Rodríguez Benots*, die sich ihm angeschlossen haben), nach dem Urteil spielten Wortlaut und Sinn einer Gerichtsstandsvereinbarung bei der Aufrechnung mit einer nichtkonnexen Forderung überhaupt keine Rolle,[43] abzulehnen - sie findet keine Stütze in der Entscheidung des EuGH. Zuzugeben ist, daß nicht ohne weiteres erkennbar ist, warum der Gerichtshof die einschränkende Formulierung "... die im Zusammenhang mit dem streitigen Rechtsverhältnis steht ..." gewählt hat. Es bleibt zu vermuten, daß dies auf die besonderen Umstände des zu entscheidenden Falles zurückzuführen ist, dessen Gegenstand eine wechselseitige Gerichtsstandsvereinbarung war (der EuGH bezieht seine Aussagen ausdrücklich auf Gerichtsstandsvereinbarungen "der vorstehend beschriebenen Art"). Solche wechselseitigen Gerichtsstandsvereinbarungen können die Gegenforderung, mit der aufgerechnet werden soll, nämlich überhaupt nur dann erfassen, wenn diese aus demselben Rechtsverhältnis stammt, wie die Klageforderung - bei nichtkonnexen Forderungen kann sich die spezifische Problematik der vom EuGH zu entscheidenden Fallkonstellation also überhaupt nicht ergeben, was *Huet* übersieht. In dem hier betrachteten Urteil ließ der EuGH demnach (noch) offen, ob Art. 17 EuGVÜ bereits *per se* die Aufrechnung mit inkonnexen Forderungen verbietet, für deren klageweise Geltendmachung kraft Parteivereinbarung ein anderes Gericht zuständig wäre. Spätestens seit der Entscheidung des Gerichtshofs in der Sache

---

der Auslegung nicht möglicherweise als normative Kriterien über den Grundsatz von Treu und Glauben Berücksichtigung finden können, siehe dazu näher unten im Vierten Abschnitt unter D. I., S. 247.

[41] Dies betont auch Generalanwalt *Capotorti* in seinen Schlußanträgen, *EuGH* Slg. 1978, 2144, 2146. Der EuGH selbst weist die Auslegung von Gerichtsstandsvereinbarungen in seinen Entscheidungen vom 3.7.1997 - *Benincasa/Dentalkit*, Rs. C-269/95 - Slg. 1997, 3767, 3798 Rz. 31 u. 10.3.1992 - *Powell/Duffryn*, Rs. C-214/89 - Slg. 1992, 1745, Rz. 37 ausdrücklich den nationalen Gerichten zu.

[42] *EuGH* Slg. 1978, 2133, 2142.

[43] Siehe dazu die Fn. 15, 17 u. 20.

Spitzley/Sommer aber ist der Standpunkt *Huets* nicht mehr haltbar (dazu mehr unten unter C.[44]).

Ebensowenig läßt sich aus dem Urteil herauslesen, der EuGH messe der Aufrechnung keine kompetenzrechtliche Relevanz bei (so aber *Desantes Real*)[45] oder habe das Prinzip "der Richter der Klage ist auch der Richter der Einrede" angewandt (wie *Gaudemet-Tallon* meint)[46]. Ganz im Gegenteil, es scheint eher so, als ob der EuGH in dem hier betrachteten Urteil von der grundsätzlichen kompetenzrechtlichen Relevanz der Aufrechnung ausgeht (wenn dies auch nicht so klar aus dem Urteil hervorgeht, wie *Eickhoff* und *Kropholler* meinen:[47] das Gericht wendet entgegen ihrer Ansicht Art. 17 nicht auf die Gegenforderung an, sondern es versucht auf die Vorlagefrage des BGH hin gerade zu klären, ob die Vorschrift Anwendung findet!), denn er läßt die Möglichkeit ausdrücklich offen, daß die Parteien die Aufrechnung - auch mit einer konnexen Forderung - durch eine Gerichtsstandsvereinbarung verhindern können. Daraus folgt, daß der EuGH jedenfalls nicht der Ansicht sein kann, der Aufrechnung könne im Geltungsbereich des EuGVÜ keine kompetenzrechtliche Relevanz zugeschrieben werden.

Es bleibt mithin als Fazit festzuhalten, daß Art. 17 EuGVÜ nach dem hier untersuchten Urteil die Aufrechnung mit einer Forderung, für deren klageweise Geltendmachung ein anderer Gerichtsstand vereinbart wurde, von Gesetzes wegen weder ausschließt noch zuläßt, sondern daß es diesbezüglich auf Wortlaut und Sinn der betreffenden Gerichtsstandsvereinbarung ankommt. Im übrigen ließ der EuGH die Möglichkeit ausdrücklich offen, die Aufrechnung durch eine Gerichtsstandsvereinbarung verhindern zu können, so daß es nach seiner Ansicht zumindest nicht ausgeschlossen sein kann, der Aufrechnung auch im Geltungsbereich des EuGVÜ kompetenzrechtliche Relevanz beizumessen.

C. Das Urteil des EuGH vom 7.3.1985 "*Spitzley/Sommer*" [48]

I. Die Entscheidung des EuGH

Grundlage dieses Falles war ein Rechtsstreit zwischen der französischen Firma S. E., die Filztuche herstellt, und S., Inhaberin einer in Deutschland ansässigen Firma, wegen Bezahlung von Stofflieferungen, die S. von S. E. bezogen hatte. S. bestritt die Klageforderung als solche nicht, machte aber die Aufrechnung

[44] Siehe 92 ff.
[45] Siehe dazu Fn. 24.
[46] Siehe dazu Fn. 19.
[47] Siehe dazu Fn. 18.
[48] Rs. C-48/84, Slg. 1985, 787 = IPRax 1986, 27 m. Anm. *Gottwald*, 10 u. *Rauscher*, RIW 1985, 887.

mit Provisionsforderungen geltend, die nach ihrer Behauptung aus einem zwischen ihrem Ehemann und S. E. im Jahre 1976 abgeschlossenen Handelsvertretervertrag stammten und ihr später abgetreten worden seien. S. E. widersprach der von S. erklärten Aufrechnung aus materiellen Gründen.

Das OLG Koblenz als Berufungsgericht hegte Zweifel an der Zuständigkeit der deutschen Gerichte für die Entscheidung über die von S. erklärte Aufrechnung, da der zwischen Herrn S. und S. E. geschlossene Handelsvertretervertrag eine Gerichtsstandsvereinbarung enthalte, wonach die Gerichte am Sitz von S. E., d.h. die französischen Gerichte, für alle Streitigkeiten aus diesem Vertrag zuständig seien.[49] Zwar sei diese Vereinbarung dahin auszulegen, daß die deutschen Gerichte für die Entscheidung über die Aufrechnung unzuständig seien. Sie könnten jedoch nach Art. 18 EuGVÜ zuständig geworden sein, da S. E. sich auf den Aufrechnungseinwand sachlich eingelassen habe, ohne sich auf die Vereinbarung zu berufen.

Das OLG hat deshalb dem Gerichtshof folgende Fragen vorgelegt:[50]

1. "Beseitigt die rügelose Einlassung des Klägers auf eine Aufrechnungsforderung, die nicht auf demselben Vertrag oder Sachverhalt wie die Klageforderung beruht und für die nach Art. 17 des Übereinkommens wirksam ein ausschließlicher Gerichtsstand vereinbart wurde, ein sich aus dieser Gerichtsstandsvereinbarung und deren Auslegung (Urt. des Gerichtshofes der EG v. 9.11.1978 in der Rechtssache 23/78, *Meeth/Glacetal*) ergebendes prozessuales Aufrechnungsverbot?
2. Oder ist das Gericht in einem solchen Fall wegen der Gerichtsstandsvereinbarung und dem in ihr enthaltenen prozessualen Aufrechnungsverbot trotz der rügelosen Einlassung des Klägers auf die Aufrechnungsforderung gehindert, über die zur Aufrechnung gestellte Forderung zu entscheiden?"

Nach Auffassung des EuGH wollte das vorlegende Gericht damit in erster Linie wissen, "ob Art. 18 Anwendung findet, wenn sich der Kläger vor dem von ihm selbst angerufenen Gericht sachlich auf eine Aufrechnung des Beklagten einläßt, über die zu entscheiden das angerufene Gericht sonst nicht zuständig wäre" [51] und in zweiter Linie, "ob Art. 18 auch dann Anwendung finden kann, wenn sich die Unzuständigkeit des angerufenen Gerichts daraus ergibt, daß für die Aufrechnungsforderung die Zuständigkeit der Gerichte eines anderen Vertragsstaats als des Staates des angerufenen Gerichts vereinbart wurde." [52]

[49] *OLG Koblenz*, Beschl. v. 3.2.1984, RIW 1984, 396.
[50] *OLG Koblenz*, Beschl. v. 3.2.1984, RIW 1984, 396.
[51] IPRax 1986, 27, 28.
[52] IPRax 1986, 27, 29.

Zur Beantwortung der gestellten Fragen führte der Gerichtshof folgendes aus:[53]

> "Unter Berücksichtigung seines Zwecks und des Zusammenhangs, in dem er steht, ist Art. 18 dahin auszulegen, daß er auch einen Fall der vom vorlegenden Gericht erwogenen Art erfaßt. Ein Kläger, der sich auf eine Aufrechnung des Beklagten, über die zu entscheiden das angerufene Gericht nicht zuständig ist, sachlich einläßt, ohne die Unzuständigkeit des angerufenen Gerichts geltend zu machen, befindet sich nämlich in einer Lage, die der ausdrücklich in Art. 18 geregelten Situation eines Beklagten entspricht, der sich vor dem vom Kläger angerufenen Gericht rügelos auf das Verfahren einläßt. ...
>
> Diesem Ergebnis steht es auch nicht entgegen, wenn - wie der Vorlagebeschluß ausführt - die Forderung, mit der der Beklagte aufrechnet, nicht auf demselben Vertrag oder Sachverhalt wie die Klageforderung beruht. Dieser Umstand betrifft nämlich die Zulässigkeit der Aufrechnung, die sich nach dem im Staat des angerufenen Gerichts geltenden Recht richtet. ...
>
> Nach Art. 18 S. 2 gilt dessen S. 1 nicht, wenn ein anderes Gericht aufgrund des Art. 16 des Übereinkommens ausschließlich zuständig ist. Der Fall des Art. 17 gehört demnach nicht zu den Ausnahmen von Art. 18 S. 1, die in dessen S. 2 vorgesehen sind. ...
>
> Auf die Fragen des OLG Koblenz ist somit zu antworten, daß nach Art. 18 des Übereinkommens das Gericht eines Vertragsstaats zuständig ist, vor dem sich der Kläger rügelos auf eine Aufrechnungsforderung eingelassen hat, die nicht auf demselben Vertrag oder Sachverhalt wie die Klageforderung beruht und für die nach Art. 17 des Übereinkommens wirksam die ausschließliche Zuständigkeit der Gerichte eines anderen Vertragsstaats vereinbart wurde."

II. Die Auslegung der Entscheidung durch die Lehre

Die Auslegung des Urteils des EuGH fiel im Fall *Spitzley/Sommer* nicht ganz so kontrovers aus, wie im Fall *Meeth/Glacetal*.[54] Die verschiedenen Standpunkte unterscheiden sich hier eher hinsichtlich der Reichweite, die den Ausführungen des Gerichtshofs zugeschrieben wird.

Mankowski ist der Ansicht, der EuGH meine mit der Anwendung von Art. 18 EuGVÜ in der Sache einen Verzicht auf die Einrede, daß die Aufrech-

[53] IPRax 1986, 27, 28.
[54] Siehe dazu oben unter B., S. 86 ff.

nung ausgeschlossen sei, oder eine Verwirkung dieser Einrede.[55] Art. 18 sei der Sache nach ein Präklusionstatbestand. Deshalb enthalte die Entscheidung nur die Aussage, daß das Prozeßgericht jedenfalls dann über die Aufrechnung entscheiden könne, wenn der Kläger sich nicht auf die angebliche Unzulässigkeit der Aufrechnung berufe.

Nach Auffassung von *Dageförde*, *Gottwald* und *Hausmann* geht aus dem Urteil darüber hinaus hervor, daß auch bei nichtkonnexen Forderungen, für deren klageweise Geltendmachung kraft einer Gerichtsstandsvereinbarung ein anderes Gericht zuständig wäre, Art. 17 *per se* die Aufrechnung nicht ausschließt,[56] da der EuGH für das Erfordernis der Konnexität als materielle Aufrechnungsvoraussetzung allein die vom IPR des Forums berufene *lex causae* für maßgeblich erklärt habe.[57]

Noch weiter gehen *Leipold* und *Kropholler*. Nach ihrer Meinung läßt die Entscheidung erkennen, daß der EuGH von der Notwendigkeit der internationalen Zuständigkeit für die Gegenforderung ausgeht, wenn über die Aufrechnung entschieden werden soll,[58] da der Gerichtshof Art. 18 EuGVÜ auf den Sachverhalt angewandt habe.[59]

III. Stellungnahme

Zunächst einmal ist festzuhalten, daß der EuGH Art. 18 in diesem Fall - anders als Art. 17 im Fall *Meeth/Glacetal*[60] - im Ergebnis tatsächlich zur Anwendung gelangen läßt, wie *Kropholler* richtig bemerkt.[61] Der Gerichtshof stellt dabei ausdrücklich fest, daß diese Vorschrift, die unter der Überschrift "Vereinbarung über die Zuständigkeit" steht, die rügelose Einlassung als eine Form der stillschweigenden Gerichtsstandsvereinbarung ansieht.[62] Dies steht im Einklang

---

[55] *Mankowski*, ZZP 109 (1996), 276, 379. Diesen Standpunkt nimmt wohl auch *Gaudemet-Tallon* in RCDIP 74 (1985), 687 f. ein.

[56] *Dageförde*, RIW 1990, 873, 878 (Fn. 55); *Gottwald* in MünchKomm-ZPO, Art. 17 EuGVÜ Rz. 72; *Hausmann* in Wieczorek/Schütze, Art. 17 Rz. 88; ders. in Reithmann/Martiny, Rz. 2196. So auch *Kropholler*, EuZPR, Art. 17 Rz. 105 (Fn. 204).

[57] Reithmann/Martiny/*Hausmann*, Rz. 2196.

[58] *Leipold* in Stein/Jonas, § 145 Rz. 39 (Fn. 77); *Kropholler*, ZZP 100 (1987), 352, 354 f. (die Annahme einer selbständig zu ermittelnden Aufrechnungszuständigkeit werde bei dieser Entscheidung noch deutlicher als bei der Entscheidung *Meeth/Glacetal*).

[59] *Kropholler*, s.o., Fn. 58.

[60] Siehe dazu oben unter B. III., S. 92.

[61] *Kropholler*, s.o., Fn. 58. I.d.S. auch *García Gutiérrez*, RJUAM 1 (1999), 119, 132.

[62] Der EuGH wörtlich in IPRax 1986, 27, 28: "Art. 17 behandelt die ausdrückliche, Art. 18 die stillschweigende *Gerichtsstandsvereinbarung* ..." und "... die Wirkung der *Gerichtsstandsvereinbarung*, die sich nach Art. 18 des Übereinkommens daraus ergibt, daß sich der Beklagte auf das Verfahren einläßt, ohne den Mangel der Zuständigkeit des angerufenen Gerichts geltend zu machen ... ." (Hervorhebungen durch den Verfasser). I.d.S. auch *EuGH*

mit der Formulierung in Art. 18: "... wird es [das Gericht] zuständig ... ."[63] Deshalb ist die Ansicht *Mankowskis* nicht haltbar, der EuGH sehe die Vorschrift der Sache nach als einen Präklusionstatbestand an.[64]

Wenn der Gerichtshof also Art. 18 anwendet, dann bringt er damit (noch deutlicher als im Urteil zu *Meeth/Glacetal*) zum Ausdruck, daß er von der grundsätzlichen Möglichkeit ausgeht, daß die Zuständigkeit des angerufenen Gerichts für die Entscheidung über die Aufrechnung durch eine Gerichtsstandsvereinbarung abbedungen werden kann - wäre dem nicht so, wäre das Gericht für die Entscheidung über die Aufrechnung in dem konkreten Fall nämlich bereits kraft Gesetzes und nicht erst durch die rügelose Einlassung des Klägers auf die Aufrechnungseinrede zuständig geworden.

Darüber hinaus läßt sich der Entscheidung weiter entnehmen, daß der EuGH von der grundsätzlichen Möglichkeit ausgeht, daß die internationale Zuständigkeit des angerufenen Gerichts für die Entscheidung über die Gegenforderung bereits kraft Gesetzes fehlen kann. Dies geht aus der Zusammenfassung der Vorlagefrage durch den EuGH[65] in Verbindung mit seiner darauf gegebenen gestaffelten Antwort - zunächst stellt er fest, daß die rügelose Einlassung des Klägers gemäß Art. 18 EuGVÜ eine kraft Gesetzes bestehende Unzuständigkeit des angerufenen Gerichts zur Entscheidung über die Aufrechnung überwindet, um dann dieses Ergebnis mit der Formulierung "Der Fall des Art. 17 gehört demnach nicht zu den Ausnahmen von Art. 18 S. 1, die in dessen S. 2 vorgesehen sind" auch auf eine kraft Gerichtsstandsvereinbarung bestehende Unzuständigkeit zu erstrecken - deutlich hervor.

Zwar folgt daraus in der Tat zwingend, daß das EuGVÜ nach Ansicht des Gerichtshofes keine Regel des Inhalts enthält, der Richter der Klage sei zwangsläufig immer auch für die Entscheidung über die Aufrechnungseinrede zuständig. Aus dem Urteil aber die Schlußfolgerung ableiten zu wollen, der EuGH gehe von der grundsätzlichen kompetenzrechtlichen Relevanz der Aufrechnung aus, wie *Leipold* und *Kropholler* meinen,[66] geht m.E. ein bißchen zu weit. Es ist vielmehr ebenso gut möglich, daß der Entscheidung die Vorstellung zugrunde liegt, das EuGVÜ regle die Frage der kompetenzrechtlichen Relevanz überhaupt nicht, so daß das jeweilige autonome Prozeßrecht zur Entscheidung darüber berufen sei.

24.6.1981 - *Elefanten Schuh/Jacqmain*, Rs. C 150/80 - Slg. 1981, 1671, 1684 u. *Jenard*, Bericht zum EuGVÜ, S. 38. Dies entspricht auch der ganz überwiegenden Meinung in Lit. und Rspr. der Mitgliedsstaaten, s. *Schulte-Beckhausen*, 68 m.w.N., die die Ansicht des EuGH selbst allerdings für falsch hält und in Art. 18 EuGVÜ eine Präklusionsvorschrift sieht, 106. Krit. auch *Geimer/Schütze*, EuZVR, Art. 18 Rz. 10.

[63] Ebenso der insoweit im Wortlaut identische Art. 24 EuGVVO.

[64] *Mankowski*, ZZP 109 (1996), 276, 379. Ebenso *Schulte-Beckhausen*, 106.

[65] Siehe dazu oben unter I., S. 93.

[66] Siehe dazu Fn. 58.

Was die Feststellung des EuGH anbetrifft, Art. 18 finde auch dann Anwendung, wenn die Gegenforderung nicht konnex zur Klageforderung sei, da dieser Umstand die Zulässigkeit der Aufrechnung betreffe, welche sich nach der jeweiligen *lex fori* richte, so bezieht sich diese nicht zwangsläufig nur auf die materiellrechtliche Zulässigkeit, wie *Hausmann* annimmt,[67] sondern es kann damit durchaus auch die prozessuale Zulässigkeit der Geltendmachung des Verteidigungsmittels der Aufrechnung gemeint sein. In jedem Fall geht aber daraus hervor, daß nach Ansicht des Gerichtshofs Art. 17 auch bei nichtkonnexen Forderungen nicht *per se* die Aufrechnung ausschließt, für deren klageweise Geltendmachung ein anderer Gerichtsstand vereinbart wurde.

Zusammenfassend kann mithin festgehalten werden, daß der EuGH in seinem Urteil von der grundsätzlichen Möglichkeit ausgeht, daß die internationale Zuständigkeit des angerufenen Gerichts für die Entscheidung über die Gegenforderung durch eine Gerichtsstandsvereinbarung wirksam abbedungen worden sein kann oder aber bereits kraft Gesetzes fehlen kann. Daraus ergibt sich wiederum, daß das EuGVÜ nach Ansicht des Gerichtshofs jedenfalls keine Regel des Inhalts enthält, der Richter der Klage sei zwangsläufig immer auch für die Entscheidung über die Aufrechnungseinrede zuständig. Durch rügelose Einlassung des Klägers auf den Aufrechnungseinwand wird die Unzuständigkeit zur Entscheidung über die Gegenforderung gemäß Art. 18 EuGVÜ unabhängig davon überwunden, ob sie kraft Gesetzes besteht oder kraft Gerichtsstandsvereinbarung. Schließlich folgt aus dem Urteil, daß Art. 17 *per se* die Aufrechnung auch bei nichtkonnexen Forderungen nicht ausschließt, für deren klageweise Geltendmachung ein anderer Gerichtsstand vereinbart wurde.

D. Das Urteil des EuGH vom 13.7.1995 "*Danvaern/Otterbeck*" [68]

I. Die Entscheidung des EuGH

Dieser bisher letzten Entscheidung des EuGH zur Behandlung der Prozeßaufrechnung im Geltungsbereich des EuGVÜ lag ein Rechtsstreit zwischen den deutschen Schuhfabriken O. und der dänischen Firma D. zugrunde, bei dem O. als Klägerin die Bezahlung von Sicherheitsschuhen forderte, die sie an D. geliefert hatte. Im erstinstanzlichen Verfahren erkannte die Beklagte an, daß sie den geforderten Betrag schulde, beantragte jedoch Klageabweisung und gesonderte Verurteilung der Klägerin unter anderem zur Zahlung von Schadensersatz wegen rechtsmißbräuchlicher Kündigung des zwischen den Parteien geschlossenen

[67] Siehe dazu Fn. 57.

[68] Rs. C-341/93, Slg. 1995, 2053 = EuZW 1995, 639 m. Anm. *Geimer*, 640 = ZZP 109 (1996), 376 m. Anm. *Mankowski*, 378 = NJW 1996, 42 = IPRax 1997, 114 m. Anm. *Philip*, 97.

Handelsvertretervertrags. Das Gericht ("Byret") wies die Forderungen der Beklagten sowohl insoweit, als eine gesonderte Verurteilung beantragt, als auch insoweit, als eine Aufrechnung erklärt wurde, mit der Begründung zurück, daß zwischen den Forderungen der Klägerin und denjenigen der Beklagten nicht der in Art. 6 Nr. 3 EuGVÜ verlangte Zusammenhang bestehe.

Die Beklagte legte daraufhin Rechtsmittel zum Vestre Landsret ein, nahm für die Rechtsmittelinstanz ihren Antrag auf gesonderte Verurteilung zurück und machte nur noch die Aufrechnung gegen den ursprünglichen Klageantrag der O. geltend. Der Vestre Landsret setzte das Verfahren aus und legte dem Gerichtshof unter anderem die Frage zur Vorabentscheidung vor, ob Art. 6 Nr. 3 EuGVÜ auch Gegenforderungen erfasse, die zur Aufrechnung gestellt werden.

Der EuGH wies bei der Beantwortung dieser Frage zunächst auf die Unterscheidung hin, die die nationalen Rechtsordnungen der Vertragsstaaten gemeinhin zwischen der Geltendmachung der Aufrechnung als Verteidigungsmittel einerseits und der Anstrengung einer gesonderten und vom Schicksal der Klage des Klägers unabhängigen Klage in demselben Verfahren mit dem Ziel der Verurteilung des Klägers auf Begleichung einer gegenüber dem Beklagten bestehenden Schuld andererseits treffen.[69]

Weiter führte der Gerichtshof dazu aus:[70]

> "13. In prozessualer Hinsicht ist die Verteidigung Bestandteil des vom Kläger in Gang gesetzten Verfahrens und erfordert daher nicht, daß dieser i.S. von Art. 6 Nr. 3 EuGVÜ vor dem mit dem Verfahren befaßten Gericht 'verklagt' wird. Die Verteidigungsmittel, die geltend gemacht werden können, und die Voraussetzungen, unter denen dies geschehen kann, bestimmen sich nach den Vorschriften des nationalen Rechts.
>
> 14. Art. 6 Nr. 3 EuGVÜ ist nicht dazu bestimmt, diesen Fall zu regeln.
>
> 15. Dagegen setzt eine Klage des Bekl. auf gesonderte Verurteilung des Kl. die Zuständigkeit des vom Kl. angerufenen Gerichts für die Entscheidung über eine solche Klage voraus.
>
> 16. Zweck des Art. 6 Nr. 3 EuGVÜ ist es gerade, die Voraussetzungen aufzuführen, unter denen ein Gericht für die Entscheidung über eine Klage auf gesonderte Verurteilung zuständig ist."

In der Folge unternahm der EuGH noch einen Vergleich der dänischen Fassung des Art. 6 Nr. 3 EuGVÜ mit denjenigen, der anderen Vertragssprachen, um dem Vestre Landsret schließlich zu antworten:

---

[69] NJW 1996, 42, 43, Punkt 12.

[70] NJW 1996, 42, 43.

"Art. 6 Nr. 3 EuGVÜ ... gilt nur für eine Klage des Beklagten auf gesonderte Verurteilung. Er gilt nicht für den Fall, daß ein Beklagter eine Forderung gegenüber dem Kläger als bloßes Verteidigungsmittel geltend macht. Die Verteidigungsmittel, die geltend gemacht werden können, und die Voraussetzungen, unter denen dies geschehen kann, bestimmen sich nach nationalem Recht."[71]

II. Die Auslegung der Entscheidung durch die Lehre

Auch in diesem Fall ist - ähnlich wie im Fall *Meeth/Glacetal*[72] - bemerkenswert, daß im Schrifttum aus dem Urteil zum Teil genau entgegengesetzte Schlußfolgerungen gezogen werden.

Geimer entnimmt der Entscheidung die Aussage, die internationale Zuständigkeit des Gerichtsstaates nach Art. 2 ff. EuGVÜ für die Aufrechnungsforderung sei nach dem Übereinkommen nicht Voraussetzung für die Beachtung der Aufrechnung - nur bei der Widerklage sei gemäß Art. 6 Nr. 3 EuGVÜ die Kompetenzfrage relevant.[73] In diesem Sinne äußern sich auch *Bacher*, nach deren Auffassung der EuGH die Aspekte der Prozeßökonomie und der Entscheidungsharmonie als stärker ins Gewicht fallend bewertet hat als die Tatsache, daß die Gerichtspflichtigkeit des Klägers weiter ausgedehnt wird,[74] *Peters*, *Gottwald*, *Hüßtege*, *Kannengießer* und *Vischer/Oser*[75].

Die Ansicht *Gaudemet-Tallons* geht in dieselbe Richtung. Sie möchte der Entscheidung die Aussage entnehmen, das EuGVÜ enthalte die Prozeßmaxime "Le juge de l'action est le juge de l'exception", die auch auf die Aufrechnung zu erstrecken sei.[76] Andererseits relativiert sie die Aussagekraft des Urteils durch die kritische Anmerkung, der Gerichtshof habe die Beziehungen zwischen Widerklage und Aufrechnung in seiner Entscheidung nicht klargestellt.[77]

Mankowski ist ebenfalls der Auffassung, aus dem Urteil lasse sich - die konkrete Antwort verallgemeinernd - die generelle Aussage herauslesen, die internationale Zuständigkeit für die Entscheidung über die Aufrechnungsforderung

---

[71] NJW 1996, 42.
[72] Siehe dazu oben unter B., S. 86.
[73] *Geimer*, EuZW 1995, 640 f.; ders. in Zöller, Art. 2 EuGVVO Rz. 24; *Geimer/Schütze*, EuZVR, Art. 6 Rz. 66. So auch *Coester-Waltjen*, FS Lüke, 46, die ihre Aussage allerdings auf den S. 36 u. 46 ff. selbst wieder relativiert.
[74] *Bacher* NJW 1996, 2140, 2141.
[75] MünchKomm-ZPO/*Peters*, § 145 Rz. 37; MünchKomm-ZPO/*Gottwald*, Art. 17 EuGVÜ Rz. 72; Thomas/Putzo/*Hüßtege*, Art. 6 EuGVÜ Rz. 7; *Kannengießer*, 148 (siehe auch S. 183); *Vischer/Oser*, Rz. 1142.
[76] *Gaudemet-Tallon*, RCDIP 85 (1996), 146, 147.
[77] *Gaudemet-Tallon*, RCDIP 85 (1996), 146, 148 unten unter 149.

sei nach dem EuGVÜ nicht erforderlich.[78] Denn das EuGVÜ differenziere zwischen Verteidigungsmitteln und Klage und enthalte keine für das Verteidigungsmittel Aufrechnung passenden Maßstäbe, deshalb sei damit zugleich eine Behandlung der Aufrechnung entsprechend einer Klage ausgeschlossen.[79] Dem nationalen Recht unterliege nur die Untersatzbildung, welche Merkmale der konkrete Rechtsbehelf aufweise. Ob der so beschriebene Rechtsbehelf als Verteidigungsmittel oder als Klage einzuordnen sei, entscheide dann wieder das EuGVÜ nach seinem eigenen Konzept.[80] Der Autor schließt sich der Ansicht *Gaudemet-Tallons* an, das EuGVÜ enthalte nach dem Urteil die Prozeßmaxime "Le juge de l'action est le juge de l'exception", die auch für die Aufrechnung zu gelten habe.[81]

Demgegenüber sind die Mehrheit der deutschen Lehre[82] und auch einige ausländische Autoren[83] der Ansicht, aus dem Urteil ergebe sich ausschließlich die Aussage, Art. 6 Nr. 3 EuGVÜ sei auf die Aufrechnung überhaupt nicht anwendbar, so daß insoweit alleine nationales Recht maßgebend sei. Dementsprechend führen *Jayme/Kohler* aus, nichts hindere die nationalen Gerichte, die Zulässigkeit der Prozeßaufrechnung davon abhängig zu machen, daß das Gericht der Hauptsache auch für die klageweise Geltendmachung der Aufrechnungsforderung international zuständig wäre.[84] Diese Auffassung teilt auch das OLG Hamm in seiner Entscheidung vom 5.11.1997.[85] *Gebauer* merkt an, nach dem Urteil des EuGH scheide wohl auch eine analoge Anwendung des Art. 6 Nr. 3 EuGVÜ aus.[86] Daraus folge aber noch nicht, daß für eine Gegenforderung, für deren klageweise Geltendmachung sich die internationale Zuständigkeit nach dem Übereinkommen richten würde, die Kompetenzfrage im Fall der Aufrechnung allgemein nicht mehr gestellt werden dürfe. Die Entscheidung betone den Unterschied zwischen Aufrechnung und Widerklage und verweise für die Aufrechnung auf das nationale Recht, halte sich aber im übrigen mit Argumenten zu-

---

78 *Mankowski*, ZZP 109 (1996), 276, 394.

79 *Mankowski*, ZZP 109 (1996), 276, 381 ff.

80 *Mankowski*, ZZP 109 (1996), 276, 383.

81 *Mankowski*, ZZP 109 (1996), 276, 384.

82 Reithmann/Martiny/*Hausmann*, Rz. 2198; Staudinger/*Gursky*, Vorbem zu §§ 387 ff. Rz. 50; *Kropholler*, EuZPR, Art. 6 Rz. 42; *Jayme/Kohler*, IPRax 1995, 343, 349; Nagel/*Gottwald*, § 3 Rz. 211; Musielak/*Stadler*, § 145 Rz. 33 (Fn. 79); *Mansel*, ZZP 109 (1996), 61, 75; *Schlosser*, EuGVÜ, vor Art. 2 EuGVÜ Rz. 15; *Gebauer*, IPRax 1998, 79, 85 u. 86; *G. Wagner*, IPRax 1999, 65, 67; *Piekenbrock*, RIW 2000, 751 f. Ebenso *Schack*, IZVR, Rz. 354 f., der allerdings dem EuGH vorwirft, er habe die Problematik nicht begriffen und anmerkt, es bestehe die Gefahr, daß auf dem Wege der Aufrechnung die Gegenforderung den Zuständigkeitsvorschriften des EuGVÜ entzogen werde.

83 So z.B. der dänische Autor *Philip* IPRax 1997, 97 u. der span. Autor *Michinel Álvarez*, REDI 1997-2, 47, 65.

84 IPRax 1995, 343, 349.

85 Abgedruckt im Jahrbuch für italienisches Recht, Bd. 12 (1999), 208.

86 IPRax 1998, 79, 85.

rück, so daß daraus wohl keine so weitreichende Bedeutung entnommen werden könne.[87]

III. Stellungnahme

Auch in diesem Fall hat der EuGH durch die spärliche argumentative Abstützung seines Ergebnisses, insbesondere durch das Unterlassen einer Auseinandersetzung mit der eigenen vorherigen Rechtsprechung, aber auch mit der Rechtsprechung der nationalen Gerichte und der in der Lehre vorgebrachten Argumente,[88] der Gefahr einer ausufernden Auslegung seiner Entscheidung Vorschub geleistet, wodurch es den unterschiedlichsten Auffassungen ermöglicht wurde, sich durch das Urteil bestätigt zu sehen.

Ruft man sich noch einmal ins Gedächtnis, daß die Vorlage des Vestre Landsret die Frage zum Gegenstand hatte, ob Art. 6 Nr. 3 EuGVÜ auch den Fall der Aufrechnung erfaßt (und nicht etwa die Frage nach der kompetenzrechtlichen Relevanz der Aufrechnung im allgemeinen), und betrachtet man dann die Antwort des EuGH, so wird indes deutlich, daß sich daraus lediglich zwei Kernaussagen entnehmen lassen: zum einen, daß Art. 6 Nr. 3 des Übereinkommens nur für die Widerklage gilt, aber keine Regelung für die Aufrechnung enthält und zum anderen - und dies folgt als logische Konsequenz aus diesem ersten Befund -, daß sich Zulässigkeit und Voraussetzungen der Geltendmachung der Aufrechnung als Verteidigungsmittel nach nationalem Recht richten - hiermit ist die Vorlagefrage des Vestre Landsret bereits vollumfänglich beantwortet.

Zu dem genannten Ergebnis gelangt der EuGH vor allem anhand des Wortlauts der Vorschrift.[89] So beschreibt der Gerichtshof unter Punkt 12 der Entscheidungsgründe zunächst die Charakteristika, die nach den nationalen Rechtsordnungen der Vertragsstaaten die Widerklage einerseits und die Aufrechnung andererseits kennzeichnen, um dann unter den Punkten 13 bis 16 festzustellen, daß Art. 6 Nr. 3 nur eine Klage des Beklagten auf gesonderte Verurteilung des Klägers erfasse. Diese Auffassung stützt der Gerichtshof ausschließlich auf die Tatsache, daß die Mehrzahl der Sprachfassungen der Vorschrift ausdrücklich die Begriffe "demande renconventionnelle", "counterclaim", "Widerklage" und "domanda riconvenzionale" wiedergeben (Punkt 17), eine weitergehende Begründung erfolgt nicht. Insbesondere ist auch nicht ersichtlich, worauf *Bacher* ihre Auffassung stützen könnte, wonach Aspekte der Prozeßökonomie und der Ent-

[87] IPRax 1998, 79, 85 u. 86.

[88] Dieses Versäumnis des EuGH kritisieren zu Recht: *Jayme/Kohler*, IPRax 1995, 343, 349; *Geimer*, EuZW 1995, 640; *Geimer/Schütze*, EuZVR, Art. 6 Rz. 67; *Schack*, IZVR, Rz. 355 a. E.; MünchKomm-ZPO/*Peters*, § 145 Rz. 37; *Kannengießer*, 182; *G. Wagner*, IPRax 1999, 65, 66 u. 67; *Gebauer*, JbItalR 12 (1999), 31, 53.

[89] Darauf weisen auch *Jayme/Kohler* in IPRax 1995, 343, 349 hin.

scheidungsharmonie den EuGH zu seiner Entscheidung bewogen haben sollen[90] - der Gerichtshof hat keine derartigen Erwägungen angestellt (im übrigen ist eine Verweisung auf nationales Recht, wie sie der EuGH in dem betreffenden Urteil ausspricht,[91] der Entscheidungsharmonie gerade nicht dienlich!).

Demzufolge dienen die Punkte 12 bis 16 der Urteilsbegründung ausschließlich der Herausarbeitung derjenigen Eigenschaften, die ein prozessuales Vorgehen aufweisen muß, um als "Widerklage" im Sinne von Art. 6 Nr. 3 EuGVÜ qualifiziert werden zu können. Das gilt insbesondere auch für Punkt 15, der immer im Zusammenhang mit Punkt 16 und auch Punkt 14 zu sehen ist. Weitergehende Aussagen können den betreffenden Ausführungen des EuGH deshalb nicht entnommen werden.[92]

Folglich ist die Auffassung, aus dem Urteil gehe hervor, daß die Kompetenzfrage bei der Aufrechnung nicht relevant sei, abzulehnen. Vielmehr umfaßt der vom Gerichtshof in seiner Entscheidung ausgesprochene Verweis auf das jeweilige nationale Recht ausdrücklich auch die Voraussetzungen, unter denen Verteidigungsmittel - und somit auch die Aufrechnung - geltend gemacht werden können. Dementsprechend ist *Jayme/Kohler* darin zuzustimmen, daß die nationalen Gerichte nach dem Urteil nicht daran gehindert sind, die Aufrechnung als kompetenzrechtlich relevant anzusehen.[93] Wenn nationales Prozeßrecht entscheidet, die Zulässigkeit der Prozeßaufrechnung von der Zuständigkeit des angerufenen Gerichts für die klageweise Geltendmachung der Gegenforderung abhängig zu machen, so bestimmt sich diese Zuständigkeit aufgrund des Vorrangs des EuGVÜ wieder nach dem Übereinkommen.[94]

---

[90] S.o., Fn. 74.

[91] NJW 1996, 42.

[92] So im Ergebnis auch die Mehrheit der deutschen Lehre, s.o., Fn. 82 sowie einige ausländische Autoren, s.o., Fn. 83.

[93] Ebenso auch *Piekenbrock*, RIW 2000, 751 f. und Staudinger/*Gursky*, Vorbem zu §§ 387 ff. Rz. 50.

[94] Siehe dazu *Mankowski*, 381. Vgl. auch *Schulte-Beckhausen*, 13 ff., insbes. 17. *Coester-Waltjen* (S. 47) hält es für widersprüchlich, einerseits die Erforderlichkeit einer internationalen Zuständigkeit des erkennenden Gerichts für die Gegenforderung nach nationalem Prozeßrecht zu entscheiden (und damit gleichzeitig davon auszugehen, daß sich das EuGVÜ mit dieser Frage nicht beschäftigt), andererseits aber die ggf. notwendige Bestimmung dieser internationalen Zuständigkeit wieder nach dem EuGVÜ vorzunehmen (im Ergebnis ebenso *Piekenbrock*, RIW 2000, 751, 752) - dabei verkennt sie jedoch, daß bei der ggf. nach dem EuGVÜ vorzunehmenden Zuständigkeitsbestimmung nicht mehr nach einer Zuständigkeitsregel für die *aufrechnungsweise* Geltendmachung der Forderung des Beklagten gesucht wird, sondern vielmehr das Forum ermittelt werden soll, welches das Übereinkommen für die *klageweise* Geltendmachung der betreffenden Forderung vorgesehen hätte. Ein Rückgriff auch insoweit auf das nationale Prozeßrecht, den die Autorin befürwortet, ist daher im Hinblick auf den Vorrang des EuGVÜ abzulehnen. Vielmehr hat das nationale Recht, auch wenn der EuGH für die Frage der kompetenzrechtlichen Relevanz der Aufrechnung auf dieses verweist, trotzdem die Vorgaben zu beachten, welche das EuGVÜ nach Sinn, Zweck und Systematik der Verweisung macht, siehe *EuGH* 10.7.1986 - *Carron/Bundesrepublik Deutschland*, Rs.

Was die analoge Anwendung des Art. 6 Nr. 3 EuGVÜ anbelangt, wie sie das LG Berlin in dem von *Gebauer* [95] besprochenen Urteil vom 30.1.1996[96] in Anlehnung an das Urteil des BGH vom 12.5.1993[97] vertritt - das heißt mit dem Ergebnis, die Aufrechnung mit einer inkonnexen Forderung, für deren klageweise Geltendmachung das angerufene Gericht unzuständig wäre, "erst recht" stets als unzulässig anzusehen, weil in diesem Fall auch die Widerklage unzulässig wäre - so ist dem genannten Autor darin beizupflichten, daß sie nach der hier betrachteten Entscheidung des EuGH wohl ebenfalls ausscheidet: Der Gerichtshof gibt darin unmißverständlich zum Ausdruck, daß er die Aufrechnung im Verhältnis zur Widerklage nicht wie der BGH und im Anschluß daran das LG Berlin als ein Plus, sondern als ein Minus ansieht, weil sie als "bloßes Verteidigungsmittel" in der Intensität der prozessualen Geltendmachung der Gegenforderung hinter der Widerklage, welche auf eine "gesonderte Verurteilung" des Klägers abzielt, zurückbleibt.

Aus dieser Einstufung der Aufrechnung als ein Minus gegenüber der Widerklage durch den EuGH ergibt sich m.E. aber auf der anderen Seite, daß der Rechtsgedanke des Art. 6 Nr. 3 EuGVÜ umgekehrt derart anzuwenden ist, daß jedenfalls die Aufrechnung mit konnexen Gegenforderungen grundsätzlich unabhängig davon zulässig sein muß, ob das angerufene Gericht für ihre klageweise Geltendmachung zuständig wäre, weil unter diesen Voraussetzungen sogar die Erhebung einer Widerklage zulässig wäre.[98] Durch diesen Erst-recht-Schluß wird dem Ziel der Prozeßökonomie Rechnung getragen, das dem EuGVÜ im allgemeinen und Art. 6 Nr. 3 im besonderen zugrunde liegt. Der Gerichtsstand der Widerklage gemäß Art. 6 Nr. 3 EuGVÜ ist allerdings auch für konnexe Forderungen dann nicht eröffnet, wenn für die vom Beklagten geltend gemachte

---

198/85 - Slg. 1986, 2437, 2444 Rz. 8 ff., 2445 f. Rz. 13 f. = IPRax 1987, 229, 230; 3.10.1985 - *Capelloni u. Aquilini/Pelkmans*, Rs. 119/84 - Slg. 1985, 3147, 3159 f. Rz. 20 f.; *Jayme/Abend*, IPRax 1987, 209, 210; *Mankowski*, 383; *Schulte-Beckhausen*, 77 ff., insbes. 21 f. (s. auch 36).

[95] In IPRax 1998, 79 ff.

[96] *LG Berlin* 30.1.1996, IPRax 1998, 97.

[97] *BGH* 12.5.1993, NJW 1993, 2753 = MDR 1993, 1012 = RIW 1993, 846 = IPRax 1994, 115 m. Anm. *Geimer*, 82 = ZZP 107 (1994), 211 m. Anm. *Leipold*, 216, siehe dazu oben in der Einleitung dieser Arbeit unter A. III. 1., S. 16 ff. Dem BGH zustimmend *Otte*, EWiR Art. 6 EuGVÜ 9/93, 877.

[98] Eine Anwendung dieses Rechtsgedankens befürworten auch: *Schack*, IZVR, Rz. 353; *Kropholler*, EuZPR, Art. 6 Rz. 39; *Kegel/Schurig*, § 18 V, 653; Staudinger/*Gursky*, Vorbem zu §§ 387 ff. Rz. 49; Stein/Jonas/*Leipold*, § 145 V Rz. 40; *ders.*, ZZP 107 (1994), 216, 226; Wieczorek/Schütze/*Hausmann*, Art. 6 EuGVÜ Rz. 39; MünchKomm-ZPO/*Peters*, § 145 Rz. 37; Musielak/*Stadler*, § 145 Rz. 33; *Geimer*, IPRax 1986, 208, 211; *Kronke*, IPRax 1996, 139; *Banniza von Bazan*, 163; *Kannengießer*, 159; *Gebauer*, JbItalR 12 (1999), 31, 53; *G. Wagner*, IPRax 1999, 65, 71; *Kindler*, IPRax 1996, 16, 19; *Vischer/Oser*, Rz. 1139. Für einen entsprechenden Erst-recht-Schluß aus § 33 ZPO *Dageförde*, RIW 1990, 873, 876 und bereits *Schröder*, Internat. Zust., 597. Entsprechendes gilt für Art. 6 Nr. 3 EuGVVO.

Forderung gemäß Art. 16 EuGVÜ[99] die Gerichte eines anderen Vertragsstaates ausschließlich zuständig sind - in diesen Fällen läßt sich Art. 6 Nr. 3 EuGVÜ dementsprechend hinsichtlich der Behandlung der Aufrechnung auch über den hier befürworteten Erst-recht-Schluß keine Aussage entnehmen.

Zusammenfassend läßt sich demnach festhalten, daß nach Ansicht des EuGH unter "Widerklage" im Sinne des Art. 6 Nr. 3 EuGVÜ eine auf gesonderte Verurteilung des Klägers gerichtete Klage des Beklagten zu verstehen ist und die Vorschrift nur für eine solche Widerklage gilt, aber keine Regelung für die Aufrechnung enthält. Daraus wiederum zieht der Gerichtshof in der hier betrachteten Entscheidung die logische Schlußfolgerung, daß sich sowohl die Zulässigkeit als auch die Voraussetzungen für die Geltendmachung des Verteidigungsmittels der Aufrechnung ausschließlich nach nationalem Recht richten. Erklärt dieses die Aufrechnung für kompetenzrechtlich relevant, so ist die Zuständigkeit für die Gegenforderung wieder nach dem EuGVÜ zu bestimmen. Schließlich ergibt sich aus der Anwendung des Rechtsgedankens des Art. 6 Nr. 3 EuGVÜ (soweit diese Vorschrift nicht aufgrund des Bestehens eines ausschließlichen Gerichtsstands für die vom Beklagten geltend gemachte Forderung gemäß Art. 16 EuGVÜ unanwendbar ist) in einem Erst-recht-Schluß, daß die Aufrechnung mit konnexen Forderungen stets zulässig sein muß, unabhängig davon, ob das angerufene Gericht für deren klageweise Geltendmachung zuständig wäre.

E. Ergebnis

Bei der durchgeführten Analyse hat sich zunächst einmal eine bemerkenswerte Uneinigkeit der Lehre bei der Auslegung der einschlägigen Rechtsprechung des EuGH offenbart. Die betreffenden Urteile werden in höchst unterschiedlicher Weise aufgefaßt, zum Teil jeweils geprägt durch die nationale Sichtweise,[100] zum Teil aber auch auf der Grundlage derselben Rechtsordnung. Der EuGH hätte die Gefahr einer solchen Divergenz, die dem vom EuGVÜ angestrebten Ziel einer Vereinheitlichung des Rechtsschutzsystems, dem Interesse an Entscheidungsharmonie, nicht zuträglich ist, etwa durch eine Auseinandersetzung mit der eigenen Rechtsprechung, aber auch mit derjenigen der nationalen Gerichte (beispielsweise mit der reichhaltigen Rechtsprechung des BGH) sowie den von der Lehre vorgebrachten Argumenten, und der etwas ausführlicheren Begründung seiner Entscheidungen wesentlich vermindern können.[101]

---

[99] Entsprechend Art. 22 EuGVVO.

[100] Darauf weist auch *Eickhoff*, 182 hin.

[101] Krit. zu diesen Versäumnissen des EuGH zu Recht insbes. *Jayme/Kohler*, IPRax 1995, 343, 349; *Gaudemet-Tallon*, RCDIP 70 (1981), 131, 141; *Geimer* in EuZW 1995, 640, 641 u. in *Geimer*/Schütze, Int. Urteilsanerkennung, 529 (Fn.37); *Geimer/Schütze*, EuZVR, Art. 6 Rz. 67; *Schack*, IZVR, Rz. 355 a. E.; *G. Wagner*, IPRax 1999, 65, 67; *Kannengießer*, 182.

Trotz der angesprochenen Versäumnisse ergänzen sich die untersuchten Urteile bei richtiger Auslegung jedoch durchaus ohne Widersprüche zu einem in sich stimmigen Gesamtbild, das sich wie folgt zusammenfassen läßt:

1. Art. 6 Nr. 3 EuGVÜ regelt nur die Widerklage und findet auf das Verteidigungsmittel der Aufrechnung überhaupt keine Anwendung.[102] Dementsprechend kann aus dem Übereinkommen selbst keine Regel des Inhalts entnommen werden, der Richter der Klage sei zwangsläufig immer auch für die Entscheidung über die Aufrechnungseinrede zuständig.[103] Andererseits läßt sich daraus ebensowenig ableiten, das angerufene Gericht müsse für die klageweise Geltendmachung der Gegenforderung international zuständig sein, um über die Aufrechnung entscheiden zu können.[104] Zulässigkeit und Voraussetzungen für die Geltendmachung der Aufrechnung richten sich vielmehr ausschließlich nach nationalem Recht.[105]
2. Auch nach den betreffenden Entscheidungen des EuGH spricht indes alles dafür, den Rechtsgedanken des Art. 6 Nr. 3 EuGVÜ derart anzuwenden, daß die Aufrechnung mit konnexen Forderungen erst recht unabhängig davon zulässig sein muß, ob das angerufene Gericht für deren klageweise Geltendmachung zuständig wäre, wo doch sogar für den selbständigen Angriff mittels einer Widerklage in diesem Falle der Gerichtsstand des Sachzusammenhangs eröffnet ist [106] (ein solcher Erst-recht-Schluß ist allerdings für die Fälle nicht möglich, in denen Art. 6 Nr. 3 EuGVÜ aufgrund des Bestehens eines ausschließlichen Gerichtsstands für die vom Beklagten geltend gemachte Forderung gemäß Art. 16 EuGVÜ unanwendbar ist).
3. Art. 17 EuGVÜ schließt die Aufrechnung mit einer Forderung, für deren klageweise Geltendmachung ein anderer Gerichtsstand vereinbart wurde, von Gesetzes wegen weder aus noch läßt er sie zu, es kommt diesbezüglich vielmehr auf Wortlaut und Sinn der betreffenden Gerichtsstandsvereinbarung an.[107] Dies gilt sowohl für konnexe als auch für nichtkonnexe Gegenforderungen.[108] Der EuGH geht also von der grundsätzlichen Möglichkeit aus, daß die internationale Zuständigkeit des angerufenen Gerichts für die Entscheidung über die Gegenforderung durch eine Gerichtsstandsvereinbarung wirksam abbedungen worden sein kann, er gewährt der Privatautonomie mithin deutlich Vorrang vor prozeßökonomischen Erwägungen.[109]

---

[102] S.o. unter D. III., S. 101 ff.
[103] S.o. unter B. III., S. 92, unter C. III., S. 96 f. u. unter D. III., S. 102 f.
[104] S.o. unter C. III., S. 96 f. u. unter D. III., S. 101 ff.
[105] S.o. unter D. III., S. 101 f.
[106] S.o. unter D. III., S. 103.
[107] S.o. unter B. III., S. 90.
[108] S.o. unter C. III., S. 97 f.
[109] S.o. unter B. III., S. 90 u. unter C. III., S. 96.

4. Die rügelose Einlassung des Klägers auf den Aufrechnungseinwand überwindet gemäß Art. 18 EuGVÜ sowohl eine gegebenenfalls kraft nationalen Gesetzesrechts als auch eine kraft Gerichtsstandsvereinbarung bestehende Unzuständigkeit des angerufenen Gerichts zur Entscheidung über die Aufrechnung.[110]

Als Fazit läßt sich festhalten, daß der EuGH offensichtlich eine Lücke im EuGVÜ sieht, was die Grundsatzfrage nach der internationalzuständigkeitsrechtlichen Relevanz der Aufrechnung anbelangt.[111] Dieser Einschätzung ist zuzustimmen.[112] In dem Übereinkommen sollten die Fragen der internationalen Zuständigkeit grundsätzlich abschließend geregelt werden. Der Grund, warum das EuGVÜ keine Regelungen hinsichtlich prozessualer Verteidigungsmittel enthält, liegt dementsprechend darin, daß man davon ausging, diese könnten keine Fragen der internationalen Zuständigkeit aufwerfen. Dabei wurde allerdings die besondere Situation bei der Aufrechnung schlichtweg nicht bedacht, bei der sich aufgrund der Einführung der Gegenforderung als einer neuen, dem Streit zwischen den Parteien bisher nicht zugänglichen rechtlichen Beziehung in den Prozeß solche kompetenzrechtlichen Fragen durchaus stellen können.[113]

---

[110] S.o. unter B. III., S. 97.

[111] Dies sieht auch *Michinel Álvarez* so, REDI 1997-2, 47, 74.

[112] Ebenso der *BGH* bereits in seiner Entsch. v. 12.5.1993, IPRax 1994, 115, 118 (siehe insbes. den letzten Satz - zu dessen Wortlaut siehe unten bei Fn. 114). Entsprechendes gilt auch für die neue EuGVVO. A.A. *Kannengießer*, 182: das EuGVÜ enthalte insoweit keine Lücke, da die aufrechnungsweise Geltendmachung von Gegenforderungen noch vom "möglichen Wortsinn" der ungeschriebenen Regel "le juge de l'action est le juge de l'exception" erfaßt werde, so daß diese "in erweiternder Auslegung" (s. a.a.O., S. 181) Anwendung finde. Tatsächlich erscheint es aber nicht unproblematisch, einen ohnehin schon *ungeschriebenen* Rechtsgrundsatz auch noch erweiternd auslegen zu wollen; insbesondere dürfte es schwerfallen, mit hinreichender Genauigkeit zu bestimmen, wie weit sein möglicher *Wortsinn* reicht (und das auch noch in den verschiedenen Vertragssprachen). Vermutlich ist nicht zuletzt dies der Grund, warum der Autor auf S. 166 zur Absicherung formuliert "Ob die jeweiligen Regeln dabei im Wege einer extensiven Auslegung oder einer Analogie angewendet werden sollen, hat für die Abwägung kein größeres Gewicht" und dann im Ergebnis eben doch so etwas wie eine ergänzende Auslegung des EuGVÜ unternimmt, indem er untersucht, welche der möglichen Lösungen am ehesten in der Lage ist, die beteiligten Interessen zu einem angemessenen Ausgleich zu bringen.

[113] I.d.S. auch *G. Wagner*, IPRax 1999, 65, 67 u. *Michinel Álvarez*, REDI 1997-2, 47, 65 f., vgl. auch 74 (der Autor spricht sich zu Recht dafür aus, bei künftigen Anpassungen des EuGVÜ eine ausdrückliche Regelung für die Aufrechnung in den Zuständigkeitskatalog mit aufzunehmen, a.a.O., 66 u. 74, was leider beim Erlaß der EuGVVO abermals versäumt wurde). Dies übersieht *Mankowski* bei seiner Argumentation in ZZP 109 (1996), 376, 380 ff., bei der er entscheidend auf den (formalen) Verteidigungscharakter der Aufrechnungseinrede abhebt. Zur besonderen Stellung der Aufrechnung unter den prozessualen Verteidigungsmitteln siehe eingehender oben im Ersten Abschnitt unter E. III. 2., S. 78 ff.

Es bleibt zu vermuten, daß dem EuGH ein Schließen dieser Lücke durch eine autonome ergänzende Auslegung des Übereinkommens aufgrund der (zu) unterschiedlichen Ausgestaltung der Aufrechnung in den einzelnen Vertragsstaaten als nicht möglich erschien und er sich deshalb dazu gezwungen sah, insoweit auf das nationale Recht zu verweisen.[114] Man mag diese Verweisung bedauern, da sie für das vom Übereinkommen angestrebte Ziel der Entscheidungsharmonie nicht eben förderlich ist, die nationalen Gerichte werden sich aber bis auf weiteres daran zu halten haben.

[114] I.d.S. äußerte sich bereits der *BGH* in seinem Urt. v. 12.5.1993, IPRax 1994, 115, 118 (letzter Satz): "Der Senat ist der Überzeugung, daß ein derartiger einheitsrechtlicher Rechtssatz" [gemeint ist ein einheitsrechtlicher ungeschriebener Rechtssatz des EuGVÜ über das Verfahren des Prozeßgerichts im Fall einer mangels internationaler Zuständigkeit unzulässigen Prozeßaufrechnung] "offensichtlich ... nicht besteht, die Frage vielmehr nach den nationalen Verfahrensordnungen zu entscheiden ist." Zu Recht krit. hinsichtlich der Nichtvorlage des Falls durch den BGH an den EuGH nach Art. 2 u. 3 des Protokolls betreffend die Auslegung des EuGVÜ: *Manfred Wolf*, Anm. zu *BGH* 12.5.1993, LM 1993 Nr. 39.

Dritter Abschnitt: Zuständigkeitsrechtliche Relevanz der prozessualen Aufrechnungseinrede im Internationalen Zivilprozeßrecht

A. Einführung

Wird eine Forderung in einem Zivilprozeß im Wege der Klage geltend gemacht, so dürfen deutsche Gerichte nur dann über diese Forderung entscheiden, wenn sie die internationale Zuständigkeit dafür besitzen. Ob dies der Fall ist, bestimmt sich primär nach den Vorschriften der maßgeblichen staatsvertraglichen Abkommen (wie zum Beispiel des EuGVÜ)[1] oder, falls diese im konkreten Fall nicht einschlägig sind, nach autonomem deutschen Internationalen Zivilprozeßrecht. Nun stellt sich die Frage, ob Entsprechendes auch dann gilt, wenn die betreffende Forderung nicht im Wege der Klage, sondern statt dessen im Wege der Aufrechnung verteidigungsweise geltend gemacht wird: hängt auch die Befugnis zur Entscheidung über eine aufrechnungsweise geltend gemachte Forderung davon ab, daß das mit dem Verfahren befaßte Gericht nach den einschlägigen Vorschriften für ihre selbständige Geltendmachung international zuständig wäre?[2]

In erster Linie ist diese Frage - entsprechend der in der Einleitung definierten Zielsetzung der Arbeit - selbstverständlich für das deutsche Internationale Zivilprozeßrecht zu beantworten. Bei der Suche nach einer angemessenen Lösung sind aber unter anderem auch das Ziel der Rechtsvereinheitlichung im Geltungsbereich des EuGVÜ sowie die internationale Entscheidungsharmonie und Entscheidungsgerechtigkeit als Leitideale des Internationalen Privat- und Zivilverfahrensrechts zu berücksichtigen. Insbesondere sind Reibungen zwischen materiellrechtlichen Vorgaben ausländischer Aufrechnungsstatute und dem deutschen Verfahrensrecht möglichst zu vermeiden. Vor diesem Hintergrund erscheint es sinnvoll, an dieser Stelle auch einen Blick auf die Rechtslage im spanischen Internationalen Zivilprozeßrecht zu werfen, um daran exemplarisch zu untersuchen, ob die Tatsache, daß die Aufrechnung in einer Rechtsordnung materiellrechtlich gesehen kraft Gesetzes eintritt, bereits für sich genommen eine bestimmte zuständigkeitsrechtliche Behandlung der prozessualen Aufrechnungseinrede indiziert.

---

[1] Seit dem 1.3.2002 ist daneben die EuGVVO als unmittelbares Gemeinschaftsrecht maßgeblich.

[2] Mit dieser Fragestellung hatte sich z.B. der *BGH* u.a. in seiner Entsch. vom 12.5.1993, NJW 1993, 2753 = MDR 1993, 1012 = RIW 1993, 846 = ZZP 107 (1994), 211 m. Anm. *Leipold*, 216 = IPRax 1994, 115 m. Anm. *Geimer*, 82 auseinanderzusetzen, siehe dazu oben in der Einleitung unter A. III. 1., S. 16 ff.

B. Das auf die prozessuale Aufrechnungseinrede anwendbare Recht

Um in der Folge die Frage der zuständigkeitsrechtlichen Relevanz der prozessualen Aufrechnungseinrede im Internationalen Privat- und Zivilprozeßrecht im allgemeinen und im deutsch-spanischen Rechtsverkehr im besonderen näher untersuchen zu können, muß nun zunächst einmal geklärt werden, welches Sachrecht das deutsche Recht einerseits und das spanische Recht andererseits jeweils für die Beurteilung der dabei im einzelnen auftretenden Fragen für maßgeblich erklären.

I. Das nach deutschem IPR anwendbare Recht

Die Erhebung des Aufrechnungseinwand stellt im deutschen Recht, darauf wurde bereits oben im Ersten Abschnitt hingewiesen,[3] eine Prozeßhandlung dar, mit der sich der Beklagte auf die Vornahme des materiellen Rechtsgeschäfts der Aufrechnung beruft.[4] Weiter wurde festgestellt, daß sich dabei die materiellrechtlichen Aspekte der Aufrechnung allein nach materiellem Recht richten, während für die Geltendmachung der Aufrechnung im Prozeß als Prozeßhandlung stets Prozeßrecht gilt.

Man ist sich allgemein einig, daß als Konsequenz daraus im deutschen Internationalen Privatrecht für materiellrechtliche Zulässigkeit, Zustandekommen und Wirkungen der Aufrechnung das Aufrechnungsstatut maßgebend sein muß, während sich die verfahrensrechtlichen Aspekte der Aufrechnungseinrede nach der *lex fori* richten;[5] dazu gehört auch die Frage, ob und wie der Aufrechnungseinwand in den Prozeß eingeführt werden kann.[6]

Etwas schwerer fällt die Beantwortung der Frage, wie das Aufrechnungsstatut zu ermitteln ist.[7] Stammt die Forderung, deren Erlöschen zu prüfen ist, aus einem vertraglichen Schuldverhältnis, so gelangt Art. 32 Abs. 1 Nr. 4 EGBGB zur Anwendung, der das nach Art. 27 ff. EGBGB zu bestimmende Vertragsstatut für

[3] Siehe dort unter E. III. 1., S. 76 f. u. 2., S. 78 ff.

[4] *Rosenberg/Schwab/Gottwald*, § 105 II. 1., S. 593.

[5] Ganz h.M. Siehe z.B. *BGH* 20.6.1979 NJW 1979, 2477; *Dageförde*, RIW 1990, 873, 874; Reithmann/*Martiny*, Rz. 284; MünchKomm/*Spellenberg*, Art. 32 Rz. 55; Wieczorek/Schütze/*Hausmann*, Art. 6 EuGVÜ, Rz. 38; Zöller/*Geimer*, Art. 2 EuGVVO Rz. 23; *Geimer*, NJW 1973, 951, 953; *Geimer/Schütze*, EuZVR, Art. 6 Rz. 65; *Böhm*, 123 f.; *Sonnenberger*, FS Firsching, 295, 304; *Kannengießer*, 128; vgl. weiter *BGH* 07.11.2001, NJW 2002, 2182, 2183.

[6] *Geimer*, NJW 1973, 951, 953; *Geimer/Schütze*, EuZVR, Art. 6 Rz. 65; MünchKomm/*Spellenberg*, Art. 32 Rz. 55; Wieczorek/Schütze/*Hausmann*, Art. 6 EuGVÜ, Rz. 38; *Kannengießer*, 128; *Böhm*, 123 f. A.A. (zu letzterem) *Coester-Waltjen*, FS Lüke, 40.

[7] Siehe dazu - auch zur Ermittlung des für die vertragliche Aufrechnung maßgeblichen Rechts - näher oben in der Einleitung dieser Arbeit unter A. I. 2., S. 3 ff.

maßgeblich erklärt. Dabei treten keine Probleme auf, solange Haupt- und Gegenforderung demselben Vertragsstatut unterstehen. Unterstehen sie hingegen unterschiedlichen Vertragsstatuten, so stellt sich die Frage, welches von beiden ausschlaggebend sein soll oder ob gar beide kumulativ zur Anwendung gelangen sollen. In Deutschland sind sich Rechtsprechung[8] und fast die gesamte jüngere Literatur[9] einig, daß auf das Recht der Passivforderung (= Hauptforderung) abzustellen ist, also der Forderung, gegen die aufgerechnet wird. Auch für das Erlöschen von Forderungen aus außervertraglichen Schuldverhältnissen, für welches das EGBGB (ebenso wie das EVÜ) keine ausdrückliche Regelung enthält, ist nach der zuvor zitierten herrschenden Meinung das (in diesen Fällen nach Art. 38 ff. EGBGB zu ermittelnde) Statut der Passivforderung maßgeblich. Ob und, wenn ja, in welcher Höhe die Gegenforderung besteht, ist in jedem Falle nach dem Sachrecht zu beurteilen, das auf das ihr zugrunde liegende Rechtsverhältnis Anwendung findet.[10]

Die Anknüpfung an das Statut der Hauptforderung bietet sach- und interessengerechte Problemlösungen, denn der Gläubiger der Hauptforderung ist derjenige, der seine Forderung ohne seinen Willen durch einen Akt des Schuldners im Wege der Aufrechnung verlieren soll, während der Schuldner es in der Hand hat, seine Forderung durch die Aufrechnung erlöschen zu lassen oder nicht.[11] Der Lösung der herrschenden Meinung ist daher im Ergebnis[12] zuzustimmen.

---

[8] St. Rspr., z.B. *BGH* 22.11.1962, *BGHZ* 38, 254, 256 = NJW 1963, 243; 25.11.1993, NJW 1994, 1413, 1416; *OLG Frankfurt* 27.10.1966, NJW 1967, 501; *OLG Hamm*, 09.06.1995, NJW-RR 1996, 179; *OLG Koblenz* 03.05.1991, RIW 1992, 59, 61; 17.09.1993, RIW 1993, 934; *OLG Düsseldorf*, 10.02.1994, DB 1994, 2492.

[9] *Kropholler*, IPR, § 52 VIII 5., S. 475 f.; *Gäbel*, 32 ff., 35; *Ferid*, § 6 Rz. 115 ff.; *Kegel/Schurig*, § 18 V, S. 652; Wieczorek/Schütze/*Hausmann*, Art. 6 EuGVÜ Rz. 38; Zöller/*Geimer*, Art. 2 EuGVVO Rz. 23; *Geimer/Schütze*, EuZVR, Art. 6 Rz. 65; Staudinger/*Magnus*, Art. 32 EGBGB Rz. 61 f.; Reithmann/*Martiny*, Rz. 284 u. 286; MünchKomm/*Spellenberg*, Art. 32 Rz. 50; Palandt/*Heldrich*, Art. 32 EGBGB, Rz. 6; Soergel/*Kegel*, Rz. 439 vor Art. 7 EGBGB; Soergel/*v. Hoffmann*, Art. 32 EGBGB Rz. 49; Ehrmann/*Hohloch*, Art. 32 EGBGB, Rz. 13; *Kindler*, IPRax 1996, 16, 20; *Gebauer*, JbItalR 12 (1999), 31, 35 f. A.A. aus der jüngeren Lit., soweit ersichtlich, nur *Kannengießer*, 117 ff., der alternativ an das jeweils aufrechnungsfreundlichere Recht anknüpfen will, *Martin Wolf*, 179 ff., 187, der das Recht der zuerst entstandenen Forderung zum Aufrechnungsstatut machen möchte und - allerdings auch bereits aus dem Jahre 1975 - *Eujen*, 123 ff. 127, der das Recht des Staates anwenden will, in dem der Aufrechnende zur Zeit der Entstehung der Aufrechnungslage seinen Wohn- bzw. Geschäftssitz hatte.

[10] Reithmann/*Martiny*, Rz. 284; *Vischer/Oser*, Rz. 1120.

[11] Siehe dazu näher oben in der Einleitung der Arbeit unter A. I. 2., S. 6 f.

[12] Zum Versäumnis der einheitlichen europäischen Auslegung des Art. 32 Abs. 1 Nr. 4 EGBGB s.o. in der Einleitung der Arbeit unter A. I. 2., S. 3 ff.

II. Das nach spanischem IPR anwendbare Recht

Auch im spanischen Recht ist der Aufrechnungseinwand - dies wurde oben im Ersten Abschnitt festgestellt -[13] über eine prozessuale Einrede geltend zu machen, mit der sich der Beklagte auf den materiellrechtlichen Eintritt der Aufrechnungswirkungen beruft. Folglich sind auch hier die materiellrechtlichen Aspekte der Aufrechnung allein nach materiellem Recht zu beurteilen, während für ihre gerichtliche Geltendmachung als Prozeßhandlung stets Prozeßrecht gilt.[14] Dementsprechend ist auch im spanischen Internationalen Privatrecht für materiellrechtliche Zulässigkeit, Zustandekommen und Wirkungen der Aufrechnung das Aufrechnungsstatut maßgebend, während sich alle verfahrensrechtlichen Aspekte der Aufrechnungseinrede gemäß Art. 3 LEC nach der *lex fori* richten, inklusive der Frage, ob und wie der Aufrechnungseinwand in den Prozeß eingeführt werden kann.[15]

Unterschiede gegenüber der Rechtslage im deutschen Recht können sich aber bei der Ermittlung des Aufrechnungsstatuts ergeben. Stammt die Forderung, deren Erlöschen zu prüfen ist, aus einem vertraglichen Schuldverhältnis, so kommt zwar die dem Art. 32 Abs. 1 Nr. 4 EGBGB entsprechende Vorschrift des Art. 10 Abs. 1 d EVÜ zur Anwendung, der das nach Art. 3 ff. EVÜ zu bestimmende Vertragsstatut für maßgeblich erklärt. Sofern Haupt- und Gegenforderung demselben Vertragsstatut unterstehen, gelangt das spanische Recht somit zu keinem anderen Ergebnis als das deutsche. Unterstehen sie aber unterschiedlichen Vertragsstatuten, so ist im spanischen Recht nach h.M. nicht wie im deutschen das Statut der Passiv- oder Hauptforderung ausschlaggebend, sondern es kommen die Vertragsstatute beider Forderungen kumulativ zur Anwendung.[16] Auch das Erlöschen von Forderungen aus außervertraglichen Schuldverhältnissen, für welches das EVÜ keine Regelung enthält, ist nach der zuvor zitierten herrschenden Meinung kumulativ nach den Vertragsstatuten beider Forderungen zu prüfen.

---

[13] S. dort unter C. I., S. 53 ff.

[14] *Michinel Álvarez*, REDI 1997-2, 47, 60.

[15] *Michinel Álvarez*, REDI 1997-2, 47, 60. Zu Art. 3 LEC siehe näher *LEC comentada*, Art. 3 sow. Lledó Yagüe/*Zorrilla Ruiz*, Art. 3.

[16] *Marín López*, 312, m.N. Ebenso die h.M. zum französischen (siehe *Martin Wolf*, 147-149; *Kegel/Schurig*, § 18 V, S. 652.) und italienischen Recht (s. *Vitta*, 305 m.w.N.). I.d.S. auch folgende jüngere niederländische Entscheidungen: *Rechtsbank Arnhem* 19.12.1991, NIPR 1992, 107; *Kantongerecht Terborg* 25.6.1992, NIPR 1992, 403. Krit. zur *Kumulationstheorie* in der spanischen Lehre zuletzt *Michinel Álvarez*, REDI 1997-2, 47, 61 und *González Campos*, Der. Int. Priv., Rz. 254 (S. 198), der die Anknüpfung an die Passivforderung als die modernere Lösungsmöglichk. bezeichnet.

III. Konsequenzen für die hier untersuchte Problematik

Die Frage nach der zuständigkeitsrechtlichen Relevanz der prozessualen Aufrechnungseinrede ist sowohl aus der Sicht des deutschen wie auch des spanischen Rechts verfahrensrechtlicher Natur. Demzufolge ist dafür - entsprechend dem zuvor unter I. zum deutschen[17] und unter II. zum spanischen Recht[18] Festgestellten - die jeweilige *lex fori*, also einerseits das deutsche und andererseits das spanische Internationale Zivilprozeßrecht (jeweils unter Einschluß des EuGVÜ) maßgeblich.

C. Keine Regelung im EuGVÜ

Oben im Zweiten Abschnitt wurde festgestellt, daß das EuGVÜ nach der Rechtsprechung des EuGH hinsichtlich des Aufrechnungseinwands eine Lücke enthält; das heißt aus dem Übereinkommen - insbesondere aus Art. 6 Nr. 3 EuGVÜ - ergibt sich weder, daß das nationale Recht ihm zuständigkeitsrechtliche Relevanz beizumessen hat, noch daß dies der *lex fori* verwehrt ist.[19] Der Rechtsgedanke des Art. 6 Nr. 3 EuGVÜ ist allerdings derart anzuwenden, daß die Aufrechnung mit konnexen Forderungen stets zulässig sein muß - unabhängig davon, ob das angerufene Gericht für deren klageweise Geltendmachung zuständig wäre (eine Ausnahme bilden lediglich die Fälle, in denen insoweit eine ausschließliche Zuständigkeit der Gerichte eines anderen Vertragsstaates gemäß Art. 16 EuGVÜ[20] gegeben wäre) -, da sogar für den selbständigen Angriff mittels einer Widerklage der Gerichtsstand des Sachzusammenhangs eröffnet ist.[21] In den übrigen Fällen, in denen Klage- und Aufrechnungsforderung nicht konnex sind, richten sich Zulässigkeit und Voraussetzungen für die Geltendmachung der Aufrechnung ausschließlich nach nationalem Recht.[22] Eine möglicherweise aufgrund nationalen Gesetzesrechts bestehende Unzuständigkeit des angerufenen Gerichts zur Entscheidung über die Aufrechnung wird durch die rügelo-

[17] S. 110.
[18] S. 112.
[19] Siehe dort, unter E., S. 104 ff. Entspr. die Rechtslage nach der neuen EuGVVO.
[20] Entspr. Art. 22 EuGVVO.
[21] Siehe dazu oben im Zweiten Abschnitt unter E., S. 105. So wie hier: *Schack*, IZVR, Rz. 353; *Kropholler*, EuZPR, Art. 6 Rz. 39; *Kegel/Schurig*, § 18 V, 653; Staudinger/*Gursky*, Vorbem zu §§ 387 ff. Rz. 49; Stein/Jonas/*Leipold*, § 145 V Rz. 40; *ders.*, ZZP 107 (1994), 216, 226; Wieczorek/Schütze/*Hausmann*, Art. 6 EuGVÜ Rz. 39; MünchKomm-ZPO/*Peters*, § 145 Rz. 37; Musielak/*Stadler*, § 145 Rz. 33; *Geimer*, IPRax 1986, 208, 211; *Kronke*, IPRax 1996, 139; *Banniza von Bazan*, 163; *Kannengießer*, 159; *Gebauer*, JbItalR 12 (1999), 31, 53; *G. Wagner*, IPRax 1999, 65, 71; *Kindler*, IPRax 1996, 16, 19; *Vischer/Oser*, Rz. 1139.
[22] S.o. im Zweiten Abschnitt unter E., S. 105.

se Einlassung des Klägers auf den Aufrechnungseinwand gemäß Art. 18 EuGVÜ überwunden.[23]

D. Bisherige Auffassungen zum deutschen Recht

Auch das autonome deutsche Recht enthält keine ausdrückliche Regelung für die prozessuale Aufrechnungseinrede. § 33 ZPO eröffnet seinem Wortlaut nach - ähnlich wie Art. 6 Nr. 3 EuGVÜ - nur für die (konnexe) Widerklage einen besonderen örtlichen Gerichtsstand bei dem Gericht der Klage, wobei zugleich die internationale Zuständigkeit der deutschen Gerichte indiziert wird.[24] Genau wie der Rechtsgedanke des Art. 6 Nr. 3 EuGVÜ im Anwendungsbereich des Übereinkommens[25] ist im autonomen deutschen Internationalen Zivilprozeßrecht der Rechtsgedanke des § 33 ZPO lediglich derart anzuwenden, daß die Aufrechnung mit konnexen Forderungen stets zulässig sein muß,[26] da in diesem Fall sogar ein selbständiger Angriff mittels einer Widerklage möglich wäre (wobei auch hier die Fälle eine Ausnahme bilden, in denen insoweit eine ausschließliche Zuständigkeit der Gerichte eines anderen Vertragsstaates gegeben wäre - dies folgt aus der gesetzlichen Wertung in §§ 33 Abs. 2 i.V.m. 40 Abs. 2 S. 1 Nr. 2 u. S. 2 ZPO). Hinsichtlich der Fälle, in denen die Aufrechnung mit nicht konnexen Forderungen prozessual geltend gemacht wird, sind also Rechtsprechung und Lehre aufgefordert, eine überzeugende Lösung zu entwickeln.

In Bezug auf die Lösung des Problems stehen sich folgende Standpunkte gegenüber:

I. Zuständigkeitsrechtliche Irrelevanz der Aufrechnungseinrede?

Ein Teil der Literatur legt den Schwerpunkt auf den Charakter der prozessualen Aufrechnungseinrede als Verteidigungsmittel und hält dementsprechend für die Zulässigkeit des Aufrechnungseinwands eine internationale Entscheidungs-

---

[23] *EuGH* 7.3.1985 - *Spitzley/Sommer*, Rs. C-48/84 - Slg. 1985, 787 = IPRax 1986, 27. Siehe dazu auch oben im Zweiten Abschnitt unter E., S. 105. Entsprechend die Rechtslage nach Art. 24 EuGVVO.

[24] Grundsatz der Doppelfunktionalität der Normen der örtlichen Zuständigkeit (ganz h.M., siehe z.B.: *BGH* 18.4.1985, *BGHZ* 94, 151, 156 f. = NJW 1985, 2090 = IPRax 1987, 305 m. Anm. *Nicklisch*, 286; Thomas/*Putzo*, Vorbem. zu § 1 Rz. 6 m.w.N.).

[25] Siehe dazu näher oben unter C.

[26] Siehe z.B. *BGH* 07.11.2001, NJW 2002, 2182, 2183 f., Stein/Jonas/*Leipold*, § 145 Rz. 40, MünchKomm-ZPO/*Peters*, § 145 Rz. 37, Staudinger/*Gursky*, Vorbem zu §§ 387 ff. Rz. 49, Musielak/*Stadler*, § 145 Rz. 33 und Musielak/*Smid*, § 33 Rz. 29 (jeweils m.w.N.) sowie *Dageförde*, RIW 1990, 873, 876 und bereits *Schröder*, Internat. Zust., 597.

zuständigkeit des Gerichts für die Gegenforderung nicht für erforderlich,[27] da das angerufene Gericht immer auch für die Verteidigung des Beklagten international zuständig sei. Auch das innerdeutsche Recht stelle keine Zuständigkeitsregel für die Aufrechnung auf und verlange keine Konnexität von Forderung und Gegenforderung, deshalb sei grundsätzlich davon auszugehen, daß das für die Klageforderung zuständige Gericht auch für die zur Aufrechnung gestellte Gegenforderung unabhängig davon zuständig sei, ob es für eine klageweise Geltendmachung international und örtlich zuständig wäre.[28]

Für diese Lösung werden Gesichtspunkte der Prozeßökonomie und Entscheidungsharmonie angeführt: ein und derselbe Richter könne dann sowohl über Forderung wie Gegenforderung entscheiden und widersprechenden Entscheidungen zwischen den Gerichten verschiedener Staaten wäre vorgebeugt.[29] Außerhalb Deutschlands gelte ohnehin durchwegs der Satz "juge de l'action est juge de l'exception", den man insbesondere auch auf die Aufrechnung im internationalen Bereich anwende.[30] Auch diene man auf diese Weise dem Sinn und Zweck des EuGVÜ, gleichwertige Gerichtsstände in allen Mitgliedsstaaten der europäischen Gemeinschaften zu schaffen.[31] Zudem werde dadurch eine stärkere Harmonisierung von materiellem Recht und Prozeßrecht ermöglicht.[32]

Vor allem aber gebiete das Interesse des Beklagten an einer effektiven Verteidigung und an der raschen und sicheren Durchsetzbarkeit seiner Gegenforderung die Berücksichtigung der Aufrechnung unabhängig von der internationalen

---

27 So im Ergebnis Stein/Jonas/*Leipold*, ZPO, 20. Aufl. 1984, § 145 Rz. 39 (anders die 21. Aufl. 1994, s.u., Fn. 17); *von Hoffmann*, AWD 1973, 168, 169; *Gebauer*, IPRax 1998, 79, 85; *ders.*, JbItalR 12 (1999), 31, 54; Soergel/*Kegel*, 11. Aufl. 1984, vor Art. 7 EGBGB (a. F.), Rz. 442; Soergel/*Kronke*, Art. 38 EGBGB Anh. IV Rz. 21 (der Autor widerspricht sich allerdings selbst a.a.O. bei Rz. 56); MünchKomm/*Spellenberg*, Art. 32 Rz. 55; Staudinger/*Gursky*, Vorbem zu §§ 387 ff. Rz. 49; *Kropholler*, Hdb. IZVR, Rz. 439; *Ahlt*, 105 ff., 113; *Manfred Wolf*, LM-EGÜbk Nr. 39, Bl. 4, Anm. 2 b; *Coester-Waltjen*, FS Lüke, 45; *Kannengießer*, 181. In diesem Sinne auch *Rosenberg/Schwab/Gottwald*, § 105 IV 1 sowie - wenn auch nur für den Geltungsbereich des EuGVÜ - *Dageförde*, RIW 1990, 873, 877, 879 und *Kim*, 199 (zur Auffassung des Autors zum autonomen deutschen Recht siehe S. 197). Dieselbe Ansicht vertraten auch die *Europäische Kommission* und Generalanwalt *Francesco Capotorti* in ihren jeweiligen Stellungnahmen zum Fall *EuGH* 9.11.1978 - *Meeth/Glacetal*, Rs. C-23/78 -, Slg. 1978, 2138, 2139 bzw. 2144, 2147 f. Ebenso das schweizerische *Bundesgericht* in seiner Entsch. vom 17.3.1937, *BGE* 63 II 133.

28 *Kropholler*, Hdb. IZVR, Rz. 439. Für den Geltungsbereich des EuGVÜ ähnlich *Kim*, 199. Vgl. auch *Martin Wolf*, 119.

29 *Geimer*, IPRax 1994, 82, *ders.*, IPRax 1986, 208, 212 und *G. Wagner*, IPRax 1999, 65, 70 (beide Autoren sind allerdings im Ergebnis anderer Auffassung) sowie *Mankowski*, ZZP 109 (1996), 376, 390.

30 *Ahlt*, 109. Ähnlich auch *Kannengießer*, 178 f.

31 *Dageförde*, RIW 1990, 873, 877; *Kannengießer*, 180.

32 *Mankowski*, ZZP 109 (1996), 376, 389; *Gebauer*, IPRax 1998, 79, 83 (i.V.m. S. 85); *Leipold*, ZZP 107 (1994), 216, 224 f. Vgl. dazu auch *Geimer*, IPRax 1994, 82, 84 f., der allerdings im Ergebnis anderer Auffassung ist.

Zuständigkeit für die Gegenforderung.[33] Schließlich folge das EuGVÜ im Grundsatz dem Prinzip "*actor sequitur forum rei*", spreche sich also tendenziell für eine Bevorzugung des Beklagten aus.[34] Der Kläger andererseits werde in seinen Rechten nicht zu stark eingeschränkt, da er das Forum der Klage ausgewählt habe.[35] Das Gericht, vor dem verhandelt werde, sei ihm daher nicht fremd; er habe sich durch seine Klage vielmehr bereits auf fremdes Verfahrensrecht, eventuelle Sprachnachteile und einen gegebenenfalls größeren Verfahrensaufwand einstellen müssen.[36]

Auch zeige Art. 6 Nr. 3 EuGVÜ, daß der Kläger grundsätzlich Gegenschläge des Beklagten in dem von ihm selbst ausgewählten Forum hinnehmen müsse.[37] Zudem werde seine Gerichtspflichtigkeit bei einer Entscheidung über die Gegenforderung durch ein Gericht, welches nach den Vorschriften des EuGVÜ für die klageweise Geltendmachung der betreffenden Forderung nicht zuständig wäre, zumindest nach dem deutschen Aufrechnungsmodell der Erklärungsaufrechnung nicht entscheidend erweitert:[38] Unterstelle man, daß deutsches Recht Aufrechnungsstatut sei, könne der Beklagte nämlich außerprozessual die Aufrechnung erklären und sich im Prozeß mit dem materiellrechtlichen Erlöschen der Klageforderung verteidigen. Sobald aber die Aufrechnung auch außerprozessual erklärt werden könne, verliere die gerichtliche Entscheidungszuständigkeit an Bedeutung. Noch deutlicher werde dies unter dem romanischen Modell der Legalkompensation,[39] denn dort werde die prozessuale Komponente der Aufrechnung auf eine Einrede reduziert, also auf ein bloßes Sichberufen auf die bereits (völlig unabhängig vom Verfahren) eingetretenen Aufrechnungswirkungen. Dementsprechend sei - soweit ersichtlich - noch nie von romanischen Autoren die internationale Zuständigkeit zur Voraussetzung der Legalkompensation erhoben worden.[40]

Teilweise wird die Einschränkung gemacht, daß die Aufrechnung ausnahmsweise dann nicht zulässig sein soll, wenn ein anderer Vertragsstaat gemäß Art. 16 EuGVÜ für die Entscheidung über die klageweise Geltendmachung der Gegenforderung ausschließlich zuständig wäre.[41]

---

[33] *Gebauer*, IPRax 1998, 79, 83 (i.V.m. 85); Soergel/*Kronke*, Art. 38 EGBGB Anh. IV Rz. 21; *Coester-Waltjen*, FS Lüke, 44.
[34] *Kannengießer*, 180.
[35] Soergel/*v. Hoffmann*, Art. 32 EGBGB Rz. 52; *Mankowski*, ZZP 109 (1996), 376, 385; *Gebauer*, IPRax 1998, 79, 82 (i.V.m. S. 85).
[36] *Mankowski*, ZZP 109 (1996), 376, 385; *Gebauer*, IPRax 1998, 79, 82 (i.V.m. S. 85); *Kannengießer*, 174 f.
[37] *Mankowski*, ZZP 109 (1996), 376, 385.
[38] *Mankowski*, ZZP 109 (1996), 376, 387.
[39] *Mankowski*, ZZP 109 (1996), 376, 387. I.d.S. auch *Gottwald*, IPRax 1986, 10, 11.
[40] *Mankowski*, ZZP 109 (1996), 376, 387 f.
[41] *Dageförde*, RIW 1990, 873, 877. Vgl. dazu auch *Geimer*, IPRax 1986, 208, 212, der allerdings im Ergebnis anderer Ansicht ist.

II. Unzulässigkeit der Aufrechnung mit Gegenforderungen, für deren selbständige Geltendmachung das angerufene Gericht international nicht zuständig wäre?

Für die Rechtsprechung[42] und das überwiegende Schrifttum[43] stehen diejenigen Charakteristika des Aufrechnungseinwands im Vordergrund, die er mit einer selbständigen (Wider-)Klage gemeinsam hat. Dementsprechend ist die internationale Zuständigkeit des angerufenen Gerichts für die Gegenforderung ihrer Ansicht nach zur Entscheidung auf eine Aufrechnungseinrede hin genauso erforderlich, wie auf eine selbständige Geltendmachung über eine (Wider-) Klage hin.

Es wird argumentiert, die Aufrechnung müsse den prozessualen Zuständigkeitsvoraussetzungen unterworfen werden, weil sie mit der Gegenforderung einen zweiten Streitgegenstand in den Prozeß einführe, über den das Gericht mit Rechtskraftwirkung gemäß § 322 Abs. 2 ZPO zu entscheiden habe.[44] Lasse man das angerufene Gericht trotz internationaler Unzuständigkeit über die Gegenforderung entscheiden, so bestehe die Gefahr, daß diese auf dem Wege der Aufrechnung den Zuständigkeitsvorschriften des EuGVÜ entzogen werde.[45] Auch ziehe man auf diese Weise, und dies sei zu vermeiden, die Grenzen der Gerichtspflichtigkeit des Klägers weiter als die des Beklagten.[46] Letztlich veranlasse die Aufrechnungseinrede das Gericht nämlich zu den gleichen Prüfungen, wie eine selbständige Klage aufgrund der Gegenforderung.[47] Die Verteidigung gegen eine mit der Aufrechnung in Anschlag gebrachte Forderung erfordere grundsätz-

---

[42] *BGH* 12.5.1993, NJW 1993, 2753 = MDR 1993, 1012 = RIW 1993, 846 = ZZP 107 (1994), 211 m. Anm. *Leipold*, 216 = IPRax 1994, 115 m. Anm. *Geimer*, 82 = EuZW 1993, 576 = EWS 1993, 260 = LM EG Übk Nr. 39 m. Anm. *Manfred Wolf* = IPRspr. 1993 Nr. 139; *OLG München* 25.3.1992, RIW 1992, 672; *LG Frankfurt* 13.7.1994, NJW-RR 1994, 1264 = EWiR Art. 39 CISG 1/95, 249.

[43] Wieczorek/Schütze/*Hausmann*, Art. 6 EuGVÜ Rz. 40 u. § 33 ZPO Rz. 65; Stein/Jonas/*Leipold*, § 145 V Rz. 39 (anders noch in der 20. Auflage); Thomas/Putzo/*Reichold*, § 145 Rz. 23; MünchKomm-ZPO/*Peters*, § 145 Rz. 37; Staudinger/*Magnus*, Art. 36 EGBGB Rz. 66; Soergel/*Kronke*, Art. 38 EGBGB Anh. IV Rz. 56 (der Autor widerspricht sich allerdings selbst a.a.O. bei Rz. 21); *Schack*, IZVR, Rz. 355; *Geimer/Schütze*, EuZVR Art. 6 Rz. 70; *Geimer*, NJW 1973, 951; *ders.*, IPRax 1986, 208, 212 (merkwürdig daher die Stellungnahme desselben Autors in *Geimer/Schütze*, Internat. Urteilsanerkennung, § 80 IX, 527: "Die Frage der Zulässigkeit der Prozeßaufrechnung ist kein kompetenzrechtliches Problem."); Nagel/*Gottwald*, § 3 Rz. 59 u. 246 sowie § 5 Rz. 22; *Otte*, EWiR Art. 6 EuGVÜ 9/93, 877; *Jauernig*, ZPO, § 45 III., 178; *Schröder*, Internat. Zust., 595 ff.; *Eickhoff*, 164 ff.; *Banniza von Bazan*, 160.

[44] *Geimer*, IPRax 1994, 82, 83; *Geimer/Schütze*, EuZVR Art. 6 Rz. 69; Nagel/*Gottwald*, § 3 Rz. 59 u. 246 sowie § 5 Rz. 22.

[45] Wieczorek/Schütze/*Hausmann*, Art. 6 EuGVÜ Rz. 40; *Schack*, IZVR, Rz. 354.

[46] *Geimer*, IPRax 1994, 82; *Geimer/Schütze*, EuZVR Art. 6 Rz. 69.

[47] Stellungn. der *Bundesregierung* zum Fall *EuGH* 9.11.1978 - *Meeth/Glacetal*, Rs. C-23/78 -, Slg. 1978, 2136.

lich denselben Aufwand wie die Verteidigung gegen eine Klage oder eine Widerklage;[48] die Verfahrensinteressen, wie Beweis- oder Rechtsnähe, seien bei einer Aufrechnung die gleichen wie bei einer Klage.[49] Auch die Beobachtung, daß die Aufrechnung in anderen Rechtsordnungen nicht selten in Form einer Widerklage geltend gemacht werden müsse und im Modell des *Common Law* eine Verrechnung durch Richterspruch erfolge, spreche dafür, im Interesse einer Harmonisierung die internationale Zuständigkeit für die Gegenforderung grundsätzlich auch bei der Aufrechnung zu verlangen.[50]

Aus alledem wird der Schluß gezogen, die Aufrechnung sei unzulässig und daher nicht zu beachten, wenn das Gericht der Klage für die Entscheidung über die Gegenforderung nicht zuständig sei;[51] dem Beklagten bleibe es aber unbenommen, seine angeblichen Ansprüche vor den international zuständigen Wohnsitzgerichten des Klägers zu verfolgen, da keine Entscheidung über das Bestehen oder Nichtbestehen der Gegenforderung ergehe.

III. Vermittelnde Ansicht: Zulässigkeit des Aufrechnungseinwands, aber keine Entscheidungsbefugnis hinsichtlich der Gegenforderung

Um die mit den zuvor geschilderten Lösungsvorschlägen verbundenen Beeinträchtigungen der Interessen jeweils einer Partei abzumildern, schlägt ein Teil der Lehre eine vermittelnde Lösung vor.[52] Hiernach soll zwar der Aufrechnungs-

---

[48] *Kropholler*, ZZP 100 (1987), 352, 355; *Schröder*, Internat. Zust., 596; *Geimer*, NJW 1973, 951, 952.

[49] *Schröder*, Internat. Zust., 596. In diesem Sinne auch *Banniza v. Bazan*, 160.

[50] Stein/Jonas/*Leipold*, § 145 V Rz. 39; *Geimer*, IPRax 1986, 208, 211; *Geimer/Schütze*, EuZVR Art. 6 Rz. 69.

[51] *BGH* in st. Rspr., s. z.B. 12.5.1993, IPRax 1994, 115, 117 f.: "...steht der Berücksichtigung der Aufrechnung im vorliegenden Rechtsstreit ein zwingendes prozessuales Hindernis entgegen." (zu weiteren Fundstellen des Urteils s.o., Fn. 42); Wieczorek/Schütze/*Hausmann*, Art. 6 EuGVÜ Rz. 40; Stein/Jonas/*Leipold*, § 145 V Rz. 39 (anders noch in der 20. Auflage); Thomas/Putzo/*Reichold*, § 145 Rz. 23; *Schack*, IZVR, Rz. 355; *Geimer*, IPRax 1994, 208, 214; *Geimer/Schütze*, EuZVR Art. 6 Rz. 75.

[52] MünchKomm-ZPO/*Peters*, § 145 Rz. 37; *Schröder*, Internat. Zust., 599 f.; *Eickhoff*, 172 ff. u. 185 f.; *Leipold*, ZZP 107 (1994), 216, 225 ff.; *G. Wagner*, 73 ff.; *Wieser*, Prozeßr., § 387 Rz. 8; *Dageförde*, RIW 1990, 873, 876 u. 879 (anderer Ansicht ist der Autor allerdings für den Geltungsbereich des EuGVÜ mit Verweis auf den Sinn des Übereinkommens, a.a.O., 877 u. 879). Siehe auch *Mankowski*, ZZP 109 (1996), 376, 393 f., (der ein solches Vorgehen in Ausnahmefällen für möglich hält, es allerdings nicht zur generellen Lösung des Problems geeignet ansieht), Staudinger/*Gursky*, Vorbem zu §§ 387 ff. Rz. 49 (für den ein entsprechendes Vorgehen "zu erwägen wäre") und *von Hoffmann*, AWD 1973, 168 f. (der die Möglichkeit eines solchen Verfahrens ebenfalls in Erwägung zieht, sie letztlich aber dann mit der - jedenfalls für den Geltungsbereich des EuGVÜ nicht haltbaren - Begründung verwirft, "derartige Skrupulanz", die praktisch meist einer ausländischen Partei zugute käme, sei der ZPO fremd, wie § 23 ZPO zeige). Vgl. auch den Beschl. des *OLG Hamm* v. 18.10.1982, NJW

einwand auch vor einem für die Gegenforderung international unzuständigen Gericht zugelassen werden. Da die Verteidigung gegen eine mit der Aufrechnung in Anschlag gebrachte Forderung aber grundsätzlich denselben Aufwand wie die Verteidigung gegen eine Klage oder eine Widerklage erfordere und die Verfahrensinteressen, wie Beweis- oder Rechtsnähe, bei einer Aufrechnung die gleichen seien wie bei einer Klage,[53] dürfe das betreffende Gericht dann nicht über das Bestehen der Gegenforderung entscheiden, sondern habe über die Hauptforderung gemäß § 302 ZPO ein Vorbehaltsurteil zu erlassen und den Rechtsstreit gemäß § 148 ZPO auszusetzen, bis der Beklagte über die Gegenforderung ein ausländisches Urteil erlangt habe.

IV. Unstreitige, rechtskräftig festgestellte und "liquide" Gegenforderungen

Trotz der im übrigen unterschiedlichen Positionen ist man sich darüber einig, daß eine Entscheidung über die Aufrechnung jedenfalls dann unabhängig davon zulässig sein soll, ob das angerufene Gericht im Falle der selbständigen Geltendmachung der Gegenforderung für diese international zuständig wäre, wenn Bestehen und Höhe derselben rechtskräftig festgestellt sind oder vom Kläger nicht bestritten werden:[54] In diesen Fällen machen auch die unter II. und III. genannten Auffassungen Ausnahmen und begründen dies damit, die Gegenforderung sei hier rechtlich fraglos und eine Entscheidung über ihren Bestand nicht mehr nötig, so daß sie nur noch als bloßer Rechnungsfaktor gehandhabt zu werden brauche.[55] Der Rechtsstreit drehe sich dann nur noch um die Klageforderung, Zuständigkeitsinteressen hinsichtlich der Gegenforderung seien daher nicht betroffen.[56]

1983, 523, 524 u. 525 - das OLG geht dort von der grds. Möglichkeit der Aussetzung des Verfahrens bis zur Entscheidung eines ausländischen Gerichts über die aufrechnungsweise geltend gemachte Forderung aus.

Ausdrücklich dagegen: *Schack*, IZVR Rz. 355; *Ahlt*, 107 ff; *Geimer*, IPRax 1986, 214; *Coester-Waltjen*, FS Lüke, 44 f.; *Gebauer*, IPRax 1998, 79, 85 f.; *Kannengießer*, 171 ff., 181.

[53] *Schröder*, Internat. Zust., 596; *Banniza v. Bazan*, 160.

[54] *OLG München* 25.3.1992, RIW 1992, 672, 673; Stein/Jonas/*Leipold*, § 145 V Rz. 40; Wieczorek/Schütze/ *Hausmann*, Art. 6 EuGVÜ Rz. 41 u. § 33 ZPO Rz. 65; *Geimer/Schütze*, EuZVR Art. 6 Rz. 72-74; Musielak/*Stadler*, § 145 Rz. 34; Zöller/*Geimer*, Art. 2 EuGVVO Rz. 25; *ders.* in IPRax 1994, 82, 84; *Kropholler*, EuZPR, Art. 6 EuGVÜ, Rz. 39; *Schröder*, Internat. Zust., 597 f.; *Eickhoff*, 167, 175 u. 185; *Schack*, IZVR Rz. 355; *Mankowski*, ZZP 109 (1996), 376, 386 f.; *Gebauer*, IPRax 1998, 79, 82 (i.V.m. S. 85); *Banniza von Bazan*, 159 f.; *G. Wagner*, IPRax 1999, 65, 72; *Kannengießer*, 157 f.

[55] *Schröder*, Internat. Zust., 597 f.; *Eickhoff*, 167 u. 175.

[56] *Mankowski*, 386 f.; *Gebauer*, IPRax 1998, 79, 82 (i.V.m. S. 85).

Nach Ansicht von *Eickhoff* soll dieses Ergebnis für unstreitige Gegenforderungen allerdings nur dann gelten, wenn die Parteien zur Verfügung über dieselben befugt sind[57] und *Geimer* merkt an, bei durch ausländische Gerichte rechtskräftig festgestellten Gegenforderungen komme es darauf an, ob die Voraussetzungen für die Anerkennung der materiellen Rechtskraft gemäß § 328 ZPO bzw. Art. 25 ff. EuGVÜ gegeben seien.[58]

Nach *G. Wagner* schließlich soll das Fehlen der internationalen Zuständigkeit des Gerichts der Klage für die Gegenforderung immer dann unbeachtlich sein, wenn letztere "liquide" ist.[59] Zu den "liquiden" Forderungen zählt der Autor dabei - in Anlehnung an die Nomenklatur des französischen Rechts - neben den rechtskräftig festgestellten und den unstreitigen Forderungen auch solche, die zwar streitig sind, deren Bestand sich aber mit Hilfe präsenter Beweismittel ohne Verzögerung des Verfahrens feststellen läßt. Die Feststellung einer zwar umstrittenen, mit Hilfe präsenter Beweismittel jedoch prompt feststellbaren Gegenforderung durch das Gericht der Klage fördere nicht nur die Interessen des Beklagten, sondern auch das öffentliche Interesse an Prozeßökonomie, da sich die Anstrengung eines zweiten Rechtsstreits um ein problemlos nachweisbares Recht erübrige. Dem Kläger andererseits sei die Beweisaufnahme vor dem Aufrechnungsforum zumutbar, weil er den Rechtsstreit dort selbst angestrengt habe und durch die Erhebung präsenter Beweismittel nicht belastet werde. Die Interessenabwägung falle erst dann zu seinen Gunsten aus, wenn er Beweismittel anbiete, die nicht sofort erhoben werden könnten, oder wenn er einen Sachverhalt vortrage, der eine abweichende Anknüpfung der Gegenforderung an eine ausländische Rechtsordnung erzwinge.[60]

E. Rechtslage im spanischen Recht

I. Ausgangslage

Ebensowenig wie das deutsche enthält das spanische autonome Recht eine positivrechtliche Regelung für die Frage, ob das angerufene Gericht für die Gegenforderung international zuständig sein muß, um über die prozessuale Aufrechnungseinrede entscheiden zu können. Eine Stellungnahme der spanischen Rechtsprechung zu diesem Problem liegt bisher ebenfalls noch nicht vor und auch die Lehre schweigt in dieser Hinsicht weitgehend.

---

[57] *Eickhoff*, 167, 175 u. 185. Dem schließt sich auch *Kannengießer*, 159 an.

[58] *Geimer*, IPRax 1994, 82, 84; *Geimer/Schütze*, EuZVR Art. 6 Rz. 73. Im Anschluß daran auch *Kannengießer*, 157 f. u. *G. Wagner*, IPRax 1999, 65, 72.

[59] *G. Wagner*, IPRax 1999, 65, 72.

[60] Siehe zu alledem *G. Wagner*, IPRax 1999, 65, 72.

Erschwert wird die Ergründung der Rechtslage darüber hinaus durch die Unsicherheit und Unentschlossenheit der spanischen Rechtsprechung hinsichtlich der prozeßrechtlichen Behandlung der Aufrechnung im allgemeinen,[61] die darauf zurückzuführen ist, daß das positive spanische Prozeßrecht diesbezüglich kaum Anhaltspunkte bietet und darüber hinaus auch eine umfassende Regelung der prozessualen Einreden im gesamten vermissen läßt.

Um eine hinreichend fundierte Einschätzung der Rechtslage hinsichtlich der kompetenzrechtlichen Relevanz der Aufrechnungseinrede im spanischen Internationalen Zivilprozeßrecht abgeben zu können, erscheint es vor diesem Hintergrund angebracht, zunächst einen Blick auf ihre zuständigkeitsrechtliche Behandlung im internen spanischen Zivilprozeßrecht zu werfen - möglicherweise können dabei Erkenntnisse darüber gewonnen werden, inwieweit sich aus der Tatsache, daß der Eintritt der Aufrechnung materiellrechtlich kraft Gesetzes erfolgt, Konsequenzen für die Beurteilung der Zuständigkeitsproblematik ergeben.

II. Auswirkungen der Aufrechnungseinrede auf sachliche Zuständigkeit ("competencia objetiva"), richtige Verfahrensart ("procedimiento adecuado")[62] und Rechtsweg ("orden jurisdiccional")[63]

Es soll nun untersucht werden, ob der spanische Richter auch dann über die Aufrechnungseinrede entscheiden kann, wenn er für die selbständige Geltendmachung der Gegenforderung sachlich unzuständig wäre oder die Forderung in einer anderen Verfahrensart oder vor einer anderen Gerichtsbarkeit geltend zu machen wäre. Die Rechtsprechung hat sich bis jetzt mit dieser Frage noch nicht auseinandergesetzt.[64]

---

[61] *Tapia Fernández*, 2, vgl. a. 171; *AP Ciudad Real* 5.11.1993, La Ley 1994, Marginal 470. Siehe dazu im einzelnen oben im Ersten Abschnitt unter C., S. 53 ff.

[62] Im spanischen Prozeßrecht ist für nahezu alle Verfahren der "Juzgado de Primera Instancia" (entspricht in etwa dem deutschen Amtsgericht) sachlich zuständig, siehe Art. 85 LOPJ (siehe jetzt auch Art. 45-47 LEC). Dieses Gericht hat dann je nach Art des Streitgegenstands bzw. der Höhe der Klageforderung die Verfahrensregeln des "juicio ordinario" (in den in Art. 249 LEC genannten Fällen) oder des "juicio verbal" (in den in Art. 250 Abs. 1 Nr. 1-11 LEC genannten Fällen sowie gem. Art. 250 Abs. 2 LEC bei Streitwerten bis 3.000,- EUR) anzuwenden. Ein anderes Gericht, nämlich der "Juzgado de Paz", entscheidet nur bei Klageforderungen von bis zu 90,- EUR, siehe Art. 47 LEC. Der "Juzgado de Paz" kann nur die Verfahrensart des "juicio verbal" durchführen (siehe Art. 47 LEC). Immer dann, wenn eine andere Verfahrensart erforderlich ist, ist also automatisch der "Juzgado de Primera Instancia" zuständig. Zu alledem siehe *Gómez Colomer*, El nuevo proceso civil, 129 ff.

[63] Das spanische Rechtssystem unterscheidet im wesentlichen die Rechtswege vor die Zivilgerichtsbarkeit (orden civil, vgl. Art. 9 Abs. 2 LOPJ), die Strafgerichts- (orden penal, vgl. Art. 9 Abs. 3 LOPJ), die Verwaltungsgerichts- (orden contencioso-administrativo, vgl. Art. 9 Abs. 4 LOPJ) und die Sozialgerichtsbarkeit (orden social, vgl. Art. 9 Abs. 5 LOPJ).

[64] Vgl. für die Zeit bis 1988 auch *Tapia Fernández*, 189.

Im Prinzip geht das spanische Recht vom Grundsatz aus "der Richter der Klage ist auch der Richter der Einrede",[65] der laut Rechtsprechung des Tribunal Constitucional zu den fundamentalen, durch Art. 24 Nr. 1 CE geschützten Verteidigungsrechten des Beklagten gehört.[66] Die durch die Klage begründete Zuständigkeit des Gerichts bleibt also unverändert bestehen, da durch die Erhebung einer Einrede die Grenzen des Rechtsstreits grundsätzlich nicht erweitert werden, weil sich die Einrede immer auf den durch die Klage geltend gemachten Anspruch bezieht.[67]

Nun ist man sich aber, dies wurde oben im Ersten Abschnitt[68] festgestellt, in Spanien allgemein einig, daß die Aufrechnung gerade keine gewöhnliche Einrede darstellt, sondern ein prozessuales Verteidigungsmittel *sui generis* oder zumindest eine Einrede eigentümlichen Charakters, auf die die allgemeinen Regeln für prozessuale Einreden nicht ohne weiteres übertragbar sind. Anders als bei gewöhnlichen Einreden bleibt der Gegenstand des Prozesses bei der Aufrechnung eben nicht auf die einfache, in der Klage enthaltene rechtliche Beziehung beschränkt, sondern der Beklagte führt durch sie mit der Gegenforderung eine neue, unabhängige rechtliche Beziehung in den Prozeß ein, die vorher der Auseinandersetzung zwischen den Parteien noch nicht zugänglich war, und erweitert auf diese Weise nach herrschender Ansicht den Streitgegenstand des Prozesses.[69] Die Entscheidung des Gerichts über diese in Gestalt der Gegenforderung neu eingeführte, unabhängige rechtliche Beziehung erwächst gemäß Art. 408 Abs. 3 und Abs. 1 i.V.m. Art. 222 Abs. 2 S. 1 LEC in Rechtskraft.[70] Aus diesem Grunde kann die Regel "der Richter der Klage ist auch der Richter der Einrede" nicht ohne weiteres auf die Aufrechnungseinrede Anwendung finden.

Möglicherweise ist aber die beschriebene, mit der Aufrechnungseinrede neu in den Prozeß eingeführte rechtliche Beziehung, also die Frage nach dem Bestehen der Gegenforderung, als "cuestión prejudicial" (Vorfrage) im Sinne des spanischen Prozeßrechts zu qualifizieren, so daß die entsprechenden Regeln angewendet werden können: Nach Art. 10 Abs. 1 LOPJ können die Gerichte eines Rechtsweges grundsätzlich auch über Vorfragen entscheiden, für die sie eigentlich nicht zuständig sind. Ausgenommen sind nach Abs. 2 strafrechtliche Vorfragen, deren Klärung für die abschließende Entscheidung unerläßliche Voraus-

---

[65] Dieser Grundsatz war in Art. 55 der alten LEC-1881 ausdrücklich festgehalten - in der neuen LEC ist er zwar nicht mehr ausdrücklich geregelt, an seiner Fortgeltung besteht aber kein Zweifel, vgl. die Motive des Gesetzes.

[66] *TC* 6.3.1984, Recurso de amparo Nr. 452/83 (s. dazu *Tapia Fernández*, 187 Fn. 231).

[67] *Tapia Fernández*, 187. Für die Widerklage hingegen sieht das positive spanische Recht vor, daß das Gericht hinsichtlich ihres Streitgegenstandes (Art. 406 Abs. 2 S. 1 LEC) und auch für die Durchführung der dafür vorgesehenen Verfahrensart (Art. 406 Abs. 2 S. 1 u. 438 Abs. 1 S. 2 LEC) zuständig sein muß.

[68] Siehe dort unter C. II., S. 60 ff.

[69] S.o. im Ersten Abschnitt unter C. II., S. 61.

[70] S.o. im Ersten Abschnitt unter C. II., S. 62.

setzung ist oder von denen ihr Inhalt abhängt - in diesen Fällen ist das Verfahren bis zur Klärung der betreffenden Vorfrage durch das zuständige Strafgericht auszusetzen[71] (Regelungen, die dem Art. 10 LOPJ aus der Sicht der Zivilgerichtsbarkeit entsprechen, enthalten jetzt auch die Art. 40-43 der neuen LEC[72]).

Zwar muß das Gericht in einem Rechtsstreit, in dem der Beklagte eine Aufrechnungseinrede erhoben hat, in der Tat stets zunächst das Bestehen der Gegenforderung klären, bevor es über die Begründetheit der Klageforderung befinden kann - insofern könnte man die Aufrechnung also tatsächlich als "cuestión prejudicial" im Sinne des spanischen Prozeßrechts einstufen.[73] Jedoch macht auch hier die Tatsache, daß die Entscheidung über die Gegenforderung in Rechtskraft erwächst, den Unterschied aus - eine solche Qualität ist den Fragen, die das Gesetz mit "cuestiones prejudiciales" meint, nämlich absolut fremd,[74] wie die Formulierungen in Art. 10 Abs. 1 LOPJ "A los solos efectos prejudiciales cada orden jurisdiccional podrá conocer de asuntos que no le estén atribuidos privativamente" (frei übersetzt: "Die Gerichte eines jeden Rechtswegs können über Angelegenheiten, die ihnen eigentlich nicht zugewiesen sind, mit ausschließlich präjudiziellen Wirkungen entscheiden") oder noch deutlicher in Art. 42 Abs. 2 LEC "La decisión de los tribunales civiles sobre las cuestiones" [prejudiciales] "... no surtirá efecto fuera del proceso en que se produzca" (zu übersetzen in etwa mit: "Die Entscheidung der Zivilgerichte über Vorfragen bleibt außerhalb des Prozesses, in dem sie ergeht, ohne Wirkung") zeigen.[75] Auch die Vorschriften über "cuestiones prejudiciales" sind folglich auf die Aufrechnungseinrede nicht anwendbar[76] (jedenfalls nicht uneingeschränkt, siehe dazu näher unten auf Seite 130 f.); im Gegenteil, es läßt sich daraus eher in einem Umkehrschluß ableiten, daß eine Entscheidung über die Gegenforderung aufgrund der damit verbundenen Rechtskraftwirkung nur durch ein Gericht des zuständigen Rechtswegs gefällt werden darf.[77]

---

[71] Siehe dazu näher *Gómez Colomer*, El nuevo proceso civil, 125 f. Vgl. im deutschen Recht § 149 ZPO.

[72] Siehe dazu näher *Gómez Colomer*, El nuevo proceso civil, 124 ff., *Gimeno Sendra*, Der. Proc. Civ., 132 ff. sow. im einzelnen die entsprechenden Kommentierungen bei *LEC comentada* u. Lledó Yagüe/*Villaverde Ferreiro*. Korrespondierende Regelungen existieren auch aus der Sicht der Arbeitsgerichtsbarkeit (Art. 4 LPL) sowie der Verwaltungsgerichtsbarkeit (Art. 4 LJCA).

[73] *Tapia Fernández*, 99; *Fernández López/Rifá Soler/Valls Gombau*, Bd. III, 442. Zur Definition der "cuestión prejudicial" s. *Gimeno Sendra*, Der. Proc. Civ., 132, *Gómez Colomer*, El nuevo proceso civil, 123 f.; *ders.*, Der. Jurisdiccional, Bd. II, 509 f., *Montero Aroca*, El nuevo proceso civil, 243 f., Lledó Yagüe/*Villaverde Ferreiro*, Art. 40, *Ramos Méndez*, 672 ff. u. *Tomé Paule*, 165 ff.

[74] Siehe dazu *Tapia Fernández*, 94 f., *Cortés Domínguez*, Der. Proc. Civ., 362, *Gómez Colomer*, El nuevo proceso civil, 125 u. *LEC comentada*, Art. 42.

[75] *Gómez Colomer*, El nuevo proceso civil, 125.

[76] *Tapia Fernández*, 101 f.

[77] Siehe dazu näher unten, S. 131.

Zu einem entsprechenden Ergebnis gelangt dann auch die spanische Lehre. So ist *Tapia Fernández* der Auffassung, es sei auf keinen Fall zulässig, daß der Richter beim Erkennen über die Forderung des Beklagten seine Zuständigkeit überschreite, wenn seine Entscheidung anschließend in Rechtskraft erwachse[78] und *Fernández López/Rifá Soler/Valls Gombau* merken an, der Kläger sähe in diesem Fall seine Verteidigungsrechte hinsichtlich der Gegenforderung verletzt.[79] Sowohl die Befolgung der Regel für die prozessualen Einreden ("der Richter der Klage ist auch der Richter der Einrede") als auch die Anwendung der Vorschriften über "cuestiones prejudiciales" werden deshalb allgemein abgelehnt und stattdessen die genaue Einhaltung der Normen über die sachliche Zuständigkeit sowie der richtigen Verfahrensart und des richtigen Rechtsweges gefordert.[80] Hinsichtlich der richtigen Verfahrensart wird diese Auffassung durch Art. 438 Abs. 2 S. 2 LEC nun ausdrücklich bestätigt (zum Wortlaut dieser Vorschrift siehe unten, S. 125).

Gemeint sind damit freilich - was die sachliche Zuständigkeit und die richtige Verfahrensart angeht - nur die Fälle, in denen die Gegenforderung den dabei jeweils maßgeblichen Höchstbetrag übersteigt. Auch im spanischen Recht gilt nämlich der Grundsatz "el juez que puede lo más, puede lo menos" (zu übersetzen in etwa mit "der Richter, der über die höheren Streitwerte entscheiden kann, kann auch über die niedrigeren entscheiden", vgl. im deutschen Recht §§ 10, 513 Abs. 2, 545 Abs. 2, 571 Abs. 2 S. 2, 576 Abs. 2 ZPO), der sich aus Vorschriften wie Art. 73 Abs. 1 Nr. 1 oder Art. 406 Abs. 2 S. 2 LEC ableiten läßt.[81] Eine eigentlich bestehende sachliche Zuständigkeit eines unteren Gerichts beziehungsweise eine eigentlich vorgesehene untergeordnete Verfahrensart für die Forderung des Beklagten stellt also kein Hindernis für die Entscheidung über die Aufrechnung dar.

Geht man mit der Lehre davon aus, daß das Gericht nur dann über die Gegenforderung entscheiden darf, wenn es auch für ihre selbständige Geltendmachung zuständig wäre, so bleibt immer noch die Frage zu klären, wie in den Fällen zu verfahren ist, in denen die entsprechende Zuständigkeit fehlt: muß das Gericht die Einrede der Aufrechnung dann als unzulässig zurückweisen oder kann es - - ähnlich wie die deutsche höchstrichterliche Rechtsprechung dies für die Fälle der Aufrechnung mit rechtswegfremden Gegenforderungen vorsieht -[82] das Verfahren aussetzen, bis das zuständige Gericht über die Forderung des Beklagten

[78] *Tapia Fernández*, 104 f., s. auch 188 f.; vgl. weiter *De la Oliva*, La Ley 1982, 918, 924.
[79] *Fernández López/Rifá Soler/Valls Gombau*, Bd. III, 443.
[80] *Tapia Fernández*, 209; *De la Oliva*, La Ley 1982, 918, 924; vgl. auch *Fernández López/Rifá Soler/Valls Gombau*, Bd. III, 443. Scheinbar a.A., ohne sich allerdings mit den Konsequenzen auseinanderzusetzen, *Gómez Orbaneja*, 276, der auch hier die Funktion der Aufrechnung als prozessuale Einrede in den Mittelpunkt stellt.
[81] Vgl. *De la Oliva*, La Ley 1982, 918, 924 (noch zu der entspr. Vorschrift des alten Art. 155 Nr. 1 LEC-1881).
[82] Für Nachweise zu dieser Rspr. siehe unten unter F. I. 2., S. 140, Fn. 149 f.

entschieden hat? Das derzeit geltende positive spanische Prozeßrecht schweigt hierzu.[83]

Tapia Fernández folgert aus der Tatsache, daß das Gesetz kein Verfahren zur Lösung dieser Problematik vorsieht sowie dem Widerspruch zwischen dem Grundsatz "der Richter der Klage ist auch der Richter der Einrede" einerseits und der Unmöglichkeit der rechtskraftfähigen Entscheidung eines unzuständigen Richters andererseits, daß die Geltendmachung der Aufrechnung im Prozeß mit einer Forderung, für deren selbständige Einklagung das Gericht nicht zuständig wäre, als unzulässig abzuweisen ist und verweist den Beklagten insoweit auf die Möglichkeit der selbständigen Geltendmachung der betreffenden Forderung vor dem dafür zuständigen Gericht.[84]

Fernández López/Rifá Soler/Valls Gombau hingegen vertraten zum alten Recht für die Fälle, in denen für die selbständige Geltendmachung der Gegenforderung eine andere Verfahrensart vorgeschrieben ist, die Ansicht, hier habe das Gericht von Amts wegen nach Anhörung der Parteien einen Wechsel der Verfahrensart anzuordnen.[85] Die für die beiden Forderungen verschiedener Höhe angebrachte Verfahrensart sei dabei stets die des "juicio de menor cuantía" (Art. 680 bis 714 LEC-1881), da diese als die Modellverfahrensart angesehen werde und in ihr allen durch Art. 24 CE geschützten prozessualen Garantien Rechnung getragen werde.[86]

Die letztgenannte Auffassung ist jedoch seit Inkrafttreten der neuen LEC[87] nicht mehr zu halten; vielmehr wird die Ansicht von *Tapia Fernández* durch Art. 438 Abs. 2 S. 2 LEC, was die Erforderlichkeit der richtigen Verfahrensart anbelangt, ausdrücklich bestätigt: "Si la cuantía del crédito compensable que pudiere alegar el demandado fuese superior a la que determine que se siga el juicio verbal, el tribunal tendrá por no hecha tal alegación, advirtiéndolo así al demandado, para que use de su derecho ante el tribunal y por los trámites que correspondan" (zu übersetzen in etwa mit: "Wenn der Betrag der aufrechnungstauglichen Forderung, die der Beklagte vorbringen kann, höher ist als derjenige, der für die Befolgung des 'juicio verbal' maßgeblich ist, hat das Gericht dieses Vorbringen als nicht erhoben zu behandeln und den Beklagten davon in Kenntnis zu setzen, damit er sein Recht vor dem dafür vorgesehenen Gericht und mittels des dafür vorgesehenen Verfahrens geltend mache.").

---

[83] Anders als etwa das italienische, das in Art. 35 des Codice di Procedura Civile für diesen Fall ausdrücklich die Möglichkeit der Verweisung an den zuständigen Richter vorsieht, vgl. *Tapia Fernández*, 188 (Fn. 232).

[84] *Tapia Fernández*, 104 f.

[85] *Fernández López/Rifá Soler/Valls Gombau*, Bd. III, 443.

[86] Auf die Situation unter der neuen LEC übertragen, würde dem Gesagten wohl am ehesten die Verfahrensart des "juicio ordinario", Art. 248 Abs. 2 Nr. 2, 249, 251 ff. u. 399-436 LEC, entsprechen.

[87] Am 8.1.2001 gem. "Disposición final vigésimaprimera" LEC.

Angesichts der Aufnahme dieser neu konzipierten Vorschrift über die Aufrechnungseinrede, für die es in der alten LEC-1881 keine Entsprechung gab, in die neue LEC drängt sich unwillkürlich die Frage auf, weshalb der Gesetzgeber nicht gleichzeitig auch die Fälle positivrechtlich geregelt hat, in denen die sachliche Zuständigkeit hinsichtlich der Gegenforderung fehlt oder diese den Gerichten eines anderen Rechtswegs zur Entscheidung zugewiesen ist[88] - geschah dies deshalb nicht, weil nach seinem Willen auf die betreffenden Fälle die allgemeinen Vorschriften für prozessuale Einreden zur Anwendung gelangen sollten und ihm daher spezielle Vorschriften für die Aufrechnungseinrede insoweit überflüssig erschienen oder hat er die besagten Fälle beziehungsweise die mit ihnen verbundene Problematik schlichtweg nicht bedacht? Die spanische Lehre hat sich mit diesem Problem bisher, soweit ersichtlich, noch nicht befaßt.

In den Motiven der neuen LEC werden die Regeln über die Geltendmachung der Aufrechnung nur im Zusammenhang mit dem Ziel genannt, dieselben Parteien nicht verschiedenen Prozessen auszusetzen, wenn deren Gegenstand vernünftigerweise in einem einzigen Prozeß geklärt werden kann (siehe Motiv VIII LEC). Zur ungewöhnlichen[89] neuen Vorschrift des Art. 438 Abs. 2 S. 2 finden sich dort keine Ausführungen. Insbesondere enthalten die Motive keinen Hinweis darauf, daß der Gesetzgeber die zuständigkeitsrechtliche Behandlung der Aufrechnungseinrede in der LEC abschließend regeln wollte.

Gegen die Annahme, der Gesetzgeber habe sich bewußt für die Anwendung der allgemeinen Vorschriften für prozessuale Einreden beziehungsweise für Vorfragen auf die Aufrechnungseinrede entschieden, spricht auch die Tatsache, daß er sich damit in Widerspruch zu dem von der Lehre eingenommenen Standpunkt gesetzt hätte, wonach weder der Grundsatz "der Richter der Klage ist auch der Richter der Einrede", noch die Vorschriften über "cuestiones prejudiciales" (Vorfragen) direkt auf den Aufrechnungseinwand anwendbar sind[90] - es ist davon auszugehen, daß der Gesetzgeber eine entsprechende ausdrückliche Regelung getroffen hätte, hätte er von dieser ihm bekannten Position abweichen wollen. Darauf, daß eine Anwendung von Art. 10 Abs. 1 LOPJ und Art. 42 Abs. 1 i.V.m. Abs. 2 LEC zudem schon dem Wortlaut der betreffenden Vorschriften nach mit der der Entscheidung über die Gegenforderung gemäß Art. 408 Abs. 3 und Abs. 1 i.V.m. Art. 222 Abs. 2 S. 1 LEC zukommenden Rechtskraftwirkung unvereinbar wäre, wurde ja ohnehin bereits hingewiesen.[91]

Mithin ist nicht von einem beredten Schweigen des Gesetzgebers hinsichtlich der Fälle, in denen das Gericht der Klage für die selbständige Geltendmachung der Gegenforderung sachlich unzuständig wäre oder die Forderung vor dem Gericht eines anderen Rechtsweges geltend zu machen wäre, auszugehen, sondern

[88] Zumal sich *De la Oliva* in La Ley 1982, 918, 924 ausdrücklich dafür ausgesprochen hatte, entsprechende Regelungen *de lege ferenda* anzustreben.

[89] Siehe dazu näher unten auf S. 128 ff.

[90] Siehe dazu oben, S. 124.

[91] Siehe dazu näher oben, S. 123.

vielmehr davon, daß er sie überhaupt nicht bedacht hat (was vielleicht auch auf den Umstand zurückgeführt werden kann, daß sich die Rechtsprechung insoweit bisher noch nicht geäußert hat). Daher ist nun zu überlegen, wie diese Lücke in der LEC sachgerecht geschlossen werden könnte.

Naheliegend erscheint es zunächst, diesbezüglich eine analoge Anwendung des Art. 438 Abs. 2 S. 2 LEC in Erwägung zu ziehen. Voraussetzung dafür wäre, daß die Interessenlage bei den beiden genannten Konstellationen mit derjenigen vergleichbar wäre, die bei dem durch Art. 438 Abs. 2 S. 2 LEC direkt geregelten Fall einer hinsichtlich der Gegenforderung vorgeschriebenen anderen Verfahrens besteht.

Nach den Motiven X und XII der LEC ist die Verfahrensart des "juicio verbal" als verkürztes und damit beschleunigtes Verfahren für einfach zu entscheidende oder wirtschaftlich nicht so bedeutsame Streitgegenstände vorgesehen, während das ausführlichere Verfahren des "juicio ordinario" für kompliziertere oder ihrem Betrag nach höhere Streitgegenstände größeren Rechtsschutz gewährleisten soll. Dementsprechend ist es der Zweck des Art. 438 Abs. 2 S. 2 LEC, durch Nichtzulassung der Aufrechnung mit wirtschaftlich entsprechend bedeutsamen oder nicht ohne weiteres feststellbaren Gegenforderungen im "juicio verbal" die Durchführung des ausführlicheren, einen besseren Rechtsschutz gewährenden Verfahrens des "juicio ordinario" in Bezug auf die betreffenden Forderungen sicherzustellen.

Was die Fälle der fehlenden sachlichen Zuständigkeit des Gerichts der Klage hinsichtlich der Gegenforderung angeht (die allerdings, worauf bereits oben hingewiesen wurde,[92] in der Praxis kaum eine Rolle spielen, weil sich diese Konstellation gemäß Art. 47 LEC nur bei Klageforderungen von bis zu 90,- EUR ergeben kann), so ist die Interessenlage vergleichbar:[93] Die Zuständigkeit des "Juzgado de Primera Instancia" anstelle des "Juzgado de Paz" soll ebenfalls größeren Rechtsschutz für wirtschaftlich bedeutsamere oder kompliziertere Streitgegenstände gewährleisten, nur daß dieser größere Rechtsschutz hier nicht in der Durchführung eines ausführlicheren Verfahrens, sondern in der Tatsache gesehen wird, daß der "Juzgado de Primera Instancia" erstens nicht durch einen Ein-

---

[92] S.o. Fn. 62.

[93] Im Ergebnis ebenso: *Tapia Fernández*, 104 f., siehe auch 188 f.; *Fernández López/Rifá Soler/Valls Gombau*, Bd. III, 443; *De la Oliva*, La Ley 1982, 918, 924. Im deutschen Recht wird die fehlende sachliche Zuständigkeit bezüglich der Gegenforderung hingegen von der h.M. nicht als Hindernis für die Entscheidung über die Aufrechnungseinrede angesehen, siehe z.B. MünchKomm-ZPO/*Peters*, § 145 Rz. 32; Musielak/*Stadler*, § 145 Rz. 29; *Jauernig*, ZPO, § 45 III., S. 178; *Rosenberg/Schwab/Gottwald*, § 105 IV 1. Als Begründung dafür wird angeführt, hier gehe es weder um verschiedenartige Verfahren (so *Jauernig*, a.a.O.), noch bestehe eine unterschiedliche Sachkompetenz der Gerichte verschiedener Instanzen (so MünchKomm-ZPO/*Peters*, a.a.O. Dem widersprach Zöller/*Stephan*, 21. Aufl., § 145 Rz. 20. Anders - d.h. wie die h.M. - nun Zöller/*Greger*, § 145 Rz. 19). Zur Situation im spanischen Recht siehe unten, Fn. 95.

zelrichter, sondern ein Kollegialorgan entscheidet[94] und zweitens die dort tätigen Richter unter Umständen höher qualifiziert sind, als ein "Juez de Paz".[95] Insoweit erscheint daher eine entsprechende Anwendung des Art. 438 Abs. 2 S. 2 LEC durchaus denkbar.

Ähnlich liegen die Dinge auch in den Fällen, in denen für die selbständige Geltendmachung der Gegenforderung die Gerichte eines anderen Rechtswegs[96] zuständig wären. Zwar sind die Gerichte verschiedener Rechtswege abstrakt betrachtet nicht als unterschiedlich befähigt zur Entscheidung von wirtschaftlich bedeutsameren oder komplizierteren Streitgegenständen anzusehen, ihre fachspezifische Kompetenz ist aber durchaus unterschiedlich ausgerichtet.[97] Zudem hält jeder der verschiedenen Rechtswege für die seinen Gerichten zur Entscheidung zugewiesenen Sachverhalte besonders ausgestaltete, den Erfordernissen des jeweils zugrunde liegenden Rechtsgebietes angepaßte Verfahren bereit. In diesem Sinne würde daher auch die Entscheidung des Gerichts eines dafür nicht vorgesehenen Rechtswegs über die Gegenforderung eine nicht erwünschte Verminderung des Rechtsschutzes der Parteien bedeuten,[98] so daß auch hier eine entsprechende Anwendung des Art. 438 Abs. 2 S. 2 LEC naheliegend erscheint.

Trotz der festgestellten Vergleichbarkeit der Interessenlagen bei den Fällen, in denen die sachliche Zuständigkeit hinsichtlich der Gegenforderung fehlt oder diese den Gerichten eines anderen Rechtswegs zur Entscheidung zugewiesen ist, einerseits und dem direkt durch Art. 438 Abs. 2 S. 2 LEC geregelten Fall einer hinsichtlich der Gegenforderung vorgeschriebenen anderen Verfahrensart andererseits bleiben allerdings Zweifel daran, ob eine Ausdehnung der Vorschrift über ihren eigentlichen Anwendungsbereich hinaus und ihre analoge Anwendung auf die zuerst genannten beiden Konstellationen tatsächlich im Sinne des Gesetzgebers wären oder ob Art. 438 Abs. 2 S. 2 LEC nicht doch eher als Ausnahmevorschrift anzusehen ist.

Anlaß zu solchen Zweifeln gibt die Tatsache, daß die vom Gesetzgeber bei Art. 438 Abs. 2 S. 2 LEC gewählte Rechtsfolge der Zurückweisung der Aufrechnungseinrede als unzulässig - auch wenn damit die oben beschriebene[99] Auffassung von *Tapia Fernández* aufgegriffen wird - vor dem Hintergrund, daß das spanische materielle Recht den Eintritt der Aufrechnung kraft Gesetzes vorsieht, einigermaßen überraschend ist. Entsprechende positivrechtliche Regelungen existieren, soweit ersichtlich, in keiner anderen Rechtsordnung, die dem Modell

---

[94] Vgl. Art. 196 LOPJ.

[95] Ein "Juez de Paz" muß nicht unbedingt voll ausgebildeter Jurist sein, s. Art. 102 u. 298 Abs. 2 LOPJ.

[96] Siehe dazu näher oben, S. 121, Fn. 63.

[97] MünchKomm-ZPO/*Peters*, § 145 Rz. 33 (mit Bezug auf das deutsche Recht).

[98] Vgl. dazu die bereits oben auf S. 122 erwähnte Vorschrift des Art. 10 Abs. 2 LOPJ (entsprechend jetzt auch Art. 40 LEC), hinter der - wenn auch in Bezug auf strafrechtliche *Vorfragen* - ähnliche Erwägungen stehen.

[99] S.o., S. 125.

der Legalkompensation folgt.[100] Auch Art. 35 der italienischen Zivilprozeßordnung (Codice di Procedura Civile), der die sachliche Zuständigkeit des Gerichts der Klage hinsichtlich der Gegenforderung als Voraussetzung für die Entscheidung über dieselbe festschreibt und insoweit möglicherweise Art. 438 Abs. 2 S. 2 LEC als Vorbild gedient hat,[101] sieht als Rechtsfolge nicht die Zurückweisung der Aufrechnungseinrede als unzulässig vor, sondern die Möglichkeit der Verweisung entweder nur des Streits über die Gegenforderung (wenn die Klageforderung unstreitig oder ohne weiteres feststellbar ist) - in diesem Fall erläßt das Ausgangsgericht ein Urteil über die Klageforderung "con riserva" (unter Vorbehalt), das bei Feststellung des Bestehens der Gegenforderung und des Eintritts der Aufrechnung aufgehoben wird -[102] oder des gesamten Rechtsstreits, inklusive des Streits um die Klageforderung (wenn die Klageforderung weder unstreitig noch ohne weiteres feststellbar ist, Art. 35 letzter Halbsatz i.V.m. Art. 34 Codice di Procedura Civile), an das zuständige höhere Gericht.

Anders als diese Lösung des italienischen Rechts führt die von Art. 438 Abs. 2 S. 2 LEC gewählte Lösung der Zurückweisung der Aufrechnungseinrede als unzulässig zu Konflikten mit dem materiellrechtlichen Eintritt der Aufrechnungswirkung *ipso iure* gemäß Art. 1195, 1202 CC. Weist das Gericht die Aufrechnungseinrede als unzulässig zurück, weil die Entscheidung über die Gegenforderung in einem anderen Verfahren geltend zu machen wäre, und gibt dementsprechend der Klage statt, so ergeht ein materiellrechtlich falsches Urteil, denn sachlichrechtlich ist die Klageforderung gemäß Art. 1195, 1202 CC bereits zu dem Zeitpunkt (zumindest teilweise) erloschen, zu dem ihr die Gegenforderung unter den Voraussetzungen der Art. 1196 - 1200 CC gegenübertrat. Ein konkludenter Ausschluß des materiellrechtlichen Eintritts der Aufrechnungswirkungen durch die Parteien kann hier nicht angenommen werden, denn der Beklagte hat mit der ordnungsgemäßen Erhebung der Aufrechnungseinrede seinen eindeutigen Willen kundgetan, sich auf das Erlöschen der Forderungen berufen zu wollen. Die Nichtberücksichtigung der Aufrechnung durch das Prozeßgericht hat ihre Ursache hier - anders als bei den oben im Ersten Abschnitt unter C. V. 2. erörterten Fällen -[103] nicht in der Mangelhaftigkeit seiner Prozeßhandlung, sondern sie liegt außerhalb seines Einflußbereiches, so daß auch nicht wie dort an ein Unterlassen der Behebung des betreffenden Mangels angeknüpft werden kann. Es wird abzuwarten sein, ob und, wenn ja, wie es Rechtsprechung und Lehre gelingen wird, diese Unstimmigkeiten aufzulösen.

---

[100] Zur Aufrechnung im französischen Recht siehe *Martin Wolf*, 35-48, *Eujen*, 34-47 u. *Kannengießer*, 51-57. Zur Aufrechnung im italienischen Recht siehe *Kannengießer*, 3-51.

[101] Daß das Kriterium der sachlichen Zuständigkeit im spanischen Prozeßrecht kaum eine Rolle spielt, sondern ihre Rolle weitgehend von der Anordnung einer bestimmten Verfahrensart für jeden Streitgegenstand übernommen wird, wurde bereits oben in Fn. 62 dargelegt.

[102] *Schlesinger*, 730; *Kannengießer*, 50.

[103] Siehe dort, S. 65 ff.

Es ist also festzustellen, daß die von Art. 438 Abs. 2 S. 2 LEC angeordnete Rechtsfolge des Zurückweisens der Aufrechnungseinrede als unzulässig nicht so recht zum materiellrechtlichen Modell der Legalkompensation paßt. Daher erscheint die Schlußfolgerung nicht zwingend, dem Geist des Gesetzes werde am ehesten durch eine analoge Anwendung der Vorschrift auf die Fälle, in denen die sachliche Zuständigkeit hinsichtlich der Gegenforderung fehlt oder diese den Gerichten eines anderen Rechtswegs zur Entscheidung zugewiesen ist, entsprochen.

Will man die betreffende Lücke in der LEC nicht durch eine analoge Anwendung von Art. 438 Abs. 2 S. 2 schließen, so bleibt nur die Möglichkeit, sich an den Rechtsgedanken der allgemeinen Vorschriften über prozessuale Einreden beziehungsweise Vorfragen zu orientieren.

Nach Art. 42 LEC i.V.m. Art. 10 Abs. 1 LOPJ dürfen - wie bereits zuvor angesprochen wurde -[104] die Zivilgerichte grundsätzlich auch über solche Angelegenheiten entscheiden, die eigentlich den Gerichten der Verwaltungs- oder Sozialgerichtsbarkeit zugewiesen sind, sofern sie im Zivilprozeß als Vorfragen auftauchen.[105] Gleiches gilt gemäß Art. 43 LEC für Vorfragen, die den Gegenstand eines anderen bereits anhängigen Zivilverfahrens bilden. Trifft das eigentlich unzuständige Gericht in den betreffenden Fällen aber eine solche Vorfragenentscheidung, so entfaltet diese gemäß Art. 42 Abs. 1 und 2, 43 S. 1 LEC i.V.m. Art. 10 Abs. 1 LOPJ keinerlei Wirkungen außerhalb des Prozesses, in dem sie ergeht (dies ist auch der Grund, weshalb - wie eingangs festgestellt wurde -[106] die im Rahmen der Prüfung der Aufrechnungseinrede mit Rechtskraftwirkung zu beantwortende Frage des Bestehens und der Höhe der Gegenforderung nicht als "cuestión prejudicial", also Vorfrage, im technischen Sinne der betreffenden Vorschriften qualifiziert werden kann). Darüber hinaus sieht Art. 42 Abs. 3 LEC für die Fälle rechtswegfremder Vorfragen die Möglichkeit der Aussetzung des Verfahrens bis zur - für das Zivilgericht dann bindenden - Entscheidung des zuständigen Gerichts vor, falls diese Rechtsfolge durch gesetzliche Vorschriften angeordnet oder von beiden Parteien übereinstimmend gewünscht wird.[107] Nach Art. 43 S. 1 LEC ist in den Fällen, in denen eine zivilrechtliche Vorfrage zugleich den Gegenstand eines anderen anhängigen Rechtsstreits bildet, eine Aussetzung des Verfahrens bis zur Entscheidung in dem betreffenden Rechts-

---

[104] S.o., S. 122.

[105] Etwas anderes gilt gem. Art. 40 LEC i.V.m. Art. 10 Abs. 2 LOPJ für strafrechtliche Vorfragen, deren Klärung für die abschließende Entscheidung unerläßliche Voraussetzung ist oder von der ihr Inhalt abhängt - hier ist das Verfahren bis zur Klärung der betreffenden Vorfrage durch das zuständige Strafgericht auszusetzen, siehe dazu die entsprechenden Kommentierungen bei *LEC comentada* und Lledó Yagüe/*Villaverde Ferreiro*.

[106] Siehe oben auf S. 123 f.

[107] Siehe dazu näher *LEC comentada*, Art. 42.

streit sogar bereits auf Antrag einer der Parteien möglich, die andere Partei muß lediglich vorher gehört werden.[108]

Hinter diesen Regelungen läßt sich folgende Grundkonzeption des Gesetzgebers erkennen: Eine Entscheidung kann nur dann auch außerhalb des Prozesses, in dem sie ergeht, Wirkungen entfalten, wenn sie von dem dafür originär zuständigen Gericht getroffen worden ist - eine Vorfragenzuständigkeit nach Art. 42 Abs. 1 LEC reicht in dieser Hinsicht nicht aus. Das Mittel, um die Entscheidung des eigentlich zuständigen Gerichts über eine Vorfrage zu ermöglichen, ist dabei nach der Systematik des Gesetzes die Aussetzung des Verfahrens (siehe Art. 42 Abs. 3 und Art. 43 S. 1 LEC - insoweit besteht eine gewisse Ähnlichkeit zu § 148 ZPO), welche entweder auf gesetzliche Anordnung oder auf Antrag der Parteien hin zu erfolgen hat.

Nun ist im Falle der Aufrechnung mit rechtswegfremden oder in sachlicher Hinsicht aus dem Zuständigkeitsbereich des Ausgangsgerichts fallenden Gegenforderungen zwar nicht die Aussetzung des Verfahrens gesetzlich vorgeschrieben. Dafür ordnen die Art. 408 Abs. 3 und Abs. 1 i.V.m. Art. 222 Abs. 2 S. 1 LEC aber auf der anderen Seite an, daß die Entscheidung über eine im Wege der Aufrechnung geltend gemachte Forderung in Rechtskraft erwächst und somit Wirkungen über den Prozeß, in dem sie ergeht, hinaus entfaltet. Dementsprechend ließe sich die Auffassung vertreten, unter Berücksichtigung des zuvor beschriebenen Rechtsgedankens in Verbindung mit der Systematik des Art. 42 Abs. 3 LEC müsse das Verfahren in den betreffenden Fällen ausgesetzt werden, um eine Entscheidung über die Gegenforderung durch das dafür originär zuständige Gericht zu ermöglichen, die dann vom Ausgangsgericht zu berücksichtigen wäre.

Für eine Lückenfüllung im Sinne einer solchen, auf den Rechtsgedanken der Art. 42, 43 LEC i.V.m. Art. 10 LOPJ gestützten Aussetzungslösung, wie sie in ähnlicher Form im deutschen Recht nach der höchstrichterlichen Rechtsprechung in den Fällen der Aufrechnung mit rechtswegfremden Gegenforderungen praktiziert wird[109] (vergleichbar auch die Lösung des italienischen Art. 35 Codice di Procedura Civile für die Fälle der sachlichen Unzuständigkeit des Ausgangsgerichts hinsichtlich der Gegenforderung)[110], ließe sich zudem die Rechtsprechung des Tribunal Constitucional anführen, wonach der Beklagte - als Ausfluß des Rechtes auf effektive Verteidigung gemäß Art. 24 CE - alle seine Verteidigungsmittel grundsätzlich in dem gegen ihn angestrengten Prozeß geltend machen dürfen muß.[111] Zwar wurde oben festgestellt, daß die Regel "Der Richter

[108] Siehe dazu näher *LEC comentada*, Art. 43.

[109] Für Nachweise zu dieser Rspr. siehe unten unter F. I. 2., S. 140, Fn. 149 f.

[110] Siehe dazu näher oben, S. 129.

[111] *TC* 6.3.1984, Recurso de amparo Nr. 452/83 (siehe dazu *Tapia Fernández*, 187 Fn. 231). Ähnlich zum deutschen Recht der Beschl. des *BVerfG* v. 7.10.1980, *BVerfG*E 55, 72, 94, wonach der Grundsatz der Waffengleichheit den Richter verpflichtet, den Prozeßparteien die Möglichkeit einzuräumen, "alles für die gerichtliche Entscheidung Erhebliche vorzutragen

der Klage ist auch der Richter der Einrede" auf die Aufrechnungseinrede nicht ohne weiteres anwendbar ist und insbesondere ein unzuständiges Gericht nicht über die Gegenforderung entscheiden darf, da die Aufrechnungseinrede vor dem Hintergrund der Tatsache, daß durch sie der Streitgegenstand erweitert wird und über sie mit Rechtskraftwirkung entschieden wird, nicht als gewöhnliche prozessuale Einrede qualifiziert werden kann.[112] Das heißt aber nicht, daß das Ausgangsgericht nicht nach Klärung der Vorfrage des Bestehens der Gegenforderung durch das zuständige Gericht die Einrede an sich berücksichtigen, also gemäß der durch Art. 1202 CC angeordneten Aufrechnungswirkung die Verrechnung der beiden Forderungen vornehmen könnte.

Zusammenfassend läßt sich mithin folgendes festhalten: Weder der Grundsatz "der Richter der Klage ist auch der Richter der Einrede", noch die Vorschriften über die "cuestiones prejudiciales" lassen sich auf die Aufrechnungseinrede uneingeschränkt anwenden. Die herrschende spanische Lehre fordert die genaue Einhaltung der Normen über die sachliche Zuständigkeit sowie der richtigen Verfahrensart und des richtigen Rechtsweges hinsichtlich der Gegenforderung. Diese Auffassung wird nun durch Art. 438 Abs. 2 S. 2 LEC ausdrücklich bestätigt, was die Fälle angeht, in denen die Entscheidung über die Gegenforderung die Verfolgung einer anderen Verfahrensart erforderlich machen würde. Hier ist die Aufrechnungseinrede als unzulässig zurückzuweisen und der Beklagte auf die Möglichkeit der selbständigen Geltendmachung seiner Gegenforderung zu verweisen. Hinsichtlich der Fälle, in denen die sachliche Zuständigkeit hinsichtlich der Gegenforderung fehlt oder diese den Gerichten eines anderen Rechtswegs zur Entscheidung zugewiesen ist, besteht - auch in der neuen LEC - eine Gesetzeslücke.

Einen naheliegenden Ansatz zur Ausfüllung dieser Lücke stellt die entsprechende Anwendung des Art. 438 Abs. 2 S. 2 LEC dar. Sie erscheint grundsätzlich vertretbar. Allerdings wirft die von der Vorschrift angeordnete Rechtsfolge Probleme hinsichtlich ihrer Vereinbarkeit mit dem materiellrechtlichen System der Legalkompensation auf, deren Lösung gegenwärtig noch nicht abzusehen ist. Eine alternative Möglichkeit zur Lückenfüllung bietet eine aus dem hinter den Art. 42 und 43 LEC i.V.m. Art. 10 LOPJ stehenden Rechtsgedanken abgeleitete Lösung, die zudem im Einklang mit dem auf Art. 24 CE basierenden Prinzip steht, daß der Beklagte alle seine Verteidigungsmittel grundsätzlich in dem gegen ihn angestrengten Prozeß geltend machen dürfen muß: das Ausgangsverfahren kann bis zur Entscheidung des für die Gegenforderung zuständigen Gerichts ausgesetzt und diese schließlich berücksichtigt werden. Es bleibt abzuwarten, für welchen Lösungsweg sich Rechtsprechung und Lehre entscheiden werden.

---

und alle zur Abwehr des gegnerischen Angriffs erforderlichen prozessualen Verteidigungsmittel geltend zu machen." (ebenso *BVerfG* Beschl. v. 25.7.1979, *BVerfG*E 52, 131, 156).

[112] S.o., S. 124.

Abschließend sei noch einmal hervorgehoben, daß jedenfalls in einer Hinsicht Übereinstimmung zwischen beiden Alternativen besteht: sowohl die analoge Anwendung des Art. 438 Abs. 2 S. 2 LEC als auch die Orientierung an der hinter Art. 40-43 LEC i.V.m. Art. 10 LOPJ stehenden Konzeption führen zu dem Ergebnis, daß spanische Zivilgerichte nicht über im Wege der Aufrechnungseinrede geltend gemachte Gegenforderungen entscheiden dürfen, wenn sie für deren selbständige Geltendmachung sachlich nicht zuständig wären oder diese Geltendmachung vor den Gerichten eines anderen Rechtsweges zu erfolgen hätte.

III. Internationale Zuständigkeit für Gegenforderung erforderlich?

Als nächster Schritt ist nun die Rechtslage im spanischen Recht hinsichtlich der Frage zu untersuchen, ob eine internationale Zuständigkeit der spanischen Gerichte für den Fall der selbständigen Geltendmachung der Forderung des Beklagten erforderlich ist, damit sie über deren aufrechnungsweise Geltendmachung entscheiden können.

Auch an dieser Stelle sei nochmals in Erinnerung gerufen, daß im deutsch-spanischen Rechtsverkehr in den Fällen einer Aufrechnung mit Forderungen, die aus demselben Vertrag oder Sachverhalt stammen wie die Klageforderung (dazu gehören selbstverständlich auch solche Forderungen, die in einem synallagmatischen Verhältnis zueinander stehen)[113], nach dem Rechtsgedanken des Art. 6 Nr. 3 EuGVÜ stets zulässig sein muß - soweit nicht für die vom Beklagten geltend gemachte Forderung ein gegenüber Art. 6 Nr. 3 EuGVÜ vorrangiger ausschließlicher Gerichtsstand gemäß Art. 16 EuGVÜ[114] gegeben ist -, da hier sogar für die Widerklage der Gerichtsstand der Konnexität eröffnet wäre.[115] Das autonome spanische Internationale Zivilprozeßrecht ist demnach nur noch für diejenigen Fälle maßgeblich, in denen Klage- und Gegenforderung nicht konnex sind.

Darauf, daß die spanische Rechtsordnung keine positivierte Regelung bezüglich der betreffenden Problematik enthält, die Rechtsprechung sich bis jetzt noch nicht zu dem Problem geäußert hat und auch die Lehre in dieser Hinsicht weitgehend schweigt, wurde bereits oben unter I.[116] hingewiesen. Dementsprechend ist es schwerlich möglich, konkrete abschließende Aussagen über die Rechtslage im spanischen Recht diesbezüglich zu treffen. Auf der Grundlage der unter II.[117]

---

[113] Siehe dazu oben, Ersten Abschnitt unter D., S. 67 ff.
[114] Entsprechend Art. 22 EuGVVO.
[115] Siehe dazu im einzelnen oben im Zweiten Abschnitt unter E., S. 105.
[116] Siehe dort, S. 120.
[117] S.o., S. 121 ff.

gewonnenen Erkenntnisse lassen sich aber immerhin die verschiedenen denkbaren Lösungsansätze aufzeigen.

1. Zuständigkeitsrechtliche Irrelevanz der Aufrechnungseinrede?

Zunächst könnte man den Schwerpunkt auf den Charakter der prozessualen Aufrechnungseinrede als Verteidigungsmittel legen und dementsprechend nach dem allgemeinen Grundsatz "Der Richter der Klage ist auch der Richter der Einrede" für die Zulässigkeit des Aufrechnungseinwands eine internationale Entscheidungszuständigkeit des Gerichts hinsichtlich der Gegenforderung für nicht erforderlich erachten.

Dieser Standpunkt wird inzident von *Rodríguez Benot* und *Desantes Real* (wobei sich der Erstgenannte eng an *Huet* [118] anlehnt) bei ihren Ausführungen zu Art. 17 EuGVÜ im Rahmen ihrer Auslegung des Urteils des EuGH im Fall *Meeth/Glacetal* [119] vertreten.[120] So äußern beide Autoren die Ansicht, die Klage einerseits und die Aufrechnung als rechtsvernichtende Einrede andererseits stellten lediglich die positive und die negative Seite derselben streitigen Frage dar. Außerdem verlangten die Verteidigungsrechte des Beklagten, daß dieser sich jederzeit dort gegen die Klage verteidigen könne, wo diese erhoben werde. Schließlich sei es "absurd", meint *Rodríguez Benot*, wenn das für die Klage zuständige Gericht nicht auch über die Einrede der Aufrechnung entscheiden könne.[121]

Diese Argumentation ist allerdings in mehrfacher Hinsicht angreifbar. Wie bereits ausführlich dargelegt wurde, handelt es sich bei der Aufrechnung nach der in Spanien herrschenden Lehre gerade nicht um eine gewöhnliche prozessuale Einrede, sondern vielmehr um ein prozessuales Verteidigungsmittel *sui generis* oder zumindest eine Einrede eigentümlichen Charakters, auf welche die allgemeinen Regeln für prozessuale Einreden nicht ohne weiteres übertragbar sind,[122] denn der Gegenstand des Prozesses bleibt bei der Aufrechnung gerade nicht auf die einfache, in der Klage enthaltene rechtliche Beziehung beschränkt, wie *Rodríguez Benot* und *Desantes Real* meinen, sondern der Beklagte führt durch sie mit der Gegenforderung eine neue, unabhängige rechtliche Beziehung

---

[118] *Huet*, JDI (Clunet) 1979, 663, 671.

[119] *EuGH* 9.11.1978, Rs. 23/78 - Slg. 1978, 2133, siehe dazu näher oben im Zweiten Abschnitt unter B., S. 86 ff.

[120] *Rodríguez Benot*, Los acuerdos, 450 f.; *Desantes Real*, 229. Hingewiesen sei in diesem Zusammenhang auch noch einmal auf die oben im Zweiten Abschnitt unter B. III., S. 90 ff. erhobene grundsätzliche Kritik an der Interpretation des Urteils *Meeth/Glacetal* u. Art. 17 EuGVÜ durch die Autoren.

[121] *Rodríguez Benot*, Los acuerdos, 451.

[122] Siehe dazu oben im Ersten Abschnitt unter C. II., S. 60 ff. mitsamt den dort gegebenen Literaturhinweisen.

in den Prozeß ein, die vorher der Auseinandersetzung zwischen den Parteien noch nicht zugänglich war und erweitert so - nach Ansicht der herrschenden Lehre - den Streitgegenstand des Prozesses.[123]

Vor dem Hintergrund, daß die Entscheidung des Gerichts über diese, mit der Gegenforderung neu in den Prozeß eingeführte, unabhängige rechtliche Beziehung in Rechtskraft erwächst,[124] ist es entgegen *Rodríguez Benot* dann auch keineswegs absurd, sondern vielmehr folgerichtig, die Befugnis der Gerichte zur Entscheidung über aufrechnungsweise geltend gemachte Forderungen, für deren klageweise Geltendmachung sie international unzuständig wären, zumindest in Frage zu stellen (Dies gilt um so mehr angesichts der Tatsache, daß zum internen spanischen Zivilprozeßrecht nicht nur in der Literatur die Auffassung vertreten wird, aufgrund der besagten Rechtskraftwirkung sei es auf keinen Fall zulässig, daß das Gericht beim Erkennen über die Forderung des Beklagten seine Zuständigkeit überschreite,[125] sondern sich darüber hinaus aus neuen Vorschriften wie Art. 40-43 LEC i.V.m. Art. 10 LOPJ und insbesondere Art. 438 Abs. 2 S. 2 LEC ableiten läßt, daß auch der Gesetzgeber die Aufrechnung zumindest in diesem Bereich als durchaus zuständigkeitsrechtlich relevant einstuft[126]). Dementsprechend kritisiert *Michinel Álvarez*:[127] "Quienes parten de una competencia judicial internacional incuestionable o ilimitada para la compensación obvian los problemas de competencia judicial internacional que sí pueden plantearse" ("Diejenigen, die von einer unbezweifelbaren oder uneingeschränkten internationalen Zuständigkeit für die Aufrechnung ausgehen, weichen den Problemen der internationalen Zuständigkeit aus, die sich durchaus stellen können").

2. *Zurückweisungslösung analog Art. 438 Abs. 2 S. 2 LEC?*

Einen weiteren möglichen Ansatzpunkt für eine Lösung der betreffenden Problematik bietet die bereits unter II. ausführlich erörterte Vorschrift des Art. 438 Abs. 2 S. 2 LEC,[128] wonach das Gericht, wenn der Betrag der aufrechnungstauglichen Forderung, die der Beklagte vorbringen kann, höher ist als derjenige, der für die Befolgung des 'juicio verbal' maßgeblich ist, die Aufrechnungseinrede als nicht erhoben zu behandeln und den Beklagten darauf zu verweisen hat, seine Gegenforderung vor dem dafür vorgesehenen Gericht und mittels des dafür vorgesehenen Verfahrens geltend zu machen.

---

[123] S.o. im Ersten Abschnitt unter C. II., S. 61.

[124] Siehe dazu oben im Ersten Abschnitt unter C. II., S. 62.

[125] So *Tapia Fernández*, 104 f., s. auch 188 f. u. 209; *De la Oliva*, La Ley 1982, 918, 924; vgl. auch *Fernández López/Rifá Soler/Valls Gombau*, Bd. III, 443. Siehe dazu näher oben unter II., S. 124.

[126] S.o. unter II., S. 121 ff.

[127] In der REDI 1997-2, 47, 66.

[128] Siehe dazu - auch zum Wortlaut der Vorschrift - oben, S. 125 ff.

Daß eine entsprechende Anwendung dieser Bestimmung auf die Fälle, in denen die sachliche Zuständigkeit hinsichtlich der Gegenforderung fehlt oder diese den Gerichten eines anderen Rechtswegs zur Entscheidung zugewiesen ist, vertretbar erscheint, wurde oben unter II. festgestellt und begründet.[129] Man könnte nun daran denken, aus dem Rechtsgedanken der Vorschrift[130] noch weitergehend zu schließen, es entspreche dem mutmaßlichen Willen des Gesetzgebers, die Aufrechnungseinrede als unzulässig zurückzuweisen, wenn das Gericht der Klage für die damit geltend gemachte Forderung des Beklagten im Falle ihrer selbständigen Geltendmachung international nicht zuständig wäre, weil dadurch die Verteidigungsrechte des Klägers hinsichtlich der Gegenforderung gewahrt blieben. Dies entspräche im Ergebnis der Lösung, wie sie (unter anderem) der BGH zum deutschen autonomen Internationalen Zivilprozeßrecht vertritt.[131]

Allerdings ergeben sich hier die gleichen Zweifel an der Angemessenheit der Ausdehnung des Rechtsgedankens der besagten Vorschrift wie im internen spanischen Zivilprozeßrecht, ausgelöst durch die Ausnahmestellung, die diese bezüglich ihrer Rechtsfolge in den Rechtsordnungen einnimmt, welche - wie das spanische Recht - dem Modell der materiellrechtlichen Legalkompensation folgen,[132] sowie der Tatsache, daß eine Zurückweisung der Aufrechnungseinrede als unzulässig - jedenfalls, wenn das spanische Recht Aufrechnungsstatut ist - zu Konflikten mit dem materiellrechtlichen Eintritt der Aufrechnungswirkung *ipso iure* gemäß Art. 1195, 1202 CC führt.[133]

3. *Aussetzungslösung analog Art. 42, 43 LEC i.V.m. Art. 10 LOPJ?*

Wiederum ausgehend von den unter II. gewonnenen Erkenntnissen[134] ist schließlich als dritte Lösungsmöglichkeit ein vermittelnder Ansatz denkbar (ähnlich dem zum deutschen Internationalen Zivilprozeßrecht vertretenen)[135]: das spanische Ausgangsgericht könnte das Verfahren in entsprechender Anwendung der Art. 42, 43 LEC i.V.m. Art. 10 LOPJ aussetzen bis das dafür zuständige ausländische Gericht über die Gegenforderung entschieden hat, um dann schließlich unter Berücksichtigung dieser Entscheidung gegebenenfalls die Verrechnung von Klage- und Gegenforderung vorzunehmen.

[129] Siehe dazu oben, S. 125 ff.
[130] Siehe dazu oben, S. 127.
[131] Siehe dazu oben unter D. II., S. 117 f.
[132] Siehe dazu näher oben unter II., S. 128 f.
[133] Siehe dazu näher oben unter II., S. 129 f. Dies kritisiert auch *Michinel Álvarez*, REDI 1997-2, 47 , 66 (Fn. 102).
[134] Siehe dazu näher oben unter II., S. 130 ff.
[135] Siehe dazu näher oben unter D. III., S. 118 f.

Eine solche Aussetzungslösung befürwortet *García Gutiérrez*.[136] Auch *Michinel Álvarez* spricht sich im Ergebnis dafür aus, wenn auch im Rahmen seiner Ausführungen zu Art. 6 Nr. 3 EuGVÜ sowie zum Urteil des EuGH vom 13.7.1995 (*Danvaern/Otterbeck*)[137] und ohne eine Rechtsgrundlage für ein solches Vorgehen anzugeben.[138]

Der Nachteil dieser Lösungsmöglichkeit liegt in erster Linie in der damit verbundenen Prozeßverzögerung:[139] Zum einen ist jedes Aussetzen des Verfahrens zwangsläufig mit einer Verzögerung verbunden. Zum anderen kann das Abwarten der Entscheidung eines ausländischen Gerichts unter Umständen besonders lange Zeit in Anspruch nehmen, so daß in diesem Fall in besonderem Maße die Gefahr einer Beeinträchtigung des durch Art. 24 Nr. 1 CE geschützten Rechts des Klägers auf effektive Durchsetzung seines Anspruchs besteht.

IV. Fazit

Auch wenn sich die Rechtslage in Bezug auf die Frage der kompetenzrechtlichen Relevanz der Aufrechnungseinrede im spanischen autonomen Internationalen Zivilprozeßrecht nicht abschließend klären ließ, so konnten bei ihrer Untersuchung doch einige generelle Erkenntnisse gewonnen werden, die für den weiteren Verlauf der Arbeit von Bedeutung sind.

So kann zunächst einmal festgehalten werden, daß auch im spanischen Recht - sowohl im internen Zivilprozeßrecht als auch im autonomen Internationalen Zivilprozeßrecht - keineswegs selbstverständlich von der Geltung des Grundsatzes "*iudex actionis est iudex exceptionis*" für die Aufrechnungseinrede ausgegangen wird, da diese auch hier nicht als gewöhnliche prozessuale Einrede, sondern als Verteidigungsmittel *sui generis* angesehen wird. Im internen spanischen Zivilprozeßrecht wird in der Lehre gar überwiegend die genaue Einhaltung der Normen über die sachliche Zuständigkeit sowie der richtigen Verfahrensart und des richtigen Rechtswegs auch in Bezug auf die Gegenforderung gefordert (eine Auffassung, die hinsichtlich der richtigen Verfahrensart durch Art. 438 Abs. 2 S. 2 LEC nun ausdrücklich bestätigt wird). Bei der Begründung dieses Standpunktes spielt - ähnlich wie in der Diskussion zum deutschen Recht - das Argu-

---

136 *García Gutiérrez*, RJUAM 1 (1999), 119, 138, wenn auch noch mit Bezugnahme auf die entspr. Vorschr. der alten LEC-1881, die die Autorin nicht analog, sondern direkt anwenden will (zur Situation unter der neuen LEC s. o. unter II., S. 123 ff.). A.a.O. weist die Autorin weiter auf die Möglichkeit für den Kläger hin, die vorläufige Vollstreckbarkeit seiner Klageforderung zu beantragen, um so die mit der Aussetzung des Verfahren verbundene Beeinträchtigung seiner Interessen in Grenzen zu halten.

137 Az. 341/93 - Slg. 1995, I-2053 (zu weiteren Fundst. der Entsch. s.o., im Zweiten Abschnitt unter D., S. 97).

138 *Michinel Álvarez*, REDI 1997-2, 47, 66.

139 So auch *Michinel Álvarez*, REDI 1997-2, 47, 66.

ment eine große Rolle, daß über die Forderung des Beklagten auch bei aufrechnungsweiser Geltendmachung rechtskräftig entschieden wird.

Auch bei der Betrachtung der drei geschilderten denkbaren Lösungsansätze für die Frage der kompetenzrechtlichen Relevanz der Aufrechnungseinrede im spanischen autonomen Internationalen Zivilprozeßrecht fällt auf, daß sie im wesentlichen denjenigen entsprechen, die zum deutschen autonomen Internationalen Zivilprozeßrecht vorgeschlagen werden.[140]

Insgesamt zeigt sich also eine beachtliche Parallelität bei der Diskussion der betreffenden Problematik in der spanischen und der deutschen Rechtswissenschaft, sowohl was die jeweils vertretenen Standpunkte als auch was die dabei verwendeten Argumente anbelangt (ein Befund, der nicht weiter verwunderlich ist, wenn man sich das Ergebnis der oben im Ersten Abschnitt vorgenommenen rechtsvergleichenden Betrachtungen in Erinnerung ruft, wonach sich zwischen der "excepción de compensación" nach spanischem Recht und der Aufrechnungseinrede nach deutschem Recht weder hinsichtlich ihres Wesens, noch bezüglich ihrer prozeßrechtlichen Behandlung wesentliche Unterschiede ausmachen lassen)[141].

Dementsprechend ist die Auffassung, wonach der bloße Umstand, daß eine Rechtsordnung dem Modell der Legalkompensation folgt, bereits eine bestimmte zuständigkeitsrechtliche Behandlung der prozessualen Aufrechnungseinrede indizieren soll,[142] nicht haltbar. Allenfalls läßt sich sagen, daß sich, wie gesehen, gewisse Reibungen zwischen Prozeßrecht und materiellem Recht ergeben können, wenn man der Aufrechnungseinrede und mit ihr dem materiellrechtlichen Aufrechnungseintritt wegen fehlender Zuständigkeit des Gerichts der Klage für die Gegenforderung im Prozeß die Berücksichtigung versagt (in dieser Hinsicht ist allerdings zu bedenken, daß der spanische Gesetzgeber das Auftreten solcher Reibungen in den Fällen, in denen die Entscheidung über die Gegenforderung die Verfolgung einer anderen Verfahrensart erforderlich machen würde, mit der in Art. 438 Abs. 2 S. 2 LEC angeordneten Rechtsfolge bewußt in Kauf genommen hat).

Die festgestellten Gemeinsamkeiten bei der Diskussion der Frage der kompetenzrechtlichen Relevanz der Aufrechnungseinrede in der spanischen und der deutschen Rechtswissenschaft machen jedenfalls deutlich, daß durchaus die Möglichkeit besteht, eine mit beiden Rechtsordnungen kompatible Lösung der betreffenden Problematik zu finden.

---

[140] Zu letzteren s.o. unter D., S. 114 ff.

[141] Erster Abschnitt unter E. IV., S. 83 f. und unter III., S. 76 ff.

[142] So z.B. *Ahlt*, 109 u. *Mankowski*, ZZP 109 (1996), 376, 387 f. Vgl. auch *Gottwald*, IPRax 1986, 10, 11.

F. Lösungsansatz und eigene Stellungnahme

I. Vorab: Ungeeignete Lösungsansätze

1. Der Grundsatz "iudex actionis est iudex exceptionis"

Die Versuchung ist schon immer groß gewesen, die Frage, ob ein Gericht über die Aufrechnung entscheiden darf, das für die selbständige Geltendmachung der Gegenforderung unzuständig wäre, mit dem lapidaren Hinweis zu beantworten, es handle sich dabei um ein Verteidigungsmittel und für Verteidigungsmittel sei der Richter der Klage stets automatisch mit zuständig.[143] Diese rein formale Betrachtungsweise, so richtig sie auf den ersten Blick auch erscheinen mag, kratzt indes nur an der Oberfläche der Problematik und verschließt die Augen vor ihrem eigentlichen Kern: sie unterschlägt das "zwiespältige Wesen" der Aufrechnungseinrede, ihre besonderen Eigenschaften, die sie von allen anderen prozessualen Verteidigungsmitteln unterscheiden,[144] und ignoriert das Erfordernis einer eigenständigen Bewertung der Problematik anhand der maßgebenden Kriterien des Rechts der internationalen Zuständigkeit. Schon *Schröder* formulierte deshalb zutreffend, aus der Einordnung der Aufrechnung als Einrede ergebe sich "zuständigkeitsrechtlich rein gar nichts".[145] Mithin ist nach einem anderen Lösungsansatz zu suchen.

2. Vergleich mit der Behandlung der Aufrechnung in ähnlich gelagerten Problemfällen

In Rechtsprechung und Literatur wird immer wieder versucht, Erkenntnisse für die Klärung der Frage nach der kompetenzrechtlichen Relevanz der Aufrechnungseinrede im Internationalen Zivilprozeßrecht über Vergleiche mit ihrer Behandlung in ähnlich gelagerten Problemkonstellationen zu gewinnen.[146] Herangezogen werden dabei insbesondere die Fälle, in denen für die Gegenforderung entweder die örtliche Zuständigkeit oder die deutsche Gerichtsbarkeit fehlt oder ein anderer Rechtsweg beschritten werden müßte[147] - das Fehlen der örtlichen

---

[143] Siehe z.B. *Rosenberg/Schwab/Gottwald*, § 105 IV 1, *Desantes Real*, 229, *Rodríguez Benot*, Los acuerdos, 450 f. (der meint, es sei "absurd", wenn das für die Klage zuständige Gericht nicht auch über die Einrede der Aufrechnung entscheiden könne) oder auch die Entscheidung des schweizerischen *Bundesgerichts* vom 17.3.1937, *BGE* 63 II 133.

[144] Siehe dazu oben im Ersten Abschnitt unter E. III. 2., S. 78 ff.

[145] *Schröder*, Internat. Zust., 596. I.d.S. a. *Eickhoff*, 161 ff., *Piekenbrock*, RIW 2000, 751, 752, *G. Wagner*, IPRax 1999, 65, 67, *Michinel Álvarez*, REDI 1997-2, 47, 66 sowie *Schreiber*, ZZP 90 (1977), 395, 398 f.

[146] Siehe dazu oben unter D. I., S. 115.

[147] *Kropholler*, Hdb. IZVR, Rz. 439; *Martin Wolf*, 119. Für den Geltungsbereich des EuGVÜ

Zuständigkeit wird im deutschen Prozeßrecht nicht als Hinderungsgrund für eine Entscheidung über die Aufrechnung angesehen,[148] während das angerufene Gericht das Bestehen einer bestrittenen Gegenforderung, für die die deutsche Gerichtsbarkeit fehlt oder die vor ein Gericht eines anderen Rechtswegs gehört, nach herrschender Meinung nicht feststellen kann[149] (letzteres soll auch nach der Änderung des § 17 Abs. 2 S. 1 GVG noch gelten)[150].

Lösungsansätze, die auf einem Analogieschluß zu den genannten Fallkonstellationen basieren, sind jedoch allenfalls bedingt tauglich: Das Fehlen der internationalen Zuständigkeit für die Gegenforderung hat auf die Entscheidung über diese Forderung erheblich größere Auswirkungen als das Fehlen der örtlichen Zuständigkeit.[151] Dient letztere - den Grundsätzen der Zumutbarkeit und der Waffengleichheit der Parteien folgend -[152] in erster Linie dazu, das für den Beklagten günstigste (§§ 12-19 ZPO - vor seinem örtlich nächsten Gericht ist die Verteidigung für ihn weniger aufwendig als vor einem auswärtigen[153]) beziehungsweise - in Fällen, in denen andere Interessen diejenigen des Beklagten überwiegen - das mit dem Sachverhalt am engsten verbundene (vgl. z.B. §§ 22 - 32a ZPO) Gericht als zuständig festzulegen, so entscheidet die internationale Zuständigkeit darüber hinaus kraft des *Lex-fori*-Grundsatzes auch über das anwendbare Verfahrensrecht, über die Verfahrenssprache und vermittels des IPR des Forums sogar über das anzuwendende Sachrecht. Aufgrund dieses qualitativ unterschiedlichen Gewichts einerseits der örtlichen und andererseits der internationalen Zuständigkeit - das im deutschen Zivilprozeßrecht im übrigen seine

---

ähnlich *Kim*, 199. *BGH* 20.12.1972 - VIII ZR 186/70, AWD 1973, 165, 166 (weitere Fundstellen: *BGHZ* 60, 85 = NJW 1973, 421 = MW 1973, 86) und auch *BGH* 20.12.1972 - VIII ZR 113/71, AWD 1973, 167, 168 (weitere Fundstellen: NJW 1973, 422 = LM ZPO § 38 Nr. 18 = WM 1973, 174), jeweils m. Anm. *von Hoffmann*, AWD 1973, 168.

148 Allg. Meinung, siehe z.B. MünchKomm-ZPO/*Peters*, § 145 Rz. 31 ff., insbes. Rz. 32; Stein/Jonas/*Leipold*, § 145 Rz. 32; Zöller/*Greger*, § 145 Rz. 19; Musielak/*Stadler*, § 145 Rz. 29; *Jauernig*, ZPO, § 45 III., S. 178.

149 *BGH* 30.5.1956, *BGHZ* 21, 18, 29 f.; 11.1.1955, *BGHZ* 16, 124, 134 = NJW 1955, 497 und (für den umgekehrten Fall) *BVerwG* 31.3.1993, NJW 1993, 2255 sowie 12.2.1987, NJW 1987, 2530. Siehe weiter MünchKomm-ZPO/*Peters*, § 145 Rz. 31 ff., insbes. Rz. 33; Stein/Jonas/*Leipold*, § 145 Rz. 33; Thomas/Putzo/*Reichold*, § 145 Rz. 24; *Jauernig*, ZPO, § 45 III., 178, jeweils m.w.N. A.A. *Rosenberg/Schwab/Gottwald*, § 105 IV. 6.

150 *BVerwG* 31.3.1993, NJW 1993, 2255; Stein/Jonas/*Leipold*, § 145 Rz. 33; Zöller/*Gummer*, § 17 GVG Rz. 10; Thomas/*Putzo*, § 17 GVG, Rz. 9; *Zimmermann*, § 145 Rz. 9; Palandt/*Heinrichs*, § 388 Rz. 5; *Musielak*, § 322 Rz. 86 f. u. Musielak/*Wittschier*, § 17 GVG Rz. 10; *Jauernig*, ZPO, § 45 III., S. 178; *Leipold*, ZZP 107 (1994), 216, 219 f.; *G. Wagner*, IPRax 1999, 65, 74 (Fn. 81). A.A.: Baumbach/Lauterbach/*Hartmann*, § 17 GVG Rz. 6; Musielak/*Stadler*, § 145 Rz. 32; *Schenke/Ruthig*, NJW 1993, 1374; *Schilken*, ZZP 105 (1992), 88, 89 f.

151 Siehe dazu *Jakobs*, 7 ff. und auch *Geimer*, IZPR, Rz. 79 ff.

152 Zöller/*Vollkommer*, § 12 Rz. 2 m.w.N.; *Jauernig*, ZPO, § 9 III 1., S. 35 f.

153 Vgl. dazu *BGH* 20.12.1972 - VIII ZR 186/70, AWD 1973, 165, 166 u. 20.12.1972 - VIII ZR 113/71, AWD 1973, 167, 168 (weitere Fundstellen der Entscheidung s.o. Fn. 147).

Anerkennung darin findet, daß Rechtsmittel nicht darauf gestützt werden können, die erste Instanz sei örtlich unzuständig gewesen (§§ 513 Abs. 2, 545 Abs. 2, 571 Abs. 2 S. 2, 576 Abs. 2 ZPO), während die internationale Unzuständigkeit noch in der Revisionsinstanz von Amts wegen nachzuprüfen ist -[154] scheidet ein Analogieschluß in diesem Zusammenhang aus.[155]

Nicht vergleichbar ist auch der Fall der fehlenden inländischen Gerichtsbarkeit für die Gegenforderung, wo völkerrechtliche Schranken der Entscheidung deutscher Gerichte von vornherein entgegenstehen, während es bei der internationalen Zuständigkeit darum geht, ob bei grundsätzlich bestehender deutscher staatlicher Gerichtsgewalt die Entscheidung eines deutschen Gerichts zweckmäßig erscheint oder nicht.[156]

Gewisse Vergleiche lassen sich allenfalls mit Fragen des Rechtswegs vor die verschiedenen Zweige der deutschen Gerichtsbarkeit anstellen.[157] Hier geht es zwar nur um ein anderes Verfahren sowie die unterschiedlich ausgerichtete fachspezifische Kompetenz der Gerichte verschiedener Rechtswege und nicht wie bei der internationalen Zuständigkeit auch um die Anwendung von den Parteien gegebenenfalls völlig fremdem Verfahrensrecht sowie Auswirkungen auf Verfahrenssprache oder gar anwendbares Sachrecht. Man könnte aber immerhin einen Erst-recht-Schluß in Erwägung ziehen: Wenn das angerufene Gericht schon in Fällen, in denen für die selbständige Geltendmachung der Gegenforderung ein anderer Rechtsweg zu beschreiten wäre, an einer Entscheidung über dieselbe gehindert sein soll, so müßte dies erst recht in den mit erheblich schwerwiegenderen Auswirkungen verbundenen Fällen der fehlenden internationalen Zuständigkeit gelten. Keinesfalls aber ist mit diesem Gedanken allein eine befriedigende Lösung der Problematik gewonnen. Vielmehr kommt man auch mit einer solchen Argumentation nicht um die Notwendigkeit herum, die Frage nach der kompetenzrechtlichen Relevanz der Aufrechnungseinrede für das Internationale Zivilprozeßrecht unter Berücksichtigung der dort geltenden Gesetzmäßigkeiten und beteiligten Interessen eigenständig zu beantworten.

---

[154] So auch noch nach neuem Recht trotz des Wortlauts des § 545 Abs. 2 ZPO, siehe *BGH* v. 27.05.2003, WM 2003, 1542, 1543, *BGH* v. 30.04.2003, WM 2003, 2157, 2158 u. *BGH* v. 28.11.2002, ZIP 2003, 685, 686 f., alle m.w.N.; Zöller/*Gummer*, § 545 Rz. 16; Baumbach/Lauterbach/*Albers*, § 545 Rz. 17. A.A.: Musielak/*Ball*, § 545 Rz. 13. Grundlegend zum alten Recht *BGH* 14.6.1965, *BGHZ* 44, 46 = AWD 1965, 275 = NJW 1965, 1665 = IPRspr. 1964/65 Nr. 224 = JZ 1966, 237 m. Anm. *Neuhaus*.

[155] So z.B. auch *Leipold*, ZZP 107 (1994), 216, 220 und *Eickhoff*, 163.

[156] Grundlegend zu den Unterschieden zw. Gerichtsbarkeit und internationaler Zuständigkeit: *Pagenstecher*,
RabelsZ 11 (1937), 337-483.

[157] Vgl. *Leipold*, ZZP 107 (1994), 216, 220. A.A. (jeden Vergleich ablehnend): *Eickhoff*, 163; *Ahlt*, 107 f.

II. Richtiger Lösungsansatz: Orientierung an Sinn und Zweck der Festlegung internationaler Zuständigkeiten (insbesondere durch das EuGVÜ)

Die Frage der zuständigkeitsrechtlichen Relevanz der Aufrechnung läßt sich für das Internationale Zivilprozeßrecht nur angemessen lösen, wenn man sich dabei an Sinn und Zweck der Festlegung internationaler Zuständigkeiten orientiert. Für den Anwendungsbereich des EuGVÜ, dem das besondere Interesse dieser Arbeit gilt, bedeutet dies dementsprechend, daß von Sinn und Zweck der Festlegung der internationalen Zuständigkeit durch das Übereinkommen auszugehen ist[158] (zwar verweist der EuGH für die Frage der kompetenzrechtlichen Relevanz der Aufrechnung auf nationales Recht,[159] das nationale Recht muß aber dennoch die Vorgaben beachten, welche das EuGVÜ nach Sinn, Zweck und Systematik der Verweisung macht[160]).

Ziel des Übereinkommens ist die Erleichterung des internationalen Handels und die Verbesserung des Rechtsschutzes der im Gebiet der Europäischen Union ansässigen Personen durch Schaffung eines transparenten und einheitlichen Zuständigkeitssystems (entsprechend den Leitidealen der internationalen Entscheidungsharmonie und der Freizügigkeit des Urteils) unter Gewährleistung eines angemessenen Ausgleichs der beteiligten internationalverfahrensrechtlichen Interessen.[161] Der Zuständigkeitskatalog des EuGVÜ ist in erster Linie das Ergebnis einer sorgfältigen Abwägung der Parteiinteressen.[162] Zwar liegen ihm auch die Grundsätze der internationalen Entscheidungsharmonie und -gerechtigkeit und der geordneten Rechtspflege[163] sowie prozeßökonomische Erwägungen,[164]

---

[158] Entsprechendes gilt für den Anwendungsbereich der neuen EuGVVO.

[159] S.o. im Zweiten Abschnitt unter E., S. 105.

[160] *EuGH* 10.7.1986 - *Carron/Bundesrepublik Deutschland*, Rs. 198/85 - Slg. 1986, 2437, 2444 Rz. 8 ff., 2445 f. Rz. 13 f. = IPRax 1987, 229, 230; 3.10.1985 - *Capelloni u. Aquilini/Pelkmans*, Rs. 119/84 - Slg. 1985, 3147, 3159 f. Rz. 20 f.; *Jayme/Abend*, IPRax 1987, 209, 210; *Mankowski*, 383; *Schulte-Beckhausen*, 77 ff., insbes. 21 f. (siehe auch 36). Aus diesem Grunde ist es auch nicht zulässig, die Entscheidungszuständigkeit für die Gegenforderung - falls man eine solche, wie etwa der BGH, als Voraussetzung für die gerichtliche Berücksichtigung der Aufrechnungseinrede ansieht - auf einen nach Art. 3 Abs. 2 EuGVÜ exorbitanten Gerichtsstand (wie z.B. § 23 ZPO) zu stützen, wie dies etwa *Piekenbrock*, RIW 2000, 751 versucht, vgl. *Mazza*, IPRax 1999, 503 f.

[161] Siehe die Präambel des Übereinkommens und *Jenard*, Bericht zum EuGVÜ, insbes. S. 14 f. (vgl. aber auch S. 1 u. 3) sowie Art. 220 EWG-Vertrag. Siehe weiter *EuGH* 3.7.1997 - *Benincasa/Dentalkit*, Rs. 269/95 - Slg. 1997, 3767, 3797 Rz. 26 m.w.N. Entsprechend die der neuen EuGVVO vorangestellte Begründung.

[162] Der Vorgabe des Art. 220 EWG-Vertrag entsprechend, auf den das EuGVÜ zurückgeht. Entsprechend die der EuGVVO vorangestellte Begründung.

[163] *Jenard*, Bericht zum EuGVÜ, insbesondere S. 28 f. Entsprechend Nr. 15 der Begründung der EuGVVO.

[164] *EuGH* 9.11.1978 - *Meeth/Glacetal*, Rs. 23/78 - Slg. 1978, 2133, 2142 Rz. 8

wie Konzentration des Prozeßstoffes und Effektivität und Zügigkeit des gerichtlichen Verfahrens zugrunde, die Berücksichtigung dieser Prinzipien dient aber ebenfalls nur der Erleichterung des internationalen Handels und der Verbesserung des Rechtsschutzes für den Einzelnen. Sie stellen also nicht abstrakte Interessen der Allgemeinheit dar, sondern sind ihrerseits wiederum lediglich als Teilaspekte im Gesamtgefüge der Parteiinteressen zu sehen.

An den genannten Zielen und Wertungen des EuGVÜ muß sich jeder Versuch zur Lösung der Frage der kompetenzrechtlichen Relevanz der Aufrechnung messen lassen. Dabei muß man sich frei machen von der Vorstellung, bei den angesprochenen Zuständigkeitsinteressen seien hoheitliche Belange der Vertragsstaaten von erheblicher Bedeutung[165] - solche staatlichen Hoheitsinteressen liegen lediglich den Regelungen in Art. 16 Nr. 1, 3, 4 und 5 EuGVÜ zugrunde, wie aus dem *Jenard*-Bericht hervorgeht;[166] sie spielen im übrigen im Rahmen des Zuständigkeitssystems des Übereinkommens aber keine Rolle.[167] Dementsprechend ist der beispielsweise von *Eujen*[168] und *Eickhoff*[169] gewählte Lösungsweg, ausgehend von der Vorstellung, die Aufrechnung sei eine besondere Möglichkeit der Zwangsvollstreckung kraft abgeleiteter staatlicher Hoheitsmacht, zu fragen, ob bei der gerichtlichen Entscheidung über sie in die Jurisdiktionssphäre eines anderen Staates eingegriffen würde, bereits vom Ansatz her verfehlt[170] - dabei wird die "Selbstexekutionsfunktion" der Aufrechnung[171] dogmatisch mißverstanden und als Folge daraus das über die Aufrechnung entscheidende Gericht irrigerweise als ein Vollstreckungsorgan im technischen Sinne angesehen. Stattdessen ist von der dienenden Funktion auszugehen, die den Zuständigkeitsregeln des EuGVÜ zukommt: Der internationale Handel soll erleichtert und der Rechtsschutz der im Gebiet der Europäischen Union ansässigen Personen soll verbessert werden. Deshalb muß die Frage im Mittelpunkt stehen, wie die internationalverfahrensrechtlichen Interessen der Parteien am besten in Einklang gebracht werden können.[172]

---

[165] Dies betont auch *Geimer*, IPRax 1986, 208, 211.
[166] *Jenard*, Bericht zum EuGVÜ, S. 29 u. S. 34 ff.
[167] Entsprechendes gilt für die neue EuGVVO, dort mit Ausnahme von Art. 22 Nr. 1, 3, 4 u. 5.
[168] *Eujen*, 128.
[169] *Eickhoff*, 165 ff.
[170] Dies sehen auch *Geimer*, IPRax 1986, 208, 211, *G. Wagner*, IPRax 1999, 65, 72, u. *Coester-Waltjen*, FS Lüke, 42, so.
[171] Siehe dazu oben im Ersten Abschnitt unter E. II. 1., S. 72.
[172] Im Ergebnis gilt dies genauso für das autonome deutsche IZPR.

III. Stellungnahme

Entsprechend dem zuvor erarbeiteten und schließlich unter II. formulierten Ansatz sind die oben unter D.[173] vorgestellten Lösungswege nun daraufhin zu untersuchen, inwieweit sie jeweils in der Lage sind, einen angemessenen Ausgleich zwischen den Klägerinteressen einerseits und den Interessen des Beklagten andererseits zu schaffen.

1. Zuständigkeitsrechtliche Irrelevanz der Aufrechnungseinrede

Der Lösungsweg, wonach das Gericht der Klage stets auch zur Entscheidung über eine im Wege der Aufrechnung geltend gemachte Gegenforderung befugt sein soll, unabhängig davon, ob es für die klageweise Geltendmachung dieser Forderung international zuständig wäre oder nicht, trägt den Interessen des Beklagten, die auf eine möglichst effektive Verteidigung gegen die Klage unter Einsatz aller zur Verfügung stehenden Verteidigungsmittel und Einwendungen gerichtet sind, in vollem Umfange Rechnung: Er erhält dadurch die Möglichkeit, auch in denjenigen Fällen durch Erhebung der Aufrechnungseinrede die (zumindest teilweise) Abweisung der Klage zu erreichen, in denen das Gericht der Klage für die selbständige Geltendmachung der Gegenforderung nicht zuständig wäre. Richtig ist auch, daß Erwägungen der Prozeßökonomie und der internationalen Entscheidungsharmonie ebenfalls für diesen Standpunkt sprechen, denn er ermöglicht die Entscheidung ein und desselben Gerichts über mehrere im Zusammenhang stehende Streitfragen - auf diese Weise können weitere Prozesse mit umgekehrten Parteirollen in anderen Vertragsstaaten vermieden werden, wodurch gleichzeitig der Gefahr sich widersprechender Entscheidungen vorgebeugt wird.

Was allerdings die prozeßökonomischen Vorteile dieser Lösung anbelangt, so werden diese häufig zu hoch eingeschätzt. Zum einen darf dabei nicht vergessen werden, daß dadurch ein Zweitprozeß über die Gegenforderung nur dann verhindert werden kann, wenn diese die Klageforderung in ihrem Wert nicht übersteigt - bleibt nämlich nach der Verrechnung der beiden Forderungen ein Restbetrag von der Gegenforderung übrig, so muß dieser trotzdem in einem weiteren Prozeß geltend gemacht werden.[174] Zum anderen wird meist übersehen, daß die Prozeßökonomie auch bei Gegenforderungen, die die Klageforderung in der Höhe nicht übersteigen, nur in den Fällen unzweifelhaft gefördert wird, in denen Klage- und Gegenforderung konnex sind. Auf diese finden aber ohnehin bereits die Rechtsgedanken des Art. 6 Nr. 3 EuGVÜ[175] beziehungsweise des § 33

[173] S.o., S. 114 ff.

[174] Eine Widerklage wäre ja in den hier untersuchten Fällen der Aufrechnung mit inkonnexen streitigen Gegenforderungen auf keinen Fall möglich. Auf beides weist *Kannengießer*, 175 zu Recht hin.

die Rechtsgedanken des Art. 6 Nr. 3 EuGVÜ[175] beziehungsweise des § 33 ZPO[176] Anwendung. In den hier relevanten Fällen, in denen Klageforderung und Gegenforderung nicht in einem rechtlichen, sondern allenfalls in einem tatsächlichen Zusammenhang stehen, ist deren gemeinsame Verhandlung und Entscheidung hingegen nicht zwangsläufig zweckmäßig und wünschenswert - sie kann auch zu einer Überfrachtung des Ausgangsprozesses führen[177] (dieser Umstand ist auch der Grund für die Regelung des § 145 Abs. 2 ZPO im internen deutschen Zivilprozeßrecht); jedenfalls ist hier der bei der Prüfung der Klageforderung zusammengetragene Streitstoff für die Entscheidung über die Gegenforderung nicht verwertbar. Das prozeßökonomische Interesse an einer gemeinsamen Verhandlung und Entscheidung von nichtkonnexen Forderungen und Gegenforderungen ist demnach - sofern überhaupt vorhanden - als nur sehr schwach ausgeprägt zu bewerten.[178]

Gänzlich untauglich ist das Argument *Dagefördes*, das auch *Kannengießer* aufgreift, diese Lösung diene dem Sinn und Zweck des EuGVÜ, "gleichwertige" Gerichtsstände in allen Mitgliedsstaaten der europäischen Gemeinschaften zu schaffen.[179] Vermutlich meint er damit, daß die Gerichte aller Vertragsstaaten als zur Entscheidung über die Gegenforderung in gleichem Maße befähigt angesehen werden sollten,[180] ähnlich wie dies im deutschen Zivilprozeßrecht hinsichtlich der verschiedenen örtlichen Gerichtsstände geschieht.[181] Daß örtliche und internationale Zuständigkeit hinsichtlich der beteiligten Verfahrensinteressen von erheblich unterschiedlichem Gewicht und mithin nur sehr bedingt vergleichbar sind, wurde oben unter F. I. 2.[182] bereits hinreichend dargelegt. Aber auch im übrigen geht die Argumentation an der Sache vorbei: Auf die Gleichwertigkeit der Gerichtsstände in den Vertragsstaaten haben weder die Verneinung noch die Bejahung der Frage nach der kompetenzrechtlichen Relevanz der Aufrechnung irgendeinen Einfluß. Es geht dabei nicht darum, ob man die Gerichte der verschiedenen Vertragsstaaten als zur Entscheidung über die Gegenforderung gleich befähigt ansieht oder nicht, sondern es gilt - genau wie bei der Aufstellung des Zuständigkeitskatalogs des EuGVÜ selbst - zu entscheiden, welchem von mehreren gleichwertigen internationalen Gerichtsständen ein bestimmter Sachverhalt nach Abwägung der beteiligten Verfahrensinteressen zur Entscheidung zugewiesen werden soll.

---

[175] Siehe dazu näher oben unter C., S. 113 f.
[176] Siehe dazu oben unter D., S. 114.
[177] Vgl. *Banniza von Bazan*, 156.
[178] In diesem Sinne auch *Kannengießer*, 176: "In Wirklichkeit bietet dieser Aspekt also gar keine so eindeutige Argumentationsbasis für die Zuständigkeitsfrage."
[179] S.o. unter D. I., S. 115.
[180] Eindeutig äußert sich in diesem Sinne *Kannengießer*, 180.
[181] Siehe dazu oben unter I. 2., S. 140.
[182] S.o., S. 139 f.

Von solchen eher fragwürdigen Argumenten einmal abgesehen, kann freilich nicht in Abrede gestellt werden, daß mit der hier betrachteten Lösung den Interessen des Beklagten bestens zur Durchsetzung verholfen werden kann. Allerdings ist damit zugleich eine Beeinträchtigung der Interessen des Klägers verbunden: Befindet ein Gericht über eine vom Beklagten aufrechnungsweise geltend gemachte Forderung, das nach dem EuGVÜ eigentlich nicht zur Entscheidung über sie berufen ist, so muß sich der Kläger vor einem anderen Gericht gegen die Gegenforderung verteidigen als dem vom Übereinkommen ursprünglich als Ergebnis einer sorgfältigen Abwägung der Parteiinteressen dafür ausgewählten; das Zuständigkeitssystem des Übereinkommens wird also in gewisser Weise durchbrochen.[183] Dies hat zur Folge, daß ein anderes Verfahrensrecht, möglicherweise eine andere Verfahrenssprache, vor allem aber ein anderes IPR zur Anwendung gelangt als ursprünglich vorgesehen, was wiederum dazu führen kann, daß der Sachverhalt nach einem anderen, für den Kläger ungünstigeren Sachrecht beurteilt wird. Fraglich ist, ob dem Kläger eine solche Durchbrechung des Zuständigkeitssystems zu seinen Lasten vor dem Hintergrund der Ziele und Wertungen des Übereinkommens zugemutet werden kann.

Man kann diesbezüglich mit Fug und Recht darauf hinweisen, daß sich die im Übereinkommen festgelegten Zuständigkeiten eigentlich auf die Erhebung von Klagen und nicht auf die aufrechnungsweise Geltendmachung von Forderungen beziehen - dem kann nicht widersprochen werden. Diesem Umstand kommt jedoch keine wesentliche Bedeutung zu, denn nach der Rechtsprechung des EuGH folgt daraus noch nicht im Umkehrschluß, daß der Zuständigkeitskatalog des Übereinkommens hinsichtlich der Entscheidung über eine aufrechnungsweise geltend gemachte Forderung unbeachtlich wäre; vielmehr hat der Gerichtshof selbst mit Art. 18 EuGVÜ eine Zuständigkeitsvorschrift des Übereinkommens auf den Fall der aufrechnungsweisen Geltendmachung von Forderungen für entsprechend anwendbar erklärt: in seiner Entscheidung vom 7.3.1985 "*Spitzley/Sommer*" [184] stellt er fest, ein Kläger, der sich auf eine Aufrechnung des Beklagten rügelos einlasse, befinde sich in einer Lage, "die der ausdrücklich in Art. 18 geregelten Situation eines Beklagten entspricht, der sich vor dem vom Kläger angerufenen Gericht rügelos auf das Verfahren einläßt".[185] Im übrigen sieht der EuGH - wie bereits mehrfach angemerkt wurde - hinsichtlich der Aufrechnungseinrede eben gerade eine Lücke im EuGVÜ und verweist insoweit auf nationales Recht.[186] Die entscheidende Frage ist daher nun, ob die aufrechnungsweise Geltendmachung einer Forderung die Zuständigkeitsinteressen des Klägers auch über den Spezialfall der rügelosen Einlassung hinaus in vergleichbarem Maße tangiert wie ihre selbständige Geltendmachung auf dem Klagewe-

---

[183] Darauf machen *Hausmann* u. *Schack* zu Recht aufmerksam, s.o., Fn. 45. Entsprechendes gilt für das Zuständigkeitssystem des autonomen deutschen IZPR.

[184] Rs. C-48/84, Slg. 1985, 787. S. dazu näher oben im Zweiten Abschnitt unter C., S. 92 ff.

[185] Siehe dazu auch *Schulte-Beckhausen*, 177.

[186] Siehe dazu oben unter C., S. 113 f. sowie im Zweiten Abschnitt unter E., S. 104 ff.

ge. Wenn dem so wäre, könnte eine Durchbrechung des Zuständigkeitssystems des Übereinkommens[187] als Folge einer Aufrechnung nur durch besondere, die betreffenden Klägerinteressen überwiegende Umstände gerechtfertigt werden.

Betrachtet man die aufrechnungsweise Geltendmachung einer Forderung genauer, so stellt man fest, daß sie sich von der klageweisen Geltendmachung nur dahingehend unterscheidet, daß die Klage ein selbständiger, auf die Erlangung eines Urteils abzielender Angriff ist, während die Aufrechnung immer von der Klage abhängig bleibt und ohne Entscheidung über diese nicht beschieden wird. Was hingegen die Verteidigung gegen eine mit der Aufrechnung in Anschlag gebrachte Forderung anbetrifft, so erfordert diese - wie *Kropholler*, *Schröder* und *Geimer* richtig hervorheben -[188] grundsätzlich denselben Aufwand wie die Verteidigung gegen eine Klage oder eine Widerklage.[189] Die Aufrechnungseinrede veranlaßt das Gericht nämlich zu den gleichen Prüfungen wie eine selbständige Klage aufgrund der Gegenforderung und in beiden Fällen trifft der Richter eine abschließende rechtskraftfähige Entscheidung über Bestehen oder Nichtbestehen der betreffenden Forderung (die auch im erstgenannten Fall gemäß Art. 26 EuGVÜ[190] in den anderen Vertragsstaaten anzuerkennen ist)[191].

Hinsichtlich des Rechtskraftarguments liegen *Ahlt*, *Coester-Waltjen* und *Kannengießer* zwar richtig, wenn sie darauf hinweisen, daß nach § 322 Abs. 2 ZPO nur zugunsten des Klägers die Feststellung Rechtskraft erlangt, daß die Gegenforderung nicht beziehungsweise - aufgrund der Aufrechnung - nicht mehr besteht.[192] Dies spricht aber keineswegs gegen die These, daß die aufrechnungsweise Geltendmachung einer Forderung des Beklagten die Interessen des Klägers in derselben Intensität beeinträchtigt, wie ihre klageweise Geltendmachung: Zum einen zielen die Interessen und damit auch die Verteidigungsbemühungen des Klägers natürlich ohnehin in erster Linie gerade darauf ab, zu seinen Gunsten das Nichtbestehen der betreffenden Forderung rechtskräftig feststellen zu lassen, was auf eine aufrechnungsweise Geltendmachung hin gemäß § 322 Abs. 2 ZPO genauso geschieht, wie auf eine klageweise Geltendmachung hin gemäß § 322 Abs. 1 ZPO. Zum anderen liegt die korrespondierende Rechtskraftwirkung zulasten des Klägers für den Fall der Feststellung der Existenz der Gegenforderung darin, daß dann ein die - an sich bestehende - Klageforderung in Höhe der Aufrechnungsforderung ein für alle Mal rechtskräftig abweisendes Urteil ergeht.[193]

---

[187] Entsprechendes gilt für die Zuständigkeitssysteme der neuen EuGVVO sowie des autonomen deutschen IZPR.

[188] S.o., Fn. 48.

[189] Vgl. hierzu auch oben im Ersten Abschnitt unter E. III. 2., S. 78 ff.

[190] Entsprechend Art. 33 EuGVVO.

[191] *Geimer/Schütze*, EuZVR, Art. 26 Rz. 40 f.; *Manfred Wolf*, LM-EGÜbk Nr. 39, Bl. 4, Anm. 2 a.

[192] *Ahlt*, 106; *Coester-Waltjen*, FS Lüke, 42; *Kannengießer*, 187 f.

[193] Siehe dazu *Zeuner*, JuS 1987, 354, 356 f. Vgl. auch *Musielak*, § 322 Rz. 3. In diesem Sin-

Auch der Einwand *Mankowskis*, die Rechtskraftwirkung der Entscheidung über die Aufrechnung gemäß § 322 Abs. 2 ZPO sei eine Besonderheit des nationalen deutschen Rechts und deshalb als Argument im Geltungsbereich des EuGVÜ ungeeignet,[194] geht fehl.

Zum einen sprechen gegen die Mutmaßung, es handle sich dabei um eine Besonderheit des nationalen deutschen Rechts, nicht nur grundlegende Erwägungen, wie sie *Geimer* treffend formuliert: "Es dürften wohl die Rechtsordnungen sehr selten sein, die eine verbindliche Entscheidung über das (Fort-)Bestehen der Gegenforderung nicht kennen. Denn es folgt wohl aus der Natur der Sache, daß man die Klageforderung des Klägers nicht mit der Begründung abweisen darf, der Beklagte habe eine kompensationsfähige Gegenforderung, um anschließend dem Beklagten die Möglichkeit zu geben, diese Gegenforderung in einem selbständigen Prozeß (erneut) geltend zu machen." [195] Insbesondere liegt *Mankowski* mit der Annahme falsch, in den Rechtsordnungen, die dem Modell der Legalkompensation folgen (der Autor nennt als Beispiel das französische Recht), könne von einer rechtskräftigen Entscheidung über die Gegenforderung keine Rede sein, da sich dort die Aufrechnung *ipso iure*, das heißt außerhalb des Prozesses, vollziehe und ihre prozessuale Geltendmachung eine bloße Einrede sei.[196] Er übersieht dabei, daß der Aufrechnungseinwand nach dem Modell der Legalkompensation der romanischen Rechtsordnungen sich nicht wesentlich von der prozessualen Geltendmachung einer bereits vor- beziehungsweise außerprozessual erklärten Aufrechnung im deutschen Recht unterscheidet[197] - in beiden Fällen beruft sich der Beklagte mit einer rechtsvernichtenden Einwendung auf eine unabhängig vom Verfahren eingetretene Aufrechnungswirkung. Dementsprechend erwächst die Entscheidung über die Gegenforderung beispielsweise im spanischen Recht, wo die Aufrechnung sich wie im französischen Recht *ipso iure* vollzieht,[198] gemäß Art. 408 Abs. 3 und Abs. 1 i.V.m. Art. 222 Abs. 2 S. 1 LEC sehr wohl in Rechtskraft.[199]

Zum anderen wurde ja bereits mehrfach darauf hingewiesen, daß der EuGH hinsichtlich der internationalzuständigkeitsrechtlichen Fragen der Aufrechnung auf nationales Recht verweist, da er insoweit eine Lücke im EuGVÜ sieht.[200] Wenn hiernach die deutschen Gerichte aber unter Anwendung deutschen Prozeßrechts über die Gegenforderung zu entscheiden haben, so erwachsen diese

---

ne ist wohl auch *BGH* 1.2.1962, *BGHZ* 36, 316, 319 zu verstehen.

[194] *Mankowski*, ZZP 109 (1996), 376, 391.

[195] *Geimer*, IPRax 1986, 208, 210 (Fn. 19).

[196] *Mankowski*, ZZP 109 (1996), 376, 391.

[197] Siehe dazu auch *Geimer*, IPRax 1986, 208, 210 (Fn. 15) und *Kannengießer*, 73 u. 87 (vgl. hinsichtlich des französischen Rechts auch S. 54) sowie zum spanischen Recht oben im Ersten Abschnitt unter E. IV., S. 83 f. u. III. 2., S. 78 ff.

[198] Siehe dazu im einzelnen oben im Ersten Abschnitt unter B. II. 3., S. 47 ff.

[199] Siehe dazu näher oben im Ersten Abschnitt unter C. II., S. 62.

[200] Siehe dazu oben unter C., S. 113 f. sowie insbes. im Zweiten Abschnitt unter E., S. 104 ff.

Entscheidungen stets - unabhängig vom jeweils anzuwendenden Sachrecht - gemäß § 322 Abs. 2 ZPO in Rechtskraft.[201] Diese Rechtskraftwirkung ist daher für die Parteien, insbesondere für den Kläger (wie bereits zuvor erläutert), in der Praxis auch im Anwendungsbereich des EuGVÜ von erheblicher Bedeutung - sie ist gemäß Art. 26 EuGVÜ auch in den anderen Vertragsstaaten anzuerkennen -[202] und stellt mithin für die Frage nach der kompetenzrechtlichen Relevanz der Aufrechnung auch insoweit durchaus einen zu berücksichtigenden Umstand dar.

Da das Gericht auf eine Aufrechnungseinrede hin, genauso wie auf eine selbständige Klage aufgrund der Gegenforderung hin, eine abschließende rechtskraftfähige Entscheidung über Bestehen oder Nichtbestehen der betreffenden Forderung zu treffen hat und dementsprechend in beiden Fällen zu den gleichen Prüfungen veranlaßt wird, sind jeweils auch die gleichen Verfahrensinteressen im Spiel. Zum Beispiel verliert die Sachnähe[203] eines bestimmten Forums - also die Beweisnähe, die Verfügbarkeit von Zeugen, die Kenntnis der Lokalität - nicht dadurch an Bedeutung, daß eine Forderung nicht eingeklagt, sondern "nur" auf dem Wege der Aufrechnung geltend gemacht wird.[204] Vor allem aber ist der Schuldner der betreffenden Forderung in beiden Fällen grundsätzlich in gleichem Maße daran interessiert, sich gegen diese vor den Gerichten seines Heimatstaates unter Anwendung einer ihm vertrauten Verfahrenssprache und eines ihm vertrauten Verfahrensrechts zu verteidigen anstatt vor einem ausländischen Gericht.[205] Da eben dieses Interesse dafür ausschlaggebend war, daß dem Zuständigkeitssystem des EuGVÜ der Grundsatz "*actor sequitur forum rei*" zugrunde gelegt wurde,[206] müßte letzteres folglich für die Aufrechnung grundsätzlich ebenso zuständigkeitsweisend wirken können wie für Klagen.[207]

Nun argumentiert *Mankowski*, die Gerichtspflichtigkeit des Klägers werde bei einer Entscheidung über die Gegenforderung durch ein Gericht, welches nach den Vorschriften des EuGVÜ für die klageweise Geltendmachung der betreffenden Forderung nicht zuständig wäre, nicht entscheidend erweitert, da die gerichtliche Entscheidungszuständigkeit immer dann an Bedeutung verliere, wenn die Aufrechnung - wie etwa nach dem deutschen Aufrechnungsmodell der Erklärungsaufrechnung - auch außerprozessual erklärt werden könne.[208] Es wird

---

[201] Siehe dazu auch *Geimer*, IPRax 1986, 208, 210 (Fn. 18).
[202] S.o., Fn. 190 u. 191.
[203] Zu diesem Begriff siehe *Luepfert*, 208.
[204] Vgl. *Schröder*, Internat. Zust., 596. In diesem Sinne auch *Banniza von Bazan*, 160.
[205] Siehe zu dieser Tendenz des "Heimwärtsstrebens" der Parteien und zu den Gründen dafür *Jenard*, Bericht zum EuGVÜ, S. 18, zu Art. 2; *Banniza von Bazan*, 32; *BGH* 20.12.1972 - VIII ZR 186/70, *BGHZ* 60, 85 (weitere Fundst. der Entsch. s.o. Fn. 147) u. 8.7.1981, NJW 1981, 2644 = AWD 1981, 703 = ZZP 96 (1983), 364, 367.
[206] Banniza von Bazan, 32.
[207] Vgl. *Schröder*, Internat. Zust., 596.
[208] S.o. unter D. I., S. 116.

aber auch in der vom Autor angesprochenen Konstellation einer außerprozessual erklärten Aufrechnung immer dann eine gerichtliche Entscheidung über das Bestehen der Gegenforderung des Beklagten erforderlich, wenn die Parteien sich diesbezüglich streiten. In diesem Falle werden dann genau dieselben zuständigkeitsrechtlichen Fragen aufgeworfen wie bei einer Erklärung der Aufrechnung innerhalb eines Prozesses. Das betreffende Argument *Mankowskis* überzeugt daher nicht.

Auch der Hinweis des Autors auf die Rechtslage unter dem romanischen Modell der Legalkompensation vermag seine Ansicht nicht zu stützen. Er führt aus, dort werde die kompetenzrechtliche Irrelevanz der Aufrechnung besonders deutlich, weil ihre prozessuale Komponente auf eine Einrede reduziert werde, also auf ein bloßes Sichberufen auf die bereits (völlig unabhängig vom Verfahren) eingetretenen Aufrechnungswirkungen; dementsprechend sei - soweit ersichtlich - noch nie von romanischen Autoren die internationale Zuständigkeit zur Voraussetzung der Legalkompensation gemacht worden.[209]

Diesen Ausführungen ist entgegenzuhalten, daß der Aufrechnungseinwand nach dem Modell der Legalkompensation der romanischen Rechtsordnungen sich, wie bereits zuvor festgestellt, nicht wesentlich von der prozessualen Geltendmachung einer bereits vor- beziehungsweise außerprozessual erklärten Aufrechnung im deutschen Recht unterscheidet.[210] Trotzdem wird die Aufrechnungseinrede im deutschen Recht aber von der herrschenden Meinung in diesem Fall im Hinblick auf die internationale Zuständigkeit genauso als kompetenzrechtlich relevant eingestuft, wie im Falle der "echten" Prozeßaufrechnung. Es macht nämlich in zuständigkeitsrechtlicher Hinsicht keinen Unterschied, ob die Aufrechnungserklärung vor- oder außerprozessual abgegeben wird oder während des Prozesses:[211] in beiden Fällen muß mit dem Bestehen der Gegenforderung eine Frage geklärt werden, für die das Gericht bei klageweiser Geltendmachung der Gegenforderung international nicht zuständig wäre und in beiden Fällen geht es um die Abwägung derselben Parteiinteressen.

Dies macht deutlich, daß der Eintritt der Aufrechnungswirkung kraft Gesetzes, wie die romanischen Rechtsordnungen ihn vorsehen, als solcher noch nicht gegen die Einstufung der Aufrechnungseinrede als kompetenzrechtlich relevant spricht.[212] Dementsprechend wird der Aufrechnung dann auch, was *Mankowski* übersieht, beispielsweise im - dem Modell der Legalkompensation folgenden - italienischen Recht durchaus zuständigkeitsrechtliche Relevanz eingeräumt, und zwar, noch weitergehend als im deutschen, sogar hinsichtlich der sachlichen Zuständigkeit: Art. 35 der italienischen Zivilprozeßordnung (Codice di Procedura Civile) sieht die Möglichkeit der Verweisung an den zuständigen Richter vor,

---

[209] S.o. unter D. I., S. 116. In diesem Sinne auch *Gottwald*, IPRax 1986, 10, 11.

[210] Siehe dazu oben S. 148.

[211] Siehe dazu oben im Ersten Abschnitt unter E. III. 1., S. 76 f. u. *Varvitsiotis*, 83 ff. sowie *Kannengießer*, 140 f.

[212] Siehe dazu auch oben unter E. IV., S. 137 f.

wenn das angerufene Gericht für die Entscheidung über die Gegenforderung sachlich unzuständig ist. Entsprechende Ansichten werden auch in der spanischen Lehre vertreten.[213] Darüber hinaus wird in der Literatur des romanischen Rechtskreises von einigen Autoren sogar auch ausdrücklich ernsthaft in Erwägung gezogen, ob nicht eine gesonderte internationale Zuständigkeit des entscheidenden Gerichts für die Gegenforderung zu fordern sei.[214] Damit ist gleichzeitig auch die Annahme *Ahlts* widerlegt, außerhalb Deutschlands gelte "durchwegs der Satz 'juge de l'action est juge de l'exception'." [215] Der pauschale Hinweis auf die Geltung des Modells der Legalkompensation in einigen romanischen Rechtsordnungen stellt demnach kein taugliches Argument gegen die kompetenzrechtliche Relevanz der Aufrechnungseinrede im Geltungsbereich des EuGVÜ dar.[216]

Mankowski wendet weiter ein, der entscheidende Unterschied zwischen klageweiser und aufrechnungsweiser Geltendmachung einer Forderung bestehe darin, daß der Kläger im Falle der Aufrechnung das Forum der Klage ausgewählt habe; daher sei ihm das Gericht, vor dem verhandelt werde, nicht fremd.[217] Außerdem zeige Art. 6 Nr. 3 EuGVÜ, daß der Kläger Gegenschläge des Beklagten in dem von ihm selbst ausgewählten Forum grundsätzlich hinnehmen müsse. Auch *Gebauer* merkt an, der Nachteil des fremden Verfahrensrechts, eventueller Sprachnachteile und eines größeren Verfahrensaufwands bestehe für den Kläger ohnehin bereits durch die Klage vor dem fremden Forum, nicht erst aufgrund der Aufrechnung.[218] Es erwachse ihm demnach durch die Aufrechnung zwar eine zusätzliche Prozeßführungslast, von einem "doppelten Nachteil", wie ihn die Rechtsprechung sehe,[219] könne aber keine Rede sein.

Hierzu ist zunächst zu sagen, daß der Kläger das Forum keineswegs frei auswählen kann, denn es wird ihm vom EuGVÜ vorgegeben (selbst wenn das Übereinkommen ausnahmsweise einmal mehrere Foren eröffnet, kann er nur unter diesen wählen).[220] Was die Argumentation mit Art. 6 Nr. 3 EuGVÜ anbelangt, so übersieht *Mankowski*, daß dieser seine Daseinsberechtigung im Grundsatz der Prozeßökonomie hat, der eine gemeinsame Verhandlung von konnexen Forderungen nahelegt. Aus diesem Grund ermöglicht die Vorschrift dem Beklagten einen Gegenangriff am Forum der Klage mit eben solchen konnexen Forderungen (deshalb wurde ja auch oben unter C. die Erstreckung des Rechtsgedankens

---

[213] Zur Rechtslage im spanischen Recht siehe oben unter E. II., S. 121 ff.

[214] *Michinel Álvarez*, REDI 1997-2, 47, 66; *García Gutiérrez*, RJUAM 1 (1999), 119, 133 u. 135 sowie 144; *Giuliano*, 86 ff.; *Morelli*, 125. Vgl. auch *Merlin*, 261 ff., die sich ausdrücklich auf *Eickhoff* beruft.

[215] S.o. unter D. I., S. 115.

[216] Siehe dazu auch oben unter E. IV., S. 137 f.

[217] *Mankowski*, ZZP 109 (1996), 376, 385.

[218] *Gebauer*, IPRax 1998, 79, 82 (i.V.m. S. 85). In diesem Sinne auch *Kannengießer*, 174 f.

[219] Der Autor zitiert in diesem Zusammenhang *BGH* 20.6.1979, NJW 1979, 2477, 2478.

[220] Siehe dazu auch *Pfeiffer*, 598 f. Entsprechendes gilt für das autonome deutsche IZPR.

der Vorschrift auf die Aufrechnung mit konnexen Forderungen befürwortet)[221]. Für die hier relevante Frage der Behandlung von mit der Aufrechnungseinrede geltend gemachten nicht konnexen Forderungen hingegen läßt sich aus der betreffenden Vorschrift nichts ableiten.[222]

Dem Einwand *Gebauers* mag man vom Ansatz her zustimmen - der Kläger muß sich in der Tat bereits aufgrund der Klage auf fremdes Verfahrensrecht, eventuelle Sprachnachteile und einen größeren Verfahrensaufwand einstellen. Andererseits ist aber nicht wegzudiskutieren, daß dem Kläger die Verteidigung gegen die Gegenforderung in tatsächlicher Hinsicht in jedem Fall erheblich erschwert wird, wenn ihm die genannten Nachteile des - von ihm noch nicht einmal freiwillig gewählten - Forums auch noch zusätzlich für die Verteidigung gegen die Aufrechnungsforderung aufgebürdet werden (das meint der BGH wohl auch, wenn er von einem "doppelten Nachteil" spricht). Keinesfalls vermögen die Überlegungen *Gebauers* schließlich diejenigen Nachteile zu rechtfertigen, die dem Kläger aufgrund einer eventuell geringeren Sachnähe (damit sind, wie bereits zuvor angesprochen, Beweisnähe, Verfügbarkeit von Zeugen und Kenntnis der Lokalität gemeint) des Forums der Klage hinsichtlich der Gegenforderung, vor allem aber daraus erwachsen können, daß der Sachverhalt hier möglicherweise nach einem anderen, für den Kläger ungünstigeren Sachrecht beurteilt wird, als nach dem, welches das IPR des eigentlich für die Beurteilung der Gegenforderung zuständigen Forums für maßgeblich erklärt [223] (in diesem Zusammenhang ist - unter dem Gesichtspunkt des Grundsatzes der prozessualen Waffengleichheit der Parteien, aber auch der Leitideale der internationalen Entscheidungsharmonie und -gerechtigkeit - weiter zu bedenken, daß sonst dem Beklagten die Möglichkeit eröffnet würde, durch die Wahl, seine Gegenforderung entweder über die Aufrechnungseinrede oder selbständig in einem separaten Verfahren geltend zu machen, das Forum zu bestimmen, dessen IPR zur Anwendung des für ihn günstigsten Sachrecht führt - ein solches *forum shopping* zu verhindern, ist eigentlich gerade Ziel des EuGVÜ).

Auch diesbezüglich hat *Gebauer* zwar abstrakt betrachtet durchaus recht, wenn er - ebenso wie *Mankowski*[224] und auch *Kannengießer*[225] - darauf hinweist, daß solche Rechtsanwendungsnachteile durch das EVÜ gemildert werden, wenn beide Foren in Vertragsstaaten dieses Übereinkommens liegen.[226] Die genannten Autoren übersehen dabei jedoch, daß dem in der Praxis nur so ist, wenn das Übereinkommen auch tatsächlich einheitlich ausgelegt wird - dies ist aber gerade

---

[221] S.o., S. 113 f.

[222] Entsprechendes gilt für Art. 6 Nr. 3 EuGVVO sowie für § 33 ZPO im autonomen dt. IZPR.

[223] Dies hebt auch *Leipold*, ZZP 107 (1994), 216, 220 hervor. Auch *Mankowski* muß dies in ZZP 109 (1996), 376, 385 einräumen. Zur Bedeutung des Forums für die Sachentscheidung siehe auch *Jakobs*, 7 ff., *Dohm*, 22 f. und *Geimer*, IZPR Rz. 78 a ff.

[224] *Mankowski*, ZZP 109 (1996), 376, 385.

[225] *Kannengießer*, 179 u. 180.

[226] *Gebauer*, IPRax 1998, 79, 82 (i.V.m. S. 85).

hinsichtlich der Ermittlung des Aufrechnungsstatuts (nach Art. 10 Abs. 1 d EVÜ bzw. Art. 32 Abs. 1 Nr. 4 EGBGB) eben nicht der Fall:[227] Wenn Haupt- und Gegenforderung nicht demselben Vertragsstatut unterliegen, sehen die deutsche Rechtsprechung und weite Teile der Literatur nach wie vor das Statut der Hauptforderung als maßgeblich an,[228] während beispielsweise sowohl in der französischen[229] als auch in der italienischen[230] und der spanischen[231] Rechtsordnung die *Kumulationstheorie* vorherrschend ist,[232] nach der die Aufrechnung gemäß den Statuten beider Forderungen zulässig sein muß.[233] Zudem macht *Mankowski* [234] zu Recht darauf aufmerksam, daß sich Rechtsanwendungsnachteile für den Kläger trotz Geltung des EVÜ darüber hinaus auch daraus ergeben können, daß nach einigen Rechtsordnungen ausländisches Recht als zu beweisende Tatsache behandelt wird,[235] gegebenenfalls sogar verbunden mit der Vermutung, daß es denselben Inhalt habe wie das eigene Sachrecht.[236] Es kann also für den Kläger auch im Geltungsbereich des EVÜ durchaus von erheblicher Bedeutung sein, nach dem IPR welchen Forums das für die Aufrechnung maßgebliche Sachrecht ermittelt wird.

Somit bleibt festzuhalten, daß die aufrechnungsweise Geltendmachung einer Forderung die Verfahrensinteressen des Klägers im wesentlichen - nämlich in Bezug auf die Verfahrenssprache, das angewendete Verfahrens-, Internationale Privat- und damit letztlich auch Sachrecht, auf die Sachnähe des Forums sowie auf die Rechtskraftwirkung der Entscheidung über die Gegenforderung - durchaus in vergleichbarem Maße berührt wie ihre selbständige Geltendmachung über eine Klage; die Situation des Klägers, der sich mit einer Aufrechnungseinrede konfrontiert sieht, kommt also faktisch der eines "Beklagten" im Sinne des EuGVÜ sehr nahe.[237] Dementsprechend erscheint eine Durchbrechung des Zustän-

---

[227] Siehe hierzu oben unter B., S. 110 ff.

[228] Siehe dazu näher oben unter B. I., S. 110.

[229] *Martin Wolf*, 147-149; *Kegel/Schurig*, § 18 V, S. 652; *Vischer/Oser*, Rz. 1115.

[230] *Vitta*, 305 m.w.N.

[231] *Marín López*, 312. Siehe dazu näher oben unter B. II., S. 112.

[232] In diesem Sinne auch folgende jüngere niederländische Entscheidungen: *Rechtsbank Arnhem* 19.12.1991, NIPR 1992, 107; *Kantongerecht Terborg* 25.6.1992, NIPR 1992, 403.

[233] Zu dieser möglichen Divergenz siehe auch *Martiny*, ZEuP 1997, 107, 120.

[234] *Mankowski*, ZZP 109 (1996), 376, 385 f. Dies muß auch *Kannengießer*, 179 einräumen.

[235] So das englische, schottische und irische Recht (siehe die Nachweise bei *Mankowski*, ZZP 109 (1996), 376, 386 Fn. 50 und - hinsichtlich des englischen Rechts - auch bei *Coester-Waltjen*, Internat. Beweisrecht, Rz. 64 Fn. 228), aber auch das französische (siehe die Nachweise bei *Coester-Waltjen*, Internat. Beweisrecht, Rz. 65 Fn. 234) und das spanische Recht (gem. Art. 12 Nr. 6 S. 2 CC).

[236] So das englische und das schottische Recht, siehe die Nachweise bei *Mankowski*, ZZP 109 (1996), 376, 386, Fn. 51 und - hinsichtlich des englischen Rechts - auch bei *Coester-Waltjen*, Internat. Beweisrecht, Rz. 69 Fn. 247.

[237] I.d.S. auch *EuGH* 7.3.1985 - *Spitzley/Sommer*, Rs. C-48/84 -, Slg. 1985, 787 für den Spezialfall der rügelosen Einlassung des Klägers auf die Aufrechnungseinrede. Siehe dazu näher oben im Zweiten Abschn. unter C., S. 92 ff. Diesen Umstand übersieht *Coester-Waltjen* bei

ständigkeitssystems des Übereinkommens als Folge der Erhebung einer prozessualen Aufrechnungseinrede grundsätzlich genauso wenig hinnehmbar, wie als Folge einer Klage.[238]

Fraglich ist, ob sich mit *G. Wagner* hiervon für diejenigen Fälle eine Ausnahme machen läßt, in denen der Beklagte die Aufrechnung mit einer zwar streitigen, aber mit Hilfe präsenter Beweismittel ohne Verzögerung des Verfahrens feststellbaren Gegenforderung geltend macht.[239] In der Tat spricht die unter diesen Umständen bestehende verhältnismäßig größere Sachnähe[240] des Gerichts der Klage - im Interesse der Parteien sowie aus prozeßökonomischer Sicht - für sich genommen dafür, dieses über die Gegenforderung befinden zu lassen anstatt das nach den Vorschriften über die internationale Zuständigkeit eigentlich zur Entscheidung darüber berufene.

Andererseits ändert aber auch eine größere Sachnähe des Gerichts der Klage nichts an den bereits hinreichend betonten,[241] für den Kläger mit der Durchbrechung des Zuständigkeitssystems des EuGVÜ[242] verbundenen weitreichenden Konsequenzen: Konfrontation mit einer anderen Verfahrenssprache, Geltung eines anderen Verfahrensrechts als nach dem Übereinkommen kraft Festlegung des Forums eigentlich vorgesehen und insbesondere Anwendung eines anderen IPR, mit der möglichen Folge der Beurteilung des Sachverhalts nach einem anderen, für den Kläger ungünstigeren Sachrecht (inklusive der Ermöglichung eines *forum shopping* seitens des Beklagten).[243] Diese erheblichen Nachteile für

---

ihrer Argumentation, der Vorgang des Erlöschens der Forderungen sei ein materiellrechtlicher, so daß sich die Verteidigung mit der Aufrechnungseinrede grds. nicht von anderen Verteidigungsstrategien des Bekl. unterscheide (S. 44) - im Rahmen der Interessenbewertung ist entscheidend, daß die Belastung für den Kläger bei der Verteidigung gegen die aufrechnungsweise Geltendmachung einer Forderung in *tatsächlicher* Hinsicht im wesentlichen die gleiche ist (insbes. im Hinbl. auf die Rechtskraftwirkung der Entscheidung über die betreffende Forderung, siehe dazu oben, S. 147 ff.), wie wenn diese Forderung über eine selbständige Klage geltend gemacht wird. Aus eben diesem Grund, weil also der Kläger hinsichtlich der Aufrechnungsforderung gleichsam "Beklagter" ist, spricht auch die Tatsache, daß das EuGVÜ dem Grundsatz "*actor sequitur forum rei*" folgt, nicht - wie *Kannengießer* (S. 180. Siehe dazu oben, S. 116) meint - *für* eine Zulassung der Entscheidung eines hinsichtlich der Gegenforderung international eigentlich nicht zuständigen Gerichts über die Aufrechnungseinrede, sondern angesichts der Interessengewichtung, die zu der Aufnahme des besagten Prinzips in das Übereinkommen geführt hat, eher *dagegen*. Entsprechendes gilt auch für das autonome deutsche IZPR.

[238] I.d.S. auch *Banniza v. Bazan*, 160 u. *García Gutiérrez*, RJUAM 1 (1999), 119, 133. Entsprechendes gilt für das Zuständigkeitssystem des autonomen deutschen IZPR.

[239] Siehe dazu oben, S. 120.

[240] Zu diesem Begriff s.o., S. 149.

[241] Siehe dazu oben, S. 146 ff.

[242] Entsprechendes gilt für die Zuständigkeitssysteme der neuen EuGVVO sowie des autonomen deutschen IZPR.

[243] Daß auch das EVÜ - insbesondere bei seiner gegenwärtigen Auslegung in den Vertragsstaaten - solche Rechtsanwendungsnachteile nicht ausschließen kann, wurde bereits hinrei-

den Kläger sind als schwerwiegender einzustufen als die Vorteile, die mit einer Entscheidung des - in den betreffenden Fällen - sachnäheren Gerichts der Klage über die Gegenforderung verbunden sind[244] (in diesem Zusammenhang sei auch nochmals darauf hingewiesen, daß aus prozeßökonomischer Sicht an einer gemeinsamen Verhandlung und Entscheidung von Klage- und Gegenforderung an sich kein besonderes Interesse besteht, wenn diese nicht konnex sind, weil dann der bei der Prüfung der Klageforderung zusammengetragene Streitstoff für die Entscheidung über die Gegenforderung nicht verwertbar ist)[245].

Zu einem anderen Abwägungsergebnis könnte man dementsprechend nur in den Einzelfällen gelangen, in denen sich herausstellt, daß das IPR des Forums der Klage zur Anwendung desselben Sachrechts führt wie das IPR des nach dem EuGVÜ[246] eigentlich zur Entscheidung über die Gegenforderung berufenen Forums oder zumindest - falls ein anderes Sachrecht zur Anwendung gelangt -, daß der Kläger in Bezug auf die rechtliche Beurteilung der Gegenforderung keine Nachteile erleidet. Um im konkreten Fall feststellen zu können, ob Rechtsanwendungsnachteile des Klägers ausgeschlossen werden können, wäre dann aber stets eine entsprechende doppelte internationalprivatrechtliche und gegebenenfalls sogar eine doppelte sachlichrechtliche Prüfung des Sachverhalts notwendig, von deren Ergebnis die Frage der Entscheidungsbefugnis des Gerichts der Klage hinsichtlich der Gegenforderung abhinge. Das Erfordernis einer derart aufwendigen vorgeschalteten Prüfung liefe der Zielsetzung des EuGVÜ entgegen, die internationale Zuständigkeit möglichst rasch und ohne weiteres feststellbar zu machen, um so größtmögliche Rechtssicherheit für die Parteien zu gewährleisten.[247]

Es ist daher nicht sachgerecht, für den Einzelfall darauf abzustellen, ob der Kläger durch die Entscheidung des Gerichts der Klage über die Gegenforderung

---

chend dargelegt: siehe dazu oben, S. 152 f.

[244] Möglicherweise ist es dieser Umstand, dem *G. Wagner* mit der Einschränkung Rechnung tragen möchte, die Interessenabwägung falle immer dann zugunsten des Klägers aus, wenn er einen Sachverhalt vortrage, der "eine abweichende Anknüpfung der Gegenforderung an eine ausländische Rechtsordnung" erfordere (der Sinn dieser Ausführungen erschließt sich dem Leser nicht ohne weiteres). Sollte jedoch damit gemeint sein "eine *von der Anknüpfung der Hauptforderung* abweichende Anknüpfung der Gegenforderung", so wäre die Einschränkung nicht sinnvoll - die Tatsache, daß ein Gericht verschiedene Aspekte eines Sachverhalts nach unterschiedlichen Sachrechten zu beurteilen hat, ist absolut nichts außergewöhnliches (vgl. z.B. Art. 7 oder 11 EGBGB einerseits und Art. 27 ff. andererseits) und ist bereits deshalb kein brauchbares Argument dafür oder dagegen, einem bestimmten Forum die internationale Entscheidungszuständigkeit zuzuweisen.

[245] Vgl. dazu oben, S. 144 f.

[246] Entsprechendes gilt für die EuGVVO sowie für das autonome deutsche IZPR.

[247] Zu dieser Zielsetzung siehe *Jenard*, Bericht zum EuGVÜ, insbes. S. 15 sowie *EuGH* 13.7.1993 - *Mulox/Geels*, Rs. 125/92 - Slg. 1993 I, 4075 ff. unter Nr. 11 und *Aull*, 56 f. Siehe auch oben unter F. II., S. 142 f. Entsprechendes gilt auch für die neue EuGVVO (siehe dort insbes. Nr. 11 der vorangestellten Begründung) sowie für das autonome deutsche IZPR.

anstelle des dafür nach dem EuGVÜ eigentlich zuständigen Gerichts Rechtsanwendungsnachteile erleiden würde oder nicht. Im Rahmen der Abwägung der Zuständigkeitsbelange der Parteien kommt es vielmehr auf die Tatsache an, daß für den Kläger abstrakt betrachtet die Gefahr solcher Rechtsanwendungsnachteile besteht. Aufgrund dieser Nachteile, die für den Kläger mit einer Durchbrechung des Zuständigkeitssystems des EuGVÜ[248] auch in den Fällen größerer Sachnähe des Gerichts der Klage verbunden sein können, ist der Vorschlag *G. Wagners*, dieses trotz insoweit an sich fehlender internationaler Zuständigkeit über die Gegenforderung entscheiden zu lassen, wenn letztere zwar streitig, aber mit Hilfe präsenter Beweismittel ohne Verzögerung des Verfahrens feststellbar ist, abzulehnen.

Rechtfertigen läßt sich eine Durchbrechung des Zuständigkeitssystems des EuGVÜ beziehungsweise des autonomen deutschen IZPR auch als Folge der Erhebung einer prozessualen Aufrechnungseinrede vielmehr nur für die Fälle, in denen die genannten Belange des Klägers ausnahmsweise hinter andere beteiligte Verfahrensinteressen zurücktreten.

Ein solches überwiegendes anderes Verfahrensinteresse kann beispielsweise das Bedürfnis darstellen, rechtlich zusammenhängende Ansprüche gemeinsam verhandeln und entscheiden zu können, wie der Art. 6 Nr. 3 EuGVÜ beziehungswiese § 33 ZPO zugrunde liegende Rechtsgedanke zeigt, der - worauf bereits mehrfach hingewiesen wurde -[249] auch auf die Aufrechnung auszudehnen ist (Steht die Gegenforderung hingegen mit der Klageforderung nicht in einem rechtlichen Zusammenhang, so besteht kein erhebliches Interesse an einer gemeinsamen Verhandlung und Entscheidung der beiden Forderungen, da hier der bei der Prüfung der Klageforderung zusammengetragene Streitstoff für die Entscheidung über die Gegenforderung nicht verwertbar ist. Das derart abgeschwächte prozeßökonomische Interesse wiegt dann nicht so schwer, als daß es eine Beeinträchtigung der geschilderten erheblichen Interessen des Klägers rechtfertigen könnte.).

Sogar über eine konnexe Aufrechnungsforderung darf das Gericht der Klage aber dann nicht entscheiden, wenn für deren klageweise Geltendmachung gemäß Art. 16 EuGVÜ[250] die ausschließliche Zuständigkeit der Gerichte eines anderen Vertragsstaates gegeben wäre, denn in diesen Fällen muß das Interesse an einer gemeinsamen Verhandlung und Entscheidung rechtlich zusammenhängender Ansprüche entsprechend der Wertung des Übereinkommens seinerseits wiederum hinter andere, überwiegende Verfahrensinteressen zurücktreten[251] (Den Vor-

---

[248] Entsprechendes gilt für die Zuständigkeitssysteme der neuen EuGVVO sowie des autonomen deutschen IZPR.

[249] Siehe z.B. oben unter C., S. 113 f. bzw. unter D., S. 114.

[250] Entsprechend Art. 22 EuGVVO.

[251] Vgl. *Banniza von Bazan*, 33 f. Zu den entsprechenden Verfahrensinteressen im einzelnen siehe *Jenard*, Bericht zum EuGVÜ, S. 28 f. u. 34 ff. Entsprechendes hat angesichts der gesetzlichen Wertungen in §§ 33 Abs. 2 i.V.m. 40 Abs. 2 S. 1 Nr. 2 ZPO auch im autonomen

rang dieser Verfahrensinteressen hat wohl auch *Dageförde* erkannt, der die Aufrechnung auch im Geltungsbereich des EuGVÜ - obwohl er grundsätzlich der Ansicht ist, nach Sinn und Zweck des Übereinkommens sei die internationale Zuständigkeit für die Entscheidung über die Gegenforderung nicht erforderlich -[252] ausnahmsweise für den Fall nicht zulassen will, daß ein anderer Vertragsstaat gemäß Art. 16 EuGVÜ für die Entscheidung über die Gegenforderung ausschließlich zuständig ist.[253] Mit seinem grundsätzlichen Standpunkt läßt sich diese Ausnahme allerdings nicht vereinbaren: Wenn man, wie er, davon ausgeht, daß die Aufrechnung kompetenzrechtlich nicht relevant ist, dann kann es auch keine Rolle spielen, ob für die Gegenforderung im Falle ihrer selbständigen Geltendmachung eine ausschließliche internationale Zuständigkeit der Gerichte eines anderen Vertragsstaates bestünde.). Der besondere Stellenwert, den das Übereinkommen den in Art. 16 EuGVÜ[254] festgelegten Gerichtsständen beimißt, ist zugleich ein weiteres Argument dafür, daß eine abschließende Entscheidung des Gerichts der Klage über eine Gegenforderung, für deren selbständige Geltendmachung es international nicht zuständig wäre, grundsätzlich nicht hingenommen werden kann.[255]

Mithin läßt sich folgendes Fazit ziehen: Der Lösungsweg, wonach die Entscheidung des Gerichts der Klage über eine im Wege der Aufrechnung geltend gemachte Gegenforderung stets zulässig sein soll, unabhängig davon, ob es für die klageweise Geltendmachung dieser Forderung international zuständig wäre oder nicht, ist abzulehnen, denn es gelingt ihm nicht, einen angemessenen Ausgleich zwischen den verschiedenen betroffenen Verfahrensinteressen zu schaffen. Zwar wird er den Interessen des Beklagten voll gerecht, gleichzeitig beeinträchtigt er aber durch die damit verbundene Durchbrechung des Zuständigkeitssystems des EuGVÜ beziehungsweise des autonomen deutschen IZPR andere Verfahrensinteressen, insbesondere die Interessen des Klägers, in nicht zu rechtfertigender Weise.

2. *Zurückweisungslösung*

Demgegenüber respektiert der vom BGH und Teilen der Lehre vertretene zweite Lösungsweg, wonach die Aufrechnung als unzulässig zurückzuweisen ist, wenn der Richter der Klage im Falle der selbständigen Geltendmachung der Gegenforderung international nicht zur Entscheidung über diese befugt wäre (im Folgenden der Einfachheit halber als "Zurückweisungslösung" bezeichnet), die

deutschen IZPR zu gelten.

[252] S.o., S. 115 f. (Fn. 27 u. 31).

[253] S.o., S. 116 (Fn. 41).

[254] Entsprechend Art. 22 EuGVVO.

[255] So sieht das auch *Geimer*, IPRax 1986, 208, 212 f.

im EuGVÜ beziehungsweise im autonomen deutschen IZPR normierten Grundsatzentscheidungen hinsichtlich der Zuständigkeitsverteilung. Dadurch werden die Interessen des Klägers geschützt, der sich danach nur vor denjenigen Gerichten gegen die Aufrechnungsforderung verteidigen muß, die nach dem Übereinkommen zur Entscheidung darüber berufen sind - mit allen damit verbundenen Folgen für die Verfahrenssprache, die Sachnähe des Forums, das angewendete Verfahrensrecht und das maßgebliche IPR.

Gleichzeitig bleibt aber der durch den Grundsatz der Waffengleichheit gemäß Art. 103 Abs. 1 GG sowie Art. 6 Abs. 1 EMRK[256] geschützte Anspruch des Beklagten auf die Möglichkeit zur effektiven Verteidigung seiner Rechte[257] außen vor, denn mit der Möglichkeit zur Aufrechnung wird ihm ein wirkungsvolles Verteidigungsmittel genommen, und zwar ohne daß es dafür eine Rechtsgrundlage gäbe.[258] Er kann dann zwar seine Forderung in einem gesonderten Verfahren geltend machen, im laufenden Prozeß wird er aber - sofern er nicht andere Verteidigungsrechte geltend machen kann - unterliegen, mit all den für ihn daraus resultierenden negativen Folgen, wie etwa der Auferlegung der Prozeßkosten und der drohenden Zwangsvollstreckung aus dem Urteil.

Wie weit das Gleichgewicht der prozessualen Waffen durch diese Lösung zugunsten des Klägers verschoben wird, zeigt auch die Tatsache, daß danach ihm alleine die Entscheidungsgewalt darüber in die Hände gegeben wird, ob der Aufrechnungseinwand des Beklagten Berücksichtigung finden soll oder nicht: Liegt es im Interesse des Klägers, die Beachtung der Aufrechnungseinrede durch das Gericht der Klage zu verhindern - zum Beispiel weil er in Wahrheit keinerlei Zweifel an der Existenz der Gegenforderung und der Begründetheit der Aufrechnungseinrede hat -, so kann er die Zurückweisung des Aufrechnungseinwands als unzulässig herbeiführen, indem er die Gegenforderung - gegebenenfalls wider besseres Wissen - bestreitet und die internationale Unzuständigkeit des Gerichts rügt. Paßt es ihm hingegen besser, daß der Aufrechnungseinwand und insbesondere die Gegenforderung vom Gericht der Klage geprüft wird - etwa weil er vom Nichtbestehen der Gegenforderung überzeugt ist und diesbe-

[256] Konvention zum Schutze der Menschenrechte und Grundfreiheiten v. 4.11.1950, BGBl. 1952 II, S. 686, für die Bundesrepublik in Kraft getreten am 3.9.1953.

[257] Nach dem Beschl. des *BVerfG* v. 7.10.1980, *BVerfG*E 55, 72, 94 verpflichtet der Grundsatz der Waffengleichheit den Richter, den Prozeßparteien die Möglichkeit einzuräumen, "alles für die gerichtliche Entscheidung Erhebliche vorzutragen und alle zur Abwehr des gegnerischen Angriffs erforderlichen prozessualen Verteidigungsmittel geltend zu machen." (Ebenso *BVerfG* Beschl. v. 25.7.1979, *BVerfG*E 52, 131, 156). Zum Grundsatz der Waffengleichheit gem. Art. 6 Abs. 1 EMRK s. *EGMR*, 27.10.1993 - *Dombo Beheer B.V./Niederlande*, 37/1992/382/460 -, NJW 1995, 1413, Rz. 32 f.

[258] Dementsprechend gelangte auch der BGH selbst in seinem Urt. V. 11.1.1955 (*BGHZ* 16, 124, 141 f. = NJW 1955, 497) - wenn auch in Bezug auf die Aufrechnung mit einer rechtswegfremden Gegenforderung im internen deutschen Prozeßrecht - zu dem Ergebnis, eine Zurückweisung der Aufrechnung als unzulässig laufe "auf eine Rechtsverweigerung gegenüber dem Beklagten hinaus."

züglich eine gemäß § 322 Abs. 2 ZPO der Rechtskraft fähige Entscheidung erwirken möchte -, so kann er dies erreichen, indem er sich rügelos auf die Aufrechnungseinrede einläßt (dies folgt aus Art. 18 EuGVÜ[259] beziehungsweise § 39 ZPO,[260] jeweils in analoger Anwendung).

Weitere erhebliche Risiken und Nachteile entstehen dem Beklagten durch die mit einer Zurückweisung des Aufrechnungseinwands als unzulässig verbundene Nichtberücksichtigung der vom materiellen Recht vorgesehenen Rechtsfolgen der Aufrechnung.[261] Er kann dadurch beträchtliche Zinsverluste erleiden.[262] Ihm wird es verwehrt, über die Aufrechnungseinrede eine Hemmung der Verjährung der Gegenforderung gemäß § 204 Abs. 1 Nr. 5 BGB erreichen zu können. Ist seine Gegenforderung bereits verjährt, war aber die Verjährung bei Entstehung der Aufrechnungslage noch nicht eingetreten, so wird er um die - bei deutschem Recht als Aufrechnungsstatut grundsätzlich bestehende - Möglichkeit des Vorgehens nach § 215 BGB gebracht: Die Vorschrift hätte ihm trotz Verjährung noch die Gelegenheit zur Durchsetzung seiner Forderung über die Aufrechnung eröffnet. Wird er aber auf die selbständige Geltendmachung seiner Forderung in einem zweiten Prozeß verwiesen, so kann er diese nicht mehr durchsetzen, da sich der Gegner dann auf die Einrede der Verjährung berufen kann.

Vor allem aber geht dem Beklagten bei dieser Lösung in jedem Falle die vom materiellen Recht beabsichtigte und im internationalen Wirtschafts- und Rechtsverkehr besonders wichtige[263] Sicherungsfunktion der Aufrechnung[264] verloren (die bei deutschem Recht als Aufrechnungsstatut gemäß §§ 94-96 InsO sogar im Fall der Eröffnung eines Insolvenzverfahrens über das Vermögen des Aufrechnungsgegners Berücksichtigung findet)[265] und er sieht sich statt dessen mit der Möglichkeit konfrontiert, daß ihm die ihm zustehende Leistung wegen Zahlungsunfähigkeit des jetzigen Klägers entgehen könnte.

Darüber hinaus kann sich der Beklagte im Falle seiner Verurteilung unter Umständen dem Problem eines materiellrechtlich unrichtigen Urteils ausgesetzt sehen. Hat er die Aufrechnung nämlich außer- oder vorprozessual erklärt, so bleibt die Zurückweisung der Aufrechnungseinrede aus prozeßrechtlichen

---

[259] Siehe dazu oben unter C., S. 113 f. Entsprechend Art. 24 EuGVVO.

[260] Stein/Jonas/*Bork*, § 38 Rz. 62; Wieczorek/Schütze/*Hausmann*, § 38 Rz. 101 a. E. Vgl. dazu auch *BGH* 26.1.1979, NJW 1979, 1104.

[261] Zu den materiellrechtlichen Wirkungen der Aufrechnung s.o. im Ersten Abschnitt unter E. II. 3., S. 73 ff. Zu den für den Beklagten entstehenden Risiken und Nachteilen siehe auch *Leipold*, ZZP 107 (1994), 216, 223 ff.; *Geimer*, IPRax 1994, 82, 84 f.; *Mankowski*, ZZP 109 (1996), 376, 389; *Gebauer*, IPRax 1998, 79, 83 (i.V.m. S. 85); *Schröder*, Internat. Zust., 598; *von Hoffmann*, AWD 1973, 168, 169.

[262] Siehe dazu das Fallbeispiel von *Leipold*, ZZP 107 (1994), 216, 224.

[263] Siehe dazu *Berger*, 75.

[264] Siehe dazu näher oben im Ersten Abschnitt unter E. II. 1., S. 72 u. 3., S. 73 ff.

[265] Ähnlich bereits die am 31.12.1998 außer Kraft getretenen (siehe dazu Art. 2 i.V.m. Art. 110 sowie Art. 103 EGInsO) §§ 53-56 KO für Konkursverfahren.

Gründen - zumindest bei deutschem Recht als Aufrechnungsstatut -[266] auf ihre materiellrechtliche Wirksamkeit ohne Auswirkungen[267] (anders als bei während des Prozesses erklärten Aufrechnungen, wo entweder die prozessuale Berücksichtigung als stillschweigende innerprozessuale Bedingung der Aufrechnung angesehen wird[268] oder materiellrechtliche und prozeßrechtliche Aufrechnungserklärung als eine gemäß § 139 BGB voneinander abhängige Einheit betrachtet werden[269]). Dies hat zur Folge, daß sowohl Klage- als auch Gegenforderung gemäß § 389 BGB als bereits zu dem Zeitpunkt erloschen gelten (soweit sie sich decken), zu dem sie sich aufrechenbar gegenübergetreten sind. Zwar ist man sich weitgehend einig, daß dem Beklagten auch in diesen Fällen nicht die Möglichkeit genommen werden darf, seine Gegenforderung in einem gesonderten Verfahren geltend zu machen,[270] wie dies rechtskonstruktiv zu erreichen ist, ist aber keineswegs geklärt.[271] Dementsprechend bleibt für ihn die Ungewißheit, ob und in welcher Weise ein später zum Zwecke der gesonderten Geltendmachung der Gegenforderung angerufenes ausländisches Gericht dazu bereit und in der Lage ist, den Widerspruch zwischen dem Urteil des Erstverfahrens und der Tatsache aufzulösen, daß die betreffende Forderung materiellrechtlich gesehen gemäß § 389 BGB eigentlich schon erloschen ist.[272]

Schließlich wirkt sich diese Lösung auch in prozeßökonomischer Hinsicht (wenn auch gegenüber der Situation bei Konnexität von Forderung und Gegenforderung nur in abgeschwächtem Maße[273]) nachteilig aus, weil das Zurückwei-

---

[266] Bei der Aufrechnung nach anglo-amerikanischem Recht tritt diese Problematik nicht auf, da dort eine außergerichtliche Aufrechnung überhaupt nicht stattfindet, siehe z.B. *Göbel*, 76 ff.; *Eickhoff*, 34 ff.; *Ahlt*, 16, 30; *Eujen*, 20, 55, 65. Zur Situation unter dem Modell der Legalkompensation siehe am Beispiel des spanischen Rechts oben im Ersten Abschn. unter C. V., S. 63 ff.

[267] Siehe dazu auch *BGH* 20.12.1956, *BGHZ* 23, 17, 24 (weitere Fundstellen der Entscheidung: BB 1957, 209 = NJW 1957, 591 = LM Nr. 2 zu § 274 Abs. 2 S. 3 ZPO = ZZP 70 (1957), 248.

[268] Stein/Jonas/*Leipold*, § 145 Rz. 56; *Leipold*, ZZP 107 (1994), 216, 223.

[269] *Rosenberg/Schwab/Gottwald*, § 105 III 2. a, S. 596 f. Zum Meinungsstand siehe auch MünchKomm-ZPO/*Peters*, § 145 Rz. 25 ff.; *Jauernig*, ZPO § 45 III., S. 177 f.

[270] MünchKomm-ZPO/*Peters*, § 145 Rz. 27 f.; Stein/Jonas/*Leipold*, § 145 Rz. 58 ff.; *Leipold*, ZZP 107 (1994), 216, 223; *Geimer/Schütze*, EuZVR Art. 6 Rz. 75; *Geimer*, IPRax 1994, 82, 85; *Jauernig*, ZPO, § 45 III., S. 177 f.; *Gebauer*, IPRax 1998, 79, 83 (i.V.m. S. 85); *Hau*, IPRax 1999, 437, 439. A.A.: *Rosenberg/ Schwab/Gottwald*, § 105 III 2. b, S. 597 (außer für den Fall, daß den Bekl. am Ausschluß der Aufrechnungseinrede kein Verschulden trifft).

[271] Siehe dazu oben im Ersten Abschnitt unter E. III. 4., S. 81 f. sowie *Geimer/Schütze*, EuZVR Art. 6 Rz. 75. Vgl. auch *Hau*, IPRax 1999, 437, 439.

[272] Auf diesen Nachteil für den Beklagten weisen auch *Manfred Wolf*, LM-EGÜbk Nr. 39, Bl. 4, Anm. 2 b, *Coester-Waltjen*, FS Lüke, 44, *Gebauer*, IPRax 1998, 79, 83, *Kannengießer*, 173 (s. auch S. 199) und Musielak/*Stadler*, § 145 Rz. 34 hin. Vgl. auch *Leipold*, ZZP 107 (1994), 217, 223.

[273] Siehe dazu oben, S. 156 u. S. 144 f.

sen der Aufrechnungseinrede als unzulässig durch das Gericht der Klage einen zweiten Prozeß vor einem Gericht eines anderen Vertragsstaates provoziert.

Als Ergebnis kann demnach festgehalten werden, daß der Lösungsweg, wonach die Aufrechnung als unzulässig zurückzuweisen ist, wenn der Richter der Klage im Falle der selbständigen Geltendmachung der Gegenforderung international nicht zur Entscheidung über diese befugt wäre, zwar das Zuständigkeitssystem des Übereinkommens (beziehungsweise des autonomen deutschen IZPR) respektiert und dementsprechend die Interessen des Klägers schützt, daß er aber andererseits eine Beeinträchtigung anderer Verfahrensinteressen, insbesondere eine erhebliche Verschlechterung der rechtlichen Position des Beklagten, zur Folge hat, die diesem nicht zugemutet werden kann und für die es auch keine rechtliche Grundlage gibt.[274]

3. *Zwischenergebnis*

Die bisher durchgeführte Analyse hat gezeigt, daß es weder der Ansicht, die die Aufrechnungseinrede als zuständigkeitsrechtlich irrelevant ansehen möchte, noch der Zurückweisungslösung gelingt, einen angemessenen Ausgleich zwischen den unterschiedlichen internationalverfahrensrechtlichen Interessen der Parteien zu schaffen; vielmehr werden jeweils einseitig entweder vitale Kläger- oder Beklagteninteressen zurückgestellt.

Betrachtet man die Situation ein bißchen genauer, so offenbart sich, daß der entscheidende Denkfehler dabei bereits im Ansatz liegt: Jeder der beiden angesprochenen Lösungsvorschläge faßt die Entscheidung über die Aufrechnung als einen einheitlichen Vorgang auf. Hinsichtlich der Frage der kompetenzrechtlichen Relevanz der Einrede wird dann als Basis für die Argumentation jeweils ein bestimmtes Charakteristikum derselben herausgegriffen: Von der einen Seite wird in erster Linie auf ihre Funktion als prozessuales Verteidigungsmittel abgestellt, die andere Seite sieht als entscheidend an, daß die Verteidigung gegen die aufrechnungsweise Geltendmachung einer Forderung grundsätzlich den gleichen Aufwand erfordert wie die Verteidigung gegen ihre Geltendmachung über eine (Wider-)Klage und daß in beiden Fällen rechtskräftig über die betreffende Forderung entschieden wird.

Nun wurde aber oben im Ersten Abschnitt[275] festgestellt, daß die Aufrechnungseinrede als Institut *sui generis* eine Sonderstellung zwischen einer eigenen Klage und einem "gewöhnlichen" Verteidigungsmittel einnimmt, weil sie ein gerichtliches Vorgehen in drei unterschiedlichen Phasen auslöst: Zuerst muß ihre prozessuale Zulässigkeit geprüft werden. Anschließend muß in einem zweiten Schritt über Bestehen und Höhe der Gegenforderung entschieden werden, damit

[274] Siehe dazu oben S. 158, insbes. Fn. 258.

[275] Dort unter E. III. 2., S. 78 ff.

das Gericht dann gegebenenfalls in einem dritten Schritt - nach Prüfung der materiellrechtlichen Aufrechnungsvoraussetzungen - die auf das (zumindest teilweise) Erlöschen der Klageforderung abzielende eigentliche Aufrechnungseinrede berücksichtigen kann. In der ersten und dritten Phase unterscheidet sich die Aufrechnungseinrede, wie aufgezeigt wurde, nicht wesentlich von den übrigen prozessualen Verteidigungsmitteln, während sie in der zweiten Phase einige Charakteristika einer selbständigen (Wider-)Klage aufweist. Dieses "zwiespältige Wesen" der Aufrechnungseinrede, das haben die bisherigen Untersuchungen gezeigt, wirkt sich auch auf die zuständigkeitsrechtliche Interessenlage aus.

a) Vorfrage des Bestehens und der Höhe der Gegenforderung

Was die zuvor als zweite Phase bezeichnete Klärung der Vorfrage des Bestehens und der Höhe der Gegenforderung angeht, so hat sich oben unter III. 1. gezeigt, daß es für den Klägers von erheblicher Bedeutung ist, welches Gericht darüber zu entscheiden hat.[276] Es wurde dort festgestellt, daß die aufrechnungsweise Geltendmachung einer Forderung seine Verfahrensinteressen in vergleichbarem Maße beeinträchtigt wie ihre selbständige Geltendmachung über eine Klage, weil sie das Gericht zu den gleichen Prüfungen veranlaßt und in beiden Fällen eine rechtskraftfähige Entscheidung über Bestehen oder Nichtbestehen der betreffenden Forderung ergeht. Demzufolge müssen die zuständigkeitsrechtlichen Grundentscheidungen des EuGVÜ (also insbesondere die grundsätzliche Geltung der Regel "*actor sequitur forum rei*") beziehungsweise des autonomen deutschen IZPR bei Entscheidungen über aufrechnungsweise geltend gemachte Forderungen prinzipiell genauso respektiert werden, wie bei Entscheidungen über mittels einer Klage verfolgte Forderungen.[277]

Andere Verfahrensinteressen, insbesondere Interessen des Beklagten, die eine Entscheidung des Gerichts der Klage über die Gegenforderung geböten und vor dem Hintergrund der zuständigkeitsrechtlichen Wertungen des Übereinkommens ins Gewicht fielen, bestehen nicht. Mithin kann festgehalten werden, daß der Vorfrage des Bestehens und der Höhe der Gegenforderung kompetenzrechtliche Relevanz beizumessen ist.

b) Eigentliche Aufrechnungseinrede

Die erste und dritte Phase des Entscheidungsvorgangs hinsichtlich der Aufrechnung betreffen demgegenüber deren eigentliche Einredequalität, die auf das (zumindest teilweise) Erlöschen der Klageforderung gerichtet ist. Hier prüft das Gericht lediglich - genau wie bei jedem anderen Verteidigungsmittel - die pro-

---

[276] S.o., S. 146 ff.

[277] Zu den Ausnahmen s.o., S. 153 ff.

zessuale Zulässigkeit des Aufrechnungseinwands[278] sowie gegebenenfalls dessen Erfolg, also inwieweit er die Klage unbegründet macht. Bei der kritischen Auseinandersetzung mit den grundsätzlichen Standpunkten von Rechtsprechung und Lehre ist unter III. 2. deutlich geworden, daß sich die rechtliche Position des Beklagten erheblich verschlechtert, wenn man eine derartige Berücksichtigung der Aufrechnungseinrede durch das Gericht der Klage nicht zuläßt.[279]

Eine solche Benachteiligung des Beklagten ist vor dem Hintergrund des durch Art. 6 Abs. 1 EMRK geschützten, aber auch dem EuGVÜ und dem autonomen deutschen IZPR selbst zugrunde liegenden, Grundsatzes der Waffengleichheit, der ihm einen Anspruch auf die Möglichkeit zur effektiven Verteidigung seiner Rechte gewährt,[280] nicht zu rechtfertigen; dies gilt um so mehr angesichts der damit für ihn verbundenen weiteren negativen Folgen, wie der Nichtberücksichtigung der vom materiellen Recht vorgesehenen Rechtsfolgen der Aufrechnung und der Belastung durch ein materiellrechtlich unrichtiges Urteil.[281]

Auch nach Sinn und Zweck der Zuständigkeitsverteilung durch das EuGVÜ beziehungsweise das autonome deutsche IZPR ist kein Grund ersichtlich, warum die Tatsache, daß das Gericht der Klage für die Entscheidung über die Gegenforderung nicht zuständig ist, einer Berücksichtigung des Aufrechnungseinwands als solchem entgegenstehen sollte - die Gegenforderung selbst steht in diesem Stadium ja gar nicht zur Diskussion, so daß mit ihr verbundene Zuständigkeitsfragen insoweit keine Rolle spielen und Verfahrensrechte des Klägers nicht beeinträchtigt werden können. Die eigentliche Aufrechnungseinrede als solche weist also keinen kompetenzrechtlichen Bezug auf, weshalb das Gericht der Klage sie nicht mangels internationaler Entscheidungszuständigkeit als unzulässig zurückweisen kann, sondern stets zu berücksichtigen hat.

G. Lösung: Weiterentwickeltes Aussetzungsmodell

Als Ergebnis der soeben vorgenommenen zuständigkeitsrechtlichen Interessenbewertung läßt sich festhalten, daß der Aufrechnungseinrede zwar kompetenzrechtliche Relevanz zuzumessen ist, soweit über die Vorfrage des Bestehens und der Höhe der Gegenforderung entschieden wird; was allerdings die Berücksichtigung ihrer eigentlichen Verteidigungswirkungen durch Verrechnung von

[278] Die prozessuale Zulässigkeit der Aufrechnungseinrede wird in der Folge jeweils unterstellt werden, da letztere anderenfalls ohnehin keine Berücksichtigung finden würde - die hier untersuchte Problematik könnte dann gar nicht erst entstehen.

[279] S.o., S. 158 ff.

[280] Zum Grundsatz der Waffengleichheit gem. Art. 6 Abs. 1 EMRK siehe *EGMR*, 27.10.1993 - *Dombo Beheer B.V./Niederlande*, 37/1992/382/460 -, NJW 1995, 1413, Rz. 32 f.

[281] S.o., S. 159 f. Zu dieser Einschätzung gelangen auch *Leipold*, ZZP 107 (1994), 216, 225 u. *Schröder*, Internat. Zust., 598.

Forderung und Gegenforderung anbetrifft, so weist diese keinen kompetenzrechtlichen Bezug auf.

Wenn also der unter F. III. 1.[282] analysierte Lösungsvorschlag auf die erste und dritte Phase des Entscheidungsprozesses abstellt und die unter 2.[283] untersuchte Zurückweisungslösung die zweite Phase als maßgebend ansieht, vernachlässigen beide jeweils die übrigen Phasen des Entscheidungsvorgangs. Beide Betrachtungsweisen bleiben demnach eindimensional und werden dem komplexen Wesen der Aufrechnungseinrede - auch und gerade in zuständigkeitsrechtlicher Hinsicht - nicht ausreichend gerecht.[284]

Der Schlüssel zu einer Lösung, die einen angemessenen Ausgleich zwischen den Interessen beider Parteien zu schaffen vermag, liegt nun darin, der beschriebenen Komplexität des Prozesses der Entscheidung über die Aufrechnung Rechnung zu tragen.[285]

I. Fälle, in denen die Vorfrage keiner Klärung mehr bedarf: Unstreitige und rechtskräftig festgestellte Gegenforderungen

Zunächst einmal ergibt sich aus den bei der zuständigkeitsrechtlichen Interessenbewertung erzielten Ergebnissen, daß die Aufrechnung vom Gericht der Klage immer dann in jedem Fall - das heißt unabhängig davon, ob es bei selbständiger Geltendmachung der Gegenforderung zur Entscheidung über dieselbe international zuständig wäre - zu berücksichtigen ist, wenn die Vorfrage des Bestehens und der Höhe der Aufrechnungsforderung keiner Klärung mehr bedarf: hier fehlt jeglicher kompetenzrechtliche Bezug, weil nur noch die Berücksichtigung der Aufrechnungseinrede als solcher in Frage steht.

So liegen die Dinge, wenn die Gegenforderung entweder unstreitig oder bereits rechtskräftig festgestellt ist (insoweit ist der herrschenden Lehre zuzustimmen)[286], denn hier muß (und darf) der angerufene Richter gerade nicht über Bestehen und Höhe der Gegenforderung entscheiden, weil im ersten Fall die Parteien und im zweiten Fall ein anderes Gericht diese Entscheidung bereits verbindlich (dies folgt im ersten Fall aus der Parteiherrschaft über den Prozeß und im zweiten Fall aus der Rechtskraftwirkung des Urteils über die betreffende Forderung) für ihn getroffen haben. Er hat dann nur noch die prozessuale Zulässigkeit des Aufrechnungseinwandes zu prüfen, das Vorliegen der materiellrecht-

---

[282] S.o., S. 144 ff.

[283] S.o., S. 157 ff.

[284] In diesem Sinne bereits *Eickhoff*, 160 ff., der als Konsequenz daraus "Erkenntnis-" und "Verrechnungszuständigkeit" des erkennenden Gerichts getrennt prüfen will (a.a.O., 164). Daß er dabei von einem falschen Ansatz ausgeht, wurde bereits oben unter F. II. auf S. 143 aufgezeigt.

[285] Vgl. dazu bereits oben im Ersten Abschnitt der Arbeit unter E. III. 2., S. 80 f.

[286] Siehe dazu oben, S. 118 f. Ebenso aus Schweizer Sicht auch *Vischer/Oser*, Rz. 1137 f.

lichen Aufrechnungsvoraussetzungen festzustellen und die Gegenforderung gegebenenfalls mit der Klageforderung zu verrechnen. Zuständigkeitsinteressen (insbesondere des Klägers) hinsichtlich der Aufrechnungsforderung werden demzufolge nicht betroffen, während andererseits die Verteidigungsinteressen des Beklagten fortbestehen.[287] Bei durch ausländische Gerichte rechtskräftig festgestellten Gegenforderungen ist allerdings - wie *Geimer* zu Recht anmerkt -[288] noch zu prüfen, ob die Voraussetzungen für die Anerkennung der materiellen Rechtskraft gemäß Art. 25 ff. EuGVÜ[289] beziehungsweise § 328 ZPO gegeben sind, denn anderenfalls wird doch wieder eine gerichtliche Entscheidung über die Aufrechnungsforderung erforderlich.

In den Fällen der Unstreitigkeit der Gegenforderung könnte man daran zweifeln, ob das zuvor erzielte Ergebnis auch dann gilt, wenn für die klageweise Geltendmachung der Gegenforderung ein anderweitiger ausschließlicher internationaler Gerichtsstand gem. Art. 16 EuGVÜ[290] gegeben ist.[291] Unter diesen Umständen kann es nämlich zu der rechtskräftigen Entscheidung (§ 322 Abs. 2 ZPO) eines Gerichts kommen, das darüber gerade nicht befinden sollte. Sinn des Art. 16 EuGVÜ ist es jedoch nur, den Gerichten eines bestimmten Vertragsstaates im Streitfalle "aus Gründen einer geordneten Rechtspflege" (so der *Jenard*-Bericht)[292] die Entscheidung zuzuweisen - sein Eingreifen setzt also stets das Bedürfnis nach einer gerichtlichen Entscheidung voraus. Entfällt dieses Bedürfnis, weil die Gegenforderung unstreitig ist, so ist der Regelungsbereich der Vorschrift nicht betroffen. Ein anderes Ergebnis wäre auch gar nicht sinnvoll, schließlich könnte der Kläger die Aufrechnungsforderung auch freiwillig erfüllen - ihm nun verwehren zu wollen, sie im Prozeß unstreitig zu stellen, wäre widersprüchlich. Bei Unstreitigkeit der Gegenforderung bedarf die Vorfrage des Bestehens und der Höhe derselben also auch dann keiner Klärung mehr, wenn für ihre selbständige Geltendmachung gemäß Art. 16 EuGVÜ eine anderweitige internationale Zuständigkeit gegeben wäre.[293] Dementsprechend besteht auch in diesem Fall kein kompetenzrechtlicher Bezug, da auch hier nur noch die Berücksichtigung der Aufrechnungseinrede als solcher in Frage steht.[294]

---

[287] Aufgrund dieser Interessenlage ist es unbeachtlich, wenn der Kläger, obwohl er das Bestehen der Gegenforderung nicht bestreitet, die internationale Unzuständigkeit des Gerichts der Klage für die klageweise Geltendmachung der betreffenden Forderung rügt - auch hier ist die Aufrechnung zuzulassen. So auch *Geimer*, IPRax 1994, 82, 84.

[288] S.o., S. 120, Fn. 58.

[289] Entsprechend Art. 32 ff. EuGVVO.

[290] Entsprechend Art. 22 EuGVVO.

[291] Die Frage stellt sich entsprechend auch im autonomen deutschen IZPR für den Fall, daß aus deutscher Sicht als Folge der Doppelfunktionalität der Normen über die örtliche Zuständigkeit die ausschließliche Zuständigkeit ausländischer Gerichte gegeben ist.

[292] *Jenard*, Bericht zum EuGVÜ, S. 29 u. 35. Entsprechendes gilt für Art. 22 EuGVVO.

[293] Vgl. dazu *Eickhoff*, 176 ff.

[294] Entsprechendes gilt für das autonome deutsche IZPR.

Was den Einwand *Eickhoffs* und - im Anschluß daran - *Kannengießers* anbelangt, dieses Ergebnis könne für unstreitige Gegenforderungen nur dann gelten, wenn die Parteien zur Verfügung über dieselben befugt seien,[295] so ist dieser nicht nachvollziehbar. Die Frage der Verfügungsbefugnis der Parteien betrifft ja nicht die - nach dem Statut der Gegenforderung zu entscheidende - Vorfrage des Bestehens und der Höhe der Gegenforderung, sondern sie gehört zu den materiellrechtlichen Aufrechnungsvoraussetzungen (so verlangt etwa im deutschen materiellen Recht § 387 BGB die Vollwirksamkeit der Gegenforderung, wozu insbesondere auch ihre Klagbarkeit gehört)[296]. Dementsprechend ist sie erst im hier als dritte Phase des Prozesses der Entscheidung über die Aufrechnung bezeichneten Stadium zu prüfen, und zwar nach dem Aufrechnungsstatut (nach der deutschen herrschenden Meinung also nach dem Statut der Hauptforderung)[297]. Wenn nun die zwischen den Parteien unstreitige Gegenforderung ihrer Verfügung entzogen ist, so ändert dies nichts daran, daß die Vorfrage des Bestehens und der Höhe derselben keiner Klärung mehr bedarf und deshalb insoweit keine Zuständigkeitsinteressen berührt werden; es steht vielmehr nur noch die Berücksichtigung der Aufrechnungseinrede als solcher (aus materiellrechtlichen Gründen) in Frage. Auch hier besteht mithin keinerlei kompetenzrechtlicher Bezug.

II. Bei Streitigkeit der Gegenforderung: Gleichzeitige Berücksichtigung des Zuständigkeitsbezugs und des Verteidigungscharakters der Aufrechnungseinrede über weiterentwickeltes Aussetzungsmodell

Schwieriger liegen die Dinge bei streitigen Gegenforderungen. Es wurde bereits festgestellt, daß eine angemessene Lösung nicht erreicht werden kann, wenn einseitig auf eine der Phasen des Prozesses der Entscheidung über die Aufrechnung abgestellt wird.[298] Deshalb ist zu überlegen, auf welche Weise gleichzeitig sowohl dem mit der zweiten Phase verbundenen Zuständigkeitsbezug als auch dem in der ersten und dritten Phase zum Ausdruck kommenden Verteidigungscharakter der Aufrechnungseinrede und den dabei jeweils beteiligten Verfahrensinteressen Rechnung getragen werden kann.

Den geeigneten Ansatz für eine Lösung könnte möglicherweise die oben unter D. III.[299] vorgestellte vermittelnde Ansicht bieten, nach der das Gericht der Klage, sobald der Rechtsstreit hinsichtlich der Klageforderung entscheidungsreif ist, ein Vorbehaltsurteil nach § 302 Abs. 1 ZPO zu erlassen und das Nachverfahren (§ 302 Abs. 4 ZPO) gemäß § 148 ZPO auszusetzen hat, bis über das Bestehen

[295] S.o., S. 120, Fn. 57.
[296] Jauernig/*Stürner*, BGB, § 387, Anm. 3 c) aa).
[297] Siehe dazu näher oben unter B. I., S. 110 f.
[298] S.o., S. 161 f.
[299] S. 118.

der Gegenforderung im dafür zuständigen Rechtsweg entschieden ist, um dann schließlich gegebenenfalls die Aufrechnungswirkungen berücksichtigen zu können. Auf diesem Wege ließe sich sicherstellen, daß das "richtige" Gericht über die Gegenforderung entscheidet, gleichzeitig aber auch die Verteidigungswirkungen der Aufrechnungseinrede Berücksichtigung finden. Es ist nun zu prüfen, ob eine solche Verfahrensweise, die der von der deutschen höchstrichterlichen Rechtsprechung für die Fälle der Aufrechnung mit einer rechtswegfremden Gegenforderung entwickelten[300] nachempfunden wurde, tatsächlich auch im Fall der fehlenden internationalen Zuständigkeit für die Gegenforderung praktikabel ist und einen angemessenen Ausgleich zwischen den dort beteiligten verfahrensrechtlichen Interessen zu schaffen vermag.

Dabei stellt sich zunächst die Frage nach möglichen gesetzlichen Grundlagen für ein entsprechendes Vorgehen. Wie bereits mehrfach betont wurde, hat der EuGH hinsichtlich der Zulässigkeit und der Voraussetzungen der Geltendmachung der Aufrechnung auf nationales Recht verwiesen.[301] Hat man diese aber erst einmal nach nationalem Recht bestimmt, so ist die Frage, wie das angerufene Gericht vorzugehen hat, wieder in erster Linie nach den Vorschriften des EuGVÜ zu beantworten. Demnach wird nun jeweils vorrangig das Übereinkommen und erst nachgeordnet das autonome deutsche Recht auf entsprechende Vorgaben zu untersuchen sein.

1. Unzuständigkeitserklärung hinsichtlich der Gegenforderung

Der EuGH hat im Fall *Spitzley/Sommer* entschieden, daß die rügelose Einlassung des Klägers gemäß Art. 18 EuGVÜ analog eine eventuell nach nationalem Recht bestehende internationale Unzuständigkeit des Gerichts der Klage für die Gegenforderung überwindet.[302] Daraus läßt sich nun in einem Umkehrschluß folgern, daß sich das Gericht der Klage auf eine entsprechende Rüge des Klägers hin für international unzuständig zur Entscheidung über die Gegenforderung zu erklären hat, falls das nationale Recht die Aufrechnungseinrede für kompetenz-

---

[300] *BGH* 30.5.1956, *BGHZ* 21, 18, 29 f.; 11.1.1955, *BGHZ* 16, 124, 141 f. = NJW 1955, 497 und (für den umgekehrten Fall) *BVerwG* 31.3.1993, NJW 1993, 2255 sowie 12.2.1987, NJW 1987, 2530, 2533. S. weiter MünchKomm-ZPO/*Peters*, § 145 Rz. 31 u. 33; Stein/Jonas/*Leipold*, § 145 Rz. 33; Thomas/Putzo/*Reichold*, § 145 Rz. 24; *Jauernig*, ZPO, § 45 III., S. 178, jew. m.w.N. Siehe dazu auch oben unter F. I. 2., S. 139 - daß dort ein Analogieschluß zu der genannten Rspr. als nicht tauglicher Ansatz zur Lösung der hier untersuchten Problematik angesehen wurde, spricht nicht dagegen, sich nun, nachdem die Frage nach der kompetenzrechtlichen Relevanz der Aufrechnungseinrede für das Internationale Zivilprozeßrecht unter Berücksichtigung der dort geltenden Gesetzmäßigkeiten und beteiligten Interessen eigenständig bewertet worden ist, bei der Entwicklung einer Lösung daran zu orientieren.

[301] S.o. unter C., S. 113 f.

[302] Siehe dazu näher oben im Zweiten Abschnitt unter C., S. 92 ff.

rechtlich relevant erklärt.[303] Entsprechendes hat dann dem Rechtsgedanken des Art. 19 EuGVÜ[304] nach auch für den Fall zu gelten, daß aufgrund des Art. 16 des Übereinkommens eine ausschließliche internationale Zuständigkeit der Gerichte eines anderen Vertragsstaates für die Gegenforderung besteht, nur daß die Unzuständigkeitserklärung hier von Amts wegen zu erfolgen hat, da eine rügelose Einlassung des Klägers auf die Aufrechnungseinrede in diesem Fall gemäß Art. 18 S. 2 Fall 2 EuGVÜ[305] ohne Wirkung bleibt.

Ganz ähnlich liegen die Dinge außerhalb des Anwendungsbereichs des EuGVÜ. Im autonomen deutschen Recht läßt sich - wenn man wie hier von der zuständigkeitsrechtlichen Relevanz der Aufrechnungseinrede ausgeht - aus dem Rechtsgedanken des § 39 ZPO[306] ebenfalls im Umkehrschluß entnehmen, daß sich das deutsche Gericht der Klage auf Rüge des Klägers hin für international unzuständig zur Entscheidung über die Gegenforderung zu erklären hat. Besteht aus deutscher Sicht eine ausschließliche internationale Zuständigkeit ausländischer Gerichte, so muß die Unzuständigkeitserklärung auch nach autonomem deutschen Recht von Amts wegen erfolgen, weil auch hier eine rügelose Einlassung des Klägers auf die Aufrechnungseinrede gemäß § 40 Abs. 2 S. 2 ZPO keine zuständigkeitsbegründende Wirkung entfalten kann.[307]

2. *Aussetzen des Verfahrens*

Die Unzuständigkeitserklärung bezüglich der Gegenforderung auf Rüge hin beziehungsweise von Amts wegen (letzteres nach den Rechtsgedanken entweder des Art. 19 EuGVÜ oder des § 40 Abs. 2 S. 2 ZPO) ist freilich nur der erste Schritt. Um die Gegenforderung - und damit auch die Aufrechnungseinrede - trotzdem berücksichtigen zu können, müßte es dem Gericht möglich sein, das Verfahren bis zur Klärung ihres Bestehens auszusetzen. Als Rechtsgrundlagen

---

303 Nach dem EuGVÜ muß sich ein Gericht für unzuständig erklären, wenn seine internationale Unzuständigkeit (zu Recht) gerügt wird - dies ergibt sich aus dem Zusammenspiel von Art. 18 u. Art. 20 Abs. 1 EuGVÜ (letzterer hat den Fall zum Gegenstand, daß der Bekl. am Verfahren überhaupt nicht teilnimmt), siehe *Jenard*, Bericht zum EuGVÜ zu Art. 18 u. Art. 20, S. 38 f. sowie *Geimer/Schütze*, EuZVR, Art. 20 Rz. 1. Entsprechendes ergibt sich aus dem Zusammenspiel der im Wortlaut insoweit im wesentlichen identischen Art. 24, 26 Abs. 1 EuGVVO.

304 Entsprechend Art. 25 EuGVVO.

305 Entsprechend Art. 24 S. 2 F. 2 EuGVVO für die Fälle des Bestehens einer ausschließlichen Zuständigkeit. nach Art. 22 der Verordnung.

306 Ebenso wie Art. 18 EuGVÜ ist § 39 ZPO derart spiegelbildlich anwendbar, daß eine fehlende Entscheidungsbefugnis des Gerichts der Klage hinsichtlich der Gegenforderung durch rügelose Einlassung des Klägers auf die Aufrechnungseinrede des Bekl. überwunden werden kann, unstreitig, siehe z.B.: *BGH* 26.1.1979, NJW 1979, 1104; Stein/Jonas/*Bork*, § 38 Rz. 62; Wieczorek/Schütze/*Hausmann*, § 38 Rz. 101 a.E.

307 Stein/Jonas/*Bork*, § 40 Rz. 7; Wieczorek/Schütze/*Hausmann*, § 39 Rz. 23 u. § 40 Rz. 7.

kommen dafür im autonomen deutschen Recht § 148 ZPO und im EuGVÜ die diesem entsprechende Vorschrift des Art. 22 Abs. 1 in Frage.[308] Art. 22 Abs. 1 EuGVÜ sieht für den Fall, daß bei Gerichten verschiedener Vertragsstaaten Klagen erhoben werden, die im Zusammenhang stehen, vor, daß das später angerufene Gericht das Verfahren aussetzen kann, solange beide Klagen im ersten Rechtszug anhängig sind.[309]

Eine direkte Anwendung dieser Regelung auf die hier untersuchte Fallkonstellation ist nicht möglich, setzt sie doch voraus, daß bei Gerichten verschiedener Vertragsstaaten bereits mehrere in Zusammenhang stehende Klagen gleichzeitig anhängig sind. Denkbar ist aber eine analoge Anwendung der Vorschrift (der BGH jedenfalls hat § 148 ZPO, für den Gleiches gilt, - in Bezug auf die Aufrechnung mit einer rechtswegfremden Gegenforderung - auf die Fälle für entsprechend anwendbar erklärt, in denen die Gegenforderung noch nicht anderweitig anhängig ist)[310]. Voraussetzung dafür wäre, daß bei der hier untersuchten Konstellation die gleiche Interessenlage bestünde wie bei den durch Art. 22 Abs. 1 EuGVÜ direkt geregelten Fällen.

Wie § 148 ZPO im autonomen deutschen Prozeßrecht dient Art. 22 Abs. 1 EuGVÜ, das geht aus der Legaldefinition des Begriffs "Zusammenhang" in Abs. 3 der Regelung hervor, der Vermeidung sich widersprechender Entscheidungen und damit der Sicherung einer geordneten, koordinierten Rechtspflege im Geltungsbereich des Übereinkommens.[311] Die Vorschrift soll, soweit wie möglich, von vornherein eine Situation ausschließen, wie sie in Art. 27 Nr. 3 EuGVÜ[312] geregelt ist, nämlich die Nichtanerkennung einer Entscheidung wegen Unvereinbarkeit mit einer anderen Entscheidung, die zwischen denselben Parteien in dem Staat, in dem die Anerkennung geltend gemacht wird, ergangen ist.[313] Im Lichte dieser Zielsetzung ist die Bestimmung weit auszulegen.[314]

---

[308] Art. 21 EuGVÜ ist insoweit vor dem Hintergrund, daß die zur Aufrechnung gestellte Forderung durch die bloße Verwendung als Verteidigungsmittel nicht rechtshängig wird, nicht anwendbar, *EuGH* v. 08.05.2003 - *Gantner/Basch*, Rs. C-111/01 - IPRax 2003, 443, 444 f. unter Ziff. 27-32 m. Anm. Reischl, IPRax 2003, 426; ebenso die deutsche h.M., vgl. *Geimer/Schütze*, EuZVR, Art. 21 Rz. 34 m.w.N. Im übrigen würde die in Art. 21 Abs. 2 angeordnete Rechtsfolge - Unzuständigkeitserklärung - in Bezug auf die hier zu lösende Problematik ohnehin nicht weiterführen.

[309] Entsprechend (im wesentlichen) Art. 28 Abs. 1 EuGVVO: "Sind bei Gerichten verschiedener Mitgliedsstaaten Klagen, die im Zusammenhang stehen, anhängig, so kann jedes später angerufene Gericht das Verfahren aussetzen"; siehe dazu *Kohler*, Revision, 29.

[310] *BGH* 11.1.1955, NJW 1955 497 f. (s.o., Fn. 300). Zustimmend *Habscheid*, FS Zweigert, 109, 112; Stein/ Jonas/*Roth*, § 148 ZPO Rz. 140; *Luepfert*, 163.

[311] S. *Jenard*, Bericht zum EuGVÜ zu Art. 22; *Kropholler*, EuZPR, Art. 22 Rz. 1-5 i.V.m. Rz. 1 vor Art. 21. Entsprechendes gilt für Art. 28 Abs. 1 EuGVVO, s. dessen Abs. 3 sowie Nr. 15 der der Verordnung vorangestellten Begründung.

[312] Entspr. Art. 34 Nr. 2 EuGVVO.

[313] *EuGH* 8.12.1987 - *Gubisch Maschinenfabrik/Palumbo*, Rs. 144/86 - Slg. 1987, 4861, 4874 Rz. 8 = IPRax 1989, 157 m. Anm. *Schack*, 139 = RIW 1988, 818 m. Anm. *Linke*, 822.

In den hier untersuchten Fällen, in denen die Gerichte eines Vertragsstaates zur Entscheidung über die Forderung des Klägers international zuständig sind, während die Gegenforderung des Beklagten vor den Gerichten eines anderen Vertragsstaates geltend zu machen wäre, besteht der von Art. 22 Abs. 1 EuGVÜ (beziehungsweise von § 148 ZPO) geforderte Zusammenhang zwischen beiden Verfahren aufgrund der Aufrechnung, die das rechtliche Schicksal von Forderung und Gegenforderung miteinander verknüpft.[315] Widersprechende Entscheidungen können sich hier insbesondere dann ergeben, wenn das Gericht eines Vertragsstaates der Ansicht ist, die Aufrechnungseinrede führe nicht zum Erfolg, daraufhin das Bestehen der Klageforderung feststellt und den Beklagten entsprechend verurteilt, während das zum Zwecke der separaten Geltendmachung der Gegenforderung angerufene Gericht eines anderen Vertragsstaates zu dem Ergebnis gelangt, beide Forderungen seien als Folge der Aufrechnung erloschen (zu einer derart unterschiedlichen Einschätzung kann es vor allem aufgrund der Beurteilung der materiellrechtlichen Aufrechnungsvoraussetzungen - inklusive des Bestehens der Gegenforderung - nach unterschiedlichen Sachrechten als Folge der Anwendung eines anderen IPR oder durch eine unterschiedliche Beurteilung der prozessualen Zulässigkeit der Aufrechnungseinrede als Folge der Anwendung eines anderen Verfahrensrechts kommen). In diesen Fällen besteht stets die Gefahr der Nichtanerkennung der betreffenden Entscheidungen im jeweils anderen Vertragsstaat gemäß Art. 27 Nr. 3 EuGVÜ.[316] Die Interessenlage ist demnach die gleiche wie bei den direkt durch Art. 22 Abs. 1 EuGVÜ geregelten Fällen. Einer analogen Anwendung der Vorschrift auf die hier untersuchte Fallkonstellation der fehlenden internationalen Zuständigkeit des Gerichts der Klage zur Entscheidung über die Gegenforderung steht mithin nichts im Wege.[317] Entsprechendes gilt für die analoge Anwendung des § 148 ZPO im autonomen deutschen IZPR.

Eine letzte Frage stellt sich diesbezüglich allerdings noch hinsichtlich der Rechtsfolge der genannten Vorschriften: Sowohl Art. 22 Abs. 1 EuGVÜ als auch § 148 ZPO stellen das Aussetzen des Verfahrens in das Ermessen des Gerichts, um eine dem Einzelfall angepaßte Lösung zu ermöglichen.[318] Bleibt also

[314] *Kropholler*, EuZPR, Art. 22 Rz. 3; *Reischl*, IPRax 2003, 426, 427 u. 429 f.

[315] Vgl. dazu auch *Schlosser*, EuGVÜ, Art. 22 Rz. 3 a.E. sowie *OGH* v. 22.02.2001 - Ob 295/00 a. - ÖJZ 1999, 804.

[316] So auch *Kannengießer*, 188 (Fn. 302). Entsprechendes gilt auch für die Anerkennung nach Art. 34 Nr. 3 EuGVVO sowie im autonomen deutschen IZPR für die Anerkennung nach § 328 Abs. 1 Nr. 3 ZPO.

[317] Vgl. auch den Beschl. des *OLG Hamm* v. 18.10.1982, NJW 1983, 523, 524 u. 525 - das OLG geht dort von der grundsätzlichen Möglichkeit der Aussetzung des Verfahrens gem. Art. 22 EuGVÜ bis zur Entscheidung eines ausländischen Gerichts über die aufrechnungsweise geltend gemachte Forderung aus. Gleiches gilt für die analoge Anwendung von Art. 28 Abs. 1 EuGVVO.

[318] *Luepfert*, 217 ff., insbes. 219 (zu Art. 22 Abs. 2 EuGVÜ). Entsprechend auch Art. 28 Abs. 1 EuGVVO.

dem Gericht die Beurteilung überlassen, ob es zweckmäßig ist, das Verfahren auszusetzen und die Entscheidung des dafür zuständigen ausländischen Gerichts über die Gegenforderung abzuwarten, ob es lieber selbst über Letzere entscheiden oder ob es die Aufrechnungseinrede als unzulässig zurückweisen sollte?

Auch dieses Problem ist bereits aus dem internen deutschen Prozeßrecht von der entsprechenden Anwendung des § 148 ZPO auf die Fälle der Aufrechnung mit einer rechtswegfremden Gegenforderung her bekannt. Der BGH sah in der betreffenden Fallkonstellation das Ermessen des Gerichts als auf Null reduziert und eine Aussetzung des Verfahrens als obligatorisch an, da einerseits die Zurückweisung der Aufrechnung als unzulässig auf eine Rechtsverweigerung gegenüber dem Beklagten hinauslaufe und andererseits die Entscheidung eines Gerichts des falschen Rechtsweges über die Gegenforderung nicht mit §§ 13, 17 GVG, 322 Abs. 2 ZPO vereinbar sei.[319]

Zwar läßt sich diese Begründung nicht direkt auf die entsprechende Anwendung von Art. 22 Abs. 1 EuGVÜ beziehungsweise § 148 ZPO bei fehlender internationaler Zuständigkeit des Gerichts der Klage für die Gegenforderung übertragen, die vom BGH dabei angestellten grundsätzlichen Überlegungen sind jedoch auch hier von Belang. Auch hier ergibt sich die Rechtsfolge nämlich zwingend aus der durch die prozessuale Geltendmachung einer Aufrechnung hervorgerufenen besonderen Konstellation: Wie sich bei der an der Abwägung der Parteiinteressen orientierten zuständigkeitsrechtlichen Beurteilung der einzelnen Phasen des Prozesses der Entscheidung über die Aufrechnung gezeigt hat, weist einerseits die Vorfrage des Bestehens und der Höhe der Gegenforderung kompetenzrechtliche Relevanz auf, so daß nur ein dafür international zuständiges Gericht darüber befinden darf, während das Gericht der Klage andererseits die Aufrechnungseinrede als solche stets zu berücksichtigen hat und sie nicht als unzulässig zurückweisen darf, weil insoweit kein kompetenzrechtlicher Bezug besteht.[320] Im Ergebnis bleibt dem Gericht der Klage also gar keine andere Möglichkeit als das Verfahren auszusetzen, sein Ermessen ist auf Null reduziert.

3. *Maßnahmen zur Verhinderung der Verfahrensverschleppung*

Gegen eine Aussetzung des Verfahrens in den betreffenden Fällen wird eingewandt, sie führe zu einer Zersplitterung und Verlängerung des endgültigen Befriedungsprozesses[321] und der Kläger werde durch die dadurch ausgelöste lang andauernde Rechtsunsicherheit zu stark belastet.[322] Insbesondere werde dadurch

[319] *BGH* 11.1.1955, NJW 1955, 497 u. 498; siehe dazu auch oben, Fn. 300.
[320] Siehe dazu oben, S. 162 ff.
[321] *Coester-Waltjen*, FS Lüke, 44 f.
[322] *Schack*, IZVR, Rz. 355; vgl. auch *Geimer*, IPRax 1986, 208, 214.

dem Beklagten die Möglichkeit eröffnet, den Rechtsstreit durch Geltendmachung der Aufrechnung mit "fernliegenden Forderungen" zu verschleppen.[323]

Richtig ist, daß in der hier untersuchten Konstellation die Gefahr der Verfahrensverzögerung und der damit verbundenen Beeinträchtigung des Klägerrechts auf Justizgewährung über das ohnehin stets mit einer Aussetzung gemäß Art. 22 Abs. 1 EuGVÜ beziehungsweise § 148 ZPO einhergehende Maß hinaus in zweierlei Hinsicht noch erhöht ist, weil hier - anders als in dem von den Vorschriften direkt geregelten Fall - zum Zeitpunkt der Aussetzung ein zweites Verfahren vor einem anderen Gericht noch nicht anhängig ist: Zum einen kann sich das Ausgangsgericht zwar auf Rüge hin beziehungsweise von Amts wegen für unzuständig zur Entscheidung über die Gegenforderung erklären, eine entsprechende Verweisung an ein dafür international zuständiges ausländisches Gericht ist aber nicht möglich[324] - innerstaatliche Gerichte können internationale Zuständigkeit naturgemäß nur abweisen, nicht aber rechtsverbindlich zuweisen.[325] Dies hat zur Konsequenz, daß das Gericht die Ingangsetzung des betreffenden ausländischen Verfahrens in die Hände des Beklagten legen muß, was diesem die Gelegenheit zur Verfahrensverschleppung eröffnet. Zum anderen ist es theoretisch denkbar, daß das ausländische Verfahren an sich eine - nach deutschen Maßstäben - unzumutbar lange Dauer in Anspruch nimmt (dazu näher unten unter d), S. 182).

Was die Gefahr der Verfahrensverschleppung durch den Beklagten angeht, so ließe sich diese möglicherweise durch einige zusätzliche Maßnahmen auf ein zumutbares Maß reduzieren - auch hier weist wieder die deutsche höchstrichterliche Rechtsprechung zu den Fällen der Aufrechnung mit rechtswegfremden Gegenforderungen den Weg. Danach kann zum einen dem Beklagten bei der Aussetzung eine Frist zur Ingangsetzung des der Klärung des Bestehens seiner Gegenforderung dienenden Verfahrens im dafür eröffneten Rechtsweg gesetzt werden, nach deren Verstreichen die Aufrechnungseinrede als präkludiert zurückgewiesen werden kann und zum anderen ein Vorbehaltsurteil nach § 302 ZPO erlassen werden, um dem Kläger bereits einen vorläufig vollstreckbaren Titel an die Hand zu geben.[326] Zu prüfen ist nun, ob sich diese Vorgehensweise auf die hier untersuchte Problematik im Internationalen Zivilprozeßrecht übertragen läßt.

Das EuGVÜ enthält für ein entsprechendes Vorgehen keine Rechtsgrundlagen. Das Übereinkommen erhebt aber auch gar keinen Anspruch, das eigentliche Zivilverfahren in allen Einzelheiten umfassend zu regeln, es soll vielmehr lediglich den Rahmen eines einheitlichen Zuständigkeitssystems schaffen sowie die

---

[323] *Gebauer*, IPRax 1998, 79, 85 f.

[324] Anders als etwa nach § 281 Abs. 1 ZPO an das örtlich oder sachlich zuständige Gericht oder nach Art. 17 a Abs. 2 GVG an das zuständige Gericht des zulässigen Rechtswegs.

[325] *Schröder*, Internat. Zust., 599.

[326] S.o., S. 167 bzw. die Fundstellen dort bei Fn. 300.

Anerkennung und Vollstreckung gerichtlicher Entscheidungen erleichtern.[327] Im übrigen, insbesondere auch für den Gang des Verfahrens, kann und muß daher ergänzend auf die Vorschriften der ZPO zurückgegriffen werden.[328] So besteht etwa Einigkeit dahingehend, daß Art. 22 Abs. 1 EuGVÜ die Modalitäten der Aussetzung dem nationalen Recht überläßt, so daß in Deutschland zum Beispiel § 148 ZPO analog oder für ihre Wirkungen § 249 ZPO analog heranzuziehen sind.[329] Dementsprechend kann dann auch für eine mit der Aussetzung verbundene Fristsetzung gegenüber dem Beklagten sowie für die Möglichkeit, ein Vorbehaltsurteil zu erlassen, im autonomen deutschen Prozeßrecht nach Rechtsgrundlagen gesucht werden.

a) *Vorbehaltsurteil über Klageforderung; Vollstreckungsschutz für Beklagten*

Das autonome deutsche Zivilprozeßrecht sieht in § 302 Abs. 1 ZPO vor, daß über die Klageforderung ein Urteil unter Vorbehalt der Entscheidung über die Aufrechnung ergehen kann, wenn nur die Verhandlung über die Klageforderung zur Entscheidung reif ist. Der Erlaß eines solchen Vorbehaltsurteils würde dem Kläger frühzeitig die Möglichkeit zur - wenn auch zunächst nur vorläufigen - Zwangsvollstreckung geben (auch in den anderen Vertragsstaaten des EuGVÜ sind Vorbehaltsurteile gemäß Art. 31 ff. des Übereinkommens[330] als Vollstreckungstitel zuzulassen) und so die für ihn mit der Aussetzung des (Nach-)Verfahrens und dem Abwarten der ausländischen Entscheidung über die Gegenforderung verbundene Belastung erheblich vermindern.

Grundsätzlich steht dem Erlaß eines Vorbehaltsurteils nach § 302 Abs. 1 ZPO auch in der hier untersuchten Konstellation nichts im Wege. Allerdings wird die Tatsache, daß die Anwendung der Vorschrift immer dann ausscheidet, wenn der Streit über die Aufrechnungseinrede bereits entscheidungsreif ist, von *Mankowski* und *Ahlt* zum Anlaß genommen, den Erlaß eines Vorbehaltsurteils als nicht zu einer generellen Lösung des Problems geeigneten Ansatz einzustufen.[331] Es wird nun zu prüfen sein, ob diese Argumentation schlüssig ist.

---

[327] S.o., S. 142 f. und *EuGH* 15.5.1990, - *Hagen GmbH/Zeehaghe BV*, Rs. C 365/88 -, IPRax 1992, 310, 312. Entsprechendes gilt für die EuGVVO, siehe die der Verordnung vorangestellte Begründung.

[328] Siehe dazu auch *Schulte-Beckhausen*, 13 ff., insbes. 19-21.

[329] Siehe z.B. *OLG Hamm*, Beschl. v. 18.10.1982, NJW 1983, 523, 524; *Kropholler*, EuZPR, Art. 22 Rz. 7 i.V.m. Art. 21 Rz. 23; *Geimer/Schütze*, EuZVR, Art. 22 Rz. 15 u. Art. 21 Rz. 45; *Dohm*, 185 f.

[330] Entsprechend Art. 38 ff. EuGVVO.

[331] *Mankowski*, 394; *Ahlt*, 112. Die von den genannten Autoren in diesem Zusammenhang ebenfalls als Argument herangezogene Voraussetzung des § 302 Abs. 1 ZPO a.F., daß die Gegenforderung mit der Klageforderung nicht in rechtlichem Zusammenhang stehen durfte, ist durch Art. 2 Abs. 4 Nr. 2 des Gesetzes v. 30.3.2000 mit Wirkung vom 1.5.2000 gestrichen worden (BGBl. I, S. 330), siehe dazu Zöller/*Vollkommer*, § 302 Rz. 1 u. 3. Das betreffende

Eine Streitfrage ist entscheidungsreif, sobald feststeht, wie die Entscheidung darüber auszufallen hat.[332] Bei der zuständigkeitsrechtlichen Bewertung oben unter F. III. 3.[333] wurde festgestellt, daß der Vorfrage des Bestehens und der Höhe der Gegenforderung kompetenzrechtliche Relevanz zukommt, so daß das Gericht der Klage nicht über die Gegenforderung entscheiden darf, wenn es für ihre selbständige Geltendmachung international unzuständig wäre. Darf das Ausgangsgericht aber nicht über die Gegenforderung entscheiden, so kann die Frage, ob die Aufrechnungseinrede Erfolg hat, prinzipiell auch erst dann entscheidungsreif sein, wenn das zuständige ausländische Gericht zuvor über die Begründetheit der Aufrechnungsforderung entschieden hat. In der hier untersuchten Konstellation der fehlenden internationalen Entscheidungszuständigkeit des Gerichts der Klage für die Gegenforderung kann der Fall eines entscheidungsrei-

---

Argument konnte aber auch unter der alten Fassung des § 302 Abs. 1 ZPO nicht dagegen angeführt werden, das Instrument Vorbehaltsurteil in die Entwicklung eines generellen Lösungswegs für die hier untersuchte Problematik einzubeziehen: Zunächst einmal war bei Bestehen eines solchen rechtlichen Zusammenhangs zwischen den beiden Forderungen das Gericht der Klage in aller Regel nach den Rechtsgedanken entweder des Art. 6 Nr. 3 EuGVÜ oder des § 33 Abs. 1 ZPO ohnehin zur Entscheidung auch über die Aufrechnungsforderung befugt, so daß der Erlaß eines Vorbehaltsurteils zumeist gar nicht erforderlich wurde (siehe dazu oben C., S. 113 f. bzw. D., S. 114 u. *Leipold*, ZZP 107 (1994), 216, 226). Zuzugeben war allerdings, daß der Begriff des rechtlichen Zusammenhangs in § 302 Abs. 1 ZPO zwar mit dem Konnexitätserfordernis in § 33 Abs. 1 ZPO ("Zusammenhang"), aber nicht hundertprozentig mit jenem in Art. 6 Nr. 3 EuGVÜ übereinstimmt (siehe dazu näher *Jenard*, Bericht zum EuGVÜ, 28 u. *Kropholler*, EuZPR, zu Art. 6 Nr. 3 EuGVÜ Rz. 35 m.w.N. einerseits - Gleiches gilt im übrigen für Art. 6 Nr. 3 EuGVVO - sowie *BGH* 22.10.1957, *BGHZ* 25, 360, 363 f., *OLG Karlsruhe* 29.7.1986, NJW-RR 1987, 254, *OLG Düsseldorf* 12.7.1984, OLGZ 85, 76 = MDR 1985, 60 u. Zöller/*Vollkommer*, 21. Aufl., § 302 Rz. 2 f. m.w.N. andererseits), so daß sich in der Tat Fälle ergeben konnten, in denen das Gericht der Klage nicht nach dem Rechtsgedanken des Art. 6 Nr. 3 EuGVÜ zur Entscheidung über die Gegenforderung befugt war, andererseits aber auch die Voraussetzungen für den Erlaß eines Vorbehaltsurteils nach § 302 Abs. 1 ZPO nicht erfüllt waren, weil Forderung und Gegenforderung in "rechtlichem Zusammenhang" i.S. dieser Vorschrift standen. Diesem Mißstand konnte jedoch abgeholfen werden, indem man für die hier untersuchte Fallkonstellation den Begriff des "rechtlichen Zusammenhangs" in § 302 Abs. 1 ZPO entweder einschränkend auslegte (so vorgeschlagen von *Leipold*, ZZP 107 (1994), 216, 226 u. *Geimer*, IPRax 1986, 208, 213 f. Fn. 48) oder die Vorschrift gleich von vornherein nur analog anwendete (so vorgeschlagen von *Leipold*, ZZP 107 (1994), 216, 226 u. *Schröder*, Internat. Zust., 599 f.). Beides ließ sich mit der gesteigerten Schutzbedürftigkeit des Klägers rechtfertigen, die daraus resultiert, daß durch das Abwarten der Entscheidung eines ausländischen Gerichts eine erheblich größere Verzögerung des Verfahrens droht als in den den eigentlichen Anwendungsbereich von § 302 Abs. 1 ZPO bildenden Fällen, in denen das gleiche Gericht über Forderung und Gegenforderung zu entscheiden hat. *Geimer* (IPRax 1986, 208, 213 f. Fn. 48) hielt es deshalb sogar für möglich, das Konnexitätserfordernis in der Vorschrift "ganz zu ignorieren".

[332] Vgl. Zöller/*Vollkommer*, § 300 Rz. 2; *Thomas*/Putzo, § 300 Rz. 2.

[333] Siehe 162 ff.

fen Streits über die Aufrechnungseinrede, der den Erlaß eines Vorbehaltsurteils ausschließen würde, also grundsätzlich gar nicht vorkommen.

Ausnahmen bilden lediglich die Fälle, in denen die Aufrechnungsforderung unstreitig oder rechtskräftig festgestellt[334] oder die Aufrechnungseinrede prozessual unzulässig ist, denn hier kann das Gericht der Klage bereits ohne weiteres über die Aufrechnungseinrede entscheiden. Aber auch diese Ausnahmefälle vermögen den Standpunkt *Mankowskis* und *Ahlts* nicht zu stützen. Gerade weil nämlich ein ausländisches Verfahren zur Prüfung der Begründetheit der Gegenforderung hier jeweils nicht erforderlich ist, bedarf es auch gar nicht des Erlasses eines Vorbehaltsurteils, welches ja nur dazu dient, dem Kläger während des Abwartens der Entscheidung eines ausländischen Gerichts schon einmal einen vorläufig vollstreckbaren Titel an die Hand zu geben. Die Tatsache, daß § 302 Abs. 1 ZPO nur anwendbar ist, wenn der Streit über die Aufrechnungseinrede noch nicht entscheidungsreif ist, läßt sich mithin nicht als Argument gegen die Einbeziehung des Instruments Vorbehaltsurteil in die Entwicklung eines generellen Lösungswegs für die hier untersuchte Problematik anführen.

Bedenken anderer Art äußert *Gebauer*. Er sieht die materiellrechtlichen Funktionen der Aufrechnung gefährdet, da dem Beklagten, falls der Kläger aus dem Vorbehaltsurteil vollstrecke, die Möglichkeit einer "Selbstexekution" seiner Gegenforderung sowie ihre insolvenzfeste Sicherung verloren gehe.[335] Der Autor übersieht dabei jedoch, daß diese Bedenken schon deswegen nicht als Argument gegen die hier entwickelte Lösung dienen können, weil der Erlaß eines Vorbehaltsurteils (mit all den dadurch seiner Ansicht nach drohenden Beeinträchtigungen für den Beklagten) bei Vorliegen der Voraussetzungen des § 302 Abs. 1 ZPO auch dann erforderlich werden kann, wenn man der von ihm selbst vertretenen Lösung folgt, wonach das Gericht der Klage generell zur Entscheidung über die Gegenforderung mit zuständig sein soll.

Sein Einwand läuft aber auch deshalb ins Leere, weil damit die Existenzberechtigung des - positivrechtlich normierten - Instituts Vorbehaltsurteil generell in Frage gestellt wird: Wären die Befürchtungen des Autors hinsichtlich einer Beeinträchtigung der rechtlichen Position des Beklagten nämlich begründet, so wäre diese die Folge einer jeden Vollstreckung aus einem Vorbehaltsurteil, egal ob der zugrundeliegende Sachverhalt Auslandsbezug aufweisen würde oder nicht. Der Gesetzgeber indes hat das Instrument des Vorbehaltsurteils offensichtlich für geeignet erachtet, einen Beitrag zur Ermöglichung eines besseren Ausgleichs der bei einer Aufrechnung beteiligten Parteiinteressen zu leisten.

Sieht man einmal davon ab, daß *Gebauer* bei seinem Einwand diese Bewertung der Interessenlage durch den Gesetzgeber verkennt und zudem die Tatsache

---

334 Zu beiden Fällen siehe oben I., S. 164.

335 *Gebauer*, IPRax 1998, 79, 85 f.; *ders.*, JbItalR 12 (1999), 31, 54, dort Fn. 138. Zu den materiellrechtlichen Funktionen der Aufrechnung im einzelnen s.o. im Ersten Abschnitt unter E. II. 1., S. 72 u. 3., S. 73 ff.

übersieht, daß auch ein Vorgehen nach der von ihm vorgeschlagenen Lösung den Erlaß eines Vorbehaltsurteils nicht notwendig ausschließt,[336] so liegt er zumindest insofern richtig, als daß die Möglichkeit des Beklagten zur "Selbstexekution" seiner Forderung bei Erlaß eines vorläufig vollstreckbaren Vorbehaltsurteils tatsächlich nicht in jedem Fall gewährleistet ist. Zwar ist, falls sich im Nachverfahren (hier: im gesonderten ausländischen Verfahren als Teil des deutschen Nachverfahrens gemäß § 302 Abs. 4 ZPO) die Begründetheit der Gegenforderung ergibt und alle weiteren Aufrechnungsvoraussetzungen gegeben sind, gemäß § 302 Abs. 4 S. 2 ZPO das Vorbehaltsurteil aufzuheben. Auch tritt dann als Folge davon nach § 717 Abs. 1 ZPO dessen vorläufige Vollstreckbarkeit außer Kraft und sind bereits getroffene Vollstreckungsmaßregeln gemäß § 776 S. 1 i.V.m. § 775 Nr. 1 ZPO aufzuheben. In den Fällen aber, in denen das Zwangsvollstreckungsverfahren zum Zeitpunkt des Eintritts dieser Rechtsfolgen bereits abgeschlossen ist, kann der Beklagte seine Gegenforderung trotz Verrechnung mit der Klageforderung wirtschaftlich eben nicht mehr ohne die Hilfe staatlicher Organe durchsetzen, was ihm die Aufrechnung ansonsten ermöglicht.[337] Vielmehr bleibt ihm dann nur, seinen gemäß § 302 Abs. 4 S. 3 ZPO bestehenden Anspruch auf Ersatz des Schadens, der ihm durch die Vollstreckung des Urteils oder durch eine zur Abwendung der Vollstreckung gemachte Leistung entstanden ist, seinerseits vermittels eines Zwangsvollstreckungsverfahrens durchzusetzen, wozu er zunächst einen Vollstreckungstitel erwirken muß. Wenigstens kommt ihm das Gesetz insoweit entgegen, als es ihm die Möglichkeit eröffnet, den betreffenden Schadensersatzanspruch gemäß § 302 Abs. 4 S. 4 ZPO noch in dem anhängigen Rechtsstreit geltend zu machen (im Anwendungsbereich des EuGVÜ wird sich die internationale Zuständigkeit des Gerichts der Klage diesbezüglich in der Regel aus Art. 5 Nr. 3 des Übereinkommens ergeben,[338] im autonomen deutschen IZPR folgt sie direkt aus § 302 Abs. 4 S. 4 ZPO).

Als erheblich folgenreicher für den Beklagten kann sich freilich in dieser Situation der ebenfalls von *Gebauer* angesprochene Verlust der insolvenzfesten

[336] Beide Umstände werden auch von *Kannengießer*, 170 u. 173 übersehen, der sich wie *Gebauer* gegen den Erlaß eines Vorbehaltsurteils und für eine generelle Befugnis des Gerichts der Klage zur Entscheidung auch über die Gegenforderung ausspricht.

[337] Siehe zu den materiellrechtlichen Funktionen der Aufrechnung im einzelnen oben im Ersten Abschn. unter E. II. 1., S. 72 u. 3., S. 73 ff.

[338] So auch Wieczorek/Schütze/*Hausmann*, Art. 16 Rz. 62 (Fn. 135); *Geimer/Schütze*, EuZVR Art. 16 Rz. 272. Art. 5 Nr. 3 gilt nicht nur für Klagen aus unerlaubten Handlungen i.S.d. BGB, sondern für alle Klagen, mit denen eine Schadenshaftung des Bekl. geltend gemacht wird, und die nicht an einen "Vertrag" i.S.d. Art. 5 Nr. 1 EuGVÜ anknüpfen, *EuGH* 27.9.1988 - *Kalfelis*, Rs. C-189/87 - Slg. 1988, 5565 = NJW 1988, 3088 m. Anm. *Geimer* = RIW 1988, 987 m. Anm. *Schlosser*. Hingegen wird die Anwendung von Art. 16 Nr. 5 EuGVÜ auf Schadensersatzklagen aus unberechtigter Vollstreckung von der h.M. abgelehnt: *Kropholler*, EuZPR, Art. 16 Rz. 60; Bülow/Böckstiegel/*Müller*, Art. 16 Anm. IV 5; MünchKomm-ZPO/*Gottwald*, Art. 16 EuGVÜ Rz. 38; Wieczorek/Schütze/*Hausmann*, Art. 16 Rz. 62. A.A.: *Alfred Wolf*, NJW 1973, 397, 401.

Sicherung seiner Gegenforderung erweisen, sollte der Kläger anschließend nicht mehr in der Lage sein, den Schadensersatzanspruch des Beklagten aus § 302 Abs. 4 S. 3 ZPO zu erfüllen.[339] Auch dieses Problem hat der Gesetzgeber aber bei der Normierung des Vorbehaltsurteils erkannt und durch § 707 S. 1 ZPO Abhilfe geschaffen. Nach dieser Vorschrift kann das Gericht auf Antrag unter anderem anordnen, daß die Zwangsvollstreckung nur gegen Sicherheitsleistung stattfinde. Eine solche Anordnung wird das Gericht jedenfalls immer dann zu treffen haben, wenn die Insolvenz des Klägers zu befürchten oder seine wirtschaftliche Lage unklar ist. Stellt sich dann im ausländischen Verfahren die Begründetheit der Gegenforderung heraus und sind alle weiteren Aufrechnungsvoraussetzungen gegeben, ist - wie bereits ausgeführt - gemäß § 302 Abs. 4 S. 2 ZPO das Vorbehaltsurteil aufzuheben, seine vorläufige Vollstreckbarkeit tritt nach § 717 Abs. 1 ZPO außer Kraft. Der Beklagte kann dann die Einwilligung des Klägers in die Herausgabe der Sicherheit durch die Hinterlegungsstelle verlangen (vgl. § 13 Abs. 2 Nr. 1 Hinterlegungsordnung). Wird diese nicht erteilt, so muß er seine Herausgabeberechtigung gerichtlich feststellen lassen (vgl. § 13 Abs. 2 Nr. 2 Hinterlegungsordnung). Ist die Sicherheitsleistung nicht durch Hinterlegung von Geld oder Wertpapieren (gesetzlicher Regelfall, § 108 Abs. 1 S. 2 ZPO i.V.m. § 234 Abs. 1 u. 3 BGB), sondern durch eine Bürgschaft bewirkt worden, so kann er den Bürgen direkt in Anspruch nehmen (gemäß § 239 Abs. 2 BGB muß der sicherheitsleistende Bürge den Verzicht auf die Einrede der Vorausklage nach § 771 BGB erklären; bei Bankbürgschaft ist diese Einrede gemäß § 349 HGB kraft Gesetzes ausgeschlossen).

Durch die gerichtliche Anordnung gemäß § 707 S. 1 ZPO, daß die Zwangsvollstreckung nur gegen Sicherheitsleistung stattfinde, kann also gewährleistet werden, daß die Sicherungsfunktion der Aufrechnung[340] im vollen Umfang erhalten bleibt (weitergehende gerichtliche Anordnungen nach § 707 S. 1 ZPO, wie die einstweilige Einstellung der Zwangsvollstreckung, werden hingegen in aller Regel aufgrund der bereits angesprochenen, gegenüber dem eigentlichen Anwendungsbereich von § 302 Abs. 1 ZPO gesteigerten Schutzbedürftigkeit des Klägers bei einem Abwarten der Entscheidung eines ausländischen Gerichts aufgrund der dabei in erheblich größerem Ausmaße bestehenden Gefahr der Verfahrensverzögerung nicht angemessen sein). Die Befürchtung *Gebauers*, dem Beklagten gehe die insolvenzfeste Sicherung seiner Gegenforderung verloren, wenn der Kläger aus dem Vorbehaltsurteil vollstrecke, ist daher unbegründet.

Zusammenfassend kann mithin festgehalten werden, daß der Erlaß eines Vorbehaltsurteils über die Klageforderung gemäß § 302 Abs. 1 ZPO - entgegen

---

[339] Auf dieses Argument greift auch *Kannengießer* (auf S. 173) zurück.

[340] Siehe hierzu und zu den übrigen materiellrechtlichen Funktionen der Aufrechnung oben im Ersten Abschnitt unter E. II. 1., S. 72 u. 3., S. 73 ff.

Mankowski und *Ahlt* -[341] durchaus dazu geeignet ist, einen Beitrag zur generellen Lösung der hier untersuchten Problematik zu leisten und zu einem angemessenen Ausgleich zwischen den Parteiinteressen beizusteuern. Die für den Kläger mit dem Abwarten der Entscheidung über die Gegenforderung durch das dafür zuständige ausländische Gericht verbundene Beeinträchtigung wird dadurch, daß er bereits einen vorläufig vollstreckbaren Titel an die Hand bekommt, erheblich vermindert. Zudem wird die Neigung des Beklagten, das Verfahren zu verschleppen, angesichts dieser Vollstreckungsmöglichkeit des Klägers deutlich abnehmen: Ist der Beklagte von der Begründetheit seiner Gegenforderung überzeugt, wird er nun daran interessiert sein, so schnell wie möglich die Aufhebung des Vorbehaltsurteils zu erreichen. Hat er hingegen die Aufrechnung mit einer auch seiner Ansicht nach fernliegenden Forderung erklärt, so wird die Motivation dahinter vornehmlich gerade darin bestanden haben, die Erlangung eines vollstreckbaren Titels durch den Kläger möglichst lange hinauszuzögern; ist das Vorbehaltsurteil einmal erlassen, macht eine weitere Verschleppung des Verfahrens für den Beklagten demzufolge objektiv betrachtet keinen Sinn mehr. Während der Erlaß eines Vorbehaltsurteils auf diese Weise einerseits die Stellung des Klägers erheblich verbessert, lassen sich auf der anderen Seite im Interesse des Beklagten die materiellrechtlichen Funktionen der Aufrechnung - insbesondere die für ihn so wichtige Sicherungsfunktion - weitgehend erhalten, wenn gemäß § 707 S. 1 ZPO auf seinen Antrag hin angeordnet wird, daß die Zwangsvollstreckung nur gegen Sicherheitsleistung stattfinde; zwingend ist eine entsprechende Anordnung jedenfalls dann, wenn die Insolvenz des Klägers zu befürchten oder seine wirtschaftliche Lage unklar ist.

b) *Fristsetzung; Präklusion bei Fristüberschreitung*

Obwohl der Kläger bei Erlaß eines Vorbehaltsurteils mit der Erlangung eines (vorläufig) vollstreckbaren Titels bereits das mit seiner Klage verfolgte Primärziel erreicht hat, wird seine Position doch immer noch durch die Rechtsunsicherheit belastet, die mit dem Vorbehalt der Entscheidung über die Aufrechnung, unter dem das Urteil steht, verbunden ist. Der Zeitraum bis zur endgültigen Entscheidung des Rechtsstreits ist daher so gering wie möglich zu halten. Wie bereits dargelegt, kann das Gericht der Klage das Verfahren zur Feststellung des Bestehens der Gegenforderung nicht rechtsverbindlich an das dafür zuständige ausländische Gericht verweisen,[342] so daß es die Ingangsetzung des betreffenden ausländischen Verfahrens in die Hände des Beklagten legen muß, was diesem die Möglichkeit zur Verfahrensverschleppung eröffnet. Zwar bringt diesem, wie zuvor unter a) ausgeführt wurde, nach Erlaß eines Vorbehaltsurteils

[341] S.o., S. 173.
[342] S.o., S. 172.

eine weitere Verzögerung des Verfahrens objektiv betrachtet keinen Nutzen mehr. Denkbar ist aber nach wie vor, daß er das Verfahren zum Beispiel aus Gleichgültigkeit einfach schleifen läßt. Dieser Gefahr könnte das Gericht möglicherweise zunächst einmal dadurch entgegenwirken, daß es dem Beklagten eine Frist zur Ingangsetzung des der Klärung des Bestehens seiner Gegenforderung dienenden Prozesses vor dem insoweit international zuständigen ausländischen Gericht setzt.

Teile der Lehre sprechen sich zwar dafür aus, dem Beklagten bei Aussetzung des Verfahrens eine entsprechende Frist zu setzen, geben aber dafür - wie auch der BGH bei seiner bereits zuvor zitierten[343] Rechtsprechung zur Aufrechnung mit rechtswegfremden Gegenforderungen - keine Rechtsgrundlage an.[344] Andererseits ist in der Literatur vorgeschlagen worden, die Fristsetzung auf § 151 ZPO in entsprechender Anwendung zu stützen[345] - der Rückgriff auf diese Vorschrift ist jedoch nicht mehr möglich, da sie mit Wirkung vom 1.7.1998 aufgehoben worden ist.[346] Dies ändert aber nichts an der Tatsache, daß die ZPO der Verfahrensbeschleunigung hohe Priorität einräumt und zur Verfolgung dieses Zieles in mehreren Fällen auch auf das Mittel der Fristsetzung durch das Gericht zurückgreift. Als Beispiele dafür seien hier insbesondere die §§ 275 Abs. 1 S. 1, Abs. 3 und Abs. 4, 276 Abs. 3, 283, 356, 364 Abs. 3 S. 1 sowie 431 i.V.m. 428 ZPO erwähnt. Alle diese Vorschriften haben gemeinsam, daß sie dem Gericht aufgeben beziehungsweise in sein Ermessen stellen, einer der Parteien eine (angemessene) Frist zur Vornahme einer bestimmten Handlung zu setzen, von der der Fortgang des Verfahrens abhängt, um ihr auf diese Weise die Möglichkeit zur Verschleppung des Prozesses zu nehmen. Diese Interessenlage entspricht derjenigen bei der hier zu lösenden Problemstellung, so daß diesbezüglich eine Rechtsanalogie zu den genannten Vorschriften angebracht erscheint.

Damit wäre eine Rechtsgrundlage für die Fristsetzung gefunden. Sinn würde eine solche Fristsetzung freilich nur dann machen, wenn das Gericht den Aufrechnungseinwand im Falle der Versäumung der betreffenden Frist zurückweisen könnte. Auch hier stellt sich wiederum die Frage, ob sich eine rechtliche Grundlage für ein solches Vorgehen finden läßt. In der Lehre wird in diesem Zusammenhang von "Zurückweisung als verspätet" [347] oder einfach von "Nichtberücksichtigung der Aufrechnung" [348] gesprochen, ohne daß dafür jedoch mögliche Rechtsgrundlagen genannt werden. Einzig *Schröder* hat - entsprechend der Rechtsprechung des BGH zur Aufrechnung mit rechtswegfremden Gegenforde-

[343] S.o., Fn. 326.

[344] So etwa *Geimer*, IPRax 1986, 208, 214 f. Fn. 48 oder *Leipold*, ZZP 107 (1994), 216, 225.

[345] Siehe z.B. *G. Wagner*, IPRax 1999, 65, 74.

[346] Art. 3 Ziff. 2 Eheschließungsrechtsges. v. 4.5.1998, BGBl. I, S. 833, in Kraft seit 1.7.1998 gem. Art. 18 Abs. 3.

[347] *Geimer*, IPRax 1986, 208, 214 f. Fn. 48.

[348] *Eickhoff*, 172; sinngemäß auch *G. Wagner*, 73.

rungen -[349] eine analoge Anwendung des (alten) § 279 ZPO vorgeschlagen,[350] der 1977 weitgehend in den heutigen § 296 Abs. 2 ZPO übernommen wurde.[351]

In der Tat bietet sich der Rückgriff auf eine entsprechende Anwendung von § 296 ZPO als der zentralen Präklusionsvorschrift der ZPO an, heute jedoch eher von § 296 Abs. 1 ZPO als von Abs. 2 der Vorschrift, da ersterer speziell die Versäumung von Fristen zum Anknüpfungspunkt hat. Zu bedenken ist dabei allerdings, daß § 296 Abs. 1 ZPO eigentlich nur für die dort genannten Fristen sowie für solche Fristen gilt, für die das Gesetz die Vorschrift ausdrücklich für entsprechend anwendbar erklärt. Eine analoge Anwendung auf andere Fristen kommt grundsätzlich nicht in Betracht,[352] da Präklusionsvorschriften wegen ihres einschneidenden Charakters aus verfassungsrechtlichen Gründen (Art. 103 Abs. 1 GG - Anspruch auf rechtliches Gehör) prinzipiell eng auszulegen sind.[353] In der hier untersuchten Fallkonstellation ist m. E. aufgrund der besonderen Interessenlage eine entsprechende Anwendung des § 296 Abs. 1 ZPO aber trotzdem vertretbar:

Die von § 296 Abs. 1 ZPO angeordnete Rechtsfolge der Präklusion und die damit verbundene Beeinträchtigung des durch Art. 103 Abs. 1 GG geschützten Anspruchs des Beklagten auf rechtliches Gehör finden ihre Rechtfertigung darin, daß unter den dort genannten Umständen die auf eine zügige Fortsetzung des Verfahrens gerichteten Interessen, insbesondere das seinerseits verfassungsrechtlich geschützte Recht des Klägers auf effektiven Rechtsschutz (Art. 19 Abs. 4 GG),[354] durch eine weitere und zudem der säumigen Partei vorwerfbare Verzögerung in zu hohem Maße beeinträchtigt würden.[355] In der hier untersuchten Fallkonstellation ist die Rechtsposition des Klägers durch die vergleichsweise längere Verzögerung, die mit dem Abwarten einer Entscheidung eines ausländischen Gerichts einhergeht, die er jedoch angesichts der insoweit überwiegenden Rechte des Beklagten auf rechtliches Gehör (Art. 103 Abs. 1 GG) und auf die Möglichkeit zur effektiven Verteidigung (Art. 19 Abs. 4 GG) hinzunehmen hat, ohnehin schon in höherem Maße beeinträchtigt als in den direkt von § 296 Abs. 1 ZPO geregelten Fällen. Um so deutlicher muß dann aber die Abwägung zu seinen Gunsten ausfallen, wenn der Beklagte unentschuldigt die ihm gesetzte Frist versäumt - die dadurch verursachte weitere Verzögerung des Verfahrens kann dem Kläger nicht mehr zugemutet werden. Andererseits verliert

---

[349] *BGH* 11.1.1955, NJW 1955, 497, 498; s. dazu auch oben, Fn. 300.

[350] *Schröder*, Internat. Zust., 599.

[351] Art. 1 Z. 29 der Vereinfachungsnovelle v. 3.12.1976, BGBl. I S. 3281, in Kraft seit 1.7.1977, Art. 12 Abs. 1.

[352] *Thomas*/Putzo, § 296 Rz. 26; Zöller/*Greger*, § 296 Rz. 8c; Baumbach/Lauterbach/*Hartmann*, § 296 Rz. 30-32.

[353] *BVerfG*, Beschl. v. 30.1.1985, NJW 1985, 1150. Vgl. a. *BVerfG*, Beschl. v. 22.02.1999, NJW-RR 1999, 1079.

[354] *BVerfG*, Beschl. v. 20.4.1982, BVerfGE 60, 253, 269.

[355] Vgl. Zöller/*Greger*, § 296 Rz. 2.

der Beklagte seine Aufrechnungsforderung dadurch nicht. Vielmehr kann er sie jederzeit selbständig vor einem dafür international zuständigen Gericht geltend machen, denn die in einem solchen Fall der Klage stattgebende Sachentscheidung hat keine Rechtskraftwirkung gemäß § 322 Abs. 2 ZPO, es bleibt nur die Aufrechnung unberücksichtigt.[356] Die Tatsache, daß er in diesem Falle die für ihn mit einer Nichtberücksichtigung der Aufrechnung verbundenen, oben unter F. III. 2.[357] ausführlich beschriebenen Nachteile doch noch erleiden muß, ist ihm aufgrund seines selbstverschuldeten Untätigbleibens zuzumuten. Eine Zurückweisung des Aufrechnungseinwands wegen der Fristversäumung erscheint hier deshalb gegenüber den in § 296 Abs. 1 ZPO direkt geregelten Fällen erst recht angemessen, so daß sich diese Vorschrift in entsprechender Anwendung dafür als Rechtsgrundlage heranziehen läßt.

Des weiteren sehen auch die zuvor für die Fristsetzung als Rechtsgrundlage in Rechtsanalogie herangezogenen Vorschriften der ZPO bei Fristversäumung als Rechtsfolge vor, daß das Gericht die betreffende verspätete Handlung unberücksichtigt lassen kann (so § 283 S. 2 ZPO) oder sogar unberücksichtigt lassen muß, wenn die Erledigung des Rechtsstreits nach seiner freien Überzeugung sonst verzögert würde (so §§ 275 Abs. 1 S. 1, Abs. 3 und Abs. 4, 276 Abs. 3 i.V.m. § 296 Abs. 1 sowie §§ 356, 364 Abs. 3 u. § 431 i.V.m. § 230 ZPO). Es liegt daher nahe, die gebildete Rechtsanalogie auch noch auf die Rechtsfolgen der Überschreitung der gesetzten Frist auszudehnen und die Zurückweisung des Aufrechnungseinwands wegen Fristversäumung ebenfalls darauf zu stützen. Hiermit steht also neben der analogen Anwendung von § 296 Abs. 1 ZPO eine weitere mögliche Rechtsgrundlage zur Verfügung.

Mithin ist festzuhalten, daß das Gericht dem Beklagten bei Aussetzung des Verfahrens in Rechtsanalogie zu §§ 275 Abs. 1 Abs. 1, Abs. 3 und Abs. 4 sowie 276 Abs. 3, 283, 356, 364 Abs. 3 S. 1 und 431 i.V.m. 428 ZPO in der Regel eine Frist zu setzen haben wird, innerhalb derer er das der Feststellung des Bestehens seiner Gegenforderung dienende ausländische Verfahren vor dem dafür zuständigen Gericht in Gang setzen muß. Versäumt der Beklagte diese Frist unentschuldigt, so ist sein Aufrechnungseinwand entweder gemäß § 296 Abs. 1 ZPO analog oder ebenfalls in Rechtsanalogie zu den zuvor genannten Vorschriften zurückzuweisen.

c) *Aufhebung der Aussetzung bei verzögerter Betreibung des ausländischen Verfahrens*

Hält der Beklagte die ihm gesetzte Frist zur Ingangsetzung des ausländischen Verfahrens zwar ein, verzögert aber dann die Betreibung dieses Verfahrens in

---

[356] Vgl. *BGH* 11.1.1955, NJW 1955, 497, 498 für den Fall der Aufrechnung mit rechtswegfremden Gegenforderungen (zu weiteren Fundstellen s.o., Fn. 300).

[357] S. 158 f.

vorwerfbarer Weise, so kann das deutsche Gericht auf Antrag des Klägers nach § 155 ZPO analog vorgehen und die Aussetzung des deutschen Verfahrens aufheben, was dann ebenfalls die Folge der Präklusion des Aufrechnungseinwands nach sich zieht.[358]

d) Bei unzumutbar langer Dauer des ausländischen Verfahrens: Verletzung des verfahrensrechtlichen ordre public

Was die theoretisch bestehende Gefahr der Verzögerung des Verfahrens durch eine besonders lange Dauer des der Feststellung des Bestehens der Gegenforderung dienenden ausländischen Prozesses angeht, so hält sich diese im Geltungsbereich des EuGVÜ (und nunmehr der EuGVVO) - dem das besondere Interesse dieser Arbeit gilt und der ohnehin die große Mehrzahl der Fälle erfaßt - in Grenzen. Das Übereinkommen baut gerade auf dem Grundgedanken der Gleichwertigkeit des gerichtlichen Rechtsschutzes in den einzelnen Mitgliedsstaaten auf,[359] grundsätzliche qualitative Mängel in Bezug auf die Erreichung des Zieles der Durchsetzung des materiellen Rechts sind innerhalb der Europäischen Union nicht festzustellen.[360] Dementsprechend sollte im Geltungsbereich des Übereinkommens kein Unterschied zwischen dem Aussetzen eines Verfahrens zum Zwecke des Abwartens der Entscheidung eines anderen innerstaatlichen Gerichts und dem Aussetzen zum Zwecke des Abwartens der Entscheidung eines Gerichts aus einem anderen Mitgliedsstaat gemacht werden. Sollte dennoch ausnahmsweise einmal ein ausländisches Verfahren zur Herbeiführung der Entscheidung über die Gegenforderung für den Kläger aus für ihn nicht beeinflußbaren Gründen unzumutbar lange dauern, so wäre zu prüfen, ob in dieser Verzögerung nicht eine Verletzung der Rechtsschutzgarantie des Art. 19 Abs. 4 GG und damit des verfahrensrechtlichen *ordre public* zu sehen wäre,[361] aufgrund derer das Gericht - vielleicht gemäß §§ 150, 155 ZPO analog - auf Antrag des Klägers das Verfahren wieder aufzunehmen und im Rahmen einer internationalen Notzuständigkeit[362] selbst über die Gegenforderung zu entscheiden hätte.

---

[358] So auch *Schröder*, Internat. Zust., 599 u. *Eickhoff*, 172.

[359] Entsprechendes gilt für die EuGVVO, siehe die der Verordnung vorangestellte Begründung, insbes. Nr. 16.

[360] Siehe dazu ausführlich *Stürner*, Das europäische Zivilprozeßrecht - Einheit oder Vielfalt?, in: *Grunsky* (Hrsg.), Wege zu einem europäischen Zivilprozeßrecht, 10-17. Vgl. auch *Luepfert*, 207 u. 214.

[361] Vgl. hierzu *BGH* 10.10.1985, RIW 1986, 218, 219 u. 26.1.1983, NJW 1983, 1269 (nach diesen Entscheidungen kann bei unzumutbar langer Dauer des zuerst anhängigen ausländischen Verfahrens die Sperrwirkung des § 261 Abs. 3 Nr. 1 ZPO entfallen). Vgl. auch allgemein zur Verletzung des Rechtsstaatsprinzips (Art. 20 Abs. 3 GG) durch überlange Dauer eines Zivilprozesses *BVerfG*, Beschl. v. 17.01.1999 - Az. 1 BvR 1708/99.

[362] Vgl. dazu unten unter 5., S. 186.

4. *Vom Beklagten vor dem ausländischen Gericht zu stellender Klageantrag*

Nachdem nun aufgezeigt wurde, daß die für den Kläger mit der Aussetzung des Verfahrens gemäß Art. 22 Abs. 1 EuGVÜ analog beziehungsweise gemäß § 148 ZPO analog und der dadurch ausgelösten Verzögerung verbundene Belastung durchaus auf ein zumutbares Maß reduziert werden kann, stellt sich als nächstes die Frage, was für einen Klageantrag der Beklagte vor dem ausländischen Gericht zu stellen hat. Aus der Sicht des deutschen Ausgangsverfahrens dient das ausländische Verfahren dazu, das Bestehen oder Nichtbestehen der Gegenforderung feststellen zu lassen, um dann abschließend über den Aufrechnungseinwand des Beklagten entscheiden zu können. Richtige Klageart zur Durchsetzung eines solchen Begehrens wäre die Feststellungsklage.[363]

Ahlt sieht jedoch in dieser Hinsicht mehrere Probleme. Zum einen werde sich das ausländische Gericht nicht daran gehindert sehen, seinerseits über die Aufrechenbarkeit der Forderungen und die Wirksamkeit der Aufrechnungserklärung zu entscheiden; das deutsche Ausgangsgericht jedenfalls könne das ausländische nicht dazu verpflichten, sich auf eine Entscheidung über das Bestehen der Gegenforderung ohne Berücksichtigung der Aufrechnung zu beschränken.[364] Zum anderen sei fraglich, ob das ausländische Gericht einen Klageantrag auf Feststellung der Gegenforderung überhaupt für zulässig ansehen würde, zumal es dem Beklagten durch nichts verwehrt werde, auf Leistung zu klagen, da die Gegenforderung vor dem deutschen Gericht nicht rechtshängig sei.[365]

Richtig ist, daß das deutsche Gericht das ausländische nicht rechtsverbindlich anweisen kann, seine Entscheidung auf die Gegenforderung zu beschränken und ihr mögliches Erlöschen durch Aufrechnung dabei außen vor zu lassen. Erschwerend kommt die Tatsache hinzu, daß es dem Kläger des Ausgangsverfahrens grundsätzlich nicht verwehrt ist, vor dem ausländischen Gericht seinerseits die Aufrechnung geltend zu machen, weil die Aufrechnungsforderung im deutschen Prozeßrecht nach herrschender Meinung durch die Erhebung der Aufrechnungseinrede nicht rechtshängig wird.[366] Diese Umstände können zu Kompetenzkonflikten bis hin zu sich widersprechenden Entscheidungen des ausländischen und des deutschen Gerichts führen.[367]

---

[363] Entsprechend auch *BGH* 11.1.1955, NJW 1955, 497, 498 (weitere Fundstellen s.o., Fn. 300) zur Aufrechnung mit rechtswegfremden Forderungen.

[364] *Ahlt*, 112. Ähnlich auch *Kannengießer*, 173 u. 176 f.

[365] *Ahlt*, 111.

[366] Siehe dazu z.B.: *BGH* 11.11.1971, *BGHZ* 57, 242; *BGH* 29.01.1986, NJW 1986, 2767; Stein/Jonas/*Leipold*, § 145 Rz. 42; Baumbach/Lauterbach/*Hartmann*, § 145 Rz. 15 u. § 261 Rz. 6; Thomas/Putzo/*Reichold*, § 145 Rz. 20; *Rosenberg/Schwab/Gottwald*, 598; *Eickhoff*, 33. A.A.: u.a. *Bettermann*, 84; *Blomeyer*, § 60 I 1a (S. 310 f.); *Schilken*, ZPO, Rz. 439.

[367] Auf diese Gefahr weisen auch *Mankowski*, ZZP 109 (1996), 376, 394 und *Kannengießer*, 173 u. 176 f. hin.

Eine entsprechende Beschränkung der Entscheidungsbefugnis des ausländischen Gerichts läßt sich jedoch auf anderem Wege erreichen, und zwar über den vom Beklagten des Ausgangsverfahrens vor diesem zu stellenden Klageantrag. Beantragt er nämlich vor dem ausländischen Gericht die Feststellung, daß die Gegenforderung bis zu dem (von ihm behaupteten) Eintritt der Aufrechnungswirkungen bestanden hat,[368] so ist das betreffende Gericht daran gehindert, die Aufrechnung selbst zu berücksichtigen, denn auch in den Zivilprozeßrechten des Auslands gilt - soweit ersichtlich - durchweg der Grundsatz "*ne ultra petita*" (vgl. § 308 Abs. 1 S. 1 ZPO),[369] weil auch sie auf dem Prinzip der Parteiherrschaft über das Verfahren basieren.

In aller Regel wird dem Beklagten selbst daran gelegen sein, durch Stellung eines entsprechenden Antrags das Aufkommen von Problemen der zuvor beschriebenen Art zu vermeiden, da sich sein Interesse darauf beschränken dürfte, die Feststellung des Bestehens seiner Gegenforderung zu erreichen, um so seiner Aufrechnungseinrede zum Erfolg zu verhelfen und die Aufhebung des Vorbehaltsurteils[370] zu erwirken. Daß der Beklagte einen solchen Antrag stellt, kann das deutsche Ausgangsgericht aber darüber hinaus dadurch sicherstellen, daß es ihm bei Aussetzung des Verfahrens für die Ingangsetzung des ausländischen Prozesses nicht nur eine Frist setzt, sondern sie zusätzlich noch an die Bedingung knüpft, daß der dabei gestellte Antrag in dem zuvor beschriebenen Sinne lautet.[371] Stellt der Beklagte daraufhin bis zum Ablauf der Frist lediglich einen Klageantrag anderen Inhalts, so versäumt er die Frist genauso wie wenn er überhaupt kein ausländisches Verfahren in Gang gesetzt hätte; seine Aufrechnungseinrede wird zurückgewiesen, das Vorbehaltsurteil für vorbehaltlos erklärt - das Risiko, wie sich das ausländische Verfahren weiter entwickelt, trägt dann allein der Beklagte. Erfüllt er hingegen die Bedingung und beantragt die Feststellung, daß seine Gegenforderung bis zu dem (von ihm behaupteten) Eintritt der Aufrechnungswirkungen bestanden hat, so ist das ausländische Gericht daran gebunden und die von *Ahlt* und *Kannengießer* [372] befürchteten Kompetenzkonflikte und sich widersprechenden Entscheidungen können nicht auftreten.

Was die weiteren Zweifel *Ahlts* angeht, ob die Zulässigkeit einer Feststellungsklage vor dem ausländischen Gericht überhaupt gewährleistet ist, wo doch

---

368 Vgl. dazu *Geimer*, IPRax 1986, 208, 213. Die Stellung eines solchen Antrags sah bereits *BGH* 11.1.1955, NJW 1955, 497, 498 (weitere Fundstellen s.o., Fn. 300) vor, wenn auch zur Aufrechnung mit rechtswegfremden Forderungen im internen deutschen Recht.

369 S. z.B. Art. 112 des italienischen Codice di Procedura Civile, Art. 5 des französischen Nouveau Code de Procédure Civile oder Art. 218 der spanischen LEC (siehe zu letzterem - wenn auch noch zu der entsprechenden Vorschrift des alten Art. 359 LEC-1881 - De la Oliva/*M. A. Fernández*, Der. Proc. Civ., Bd. II, 23).

370 Siehe dazu oben unter 3. a), S. 173 ff.

371 So bereits *BGH* 11.1.1955, NJW 1955, 497, 498 zur Aufrechnung mit rechtswegfremden Forderungen.

372 *Kannengießer*, 173 u. 176 f.

die Möglichkeit zur Erhebung einer Leistungsklage eröffnet sei, die das Feststellungsinteresse entfallen lassen könne, so ist dazu zunächst zu sagen, daß eine der deutschen Feststellungsklage entsprechende Klageart wohl in allen Rechtsordnungen der Vertragsstaaten des EuGVÜ und vermutlich auch darüber hinaus existieren dürfte.[373] Nun ist in der Tat denkbar, daß die Rechtsordnung des im konkreten Fall anzurufenden ausländischen Gerichts ähnlich dem deutschen Prozeßrecht das Vorliegen eines besonderen Feststellungsinteresses verlangt, also der Leistungsklage grundsätzlich Vorrang vor der Feststellungsklage einräumt.[374] Die Darlegung eines solchen Feststellungsinteresses wird jedoch in aller Regel entgegen der Ansicht *Ahlts* kein Problem darstellen, da sich die Notwendigkeit der Erhebung einer Feststellungsklage gerade aus der Bedeutung der begehrten Entscheidung für die im Ausgangsverfahren geltend gemachte Aufrechnung ergibt;[375] dies gilt um so mehr, wenn das deutsche Gericht dem Beklagten des Ausgangsverfahrens - entsprechend dem oben gemachten Vorschlag -[376] die Stellung eines näher bestimmten Feststellungsantrags unter Fristsetzung aufgegeben hat.

Als Fazit läßt sich also festhalten, daß das deutsche Ausgangsgericht dem Beklagten bei Aussetzung des Verfahrens unter Fristsetzung aufzugeben hat, bei dem dafür zuständigen ausländischen Gericht die Feststellung zu beantragen, daß seine Gegenforderung bis zu dem (von ihm behaupteten) Eintritt der Aufrechnungswirkungen bestanden hat. Hält sich der Beklagte an diese Vorgaben, so ist sichergestellt, daß das ausländische Gericht bei seiner Entscheidung nicht seinerseits die Aufrechnung berücksichtigt und dadurch möglicherweise Kompetenzkonflikte und sich widersprechende Entscheidungen heraufbeschwört. Stellt er hingegen bis zum Ablauf der Frist lediglich einen Klageantrag anderen In-

---

[373] I.d.S. auch *Eickhoff*, 172. Im spanischen Recht: "pretensión de mera declaración", zulässig nach Art. 5 Nr. 1 LEC (siehe dazu *Gimeno Sendra*, Der. Proc. Civ., 126 ff., *Montero Aroca*, El nuevo proceso civil, 191 f., *LEC comentada*, Art. 5 u. Lledó Yagüe/*Zorrilla Ruiz*, Art. 5 sowie noch zum alten 359 LEC-1881: *Ramos Méndez*, 663 u. *Prieto-Castro y Ferrándiz*, 443 f.). Im französischen Recht: "action déclaratoire", zulässig nach Art. 4 Nouveau Code de Procédure Civile (s. dazu *Héron*, S. 55 ff., Anm. 60 ff., insbes. S. 58 f., Anm. 63 f.). Im italienischen Recht: "azione di mero accertamento", deren Zulässigkeit aus der allgemeinen Rechtsschutzgarantie abgeleitet wird (siehe dazu *Mandrioli*, 62). Im englischen Recht: "action for a declaratory judgment" oder auch "action for a declaratory relief" (siehe dazu z.B. *Equitable Life Assurance Society v. Hyman* [2000] HL 39, 20.7.2000; *Pippbrook Development ltd. v. Hellyer* [1998] CA 1252, 13.3.1998. Siehe auch *Woolf*, The declaratory judgment).

[374] So muß der Kläger beispielsweise im spanischen Recht nach h.M. ähnlich wie im deutschen einen "interés legítimo" (ein berechtigtes Interesse) darlegen, s. *LEC comentada*, Art. 5, Lledó Yagüe/*Zorrilla Ruiz*, Art. 5, *Montero Aroca*, El nuevo proceso civil, 192 (der Autor stellt die Berechtigung eines solchen Erfordernisses allerdings in Frage), *Gimeno Sendra*, Der. Proc. Civ., 128, *Almagro Nosete*, 282, *Ramos Méndez*, 663 u. *Prieto-Castro y Ferrándiz*, 444 (vgl. jetzt auch Art. 219 Abs. 1 der neuen LEC). Ähnlich die Situation im französischen Recht, siehe *Héron*, S. 58, Anm. 63 f.

[375] So auch *Leipold*, ZZP 107 (1994), 216, 226.

[376] S.o., S. 184.

halts, so versäumt er die Frist genauso wie wenn er überhaupt kein ausländisches Verfahren in Gang gesetzt hätte. Sollte die Rechtsordnung des ausländischen Gerichts ähnlich wie das deutsche Prozeßrecht das Vorliegen eines besonderen Feststellungsinteresses verlangen, so wird sich dieses gerade aus der Bedeutung der begehrten Entscheidung für die im Ausgangsverfahren geltend gemachte Aufrechnung und insbesondere daraus ergeben, daß das deutsche Gericht dem Beklagten des Ausgangsverfahrens unter Fristsetzung aufgegeben hat, einen Feststellungsantrag zuvor beschriebenen Inhalts zu stellen.

5. *Internationale Notzuständigkeit des deutschen Gerichts der Klage*

Falls dennoch ausnahmsweise einmal ein ausländisches Gericht eine entsprechende Feststellungsklage als unzulässig abweisen sollte, wäre eine internationale Notzuständigkeit der deutschen Gerichte anzunehmen, innerhalb derer das Ausgangsgericht über die Gegenforderung zu entscheiden hätte.[377] Gleiches hat für den Fall zu gelten, daß dem ausländischen Urteil über die Gegenforderung in Deutschland ausnahmsweise nach Art. 27 f. EuGVÜ[378] beziehungsweise nach § 328 ZPO die Anerkennung zu versagen ist. In beiden Fällen würden dem Beklagten nämlich ansonsten nicht nur das prozessuale Verteidigungsmittel der Aufrechnung, sondern auch die vom materiellen Recht vorgesehenen Aufrechnungsfolgen - insbesondere die Sicherungsfunktion der Aufrechnung - vorenthalten.[379] Diesen Beklagteninteressen gegenüber muß das Interesse des Klägers, sich nur vor einem nach den zuständigkeitsrechtlichen Grundsatzentscheidungen des EuGVÜ beziehungsweise des deutschen autonomen IZPR dafür zuständigen Gericht gegen die Aufrechnungsforderung verteidigen zu müssen,[380] hier ausnahmsweise zurücktreten; schließlich ist ja in beiden Fällen - vergeblich - versucht worden, die Entscheidung über die Gegenforderung dem "richtigen" Gericht zu überlassen.

Sollte einmal ausnahmsweise bereits von vornherein feststehen, daß das zuständige ausländische Gericht eine Feststellungsklage des oben beschriebenen Inhalts als unstatthaft ansehen würde oder das Urteil des betreffenden Gerichts nach Art. 27 f. EuGVÜ beziehungsweise nach § 328 ZPO nicht anerkennungsfähig wäre, so dürfte das deutsche Ausgangsgericht erst gar kein Vorbehaltsurteil erlassen und auch das Verfahren nicht gemäß Art. 22 Abs. 1 EuGVÜ analog

---

377 So auch *Eickhoff*, 172 f. u. 175 und bereits *Schröder*, Internat. Zust., 600.

378 Vgl. *Geimer*, IPRax 1986, 208, 213 (Fn. 47) u. *Eickhoff*, 175. Entsprechendes gilt nach Art. 34 f. EuGVVO. Grundsätzlich kann aber davon ausgegangen werden, daß die Anerkennung des Urteils über die Gegenforderung im Geltungsbereich des EuGVÜ genauso wie der EuGVVO weitestgehend gewährleistet ist.

379 Siehe dazu näher oben unter F. III. 2., S. 159 ff.

380 Siehe dazu näher oben unter F. III. 1., S. 146 ff.

beziehungsweise § 148 ZPO analog aussetzen,[381] sondern hätte selbst über das Bestehen und die Höhe der Gegenforderung zu befinden.

6. *Fortsetzung des Verfahrens nach Entscheidung des ausländischen Gerichts über die Gegenforderung*

Liegt schließlich eine rechtskräftige Entscheidung des ausländischen Gerichts über die Gegenforderung vor, kann das deutsche Ausgangsverfahren - also das gemäß § 302 Abs. 2 S. 1 ZPO noch anhängige Nachverfahren - fortgesetzt werden. Als Rechtsgrundlage dafür bieten sich § 152 S. 2 ZPO analog i.V.m. § 250 ZPO an: § 152 S. 2 ZPO läßt sich dahingehend entsprechend anwenden, daß die Aufnahme des ausgesetzten Verfahrens stattfinden kann, sobald das ausländische Verfahren über die Gegenforderung erledigt ist. Die Form der Wiederaufnahme richtet sich dann nach § 250 ZPO,[382] das heißt sie erfolgt durch Zustellung eines von einer der Parteien bei Gericht eingereichten Schriftsatzes.

Wird im ausländischen Urteil das Bestehen der Gegenforderung festgestellt, so ist - vorausgesetzt die übrigen materiellrechtlichen Voraussetzungen der Aufrechnung liegen vor - das Vorbehaltsurteil gemäß § 302 Abs. 4 S. 2 ZPO aufzuheben und der Kläger mit seinem Anspruch abzuweisen, soweit dieser durch die Aufrechnung erloschen ist. Hat sich hingegen im ausländischen Verfahren die Unbegründetheit der Aufrechnungsforderung herausgestellt, so hat der Aufrechnungseinwand des Beklagten keinen Erfolg und das Vorbehaltsurteil ist für vorbehaltlos zu erklären.

H. Zusammenfassung; Auseinandersetzung mit denkbaren noch verbleibenden Einwänden

Die internationalzuständigkeitsrechtliche Bewertung der Aufrechnungseinrede hat ergeben, daß ihr zwar kompetenzrechtliche Relevanz zuzumessen ist, soweit über die Vorfrage des Bestehens und der Höhe der Gegenforderung entschieden wird. Was allerdings die Berücksichtigung ihrer eigentlichen Verteidi-

---

[381] Ein Blick auf die in Art. 27 f. EuGVÜ in einer abschließenden Aufzählung genannten Gründe für eine Nichtanerkennung ausländischer Entscheidungen macht indes deutlich, daß kaum Fälle denkbar sind, in denen die Nichtanerkennungsfähigkeit des abzuwartenden Urteils bereits vor Abschluß des betreffenden ausländischen Verfahrens feststehen könnte (Entsprechendes gilt für Art. 34 f. EuGVVO). Dies übersieht *Mankowski*, ZZP 109 (1996), 376, 393 f.

[382] Wiederaufnahmen nach § 152 S. 2 ZPO erfolgen grundsätzlich in der Form des § 250 ZPO, siehe Baumbach/Lauterbach/*Hartmann*, § 152 Rz. 3; *OLG Hamburg* 3.7.1963, ZZP 76 (1963), 476 f.

gungswirkungen durch Verrechnung von Forderung und Gegenforderung anbetrifft, so weist diese keinen kompetenzrechtlichen Bezug auf.[383]

Aus dieser Feststellung ergibt sich zunächst die Konsequenz, daß die Aufrechnung vom Gericht der Klage dann in jedem Fall - das heißt unabhängig davon, ob es bei selbständiger Geltendmachung der Gegenforderung zur Entscheidung über dieselbe international zuständig wäre - zu berücksichtigen ist, wenn die Gegenforderung unstreitig oder bereits rechtskräftig festgestellt ist, denn hier fehlt jeglicher kompetenzrechtliche Bezug, weil die Vorfrage des Bestehens und der Höhe der Aufrechnungsforderung keiner Klärung mehr bedarf. Bei durch ausländische Gerichte rechtskräftig festgestellten Gegenforderungen ist allerdings noch zu prüfen, ob die Voraussetzungen für die Anerkennung der materiellen Rechtskraft gemäß Art. 25 ff. EuGVÜ beziehungsweise § 328 ZPO gegeben sind, denn anderenfalls wird doch wieder eine gerichtliche Entscheidung über die Aufrechnungsforderung erforderlich.[384]

Bei streitigen Gegenforderungen liegen die Dinge etwas komplizierter. Hier ist sicherzustellen, daß das dafür international zuständige Gericht über die Gegenforderung entscheidet, gleichzeitig aber auch die Verteidigungswirkungen der Aufrechnung Berücksichtigung finden.[385] Keine Probleme ergeben sich diesbezüglich immer dann, wenn das Gericht der Klage nach dem Zuständigkeitskatalog des EuGVÜ beziehungsweise des autonomen deutschen IZPR ohnehin auch bei klageweiser Geltendmachung der Gegenforderung zur Entscheidung über diese zuständig wäre - hier kann es auch im Falle der aufrechnungsweisen Geltendmachung über sie entscheiden. Gleiches gilt gemäß Art. 18 EuGVÜ analog beziehungsweise § 39 ZPO analog, wenn der Kläger sich rügelos auf die Aufrechnungseinrede einläßt.[386] Wird die Aufrechnung mit einer konnexen Gegenforderung geltend gemacht, ist das Gericht der Klage nach den Rechtsgedanken des Art. 6 Nr. 3 EuGVÜ beziehungsweise des § 33 Abs. 1 ZPO ebenfalls stets ohne weiteres zur Entscheidung über diese Forderung befugt.[387]

Ist hingegen keine internationale Zuständigkeit des Gerichts der Klage für die Gegenforderung gegeben und steht diese mit der Klageforderung auch nicht in einem rechtlichen Zusammenhang im Sinne von Art. 6 Nr. 3 EuGVÜ beziehungsweise § 33 Abs. 1 ZPO (auch die Fälle, in denen Klage- und Gegenforderung zwar konnex sind, in denen bei selbständiger Geltendmachung der Gegenforderung aber gemäß Art. 16 EuGVÜ beziehungsweise im Sinne der §§ 33 Abs. 2 i.V.m. 40 Abs. 2 S. 1 Nr. 2 ZPO die ausschließliche Zuständigkeit eines anderen Vertragsstaates für diese gegeben wäre, gehören hier her)[388], so ist wie folgt vorzugehen:

---

[383] Siehe dazu oben unter F. III., 3., S. 162 ff.
[384] Siehe dazu oben unter G. I., S. 164 ff.
[385] Siehe dazu oben unter G. II., S. 166.
[386] Siehe dazu oben unter C., S. 113 f. bzw. unter F. III. 2., S. 159.
[387] Siehe dazu oben unter C., S. 113 bzw. unter D., S. 114 f.
[388] Siehe dazu oben unter C., S. 113 bzw. unter D., S. 114 f.

1. Das Gericht der Klage hat sich auf Rüge des Klägers hin (oder von Amts wegen, falls aufgrund des Art. 16 EuGVÜ beziehungsweise nach autonomem deutschen IZPR eine ausschließliche internationale Zuständigkeit der Gerichte eines anderen Vertragsstaates für die Gegenforderung besteht - im Anwendungsbereich des EuGVÜ ergibt sich dies aus dem Rechtsgedanken des Art. 19 EuGVÜ) für international unzuständig zur Entscheidung über die Gegenforderung zu erklären; dies ergibt sich in einem Umkehrschluß aus der Entscheidung des EuGH *Spitzley/Sommer* beziehungsweise für das autonome deutsche IZPR aus § 39 ZPO.[389]
2. Sobald der Streit über die Klageforderung entscheidungsreif ist, ist ein Vorbehaltsurteil nach § 302 Abs. 1 ZPO zu erlassen, um dem Kläger schon einmal einen vorläufig vollstreckbaren Titel an die Hand zu geben.[390] Um im Interesse des Beklagten die materiellrechtlichen Funktionen der Aufrechnung zu erhalten, ist in der Regel gemäß § 707 S. 1 ZPO auf seinen Antrag hin anzuordnen, daß die Zwangsvollstreckung aus dem Vorbehaltsurteil nur gegen Sicherheitsleistung stattfinde; zwingend ist eine entsprechende Anordnung jedenfalls dann, wenn die Insolvenz des Klägers zu befürchten oder seine wirtschaftliche Lage unklar ist.
3. Das gemäß § 302 Abs. 4 S. 1 ZPO noch anhängige deutsche Nachverfahren ist sodann nach Art. 22 Abs. 1 EuGVÜ analog i.V.m. § 148 ZPO beziehungsweise ausschließlich gemäß § 148 ZPO analog auszusetzen.[391]
4. Dem Beklagten ist in Rechtsanalogie zu §§ 275 Abs. 1, Abs. 3 und Abs. 4, 276 Abs. 3, 283, 356, 364 Abs. 3 S. 1 sowie 431 i.V.m. 428 ZPO eine Frist zu setzen, innerhalb derer er bei dem dafür zuständigen ausländischen Gericht die Feststellung zu beantragen hat, daß seine Gegenforderung bis zu dem (von ihm behaupteten) Eintritt der Aufrechnungswirkungen bestanden hat.[392] Versäumt er es unentschuldigt, diesen Vorgaben innerhalb der ihm gesetzten Frist nachzukommen, so ist sein Aufrechnungseinwand gemäß § 296 Abs. 1 ZPO analog zurückzuweisen und das Vorbehaltsurteil für vorbehaltlos zu erklären.
5. Sollte ausnahmsweise einmal ein ausländisches Gericht eine entsprechende Feststellungsklage als unzulässig abweisen, so wäre eine internationale Notzuständigkeit der deutschen Gerichte anzunehmen, innerhalb derer das Ausgangsgericht über die Gegenforderung zu entscheiden hätte.[393] Gleiches hat für den Fall zu gelten, daß dem ausländischen Urteil über die Gegenforderung in Deutschland ausnahmsweise nach Art. 27 f. EuGVÜ beziehungsweise nach § 328 ZPO die Anerkennung zu versagen ist.
6. Hält der Beklagte die ihm gesetzte Frist zwar ein, verzögert aber dann die Betreibung des ausländischen Verfahrens in vorwerfbarer Weise, so kann das

[389] Siehe dazu oben unter G. II. 1., S. 167.
[390] Siehe dazu oben unter G. II. 3. a), S. 173 ff.
[391] Siehe dazu oben unter G. II. 2., S. 168 ff.
[392] Siehe dazu oben unter G. II. 3. b), S. 178 ff.
[393] Siehe dazu oben unter G. II. 5., S. 186.

deutsche Gericht auf Antrag des Klägers nach § 155 ZPO die Aussetzung des deutschen Verfahrens aufheben, was dann ebenfalls die Folge der Zurückweisung des Aufrechnungseinwands nach sich zieht.[394]

7. Sollte ausnahmsweise einmal ein ausländisches Verfahren zur Herbeiführung der Entscheidung über die Gegenforderung für den Kläger unzumutbar lange dauern, so wäre zu prüfen, ob in dieser Verzögerung nicht eine Verletzung der Rechtsschutzgarantie des Art. 19 Abs. 4 GG und damit des verfahrensrechtlichen *ordre public* zu sehen wäre, aufgrund derer das Gericht gemäß §§ 150, 155 ZPO analog auf Antrag des Klägers das Verfahren wieder aufzunehmen und im Rahmen einer internationalen Notzuständigkeit selbst über die Gegenforderung zu entscheiden hätte.[395]
8. Liegt schließlich eine rechtskräftige Entscheidung des ausländischen Gerichts über die Gegenforderung vor, so kann das deutsche Ausgangsverfahren - also das Nachverfahren gemäß § 302 Abs. 4 ZPO - nach § 152 S. 2 ZPO analog i.V.m. § 250 ZPO fortgesetzt werden.[396]

Dieser Lösung gelingt es am besten, die beteiligten internationalverfahrensrechtlichen Interessen in Einklang zu bringen. Während sich die beiden anderen vorgestellten Lösungsvorschläge jeweils einseitig an einem bestimmten Charakteristikum der Aufrechnungseinrede orientieren, indem sie entweder auf ihre Funktion als prozessuales Verteidigungsmittel oder aber auf die Tatsache abstellen, daß die Verteidigung gegen die aufrechnungsweise Geltendmachung einer Forderung grundsätzlich den gleichen Aufwand erfordert wie die Verteidigung gegen ihre Geltendmachung über eine (Wider-)Klage und daß in beiden Fällen rechtskräftig über die betreffende Forderung entschieden wird, wird die hier vertretene Lösung als einzige dem Prozeß der Entscheidung über die Aufrechnung in seiner ganzen Komplexität gerecht. Auf diese Weise gelingt es ihr, die Vorteile der beiden anderen Lösungsmöglichkeiten zu vereinen, gleichzeitig aber deren jeweilige Nachteile - nämlich die Zurückstellung entweder vitaler Kläger- oder Beklagteninteressen - zu vermeiden.

Anders als bei der Zurückweisungslösung[397] werden die Interessen des Beklagten hier in vollem Umfang gewahrt. Dem Grundsatz der Waffengleichheit wird Rechnung getragen, indem dem Beklagten das prozessuale Verteidigungsmittel der Aufrechnung belassen wird. Gleichzeitig wird sichergestellt, daß die vom materiellen Recht vorgesehenen Rechtsfolgen der Aufrechnung Berücksichtigung finden, insbesondere ihre im internationalen Wirtschafts- und Rechtsverkehr besonders wichtige Sicherungsfunktion.[398] Dadurch wird die Übereinstimmung von Prozeßergebnis und materieller Rechtslage gewährleistet und der

[394] Siehe dazu oben unter G. II. 3. c), S. 181.
[395] Siehe dazu oben unter G. II. 3. d), S. 182.
[396] Siehe dazu oben unter G. II. 6., S. 187.
[397] Siehe dazu näher oben unter D. II., S. 117 ff sowie unter F. III. 2., S. 157 ff.
[398] Zu den Interessen des Bekl. ausführlich oben unter F. III. 2., S. 158 ff.

Beklagte so vor der Belastung durch ein materiellrechtlich unrichtiges Urteil bewahrt. Auf diese Weise gelingt es auch, Komplikationen zu vermeiden, wie sie die Zurückweisungslösung verursacht, wenn eine dem Modell der Legalkompensation folgende Rechtsordnung Aufrechnungsstatut ist - dies ist bei der stellvertretenden Betrachtung der Rechtslage im spanischen Recht deutlich geworden.[399]

Auf der anderen Seite hat die hier vertretene Lösung gegenüber der Ansicht, die eine Einstufung der Aufrechnungseinrede als zuständigkeitsrechtlich irrelevant befürwortet,[400] den Vorteil, daß die im EuGVÜ respektive im autonomen deutschen IZPR normierten Grundsatzentscheidungen hinsichtlich der Zuständigkeitsverteilung (insbesondere auch die dem Schutz der gerichtlich angegriffenen Partei dienenden ausschließlichen Gerichtsstände des Art. 16 EuGVÜ)[401] respektiert und so die Interessen des Klägers geschützt werden.[402] Dieser muß sich danach nur vor denjenigen Gerichten gegen die Aufrechnungsforderung verteidigen, die nach dem Übereinkommen zur Entscheidung darüber berufen sind - mit allen damit verbundenen Folgen für die Verfahrenssprache, die Sachnähe des Forums, das angewendete Verfahrensrecht und das maßgebliche IPR. Dadurch wird dem Beklagten die Möglichkeit verbaut, über die Wahl, seine Gegenforderung entweder über die Aufrechnungseinrede oder selbständig in einem separaten Verfahren geltend zu machen, das Forum für die betreffende Forderung zu bestimmen (*forum shopping*) und stattdessen - ganz im Sinne der Zielsetzungen des IZPR im allgemeinen und des EuGVÜ im besonderen -[403] den Parteien die frühzeitige Feststellung ermöglicht, vor den Gerichten welchen Staates etwaige Streitigkeiten über diese Forderung auszutragen sind und welches Sachrecht darauf Anwendung finden wird.

Aber auch in anderer Hinsicht kommt die hier vertretene Lösung den Zielen des EuGVÜ entgegen: Sie bietet einen nicht minder geeigneten Ansatz zu der vom EuGVÜ in seinem Geltungsbereich angestrebten Rechtsvereinheitlichung auf dem Gebiet der internationalen Zuständigkeit[404] als die Einstufung der Aufrechnungseinrede als zuständigkeitsrechtlich irrelevant.[405] Einerseits läßt sich anhand der Vorschriften des Übereinkommens problemlos ermitteln, welches

[399] Siehe dazu näher oben unter E. IV., S. 137 f. u. III. 2., S. 135 f.

[400] Siehe dazu näher oben unter D. I., S. 114 ff. sowie unter F. III. 1., S. 144 ff.

[401] Entsprechend Art. 22 EuGVVO.

[402] Zu den Interessen des Klägers ausführlich oben unter F. III. 1., S. 146 ff.

[403] Zum EuGVÜ siehe *Jenard*, Bericht zum EuGVÜ, insbes. S. 15; *EuGH* 13.7.1993 - *Mulox/Geels*, Rs. 125/92 - Slg. 1993 I, 4075 ff. unter Nr. 11; *Aull*, 56 f. Siehe auch oben unter F. II., S. 142 f. Gleiches gilt für die Zielsetzungen der EuGVVO, siehe die der Verordnung vorangestellte Begründung, insbes. Nr. 11.

[404] Auch wenn das EuGVÜ hinsichtlich der Aufrechnung eine Lücke enthält (siehe dazu näher oben im Zweiten Abschnitt unter E., S. 104 ff.), so ist dennoch auch diesbezüglich ein einheitliches Vorgehen in den Vertragsstaaten wünschenswert. Entsprechendes gilt auch für die EuGVVO, siehe die der Verordnung vorangestellte Begründung, insbes. Nr. 2.

[405] Zu letzterer siehe in diesem Zusammenhang *Kannengießer*, 177 ff.

Gericht zur Entscheidung über die Gegenforderung international zuständig ist, andererseits werden durch die Berücksichtigung der materiellrechtlichen Aufrechnungswirkungen stets den Parteiinteressen angemessene Ergebnisse erzielt, unabhängig davon, wie das im konkreten Fall zur Anwendung gelangende materiellrechtliche Aufrechnungssystem rechtstechnisch ausgestaltet ist. Zudem hat sich bei der Untersuchung der Rechtslage im spanischen Recht gezeigt, daß der Umstand, daß die Aufrechnung in einigen Rechtsordnungen materiellrechtlich gesehen kraft Gesetzes eintritt, - entgegen einer in der deutschen Literatur verbreiteten Annahme -[406] für sich genommen noch nicht für eine bestimmte zuständigkeitsrechtliche Behandlung der prozessualen Aufrechnungseinrede spricht.[407] Insbesondere wird auch im spanischen Zivilprozeßrecht keineswegs selbstverständlich von der zuständigkeitsrechtlichen Irrelevanz der Aufrechnungseinrede ausgegangen (Gleiches gilt auch für das italienische Zivilprozeßrecht)[408]; vielmehr sind dort im wesentlichen die gleichen Lösungsmöglichkeiten denkbar, wie sie zum deutschen Recht vertreten werden.[409]

Die einzige Belastung, die die hier vertretene Lösung für die Parteien im Vergleich mit den anderen beiden Lösungsvorschlägen in der Tat[410] mit sich bringt, ist eine gewisse Verzögerung der endgültigen Entscheidung des Rechtsstreits. Diese Belastung trifft aber beide Parteien in gleichem Maße: Einerseits steht dem Kläger der Vermögenswert der Klageforderung zunächst einmal nicht (voll) zur Verfügung, weil er zwar aus dem Vorbehaltsurteil vorläufig vollstrecken kann, aber gleichzeitig auf gerichtliche Anordnung nach § 707 S. 1 ZPO hin Sicherheit zu leisten hat. Andererseits muß der Beklagte die vorläufige Vollstreckung über sich ergehen lassen, so daß auch er einstweilen weniger Vermögenswert zur Verfügung hat, als nach der von ihm angestrebten (gegebenenfalls Teil-)Abweisung der Klage aufgrund des Erlöschens der Klageforderung durch Aufrechnung.[411] Wirtschaftlich gesehen herrscht demnach zwischen beiden Parteien bis zur endgültigen Entscheidung des Rechtsstreits ein gerechtes Pattverhältnis, innerhalb dessen zudem beide Seiten gegen einen möglichen Vermögensverfall der jeweils anderen Seite abgesichert sind. Man kann daher nicht sagen, daß die Interessen der Parteien - und schon gar nicht einseitig die Interessen einer Partei -[412] durch die angesprochene, mit der hier vertretenen Lösung

---

406 Siehe z.B. *Ahlt*, 109 u. *Mankowski*, ZZP 109 (1996), 376, 387 f. Vgl. auch *Gottwald*, IPRax 1986, 10, 11. S. dazu auch oben unter D. I., S. 114 ff.

407 Siehe dazu näher oben unter E. IV., S. 137.

408 Siehe dazu näher oben unter F. III. 1., S. 150.

409 Siehe dazu näher oben unter E. IV., S. 137.

410 Insoweit ist *Coester-Waltjen*, FS Lüke, 44 f., Recht zu geben.

411 Die Tatsache, daß auch der Bekl. wirtschaftlich einstweilen noch zurückstecken muß, übersieht *Kannengießer* bei seinen Ausführungen auf S. 174.

412 Entgegen *Schack*, IZVR Rz. 355 u. *Geimer*, IPRax 1986, 208, 214 also nicht die des Klägers, wie zu Recht auch *Mankowski*, ZZP 109 (1996), 376, 393, betont, aber entgegen *Kannengießer*, 173 u. 175, erst recht auch nicht die des Beklagten.

verbundene Verfahrensverzögerung wesentlich beeinträchtigt würden. Was die Position des Klägers angeht, so hat dieser zudem - darauf sei an dieser Stelle nochmals hingewiesen - nach der hier vertretenen Lösung stets die Wahl, ob er es vorzieht, sich nicht vor einem für die Erkenntnis über die Gegenforderung unzuständigen Gericht gegen diese verteidigen zu müssen - dann kann er die besagte Unzuständigkeit des Prozeßgerichts rügen - oder ob es ihm wichtiger ist, eine Verzögerung des Verfahrens zu vermeiden - dann kann er sich auf die vom Beklagten erhobene Aufrechnungseinrede rügelos einlassen und so gemäß Art. 18 EuGVÜ[413] analog beziehungsweise § 39 ZPO analog die Entscheidung des Gerichts der Klage auch über die Gegenforderung ermöglichen.

Zuzugeben ist, daß die hier vertretene Lösung in ihrer praktischen Anwendung etwas komplizierter ist als die anderen beiden vorgestellten Lösungsmöglichkeiten (wobei noch einmal darauf hinzuweisen ist, daß bei Vorliegen der von § 302 Abs. 1 ZPO vorgesehenen Voraussetzungen der Erlaß eines Vorbehaltsurteils durchaus auch nach der Lösung, die die Entscheidung des Gerichts der Klage über die Gegenforderung generell zulassen will, erforderlich werden kann, inklusive eventuell nach § 707 ZPO zu treffender Maßnahmen)[414]. Die jeweilige Kompliziertheit oder Einfachheit in der praktischen Durchführung kann aber für sich allein genommen kein taugliches Auswahlkriterium unter mehreren Lösungsmöglichkeiten sein.[415] Gleiches gilt für das häufig gegen ein Aussetzen des Ausgangsverfahrens und für die generelle Zulassung der Entscheidung des Gerichts der Klage auch über die Gegenforderung ins Feld geführte Argument der Prozeßökonomie[416] (dessen Gewicht in der hier interessierenden Fallkonstellation der Aufrechnung mit inkonnexen Forderungen - aus den oben unter F. III. 1. genannten Gründen -[417] ohnehin nicht überbewertet werden darf). Vielmehr kommt es darauf an, durch welche Lösung der sachgerechten Entscheidungsfindung, also der materiellen Gerechtigkeit, am besten gedient werden kann.[418] Nur dann, wenn mehrere Lösungsmöglichkeiten in genau demselben Maße geeignet sind, die beteiligten Verfahrensinteressen zu einem angemessenen Ausgleich zu bringen, kann derjenigen der Vorzug gegeben werden, die sich in der Praxis

[413] Entsprechend Art. 24 EuGVVO.

[414] Dies wird bei der Argumentation gerne übersehen, so z.B. von *Kannengießer*, 170 u. 173 und *Gebauer*, IPRax 1998, 79, 85 f.

[415] Vgl. dazu auch *Kegel/Schurig*, § 2 II, S. 126 und *Schumann*, 277 f.

[416] Dieses Argument verwenden z.B. *Kannengießer*, 177 u. 181, *Schack*, IZVR Rz. 355 sowie *Coester-Waltjen*, FS Lüke, 44 f.

[417] S. 144 f.

[418] Das Verfahrensrecht dient "der Herbeiführung gesetzmäßiger und unter diesem Blickpunkt richtiger, aber darüber hinaus auch im Rahmen dieser Richtigkeit gerechter Entscheidungen. Das schließt als Ausprägung der Rechtsstaatlichkeit und des allgemeinen Gleichheitssatzes Waffengleichheit der Parteien vor dem Richter ein.", so *BVerfG* Beschl. v. 7.10.1980, *BVerfGE* 55, 72, 93 f. u. v. 25.7.1979, *BVerfGE* 52, 131, 153. Siehe dazu weiter *BVerfG* Beschl. v. 7.12.1977, *BVerfGE* 46, 325, 333 u. v. 24.3.1976, *BVerfGE* 42, 64, 73. Vgl. auch *BGH* Beschl. v. 30.4.1979, *BGHZ* 75, 340, 348 u. Urt. v. 7.12.1978, *BGHZ* 73, 87, 91.

schneller und unkomplizierter umsetzen läßt oder sich günstiger auf die Prozeßökonomie auswirkt.[419] Eine solche Konstellation ist im hier untersuchten Fall aber nicht gegeben. Vielmehr ist - wie bereits hinreichend dargelegt wurde - einzig der hier vertretene Lösungsweg in der Lage, gleichzeitig die Interessen beider Parteien zu wahren und erhebliche einseitige Beeinträchtigungen einer der Parteien zu vermeiden.

---

[419] *Kegel/Schurig*, § 2 II, S. 126; *von Falkenhausen*, RIW 1982, 386, 388: "Der Grundsatz der Prozeßökonomie kann nicht soweit gehen, daß Kläger oder Beklagter lediglich zur ökonomischen Durchführung von Prozessen gezwungen werden, auf ihre vertraglichen oder gesetzlichen Rechte zu verzichten."; *Gaul*, ZZP 74 (1961), 49, 80: "Dieser Gesichtspunkt kann niemals geeignet sein, ... die Partei in ihren 'prozessualen Rechten' zu beschneiden."; *Schumann*, 277 ff.: "Prozeßökonomisch ist ein Verfahren, das die Zielrichtungen des Prozesses mit einem Minimum an Aufwand maximal verwirklicht" (S. 277). "Untauglich ist die Prozeßökonomie aber für die Wahl zwischen ... Verfahrensgestaltungen, die in *unterschiedlicher* Weise die Prozeßzwecke verwirklichen" (S. 278, Hervorhebung bereits durch den zitierten Autor). "... ist die Prozeßökonomie niemals ein Verzicht auf die Ziele des Prozesses, sondern nur das Inbezugsetzen von Prozeßziel und Prozeßaufwand" (S. 279).

Vierter Abschnitt: Internationale Gerichtsstandsvereinbarungen als prozessuale Aufrechnungsverbote?

A. Problemlage

Im vorigen Abschnitt ist die Frage behandelt worden, ob ein Gericht über die prozessuale Aufrechnungseinrede entscheiden darf, wenn es kraft Gesetzes für die selbständige Geltendmachung der Gegenforderung international unzuständig wäre. Die internationale Zuständigkeit der deutschen Gerichte richtet sich aber nicht nur nach gesetzlichen Vorschriften. Im Rahmen der von Art. 17 EuGVÜ[1] beziehungsweise §§ 38, 40 ZPO gewährten Parteiautonomie können die Parteien diese für ein bestimmtes Rechtsverhältnis selbst begründen und auch ausschließen. Haben die Parteien eine entsprechende internationale Gerichtsstandsvereinbarung abgeschlossen, so stellt sich die Frage, welche Auswirkungen diese auf die Entscheidungskompetenz des Gerichts der Klage für aufrechnungsweise geltend gemachte Forderungen hat, die von der betreffenden Vereinbarung erfaßt werden.

Im Zweiten Abschnitt wurde festgestellt, daß das EuGVÜ (insbesondere Art. 17) nach der Rechtsprechung des EuGH keine Regelung bezüglich dieser Problematik enthält.[2] Da die Parteien in der Praxis zumeist nur für die klageweise Geltendmachung einer Forderung ausdrücklich einen bestimmten internationalen Gerichtsstand vorsehen, aber nicht die Möglichkeit ihrer aufrechnungsweisen Geltendmachung im Prozeß bedenken, kommt es in dieser Hinsicht auf Wortlaut und Sinn der betreffenden Gerichtsstandsvereinbarung an. Es stellt sich dann die Frage, ob die Vereinbarung dahingehend auszulegen ist, daß auch die Aufrechnung mit der betreffenden Forderung nicht vor den Gerichten eines anderen als dem vereinbarten Staat erfolgen darf.[3]

Das Problem ist, daß internationale Gerichtsstandsvereinbarungen in der Regel kaum Anhaltspunkte für den Parteiwillen diesbezüglich enthalten. Fraglich ist deshalb, ob man bereits aus der Derogation für den Fall der klageweisen Geltendmachung der Forderung allein darauf schließen kann, daß die Parteien die Zuständigkeit des derogierten Gerichts auch für den Fall der aufrechnungsweisen Geltendmachung der betreffenden Forderung abbedingen wollten oder gar bereits die Erhebung der prozessualen Aufrechnungseinrede an sich ausschließen wollten.

Auch im Anwendungsbereich des EuGVÜ obliegt die Auslegung von Gerichtsstandsvereinbarungen nach der Rechtsprechung des EuGH dem angerufe-

---

[1] Entsprechend Art. 23 EuGVVO.

[2] Siehe dort unter E., S. 104 ff.

[3] Zu dieser Problemkonstellation siehe z.B. *BGH* 20.6.1979, NJW 1979, 2477 = RIW 1979, 713.

nen nationalen Gericht.[4] Es wird deshalb zu prüfen sein, wie der deutsche Richter bei der Auslegung von Gerichtsstandsvereinbarungen im Hinblick auf einen eventuell darin enthaltenen Aufrechnungsausschluß vorzugehen hat und welche Kriterien dabei ausschlaggebend sind.

Dabei soll nun zunächst einmal von den bisherigen Standpunkten der deutschen Rechtsprechung und Lehre zu dieser Problematik ausgegangen werden (unter B.[5]), deren Betrachtung auf die für die Lösung maßgeblichen Gesichtspunkte hinführen und die Einzelfragen verdeutlichen wird, die sich im Zusammenhang mit der Auslegung einer internationalen Gerichtsstandsvereinbarung stellen. Im Anschluß daran werden einige grundlegende Fragen bezüglich der internationalen Gerichtsstandsvereinbarung zu klären sein, deren Beantwortung die Voraussetzungen dafür schaffen wird, daß eine angemessene Lösung erarbeitet werden kann (unter C.[6]). Unter Berücksichtigung der dabei gewonnenen Erkenntnisse sollen sodann die Standpunkte von Rechtsprechung und Lehre einer kritischen Überprüfung unterzogen und anschließend eine eigene Stellungnahme zu der Problematik abgegeben werden (unter D.[7]). Abschließend werden die dabei erzielten Ergebnisse dann darauf hin zu überprüfen sein, ob sie auch der spezifischen Interessenlage der Parteien im deutsch-spanischen Rechtsverkehr gerecht zu werden vermögen (unter E.[8]).

B. Bisherige Auffassungen zum deutschen Recht

I. Überblick über die Rechtsprechung

In der Einleitung dieser Arbeit wurde die bisher letzte Entscheidung des BGH zu der hier behandelten Problematik bereits in etwas abgewandelter Form vorgestellt.[9] Um den in dieser Entscheidung zum Ausdruck gebrachten aktuellen Standpunkt des BGH und seine Argumentationsweise besser nachvollziehen zu können, soll die Entwicklung der Rechtsprechung nachfolgend im Wege einer chronologischen Darstellung der maßgeblichen Entscheidungen verdeutlicht werden.

---

[4] *EuGH* 3.7.1997 - *Benincasa/Dentalkit*, Rs. C-269/95 - Slg. 1997, 3767, 3798 Rz. 31; 10.3.1992 -*Powell/Duffryn*, Rs. C-214/89 - Slg. 1992, 1745, Rz. 37.
[5] Siehe unten, S. 196 ff.
[6] Siehe unten, S. 216 ff.
[7] Siehe unten, S. 244 ff.
[8] Siehe unten, S. 280 ff.
[9] *BGH* 20.6.1979, NJW 1979, 2477, siehe oben unter A. III. 2., S. 21.

1. Die Rechtsprechung des Reichsgerichts

Bereits das Reichsgericht hatte sich mit dem Problem im weitesten Sinne auseinanderzusetzen.

Am 21.11.1911 erklärte zunächst der VII. Zivilsenat des RG, die ordentlichen Gerichte könnten über das Bestehen einer Gegenforderung nicht entscheiden, wenn die Parteien über das dieser Forderung zugrunde liegende Rechtsverhältnis eine Schiedsvereinbarung getroffen hätten, denn durch diese Vereinbarung sei den ordentlichen Richtern die Entscheidungskompetenz über die Gegenforderung entzogen.[10]

Diese Rechtsauffassung wurde in der Folge vom II. Zivilsenat mit den Urteilen vom 1.3.1929[11] und vom 3.7.1936[12] bestätigt, in denen der Senat die Aufrechnung vor ordentlichen deutschen Gerichten mit einer Gegenforderung für unzulässig erklärte, für deren klageweise Geltendmachung die Parteien eine Schiedsvereinbarung getroffen hatten.

Zur Begründung führten die Richter an, zwischen der Geltendmachung der zur Aufrechnung gestellten Forderung im Wege der Klage einerseits und im Wege der Aufrechnung andererseits bestehe kein Unterschied, denn auch im Rahmen der Aufrechnung werde endgültig darüber entschieden, ob die Forderung dem, der sie geltend macht, zustehe.[13] Die Befugnis, in dieser Weise über die Gegenforderung endgültig zu entscheiden, sei dem Gericht aber durch die Schiedsabrede entzogen worden. Eine solche Schiedsabrede sei nämlich im Hinblick auf ihren Sinn und Zweck im Zweifel dahin auszulegen, daß die Vertragschließenden die Entscheidung über das Bestehen der Forderung dem ordentlichen Richter entziehen und aus besonderem Vertrauen dem Schiedsgericht übertragen wollten.[14]

In Bezug auf die sachlichrechtliche Wirkung der Aufrechnung merkte der Senat schließlich noch einschränkend an, aus der Schiedsabrede als solcher könne nicht stets ohne weiteres gefolgert werden, daß von den Parteien damit zugleich auch ein materielles Aufrechnungsverbot gewollt sei.[15]

2. Die Rechtsprechung des BGH

(1) Mit dieser Rechtsprechung des Reichsgerichts hatte sich der II. Zivilsenat des BGH auseinanderzusetzen, als er am 20.12.1956 die Aufrechnung trotz einer

---

[10] *RG* 21.11.1911, JW 1912, 132 Nr. 3. Zur Rechtslage bei Schiedsvereinbarungen siehe näher unten im Fünften Abschnitt, S. 311 ff.

[11] *RG* 1.3.1929, *RGZ* 123, 348.

[12] *RG* 3.7.1936, HRR 1936, Nr. 1419.

[13] *RGZ* 123, 348, 350.

[14] *RGZ* 123, 348, 349 f. u. *RG* HRR 1936, Nr. 1419.

[15] *RG* HRR 1936, Nr. 1419.

die Gegenforderung betreffenden Schiedsabrede mit einer ausführlichen und differenzierten Begründung zuließ.[16]

Der II. Senat führte in den Urteilsgründen die beiden letztgenannten Entscheidungen des Reichsgerichts an und kritisierte sie unter Betonung der materiellrechtlichen Seite der Aufrechnung.[17] Das Reichsgericht habe auf eine rein prozessuale Betrachtung abgestellt und die sachlichrechtliche Wirkung außer acht gelassen. Das Ergebnis des Reichsgerichts sei nur dann sachgemäß, wenn eine Schiedsklausel zugleich auch die materiellrechtliche Vereinbarung einer Einschränkung der Aufrechnungsbefugnis enthalte.[18] Ansonsten zwinge die sachlichrechtliche Wirkung der Aufrechnung, nämlich die Tilgung der Forderung, zu der Folgerung, daß bei der Entscheidung über die Klageforderung im ordentlichen Verfahren geprüft werden müsse, ob die Aufrechnung berechtigt war und ob sie die Klageforderung wirklich zum Erlöschen gebracht hat. Nur wenn dies nicht der Fall sei, könne der Klage stattgegeben werden, denn nur dann könne das Gericht zum Ergebnis gelangen, daß die Klageforderung noch bestehe. Die vom Reichsgericht vertretene Auffassung führe zu einem materiellrechtlich falschen Urteil, da der Klage stattgegeben werde, obwohl die Klageforderung durch die Aufrechnung bereits zum Erlöschen gekommen sei.

Der II. Senat räumte andererseits ein, daß die Schiedsvereinbarung bei der uneingeschränkten Zulassung einer solchen Aufrechnung im ordentlichen Verfahren insoweit ihre Bedeutung verlöre, als über das Bestehen der Gegenforderung durch das staatliche Gericht rechtskräftig entschieden werde.[19]

Die gleichzeitige Berücksichtigung der sachlichrechtlichen Wirkung der Aufrechnung und der prozessualen Bedeutung der Schiedsgerichtsklausel erschien dem Gericht "kaum möglich". Eine entsprechende Anwendung von § 302 ZPO komme nicht in Frage, denn das Schiedsgericht könne ein staatliches Urteil nicht aufheben. Auch eine obligatorische Aussetzung des Verfahrens vor dem ordentlichen Gericht scheide als Lösung aus, weil das Schiedsgericht seinerseits nicht über die beim ordentlichen Gericht anhängige Klageforderung entscheiden könne.

Das Gericht sah für die Lösung des Konflikts nur zwei Möglichkeiten: entweder müßten die prozessualen Bedenken gegen eine Befugnis des staatlichen Gerichts zur abschließenden Entscheidung über den Aufrechnungseinwand zurückgestellt werden oder die sachlichrechtlichen Bedenken gegen eine Entscheidung des Staatsgerichts ohne Berücksichtigung des Aufrechnungseinwandes müßten ausgeräumt werden, indem man in einer Schiedsklausel auch ein materielles Aufrechnungsverbot sähe.[20]

---

[16] *BGH* 20.12.1956, *BGHZ* 23, 17 = BB 1957, 209 = NJW 1957, 591 = LM Nr. 2 zu § 274 Abs. 2 S. 3 ZPO = ZZP 70 (1957), 248.
[17] *BGHZ* 23, 17, 23 f..
[18] *BGHZ* 23, 17, 23.
[19] *BGHZ* 23, 17, 24.
[20] *BGHZ* 23, 17, 25.

Dabei ließe sich nach Ansicht des II. Senats für die erste Lösungsmöglichkeit immerhin anführen, daß sie dem Schuldner der Gegenforderung nicht die Möglichkeit einer Anrufung des vorgesehenen Schiedsgericht nehme. Da nämlich die Gegenforderung durch den Aufrechnungseinwand im ordentlichen Verfahren nicht rechtshängig werde, könne der Schuldner dieser Gegenforderung eine negative Feststellungsklage vor dem Schiedsgericht erheben und so eine abschließende, der Rechtskraft zugängliche Entscheidung des Schiedsgerichts darüber herbeiführen, daß die Gegenforderung schon vor der Aufrechnungserklärung nicht bestanden habe. Das Staatsgericht werde in einem solchen Fall von der ihm gegebenen Möglichkeit der Aussetzung des Verfahrens gem. § 148 ZPO Gebrauch machen und damit den Belangen des Klägers an einer Beachtung der Schiedsgerichtsklausel in ausreichendem Maße Rechnung tragen.

Trotz dieser detaillierten Begründung war der II. Senat der Ansicht, der vorliegende Sachverhalt nötige nicht zu einer abschließenden Stellungnahme und verwies auf die spezielle Konstellation des zu entscheidenden Falles:[21] die Berufung auf die Schiedsabrede und damit das prozessuale Aufrechnungsverbot sei - ebenso wie die Berufung auf ein entsprechendes materielles Aufrechnungsverbot - ohnehin als Verstoß gegen Treu und Glauben zu werten, da einerseits zwischen Forderung und Gegenforderung ein so enger sachlicher und rechtlicher Zusammenhang bestehe, daß diese beiden Ansprüche in einem inneren, sich gegenseitig bedingenden Verhältnis stünden, die Beklagten aber andererseits aufgrund der angespannten Vermögenslage ihres Schuldners nicht die Aussicht auf eine Befriedigung ihrer etwaigen Gegenforderung hätten.

Unter dem Gesichtspunkt der Einzelfallgerechtigkeit ist dieses Abstellen auf die konkreten Umstände des speziellen Falles durchaus richtig und begrüßenswert. Durch das Absehen von einer abschließenden Stellungnahme zu der grundlegenden Problematik hat der II. Senat jedoch die Aussagekraft seiner dogmatischen Erwägungen und ihre Bedeutung für die Behandlung künftiger Fälle eingeschränkt.

(2) So konnte der VII. Zivilsenat in seiner Entscheidung vom 22.11.1962[22] dann auch eine drastische Kehrtwende zurück zur Rechtsprechung des Reichsgerichts vollziehen, ohne wegen der Abweichung von der Meinung des II. Senats den Großen Senat für Zivilsachen anrufen zu müssen.[23]

Der VII. Senat hielt den Lösungsvorschlägen des II. Senats dabei zum einen entgegen, eine Schiedsabrede sei nicht ohne weiteres als sachlichrechtliches Aufrechnungsverbot anzusehen, wenn nicht besondere Gründe dafür sprächen.[24] Hinsichtlich der verfahrensrechtlichen Auswirkungen der Schiedsklausel auf den Aufrechnungseinwand habe der II. Senat zum anderen nicht hinreichend

---

[21] *BGHZ* 23, 17, 26.

[22] *BGH* 22.11.1962, *BGHZ* 38, 254 = BB 1963, 578 = AWD 1963, 26 = NJW 1963, 243 = JZ 1963, 681 = IPRspr 1962-63 Nr. 35 = WM 1963, 23 = ZZP 76 (1963), 461.

[23] Vgl. dazu *BGHZ* 38, 254, 258.

[24] *BGHZ* 38, 254, 257.

berücksichtigt, daß das Verfahrensrecht vom Beibringungsgrundsatz beherrscht werde. So könne etwa der Beklagte darauf verzichten, den Einwand der Erfüllung durch Zahlung vor Gericht geltend zu machen, was das Gericht hinzunehmen habe. Nicht anders sei die Aufrechnung zu beurteilen, die ja nur eine andere Art der Erfüllung sei. Die gleiche Lage ergebe sich, wenn die Parteien vereinbart hätten, sich im Prozeß nicht auf die Aufrechnung zu berufen.[25]

Entscheidend ist folglich nach Ansicht des VII. Senats die Frage, ob die Auslegung der Schiedsabrede ergibt, daß die Parteien damit gleichzeitig ein prozessuales Aufrechnungsverbot vereinbaren wollten. Anstatt aber eine gründliche Auslegung der Schiedsabrede unter Berücksichtigung der objektiven Parteiinteressen vorzunehmen, erklärte der Senat dann nur kategorisch: "Der Schiedsvertrag enthält ein solches vertragliches Verbot sich im Prozeß auf die Aufrechnung mit einer Gegenforderung zu berufen, über die nach dem Willen der Beteiligten das Schiedsgericht entscheiden sollte. Denn nach diesem Schiedsvertrag sind die Parteien gehalten, das Zustandekommen des Schiedsspruchs zu fördern und alles zu unterlassen, was jenes Ziel vereiteln könnte" [es folgt die Fundstelle einer Entscheidung]. "Damit haben sie sich verpflichtet, die Prüfung, ob die Forderung besteht, nicht dem ordentlichen Gericht zu unterbreiten."[26]

(3) Am 20.12.1972 hatte dann der VIII. Senat des BGH gleich in zwei Fällen darüber zu entscheiden, ob in einer Gerichtsstandsvereinbarung, nach der für Streitigkeiten aus einem Vertrag die Heimatgerichte des einen Vertragspartners allein zuständig sein sollen, ebenfalls ein Verbot zu erblicken ist, mit Forderungen aus diesem Vertrag vor den Gerichten eines anderen Staates aufzurechnen.[27]

Der Senat nahm dabei eine gründlichere Auslegung der Parteivereinbarung vor als es der VII. Senat getan hatte und gelangte nach einer Analyse der objektiven Parteiinteressen zu der Auffassung, daß die Rechtsprechung des VII. Senats zur Schiedsvereinbarung auf die ihm zur Entscheidung vorliegenden Fälle von Gerichtsstandsvereinbarungen zu übertragen sei, weil die Interessenlage der Parteien vergleichbar sei.[28] Die Partei, die in der Lage sei, die alleinige Zuständigkeit ihrer Heimatgerichte durchzusetzen, mache damit nicht nur ein Bequemlichkeitsinteresse geltend, wie es eine deutsche Partei tue, wenn sie Köln oder München als Gerichtsstand vereinbare. Sie habe vielmehr an der Zuständigkeit ihrer Heimatgerichte "das natürliche Interesse jedes Staatsangehörigen, daß sein Staat, dessen Organisation und Funktionsweise er kennt, dessen Sprache er spricht und dem er auf mannigfache Weise verbunden ist, auch seiner Rechtssache sich annimmt, und nicht ein fremder Staat."[29] Hinzu komme, daß die interna-

[25] *BGHZ* 38, 254, 258.
[26] *BGHZ* 38, 254, 258.
[27] *BGH* 20.12.1972 - VIII ZR 186/70, AWD 1973, 165 = *BGHZ* 60, 85 = NJW 1973, 421 = MW 1973, 86 und *BGH* 20.12.1972 - VIII ZR 113/71, AWD 1973, 167 = NJW 1973, 422 = LM ZPO § 38 Nr. 18 = WM 1973, 174, jeweils m. Anm. *von Hoffmann*, AWD 1973, 168.
[28] *BGH* 20.12.1972 - VIII ZR 186/70, AWD 1973, 165, 166.
[29] AWD 1973, 165, 166.

tionale Zuständigkeit auch über das Verfahrensrecht bestimme, nach dem der Rechtsstreit abgewickelt werde und nicht selten auch darüber entscheide, nach welchem materiellen Recht die Rechtssache entschieden werde.

Dieses Interesse, das mindestens ebenso schwer wiege, wie das Interesse zweier Parteien an der Vereinbarung eines Schiedsgerichts anstelle der staatlichen Gerichte, rechtfertige es, auch in einer Vereinbarung der alleinigen internationalen Zuständigkeit der Heimatgerichte der einen Partei das vertragliche Verbot zu finden, die Aufrechnung mit einer von der Zuständigkeitsvereinbarung betroffenen Gegenforderung vor einem anderen als dem vereinbarten Gerichtsstand geltend zu machen.[30]

Im übrigen stellte sich der VIII. Senat - wie schon der VII. im zuvor vorgestellten Urteil hinsichtlich der Schiedsabrede - auf den Standpunkt, ein materiellrechtliches Aufrechnungsverbot könne einer Gerichtsstandsvereinbarung in aller Regel nicht auch noch entnommen werden, denn eine solche Vereinbarung treffe nach dem Verständnis der Vertragsparteien Vorsorge nur für einen Prozeß, enthalte aber in aller Regel keine materiellrechtlichen Vereinbarungen, die auch außerhalb eines Prozesses das Rechtsverhältnis zwischen den Parteien regeln sollen.[31]

Zudem seien unter Kaufleuten für den vertraglichen Ausschluß der Aufrechnung besondere Klauseln üblich.

Abschließend ließ der Senat ausdrücklich die Frage offen, ob seine Ausführungen auch auf den Fall übertragbar seien, daß der ausländische Vertragsgegner selbst eine der Gerichtsstandsvereinbarung unterliegende Forderung entgegen der Zuständigkeitsabrede vor einem inländischen Gericht einklagt.[32]

(4) Die bisher letzte Stellungnahme des BGH zu der hier erörterten Problematik stellt schließlich das Urteil vom 20.06.1979 dar.[33] Es war dort wiederum der VIII. Senat, der die von ihm selbst in den Urteilen vom 20.12.1972 angestellten Überlegungen auch auf die sogenannten wechselseitigen Gerichtsstandsvereinbarungen übertrug. Auf Vorlage des BGH[34] hatte zuvor der EuGH[35] zum einen

---

[30] AWD 1973, 165, 167 und *BGH* - VIII ZR 113/71, AWD 1973, 167, 168.

[31] *BGH* 20.12.1972 - VIII ZR 113/71, AWD 1973, 167.

[32] *BGH* 20.12.1972 - VIII ZR 186/70, AWD 1973, 165, 167 u. - VIII ZR 113/71, AWD 1973, 167, 168.

[33] *BGH* 20.6.1979, RIW 1979, 713 = NJW 1979, 2477. Zum Sachverhalt und der Prozeßgeschichte vgl. oben in der Einleitung unter A. III. 2., S. 21. In seinem Urt. *BGH* 8.7.1981, NJW 1981, 2644 = RIW 1981, 703 = ZZP 96 (1983), 364 stellte der VIII. Senat zwar fest, die Frage, ob ein Bekl. einerseits Widerklage erheben und andererseits aufrechnen könne, lasse sich nur einheitlich beantworten. Das Urteil beschäftigt sich im übrigen aber mit der Widerklage und nimmt nur in einem *obiter dictum* (RIW 1981, 703, 705) zum Kern der Problematik Stellung, gehört also nicht hierher. Die darin verwendeten Argumente werden nachfolgend aber dennoch berücksichtigt werden.

[34] Vgl. RIW 1978, 815 = WM 1978, 622.

[35] *EuGH* 9.11.1978 - *Meeth/Glacetal*, Rs. 23/78 - Slg. 1978, 2133 = RIW 1978, 814 = WM 1978, 622, siehe dazu oben im Zweiten Abschnitt unter B., S. 86 ff.

die Zulässigkeit solcher wechselseitiger Gerichtsstandsvereinbarungen abgesegnet und zum anderen dem BGH in Auslegung von Art. 17 EuGVÜ vorgegeben, es komme für die Frage, ob eine entsprechende Gerichtsstandsvereinbarung ein Aufrechnungsverbot enthalte, auf den "Wortlaut und Sinn der Gerichtsstandsvereinbarung" an.[36]

Der Senat nahm Bezug auf seine beiden oben genannten Entscheidungen vom 20.12.1972 und meinte, in dem ihm nun vorliegenden Fall hätten die Parteien ihr Ziel und ihr Interesse "mit derselben, wenn nicht noch größerer Eindeutigkeit" zum Ausdruck gebracht.[37] Indem sie nicht eine Partei begünstigt, sondern als Gerichtsstand nur die Heimatgerichte des jeweils Beklagten zugelassen hätten, hätten sie deutlich gemacht, daß jede von ihnen gegen sie gerichtete Ansprüche aus dem Vertrag nur vor ihrem Heimatgericht behandelt sehen wollte. Demgegenüber könne der Umstand, daß der Wortlaut der Vereinbarung nur von den zu erhebenden Klagen spreche, keine Bedeutung haben, denn die Parteien seien juristische Laien und hätten sich offensichtlich keine genaueren Vorstellungen über Einzelheiten der Prozeßabwicklung im Falle gleichzeitig erhobener gegenseitiger Ansprüche gemacht. Deshalb müsse auch dem zum Ausdruck gebrachten Willen der Parteien, Ansprüche gegen sich nur vor ihrem Heimatgericht einklagen zu lassen, der Vorrang vor dem "möglicherweise bestehenden allgemeinen Interesse an einheitlicher Erledigung aller Streitfragen in einem einzigen Rechtsstreit" eingeräumt werden.[38]

Weiter führte der Senat zur Begründung an, bei Zulassung der Aufrechnung bestünde für die zuerst klagende Partei ein doppelter Nachteil, denn sie sei nach der Vereinbarung schon gezwungen, vor einem für sie fremden Gericht zu klagen, und müßte dann auch die gegen sie gerichteten, vereinbarungsgemäß nur vor ihrem Heimatgericht einklagbaren Ansprüche der Gegenseite vor dem fremden Gericht abwehren. Schließlich sei es auch nicht sachgerecht, entsprechend der insoweit eindeutigen Gerichtsstandsklausel Widerklagen vor dem Gericht der beklagten Partei auszuschließen, die dieselben Gegenansprüche geltend machende Aufrechnung aber zuzulassen.

3. *Die Rechtsprechung der unteren Gerichte*

Die unteren Gerichte haben sich von Anfang an ihre eigenen Gedanken zu der Problematik gemacht und sind nicht selten zu anderen Ergebnissen gelangt als der BGH. Insbesondere fällt auf, daß im Vergleich zu den BGH-Urteilen meist mehr auf die speziellen Umstände des konkreten Einzelfalles eingegangen wurde, anstatt allzu generell zu argumentieren.

---

[36] *EuGH* RIW 1978, 814, 815.
[37] *BGH* RIW 1979, 713, 714.
[38] RIW 1979, 713, 714.

(1) Der 20. Zivilsenat des OLG Hamm vertrat - als Vorinstanz des BGH-Urteils vom 20.12.1972[39] - in seinem Urteil vom 7.10.1970 die Ansicht, die Gerichtsstandsabrede enthalte nicht auch die stillschweigende Vereinbarung, die prozessuale Geltendmachung der Aufrechnung vor einem anderen Gericht als dem verabredeten zu unterlassen und wies die Klage ab.[40] Das OLG hegte dabei "grundsätzliche" Zweifel daran, "ob Verträgen über Prozeßhandlungen oder Prozeßbeziehungen ein weitergehender Inhalt beigelegt werden kann, als der ausdrücklich geregelte", denn durch derartige Verträge werde das Prozeßrecht abgeändert, sie müßten deshalb "eher einschränkend als ausdehnend" ausgelegt werden.[41]

Die Rechtsprechung zur Schiedsvereinbarung hielt das Gericht für auf Gerichtsstandsabreden nicht übertragbar, da eine Schiedsklausel nach Inhalt und Zweck nicht mit einer Gerichtsstandsabrede vergleichbar sei.[42]

(2) Am 11.11.1971 setzte sich dann der 6. Senat des OLG Hamburg eingehend mit der Problematik auseinander, als er dem Antrag auf Erlaß einer einstweiligen Verfügung der deutschen Ladungsempfängerin auf Auslieferung der verfrachteten Güter gegen öffentliche Hinterlegung der Frachtsumme stattgab.[43] Gemäß § 624 Abs. 1 HGB ist dafür Voraussetzung, daß ein Streit über die Forderungen des Verfrachters besteht. Diesen Streit sah das OLG in der Frage, ob die Forderungen der thailändischen Antragsgegnerin durch eine von der deutschen Antragstellerin erklärte Aufrechnung mit von ihr geltend gemachten Schadensersatzforderungen wegen einer von der Antragsgegnerin verursachten Umleitung der Schiffe von Bremen nach Hamburg erloschen waren. Die von der Antragsgegnerin verwendeten Konossementsformulare enthielten neben der Wahl des deutschen Rechts auch eine Jurisdiktionsklausel, nach der für alle Streitigkeiten gegen den Verfrachter ausschließlich die Gerichte in Bangkok zuständig sein sollten. Dem Verfrachter dagegen sollte es frei stehen, den Ladungsbeteiligten vor den Gerichten an dessen Sitz oder am Ort der Löschung in Anspruch zu nehmen.

Der 6. Senat stimmte dem OLG Hamm[44] im Ergebnis zu und befand die Aufrechnung für zulässig. Für den Senat war in dem ihm vorliegenden Fall kein überzeugender Grund ersichtlich, warum das zuständige deutsche Gericht nicht über das Erlöschen des Klageanspruchs befinden könne, auch wenn die Gegenforderung aufgrund einer Parteivereinbarung klageweise nur vor einem ausländischen Gericht geltend gemacht werden könne.[45]

---

[39] Siehe Fn. 19.
[40] *OLG Hamm* 7.10.1970, MDR 1971, 217.
[41] MDR 1971, 217, 218.
[42] MDR 1971, 217, 218.
[43] *OLG Hamburg* 11.11.1971, AWD 1973, 101 = IPRspr. 1971 Nr. 134.
[44] Siehe oben sowie Fn. 37.
[45] AWD 1973, 101, 102.

Der Senat setzte sich mit der Rechtsprechung des BGH und des RG zur Schiedsvereinbarung auseinander und stellte fest, daß die Problematik ähnlich gelagert sei. Wie bereits das OLG Hamm[46] gelangte er aber zu der Auffassung, die dazu gefundene Lösung des Problems sei nicht auf die Fälle internationaler Gerichtsstandsvereinbarungen übertragbar. Der wesentliche Unterschied bestehe darin, daß durch einen Schiedsgerichtsvertrag die Entscheidungskompetenz der staatlichen Gerichte überhaupt ausgeschlossen werde, während eine Zuständigkeitsvereinbarung sich innerhalb dieser Gerichtsbarkeit bewege.[47]

Im konkreten Fall hätten die Parteien die Zuständigkeit deutscher Gerichte außerdem nicht schlechthin ausgeschlossen, sondern nur für Ansprüche gegen den Verfrachter.[48] Es gehe deshalb in dem zu entscheidenden Fall nicht um die Vereitelung eines von den Parteien gemeinsam verfolgten Vertragszwecks, wie in den Fällen des Bestehens einer Schiedsabrede, sondern lediglich um die Vereinbarung eines ausschließlichen Gerichtsstands für Klagen. Der von den Parteien mit der Gerichtsstandsvereinbarung verfolgte Vertragszweck gehe nicht dahin, deutschen Gerichten Rechtsstreitigkeiten aus dem Rechtsverhältnis keinesfalls zu unterbreiten.

Zudem sei die ausschließliche Anwendbarkeit deutschen Rechts vereinbart worden. Damit, daß die Antragsgegnerin die Anwendung deutschen Rechts ausbedungen habe, was im übrigen nur aus der inneren wirtschaftlichen Struktur der Antragsgegnerin heraus zu erklären sei, bekunde sie ihr Desinteresse am thailändischen Recht und mache deutlich, daß sie alle Streitigkeiten nach dem ihr bekannten und vertrauten deutschen Recht beurteilen können und von den Gerichten behandeln lassen wollte und sich gerade nicht die Vorteile eines für sie inländischen thailändischen Verfahrens nach heimischem Recht und mit heimischer Gerichtssprache sichern wollte. Diesem Interesse werde bei einer Entscheidung über die Gegenforderung durch ein deutsches Gericht voll entsprochen.

Hinzu komme, daß es in dem vom OLG zu entscheidenden Fall nicht um Rechtskraftfragen im Hinblick auf die zur Aufrechnung gestellten Gegenforderungen der Antragstellerin gehe. In dem Rechtsstreit, der die Auskehrung der öffentlich hinterlegten Geldsumme zum Gegenstand habe, sei lediglich als vorgreifliche Rechtsfrage zu klären, ob die Frachtforderung durch Aufrechnung erloschen sei oder noch bestehe. Eine Rechtskraftwirkung für die Gegenforderung gemäß § 322 Abs. 2 ZPO komme hier nicht in Betracht.

Unter diesen Umständen könne der von den Parteien getroffenen Gerichtsstandsvereinbarung kein vertragliches Verbot entnommen werden, sich vor ei-

---

[46] Siehe oben sowie Fn. 40.

[47] AWD 1973, 101, 102 f.

[48] AWD 1973, 101, 103.

nem deutschen Gericht auf die Aufrechnung mit einer dieser Vereinbarung unterfallenden Forderung zu berufen.[49]

(3) In einer Entscheidung vom 13.10.1976 widersprach das LG Hamburg der soeben dargestellten Auffassung des OLG Hamburg[50] unter Berufung auf das Urteil des BGH vom 20.12.1972[51] und erklärte sich im Anschluß an die Argumentation des BGH für unzuständig, über das Bestehen der einer Gerichtsstandsvereinbarung unterliegenden Gegenforderung zu entscheiden.[52]

(4) Das LG Mainz hingegen bezog in seinem Urteil vom 22.12.1978[53] deutlich Stellung gegen die Rechtsprechung des BGH. Allerdings muß bezweifelt werden, ob sich das Gericht dessen wirklich in vollem Umfange bewußt war, denn seine Argumentation läßt, insbesondere wenn man die vom LG zitierten BGH-Entscheidungen in Bezug zu dem von ihm zu entscheidenden Fall setzt, eher darauf schließen, daß es die Problematik des Falles nicht richtig zu erfassen vermochte.

Zentrales Problem des Falles war eigentlich die Frage, ob der ausländische Kläger, der unter Nichtbeachtung einer Gerichtsstandsvereinbarung eine Forderung selbst vor deutschen Gerichten, statt vor seinem als zuständig vereinbarten Heimatgericht einklagt, die Unzuständigkeit des Gerichts zur Erkennung über die ebenfalls der Gerichtsstandsvereinbarung unterfallenden Gegenforderung geltend machen kann. Deshalb stellte das LG auch fest, der Kläger könne sich zur Stützung seiner Ansicht nicht auf die Entscheidung des BGH in BGHZ 60, 85[54] berufen, da der BGH die betreffende Frage offengelassen habe.[55]

Andererseits versuchte das Gericht, seine Auffassung, der Kläger habe sich im konkreten Fall durch die abredewidrige Klage vor deutschen Gerichten zugleich der Jurisdiktion der Bundesrepublik Deutschland hinsichtlich der Gegenforderung unterworfen, mit folgendem Argument zu untermauern: "Die Parteien haben zwar für die Einklagung der Gegenforderung die internationale Zuständigkeit vereinbart, ohne aber gleichzeitig ausdrücklich festzulegen, daß auch die aufrechnungsweise Geltendmachung der Gegenforderung vor den Gerichten anderer Staaten ausgeschlossen sein soll. Eine solche 'schlichte' Prorogationsabrede umfaßt den vertraglichen Ausschluß des Aufrechnungseinwandes im Zweifel nicht" [es folgt der Hinweis auf eine Fundstelle in der Literatur]. "Der Ausschluß der Aufrechnung wird nämlich im internationalen Handelsverkehr mit besonderen Klauseln ansonsten vereinbart."[56]

[49] Alle diese Erwägungen finden sich in AWD 1973, 101 auf der S. 103.
[50] *OLG Hamburg* 11.11.1971, AWD 1973, 101.
[51] *BGHZ* 60, 85, s.o., Fn. 19.
[52] *LG Hamburg* 13.10.1976, IPRspr. 1976 Nr. 143.
[53] *LG Mainz* 22.12.1978, IPRspr. 1978 Nr. 150.
[54] Siehe Fn. 19.
[55] IPRspr. 1978 Nr. 150, S. 362.
[56] IPRspr. 1978 Nr. 150, S. 363 f.

Mit diesen Ausführungen machte sich das Gericht eine Position zu eigen, die nicht lediglich die in BGHZ 60, 85 offengelassene Frage betraf, sondern im klaren Widerspruch zu der diese Entscheidung tragenden Rechtsauffassung des BGH stand.

(5) Das OLG Koblenz wiederum schloß sich in seinem Beschluß vom 3.2.1984[57] dem Standpunkt des BGH an und erblickte in der konkreten Gerichtsstandsabrede ein Verbot, die Aufrechnungsforderung in einem Prozeß vor einem anderen als dem in der Vereinbarung für zuständig erklärten Heimatgericht der Klägerin geltend zu machen.

(6) Ausdrücklich offengelassen wurde die hier interessierende Problematik vom OLG Koblenz dann in seiner Entscheidung vom 27.2.1987[58] mit der Begründung, der Kläger habe sich in dem betreffenden Fall rügelos auf die von der Beklagten erklärten Aufrechnung eingelassen, so daß die Zuständigkeit der deutschen Gerichte in jedem Fall gemäß Art. 18 EuGVÜ begründet worden sei.[59]

(7) Das LG Berlin schließlich lehnte in seinem Urteil vom 30.1.1996[60] die Auslegung einer in den AGB der italienischen Klägerin enthaltenen internationalen Gerichtsstandsvereinbarung als prozessuales Aufrechnungsverbot mit Hinweis auf das AGBG ab: der Wortlaut der betreffenden Gerichtsstandsklausel erwähne den Fall der Aufrechnung mit keinem Wort, Zweifel bei der Auslegung hätten aber gemäß § 5 AGBG (jetzt: § 305c Abs. 2 BGB) zu Lasten des Verwenders zu gehen.[61]

Zu einem Aufrechnungsverbot könne man allenfalls im Wege der ergänzenden Vertragsauslegung gelangen, welche zwar auch bei Allgemeinen Geschäftsbedingungen nicht ausgeschlossen sei, dort aber zugunsten des Verwenders wegen seiner Formulierungsverantwortlichkeit und des in § 5 AGBG (jetzt: § 305c Abs. 2 BGB) zum Ausdruck kommenden Transparenzgebots nur in Ausnahmefällen erfolgen könne. Ein solcher Ausnahmefall sei indes in dem zu entscheidenden Fall nicht gegeben, da selbst bei Vereinbarung einer einseitig begünstigenden Gerichtsstandsvereinbarung (um eine solche handelte es sich in dem zu entscheidenden Fall) nicht ohne weiteres auf das Interesse beider Parteien geschlossen werden könne, der insoweit benachteiligten Partei auch die Verteidigung mittels Aufrechnung zu erschweren.[62]

---

[57] RIW 1984, 396 f. Es handelt sich dabei um den Vorlagebeschluß im Fall *Spitzley/Sommer*, der zur späteren Entscheidung des *EuGH* vom 7.3.1985, Rs. 48/84 - Slg. 1985, 787 ff. = IPRax 1986, 27 führte (siehe dazu oben im Zweiten Abschnitt unter C., S. 92 ff.).

[58] *OLG Koblenz* 27.2.1987, RIW 1987, 629.

[59] Das Gericht bezieht sich dabei auf *EuGH* 7.3.1985 - *Spitzley/Sommer* (siehe dazu oben, Fn. 57).

[60] *LG Berlin* 30.1.1996, IPRax 1998, 97 (m. Anm. *Gebauer*, 79) = IPRspr. 1996, Nr. 32, S. 74 ff.

[61] IPRax 1998, 97, 99. Krit. zu dieser Argumentation *Gebauer*, IPRax 1989, 79, 81 u. 83. Siehe dazu näher unten unter D. II. 3. e), S. 268 ff.

[62] IPRax 1998, 97, 99.

Das Gericht äußerte anschließend die Ansicht, sein Ergebnis stehe nicht im Widerspruch zur Rechtsprechung des BGH, da den dort entschiedenen Fällen andersartig gestaltete Gerichtsstandsvereinbarungen zugrunde gelegen hätten. Die Feststellung einer typischen Interessenlage, die für sich genommen auf das Vorliegen eines Aufrechnungsausschlusses für jeden Fall, in dem eine einseitig begünstigende Gerichtsstandsregelung vereinbart wurde, schließen ließe, liege darin nicht.[63]

Im Ergebnis wies das LG die Aufrechnung der Beklagten aber dennoch mit der Begründung als unzulässig zurück, es fehle an der erforderlichen Konnexität zwischen Klage- und Gegenforderung, so daß das Gericht in entsprechender Anwendung des Art. 6 Nr. 3 EuGVÜ zur Entscheidung über die Aufrechnung international unzuständig sei.[64]

4. *Zusammenfassung*

Der aktuelle Standpunkt des BGH, der angesichts der zuvor unter I. und II. dargestellten Entwicklung der höchstrichterlichen Rechtsprechung heute wohl als gefestigt anzusehen ist, läßt sich wie folgt zusammenfassen:

1. Die Rechtsprechung des Reichsgerichts und - im Anschluß daran - des II. Senats des BGH zu den Schiedsvereinbarungen sei auf einseitig begünstigende internationale Gerichtsstandsvereinbarungen übertragbar, weil die Interessenlage der Parteien vergleichbar sei: der Wunsch der begünstigten Partei nach der Zuständigkeit des eigenen Staates, dessen Organisation und Funktionsweise sie kenne, dessen Sprache sie spreche und dem sie auf mannigfache Weise verbunden sei sowie der Anwendung des eigenen Verfahrensrechts und des eigenen Internationalen Privatrechts.[65] Daraus ergebe sich der Wille der Parteien, daß die Aufrechnung mit einer von der Zuständigkeitsvereinbarung betroffenen Gegenforderung vor einem anderen als dem vereinbarten Gericht ausgeschlossen sein solle. Demzufolge habe das erkennende Gericht den Aufrechnungseinwand in den betreffenden Fällen als unzulässig zurückzuweisen.
2. Dies gelte erst recht für wechselseitige internationale Gerichtsstandsvereinbarungen, weil die Parteien damit ihren Willen deutlich gemacht hätten, sich nur vor ihrem jeweiligen Heimatgericht gegen Ansprüche der anderen Seite verteidigen zu wollen.[66] Der Umstand, daß der Wortlaut nur von der klageweisen

---

[63] IPRax 1998, 97, 99.

[64] IPRax 1998, 97, 100. Ob Art. 6 Nr. 3 EuGVÜ in dieser Weise auf die Aufrechnung entsprechende Anwendung finden kann, ist nach der Entscheidung des *EuGH* v. 13.7.1995 - *Danvaern/Otterbeck*, Rs. 341/93 - Slg. 1995, 2053 = EuZW 1995, 639 = NJW 1996, 42 äußerst fraglich - siehe dazu oben im Zweiten Abschnitt unter D. III., S. 103 f.

[65] S.o. unter 2., Urt. Nr. *(3)*, S. 200.

[66] S.o. unter 2., Urt. Nr. *(4)*, S. 202.

Geltendmachung spreche, habe demgegenüber keine Bedeutung, da die Parteien juristische Laien seien.
3. Bei wechselseitigen Gerichtsstandsvereinbarungen ergäbe sich ansonsten für die klagende Partei zudem ein doppelter Nachteil, denn sie sei nach der Vereinbarung schon gezwungen, vor einem fremden Gericht zu klagen, und müsse dann auch noch vereinbarungsgemäß nur vor ihrem Heimatgericht einklagbare Ansprüche der anderen Seite vor dem fremden Gericht abwehren.[67]
4. Außerdem sei es nicht sachgerecht, Widerklagen auszuschließen, die dieselben Gegenansprüche geltend machende Aufrechnung aber zuzulassen.[68]
5. Was das materielle Recht angehe, so erstrecke sich das prozessuale Aufrechnungsverbot nicht ohne weiteres darauf, es sei denn, besondere Gründe sprächen dafür.[69] Das Verfahrensrecht werde vom Beibringungsgrundsatz beherrscht. So könne der Beklagte etwa darauf verzichten, den Einwand der Erfüllung durch Zahlung vor Gericht geltend zu machen. Gleiches habe für die Geltendmachung der Aufrechnung zu gelten, die ja nur eine andere Art der Erfüllung sei.

Im Ergebnis leitet der BGH demnach bereits aus der bloßen Derogation der deutschen internationalen Zuständigkeit für ein bestimmtes Rechtsverhältnis im Zweifel ein vertragliches Verbot ab, vor deutschen Gerichten die Aufrechnung mit Forderungen aus dem betreffenden Rechtsverhältnis prozessual geltend zu machen.[70]

Dazu sei noch eines angemerkt: bei der Betrachtung der Entwicklung der höchstrichterlichen Rechtsprechung fällt auf, daß das Reichsgericht der Ansicht war, eine Schiedsabrede entziehe den ordentlichen Gerichten die Entscheidungskompetenz nicht nur für den Fall der klageweisen, sondern auch für den Fall der aufrechnungsweisen Geltendmachung der ihr unterfallenden Forderungen.[71] Das RG sah die Problematik also als auf der Ebene des Zuständigkeitsrechts angesiedelt an. Der BGH, der sich einerseits ausdrücklich auf die Urteile des Reichsgerichts gestützt hat, hat andererseits diese Sichtweise ebenso still und leise wie übergangslos zugunsten der Annahme eines vertraglichen Verbots, sich im Prozeß auf die Aufrechnung zu berufen, fallengelassen[72] - der Ausschluß der Aufrechnung folgt also seiner Ansicht nach und entgegen der Auffassung des Reichsgerichts nicht aus der internationalen Unzuständigkeit als solcher,

---

[67] Wie Fn. 66.
[68] Wie Fn. 66.
[69] S.o. unter 2., Urt. Nr. *(2)*, S. 199 u. Urt. Nr. *(3)*, S. 201.
[70] Zu dieser Einschätzung des Standpunktes des BGH gelangt u.a. auch MünchKomm-ZPO/*Gottwald*, Art. 17 EuGVÜ Rz. 73.
[71] S.o. unter 1., S. 197 f.
[72] S.o. unter 2., S. 197 ff.

sondern wird im Wege der Auslegung als zusätzlicher, neben der Gerichtsstandsvereinbarung stehender Inhalt der Parteivereinbarung angesehen.[73]

Die unteren Gerichte sind der Rechtsprechung des BGH, wie unter 3. festgestellt wurde, weitgehend mit Skepsis entgegengetreten. Ihre Kritik richtet sich zum einen auf die Übertragung der Rechtsprechung zu Schiedsgerichtsabreden auf internationale Gerichtsstandsvereinbarungen - Schiedsgerichtsabreden seien nach ihrem Inhalt und Zweck nicht mit Gerichtsstandsvereinbarungen vergleichbar, denn durch sie werde die Entscheidungskompetenz der staatlichen Gerichte überhaupt ausgeschlossen.[74] Zum anderen seien Verträge über Prozeßhandlungen oder Prozeßbeziehungen eher einschränkend als ausdehnend auszulegen, da durch sie das Prozeßrecht abgeändert werde.[75] Erwogen wurde schließlich die Anwendung der Zweifelsregel des § 5 AGBG (jetzt: § 305c Abs. 2 BGB) auf in AGB enthaltene internationale Gerichtsstandsvereinbarungen mit dem Ergebnis, daß aus ihnen zugunsten des Verwenders im Zweifel kein Aufrechnungsverbot abgeleitet werden dürfe.[76]

II. Die in der Lehre vertretenen Auffassungen

Betrachtet man die verschiedenen Stellungnahmen in der Literatur zu der Problematik, so stößt man auf folgenden bemerkenswerten Umstand, auf den bereits in der Einleitung kurz hingewiesen wurde:[77] Es wird bei der Diskussion, obwohl man sich scheinbar mit ein und derselben Fragestellung beschäftigt, zum Teil von völlig unterschiedlichen Ausgangspunkten ausgegangen. Während einige Autoren das Problem - wie bereits das Reichsgericht[78] und übrigens auch der EuGH[79] - als auf der Ebene des Zuständigkeitsrechts angesiedelt ansehen,

---

[73] Vgl. *Leipold*, ZZP 107 (1994), 216, 217.
[74] S.o. unter 3., Urt. Nr. *(1)*, S. 203 u. Nr. *(2)*, S. 204.
[75] S.o. unter 3., Urt. Nr. *(1)* u. Nr. *(2)*, S. 203.
[76] S.o. unter 3., Urt. Nr. *(7)*, S. 206.
[77] S. dort unter A. III. 2., S. 23 f.
[78] S.o. unter I. 4., S. 208.
[79] Der Gerichtshof spricht in seinem Urt. v. 9.11.1978 - *Meeth/Glacetal*, Rs. C-23/78 - Slg. 1978, 2133 auf S. 2142 bei Rz 8 ausdrücklich davon, es gehe darum, "... inwieweit ein aufgrund einer wechselseitigen Gerichtsstandsvereinbarung der vorliegenden Art angerufenes Gericht für die Entscheidung über eine Aufrechnung *zuständig* ist" (Hervorhebung durch d. Verf.). Gleiches gilt für das Urt. v. 7.3.1985 - *Spitzley/Sommer*, Rs. C-48/84 - Slg. 1985, 787 = IPRax 1986, 27, 29: hier interpretiert der *EuGH* den Vorlagebeschluß des *OLG Koblenz* v. 3.2.1984 (RIW 1984, 396) dahingehend, das *OLG* wolle wissen, "ob Art. 18 auch dann Anwendung finden kann, wenn sich die *Unzuständigkeit* des angerufenen Gerichts daraus ergibt, daß für die Aufrechnungsforderung die Zuständigkeit der Gerichte eines anderen Vertragsstaats als des Staates des angerufenen Gerichts vereinbart wurde." (Hervorhebung durch Verf.) - dies ist insbesondere deshalb bemerkenswert, weil das *OLG Koblenz* ausdrücklich die Frage gestellt hatte, ob ein "prozessuales Aufrechnungsverbot" durch eine rügelose

sich also die Frage stellen, ob in einer Gerichtsstandsvereinbarung die Derogation auch für die aufrechnungsweise Geltendmachung einer dieser Vereinbarung unterfallenden Forderung zu sehen ist,[80] prüft der überwiegende Teil des Schrifttums wie der BGH, ob daraus der über die zuständigkeitsrechtliche Komponente hinausgehende "besondere geschäftliche Bedeutungsgehalt" [81] eines vertraglichen Verbots der Geltendmachung der Aufrechnung im Prozeß abgeleitet werden kann[82] (oft wird zwischen internationaler Unzuständigkeit und Aufrechnungsverbot begrifflich noch nicht einmal sauber unterschieden)[83]. Auf die mit den beiden unterschiedlichen Betrachtungsweisen jeweils verbundenen Konsequenzen wird in der Folge noch zurückzukommen sein.[84]

Einlassung nach Art. 18 EuGVÜ überwunden werden könne, siehe dazu oben im Zweiten Abschnitt unter C. I., S. 93.

[80] So z.B. Stein/Jonas/*Leipold*, § 145 V Rz. 41, MünchKomm-ZPO/*Peters*, § 145 Rz. 38, *Geimer*, NJW 1973, 951, 952 ("Es handelt sich um eine *Derogation* der internationalen Zuständigkeit der BRD zur Entscheidung über die Gegenforderung im Wege der Prüfung des Aufrechnungseinwandes." - die Hervorhebung ist bereits in der zitierten Quelle enthalten) und *Geimer/Schütze*, EuZVR, Art. 6 Rz. 76.

[81] So ausdrücklich *Mankowski*, ZZP 109 (1996), 376, 378 u. *Gebauer*, IPRax 1998, 79.

[82] Siehe z.B. *Kropholler*, Hdb. IZVR, Rz. 439 u. 590; *ders.* in EuZPR, Art. 17 Rz. 105; MünchKomm/*Spellenberg*, Art. 32 EGBGB Rz. 56; MünchKomm-ZPO/*Gottwald*, Art. 17 EuGVÜ Rz. 73; *ders.* in IPRax 1986, 10, 12; Staudinger/*Gursky*, Vorbem zu §§ 387 ff. Rz. 51; Wieczorek/Schütze/*Hausmann*, § 38 Rz. 100 u. Art. 6 EuGVÜ Rz. 42 a.E.; *ders.* in Reithmann/Martiny, §§ 38-40 Rz. 2286 u. Art. 17, 18 Rz. 2197; Baumbach/Lauterbach/*Hartmann*, § 145 Rz. 18; Musielak/*Stadler*, § 145 Rz. 34 (vgl. auch Rz. 24); Soergel/*v. Hoffmann*, Art. 32 Rz. 52; *Schack*, IZVR Rz. 460; *Schütze*, IZPR, 57; *Schlosser*, EWiR 1985, 781 f.; *Gebauer*, IPRax 1998, 79, 83; *Coester-Waltjen*, FS Lüke, 41; *G. Wagner*, IPRax 1999, 65, 75; *Kim*, 199 ff.

[83] Dies bemängelt auch *Schulte-Beckhausen*, 179 am Beispiel von *Kropholler*, der in EuZPR, Art. 17 Rz. 106 a.E. von der Überwindung des "Aufrechnungsverbots" durch rügelose Einlassung spricht und hierzu auf Art. 18 Rz. 19 verweist, wo dann allerdings die Überwindung der "Unzuständigkeit" für eine Aufrechnungsforderung durch Art. 18 EuGVÜ behandelt wird. Vgl. auch *Kannengießer*, der wiederholt den Begriff "prozessuales Aufrechnungsverbot" verwendet (z.B. auf S. 197 o. 199), obwohl er inhaltlich prüft, ob in einer internationalen Gerichtsstandsvereinbarung die Derogation auch für die aufrechnungsweise Geltendmachung von davon erfaßten Forderungen zu sehen ist (dies geht insbes. aus der Heranführung an die Problemlage durch den Autor auf S. 191 hervor) sowie *Gebauer*, der einerseits das Vorliegen eines prozessualen "Aufrechnungsverbots" prüft (IPRax 1998, 79 f. u. noch deutlicher in JbItalR 12 (1999), 31, 45 ff.), andererseits aber ausführt, bei prozessualer Geltendmachung der Aufrechnung mit unstreitigen oder bereits rechtskräftig festgestellten Gegenforderungen gehe es um keine gerichtliche Entscheidung mehr, auf die sich die "Frage der Internationalen Zuständigkeit" auswirken könne, sondern um eine bloße Verrechnung, der durch den Kläger nichts an "schützenswerten Zuständigkeitsinteressen" entgegen gesetzt werden könne, "was mit dem Sinn einer Gerichtsstandsvereinbarung zu tun" habe (IPRax 1998, 79, 82). Siehe auch Stein/Jonas/*Leipold*, § 145 V Rz. 41 u. MünchKomm/*Spellenberg*, Art. 32 Rz. 56.

[84] Siehe dazu unten unter C. IV. 1., S. 234 ff.

Im übrigen ist die Rechtsprechung des BGH allerdings auch in der Lehre vornehmlich auf Kritik gestoßen. Zwar wird sein Ansatz, durch ergänzende Auslegung über eine Abwägung der objektiven Interessen den hypothetischen Parteiwillen zu ermitteln, durchaus für richtig erachtet (mit Ausnahme von *Ahlt*, der bereits das Vorliegen einer ausfüllungsbedürftigen Lücke bezweifelt, da die Frage, ob Forderungen aus einer bestimmten Geschäftsverbindung aufrechenbar sein sollen oder nicht, in der Regel von den Vertragsparteien als ein bedeutender Vertragspunkt erkannt werde)[85]. Im Gegensatz zum BGH ist die große Mehrheit der Autoren aber der Ansicht, aus der Derogation der deutschen internationalen Zuständigkeit für ein bestimmtes Rechtsverhältnis allein könne nicht auf den Willen der Parteien geschlossen werden, daß die Aufrechnung mit Forderungen daraus vor deutschen Gerichten ausgeschlossen sein solle.[86]

Als Begründung dafür wird vor allem angeführt, die Annahme eines Aufrechnungsausschlusses widerspreche dem Interesse der Parteien an einer ökonomischen Prozeßführung, da dadurch der Sachzusammenhang zerrissen werde, und auch dem Gebot der Waffengleichheit der Parteien, weil dem Beklagten dadurch die Möglichkeit genommen werde, seine Gegenansprüche auf einfache Weise in demselben Verfahren geltend zu machen.[87]

Wolf weist in diesem Zusammenhang darauf hin, daß Gerichtsstandsvereinbarungen zumeist von einer Partei der anderen aufdiktiert werden; die schon damit verbundene einseitige Bevorzugung eines der Beteiligten dürfe nicht durch eine weitherzige Auslegung zu einem allgemeinen prozessualen Aufrechnungsverbot erweitert werden.[88] Auch *Schack* merkt an, das prozessuale Ungleichgewicht werde durch die Annahme eines Aufrechnungsausschlusses besonders bei einer einseitig begünstigenden Gerichtsstandsvereinbarung verstärkt, da in diesem Fall die Verteidigung der ohnehin schwächeren Partei empfindlich beschnitten

---

[85] *Ahlt*, 103.

[86] MünchKomm/*Spellenberg*, Art. 32 EGBGB Rz. 56; MünchKomm-ZPO/*Gottwald*, Art. 17 EuGVÜ Rz. 73; *ders.* in IPRax 1986, 10, 12; Wieczorek/Schütze/*Hausmann*, § 38 Rz. 100 u. Art. 6 EuGVÜ Rz. 42 a.E.; *ders.* in Reithmann/Martiny, §§ 38-40 Rz. 2286 u. Art. 17, 18 Rz. 2197; Soergel/*v. Hoffmann*, Art. 32 Rz. 52; *ders.* in AWD 1973, 168, 169; *Geimer/Schütze*, EuZVR Art. 17 Rz. 194; *Geimer/Schütze*, Internat. Urteilsanerkennung, § 80 IX, S. 528; *Geimer*, IZPR, Rz. 1779; *ders.* in NJW 1973, 951, 952; *ders.* in IPRax 1986, 208, 212; *Schack*, IZVR, Rz. 460; *Schröder*, Internat. Zust., 602; *Wolf*, 118; *Rauscher*, RIW 1985, 887, 888; *v. Falkenhausen*, RIW 1982, 386, 389; *Ahlt*, 105; *Schulte-Beckhausen*, 178; *Kim*, 200 f. (allerdings mit der unhaltbaren Behauptung, man sei sich in Rspr. u. Schrifttum "weitgehend darüber einig", daß im Zweifel ein prozessuales Aufrechnungsverbot anzunehmen sei, siehe S. 199 u. 200); *Gebauer*, IPRax 1998, 79, 83; *ders.*, JbItalR 12 (1999), 31, 52; *Kannengießer*, 199; *Piekenbrock*, RIW 2000, 751, 755.

[87] *Schack*, IZVR, Rz. 460; *Geimer*, IZPR, Rz. 1779; MünchKomm-ZPO/*Gottwald*, Art. 17 EuGVÜ Rz. 73; MünchKomm/*Spellenberg*, Art. 32 EGBGB Rz. 56; Reithmann/Martiny/*Hausmann*, §§ 38-40 Rz. 2286 u. Art. 17, 18 Rz. 2197; *Schulte-Beckhausen*, 178; *Kannengießer*, 196; *von Falkenhausen*, RIW 1982, 386, 387; *Kim*, 200.

[88] *Wolf*, 118; ähnlich *von Hoffmann*, AWD 1973, 168, 169

werde.[89] Entsprechend äußert *von Hoffmann* die Auffassung, der Vertragsgegner habe einen Anspruch darauf, daß Klauseln, die seine Befugnisse einschränken, eindeutig formuliert seien.[90]

Sonnenberger ist der Ansicht, jedenfalls bei einseitig begünstigenden Gerichtsstandsvereinbarungen, die dem Beklagten durch AGB vorgegeben worden seien, könne ein Aufrechnungsausschluß wegen der Unklarheitenregel des § 5 AGBG (jetzt: § 305c Abs. 2 BGB) und dem *bona-fides*-Maßstab des § 157 BGB nicht angenommen werden. Anderenfalls müsse man nämlich dem Klauselverwender unterstellen, er habe von vornherein bei der Formulierung der Klausel nicht nur Zuständigkeitsüberlegungen angestellt, sondern eine mögliche verdeckte Verkürzung der Verteidigungsmittel des Vertragspartners zumindest mit im Auge gehabt - einem loyalen Geschäftspartner könne derartiges aber nicht unterstellt werden.[91]

Andererseits gibt *Rauscher* zu bedenken, gerade wenn nicht ein Gericht ausschließlich prorogiert sei, sondern beide Parteien nur jeweils vor den Gerichten ihres Landes verklagt werden könnten, also beide Parteien begünstigt seien, sei dem Beklagten wenig geholfen, wenn dieser Vorteil sich wegen der daraus gefolgerten Beschränkung der Aufrechnung letztlich als Nachteil erweise.[92] Dem fügt *Gottwald* hinzu, aus der Vereinbarung einer solchen wechselseitigen Gerichtsstandsvereinbarung könne wohl kaum auf den Willen der Parteien geschlossen werden, daß ihr gegenseitiges Vertragsverhältnis für die Rechtsverfolgung quasi in zwei separate einseitige Schuldverhältnisse aufgespalten werden soll - es könne nicht angenommen werden, daß die Parteien sich durch eine entsprechende Klausel damit einverstanden erklärten, bei einer Klageerhebung des Gegners zur Vorleistung ohne Verrechnungsmöglichkeit verpflichtet zu sein.[93]

Geimer merkt weiter an, der Ausschluß der Aufrechnung werde im internationalen Handelsverkehr in besonderen Klauseln vereinbart.[94] Im übrigen bestünden rechtsdogmatische Bedenken, Prozeßverträgen einen weitergehenden Inhalt beizumessen als den im Vertragstext ausdrücklich fixierten, da sie das Prozeßrecht abänderten. Sie seien daher eher einschränkend als ausdehnend auszulegen.[95]

---

[89] *Schack*, IZVR, Rz. 460.

[90] *Von Hoffmann*, AWD 1973, 168, 169. Ebenso *Ahlt*, 104 u. *Kannengießer*, 197. Vgl. auch *Kim*, 200 und *Gäbel*, 230.

[91] *Sonnenberger*, FS Firsching, 295, 304 f., speziell zu in AGB enthaltenen "bills of lading" (Konnossementen).

[92] *Rauscher*, RIW 1985, 887, 888. So auch *Hausmann* in Wieczorek/Schütze, § 38 Rz. 100, sowie in Reithmann/Martiny, §§ 38-40 Rz. 2286. Ähnlich *Kannengießer*, 196.

[93] *Gottwald*, IPRax 1986, 10, 12. Ebenso *Hausmann* in Wieczorek/Schütze, § 38 Rz. 100, sowie in Reithmann/Martiny, §§ 38-40 Rz. 2286. In diesem Sinne auch *Kannengießer*, 196.

[94] *Geimer*, NJW 1973, 951, 952. Ebenso *Kannengießer*, 198.

[95] *Geimer*, siehe Fn. 94. I.d.S. auch *Schack*, IZVR Rz. 457 sowie *OLG Hamm* 7.10.1970, MDR 1971, 217, 218.

Nach Abwägung der mit einer Zurückweisung der Aufrechnung als unzulässig verbundenen Nachteile des Beklagten einerseits und den Beeinträchtigungen der Rechte des Klägers bei Entscheidung des angerufenen Gerichts über die Gegenforderung andererseits kommen *von Hoffmann*, *Gebauer* und *Kannengießer* zu dem Ergebnis, dem Kläger sei es in der Regel zuzumuten, sich am Gericht der Klage gegen die Aufrechnung zu verteidigen - wenn er ohnehin einen Aktivprozeß im Ausland führe, sei die Belastung, dort mit einer Forderung des Beklagten konfrontiert zu werden, ungleich geringer als wenn er im Ausland verklagt werde oder dort klagen müsse,[96] denn im erstgenannten Fall habe er sich bereits durch die Klage auf fremdes Verfahrensrecht, eventuelle Sprachnachteile und gegebenenfalls auf einen größeren Verfahrensaufwand einstellen müssen.[97]

Gäbel bemerkt kritisch, der BGH komme zu seinen Ergebnissen über Pauschalfeststellungen und allgemeine Analogien zu vergleichbaren Interessenlagen, anstatt eingehender und situationsbezogener die jeweils vorliegende Gerichtsstandsvereinbarung zu prüfen.[98] Es sei für jeden konkreten Einzelfall eine Abwägung der beteiligten Partei-, Rechts- und Gerichtsinteressen vorzunehmen, wobei allerdings die Parteiinteressen vorrangig zu berücksichtigen seien.[99]

Dem fügt *Ahlt* noch Bedenken grundlegenderer Natur hinzu: Die Annahme eines prozessualen Aufrechnungsverbots könne bereits deshalb nicht dem hypothetischen Willen der Parteien entsprechen, weil vernünftige Vertragsparteien ohne besondere Not nicht als zweckmäßig vereinbarten, daß zwar jeder Vertragspartner gegen den Willen des anderen aufrechnen, sich hierauf, das heißt auf die materielle Rechtslage, im Prozeß aber nicht berufen könne.[100] Wollten Parteien die Aufrechnung verbieten, so werde vielmehr ein (eventuell einseitiges) materielles Aufrechnungsverbot vereinbart. Ein solches materielles Aufrechnungsverbot der (prozessualen) Gerichtsstandsvereinbarung zu entnehmen, sei aber nicht möglich. Nehme man hingegen wie der BGH ein prozessuales Aufrechnungsverbot an, so werde es der beklagten Partei nicht nur verwehrt, sich im Prozeß auf die Aufrechnung zu berufen, sondern es sei auch zu bedenken, daß die Aufrechnung materiellrechtlich wirksam sei, wenn sie vom Beklagten einmal erklärt worden sei - seine Forderung gehe also unter.[101] Andererseits werde die Klageforderung, obwohl auch sie untergegangen sei, - aus prozessualen Gründen - zugesprochen. Der Beklagte sei dann gezwungen, seine materiellrechtlich nicht mehr bestehende Gegenforderung vor dem ausländischen Gericht einzuklagen, wobei er nur hoffen könne, daß dort die Argumentation des BGH

[96] Soergel/*von Hoffmann*, Art. 32 Rz. 52; *ders.* in AWD 1973, 168, 169; *Gebauer*, IPRax 1998, 79, 83; *ders.*, JbItalR 12 (1999), 31, 51; *Kannengießer*, 195 f.
[97] *Gebauer*, IPRax 1998, 79, 82; *ders.*, JbItalR 12 (1999), 31, 51.
[98] *Gäbel*, 231.
[99] *Gäbel*, 233.
[100] *Ahlt*, 103.
[101] *Ahlt*, 104.

verstanden werde und die materiellrechtlich erloschene Forderung aus prozessualen Gründen ebenfalls zugesprochen werde.[102]

Kritik an der Rechtsprechung des BGH wird indes auch noch auf einer ganz anderen Argumentationsebene geübt: So wendet *Kannengießer* ein, in Deutschland gehe man in reinen Inlandsfällen weitgehend einhellig davon aus, daß aus einer ausschließlichen Prorogation gerade kein prozessuales Aufrechnungsverbot abgeleitet werden könne.[103] Daher sei im Interesse des Gleichlaufs zwischen örtlicher und internationaler Zuständigkeit in Fällen mit Auslandsberührung möglichst genauso zu verfahren.[104] Im übrigen stehe bei Auslandssachverhalten sogar der BGH Aufrechnungsverboten dann skeptisch gegenüber, wenn es um internationale Frachtgeschäfte gehe.[105] Zweifel daran, ob der BGH an seiner Position festhalten kann, ergeben sich nach Auffassung *Gottwalds* und *Kannengießers* insbesondere aber auch angesichts des Ziels des EuGVÜ der Vereinheitlichung des Rechtsschutzsystems in seinem Geltungsbereich, denn in den Rechtsordnungen anderer Vertragsstaaten des Übereinkommens werde ganz anders verfahren.[106] So macht *Gottwald* geltend, in England erscheine die Möglichkeit, sich durch Aufrechnung mit konnexen Forderungen verteidigen zu können, als so selbstverständliches Recht im Rahmen eines fairen Prozesses, daß sie überhaupt nicht in Frage gestellt und erörtert werde und auch beim Modell der Legalkompensation des französischen Rechts sei der für die Klage zuständige Richter notwendig zur Entscheidung über die Aufrechnung befugt, da die Klageforderung gemäß Art. 1289, 1290 Code Civil materiellrechtlich bereits kraft Gesetzes ganz oder teilweise erloschen sei.[107] Etwas vorsichtiger formuliert *Kannengießer*, bei Fragen der internationalen Zuständigkeit wolle man dem Beklagten im englischen Recht "das 'shield' eines set-off nach Möglichkeit zubilligen;" [108] außerdem würden vertragliche Aufrechnungsverbote von englischen Gerichten nur dann anerkannt, wenn sie "durch 'clear and unequivocal words' vereinbart" worden seien.[109] Im französischen Recht ergebe sich aus Art. 51 Nouveau Code de Procédure Civile, daß die Aufrechnungsmöglichkeit grundsätzlich Vorrang vor Gerichtsstandsvereinbarungen habe.[110]

---

[102] Auf dieses Problem weisen auch *Kannengießer* (auf S.199), *von Falkenhausen* (in RIW 1982, 386, 387) und *Gaudemet-Tallon* (in RCDIP 1981, 131, 141) hin.
[103] Kannengießer, 197 f.
[104] Kannengießer, 198.
[105] Als Beleg dafür zitiert der Autor *BGH* 20.1.1983, NJW 1983, 1266.
[106] *Gottwald*, IPRax 1986, 10, 11; *Kannengießer*, 198; im Anschluß an *Gottwald* auch *Kim*, 200 f.
[107] *Gottwald*, IPRax 1986, 10, 11. Letzteres soll nach *Schulte-Beckhausen* (S. 176 i.V.m. S. 174) generell für alle Rechtsordn. gelten, die dem Modell der Legalkompensation folgen.
[108] Kannengießer, 198.
[109] Darauf weist auch *Schulte-Beckhausen*, 178 hin.
[110] *Kannengießer*, 198 (bei dieser Aussage stützt sich der Autor auf *Schlosser*, EWiR 1985, 781, 782).

Vereinzelt hat der Standpunkt des BGH allerdings auch in der Lehre Zuspruch erhalten.[111] So ist *Kropholler* der Auffassung, man könne im Regelfall annehmen, daß eine Prorogationsabrede nach dem Parteiwillen den vertraglichen Ausschluß des Aufrechnungseinwands mit umfasse, weil die Prozeßführungslast für den Schuldner der Gegenforderung bei der Aufrechnung keine geringere sei als bei der Verteidigung gegen eine Klage oder Widerklage.[112] Nach Ansicht *Kohlers* verdient die Haltung des BGH auch deshalb Zustimmung, weil sie die mit der Gerichtsstandsvereinbarung verknüpfte indirekte Rechtswahl respektiere und damit den Wirkungen der grenzüberschreitenden Prorogation gerecht werde.[113] Sei nämlich die Aufrechnungsforderung nur nach dem IPR des Gerichts der Klage begründet, nicht aber nach dem Recht, welches das an sich vereinbarte Gericht anzuwenden gehabt hätte, so belaste die Zulassung der Aufrechnung entgegen der Prorogation den Kläger neben der zusätzlichen Prozeßführungslast noch mit einer Leistungspflicht, mit der er nicht habe rechnen müssen und die ihn im Ergebnis um seine Hauptforderung bringen könne. *Schlosser* hält die Linie des BGH "aus Rechtssicherheitsgründen" für vorzugswürdig, da sich aus einer Gerichtsstandsvereinbarung selten Anhaltspunkte dazu entnehmen ließen, ob sie sich auch auf die aufrechnungsweise Geltendmachung einer aus dem zugrunde liegenden Vertrag entspringenden Forderung beziehen solle, zumal die Möglichkeit der Aufrechnung für nichtkonnexe Forderungen keineswegs einem zwingenden Gerechtigkeitspostulat entspreche.[114] *Leipold* schließlich möchte zwar nicht so weit gehen, wie der BGH im Zweifel ein Verbot der prozessualen Geltendmachung der Aufrechnungseinrede anzunehmen. Er merkt aber an, wenn man mit der neueren Rechtsprechung des BGH[115] grundsätzlich für die Aufrechnung die internationale Zuständigkeit hinsichtlich der Gegenforderung verlange, erscheine es konsequent, die Vereinbarung einer ausschließlichen Zuständigkeit im Zweifel so auszulegen, daß sie auch der Aufrechnung vor einem anderen Gericht entgegenstehe.[116] Dies gelte grundsätzlich auch für eine Aufrechnung mit konnexen Forderungen im Sinne des § 33 ZPO oder des Art. 6 Nr. 3 EuGVÜ.[117]

Einigkeit besteht in der Lehre dahingehend, daß man in einer internationalen Gerichtsstandsvereinbarung regelmäßig kein Hindernis für die Berücksichtigung

---

[111] *Kropholler*, Hdb. IZVR, Rz. 439 u. 590; Musielak/*Stadler*, § 145 Rz. 34 u. 24; Nagel/*Gottwald*, § 3 Rz. 81 u. 89 sowie § 5 Rz. 22; Stein/Jonas/*Leipold*, § 145 V Rz. 41 f.; MünchKomm-ZPO/*Patzina*, § 38 Rz. 45; *Schütze*, IZPR, 57; Staudinger/*Gursky*, Vorbem zu §§ 387 ff. Rz. 51; *Schlosser*, EWiR 1985, 781, 782; *Kohler*, IPRax 1983, 265, 272.

[112] *Kropholler*, Hdb. IZVR, Rz. 439 u. 590. Ebenso *Schütze*, IZPR, 57 u. *Mansel*, ZZP 109 (1996), 61, 69 (letzterer im Rahmen seiner Ausführungen zur Streitverkündung).

[113] *Kohler*, IPRax 1983, 265, 272.

[114] *Schlosser*, EWiR 1985, 781, 782.

[115] Der Autor zitiert hierzu *BGH* 12.5.1993, NJW 1993, 2753. Zu diesem Urt. siehe näher oben in der Einleitung unter A. III. 1., S. 16 ff.

[116] Stein/Jonas/*Leipold*, § 145 V Rz. 41.

[117] Stein/Jonas/*Leipold*, § 145 V Rz. 41a.

der Aufrechnung sehen könne, wenn die Gegenforderung unstreitig oder bereits rechtskräftig festgestellt sei.[118]

Abschließend sei noch angemerkt, daß einige Autoren - entgegen der Rechtsprechung des BGH[119] - der Ansicht sind, falls die Auslegung einer internationalen Gerichtsstandsvereinbarung im Einzelfall zu der Annahme eines prozessualen Aufrechnungsverbotes führe, so enthalte dieses in der Regel nach dem Willen der Parteien gleichzeitig auch ein materiellrechtliches Aufrechnungsverbot.[120] Der Beklagte als Gläubiger der Gegenforderung habe ein Interesse daran, daß seine Aufrechnungserklärung - sollte sie im Prozeß unberücksichtigt bleiben - auch materiellrechtlich keine Wirkung äußere, die zum Untergang der Forderung führen könne, und der Kläger als Schuldner der Gegenforderung habe kein schutzwürdiges Interesse an einer materiellen Wirkung der Aufrechnung, wenn die Durchsetzbarkeit seiner Hauptforderung von der Aufrechnung nicht betroffen werde.[121] Außerdem könne allein durch die Annahme eines gleichzeitigen materiellrechtlichen Aufrechnungsverbots die Harmonie zwischen den verschiedenen nationalen Verrechnungssystemen wiederhergestellt werden.[122]

C. Vor der Erarbeitung einer Lösung zu klärende Fragen

Zu Beginn dieses Abschnitts wurde unter A. festgestellt, daß für die Frage, ob die Aufrechnung mit einer Forderung ausgeschlossen ist, für deren klageweise Geltendmachung ein anderer internationaler Gerichtsstand vereinbart wurde, Wortlaut und Sinn der Gerichtsstandsvereinbarung maßgeblich sind.[123] Um diese schließlich mittels Auslegung der betreffenden Vereinbarung analysieren zu können, müssen nun zunächst einmal deren Wesen und Wirkung untersucht und auf diese Weise die durch sie berührten Interessen ermittelt werden (unter I.[124]). Weiter stellt sich die Frage, welches Recht nach deutschem IPR auf internationale Gerichtsstandsvereinbarungen Anwendung findet (unter II.[125]). Zu prüfen sein

---

[118] Stein/Jonas/*Leipold*, § 145 V Rz. 41 a; MünchKomm-ZPO/*Gottwald*, Art. 17 EuGVÜ Rz. 71; Wieczorek/ Schütze/*Hausmann*, Art. 17 Rz. 88 a. E.; *ders.* in Reithmann/Martiny, Art. 17, 18 EuGVÜ Rz. 2197; *Schlosser*, EWiR 1985, 781, 782; *Gebauer*, JbItalR 12 (1999), 31, 49; *Kannengießer*, 192.

[119] Ausdrücklich in seinem Urt. v. 22.11.1962, *BGHZ* 38, 254, s.o. unter I. 2., Urt. Nr. *(2)*, S. 199. Vgl. auch *BGH* 20.12.1972 - VIII ZR 186/70, *BGHZ* 60, 85, 87, s.o. unter I. 2., Urt. Nr. *(3)*, S. 201.

[120] *Eickhoff*, 178 i.V.m. 166; *Mankowski*, ZZP 109 (1996), 376, 378 (ohne Begründung); *Gebauer*, JbItalR 12 (1999), 31, 48 f.; *ders.*, IPRax 1998, 79 f.

[121] *Gebauer*, IPRax 1998, 79, 80.

[122] *Eickhoff*, 166.

[123] S.o., S. 195 f.

[124] S.u., S. 217 ff.

[125] S.u., S. 218 ff.

wird auch, welche Rechtsordnung für die Auslegung solcher Vereinbarungen maßgeblich ist (unter III.[126]).

Da der BGH und Teile der Lehre - wie oben unter B. aufgezeigt wurde -[127] aus einer internationalen Gerichtsstandsvereinbarung in der Regel ableiten wollen, daß die Aufrechnung mit Forderungen, die von der Zuständigkeitsvereinbarung erfaßt werden, vor anderen als den Gerichten des prorogierten Forums nach dem Willen der Parteien ausgeschlossen sein soll, werden schließlich auch noch Wesen und Wirkungen eines solchen Aufrechnungsausschlusses zu untersuchen sowie die Frage zu klären sein, welches Recht nach deutschem IPR darauf anzuwenden wäre (unter IV.[128]).

I. Wesen und Wirkung der internationalen Gerichtsstandsvereinbarung

Der internationalen Gerichtsstandsvereinbarung kommt erhebliche Bedeutung für die Bedürfnisse des internationalen Wirtschaftsverkehrs zu. In den meisten internationalen Handelsbeziehungen treffen die Parteien auch eine Vereinbarung über die internationale Zuständigkeit. Diese Vereinbarung kann getrennt oder zusammen mit dem Rechtsverhältnis, auf das sie sich bezieht (dem sogenannten "Hauptvertrag") abgeschlossen werden. Häufig wird sie in den AGB des Hauptvertrages enthalten sein. Mit ihr begründen die Parteien die internationale Zuständigkeit der Gerichte eines Staates, die ohne die Vereinbarung nicht zuständig wären (Prorogation) und/oder entziehen den Gerichten eines Staates, die eigentlich kraft Gesetzes zur Entscheidung berufen wären, die internationale Zuständigkeit (Derogation).[129]

Die internationale Gerichtsstandsvereinbarung bricht das gesetzliche Grundmodell der internationalen Zuständigkeit auf und ersetzt es durch eine den konkreten Verhältnissen angepaßte Regelung, die entweder den Bedürfnissen beider Parteien oder den Wünschen der stärkeren Partei besser gerecht werden. Sie legt das in einem Rechtsstreit anzuwendende Verfahrensrecht, indirekt - über das zusammen mit dem Forum gewählte IPR des Gerichtsstaates - aber auch das maßgebliche materielle Recht fest. Daneben beeinflußt sie in tatsächlicher Hinsicht die Verfahrenssprache, die Kosten des Rechtsstreits sowie die Dauer des Verfahrens. Sie fördert die Rechtssicherheit, indem sie die internationale Zuständigkeit fixiert, so daß beispielsweise spätere Wohnsitzwechsel darauf keinen Einfluß mehr haben und indem sie die Ungewißheit hinsichtlich des anwendbaren Sachrechts beseitigt, die sich aus der Existenz mehrerer gleichzeitig eröffne-

[126] S.u., S. 228 ff.
[127] S.o., S. 196 ff. sowie S. 209 ff.
[128] S.u., S. 233 ff.
[129] *Von Hoffmann*, IPR, § 3 Rz. 72; *Geimer*, IZPR, Rz. 1652; *Schütze*, IZPR, 47 f.

ter internationaler Gerichtsstände ergibt.[130] Darüber hinaus dient sie der Ausgewogenheit, indem sie den Parteien die Möglichkeit eröffnet, ein neutrales Forum zu wählen.

Neben all den genannten Vorteilen bergen Gerichtsstandsvereinbarungen - und dies gilt für Vereinbarungen über die internationale Zuständigkeit aufgrund ihrer zuvor beschriebenen Auswirkungen noch in erheblich höherem Maße als für innerstaatliche Gerichtsstandsvereinbarungen - auch Gefahren in sich. Insbesondere kann die wirtschaftliche Überlegenheit einer Partei zur verfahrensrechtlichen Übervorteilung der anderen Partei und damit zur weiteren Verschlechterung ihrer ohnehin schon schwachen Stellung führen; auch kann eine Partei versuchen, der anderen eine sie begünstigende Gerichtsstandsklausel unauffällig unterzuschieben (beispielsweise im Rahmen von AGB).[131] Diesbezügliche Auswüchse sollen im Europäischen Zivilprozeßrecht durch Art. 17 EuGVÜ[132] und im autonomen deutschen IZPR durch §§ 38, 40 ZPO in Grenzen gehalten werden.

II. Das auf die internationale Gerichtsstandsvereinbarung anwendbare Recht

1. Konkurrenz von lex fori und lex causae

Obwohl die Rechtsnatur der Gerichtsstandsvereinbarung seit jeher umstritten ist - nach Auffassung der Rechtsprechung ist sie ein materiellrechtlicher Vertrag über prozeßrechtliche Beziehungen -[133], besteht im Ergebnis trotz unterschiedlicher dogmatischer Einordnung weitgehend Übereinstimmung dahingehend, daß sich ihr Zustandekommen nach materiellem Recht und ihre Zulässigkeit und Wirkungen nach Prozeßrecht richten.[134] Daraus folgern herrschende Lehre und

[130] *Kropholler*, IPR, § 58 IV 1b, S. 583 f.; *Aull*, 55 ff.

[131] *Schröder*, Internat. Zust., 478 ff.; *Schack*, IZVR, Rz. 431 a.E.; *Staehelin*, 7; *Kim*, 42.

[132] *Jenard*, Bericht zum EuGVÜ, 32. Siehe zu Art. 17 EuGVÜ außerdem *Kropholler*, EuZPR Art. 17, insbes. Rz. 21 ff., m.w.N. Entsprechend Art. 23 EuGVVO

[133] So der *BGH* in st. Rspr., vgl. *BGH* 18.3.1997, NJW 1997, 2885 = IPRax 1998, 470 m. Anm. *Gottwald/Baumann*, 445; 30.5.1983, IPRax 1985, 27; 17.5.1972, *BGHZ* 59, 23; 22.9.1971, NJW 1972, 391; 15.4.1970, NJW 1971, 323; 29.02.1968, *BGHZ* 49, 384 = IPRspr. 1968-69 Nr. 199. Zust. *Gottwald*, FS Henckel, 295, 299; AK-ZPO/*Röhl*, § 38 Rz. 7; *Wirth*, NJW 1978, 460, 461; *Jung/Sandrock*, E Rz. 18. A.A. z.B. Stein/Jonas/ *Bork*, ZPO, § 38 Rz. 44; Thomas/*Putzo*, Vorbem. zu § 38 Rz. 2; Zöller/*Vollkommer*, § 38 Rz. 4, jew. m.w.N.

[134] Grundlegend *BGH* 29.02.1968, *BGHZ* 49, 384; s.a. *BGH* 17.05.1972, *BGHZ* 59, 23, 26 f.; *Schack*, IZVR, Rz. 432; *ders*. IPRax 1990, 19; *Geimer*, IZPR, Rz. 1675; Zöller/*Vollkommer*, ZPO, § 38 Rz. 4 f.; Thomas/*Putzo*, Vorbem. zu § 38 Rz. 2; Stein/Jonas/*Bork*, ZPO, § 38 Rz. 45; AK-ZPO/*Röhl*, § 38 Rz. 7; *Schütze*, IZPR, 47; *Hausmann*, FS für Lorenz, 359, 361 u. 362; *Günter H. Roth*, ZZP 93 (1980), 156, 164 ff.; *Wirth*, NJW 1978, 460, 461.

Rechtsprechung, daß sich Zulässigkeit und Wirksamkeitsvoraussetzungen einer Gerichtsstandsvereinbarung nach der jeweiligen *lex fori* richteten, während für ihr Zustandekommen das nach deutschem IPR zur Anwendung berufene Sachrecht maßgeblich sei.[135]

Eine andere Ansicht will demgegenüber die internationale Gerichtsstandsvereinbarung in vollem Umfange der *lex fori* des befaßten Gerichts unterstellen.[136] Dafür sprächen zum einen die prozeßrechtliche Natur der Gerichtsstandsvereinbarung und zum anderen Praktikabilitätserwägungen, denn auf diese Weise könne man eine "Vertragsspaltung" der internationalen Gerichtsstandsvereinbarung vermeiden und sie sowohl bezüglich des Zustandekommens als auch der Zulässigkeit und Wirkungen nach ein und derselben Rechtsordnung beurteilen.[137]

Folgte man dieser Auffassung, so wäre das anwendbare Recht zum Zeitpunkt des Vertragsabschlusses weder bestimmt noch zumindest bestimmbar, sondern würde erst durch die Klageerhebung einer Partei festgelegt, was dieser die Möglichkeit zur Auswahl eines Gerichtsstands ermöglichen würde, dessen *lex fori* die Gerichtsstandsvereinbarung in ihrem Sinne beurteilt (Gefahr des *forum shopping*). Die Wirksamkeit der Vereinbarung hinge mithin jeweils vom Recht des Staates ab, dessen Gerichte angerufen würden. Für Zulässigkeit und Wirkungen, deren Beurteilung von *Ordre-public*-Erwägungen geleitet wird, ist dieses Ergebnis unvermeidbar, soweit sie nicht einheitsrechtlich geregelt sind; für den Abschluß der Vereinbarung bringt dies den Parteien jedoch erhebliche Rechtsunsicherheit, da die Regeln über den Vertragsschluß von Land zu Land teilweise erheblich voneinander abweichen.[138] Deshalb ist die betreffende Ansicht abzulehnen[139] und statt dessen eine kollisionsrechtliche Anknüpfung vor-

---

[135] Grundlegend *BGH* 29.02.1968, *BGHZ* 49, 384. Seither st. Rspr., vgl. etwa *BGH* 24.11.1988, NJW 1989, 1431 = IPRax 1990, 41, 19 m. Anm. *Schack* = IPRspr. 1988 Nr. 165; *OLG Düsseldorf*, 6.1.1989, NJW-RR 1989, 1330, 1332; Stein/Jonas/*Bork*, ZPO, § 38 Rz. 13; Thomas/*Putzo*, Vorbem. zu § 38 Rz. 6 f.; Soergel/*Kronke*, Art. 38 Anh. IV Rz. 31; AK-ZPO/*Röhl*, § 38 Rz. 7; *Zimmermann*, § 38 Rz. 13; Wieczorek/Schütze/*Hausmann*, § 38 Rz. 12 f. u. 48; *ders.* in FS für Lorenz, 359, 364 u. 367; *ders.* in Reithmann/Martiny, §§ 38-40 ZPO, Rz. 2216; *Kropholler*, IPR, § 58 IV 2., S. 584 f.; *ders.* in EuZPR, Art. 17 Rz. 17 u. 26; *Schack*, IZVR, Rz. 432; *ders.* in IPRax 1990, 19; *Jung/Sandrock*, E § 17 IV. 1. Rz. 124; *Schütze*, IZPR, 45 f.; *v. Hoffmann*, IPR, § 3 Rz. 245; *Jaeckel*, 102; *M. J. Schmidt*, RIW 1992, 173, 175; *Rauscher*, ZZP 104 (1991), 271, 282; *Gottwald*, FS Henckel, 295, 300 f.; *Wirth*, NJW 1978, 460, 461 f.; *Grunsky*, RIW 1977, 1, 7; *Jakobs*, 44.

[136] *Habscheid*, FS Schima, 175, 188; *von Falkenhausen*, RIW 1982, 386, 387 u. RIW 1983, 420, 421; *Kim*, 68 ff., insbes. 82 u. 92. Im Ergebnis ebenso *Geimer*, IZPR Rz. 1677, der zunächst zwar feststellt, "aus der Einordnung der Zuständigkeitsvereinbarung als Prozeßvertrag" folge "nicht automatisch die Geltung der *lex fori*", vielmehr sei "ein eigenes Statut für das Zustandekommen der Gerichtsstandsvereinbarung zu fordern", dann aber schließlich - in einem nicht ohne weiteres nachvollziehbaren Schritt - dennoch zur grundsätzlichen Anwendung der *lex fori* des angerufenen Gerichts gelangt.

[137] *Kim*, 82; *von Falkenhausen*, RIW 1983, 420, 421.

[138] *Gottwald*, FS Henckel, 295, 298.

[139] *Gottwald*, FS Henckel, 295, 298; Reithmann/Martiny/*Hausmann*, §§ 38-40 ZPO, Rz.

zuziehen, denn diese gewährleistet, wenigstens tendenziell, eine einheitliche Beurteilung des Abschlußtatbestandes der Vereinbarung.[140]

Es bleibt also festzuhalten, daß sich Zulässigkeit und Wirksamkeitsvoraussetzungen einer Gerichtsstandsvereinbarung nach der jeweiligen *lex fori* richten, während für ihr Zustandekommen das nach deutschem IPR zur Anwendung berufene Sachrecht maßgeblich ist (zum Vorrang des EuGVÜ siehe unten 2.).

2. *Umfassende Regelung des Zustandekommens durch Art. 17 EuGVÜ?*

Einigkeit besteht dahingehend, daß im Anwendungsbereich des Art. 17 EuGVÜ ausschließlich dieser über Zulässigkeit, Form und Wirkungen einer Gerichtsstandsvereinbarung entscheidet.[141] Umstritten ist aber, inwieweit Art. 17 EuGVÜ selbst auch Regeln über das Zustandekommen von Gerichtsstandsvereinbarungen entnommen werden können. Während einige Autoren für die Entwicklung umfassender autonomer Maßstäbe für alle Fragen der Einigung aus Art. 17 EuGVÜ heraus eintreten,[142] ist die herrschende Meinung der Auffassung, zwar sei der Begriff der Vereinbarung vertragsautonom auszulegen, im übrigen regle Art. 17 EuGVÜ aber nur die materiellen Anforderungen, die untrennbar mit der Form verbunden seien[143] - hinsichtlich der übrigen materiellen Fragen des Zustandekommens sei auf nationales Recht zurückzugreifen.[144]

2216; *Staehelin*, 155 f.

[140] *Basedow*, Rechtswahl, 7; *Gottwald*, FS Henckel, 295, 301, vgl. auch 309.

[141] Siehe z.B. *Kropholler*, EuZPR, Art. 17 Rz. 16 f.; Wieczorek/Schütze/*Hausmann*, § 38 Rz. 44 u. Art. 17 Rz. 12 f.; MünchKomm-ZPO/*Gottwald*, Art. 17 EuGVÜ Rz. 62 ff.; *Rauscher*, ZZP 104 (1991), 271, 277 f.; *Günter H. Roth*, ZZP 93 (1980), 156, 160 f.; *OLG Düsseldorf* 6.1.1989, NJW-RR 1989, 1330, 1332; *OLG Saarbrücken* 2.10.1991, NJW 1992, 987 = IPRax 1992, 165 m. Anm. *Rauscher*, 143. Entsprechend Art. 23 EuGVVO, dessen Vorrangstellung sich bereits aus seiner Rechtsnatur als unmittelbares Gemeinschaftsrecht ergibt.

[142] *Jayme*, Narrative Normen, 27 (Gerichtsstandsvereinbarungen seien gem. Art. 1 Abs. 2 lit. d EVÜ dem internationalen Schuldvertragsrecht entzogen und bewußt prozeßrechtlich qualifiziert worden); *ders.* in *Reichelt*, Europäisches Kollisionsrecht, 33, 35 f.; *Geimer/Schütze*, Internat. Urteilsanerkennung, § 96 II., S. 880 f. u. XXV. 3. u. 4., S. 930 f.; *Geimer*, IZPR, Rz. 1649; *Stöve*, 52 (Fn. 170).

[143] *Gottwald*, FS Henckel, 295, 305; *Rauscher*, ZZP 104 (1991), 271, 279, 282; Reithmann/Martiny/*Hausmann*, Art. 17, 18 EuGVÜ, Rz. 2126; *Weigand*, 183 f.; *M. J. Schmidt*, RIW 1992, 173, 175.

[144] *Gottwald*, FS Henckel, 295, 302 f. u. 308; *Rauscher*, ZZP 104 (1991), 271, 280 f.; Reithmann/Martiny/*Hausmann*, Rz. 2126; *Staehelin*, 177; *Günter H. Roth*, ZZP 93 (1980), 156, 163; *Kropholler*, EuZPR, Art. 17 Rz. 26; *Jayme/Kohler*, IPRax 1992, 346, 353; *Kohler*, IPRax 1983, 265, 268; *von Hoffmann*, IPR, § 3 Rz. 246; *Grunsky*, RIW 1977, 1, 6; *Schack*, IZVR Rz. 472 Fn. 5 a.E.; *Kim*, 81; *Weigand*, 183 f.; *M. J. Schmidt*, RIW 1992, 173, 175. Vgl. auch Wieczorek/Schütze/*Hausmann*, § 38 Rz. 44 u. 48; Baumbach/Lauterbach/*Albers*, Art. 23 EuGVVO Rz. 15 f.; *OLG Düsseldorf*, 6.1.1989, NJW-RR 1989, 1330, 1332.

Zwar ist es in der Tat das Ziel von Art. 17 EuGVÜ, für alle Vertragsstaaten einheitlich zu bestimmen, unter welchen Voraussetzungen eine Zuständigkeitswahl rechtliche Wirkung entfaltet. Dieses Ziel kann aber bereits dadurch erreicht werden, daß Zulässigkeit und Wirksamkeit von Gerichtsstandsvereinbarungen allein nach Art. 17 beurteilt werden. Eine weitergehende einheitsrechtliche Lösung erscheint hingegen derzeit nicht praktikabel: angesichts fehlender geschriebener Regeln wäre den Parteien eine rechtssichere Vorausplanung der Zuständigkeit unmöglich, da die Regelung der betreffenden Fragen in den Sachrechten der Mitgliedstaaten zum Teil erheblich voneinander abweicht und folglich Kriterien für eine vertragsautonome Beurteilung nur über eine schwer überschaubare Kasuistik mit unausweichlichen Brüchen und Widersprüchlichkeiten entwickelt werden könnten.[145] Zudem kann es nicht Aufgabe des EuGVÜ sein, materiellrechtliche Fragen einheitlich zu regeln. Ein Rückgriff auf nationales Sachrecht andererseits ist ohne Schwierigkeiten möglich und gewährleistet eine für die Parteien steuer- beziehungsweise vorhersehbare Prüfung der materiellrechtlichen Voraussetzungen des Zustandekommens von Gerichtsstandsvereinbarungen.[146] Die herrschende Meinung ist deshalb vorzuziehen.

3. *Ermittlung der lex causae*

a) *Art. 7 Abs. 1 EGBGB*

Die Rechtsfähigkeit und Geschäftsfähigkeit einer Person unterliegen gemäß Art. 7 Abs. 1 EGBGB dem Recht des Staates, dem die Person angehört.

b) *Entsprechende Anwendung der Art. 27 bis 37 EGBGB*

Im übrigen ist bei der Ermittlung der *lex causae* auf die Art. 27 bis 37 EGBGB zurückzugreifen. Zwar können diese Vorschriften hier keine unmittelbare Anwendung finden, da Art. 1 Abs. 2 d EVÜ, der wegen Art. 36 EGBGB auch für die dem EVÜ entsprechenden Vorschriften des EGBGB zu beachten

---

[145] *Staehelin*, 176 f.; *v. Hoffmann*, IPR, § 3 Rz. 245. Dies muß auch *Geimer* in *Geimer/Schütze*, Internat. Urteilsanerkennung, § 96 XXV. 9, S. 933 f. einräumen. Auch der EuGH beurteilt das Zustandekommen der Gerichtsstandsvereinbarung nicht nach Art. 17 EuGVÜ, sondern prüft, ob sie "in Übereinstimmung mit dem anwendbaren nationalen Recht" abgeschlossen worden ist, *EuGH* 10.3.1992 - *Powell Duffryn/Petereit*, Rs. 214/89 - Slg. 1992 I, 1745 = RIW 1992, 492, 493 = NJW 1992, 1671 = IPRax 1993, 32 m. Anm. *Koch*, 19. Entsprechendes gilt auch für Art. 23 der neuen EuGVVO.

[146] Zur Rechtssicherheit in Form der Vorhersehbarkeit des zuständigen Gerichts als Grundwert des EuGVÜ im besonderen *EuGH* 13.7.1993 - *Mulox/Geels*, Rs. 125/92 - Slg. 1993 I, 4075 ff. unter Nr. 11 und *Aull*, 56 f. sowie des IZPR im allgemeinen *Jayme*, Rechtssicherheit, 31 ff. und *Kegel/Schurig*, § 2 II, S. 125.

ist,[147] Schieds- und Gerichtsstandsvereinbarungen aus dem Anwendungsbereich des EVÜ ausschließt. Einer entsprechenden Anwendung der Grundsätze der betreffenden Vorschriften steht dieser Ausschluß aus dem Anwendungsbereich des EVÜ aber nicht entgegen.[148] Angebracht ist die entsprechende Anwendung der Art. 27 bis 37 EGBGB nicht zuletzt deshalb, weil sie dazu geeignet ist, Art. 17 EuGVÜ im Hinblick auf seine Zielsetzung der einheitlichen Beurteilung von Gerichtsstandsvereinbarungen in allen Mitgliedsstaaten sinnvoll zu ergänzen, denn durch sie läßt sich vermeiden, daß auf dieselbe Gerichtsstandsvereinbarung je nach dem Forum, vor dem sie geltend gemacht wird, unterschiedliches Sachrecht Anwendung findet.

c) Gesonderte Rechtswahl für Gerichtsstandsvereinbarung gemäß Art. 27 EGBGB analog

Da die Zulässigkeit von Zuständigkeitsvereinbarungen an sich bereits Ausdruck der Parteiautonomie ist, ist es nur konsequent, den Parteien auch die Möglichkeit einzuräumen, für die Gerichtsstandsvereinbarung eine gesonderte Rechtswahl zu treffen.[149] Auf diese Weise können die Vertragspartner das maßgebliche Recht von vornherein festlegen, um dann ihr Verhalten daran auszurichten zu können. Haben die Parteien eine solche Rechtswahl speziell für die Gerichtsstandsvereinbarung getroffen - sei es bei deren Abschluß oder im Nachhinein, sei es ausdrücklich oder konkludent -[150], beurteilt sich ihr Zustandekommen demzufolge gemäß Art. 27 Abs. 1 S. 1 EGBGB analog nach dem von den Parteien gewählten Recht. Eine (zumindest stillschweigende) Wahl des auf ihr Zustandekommen anwendbaren Rechts liegt im Zweifel auch dann vor, wenn die Gerichtsstandsvereinbarung als Klausel Teil der Urkunde des Hauptvertrages ist und dieser eine Rechtswahlklausel enthält, die nicht ausdrücklich auf den

---

[147] Ausdrücklich wurde Art. 1 Abs. 2 d EVÜ (aus nicht mehr nachvollziehbaren Gründen) nicht in Art. 37 EGBGB übernommen. Zur Bedeutung von Art. 36 EGBGB für die Auslegung s.o. in der Einleitung dieser Arbeit unter A. I. 2., S. 4 f.

[148] *Von Hoffmann*, IPR, § 3 Rz. 75; Soergel/*von Hoffmann*, Art. 37, Rz. 8; *Schack*, IZVR Rz. 444; Reithmann/Martiny/*Hausmann*, Rz. 1227 ff.; *Stöve*, 94. Vgl. auch *BGH* 15.12.1986, *BGHZ* 99, 207, 209 f. = NJW 1987, 1145 = IPRax 1988, 26 m. Anm. *Basedow*, 15 u. *OLG Düsseldorf*, 6.1.1989, NJW-RR 1989, 1330, 1332. Krit. auch zur entspr. Anwendung hingegen *Jayme/Kohler*, IPRax 1992, 346, 353 und IPRax 1989, 337, 342.

[149] Soergel/*Kronke*, Art. 38 Anh. IV Rz. 31; Wieczorek/Schütze/*Hausmann*, § 38 Rz. 49; *ders.* in Reithmann/Martiny, §§ 38-40 ZPO, Rz. 2220; *ders.* in FS für Lorenz, 359, 366; *Staehelin*, 178; *Schütze*, IZPR, 47; *Günter H. Roth*, ZZP 93 (1980), 156, 165; *Gottwald*, FS Henckel, 295, 303; *Jakobs*, 60-63. S. ferner *Kegel/Schurig*, § 18 I, S. 569 ff.

[150] Zu den genannten Möglichkeiten der Vereinbarung einer Rechtswahl für Gerichtsstandsvereinbarungen siehe *Jakobs*, 65; Soergel/*Kronke*, Art. 38 Anh. IV Rz. 31; Wieczorek/Schütze/*Hausmann*, § 38 Rz. 49; *ders.* in Reithmann/Martiny, §§ 38-40 ZPO, Rz. 2220; *ders.* in FS für Lorenz, 359, 366.

Hauptvertrag beschränkt ist[151] - in diesem Fall ist anzunehmen, daß die Parteien Hauptvertrag und Gerichtsstandsvereinbarung dem gleichen Recht unterstellen wollten.

d) Das Sachrecht der engsten Verbindung gemäß Art. 28 Abs. 1 EGBGB analog

Haben die Parteien das auf das Zustandekommen der Gerichtsstandsvereinbarung anwendbare Recht weder ausdrücklich noch konkludent gewählt, stellt sich die Frage, mit dem Recht welchen Staates sie die engsten Verbindungen aufweist (Art. 28 Abs. 1 S. 1 EGBGB analog), da sich die vertragscharakteristische Leistung bei einer Gerichtsstandsvereinbarung nicht bestimmen läßt und Art. 28 Abs. 2 EGBGB folglich nicht zur (analogen) Anwendung gelangen kann. Es werden diesbezüglich im wesentlichen zwei Auffassungen vertreten:

(1) Akzessorische Anknüpfung an Hauptvertrag?

Nach Ansicht der Rechtsprechung[152] und des überwiegenden Schrifttums[153] soll, wenn die Gerichtsstandsvereinbarung im Zusammenhang mit einer vertraglichen Beziehung getroffen wurde, das Sachrecht auf sie Anwendung finden, das für den Hauptvertrag maßgeblich ist.

Eine solche akzessorische Anknüpfung hat den Vorteil, daß die Willenseinigung des materiellen Vertrags und die der Gerichtsstandsvereinbarung nach denselben Regeln beurteilt werden, was den Parteien die Verhaltensorientierung erleichtert. Andererseits sollte die gerichtliche Zuständigkeit stets möglichst rasch und ohne weiteres feststellbar sein;[154] wenn nun aber an das Statut des Hauptvertrages angeknüpft werden soll, so setzt dies voraus, daß das auf den Hauptver-

---

[151] *Günter H. Roth*, ZZP 93 (1980), 156, 165; *Kaufmann-Kohler*, 67; *Staehelin*, 179. Vgl. auch *BGH* 30.5.1983, IPRax 1985, 27, 28 u. bez. Schiedsverträgen *BGH* 28.11.1963, NJW 1964, 591; *OLG Hamburg*, 17.2.1989, RIW 1989, 574; 22.9.1978, RIW 1979, 482.

[152] *BGH* 29.02.1968, *BGHZ* 49, 384; 24.11.1988, NJW 1989, 1431, 1432 = IPRax 1990, 41 m. Anm. *Schack*, 19; 15.12.1986, *BGHZ* 99, 207, 209 f. = IPRax 1988, 26 m. Anm. *Basedow*, 15; 30.5.1983, IPRax 1985, 27, 28; *OLG München*, 9.5.1973, RIW 1975, 459.

[153] Soergel/*Kronke*, Art. 38 Anh. IV Rz. 31; Stein/Jonas/*Bork*, § 38 Rz. 13; Thomas/*Putzo*, Vorbem. zu § 38 Rz. 6; Wieczorek/Schütze/*Hausmann*, § 38 Rz. 48 f.; *ders.* in Reithmann/Martiny, §§ 38-40 ZPO, Rz. 2219; *ders.* in FS für Lorenz, 359, 365; *Kropholler*, Hdb. IZVR, Rz. 839 u. Rz. 482; *ders.*, IPR, § 58 III 4.; *Schack*, IZVR, Rz. 444; *Rauscher*, ZZP 104 (1991), 271, 283; *Grunsky*, RIW 1977, 1, 6 f.; *Wirth*, NJW 1978, 460, 462; *Schütze*, IZPR, 47; *Günter H. Roth*, ZZP 93 (1980), 156, 165; *Jaeckel*, 102; *Gottwald*, FS Henckel, 295, 300 f.; *Jakobs*, 55 u. 64; offenbar auch *Jung/Sandrock*, E § 17 IV. 1. Rz. 124.

[154] Zur Rechtssicherheit in Form der Vorhersehbarkeit des zuständigen Gerichts als Grundwert des EuGVÜ im besonderen *EuGH* 13.7.1993 - *Mulox/Geels*, Rs. 125/92 - Slg. 1993 I, 4075 ff. unter Nr. 11 und *Aull*, 56 f. sowie des IPR im allgemeinen *Jayme*, Rechtssicherheit, 31 ff. und *Kegel/Schurig*, § 2 II, S. 125.

trag anzuwendende Recht vorab bestimmt wird. Dazu muß der gesamte Sachverhalt auf seine Verbindungen zu verschiedenen Rechten hin untersucht werden, was sich mitunter recht umständlich gestalten kann, wenn für den Hauptvertrag keine Rechtswahl getroffen wurde.[155] Zudem scheidet eine Beurteilung nach dem für den Hauptvertrag maßgeblichen Recht zumindest dann aus, wenn die Gerichtsstandsvereinbarung sich auf mehrere Vertragsverhältnisse bezieht, die unterschiedlichen Rechtsordnungen unterstehen oder wenn sie im Anschluß an eine unerlaubte Handlung getroffen wurde.[156]

(2) Selbständige Bestimmung des Prorogationsstatuts?

Ein Teil der Literatur möchte eine selbständige Bestimmung des Rechts, das die engsten Verbindungen zum Vertrag aufweist, unternehmen.[157] Es sei in jedem Fall eine getrennte Beurteilung von Hauptvertrag und Gerichtsstandsvereinbarung erforderlich, denn sie verfolgten unterschiedliche Zwecke und stünden in keinem notwendigen Zusammenhang - die Gerichtsstandsvereinbarung wirke auf den Hauptvertrag nicht ein und hänge auch in ihrer Gültigkeit grundsätzlich nicht von diesem ab.[158] Die engste Verbindung weise die Zuständigkeitsvereinbarung zur *lex fori* des prorogierten Gerichts auf, da ihre Hauptwirkung darin bestehe, den Gerichten eines bestimmten Landes Zuständigkeit einzuräumen.[159] Hingegen bestehe ein weniger enger Bezug zum Vertragsstatut, dessen Bestimmung ja in Abwesenheit einer Rechtswahl davon abhängig sei, in welchem Land diejenige Partei ansässig sei, die die vertragscharakteristische Leistung zu erbringen habe.[160] Durch die Beurteilung nach der *lex fori* des gewählten Gerichts könne außerdem im Sinne des internationalen Entscheidungseinklangs die mit der akzessorischen Anknüpfung an den Hauptvertrag verbundene Gefahr vermieden werden, daß je nach Kollisionsrecht des angerufenen Gerichts unterschiedliches Sachrecht zur Anwendung gelange.[161]

Für die Beurteilung der Gerichtsstandsvereinbarung nach dem Sachrecht des gewählten Forums spricht in erster Linie, daß dadurch eine einfache und schnelle Entscheidung über die Zuständigkeit ermöglicht wird. Andererseits wird damit aber auf die prozessuale Wirkung der Gerichtsstandsvereinbarung abgestellt. Das Problem dabei ist, daß zusammen mit der Prorogation gleichzeitig auch andere internationale Zuständigkeiten ausgeschlossen werden. Dadurch werden

---

155 *Staehelin*, 182 f.

156 Reithmann/Martiny/*Hausmann*, §§ 38-40 ZPO, Rz. 2220; *ders.* in FS für Lorenz, 359, 365 f.; *Jaeckel*, 102; *Günter H. Roth*, ZZP 93 (1980), 156, 165; *Wirth*, NJW 1978, 460, 462; *Jakobs*, 56 ff.

157 *Geimer*, IZPR Rz. 1677; *Staehelin*, 154, 185 u. 186; *Jakobs*, 66 u. 69; *von Hoffmann*, IPR, § 3 Rz 79.

158 *Jakobs*, 66; *von Hoffmann*, IPR, § 3 Rz. 79.

159 *Staehelin*, 154; *Jakobs*, 69.

160 Staehelin, 185.

161 *Staehelin*, 154; *Kohler*, IPRax 1983, 265, 268; *Jakobs*, 63.

berechtigte Interessen der derogierten *fora* berührt, die Wirksamkeitsvoraussetzungen für die Derogation - soweit sie nicht staatsvertraglich vorgegeben sind - selbst zu regeln. Auch wird der Richter des ausgeschlossenen Gerichts bei der Vollstreckung die Willenseinigung noch einmal überprüfen (vgl. Art. 34 Abs. 2 i.V.m. Art. 27 Nr. 4 EuGVÜ[162] bzw. § 328 Abs. 1 Nr. 1 ZPO), so daß diese dann auch noch den Anforderungen der *lex fori* des derogierten Gerichts genügen muß.[163] Vor allem aber begünstigt diese Lösung den Mißbrauch durch die Parteien, denn es wird damit der oben unter I.[164] angesprochenen Gefahr Vorschub geleistet, daß es einer Partei gelingt, der anderen unauffällig eine für sie vorteilhafte Gerichtsstandsvereinbarung unterzuschieben. Wenn nämlich die *lex fori* des gewählten Gerichts (u.a.) darüber entscheidet, ob beispielsweise eine in AGB enthaltene Gerichtsstandsvereinbarung wirksam vereinbart wurde, so kann sich die interessierte Partei genau dies zunutze machen, indem sie ein Forum wählt, dessen Sachrecht hinsichtlich der Einbeziehung von AGB in einen Vertrag möglichst großzügige Maßstäbe anlegt.[165] Diese Gefahr ist freilich im Anwendungsbereich des EuGVÜ dadurch begrenzt, daß in den betreffenden Fällen in der Regel die von Rechtsprechung und Lehre in autonomer Auslegung des Art. 17 EuGVÜ für das Vorliegen einer "Vereinbarung" entwickelten Voraussetzungen nicht erfüllt sein werden.[166]

(3) Lösung: Berücksichtigung aller Umstände des Einzelfalles

Die Analyse der vorgestellten Lösungsmöglichkeiten hat gezeigt, daß es keiner von beiden gelingt, in vollem Umfang zu überzeugen und für alle denkbaren Fallgestaltungen zu befriedigenden Ergebnissen zu gelangen. Die Rechtsordnung, mit der die Gerichtsstandsvereinbarung die engsten Verbindungen aufweist, läßt sich demnach nicht generell durch eine mechanische Anknüpfung an ein bestimmtes Element ermitteln, sondern nur durch Berücksichtigung aller Umstände des Einzelfalles.[167]

Ist die Gerichtsstandsvereinbarung - wie im Regelfall - im materiellrechtlichen Hauptvertrag enthalten, so spricht vieles dafür, beide einheitlich derselben Rechtsordnung zu unterstellen. Diesbezüglich sind sich, wie bereits oben unter

[162] Die EuGVVO, insbes. deren Art. 34, hingegen kennt keine Art. 27 Nr. 4 EuGVÜ entsprechende Regelung. Siehe dazu *Heß*, JZ 2001, 573, 577 ff.

[163] Vgl. *Staehelin*, 153.

[164] S.o., S. 217 f.

[165] Vgl. das Fallbeispiel bei *von Hoffmann*, IPR, § 3 Rz. 78. Zur Beurteilung von in AGB enthaltenen Gerichtsstandsvereinbarungen siehe Reithmann/Martiny/*Hausmann*, §§ 38-40 ZPO Rz. 2223 ff. u. Art. 17, 18 EuGVÜ Rz. 2125, jeweils m.w.N.

[166] Vgl. hierzu Reithmann/Martiny/*Hausmann*, Art. 17, 18 EuGVÜ Rz. 2125 m.w.N. Entsprechend die Rechtslage auch nach Art. 23 der EuGVVO.

[167] So auch Firsching/*von Hoffmann*, 4. Aufl., § 3 Rz. 79 (seit der 5. Aufl. spricht sich *von Hoffmann* - an gleicher Stelle - allerdings für eine selbständige Anknüpfung aus), *Jakobs*, 63 und wohl auch *Schack*, IPRax 1990, 19.

c). festgestellt wurde,[168] sowohl Vertreter der akzessorischen Anknüpfung an den Hauptvertrag als auch Befürworter der Anknüpfung an die *lex fori* des prorogierten Gerichts zumindest für den Fall einig, daß der Hauptvertrag neben der Gerichtsstandsklausel auch noch eine nicht ausdrücklich auf diesen beschränkte Rechtswahlklausel enthält.[169] Auch wenn der Hauptvertrag keine Rechtswahlklausel enthält, kann aber nichts anderes gelten, denn hier besteht kein geringerer Bezug der Gerichtsstandsklausel zum Hauptvertrag als im zuvor erwähnten Fall. Auch hier ist es objektiv betrachtet sinnvoll, die Willenseinigung des materiellen Vertrags und die der Gerichtsstandsvereinbarung nach denselben Regeln zu beurteilen, denn dann müssen die Parteien ihr Verhalten nur nach einer Rechtsordnung ausrichten. Auch kann nur so in jedem Fall gewährleistet werden, daß eine in AGB enthaltene Gerichtsstandsklausel bezüglich der Einbeziehung dieser AGB den gleichen Regeln unterliegt wie die übrigen Klauseln.[170]

Anders ist die Lage grundsätzlich auch nicht bei einer Gerichtsstandsvereinbarung, die zwar getrennt vom Hauptvertrag, aber (ausschließlich) in Bezug auf diesen getroffen wird, selbst wenn die Parteien sie erst nach Entstehen der Streitigkeiten abschließen: immer dann, wenn eine Gerichtsstandswahl im Hinblick auf einen (einzigen) schuldrechtlichen Vertrag vereinbart wird, ist es objektiv gesehen sinnvoll, die Willenseinigung von Gerichtsstandsvereinbarung und Hauptvertrag nach dem gleichen Sachrecht zu beurteilen.

Die - unbestreitbare - Tatsache, daß die Gerichtsstandswahl in ihrer Wirkung unabhängig vom Hauptvertrag ist und demzufolge kollisionsrechtlich einer selbständigen Beurteilung bedarf,[171] steht dem nicht entgegen - selbst wenn der Hauptvertrag unwirksam sein sollte, kann die Gerichtsstandsvereinbarung trotzdem durchaus die engsten Verbindungen im Sinne des Art. 28 Abs. 1 S. 1 EGBGB zu derjenigen Rechtsordnung aufweisen, der auch der Hauptvertrag untersteht. Auch die Tatsache, daß dafür das auf den Hauptvertrag anzuwendende Recht vorab bestimmt werden muß, ist - jedenfalls im Anwendungsbereich des EVÜ - kein durchschlagendes Argument gegen eine akzessorische Anknüpfung an den Hauptvertrag, denn das Übereinkommen beziehungsweise die daraus übernommenen Vorschriften des EGBGB ermöglichen in den meisten Fällen eine rasche und unkomplizierte Ermittlung des Vertragsstatuts.

Lediglich dann, wenn die Gerichtsstandsvereinbarung hinsichtlich mehrerer Hauptverträge, die unterschiedlichen Rechtsordnungen unterliegen, abgeschlossen wurde oder sich nicht auf einen schuldrechtlichen Vertrag bezieht, ist eine akzessorische Anknüpfung an den Hauptvertrag nicht möglich beziehungsweise

---

[168] S.o., S. 222 f.

[169] *Günter H. Roth,* ZZP 93 (1980), 156, 165 u. *BGH* 30.5.1983, IPRax 1985, 27, 28 einerseits sowie *Staehelin*, 179 andererseits.

[170] *Kropholler*, Hdb. IZVR, Kap. III Rz. 839; *OLG München*, 9.5.1973, RIW 1975, 459.

[171] Siehe dazu *EuGH* 3.7.1997 - *Benincasa/Dentalkit*, Rs. 269/95 - Slg. 1997, 3788, 3796 ff. Rz. 21 ff.

nicht sinnvoll. In diesen Fällen ist ein selbständiges Prorogationsstatut für die Zuständigkeitsvereinbarung zu ermitteln. Dabei werden die engsten Verbindungen in der Tat regelmäßig zu der *lex fori* des prorogierten Gerichts bestehen,[172] da die Hauptwirkung einer Gerichtsstandsvereinbarung darin liegt, den Gerichten eines bestimmten Landes Zuständigkeit einzuräumen. Die *lex fori* des prorogierten Gerichts gilt dann auch für die rechtsgeschäftlichen Voraussetzungen einer mit der Prorogation eventuell verbundenen Derogation (trotz in zuständigkeitsrechtlicher Hinsicht gegebenenfalls erforderlicher unterschiedlicher Behandlung), denn die nach dem Willen der Parteien ausschließliche Zuständigkeit soll nicht durch eine gesonderte Beurteilung der rechtsgeschäftlichen Voraussetzungen der Derogation nach einer anderen, von den Parteien unter Umständen überhaupt nicht in Betracht gezogenen Rechtsordnung in Frage gestellt werden.[173]

4. Ergebnis

Zulässigkeit und Wirksamkeitsvoraussetzungen einer Gerichtsstandsvereinbarung beurteilen sich außerhalb des Anwendungsbereichs des EuGVÜ nach der *lex fori* und innerhalb des Anwendungsbereichs des Übereinkommens ausschließlich nach dessen Art. 17. Was ihr Zustandekommen anbelangt, so regelt Art. 17 EuGVÜ diejenigen materiellen Anforderungen, die untrennbar mit der Form verbunden sind, unmittelbar. Für die übrigen materiellen Fragen des Zustandekommens ist hingegen das nach deutschem IPR zur Anwendung berufene Sachrecht maßgeblich. Rechts- und Geschäftsfähigkeit einer Person unterliegen gemäß Art. 7 Abs. 1 EGBGB dem Recht des Staates, dem die Person angehört. Für Bestand und Umfang der Bindung im Rahmen einer rechtsgeschäftlichen Stellvertretung ist nach der Rechtsprechung des Bundesgerichtshofs in der Regel das Recht des Staates maßgeblich, in dem die Vollmacht ihre Wirkung entfalten soll (Wirkungsland); teilweise wird auf das Recht des Staates abgestellt, in dem die Vollmacht tatsächlich ausgeübt wird (Gebrauchsort).[174] Im übrigen finden bei der Ermittlung der *lex causae* die Art. 27 bis 37 EGBGB entsprechende Anwendung.

Die Parteien können gem. Art. 27 EGBGB analog ausdrücklich oder konkludent eine selbständige Rechtswahl für die Gerichtsstandsvereinbarung treffen, und zwar sowohl bereits bei deren Abschluß als auch im Nachhinein. Eine (zumindest stillschweigende) Wahl des auf ihr Zustandekommen anwendbaren Rechts liegt im Zweifel auch dann vor, wenn die Gerichtsstandsvereinbarung als

[172] Reithmann/Martiny/*Hausmann*, §§ 38-40 ZPO, Rz. 2220 m.w.N.
[173] *Jakobs*, 63 f.
[174] Zur Problematik der Ermittlung des Vollmachtsstatus siehe *von Hoffmann*, IPR, § 10 Rz. 12 ff. m.w.N.

Klausel Teil der Urkunde des Hauptvertrages ist und dieser eine Rechtswahlklausel enthält, die nicht ausdrücklich auf den Hauptvertrag beschränkt ist.

Haben die Parteien das auf das Zustandekommen der Gerichtsstandsvereinbarung anwendbare Recht weder ausdrücklich noch konkludent gewählt, ist die Rechtsordnung zu ermitteln, zu der sie die engsten Verbindungen aufweist (Art. 28 Abs. 1 S. 1 EGBGB analog). Immer dann, wenn eine Gerichtsstandswahl im Hinblick auf einen (einzigen) schuldrechtlichen Vertrag vereinbart wird, ist es im Zweifel sinnvoll, die Willenseinigung der Gerichtsstandsvereinbarung nach dem gleichen Sachrecht zu beurteilen wie den Hauptvertrag. Wurde die Gerichtsstandsvereinbarung hinsichtlich mehrerer Hauptverträge, die unterschiedlichen Rechtsordnungen unterliegen, abgeschlossen oder bezieht sie sich nicht auf einen schuldrechtlichen Vertrag, so ist ein selbständiges Prorogationsstatut für die Zuständigkeitsvereinbarung zu ermitteln. Dabei werden die engsten Verbindungen regelmäßig zu der *lex fori* des prorogierten Gerichts bestehen.

III. Die Auslegung internationaler Gerichtsstandsvereinbarungen

1. Das die Auslegungsmaßstäbe vorgebende Recht

Bereits in der Einleitung dieser Arbeit[175] wurde darauf hingewiesen, daß sowohl in der Rechtsprechung[176] als auch in der Literatur[177] die Auseinandersetzung mit der Frage, welcher Rechtsordnung die Regeln für die Auslegung internationaler Gerichtsstandsvereinbarungen zu entnehmen sind, häufig versäumt wird und die betreffenden Vereinbarungen stattdessen unreflektiert nach deutschen Auslegungsmaßstäben beurteilt werden.[178]

Möglicherweise ist dies darauf zurückzuführen, daß man sich zu der Annahme verleiten läßt, die Ermittlung des für die Auslegung maßgeblichen Rechts stelle einen reinen Formalismus dar, da die Auslegungsmaßstäbe in den verschiedenen Rechtsordnungen im Ergebnis ohnehin kaum voneinander abwichen.[179] Diese Mutmaßung entspricht indes nicht den Tatsachen. Vielmehr las-

[175] Siehe dort unter A. III. 2., S. 23.

[176] *BGH* 08.02.1968, AWD 1968, 189; 08.07.1981, NJW 1981, 2644 = ZZP 96 (1983), 364; 24.11.1988, IPRax 1990, 41, 42. Damit setzt sich der BGH in Widerspruch zu seiner eigenen st. Rspr., nach der die Auslegung eines Rechtsgeschäfts - und um ein solches handelt es sich nach seiner Auffassung bei einer Gerichtsstandsvereinbarung, s.o. Fn. 133 - durch die *lex causae* beherrscht wird, s. *BGH* 23.2.1983, IPRspr. 1983 Nr. 36 = WM 1983, 411; 23.10.1980, RIW 1981, 194 = WM 1981, 189; 02.06.1976, WM 1976, 811 f.; 10.12.1971, RIW/AWD 1972, 298, 299; 16.06.1969, WM 1969, 1140; 19.03.1959, WM 1959, 816.

[177] Siehe z.B. *Kannengießer*, 191 ff., *Ahlt*, 99 ff. oder *Martin Wolf*, 113 ff.

[178] Dies kritisieren u.a. *Schack*, Anm. zu *BGH* 24.11.1988 in IPRax 1990, 19, *ders.*, IZVR Rz. 456 und *Pfaff*, ZZP 96 (1983), 334, 338.

[179] I.d.S. z.B. *Lorenz*, IPRax 1989, 22, 23, der die Anwendung der *lex causae* als "übertriebe-

sen sich zwischen den Regeln, die die verschiedenen Rechtsordnungen für die Auslegung von Willenserklärungen und Rechtsgeschäften aufgestellt haben, zum Teil durchaus erhebliche Unterschiede ausmachen.[180] Diesem Umstand trägt auch der BGH selbst Rechnung, indem er den Fall als Revisionsgrund ansieht, daß das deutsche Gericht bei der Auslegung von Rechtsgeschäften einfach die Auslegungsgrundsätze der deutschen *lex fori* anwendet oder nicht erkennen läßt, ob es dabei deutschem oder ausländischem Recht folgt.[181]

Fraglich ist, welcher Rechtsordnung die Auslegungsmaßstäbe für Gerichtsstandsvereinbarungen entnommen werden sollten. Nach herrschender Meinung ist in dieser Hinsicht - falls die Parteien die für die Auslegung maßgebliche Rechtsordnung durch Rechtswahl nicht selbst bestimmt haben -[182] auf die gesetzlichen und richterrechtlichen Regeln der vom IPR des Forums berufenen *lex causae*, also des Statuts der Gerichtsstandsvereinbarung, zurückzugreifen,[183] da

---

ne dogmatische Zuspitzung" ansieht und deshalb die Auslegung nach der *lex fori* vornehmen möchte. Dem beipflichtend: *Kim*, 172.

[180] Darauf weist auch *Schack*, IZVR Rz. 456, hin. Siehe dazu im übrigen *Weick*, 608 f., *Reithmann*, RIW 1956, 15 f., MünchKomm/*Spellenberg*, vor Art. 11 Rz. 53 ff., 63 und Reithmann/*Martiny*, Rz. 233, jeweils m.w.N. sowie Staudinger/*Reinhart*, 12. Aufl., Art. 36 Rz. 11 (der darauf hinweist, daß diese Unterschiede auch von den Verfassern des EVÜ-Textes vorausgesetzt werden, wenn in Art. 10 Abs. 1 a EVÜ [dem entsprechend Art. 32 Abs. 1 Nr. 1 EGBGB] angeordnet wird, daß die Auslegung eines Vertrages durch das darauf anwendbare Recht bestimmt werde) und *Triebel/Balthasar*, NJW 2004, 2189, 2191 ff.. Rechtsvergleichende Darstellungen finden sich bei Zweigert/*Kötz*, § 30, S. 395 ff., *Kötz*, FS Zeuner, 219 ff. sowie *Lüderitz* (ausführliche rechtsvergleichende Betrachtung der anglo-amerikanischen und der deutschen Auslegungsregeln).

[181] *BGH* 24.11.1989, IPRspr. 1989 Nr. 3 = NJW-RR 1990, 248.

[182] Eine entsprechende Vereinbarung ist zwar zulässig (dazu s. *Gruber*, DZWiR 1997, 353, 358) und kommt in der Praxis auch recht häufig vor - sog. "construction clause", vgl. z.B. *LG München I*, Zwischenurt. v. 25.11.1982, IPRax 1984, 318, *OLG München* 22.6.1983, IPRax 1984, 319 m. Anm. *Jayme*, 303. Im Zweifel wird aber nicht anzunehmen sein, daß die Parteien die Auslegung eines Vertrags nach einer Rechtsordnung bei anschließender rechtlicher Bewertung des Auslegungsergebnisses nach einer anderen Rechtsordnung im Auge gehabt haben, siehe dazu *Schröder*, IPRax 1985, 131, 132 und auch *Gruber*, DZWiR 1997, 353, 358.

[183] Soergel/*Kronke*, Art. 38 Anh. IV Rz. 32 m.w.N.; Wieczorek/Schütze/*Hausmann*, § 38 Rz. 13; AK-ZPO/*Röhl*, § 38 Rz. 7; *Jakobs*, 65; *Schack*, IPRax 1990, 19; *ders.*, IZVR Rz. 456; *von Falkenhausen*, RIW 1983, 421 (die letzten beiden Autoren sehen allerdings gleichzeitig "gewichtige praktische Überlegungen", die für eine Auslegung *lege fori* sprächen) und wohl auch Stein/Jonas/*Bork*, Rz. 13. Ebenso grundsätzlich auch *Weick*, 627 f., der für international anerkannte Regelwerke und Handelsklauseln, wie etwa die *Incoterms*, die Einheitlichen Richtlinien und Gebräuche für Dokumentakkreditive oder die UN-ECE-Vertragsbedingungen eine Ausnahme machen will, weil er diesbezüglich - im Hinblick auf das völkerrechtlich anerkannte Ziel internationaler Vereinheitlichung - eine Auslegung in Anlehnung an Maßstäbe für internationale Rechtsnormen für angebracht hält (*Weick*, 612 ff.). Vgl. auch allgemein zur Ermittlung des Auslegungsstatuts eines Rechtsgeschäfts MünchKomm/*Spellenberg*, vor Art. 11 EGBGB, Rz. 53 ff. m.w.N., Reithmann/*Martiny*, Rz. 232, *Rabel*, 533 f., *Reithmann*, RIW 1956, 15 und bereits *Zitelmann*, 214, 216 u. 219. Zum Statut der Gerichtsstandsvereinbarung

die Fragen nach dem Zustandekommen und dem Inhalt eines Vertrags untrennbar miteinander verbunden seien. *Lorenz* hingegen sieht die Anwendung der *lex causae* als "übertriebene dogmatische Zuspitzung" an und möchte deshalb die Auslegung von Gerichtsstandsvereinbarungen nach der *lex fori* vornehmen.[184] Nach anderer Auffassung soll für die Auslegung einer Gerichtsstandsvereinbarung immer dann deutsches Recht als die *lex fori* maßgeblich sein, wenn es darum geht, festzustellen, ob die Derogation der Zuständigkeit der deutschen Gerichte gewollt ist, da dann die prozessuale Wirkung der Gerichtsstandsvereinbarung betroffen sei.[185] *Stöve* schließlich tritt für eine Bestimmung des Inhalts und des Umfangs der Gerichtsstandsvereinbarung in einer rechtsvergleichenden Umschau nach einer vertragsautonomen Auslegungsmethode orientiert am Sinn und Zweck des EuGVÜ ein.[186]

Hinsichtlich des Vorschlags von *Stöve* ist zu sagen, daß im Anwendungsbereich des EuGVÜ gegen eine international vereinheitlichte Auslegung vom Prinzip her nichts einzuwenden ist. Jedoch bestehen konstruktive Bedenken dagegen, dem Übereinkommen Auslegungsmaßstäbe für rechtsgeschäftliche Willenserklärungen entnehmen zu wollen - diese Materie fällt nicht in seinen Regelungsbereich.[187] Dieser Ansicht ist offensichtlich auch der EuGH, sonst würde er die Auslegung von Gerichtsstandsvereinbarung nicht völlig den nationalen Gerichten zuweisen, ohne ihnen dabei aus dem EuGVÜ heraus entwickelte vertragsautonome Auslegungsmaßstäbe vorzugeben.[188] Im übrigen besteht aber auch ein praktisches Problem - bisher läßt sich eine fertige oder gar allgemein anerkannte Theorie der juristischen Auslegung auf internationaler Ebene noch nicht ausmachen.[189] Daher verdient die Anknüpfung an eine nationale Rechtsordnung auch im Anwendungsbereich des EuGVÜ (noch) den Vorzug.

Bei der Auswahl dieser nationalen Rechtsordnung erscheint der von der herrschenden Meinung befürwortete Rückgriff auf die *lex causae* interessengerechter als eine Auslegung nach den Maßstäben der *lex fori*. Daß die Anwendung der *lex causae* nicht lediglich eine "übertriebene dogmatische Zuspitzung" darstellt, sondern zwischen den Regeln, die die verschiedenen Rechtsordnungen für die

---

siehe näher oben unter II. 4., S. 227 f.

[184] *Lorenz*, IPRax 1989, 22, 23. Dem beipflichtend *Kim*, 172, der die Gerichtsstandsvereinbarung aber ohnehin insgesamt (d.h. auch bezüglich ihres Zustandekommens) ausschließlich nach der *lex fori* beurteilen möchte (siehe dazu oben, S. 219).

[185] *Jayme/Haack*, IPRax 1985, 323 und im Anschluß daran auch *Weyland*, 418.

[186] *Stöve*, 52 (dort Fn. 10).

[187] Entsprechendes gilt auch für die EuGVVO.

[188] Siehe dazu *EuGH* 3.7.1997 - *Benincasa/Dentalkit*, Rs. C-269/95 - Slg. 1997, 3767, 3798 Rz. 31; 10.3.1992 - *Powell/ Duffryn*, Rs. C-214/89 - Slg. 1992, 1745, Rz. 37; 9.11.1978 - *Meeth/Glacetal* Rs. C-23/78 - Slg. 1978, 2133, 2142 Rz. 8. Vgl. auch die Stellungnahme von Generalanwalt *Capotorti* in seinen Schlußanträgen im letztgenannten Verfahren, *EuGH* Slg. 1978, 2144, 2146 (dort unter 3.). Näher zu dem Ganzen oben im Zweiten Abschnitt unter B. III., S. 90 ff.

[189] Siehe für die Zeit bis 1972 *Horn*, 501.

Auslegung von Willenserklärungen und Rechtsgeschäften aufgestellt haben, zum Teil durchaus erhebliche Unterschiede bestehen, wurde bereits festgestellt.[190] Im übrigen handelt es sich bei dem durch Auslegung zu bestimmenden Parteiwillen um ein rechtsgeschäftliches Element, so daß die Regeln zu seiner Ermittlung konsequenterweise auch dem das betreffende Rechtsgeschäft (hier die Gerichtsstandsvereinbarung) beherrschenden Vertragsstatut entnommen werden sollten[191] (vgl. auch die gesetzliche Wertung in Art. 32 Abs. 1 Nr. 1 EGBGB)[192]. Der *lex fori* sollte man - sofern nicht ohnehin bereits Art. 17 EuGVÜ eine abschließende Regelung enthält -[193] lediglich die Entscheidung darüber belassen, welche Wirkungen sie dem auf diese Weise ermittelten Parteiwillen letztlich zugestehen möchte,[194] ob sie also zum Beispiel in bestimmten Fällen - etwa aus Schutzerwägungen gegenüber einer als schwächer angesehenen Partei - eine Einschränkung der Parteiautonomie für angebracht hält. Die herrschende Meinung ist daher vorzuziehen, die Auslegungsmaßstäbe sind mithin dem Statut der Gerichtsstandsvereinbarung[195] zu entnehmen.

Nach der auf diese Weise ermittelten Rechtsordnung ist dann unter anderem zu entscheiden, ob der reale Wille oder ein objektiver Erklärungswert maßgebend sein soll und ob letzterer etwa genauer aus der Sicht des konkreten Empfängers unter Zugrundelegung aller Umstände des Einzelfalles oder stattdessen einheitlich ausgerichtet am normalen typischen Verständnis der beteiligten redlichen Verkehrskreise zu bestimmen ist. Auch die Fragen, ob zur Schließung einer im Vertrag bestehenden Regelungslücke dispositives Recht heranzuziehen ist, wann eine ergänzende Auslegung geboten ist und wie diese genau zu erfolgen hat, bestimmen sich danach.[196] Das gegebenenfalls zur Schließung von Vertragslücken heranzuziehende dispositive Recht selbst hingegen gehört nicht zu den Auslegungsregeln; es beeinflußt vielmehr unmittelbar die Wirkungen des betreffenden Rechtsgeschäfts. Daher ist es genau betrachtet nicht dem Ausle-

[190] S.o., S. 229.

[191] In diesem Sinne auch *von Falkenhausen*, RIW 1983, 420, 421, der allerdings im Ergebnis der Einfachheit halber eine Auslegung nach der *lex fori* befürwortet.

[192] Daß die Vorschrift nicht direkt anwendbar ist, ergibt sich aus Art. 1 Abs. 2 d EVÜ, der wegen Art. 36 EGBGB auch für die dem EVÜ entsprechenden Vorschriften des EGBGB zu beachten ist. Zur Zulässigkeit ihrer analogen Anwendung s.o. unter II. 3. b), S. 221.

[193] So z.B. Abs. 1 S. 1 oder Abs. 4. Entsprechend Art. 23 Abs. 1 S. 1 u. 2 EuGVVO; Art. 17 Abs. 4 EuGVÜ kennt hingegen keine Entsprechung in der EuGVVO, siehe dazu *Kohler*, Revision, 22.

[194] Vgl. dazu auch die Stellungnahme von Generalanwalt *Capotorti* in seinen Schlußanträgen zu *EuGH* 9.11.1978 - *Meeth/Glacetal* Rs. C-23/78 - Slg. 1978, 2144, 2146 (dort unter 3.) sowie *von Falkenhausen*, RIW 1983, 420, 421, der allerdings im Ergebnis der Einfachheit halber eine Auslegung nach der *lex fori* befürwortet.

[195] Zur Ermittlung des Statuts der Gerichtsstandsvereinbarung siehe näher oben unter II. 4., S. 227 f.

[196] MünchKomm/*Spellenberg*, vor Art. 11 EGBGB Rz. 56 ff. m.w.N.; so bereits *Zitelmann*, 212 ff.

gungsstatut, sondern dem Wirkungsstatut des ausfüllungsbedürftigen Rechtsgeschäfts zu entnehmen. An diesem Punkt zeigt sich noch einmal besonders deutlich der Vorteil der herrschenden und hier vertretenen Meinung: Folgt man ihr, dann ist für Auslegung und auszulegendes Rechtsgeschäft in der Regel dieselbe Rechtsordnung maßgeblich (nämlich das Statut der Gerichtsstandsvereinbarung). Alle übrigen vorgestellten Auffassungen hingegen können zu dem mißlichen Ergebnis führen, daß nach einer Rechtsordnung zu beurteilen ist, ob ein Rechtsgeschäft eine Regelungslücke enthält und ob diese gegebenenfalls durch dispositives Recht zu schließen ist, während das die Lücke ausfüllende dispositive Recht selbst einer anderen Rechtsordnung zu entnehmen ist - dadurch wird nicht nur die Prüfung unnötig verkompliziert, vielmehr können auch Reibungen entstehen, die die materielle Harmonie stören.

2. *Weitere bei der Auslegung zu berücksichtigende Rechtsordnungen*

Ist, wie im vorliegenden Falle, ein internationales Rechtsgeschäft auszulegen, so ist weiter zu beachten, daß das Auslegungsstatut nur die bei der Auslegung anzuwendenden Regeln vorgibt - die Auslegung selbst, also die Ermittlung des individuellen Sinnes einer konkreten Erklärung oder eines konkreten Vertrages, bleibt Tatsachenfeststellung.[197] Dementsprechend bedeutet der Umstand, daß für die Auslegung eine bestimmte Rechtsordnung maßgeblich ist, nicht zwangsläufig, daß andere Rechtsordnungen bei der Erforschung des Erklärungsgehalts überhaupt nicht zu berücksichtigen wären.

Ist beispielsweise deutsches Recht für die Auslegung maßgeblich, so ist von §§ 133, 157 BGB auszugehen. Danach ist unter Berücksichtigung von Treu und Glauben und der Verkehrssitte der objektive Erklärungswert des Verhaltens des Erklärenden zu ermitteln.[198] Daher stellt es bei der Auslegung einer Erklärung einen gewichtigen tatsächlichen Umstand dar, wenn die erklärende Partei ihr Erklärungsverhalten augenscheinlich an einer anderen Rechtsordnung, Sprache und anderen Gepflogenheiten ausgerichtet hat und der Erklärungsempfänger dies nach Treu und Glauben erkennen mußte.[199]

---

[197] Siehe dazu MünchKomm/*Spellenberg*, vor Art. 11 EGBGB Rz. 62 und *Rabel*, 536. Vgl. auch *Reithmann*, RIW 1956, 15, 16 und *Zitelmann*, 213. Dies scheint *von Falkenhausen*, RIW 1983, 420, 421, zu verkennen, wenn er davon spricht, das Gericht "hätte also prüfen müssen, in welchem Verhältnis nach äthiopischem Recht Ansprüche aus Vertragsverletzungen und Ansprüche aus unerlaubten Handlungen zueinander stehen."

[198] BGH in st. Rspr., siehe z.B. *BGH* 12.3.1992, NJW 1992, 1446 f. oder bereits *BGH* 5.10.1961, *BGHZ* 36, 30, 33. Palandt/*Heinrichs*, § 133 Rz. 9 m.w.N.

[199] *Rabel*, 535. Vgl. auch MünchKomm/*Spellenberg*, Art. 32 EGBGB Rz. 13 u. Art. 31 EGBGB Rz. 73 ff., *Weick*, 612 ff.; *Weyland*, 419, *Jayme*, FS Bärmann, 509, 520, *ders.*, IPRax 1984, 303. Vgl. auch *Wieser*, AcP 184 (1984), 40 und *RG* 31.05.1943, DNotZ 1944, 151.

Im Zweifel wird man wohl davon auszugehen haben, daß der Erklärende sich nach seinem Umweltrecht gerichtet hat.[200] Der Erklärungsempfänger muß aber insbesondere dann damit rechnen, daß der Erklärende sein Handeln nach andersartigen Gepflogenheiten seines Heimatrechts ausgerichtet hat, wenn es "nur" um die Konkludenz eines Verhaltens des letzteren zusammen mit einer verbalen Erklärung oder ohne eine solche geht.[201]

Auch, wenn in einem Vertrag aus einer anderen Rechtsordnung stammende Begriffe verwendet werden, ist bei der Ermittlung ihres Sinns der betreffende fremde Rechtshintergrund zu berücksichtigen.[202] Der Grundsatz, daß fremdsprachige Begriffe im Lichte einer fremden Rechtsordnung zu verstehen sind, wird allerdings - den oben geschilderten Auslegungsregeln des deutschen Rechts entsprechend - dann durchbrochen, wenn die Vertragsparteien mit dem fraglichen Begriff übereinstimmend etwas anderes verbunden haben.[203] Maßgebend ist also, wie die Vertragsparteien die verwendeten Termini verstanden haben.[204] Ist ein Vertrag zweisprachig abgefaßt, so sind für den Vertragsinhalt beide Sprachen in gleicher Weise maßgeblich, es sei denn, die Parteien haben etwas anderes bestimmt.[205]

IV. Der aus einer internationalen Gerichtsstandsvereinbarung abgeleitete Aufrechnungsausschluß

Wie oben unter B. aufgezeigt wurde,[206] leiten Rechtsprechung und Teile der Lehre aus einer internationalen Gerichtsstandsvereinbarung in der Regel ab, daß die Aufrechnung mit Forderungen, die von der Zuständigkeitsvereinbarung erfaßt werden, vor anderen als den Gerichten des prorogierten Forums nach dem Willen der Parteien ausgeschlossen sein sollte. Um sich in der Folge mit dieser Auffassung auseinandersetzen zu können, sind nun zunächst einmal Wesen und Wirkungen eines solchen Aufrechnungsausschlusses zu untersuchen. Anschlie-

[200] So auch MünchKomm/*Spellenberg*, Art. 31 Rz. 75.
[201] MünchKomm/*Spellenberg*, Art. 31 Rz. 76.
[202] St. Rspr., siehe z.B. *BGH* 2.12.1991, VersR 1992, 595; *BGH* 3.3.1976, WM 1976, 511 o. bereits *RG* 7.11.1928, *RGZ* 122, 233; Reithmann/*Martiny*, Rz. 234 m.w.N.; MünchKomm/*Spellenberg*, Art. 32 EGBGB Rz. 13 u. vor Art. 11 Rz. 72 ff.; *Reithmann*, RIW 1956, 15, 16 f. m. Beisp.; *Lorenz*, IPRax 1989, 22, 23; *Weick*, 612 u. 618 f. m. Beisp.; *Rabel*, 534 ff.; *Zitelmann*, 215.
[203] *BGH* 2.12.1991, VersR 1992, 595; *BGH* 4.12.1989, *BGHZ* 109, 345 = NJW 1990, 2257; *OLG München* 22.9.1993, IPRspr. 1993 Nr. 48 = TranspR 1993, 433; Reithmann/*Martiny*, Rz. 234; *Gruber*, DZWiR 1997, 353, 358.
[204] *Weick*, 618 f.
[205] MünchKomm/*Spellenberg*, vor Art. 11 Rz. 75.
[206] S.o., S. 196 ff.

ßend wird dann noch die Frage zu klären sein, welches Recht nach deutschem IPR darauf anzuwenden ist.

1. Wesen und Wirkung

Bereits oben unter B. wurde darauf hingewiesen, daß bei der Untersuchung der Frage, ob aus einer internationalen Gerichtsstandsvereinbarung ein Aufrechnungsausschluß vor anderen als den prorogierten Gerichten abzuleiten ist, von unterschiedlichen Standpunkten ausgegangen wird: Während einige Stimmen in der Literatur das Problem wie bereits das Reichsgericht und auch der EuGH als auf der Ebene des Zuständigkeitsrechts angesiedelt sehen und prüfen, ob die Parteien die internationale Zuständigkeit der deutschen Gerichte zur Entscheidung über die Gegenforderung auch für den Fall ihrer aufrechnungsweisen Geltendmachung abbedingen wollten, fragen der Bundesgerichtshof und der überwiegende Teil der Lehre, ob aus internationalen Gerichtsstandsvereinbarungen der über die zuständigkeitsrechtliche Komponente hinausgehende besondere geschäftliche Bedeutungsgehalt eines vertraglichen Verbots der Geltendmachung der Aufrechnung im Prozeß abgeleitet werden kann.[207]

Theoretisch sind zwar beide Arten der Vereinbarung eines Aufrechnungsausschlusses durchaus vorstellbar, sie müssen bei der Diskussion aber - und das wird zumeist versäumt - sauber auseinandergehalten werden, da hinsichtlich ihrer Zulässigkeit, ihres Wesens und ihrer Wirkungen erhebliche Unterschiede bestehen. Diese Unterschiede sollen nun im einzelnen aufgezeigt werden.

a) Das prozessuale Aufrechnungsverbot

Die vertragliche Vereinbarung eines Verbots, die Aufrechnung im Prozeß geltend zu machen, ist angesichts der Prinzipien der Vertragsfreiheit einerseits und der Parteiherrschaft über den Zivilprozeß andererseits grundsätzlich zulässig,[208] wenn auch freilich nicht üblich.[209] Auch einer Vereinbarung, wonach die prozessuale Geltendmachung der Aufrechnung nicht generell, sondern nur vor den Gerichten eines bestimmten Landes oder mehrerer bestimmter Länder verboten sein soll, steht prinzipiell nichts entgegen, obgleich eine solche Abrede in der Praxis noch ungebräuchlicher sein dürfte.

Zu unterscheiden ist das Verbot, die Aufrechnung im Prozeß geltend zu machen, von der ebenfalls möglichen Vereinbarung eines Verbots, die materiell-

---

[207] Siehe diesbezüglich zur deutschen Rspr. oben unter B. I. 4., S. 208, zur Literatur oben unter B. II., S. 209 f. und zur Rspr. des *EuGH* oben unter B. II., S. 209 (Fn. 117).

[208] MünchKomm/*Spellenberg*, Art. 32 EGBGB Rz. 55; *Ahlt*, 100; *von Hoffmann*, AWD 1973, 168, 169.

[209] *Von Hoffmann*, AWD 1973, 168, 169.

rechtliche Aufrechnungserklärung abzugeben (sogenanntes "materiellrechtliches Aufrechnungsverbot").[210] Die Vereinbarung eines prozessualen Aufrechnungsverbots kann mit einem solchen materiellrechtlichen Aufrechnungsausschluß verbunden, aber - dies folgt ebenfalls aus dem Grundsatz der Parteiherrschaft über den Zivilprozeß - auch selbständig vereinbart werden.[211] Schließlich kann der Beklagte ja auch darauf verzichten, den Einwand der materiellrechtlich eingetretenen Erfüllung durch Zahlung vor Gericht geltend zu machen, was das Gericht hinzunehmen hat. Gleiches gilt für die Aufrechnung, die nur eine andere Art der Erfüllung ist: auch hier hat es das Gericht hinzunehmen, wenn der Beklagte darauf verzichtet, eine materiellrechtlich eingetretene Aufrechnung im Prozeß geltend zu machen. Nicht anders ist dann die Zulässigkeit der Vereinbarung zu beurteilen, sich im Prozeß nicht auf die Aufrechnung zu berufen.[212] Für die Parteien wird jedoch in der Regel die gleichzeitige Vereinbarung eines materiellrechtlichen Aufrechnungsschlusses sinnvoller sein, weil anderenfalls eine der Parteien Gefahr läuft, ihre Forderung ersatzlos zu verlieren.[213] In dieser Hinsicht sind verschiedene denkbare Fallgestaltungen zu unterscheiden:

(1) Die Parteien können zusammen mit einem generellen prozessualen Aufrechnungsverbot ausdrücklich einen materiellrechtlichen Aufrechnungsschluß vereinbaren. In diesem Fall kann keiner der Parteien ein Nachteil entstehen.

(2) Unproblematisch ist der Ausschluß der prozessualen Geltendmachung der Aufrechnung auch immer dann, wenn er sowohl für die Erhebung der Aufrechnungseinrede "mit" den Forderungen aus dem betreffenden Vertragsverhältnis als auch "gegen" diese vereinbart wird - auch in diesem Fall kann der Beklagte des ersten Verfahrens seine Gegenforderung in einem späteren zweiten Verfahren einklagen, ohne daß der Gegner in diesem seinerseits die Aufrechnungseinrede erheben könnte.

(3) Wurde ein materiellrechtlicher Aufrechnungsausschluß nicht ausdrücklich vereinbart und gleichzeitig nur die prozessuale Geltendmachung der Aufrechnung "mit" den Forderungen aus dem betreffenden Vertragsverhältnis ausgeschlossen, so kann der Beklagte im ersten Verfahren eine materiellrechtlich erklärte Aufrechnung mit seiner Forderung nicht erfolgreich vor Gericht geltend machen, so daß er zur Zahlung verurteilt werden wird. Versucht er später, die betreffende Forderung selbständig einzuklagen, besteht die Gefahr, daß die gegnerische Partei ihrerseits mit Erfolg geltend macht, die Klageforderung sei materiellrechtlich bereits durch Aufrechnung erloschen.[214]

---

[210] Vgl. Palandt/*Heinrichs*, § 387 Rz. 14. Auf solche materiellrechtlichen Aufrechnungsverbote bezieht sich § 309 Nr. 3 BGB.

[211] *BGH* 22.11.1962, *BGHZ* 38, 254, 258 sowie *BGH* 20.12.1972 - VIII ZR 113/71, AWD 1973, 167. Siehe dazu auch oben unter B. I. 2. Urt. Nr. *(2)*, S. 199 u. Nr. *(3)*, S. 201.

[212] *BGH* 22.11.1962 sowie *BGH* 20.12.1972 - VIII ZR 113/71, siehe Fn. 211.

[213] Siehe dazu auch *Gebauer*, IPRax 1998, 79, 80; *ders.*, JbItalR 12 (1999), 31, 49; *Ahlt*, 103; *Eickhoff*, 178 i.V.m. 166. Vgl. auch *Mankowski*, ZZP 109 (1996), 376, 378.

[214] Siehe dazu näher oben im Ersten Abschnitt unter E. III. 4., S. 81 ff.

Ein solches Ergebnis kann vermieden werden, wenn sich der Vereinbarung des prozessualen Aufrechnungsverbots ein konkludenter materiellrechtlicher Aufrechnungsausschluß entnehmen läßt. Dies ist - je nachdem, wie die Vereinbarung formuliert ist - denkbar, falls jegliche prozessuale Geltendmachung der Aufrechnung hinsichtlich der betreffenden Forderungen ausgeschlossen wurde, unabhängig von dem Gericht, vor dem das Verfahren dann später stattfindet.

Haben die Parteien hingegen ein Verbot der Erhebung der Aufrechnungseinrede nur mit Bezug auf ein oder mehrere bestimmte Gerichte vereinbart, scheidet diese Möglichkeit aus: der Eintritt der materiellrechtlichen Aufrechnung kann nicht davon abhängig gemacht werden, vor welchem Gericht sie gerade geltend gemacht wird, denn dadurch würde die gemäß § 388 S. 2 BGB im Interesse der Rechtssicherheit bestehende Bedingungsfeindlichkeit der Aufrechnung unterlaufen. Zu denken wäre hier allenfalls an die Zurückweisung des Aufrechnungseinwandes als unzulässig im späteren Prozeß, in dem der frühere Beklagte seine Forderung selbständig einzuklagen versucht, wegen widersprüchlichen Verhaltens (*venire contra factum proprium*) der Gegenpartei, also Verstoßes gegen den Grundsatz von Treu und Glauben. Das widersprüchliche Verhalten wäre dann in der Tatsache zu sehen, daß die Gegenpartei im späteren Verfahren den Eintritt der materiellrechtlichen Aufrechnungswirkungen geltend macht, während sie im ersten Verfahren Klage erhoben und dabei gerade den Nichteintritt dieser Aufrechnungswirkungen vorausgesetzt hat. Der Umstand, daß im ersten Prozeß ein materiellrechtlich falsches Urteil erlassen werden müßte, ließe sich durch diese Lösung jedoch nicht vermeiden.

Was die Wirkungen der Vereinbarung eines prozessualen Aufrechnungsverbots anbelangt, so wird dadurch bereits die Erhebung der Aufrechnungseinrede unzulässig.[215] Letztere darf daher vom Gericht überhaupt nicht beachtet werden. Dies hat zur Folge, daß konsequenterweise ein trotz des Bestehens eines solchen prozessualen Aufrechnungsverbots erhobener Aufrechnungseinwand auch in den Fällen nicht berücksichtigt werden darf, in denen die damit geltend gemachte Gegenforderung konnex zur Klageforderung oder gar rechtskräftig festgestellt oder unstreitig ist[216] - diese Tatsache wird häufig übersehen.[217] Auch ist fraglich,

---

[215] *BGH* 20.12.1972 - VIII ZR 186/70, AWD 1973, 165, 167 u. *BGH* 20.12.1972 - VIII ZR 113/71, AWD 1973, 167, 168, siehe dazu auch oben, unter B. I. 2. Urt. Nr. *(3)*, S. 201. Siehe weiter Musielak/*Stadler*, § 145 Rz. 24; Staudinger/*Gursky*, Vorbem zu §§ 387 ff. Rz. 51; *Coester-Waltjen*, FS Lüke, 41; *Ahlt*, 100 ff.

[216] Ausnahme: ist das prozessuale Aufrechnungsverberbot in AGB vereinbart und ist deutsches Recht Aufrechnungsstatut, so sind für unstreitige und rechtskräftig festgestellte Forderungen die Wertungen des § 309 Nr. 3 BGB - auch wenn sich die Regelung eigentlich auf materielle Aufrechnungsverbote bezieht - über § 307 BGB zu beachten.

[217] So hinsichtlich des erstgenannten Falls z.B. von Zöller/*Vollkommer*, § 38 Rz. 42 sowie hinsichtlich der letzten beiden Fälle z.B. von: Staudinger/*Gursky*, Vorbem zu §§ 387 ff. Rz. 51; *Gebauer*, IPRax 1998, einerseits auf S. 79 f. und andererseits auf S. 82; *ders.* in JbItalR 12 (1999), 31, einerseits auf S. 45 ff., andererseits auf S. 49.

ob ein vertraglich vereinbartes prozessuales Aufrechnungsverbot durch rügelose Einlassung des Klägers auf die Aufrechnungseinrede im Sinne des Art. 18 EuGVÜ beziehungsweise des § 39 Abs. 1 ZPO überwunden werden kann.[218] Diese Vorschriften ordnen nämlich nur die Rechtsfolge der internationalen Zuständigkeit an; sie messen der rügelosen Einlassung aber nicht die Kraft bei, andere Vereinbarungen als die über die Zuständigkeit aufzuheben.[219] Man könnte sich allenfalls überlegen, ob die Geltendmachung der Aufrechnungseinrede durch den Beklagten im Zusammenhang mit der rügelosen Einlassung des Klägers darauf nicht als konkludente Vereinbarung der Parteien über die Aufhebung des Aufrechnungsverbots ausgelegt werden kann.[220] Eine solche Vereinbarung hätte dann aber nichts mit Art. 18 EuGVÜ beziehungsweise § 39 Abs. 1 ZPO zu tun.

b) Derogation der internationalen Entscheidungszuständigkeit hinsichtlich der aufrechnungsweisen Geltendmachung einer Forderung

Weiter stellt sich nun die Frage, ob die Parteien eine kraft der Vorschriften des EuGVÜ beziehungsweise der Normen des autonomen deutschen IZPR bestehende Entscheidungszuständigkeit der deutschen Gerichte durch eine entsprechende Zuständigkeitsvereinbarung über den Fall der klageweisen Geltendmachung einer Forderung hinaus auch für den Fall ihrer aufrechnungsweisen Geltendmachung wirksam abbedingen können. Der EuGH ist in seinen Urteilen vom 9.11.1978 "*Meeth/Glacetal*" [221] und vom 7.3.1985 "*Spitzley/Sommer*" [222] von der grundsätzlichen Zulässigkeit solcher Vereinbarungen ausgegangen.[223]

---

[218] So aber *Kropholler*, EuZPR, Art. 17 Rz. 106 a.E. u. Art. 18 Rz. 19 a.E., Zöller/*Vollkommer*, § 38 Rz. 42, MünchKomm/*Spellenberg*, Art. 32 EGBGB Rz. 57, MünchKomm-ZPO/*Gottwald*, Art. 17 EuGVÜ Rz. 73 sowie *ders.*, IPRax 1986, 11, 13.

[219] Entsprechendes gilt für Art. 24 EuGVVO, vgl. *Kohler*, Revision, 22. Zu Art. 18 EuGVÜ: *Schulte-Beckhausen*, 179 f., die richtigerweise darauf hinweist, daß die Verwirrung in der Lehre diesbezüglich vermutlich dadurch zumindest mitbegünstigt worden ist, daß der EuGH in seinem Urteil vom 7.3.1985 *Spitzley/Sommer*, Slg. 1985, 787, 799 (zu weiteren Fundstellen s.o. im Zweiten Abschnitt unter C., S. 92) feststellt, die rügelose Einlassung des Klägers begründe trotz anderweitiger ausschließlicher Gerichtsstandsvereinbarung Zuständigkeit für die Entscheidung über die Aufrechnung, ohne dabei zu einem eventuellen Aufrechnungsverbot - von dessen Bestehen das vorlegende Gericht aber ausgegangen war (siehe den Vorlagebeschl. des *OLG Koblenz* v. 3.2.1984, RIW 1984, 396) - Stellung zu beziehen.

[220] Wenn *Schulte-Beckhausen* (auf S. 180) im Zusammenhang mit der rügelosen Einlassung des Klägers auf die Aufrechnungseinrede davon spricht, eine einseitige prozessuale Handlung des Klägers könne eine bestehende Vereinbarung zwischen den Parteien gar nicht beseitigen, weil es dazu eines zweiseitigen Aktes bedürfe, übersieht sie, daß die korrespondierende Handlung des Beklagten in der Geltendmachung der Aufrechnungseinrede gesehen werden kann.

[221] Rs. C-23/78, Slg. 1978, 2133 = RIW 1978, 814 = WM 1978, 622.

[222] Rs. C-48/84, Slg. 1985, 787 = IPRax 1986, 27 m. Anm. *Gottwald*, 10 und *Rauscher*, RIW

In der Tat räumt das EuGVÜ der Parteiautonomie mit Rücksicht auf die Bedürfnisse des internationalen Handelsverkehrs prinzipiell - mit Ausnahme der in Art. 17 Abs. 3 und 5 genannten Fälle - Vorrang vor der von ihm etablierten Zuständigkeitsordnung ein[224] (Entsprechendes gilt auch für das autonome deutsche IZPR, s. § 38 Abs. 2 S. 1 ZPO)[225]. Dies betrifft allerdings zunächst einmal Zuständigkeitsvereinbarungen, die die klageweise Geltendmachung einer Forderung betreffen. Bei der Derogation der internationalen Zuständigkeit für die Entscheidung über eine aufrechnungsweise geltend gemachte Forderung werden demgegenüber noch zusätzliche Interessen berührt: es werden zum einen das Recht des späteren Beklagten auf eine möglichst effektive Verteidigung und zum anderen das Interesse der Prozeßökonomie beeinträchtigt.

Da es im Rahmen der Privat- und somit auch der Parteiautonomie prinzipiell jeder Partei freisteht, eigenverantwortlich für sie ungünstige Verträge abzuschließen, steht die Beeinträchtigung der Verteidigungsrechte des späteren Beklagten als solche der Möglichkeit eines ausdrücklichen Ausschlusses der Zuständigkeit für die aufrechnungsweise Geltendmachung der Forderung nicht entgegen. Auch Gesichtspunkte der Prozeßökonomie vermögen alleine nicht die Unzulässigkeit solcher Vereinbarungen zu begründen. Nach Sinn und Zweck des EuGVÜ, das in erster Linie den Parteiinteressen zu dienen bestimmt ist,[226] ist der Parteiautonomie im Interesse des internationalen Handelsverkehrs möglichst weitgehender Spielraum einzuräumen. Würde man nun prozeßwirtschaftlichen Gesichtspunkten den Vorrang vor den Intentionen einräumen, die die Parteien mit einer solchen Vereinbarung (auch in Bezug auf die Entscheidungszuständigkeit für die Gegenforderung) verfolgen,[227] so würde man den Zielen des Übereinkommens zuwider handeln. Denn die Interessen des internationalen Handels- und Rechtsverkehrs würden dadurch empfindlich beeinträchtigt, daß ein anderer Richter über die Gegenforderung entscheiden würde, als der, den die Parteien sich ausgesucht hatten. Der Parteiautonomie ist also auch insoweit Vorrang einzuräumen[228] (Entsprechendes gilt auch für das autonome deutsche IZPR)[229].

1985, 887.

[223] Siehe dazu oben im Zweiten Abschnitt unter B. III., S. 90 ff. u. unter C. III., S. 95 ff.

[224] *Schockweiler*, 115; *Huet*, JDI (Clunet) 1979, 663, 671; *Desantes Real*, 229. Gleiches gilt für die EuGVVO, siehe die der Verordnung vorangestellte Begründung, insbes. Nr. 14.

[225] Wieczorek/Schütze/*Hausmann*, § 38 Rz. 46; Thomas/*Putzo*, Vorbem. § 38 Rz. 5; *Jakobs*, 12 ff. Im Gegensatz zum IZPR besteht im internen Zivilprozeßrecht allerdings grundsätzlich ein Prorogationsverbot, siehe §§ 38 Abs. 1, 40 ZPO, siehe dazu Thomas/*Putzo*, Vorbem. § 38 Rz. 9 f. u. § 38 Rz. 1 und *Jakobs*, 12.

[226] Siehe die Präambel des Übereinkommens und *Jenard*, Bericht zum EuGVÜ, insbes. S. 14 f. (vgl. aber auch S. 1 u. 3) sowie Art. 220 EWG-Vertrag. *EuGH* 3.7.1997 - *Benincasa/Dentalkit*, Rs. 269/95 - Slg. 1997, 3767, 3797 Rz. 26 m.w.N. Siehe dazu auch oben im Dritten Abschnitt unter F. II., S. 142 f.

[227] Zu diesen Intentionen siehe näher oben unter I., S. 217 f.

[228] So sah das wohl auch der EuGH in seinem Urt. v. 9.11.1978 - *Meeth/Glacetal*, Rs. C-23/78, Slg. 1978, 2133 = RIW 1978, 814 = WM 1978, 622, siehe dazu oben im Zweiten Ab-

Nicht anders sind die Fälle zu beurteilen, in denen Klage- und Gegenforderung konnex sind. Auch hier ist der Derogationsvereinbarung stets Vorrang vor prozeßökonomischen Erwägungen einzuräumen,[230] weil das EuGVÜ den Parteiwillen mit Rücksicht auf die Bedürfnisse des internationalen Handelsverkehrs grundsätzlich als maßgeblich betrachtet, ausgenommen lediglich die in Art. 17 Abs. 3 und 5 genannten Fälle, zu denen der Fall der Konnexität zweier Forderungen nicht gehört[231] (entsprechend auch die Rechtslage nach autonomem deutschen IZPR).

Anders als für die Wirksamkeit der Vereinbarung eines prozessualen Aufrechnungsverbots, welches bereits die Erhebung der Aufrechnungseinrede unzulässig macht,[232] ist allerdings für die Wirksamkeit einer Derogation der internationalen Entscheidungszuständigkeit hinsichtlich der aufrechnungsweisen Geltendmachung einer Forderung weiter Voraussetzung, daß man der Aufrechnungseinrede - wie in dieser Arbeit oben im Dritten Abschnitt geschehen -[233] im Internationalen Zivilprozeßrecht überhaupt zuständigkeitsrechtliche Relevanz beimißt. Lehnt man dies nämlich ab und stellt sich auf den Standpunkt, daß das Gericht der Klage stets auch zur Entscheidung über die Aufrechnungseinrede international zuständig ist, dann ist die Entscheidung über die Gegenforderung zwangsläufig unabtrennbarer Bestandteil des mit der Klage befaßten Erkenntnisverfahrens und somit Zuständigkeitsvereinbarungen seitens der Parteien entzogen.

Da eine entsprechende, auf die aufrechnungsweise Geltendmachung einer bestimmten Forderung bezogene Zuständigkeitsvereinbarung nicht schon die Erhebung der Aufrechnungseinrede unzulässig macht, sondern nur die Unzuständigkeit des angerufenen Gerichts zur Folge hat, kann man hier - anders als beim Vorliegen eines prozessualen Aufrechnungsverbots -[234] in Betracht ziehen, ob nicht trotz der betreffenden Derogationsvereinbarung in den Fällen der Aufrechnung mit einer bereits rechtskräftig festgestellten oder unstreitigen Gegenforderung eine Entscheidung des eigentlich unzuständigen Gerichts über

schnitt unter B. III., S. 90 ff. In diesem Sinne auch *Kohler*, IPRax 1983, 265, 272.

229 Vgl. hierzu bereits das RG (wenn auch in Bezug auf Schiedsgerichtsvereinbarungen): *RG* 21.11.1911, JW 1912, 132 Nr. 3; 01.03.1929, *RGZ* 123, 348; 03.07.1936, HRR 1936, Nr. 1419. Siehe dazu oben unter B. I., S. 1197 ff.

230 I.d.S. auch der EuGH in seinem Urt. *Meeth/Glacetal* (Fundstellen s.o., Fn. 228), siehe dazu oben im Zweiten Abschnitt unter B. III., S. 90 ff.

231 Insbes. ist dort nicht die Vorschrift des Art. 6 Nr. 3 EuGVÜ aufgeführt, welche hier als Rechtsgrundlage für eine Entscheidung des Gerichts der Klage auch über die Gegenforderung in Frage käme (zu letzterem siehe näher oben im Zweiten Abschn. unter D., S. 97 ff.). Siehe auch MünchKomm-ZPO/*Gottwald*, Art. 17 EuGVÜ Rz. 74; *Kropholler*, EuZPR, Art. 17 Rz. 104 u. 105 (dort Fn. 204); Stein/Jonas/*Leipold*, § 145 V Rz. 41 a; *Kohler*, IPRax 1983, 265, 272; *Huet*, JDI (Clunet) 1979, 663, 671. Entsprechendes gilt für die EuGVVO, insbes. Art. 23 Abs. 3-5.

232 S.o. unter a), S. 234 ff.

233 Siehe dazu dort unter H., S. 187 ff.

234 S.o. unter a), S. 236.

rung eine Entscheidung des eigentlich unzuständigen Gerichts über die Aufrechnungseinrede aus der Erwägung heraus zugelassen werden sollte, daß dann keine Zuständigkeitsinteressen der Parteien berührt werden.[235]

2. *Anwendbares Recht*

Haben die Parteien die internationale Entscheidungszuständigkeit der deutschen Gerichte hinsichtlich der aufrechnungsweisen Geltendmachung einer Forderung durch eine entsprechende Zuständigkeitsvereinbarung abbedungen, so gelten keine Besonderheiten zu den oben unter II.[236] gemachten Ausführungen: Zulässigkeit und Wirkungen der Vereinbarung beurteilen sich außerhalb des Anwendungsbereichs des EuGVÜ nach der *lex fori* und innerhalb des Anwendungsbereichs des Übereinkommens ausschließlich nach dessen Art. 17. Ihr Zustandekommen ist hingegen nach der entsprechend den Ausführungen unter II. zu ermittelnden *lex causae* zu beurteilen. Etwas anderes gilt lediglich für einige materielle, untrennbar mit der Form verbundene Anforderungen, für die Art. 17 selbst abschließende Regelungen enthält, für Fragen der Rechts- und Geschäftsfähigkeit der Parteien, die gemäß Art. 7 Abs. 1 EGBGB dem Recht des Staates unterliegen, dem die Parteien jeweils angehören und für die rechtsgeschäftliche Vertretungsmacht.[237]

Zu klären bleibt aber noch, welches Recht auf ein von den Parteien vereinbartes prozessuales Aufrechnungsverbot Anwendung finden soll, wie es der BGH und Teile der Lehre im Zweifel aus internationalen Gerichtsstandsvereinbarungen ableiten wollen.[238]

a) *Konkurrenz von lex fori und lex causae*

Die Vereinbarung eines prozessualen Aufrechnungsverbots hat die Beeinträchtigung der Verfahrensrechte mindestens einer Partei zur Folge, denn ihr wird ein prozessuales Verteidigungsmittel genommen. Aufgrund dieser Auswirkungen auf das Prozeßrecht müssen Zulässigkeit und Wirkungen einer solchen Vereinbarung - entsprechend der Rechtslage bei internationalen Gerichtsstandsvereinbarungen -[239] der *lex fori* unterstellt werden.[240] Nur für das Zustandekommen eines solchen prozessualen Aufrechnungsausschlusses (inklusive der Auslegung der entsprechenden Vereinbarung, die mit der Frage nach ihrem Zustan-

---

[235] Siehe dazu im einzelnen oben im Dritten Abschnitt unter G. I., S. 164 ff.
[236] S.o., S. 218 ff.
[237] Zu alledem siehe S. 227 f.
[238] Siehe dazu oben unter B. I. 4., S. 207 ff. sowie II., S. 209 ff.
[239] Siehe dazu oben unter C. II. 1., S. 218 ff.
[240] So wohl auch *Kannengießer*, 128.

dekommen eng verknüpft ist) kann demnach die nach dem IPR des Forums zu ermittelnde *lex causae* maßgeblich sein.[241]

b) Ermittlung der lex causae

(1) Akzessorische Anknüpfung an das Aufrechnungsstatut?

Bei der Suche nach dem passenden Statut für die vertragliche Vereinbarung eines prozessualen Aufrechnungsverbots gemäß Art. 28 Abs. 1 EGBGB könnte man an eine akzessorische Anknüpfung an das Aufrechnungsstatut denken.[242] Dies erscheint in all jenen Fällen angemessen, in denen die Parteien lediglich vereinbart haben, daß *gegen* eine bestimmte Forderung nicht aufgerechnet werden darf,[243] weil sich das Verbot dann ausschließlich auf das Rechtsverhältnis bezieht, dem die potentielle Hauptforderung entstammt.[244] Immer dann jedoch, wenn nach der Parteivereinbarung die Aufrechnung *mit* einer bestimmten Forderung gegen Forderungen des Vertragspartners verboten sein soll, hätte eine solche Anknüpfung den Nachteil, daß das Zustandekommen der betreffenden Vereinbarung unter Umständen nach einem anderen Recht zu beurteilen wäre als die Forderung, auf die sich die Aufrechnungsbeschränkung nach dem Willen der Parteien beziehen soll:[245] unterliegen nämlich Haupt- und Gegenforderung unterschiedlichen Statuten, so ist im deutschen Recht das Statut der Haupt- oder Passivforderung maßgebend,[246] während sich das vertraglich vereinbarte prozessuale Aufrechnungsverbot in den besagten Fällen ausschließlich auf die Gegenforderung bezieht.[247]

---

[241] Dies entspricht wiederum der Rechtslage bei internationalen Gerichtsstandsvereinbarungen, s.o. unter C. II. 1., S. 218 ff. *Mankowski*, ZZP 109 (1996), 376, 378 u. 394 sowie *Gebauer*, IPRax 1998, 79, 80 u. 81 (siehe auch denselben Autor im JbItalR 12 (1999), 31, 48 f.) differenzieren in dieser Hinsicht nicht, sondern sprechen nur von einer "materiellrechtlichen Qualifikation" prozessualer Aufrechnungsbeschränkungen.

[242] So *Mankowski*, ZZP 109 (1996), 376, 378 u. 394.

[243] So etwa die weit verbreitete Klausel "cash on delivery", vgl. Palandt/*Heinrichs*, § 387 BGB Rz. 14.

[244] So auch *Gebauer*, JbItalR 12 (1999), 31, 46.

[245] Darauf weist auch *Gebauer*, IPRax 1998, 79, 81 sowie im JbItalR 12 (1999), 31, 50 hin.

[246] So die h.M.: *BGH* 22.11.1962, *BGHZ* 38, 254, 256; 25.11.1993, NJW 1994, 1413, 1416; *OLG Frankfurt* 27.10.1966, NJW 1967, 501; *OLG Hamm* 9.6.1995, NJW-RR 1996, 179; *OLG Koblenz* 17.9.1993, RIW 1993, 934; *OLG Düsseldorf* 10.2.1994, DB 1994, 2492; *Kropholler*, IPR, § 52 VIII 5., S. 474 f.; *Kegel/Schurig*, § 18 V, S. 652; *Gäbel*, 32 ff.; Wieczorek/Schütze/*Hausmann*, Art. 6 EuGVÜ Rz. 38; MünchKomm/*Spellenberg*, Art. 32 Rz. 50; Palandt/*Heldrich*, Art. 32 EGBGB Rz. 6; Reithmann/*Martiny*, Rz. 284 u. 286; Staudinger/*Magnus*, Art. 32 EGBGB Rz. 61 f.; Zöller/*Geimer*, Art. 2 EuGVVO Rz. 23; Soergel/*v. Hoffmann*, Art. 32 EGBGB Rz. 49; *Ferid*, § 6 Rz. 115 ff. S. dazu auch oben in der Einleitung dieser Arbeit unter A. I. 2., S. 3 ff.).

[247] Auf letzteres weist auch *Gebauer*, JbItalR 12 (1999), 31, 37 hin.

(2) Akzessorische Anknüpfung an das Vertragsstatut der Gegenforderung?

Gebauer schlägt deshalb statt dessen vor, akzessorisch an das Vertragsstatut anzuknüpfen, dem die Gegenforderung unterliegt,[248] da sich auf diese Weise erreichen ließe, daß das vertragliche Aufrechnungsverbot dem gleichen Recht unterliege wie die materiellrechtlichen Voraussetzungen der Gerichtsstandsvereinbarung, der man das Verbot entnehme, und dem gleichen Recht wie das vertragliche Verhältnis, auf das sich die Gerichtsstandsvereinbarung beziehe. Letzteres ist aus der Sicht des Autors deshalb von Bedeutung, weil das betreffende prozessuale Aufrechnungsverbot seiner Auffassung nach in der Regel zugleich ein materielles Aufrechnungsverbot beinhaltet.[249]

Daß das Statut der Gerichtsstandsvereinbarung zwar in den meisten Fällen, nicht aber zwangsläufig mit dem Statut der Gegenforderung übereinstimmt (wovon der Autor aber auszugehen scheint), wurde bereits oben unter II.[250] festgestellt. Auch stellt sich die Frage, ob die Prämisse, von der *Gebauer* bei seinen Ausführungen ausgeht, nämlich daß das einer internationalen Gerichtsstandsvereinbarung entnommene prozessuale Aufrechnungsverbot in der Regel zugleich ein materielles Aufrechnungsverbot beinhaltet, wirklich zutreffend ist. Der BGH jedenfalls hat die Ansicht vertreten, in den entsprechenden Fällen könne nicht ohne weiteres auch ein materiellrechtliches Aufrechnungsverbot angenommen werden, sondern nur wenn besondere Gründe dafür sprächen, denn eine Gerichtsstandsvereinbarung treffe nach dem Verständnis der Vertragsparteien Vorsorge nur für einen Prozeß, enthalte aber in aller Regel keine materiellrechtlichen Vereinbarungen, die auch außerhalb eines Prozesses das Rechtsverhältnis zwischen den Parteien regeln sollen.[251] Daneben bestehen dagegen aber auch noch weitere Bedenken.

Eine bloße Vereinbarung über die internationale Zuständigkeit der Gerichte eines bestimmten Landes als solche könnte äußerstenfalls die Annahme eines Ausschlusses der materiellrechtlichen Erklärung der Aufrechnung innerhalb von Prozessen vor all jenen Gerichten hergeben, deren Zuständigkeit die Parteien mit der Vereinbarung abbedungen haben; aus der Vereinbarung ein darüber hinausgehendes materiellrechtliches Aufrechnungsverbot, sei es für die außerprozessuale Erklärung, sei es für die (materiellrechtliche) Erklärung innerhalb von Prozessen überhaupt, entnehmen zu wollen, würde eine über den Vertragsinhalt wesentlich hinausgehende Einschränkung der Rechte des Inhabers der betreffenden

---

[248] *Gebauer*, IPRax 1998, 79, 81; *ders.*, JbItalR 12 (1999), 31, 50.

[249] *Gebauer*, IPRax 1998, 79 f.; *ders.*, JbItalR 12 (1999), 31, 48 f. Für *Eickhoff*, 178 u. 166 und *Mankowski*, ZZP 109 (1996), 376, 378 erfaßt der Aufrechnungsausschluß infolge einer Gerichtsstandsvereinbarung offenbar in jedem Fall auch die außerprozessuale Aufrechnung. Siehe dazu auch oben unter B. II., S. 216.

[250] Dort unter 3. d) (3), S. 225 ff.

[251] *BGH* 20.12.1972 - VIII ZR 113/71, AWD1973, 167 = NJW 1973, 422 = LM ZPO § 38 Nr. 18 = WM 1973, 174, m. Anm. *von Hoffmann*, AWD 1973, 168 und für die Schiedsabrede *BGH* 22.11.1962, *BGHZ* 38, 254, s.o. unter B. I. 2., Urteile Nr. 3, S. 201 bzw. Nr. 2, S. 199 f.

Forderung bedeuten und somit eine unzulässige Erweiterung des Vertragsgegenstandes darstellen - mit anderen Worten: die Grenzen der Auslegung würden überschritten.[252] Das aus einer internationalen Gerichtsstandsvereinbarung abgeleitete materiellrechtliche Aufrechnungsverbot müßte also in zweifacher Hinsicht bedingt sein: es dürfte erstens nur die materiellrechtliche Erklärung der Aufrechnung innerhalb eines Prozesses und zweitens darüber hinaus nur ihre Erklärung vor bestimmten, nämlich allen mit der Vereinbarung derogierten Gerichten ausschließen. Eine solche zweifache Bedingung des materiellrechtlichen Aufrechnungsverbots läßt sich jedoch mit dem geltenden deutschen Recht nicht vereinbaren, denn dadurch würde die gemäß § 388 S. 2 BGB im Interesse der Rechtssicherheit bestehende Bedingungsfeindlichkeit der Aufrechnung unterlaufen.

Aus dem einer internationalen Gerichtsstandsvereinbarung entnommenen prozessualen Aufrechnungsverbot läßt sich demnach nicht ohne weiteres gleichzeitig auch ein materiellrechtliches Aufrechnungsverbot ableiten, es sei denn, die Vereinbarung enthält weitere Anhaltspunkte darauf, daß die materiellrechtliche Aufrechnung mit der Gegenforderung nach dem Willen der Parteien generell und unbedingt ausgeschlossen sein sollte. Dementsprechend erscheint es für den Regelfall auch nicht in besonderem Maße erstrebenswert, daß das Zustandekommen des prozessualen Aufrechnungsverbots nach dem gleichen Recht beurteilt wird, wie das Schuldverhältnis, auf das sich die Gerichtsstandsvereinbarung bezieht.

Des weiteren scheint *Gebauer* offenbar anzunehmen, daß bei einer akzessorischen Anknüpfung des Statuts des vertraglichen prozessualen Aufrechnungsverbots an das für die Gegenforderung maßgebliche Sachrecht letzterem auch die Frage zu unterstellen wäre, ob ein solches prozessuales Aufrechnungsverbot überhaupt vereinbart wurde.[253] Dies ist aber nicht der Fall. Die Frage, ob eine Gerichtsstandsvereinbarung zusätzlich eine entsprechende Aufrechnungsbeschränkung enthält, kann nicht durch Auslegung eben dieser Aufrechnungsbeschränkung beantwortet werden, sondern nur durch Auslegung der Gerichtsstandsvereinbarung, in der sie enthalten sein soll. Die Maßstäbe für diese Auslegung wiederum können nur dem Statut der Gerichtsstandsvereinbarung[254] entnommen werden und nicht dem der Aufrechnungsbeschränkung.

(3) Lösung: Akzessorische Anknüpfung an das Statut der Gerichtsstandsvereinbarung

Insbesondere aufgrund des zuletzt genannten Umstandes erscheint es sinnvoller, akzessorisch an das Statut der Gerichtsstandsvereinbarung anzuknüpfen.

---

[252] So auch *Ahlt*, 103 unten. Vgl. zu den entsprechenden Auslegungsgrundsätzen Palandt/*Heinrichs*, § 157 Rz. 8 f. m.w.N. und unten, S. 247 f.

[253] *Gebauer*, IPRax 1998, 79, 81; *ders.*, JbItalR 12 (1999), 31, 52 u. 57 (unter 3.).

[254] Zu dessen Ermittlung s.o. unter II., S. 218 ff.

Zwar wird dieses - nach der oben unter II.[255] vertretenen Lösung - in der weit überwiegenden Mehrzahl der Fälle ohnehin mit dem auf die Gegenforderung anwendbaren Sachrecht identisch sein; in den Ausnahmefällen aber, in denen dem nicht so ist, ist es objektiv gesehen sinnvoll, die Willenseinigung des prozessualen Aufrechnungsverbotes nach demselben Recht zu beurteilen, das auch für das Zustandekommen der Gerichtsstandsvereinbarung maßgebend ist, aus der der besagte Aufrechnungsausschluß abgeleitet werden soll. Dadurch wird den Parteien die Verhaltensorientierung erleichtert. Hingegen wäre es nicht zweckmäßig, die Frage, ob sich die Parteien wirksam über ein prozessuales Aufrechnungsverbot geeinigt haben, grundsätzlich nach einem anderen Sachrecht zu beurteilen, als die Frage, ob der Gerichtsstandsvereinbarung überhaupt ein solcher Aufrechnungsausschluß entnommen werden kann.[256]

c) Ergebnis

Zusammenfassend kann demnach festgehalten werden, daß sich Zulässigkeit und Wirkungen der Vereinbarung eines prozessualen Aufrechnungsverbots nach der *lex fori* richten, während für ihr Zustandekommen die *lex causae* maßgeblich ist. Bei der Ermittlung des Statuts für das vertraglich vereinbarte prozessuale Aufrechnungsverbot gemäß Art. 28 Abs. 1 EGBGB ist akzessorisch an das Vertragsstatut der Gerichtsstandsvereinbarung anzuknüpfen.

D. Lösung

I. Ausgangspunkt: Auslegung der internationalen Gerichtsstandsvereinbarung

Über den Ausgangspunkt für die Lösung der Problematik herrscht in Rechtsprechung und Lehre Einigkeit:[257] Für die Frage, ob die Aufrechnung mit einer Gegenforderung ausgeschlossen ist, für deren klageweise Geltendmachung das mit der Hauptforderung befaßte Gericht aufgrund einer Zuständigkeitsvereinbarung international nicht zuständig wäre, ist der Wille der Parteien maßgeblich. Dieser ist im Wege der Auslegung der betreffenden Zuständigkeitsvereinbarung zu ermitteln. Die Maßstäbe für die Auslegung sind dabei - wie oben unter C. III. 1. festgestellt wurde -[258] dem Statut der Gerichtsstandsvereinbarung zu entneh-

---

[255] Siehe dort unter 4., S. 227 f.

[256] Dass Art. 31 Abs. 2 EGBGB im Einzelfall ausnahmsweise einmal zu diesem Ergebnis führen kann, ändert an dieser grundsätzlichen Einschätzung nichts.

[257] Siehe dazu oben unter B. II., S. 211.

[258] S. 228 ff.

men.[259] An dieser Stelle soll, um eine klarere Darstellung zu ermöglichen, zunächst einmal davon ausgegangen werden, daß in dieser Hinsicht deutsches Recht zur Anwendung gelangt.[260]

Haben die Parteien eine ausdrückliche Vereinbarung darüber getroffen, ob neben der klageweisen auch die aufrechnungsweise Geltendmachung der von der Gerichtsstandsabrede erfaßten Forderung(en) vor anderen als den darin prorogierten Gerichten ausgeschlossen sein soll,[261] so ergeben sich keine Schwierigkeiten. Problematisch - und damit hier von Interesse - sind die in der Praxis weitaus häufiger vorkommenden Fälle, in denen eine entsprechende ausdrückliche Vereinbarung fehlt und sich auch aus den näheren Umständen keine eindeutigen Hinweise auf den Parteiwillen diesbezüglich entnehmen lassen.

In diesen Fällen stellt sich zunächst einmal die Frage, ob die Parteien die ausdrückliche Formulierung einer derartigen Vereinbarung bewußt unterlassen haben, weil sie lediglich eine Abrede über die klageweise Geltendmachung der erfaßten Forderung(en) treffen wollten, oder ob eine entsprechende Regelung unbeabsichtigterweise unterblieben ist, etwa weil die Parteien bei Abschluß der Gerichtsstandsvereinbarung überhaupt nicht an die Möglichkeit der aufrechnungsweisen Geltendmachung einer Forderung im Prozeß gedacht haben. Im erstgenannten Fall wäre die Zuständigkeitsvereinbarung mit den darin ausdrücklich getroffenen Regelungen als abschließend einzustufen, während sie im letztgenannten Fall eine ausfüllungsbedürftige Regelungslücke enthielte.

Ahlt ist der Ansicht, es liege keine ausfüllungsbedürftige Lücke vor, da die Frage, ob Forderungen aus einer bestimmten Geschäftsverbindung aufrechenbar sein sollen oder nicht, in der Regel von den Vertragsparteien als ein bedeutender Vertragspunkt erkannt werde.[262] Werde hierüber keine Regelung getroffen, so bedeute dies dementsprechend, daß die Parteien die Aufrechnung und damit auch ihre prozessuale Geltendmachung nicht abbedingen wollten. Dem kann im Ergebnis nicht gefolgt werden. Man mag dem Autor noch darin zustimmen, daß materiellrechtliche Aufrechnungsverbote in der Praxis häufig ausdrücklich vereinbart werden,[263] so daß die Schlußfolgerung vertretbar erscheint, daß Vertragsparteien bei Abschluß des Hauptvertrages die materiellrechtliche Aufre-

[259] Zur Ermittlung des Statuts der Gerichtsstandsvereinbarung siehe näher oben unter C. II. 4., S. 227 f.

[260] Zur Situation bei spanischem Recht als Statut der Gerichtsstandsvereinbarung s.u. unter E. III. 2., S. 305.

[261] Zur grundsätzlichen Zulässigkeit solcher Vereinbarungen s.o. unter C. IV. 1., S. 234 ff.

[262] *Ahlt*, 103.

[263] Dies betonen auch *Geimer*, NJW 1973, 951, 952 und *Kannengießer*, 198. Allerdings hat in vielen Fällen erst die Rspr. nachträglich in bestimmten Klauseln die konkludente Vereinbarung eines materiellrechtlichen Aufrechnungsverbotes gesehen, so z.B. in der weit verbreiteten Klausel "cash on delivery", vgl. Palandt/*Heinrichs*, § 387 BGB Rz. 14 (dort auch zu anderen im Handelsverkehr üblichen Klauseln, die nach der Rspr. als konkludentes materiellrechtliches Aufrechnungsverbot auszulegen sind).

chenbarkeit ihrer daraus resultierenden Forderungen gewöhnlich als bedeutenden Vertragspunkt erkennen. Es ist aber, soweit ersichtlich, aus der gerichtlichen Praxis kein Fall bekannt, in dem Parteien im Rahmen einer Gerichtsstandsvereinbarung oder auch unabhängig davon ausdrücklich die prozessuale Geltendmachung der Aufrechnung mit einer bestimmten Forderung abbedungen hätten[264] - insoweit greift *Ahlts* Argumentation also nicht.

Andererseits könnte man auf die Idee kommen, die These, die Aufrechnungsfrage werde von den Parteien einer Zuständigkeitsvereinbarung in der Regel als ein bedeutender Vertragspunkt erkannt, mit folgender Begründung abstützen zu wollen: Schließlich gehe der BGH in ständiger Rechtsprechung davon aus, daß in internationalen Gerichtsstandsvereinbarungen im Zweifel ein prozessuales Aufrechnungsverbot enthalten sei.[265] Wenn nun in einer entsprechenden Vereinbarung die Regelung der Aufrechnungsfrage unterlassen werde, so sei davon auszugehen, daß dies im Hinblick auf die besagte Rechtsprechung geschehe. Daher sei in solchen Fällen anzunehmen, daß ein prozessuales Aufrechnungsverbot gewollt sei. Problematisch an dieser Argumentation ist, daß dabei einfach vorausgesetzt wird, daß die Rechtsprechung des BGH den Parteien bei Abschluß der Zuständigkeitsvereinbarung erstens bekannt war und daß sie sich zweitens daran orientieren wollten. Davon kann jedoch nicht ohne weiteres ausgegangen werden, vielmehr müssen dafür im Einzelfall konkrete Anhaltspunkte gegeben sein. Nur dann kann vom bewußten Unterlassen der Regelung der Aufrechnungsfrage durch die Parteien ausgegangen und das Vorliegen einer Regelungslücke verneint werden.

Im Zweifel wird daher davon auszugehen sein, daß die Parteien bei Abschluß der Gerichtsstandsvereinbarung nur an die klageweise Geltendmachung der davon betroffenen Forderungen gedacht haben, ohne sich Gedanken über deren aufrechnungsweise Geltendmachung zu machen, so daß diesbezüglich sehr wohl eine ausfüllungsbedürftige Regelungslücke vorliegt.[266]

Da weder Art. 17 EuGVÜ[267] noch das autonome deutsche Internationale Zivilprozeßrecht dispositives Recht enthalten, durch das die betreffende Lücke ge-

---

[264] Vgl. auch *Gebauer*, IPRax 1998, 79, 81.

[265] Zu dieser Rechtsprechung s.o. unter B. I. 2., S. 197 ff.

[266] So auch die h.M., siehe dazu oben unter B. I., S. 196 ff. sowie II., S. 209 ff. Aus diesem Grunde wird in den allermeisten Fällen auch *Geimers* Ansatz, es sei der "konkludente Wille der Parteien" zu ermitteln (*Geimer/Schütze*, EuZVR, Art. 6 Rz. 76; *Geimer/Schütze*, Internat. Urteilsanerkennung, § 80 VII, S. 525; *Geimer*, NJW 1973, 951, 952) nicht weiterführen: haben die Parteien sich nämlich über einen bestimmten Punkt überhaupt keine Gedanken gemacht, so kann einer zwischen ihnen getroffenen vertraglichen Vereinbarung auch keine schlüssige Erklärung hinsichtlich des betreffenden Punktes entnommen werden, denn dies würde eine unzulässige Fiktion der besagten Erkl. darstellen. Vgl. dazu *Jauernig*, BGB, vor § 116 Anm. 4 a) aa) u. *Lüderitz*, 391 (letzterer mit Kritik zur generellen Tendenz der Rspr., stillschweigende Willenserklärungen zu unterstellen).

[267] Siehe dazu oben im Zweiten Abschnitt unter E., S. 104 ff. Entsprechendes gilt für Art. 23 EuGVVO.

schlossen werden könnte, ist im Wege der ergänzenden Auslegung der Zuständigkeitsvereinbarung der hypothetische Parteiwille zu ermitteln.[268] Dabei ist darauf abzustellen, was die Parteien bei einer angemessenen Abwägung ihrer Interessen nach Treu und Glauben als redliche Vertragsparteien vereinbart hätten, wenn sie die Frage, ob auch die aufrechnungsweise Geltendmachung der von der Gerichtsstandsvereinbarung erfaßten Forderungen vor anderen als den darin prorogierten Gerichten ausgeschlossen sein soll, bei Abschluß der Vereinbarung bedacht hätten.[269] Dabei ist zunächst an den Vertrag selbst anzuknüpfen, die in ihm enthaltenen Regelungen und Wertungen sind Ausgangspunkt der Vertragsergänzung.[270] Die nicht geregelte Frage muß im gleichen Geist gelöst werden, wie das hinsichtlich der geregelten Fragen tatsächlich geschehen ist.[271] Dementsprechend muß der Grundsatz der Privatautonomie respektiert werden, die Ergänzung darf nicht zu einer freien richterlichen Schöpfung ausarten.[272] Daher sind die sich aus dem Willen der Parteien und dem Vertragsinhalt ergebenden Grenzen zu beachten. Insbesondere darf die ergänzende Auslegung nicht zu einer Erweiterung des Vertragsgegenstandes führen,[273] sondern muß sich innerhalb des tatsächlich gegebenen Rahmens der getroffenen Vereinbarung halten.[274]

Normative Aspekte, wie etwa die Ziele und Wertungen des EuGVÜ, können auch bei der ergänzenden Auslegung nur über den Grundsatz von Treu und Glauben berücksichtigt werden.[275] So ist etwa im Zweifelsfall nicht davon auszugehen, daß die Parteien eine Vereinbarung schließen wollten, die den Zielen und Wertvorstellungen des Übereinkommens im allgemeinen und seines Art. 17 im besonderen zuwiderläuft.[276] Im übrigen ist aber - und dies wird gerne übersehen - einzig und allein der (hier hypothetische) Parteiwille zu ermitteln.

Weiter ist darauf zu achten, daß - wie oben unter C. III. 2. festgestellt wurde -[277] bei Bezug des Sachverhalts zu einer ausländischen Rechtsordnung diese

---

[268] Vgl. *BGH* 22.4.1953, *BGHZ* 9, 273, 278. Siehe auch *Kannengießer*, 194 f. und *Gebauer*, JbItalR 12 (1999), 31, 50.

[269] Vgl. *BGH* 20.1.1994, NJW 1994, 1008, 1011; Palandt/*Heinrichs*, § 157 Rz. 7; Zweigert/*Kötz*, § 30 III, S. 400 ff.

[270] *BGH* 16.10.1963, WM 1964, 234, 235; *Larenz*, § 29 I; Palandt/*Heinrichs*, § 157 Rz. 7.

[271] Zweigert/*Kötz*, § 30 III, S. 401.

[272] *BGH* 22.4.1953, *BGHZ* 9, 273, 279; Palandt/*Heinrichs*, § 157 Rz. 8 m.w.N.; Zweigert/*Kötz*, § 30 III, S. 401.

[273] St. Rspr., s. z.B. *BGH* 22.4.1953, *BGHZ* 9, 273, 278; Zweigert/*Kötz*, § 30 III, S. 402.

[274] *BGH* 24.2.1954, *BGHZ* 12, 337, 343; *BGH* 17.12.1958, *BGHZ* 29, 107, 110; Palandt/*Heinrichs*, § 157 Rz. 9.

[275] Gleiches gilt auch für sonstige objektive Kriterien, wie etwa "Rechts-" oder "Gerichtsinteressen", wie sie z.B. *Gäbel*, 230 ff., formuliert.

[276] Zwar verbietet das EuGVÜ den Parteien nicht, derartige Vereinbarungen zu treffen. Der Wille, von den Zielen und Wertvorstellungen des Übereinkommens abzuweichen, muß dann aber hinreichend deutlich zum Ausdruck gekommen sein. Entsprechendes gilt auch für den Geltungsbereich der EuGVVO.

[277] Siehe dort, S. 232 ff.

unter Umständen neben dem die Auslegungsmaßstäbe vorgebenden deutschen Recht bei der (hier ergänzenden) Auslegung ebenfalls eine Rolle spielen kann. Auch diesbezüglich soll nun wiederum im Interesse der Klarheit der Darstellung zunächst einmal davon ausgegangen werden, daß lediglich deutsches Sachrecht und deutsche Erklärungsgepflogenheiten eine Rolle spielen, um auf diese Weise zu einer grundsätzlichen Lösung der Problematik gelangen zu können. Erst im Anschluß daran soll dann (unter E.[278]) überprüft werden, ob die so gefundene Lösung auch der spezifischen Interessenlage im deutsch-spanischen Rechtsverkehr gerecht zu werden vermag.

Schließlich ist zu berücksichtigen, daß die untersuchte Problematik in der Praxis in verschiedenen Fallkonstellationen vorkommen kann, für die die Abwägung der beteiligten Interessen möglicherweise jeweils unterschiedlich auszufallen hat. So kann etwa die Aufrechnungsforderung des Beklagten zur Klageforderung konnex sein oder auch in keinerlei rechtlichem Zusammenhang stehen. Sie kann von seiten des Klägers bestritten werden, aber zwischen den Parteien auch unstreitig oder bereits in einem anderen Verfahren rechtskräftig festgestellt worden sein. Die Parteien können einen einzigen Gerichtsstand als ausschließlich zuständig für Klagen beider Parteien vereinbaren. Sie können aber auch eine Partei einseitig im Sinne des Art. 17 Abs. 4 EuGVÜ begünstigen oder eine sogenannte "wechselseitige" (oder auch "reziproke") Gerichtsstandsvereinbarung abschließen, nach der Klagen gegen den jeweils anderen Vertragspartner nur vor dessen Heimatgerichten erhoben werden dürfen. Die auszulegende Gerichtsstandsvereinbarung kann eine Individualvereinbarung darstellen oder aber in Allgemeinen Geschäftsbedingungen enthalten sein. Des weiteren sind Fälle denkbar, in denen nicht nur die Zulässigkeit der Aufrechnungseinrede in Frage steht, sondern bereits die Klageerhebung vor einem dafür aufgrund der Gerichtsstandsvereinbarung international nicht zuständigen Gericht erfolgt.

Als Grundkonstellation soll nun zunächst einmal die Fallgestaltung untersucht werden, in der der Beklagte die Aufrechnung mit einer zur Klageforderung nicht konnexen, streitigen Gegenforderung geltend macht, die Parteien in einer Individualvereinbarung einen einzigen Gerichtsstand als ausschließlich zuständig für alle gegenseitigen Klagen vereinbart haben (dies ist die in der Praxis am häufigsten vereinbarte Art der Gerichtsstandsvereinbarung)[279] und der Kläger vor dem zuständigen Gericht Klage erhoben hat. Die davon abweichenden Varianten sollen dann anschließend als "Sonderkonstellationen" unter II. 3.[280] behandelt werden.

---

[278] S.u., S. 280 ff.
[279] *Jakobs*, 6.
[280] S.u., S. 262 ff.

II. Kritische Auseinandersetzung mit den Standpunkten von Rechtsprechung und Lehre, eigene Stellungnahme

1. Prozessuales Aufrechnungsverbot?

Zunächst stellt sich die Frage, ob man, wie dies der BGH[281] und im Anschluß daran auch Teile der Lehre[282] tun, aus der Derogation der internationalen Zuständigkeit der deutschen Gerichte für ein bestimmtes Rechtsverhältnis im Zweifel auf den hypothetischen Parteiwillen schließen kann, die prozessuale Geltendmachung der Aufrechnung mit Forderungen aus dem betreffenden Rechtsverhältnis solle vor deutschen Gerichten verboten sein.

Vergegenwärtigt man sich den Regelungsgehalt internationaler Gerichtsstandsvereinbarungen,[283] so ergeben sich gegen eine derartige Auslegung bereits Bedenken grundsätzlicher Art. Oben unter I. wurde darauf hingewiesen, daß, wie bei jeder Auslegung eines Rechtsgeschäfts, auch bei der ergänzenden Auslegung der Grundsatz der Privatautonomie respektiert werden muß und demzufolge die sich aus dem Willen der Parteien und dem tatsächlich gegebenen Rahmen der getroffenen Vereinbarung ergebenden Grenzen zu beachten sind.[284]

Inhalt einer internationalen Gerichtsstandsvereinbarung ist bereits *per definitionem* ausschließlich die Regelung von Fragen der gerichtlichen Entscheidungszuständigkeit für einen bestimmten Sachverhalt entsprechend dem Parteiwillen. Ein prozessuales Aufrechnungsverbot, wie es der BGH und Teile der Lehre aus internationalen Gerichtsstandsvereinbarungen ableiten wollen, betrifft aber keine Frage der gerichtlichen Zuständigkeit, sondern richtet sich bereits gegen die Zulässigkeit der Erhebung der prozessualen Aufrechnungseinrede.[285] Derartige Abreden über die Zulässigkeit bestimmter prozessualer Einreden gehören nicht zum Regelungsbereich von internationalen Gerichtsstandsvereinbarungen, sie sind vielmehr allenfalls als daneben stehende, zusätzliche Vereinbarungen denkbar.[286] Ein prozessuales Aufrechnungsverbot aus der bloßen Deroga-

---

[281] S.o. unter B. I. 4, S.207 ff.

[282] *Kropholler*, Hdb. IZVR, Rz. 439 u. 590; Musielak/*Stadler*, § 145 Rz. 34 u. 24; Nagel/*Gottwald*, § 3 Rz. 81 u. 89 sowie § 5 Rz. 22; Stein/Jonas/*Leipold*, § 145 V Rz. 41 f.; Münch-Komm-ZPO/*Patzina*, § 38 Rz. 45; *Schütze*, IZPR, 57; Staudinger/*Gursky*, Vorbem zu §§ 387 ff. Rz. 51; *Schlosser*, EWiR 1985, 781, 782; *Kohler*, IPRax 1983, 265, 272. Siehe dazu oben unter B. II., S. 215 f.

[283] Siehe dazu näher oben unter C. I., S. 217 f.

[284] S.o., S. 244 ff.

[285] Siehe dazu näher oben unter C. IV. 1., S. 234 ff.

[286] So auch *Leipold*, ZZP 107 (1994), 216, 217 ("Der Ausschluß der Aufrechnung ... wird im Wege der Auslegung als zusätzlicher, neben der Gerichtsstandsvereinbarung stehender Inhalt der Parteivereinbarung angesehen."), siehe auch S. 224. Nichts anderes meint auch *Mankowski*, ZZP 109 (1996), 376, 378, wenn er davon spricht, ein prozessuales Aufrechnungsverbot könne nur aus einem "besonderen rechtsgeschäftlichen Bedeutungsgehalt" der Vereinbarung folgen, der "über die zuständigkeitsrechtliche Komponente" hinausgehe; ebenso im

tion der internationalen Entscheidungszuständigkeit hinsichtlich eines bestimmten Sachverhalts ableiten zu wollen, bedeutet demzufolge, die sich aus dem Vertragsinhalt ergebenden Grenzen zu sprengen und den Vertragsgegenstand in unzulässiger Weise über die Regelung der internationalen Entscheidungszuständigkeit hinaus zu erweitern, denn die Verteidigungsrechte des Beklagten erfahren dadurch einseitig eine wesentliche zusätzliche, nicht mehr von Vertragsinhalt und -zweck gedeckte Einschränkung. Eine entsprechende Auslegung internationaler Gerichtsstandsvereinbarungen stellt im Ergebnis folglich nichts anderes dar als eine den Grundsatz der Privatautonomie verletzende freie richterliche Schöpfung und ist deshalb unzulässig. Schon aus diesem Grund ist die Auffassung des BGH und des sich ihm anschließenden Teils der Lehre abzulehnen. Darüber hinaus sprechen aber auch noch weitere Erwägungen dagegen.

So ist zu bedenken, daß die Vereinbarung eines prozessualen Aufrechnungsverbots für die Parteien nur dann wirklich sinnvoll wäre, wenn sie mit einem materiellrechtlichen Aufrechnungsausschluß verbunden wäre.[287] Ergeht nämlich ein materiell unrichtiges Urteil, weil eine materiellrechtlich erklärte Aufrechnung im Prozeß nicht berücksichtigt wird, dann wird der Beklagte der Ungewißheit ausgesetzt, ob und in welcher Weise ein später zum Zwecke der gesonderten Geltendmachung der Gegenforderung angerufenes ausländisches Gericht dazu bereit und in der Lage ist, diese Disharmonie zwischen materieller und prozessualer Rechtslage wieder aufzulösen.[288] Der Kläger als Schuldner der Gegenforderung andererseits hat kein schutzwürdiges Interesse an einer materiellen Wirkung der Aufrechnung, wenn die Durchsetzbarkeit seiner Hauptforderung von der Aufrechnung nicht betroffen wird.[289] Dementsprechend kann im Zweifel nicht davon ausgegangen werden, daß die Parteien ein prozessuales Aufrechnungsverbot hätten vereinbaren wollen, ohne gleichzeitig auch die materiellrechtliche Aufrechnung auszuschließen.

Ein solcher materiellrechtlicher Aufrechnungsausschluß indes kann einer internationalen Zuständigkeitsvereinbarung, die nach dem Verständnis der Vertragsparteien Vorsorge nur für einen Prozeß zu treffen bestimmt ist, aber in aller Regel keine materiellrechtlichen Vereinbarungen enthält, die auch außerhalb des Prozesses das Rechtsverhältnis zwischen den Parteien regeln sollen, noch weniger entnommen werden als ein prozessuales Aufrechnungsverbot.[290] Dies gilt

---

Anschluß daran *Gebauer*, IPRax 1998, 79.

[287] *Ahlt*, 103; *Gebauer*, IPRax 1998, 79 f.; *ders.*, JbItalR 12 (1999), 31, 49; *Eickhoff*, 178 i.V.m. 166. Vgl. auch *Mankowski*, ZZP 109 (1996), 376, 378. Siehe dazu auch oben unter C. IV. a), S. 234 ff.

[288] Siehe dazu näher oben im Dritten Abschnitt unter F. III. 2., S. 159 f.

[289] *Gebauer*, IPRax 1998, 79, 80.

[290] *Ahlt*, 103. Hinsichtlich des materiellrechtlichen Aufrechnungsverbots erkennt dies auch der BGH: *BGH* 20.12.1972 - VIII ZR 113/71, AWD1973, 167 = NJW 1973, 422 = LM ZPO § 38 Nr. 18 = WM 1973, 174, m. Anm. *v. Hoffmann*, AWD 1973, 168 und für die Schiedsabrede *BGH* 22.11.1962, *BGHZ* 38, 254, s.o. unter B. I. 2., Urteile Nr. (3), S. 201 bzw. Nr. (2),

erst recht in Anbetracht der Tatsache, daß eine internationale Gerichtsstandsvereinbarung äußerstenfalls die Annahme eines Ausschlusses der materiellrechtlichen Erklärung der Aufrechnung innerhalb von Prozessen vor all jenen Gerichten hergeben könnte, deren Zuständigkeit die Parteien damit abbedungen haben; aus der Vereinbarung ein darüber hinausgehendes materiellrechtliches Aufrechnungsverbot, sei es für die außerprozessuale Erklärung, sei es für die (materiellrechtliche) Erklärung innerhalb von Prozessen generell, entnehmen zu wollen, würde eine unzulässige Erweiterung des Vertragsgegenstandes darstellen, die Grenzen der Auslegung würden überschritten. Das aus einer internationalen Gerichtsstandsvereinbarung abgeleitete materiellrechtliche Aufrechnungsverbot müßte also in zweifacher Hinsicht bedingt sein: es dürfte erstens nur die materiellrechtliche Erklärung der Aufrechnung innerhalb eines Prozesses und zweitens darüber hinaus nur ihre Erklärung vor bestimmten, nämlich allen mit der Vereinbarung derogierten Gerichten ausschließen. Eine solche zweifache Bedingung des materiellrechtlichen Aufrechnungsverbots läßt sich jedoch mit dem geltenden deutschen Recht nicht vereinbaren, denn dadurch würde die gemäß § 388 S. 2 BGB im Interesse der Rechtssicherheit bestehende Bedingungsfeindlichkeit der Aufrechnung unterlaufen.[291]

Hinzu kommt, daß der materiellrechtliche Ausschluß der Aufrechnung im Handelsverkehr üblicherweise ohnehin gesondert vereinbart wird.[292] Fehlt eine entsprechende Regelung, kann demnach nicht davon ausgegangen werden, daß die Parteien etwas Derartiges gewollt haben.[293] Kann aber nicht auf einen hypothetischen Willen der Parteien geschlossen werden, wonach die materiellrechtliche Aufrechnung ausgeschlossen sein sollte, so ist - wie oben dargelegt -[294] auch die Annahme fernliegend, sie hätten ein prozessuales Aufrechnungsverbot vereinbaren wollen.

Als Ergebnis ist demnach festzuhalten, daß es entgegen der Auffassung des BGH und des sich ihm anschließenden Teils der Lehre nicht zutreffend ist, aus der bloßen Derogation der deutschen Internationalen Zuständigkeit für ein bestimmtes Rechtsverhältnis ein vertragliches Verbot abzuleiten, vor deutschen

---

S. 199 f.

291 Dies alles übersehen *Eickhoff*, *Mankowski* und *Gebauer*, s.o. Fn. 120, S. 216.

292 Und sei es auch nur konkludent, wie z.B. mit der weit verbreiteten Klausel "cash on delivery", vgl. Palandt/*Heinrichs*, § 387 BGB Rz. 14 (dort auch zu anderen im Handelsverkehr üblichen Klauseln, die nach der Rspr. als konkludentes materiellrechtliches Aufrechnungsverbot auszulegen sind). Siehe dazu auch *BGH* 20.1.1983, NJW 1983, 1266, *OLG Hamm* Beschl. v. 18.10.1982, NJW 1983, 523, *Geimer*, NJW 1973, 951, 952 und *Kannengießer*, 198 (der allerdings bei seiner Argumentation nicht sauber zwischen materiellrechtlichem und prozessualem Aufrechnungsausschluß differenziert) sowie oben unter I., S. 245.

293 Dafür spricht auch die Tatsache, daß man bei der Annahme von vertraglichen Aufrechnungsverboten auch im Ausland Zurückhaltung walten läßt. So werden derartige Abreden z.B. von englischen Gerichten nur dann anerkannt, wenn sie durch "clear and unequivocal words" vereinbart wurden, siehe dazu *Kannengießer*, 198.

294 S.o., S. 250 f.

Gerichten die Aufrechnung mit Forderungen aus dem betreffenden Rechtsverhältnis prozessual geltend zu machen.

2. *Derogation der internationalen Entscheidungszuständigkeit für die aufrechnungsweise Geltendmachung der Gegenforderung?*

Bleibt nun die Frage zu klären, ob aus der Vereinbarung eines ausschließlichen ausländischen Gerichtsstands im Zweifel auf den hypothetischen Willen der Parteien zu schließen ist, daß dadurch die Zuständigkeit der deutschen Gerichte zur Entscheidung über die Gegenforderung nicht nur für den Fall ihrer klageweisen, sondern darüber hinaus auch für den Fall ihrer aufrechnungsweisen Geltendmachung abbedungen sein sollte[295] (auf dieser Ebene sehen das Problem, wie oben unter B. aufgezeigt wurde, das Reichsgericht,[296] einige Stimmen in der Literatur[297] und auch der EuGH[298]) - die herrschende Lehre lehnt dies ab.[299]

Die ergänzende Auslegung eines Vertrages erfordert, wie oben unter I. festgestellt wurde,[300] ein "Zu-Ende-denken" [301] der im Vertrag zum Ausdruck gekommenen Wertungen der Parteien. Dazu muß, ausgehend vom Vertragszweck, eine sorgfältige Abwägung der Parteiinteressen vorgenommen werden.

Mit dem Abschluß einer internationalen Gerichtsstandsvereinbarung bringen die Parteien zunächst einmal zweifelsfrei ihren Willen zum Ausdruck, daß nur die Gerichte eines bestimmten Staates für die klageweise Geltendmachung einer bestimmten Forderung zuständig sein sollen. Der Sinn einer solchen Vereinbarung liegt im allgemeinen vor allem in der Schaffung von Rechtssicherheit, indem ein *forum shopping* vermieden, die gerichtliche Zuständigkeit früh fixiert und damit auch das anwendbare Internationale Privat- und Zivilprozeßrecht voraussehbar gemacht wird sowie in der Erzielung von Ausgewogenheit, indem die Zuständigkeiten an die Gegebenheiten und Erfordernisse des Einzelfalles angepaßt werden können und gegebenenfalls ein neutrales Forum gewählt werden kann. Daneben können durch sie in tatsächlicher Hinsicht die Verfahrenssprache, die Kosten des Rechtsstreits sowie die Dauer des Verfahrens beeinflußt werden.[302]

Es stellt sich nun die Frage, ob diese Ziele erreicht werden können, wenn man die internationale Gerichtsstandsvereinbarung nur auf die klageweise Geltend-

---

295 Zur grundsätzlichen Zulässigkeit solcher Vereinbarungen s.o. unter C. IV. 1. b), S. 237 ff.
296 Wenn auch in Bezug auf Schiedsvereinbarungen, s.o. unter B. I. 4., S. 208 f.
297 S.o. unter B. II., S. 209.
298 S.o. unter B. II., S. 209 (Fn. 117).
299 S.o. unter B. II., S. 209 ff.
300 Siehe dort, S. 247 f.
301 *Larenz*, § 29 I.
302 Zu Wesen und Wirkung von internationalen Gerichtsstandsvereinbarungen siehe genauer oben unter C. I., S. 217 f.

machung der davon erfaßten Forderungen bezieht. Die Antwort darauf hängt entscheidend davon ab, ob die aufrechnungsweise Geltendmachung der Gegenforderung die Zuständigkeitsinteressen der davon betroffenen Partei in vergleichbarem Maße tangiert wie ihre selbständige Geltendmachung auf dem Klagewege - die oben im Dritten Abschnitt vorgenommene ausführliche Analyse hat gezeigt, daß dem so ist:[303]

Die Verteidigung gegen eine mit der Aufrechnung in Anschlag gebrachte Forderung erfordert - wie *Kropholler*, *Schütze* und *Mansel* zu Recht hervorheben -[304] grundsätzlich denselben Aufwand wie die Verteidigung gegen eine Klage oder Widerklage. Die Aufrechnungseinrede veranlaßt das Gericht nämlich zu den gleichen Prüfungen und auch hier trifft das Gericht eine abschließende rechtskraftfähige Entscheidung über Bestehen oder Nichtbestehen der betreffenden Forderung (die gemäß Art. 26 EuGVÜ in den anderen Vertragsstaaten anzuerkennen ist)[305]. Dementsprechend sind jeweils auch die gleichen Verfahrensinteressen im Spiel. Insbesondere ist das Interesse des Schuldners der betreffenden Forderung, sich gegen diese nur vor den mit der Gerichtsstandsvereinbarung prorogierten Gerichten unter Anwendung von deren Verfahrenssprache und Verfahrensrecht verteidigen zu müssen, in beiden Fällen grundsätzlich als gleich hoch zu bewerten.[306] Die Situation des Klägers, der sich mit einer Aufrechnungseinrede konfrontiert sieht, kommt also insoweit faktisch der eines "Beklagten" sehr nahe.[307]

Dem Einwand *von Hoffmanns*, *Gebauers* und *Kannengießers*, dem Kläger sei es in der Regel zuzumuten, sich am Gericht der Klage gegen die Aufrechnung zu

---

[303] S.o. im Dritten Abschnitt unter F. III. 1., S. 146 ff., inklusive eingehender Auseinandersetzung mit allen Argumenten aus Rechtsprechung und Literatur.

[304] S.o., Fn. 112, S. 215. Insoweit zustimmend auch *Geimer*, NJW 1973, 951, 952 und *Schröder*, Internat. Zust., 596.

[305] *Geimer/Schütze*, EuZVR, Art. 26 Rz. 40 f.; *Manfred Wolf*, LM-EGÜbk Nr. 39, Bl. 4, Anm. 2 a. Entsprechend Art. 33 EuGVVO.

[306] So auch der BGH, s. z.B. *BGH* 20.12.1972 - VIII ZR 186/70, AWD 1973, 165, 166 (siehe dazu näher oben unter B. I. 2., Urt. Nr. *(3)*, S. 200 f., dort auch weitere Fundstellen der Entscheidung).

[307] Vgl. zu alledem ausführlich oben im Dritten Abschnitt, unter F. III. 1., S. 146 ff., dort auch weitere argumentative Abstützung. In diesem Sinne auch *EuGH* 7.3.1985 - *Spitzley/Sommer*, Rs. C-48/84 -, Slg. 1985, 787 für den Spezialfall der rügelosen Einlassung des Klägers auf die Aufrechnungseinrede, siehe dazu näher oben im Zweiten Abschnitt unter C., S. 92 ff. Diesen Umstand übersieht *Coester-Waltjen* bei ihrer Argumentation, der Vorgang des Erlöschens der Forderungen sei ein materiellrechtlicher, so daß sich die Verteidigung mit der Aufrechnungseinrede grds. nicht von anderen Verteidigungsstrategien des Beklagten unterscheide (in FS Lüke, S. 44) - im Rahmen der Interessenbewertung ist entscheidend, daß die Belastung für den Kläger bei der Verteidigung gegen die aufrechnungsweise Geltendmachung einer Forderung in *tatsächlicher* Hinsicht im wesentlichen die gleiche ist (insbesondere im Hinblick auf die Rechtskraftwirkung der Entscheidung über die betreffende Forderung, siehe dazu oben im Dritten Abschnitt unter F. III. 1., S. 147 ff.) wie wenn diese Forderung über eine selbständige Klage geltend gemacht wird.

verteidigen,[308] mag man vom Ansatz her zustimmen - der Kläger muß sich in der Tat bereits aufgrund der Klage auf fremdes Verfahrensrecht, eventuelle Sprachnachteile und einen größeren Verfahrensaufwand einstellen. Andererseits ist aber nicht wegzudiskutieren, daß dem Kläger die Verteidigung gegen die Gegenforderung in tatsächlicher Hinsicht in jedem Fall erheblich erschwert wird, wenn ihm die genannten Nachteile des Forums der Klage auch noch zusätzlich für die Verteidigung gegen die Aufrechnungsforderung aufgebürdet werden (das meint der BGH wohl auch, wenn er in seinem Urteil vom 20.6.1979[309] von einem "doppelten Nachteil" spricht).[310] Keinesfalls vermögen die geschilderten Überlegungen schließlich diejenigen Nachteile zu rechtfertigen, die dem Kläger aufgrund einer eventuell geringeren Sachnähe (damit sind Beweisnähe, Verfügbarkeit von Zeugen und Kenntnis der Lokalität gemeint) des Forums der Klage hinsichtlich der Gegenforderung, insbesondere aber daraus erwachsen können, daß der Sachverhalt hier möglicherweise nach einem anderen, für den Kläger ungünstigeren Sachrecht beurteilt wird, als nach dem, welches das IPR des nach der Gerichtsstandsvereinbarung eigentlich für die Beurteilung der Gegenforderung zuständigen Forums für maßgeblich erklärt[311] (die Tatsache, daß es - entgegen *Kannengießer*, *Gebauer*, und *Mankowski* -[312] für den Kläger auch im Geltungsbereich des EVÜ durchaus von erheblicher Bedeutung sein kann, nach dem IPR welchen Forums das für die Aufrechnung maßgebliche Sachrecht ermittelt wird, wurde bereits oben im Dritten Abschnitt ausführlich dargelegt und begründet)[313]. Letzteres würde zudem dem Beklagten die Möglichkeit eines *forum shopping* ermöglichen, weil ihm dann die Wahl eröffnet würde, durch eine aufrechnungsweise Geltendmachung seiner Forderung entweder das IPR des Forums der Klage oder aber über eine separate Geltendmachung derselben das IPR des dafür zuständigen Gerichtsortes zur Anwendung gelangen zu lassen.

Es ist nicht davon auszugehen, daß diese Folgen beim Abschluß der Zuständigkeitsvereinbarung im gemeinsamen, darin zum Ausdruck gebrachten objektiven Interesse beider Parteien gestanden haben. Die Parteien möchten durch eine solche Vereinbarung ja gerade das auf einen bestimmten Sachverhalt anzuwendende Internationale Zivilprozeß- und damit auch Privatrecht frühzeitig fixieren und so nicht nur seine materiellrechtliche Beurteilung, sondern auch die Verfahrenssprache, die Kosten und die Dauer des Verfahrens voraussehbar machen sowie die Zuständigkeiten an die Gegebenheiten und Erfordernisse des speziellen Falles anpassen, um auf diese Weise für sich größtmögliche Rechtssicherheit

---

[308] S.o., S. 213. Vgl. auch *Mankowski*, ZZP 109 (1996), 376, 385.
[309] Siehe dazu näher oben unter B. I. 2., Urt. Nr. *(4)*, S. 201 f.
[310] Wie hier auch *Kohler*, IPRax 1983, 265, 272.
[311] Dies hebt auch *Leipold*, ZZP 107 (1994), 216, 220 hervor. Ebenfalls in diesem Sinne *Kohler*, IPRax 1983, 265, 272. Auch *Mankowski* muß dies in ZZP 109 (1996), 376, 385 einräumen. Zur Bedeutung des Forums für die Sachentscheidung siehe weiter *Jakobs*, 7 ff.
[312] *Kannengießer*, 197; *Gebauer*, IPRax 1998, 79, 82; *Mankowski*, ZZP 109 (1996), 376, 385.
[313] Siehe dort unter F. III. 1., S. 152 ff.

zu schaffen.[314] Diese Ziele können nur dann wirklich erreicht werden, wenn man Zuständigkeitsvereinbarungen dahingehend auslegt, daß damit die internationale Entscheidungszuständigkeit der deutschen Gerichte nicht nur für die klageweise, sondern auch für die aufrechnungsweise Geltendmachung der davon erfaßten Forderungen derogiert sein soll.[315]

Das Argument *Kannengießers*, weil man in Deutschland in reinen Inlandsfällen davon ausgehe, daß aus einer ausschließlichen Prorogation kein Aufrechnungsausschluß abgeleitet werden könne, sei im Interesse des Gleichlaufs zwischen örtlicher und internationaler Zuständigkeit in Fällen mit Auslandsberührung möglichst genauso zu verfahren,[316] überzeugt nicht: Bereits oben im Dritten Abschnitt wurde festgestellt, daß die Festlegung der international zuständigen Gerichte auf den Ausgang der gerichtlichen Entscheidung erheblich größere Auswirkungen haben als die Festlegung des örtlich zuständigen Gerichts, so daß sich ein Analogieschluß insoweit verbietet.[317] Anders als die örtliche Zuständigkeit entscheidet die internationale Zuständigkeit kraft des *Lex-fori*-Grundsatzes auch über das anwendbare Verfahrensrecht, über die Verfahrenssprache und vermittels des IPR des Forums sogar über das anzuwendende Sachrecht (dieses qualitativ unterschiedliche Gewicht von örtlicher und internationaler Zuständigkeit hat auch im deutschen Zivilprozeßrecht seine Anerkennung gefunden - während gemäß §§ 513 Abs. 2, 545 Abs. 2, 571 Abs. 2 S. 2, 576 Abs. 2 ZPO kein Rechtsmittel darauf gestützt werden kann, die erste Instanz sei örtlich unzuständig gewesen, ist die internationale Zuständigkeit noch in der Revisionsinstanz von Amts wegen nachzuprüfen)[318].[319]

Kannengießer wendet weiter ein, sogar der BGH stehe bei Auslandssachverhalten der Annahme eines Aufrechnungsausschlusses skeptisch gegenüber, wenn es um internationale Frachtgeschäfte gehe.[320] Diese Schlußfolgerung, die der Autor aus der Entscheidung des BGH vom 20.1.1983[321] zieht, ist so nicht ganz zutreffend. Erstens unterschied sich der dort entschiedene Fall dahingehend von der hier untersuchten Konstellation, daß die Parteien den fraglichen Auf-

---

[314] Siehe zu den Zielen internationaler Gerichtsstandsvereinbarungen auch oben, S. 252 sowie unter C. I., S. 217 f.

[315] In diesem Sinne auch *Gaudemet-Tallon*, RCDIP 1981, 131, 141 (oben), *Schockweiler*, 115 sowie der BGH, siehe z.B. *BGH* 20.6.1979, RIW 1979, 713, 714, siehe dazu oben unter B. I. 2., Urt. Nr. *(4)*, S. 201 f. (wenn auch mit dem - m.E. falschen, siehe dazu oben unter 1., S. 249 ff. - Ergebnis der Annahme eines prozessualen Aufrechnungsverbots). Entsprechend auch *Mansel*, ZZP 109 (1996), 61, 68 f. zu der insoweit parallel gelagerten Frage, ob einer internationalen Gerichtsstandsvereinbarung ein Ausschluß der Streitverkündung zu entnehmen ist.

[316] S.o. unter B. II., S. 214.

[317] Siehe ausführlich dazu oben im Dritten Abschnitt unter F. I. 2., S. 139 ff. Wie hier z.B. auch *Leipold*, ZZP 107 (1994, 216, 220 und *Eickhoff*, 163.

[318] Siehe dazu oben, S. 141, Fn. 154.

[319] Siehe dazu auch *Kohler*, IPRax 1983, 265, 272.

[320] S.o. unter B. II., S. 214.

[321] NJW 1983, 1266.

rechnungsausschluß durch eine besondere Klausel vereinbart hatten; er wurde also nicht im Wege der ergänzenden Auslegung einer Gerichtsstandsvereinbarung entnommen. Zweitens erklärte der BGH diesen Aufrechnungsausschluß nur "wegen Verstoßes gegen zwingende frachtrechtliche Normen" [322] für unwirksam - eine darüber hinausgehende, allgemeine Aussage des BGH über sein Verhältnis zu Aufrechnungsausschlüssen kann der Entscheidung daher nicht entnommen werden.

Das von *Gottwald* und im Anschluß daran auch von *Kannengießer* vorgebrachte Argument, das Ziel des EuGVÜ der Vereinheitlichung des Rechtsschutzsystems in seinem Geltungsbereich spreche gegen die Annahme eines Aufrechnungsausschlusses, da außerhalb Deutschlands der Grundsatz gelte "Der Richter der Klage ist auch der Richter der Einrede",[323] wurde bereits oben im Dritten Abschnitt mit ausführlicher Begründung widerlegt.[324] An dieser Stelle sei nur noch einmal betont, daß nicht davon die Rede sein kann, in Rechtsordnungen, die dem Modell der Legalkompensation folgen, müsse der Richter der Klage aufgrund des Aufrechnungseintritts *ipso iure* notwendigerweise auch zur Entscheidung über die Gegenforderung befugt sein[325] - dies wird an der Tatsache deutlich, daß etwa in der spanischen,[326] aber auch in der italienischen[327] Literatur durchaus dem entgegengesetzte Ansichten vertreten werden (sogar ausdrücklich hinsichtlich der zuständigkeitsrechtlichen Relevanz der Aufrechnung im Internationalen Zivilprozeßrecht) und beispielsweise Art. 35 des italienischen Codice di Procedura Civile eine davon abweichende Regelung enthält.[328]

Soweit schließlich *Kannengießer* aus Art. 51 Nouveau Code de Procédure Civile entnehmen will, daß die Aufrechnungsmöglichkeit im französischen Recht grundsätzlich Vorrang vor Gerichtsstandsvereinbarungen hat,[329] so ist dies nicht nachvollziehbar. Die Vorschrift selbst gibt in dieser Hinsicht nichts her[330] und auch *Schlosser*,[331] den *Kannengießer* als Quelle für die betreffende Aussage angibt, zieht daraus keine Schlußfolgerungen hinsichtlich der Aufrechnung. Er er-

---

[322] NJW 1983, 1266, 1267.

[323] Siehe dazu oben unter B. II., S. 214.

[324] Siehe dazu oben im Dritten Abschnitt unter F. III. 1., S. 150 ff.

[325] So aber *Schulte-Beckhausen*, 176 i.V.m. 174 u. - bezüglich des französischen Rechts - *Gottwald*, IPRax 1986, 10, 11.

[326] *Michinel Álvarez*, REDI 1997-2, 47, 66. Zur Rechtslage im spanischen Recht siehe außerdem oben im Dritten Abschnitt unter E. II., S. 121 ff.

[327] *Giuliano*, 86 ff.; *Morelli*, 125. Vgl. auch *Merlin*, 261 ff., die sich ausdrücklich auf *Eickhoff* beruft.

[328] Siehe zu alledem ausführlich oben im Dritten Abschnitt unter F. III. 1., S. 150.

[329] Kannengießer, 198.

[330] Art. 51 Nouveau Code de Procédure Civile: "Le tribunal de grande instance connaît de toutes les demandes incidentes qui ne relèvent pas de la compétence exclusive d'une autre juridiction. Les autres juridictions ne connaissent que des demandes incidentes qui entrent dans leur compétence d'attribution."

[331] EWiR 1985, 781, 782.

klärt vielmehr lediglich, es ergebe sich aus der Vorschrift, daß die Widerklage grundsätzlich Vorrang vor Gerichtsstandsvereinbarungen habe[332] (wobei er zudem auch noch - insoweit zutreffend - ausdrücklich darauf verweist, daß im EuGVÜ bezüglich der Widerklage das umgekehrte Prinzip gilt[333]).[334]

Es ist also festzuhalten, daß die von den Parteien mit dem Abschluß einer internationalen Gerichtsstandsvereinbarung verfolgten Ziele nur dann wirklich erreicht werden können, wenn man Zuständigkeitsvereinbarungen dahingehend auslegt, daß damit die internationale Entscheidungszuständigkeit der deutschen Gerichte nicht nur für die klageweise, sondern auch für die aufrechnungsweise Geltendmachung der davon erfaßten Forderungen derogiert sein soll. Eine solche Auslegung ist im Hinblick auf das oben im Dritten Abschnitt erzielte Ergebnis auch konsequent: geht man, wie dort vertreten,[335] davon aus, daß ein Gericht grundsätzlich nicht über eine aufrechnungsweise geltend gemachte Forderung entscheiden darf, wenn es für ihre klageweise Geltendmachung nach den Vorschriften des EuGVÜ beziehungsweise des autonomen deutschen IZPR international nicht zuständig wäre, so ist es nur folgerichtig, wenn man für die Fälle, in denen die internationale Unzuständigkeit aus einer Zuständigkeitsvereinbarung nach Art. 17 EuGVÜ beziehungsweise §§ 38 ff. ZPO herrührt, zum gleichen Ergebnis gelangt.[336]

Damit ist aber lediglich geklärt, daß das deutsche Gericht der Klage in den betreffenden Fällen grundsätzlich nicht über Bestehen und Höhe der Gegenforderung entscheiden darf[337] (wobei noch anzumerken ist, daß diese aus der internationalen Gerichtsstandsvereinbarung abgeleitete Unzuständigkeit des Gerichts der Klage zur Entscheidung über die Gegenforderung durch eine rügelose Einlassung des Klägers auf die Aufrechnungseinrede gemäß Art. 18 EuGVÜ ana-

---

[332] *Schlosser*, EWiR 1985, 781, 782. Auch für diese Aussage ist allerdings keine Grundlage in Art. 51 Nouveau Code de Procédure Civile ersichtlich.

[333] Dies wird daran deutlich, daß Art. 6 Nr. 3 EuGVÜ nicht im Ausschlußkanon des Art. 17 Abs. 3 aufgeführt ist. Entsprechendes gilt auch für Art. 23 Abs. 5 EuGVVO, in dem Art. 6 Nr. 3 der Verordnung ebenfalls nicht erwähnt ist.

[334] Der Auffassung des Autors (a.a.O., s. Fn. 332), der EuGH habe mit der Entscheidung *Meeth/Glacetal* "eine mittlere Linie" eingeschlagen, kann nicht zugestimmt werden - indem der EuGH Wortlaut und Sinn der konkreten Zuständigkeitsvereinbarung für entscheidend erklärt hat, hat er inzident zum Ausdruck gebracht, daß eine von den Parteien vereinbarte Derogation der internationalen Entscheidungszuständigkeit für die aufrechnungsweise Geltendmachung der davon betroffenen Forderungen, wenn sie denn aus der auszulegenden Zuständigkeitsvereinbarung abgeleitet werden kann, Vorrang vor einer aufgrund der Vorschriften des Übereinkommens bestehenden internationalen Zuständigkeit zur Entscheidung über die Gegenforderung hat, siehe dazu näher oben im Zweiten Abschnitt unter B. III., S. 90 ff. sowie unter E., S. 104 ff.

[335] S.o. im Dritten Abschnitt unter F. III. 3. a), S. 162 ff.

[336] So auch Stein/Jonas/*Leipold*, § 145 V, Rz. 41, siehe dazu oben unter B. II., S. 215.

[337] Zu den Ausnahmefällen s.u. unter 3. a), S. 262.

log[338] beziehungsweise gemäß § 39 ZPO analog[339] überwunden werden kann). Es bleibt nun noch die Frage zu beantworten, ob die prozessuale Aufrechnungseinrede aus diesem Grunde als unzulässig zurückzuweisen ist.[340]

Während keine Interessen des Beklagten an der Entscheidung gerade des Gerichts der Klage über die Gegenforderung bestehen, die vor dem Hintergrund von Sinn und Zweck der zwischen den Parteien geschlossenen internationalen Gerichtsstandsvereinbarung ins Gewicht fielen, würde sich seine rechtliche Position erheblich verschlechtern, wenn ihm die Berücksichtigung der von ihm erhobenen Aufrechnungseinrede gänzlich verweigert würde.[341] Im einzelnen wurden die für den Beklagten damit verbundenen Nachteile bereits oben im Dritten Abschnitt[342] ausführlich dargelegt, worauf an dieser Stelle verwiesen werden kann. Hier sei nur noch einmal hervorgehoben, daß ihm durch eine Zurückweisung der von ihm erhobenen Aufrechnungseinrede nicht nur ein wertvolles prozessuales Verteidigungsmittel genommen würde,[343] sondern auch dadurch erhebliche Risiken und Nachteile entstünden, daß die vom materiellen Recht vorgesehenen Rechtsfolgen der Aufrechnung dann prozessual keine Berücksichtigung fänden (unter anderem ginge ihm dann die vom materiellen Recht beabsichtigte und im internationalen Wirtschafts- und Rechtsverkehr besonders wichtige Sicherungsfunktion der Aufrechnung[344] verloren).[345]

---

[338] *EuGH* 7.3.1985 - *Spitzley/Sommer*, Rs. C-48/84 - Slg. 1985, 787 = IPRax 1986, 27 m. Anm. *Gottwald*, 10 und *Rauscher*, RIW 1985, 887 (siehe dazu eingehend oben im Zweiten Abschnitt unter C., S. 92 ff., dort insbes. unter III., S. 95 ff. Entsprechend Art. 24 EuGVVO.). Im Gegensatz dazu kann ein prozessuales Aufrechnungsverbot, wie es insbes. der BGH annimmt (siehe dazu oben unter B. I. 4, S.207 ff.), nicht durch rügelose Einlassung i.S.d. Art. 18 EuGVÜ überwunden werden, s.o. C. IV. 1. a), S. 237 f.

[339] Siehe dazu oben im Dritten Abschnitt unter D., S. 114 f.

[340] Eine solche Lösung vertritt Stein/Jonas/*Leipold*, § 145 V Rz. 41. Ebenfalls auf eine Nichtberücksichtigung der Aufrechnungseinrede läuft die Auffassung des BGH hinaus, wenn auch über den Weg der Annahme eines prozessualen Aufrechnungsverbots, siehe dazu oben unter B. I. 4., S. 207 ff. Im letzteren Sinne auch *Kropholler*, Hdb. IZVR, Rz. 439 u. 590; Musielak/*Stadler*, § 145 Rz. 34 u. 24 (stellt die Möglichk. eines Vorbehaltsurteils nach § 302 ZPO in den Raum); *Schütze*, IZPR, 57; Nagel/*Gottwald*, § 3 Rz. 81 u. 89 sow. § 5 Rz. 22; *Schlosser*, EWiR 1985, 781, 782.

[341] Zur Notwendigkeit der getrennten zuständigkeitsrechtlichen Bewertung der verschiedenen Phasen, in denen sich die gerichtliche Entscheidung über die Aufrechnungseinrede vollzieht, und zur Abwägung der jeweils betroffenen Interessen des Klägers und des Beklagten siehe ausführlich oben im Dritten Abschnitt unter F. III. 3., S. 161 ff.

[342] Siehe dort unter F. III. 2., S. 158 ff.

[343] Dies würde eine Beeinträchtigung der prozessualen Waffengleichheit bedeuten, siehe dazu ausführlich oben im Dritten Abschnitt F. III. 2., S. 158 f. Vgl. auch *von Falkenhausen*, RIW 1982, 386, 387.

[344] Siehe dazu näher oben im Ersten Abschnitt unter E. II.1., S. 72 sowie unter 3., S. 73 ff.

[345] Darauf weisen auch *Ahlt*, *Kannengießer*, *von Falkenhausen* und *Gaudemet-Tallon* zu Recht hin (siehe dazu oben unter B. II., S. 213). Zu alledem näher oben im Dritten Abschnitt F. III. 2., S. 159 ff.

Im Zweifel kann nicht davon ausgegangen werden, daß die Parteien, hätten sie die Möglichkeit des Unterlaufens der von ihnen geschlossenen internationalen Gerichtsstandsvereinbarung durch aufrechnungsweise Geltendmachung der davon betroffenen Forderungen bedacht, die betreffende Problematik nach Treu und Glauben als redliche Vertragsparteien in einer Weise geregelt hätten, die eine solch massive einseitige Beeinträchtigung der Interessen des Beklagten zur Folge hat.[346] Dies gilt um so mehr angesichts der Tatsache, daß schutzwürdige Interessen des Klägers an einer Zurückweisung der Aufrechnungseinrede als unzulässig nicht bestehen.[347] Hinzu kommt, daß Zuständigkeitsvereinbarungen häufig von einer stärkeren Partei einer schwächeren aufdiktiert werden,[348] etwa in Form von Allgemeinen Geschäftsbedingungen. Auch dieser Umstand spricht dafür, für eine derart umfangreiche Einschränkung der Befugnisse einer der Parteien eine eindeutig formulierte Klausel zu verlangen.[349]

Des weiteren wird in der Lehre darauf hingewiesen, daß eine Zurückweisung der Aufrechnungseinrede dem Interesse der Parteien an einer ökonomischen Prozeßführung widerspräche.[350] Dem ist grundsätzlich zuzustimmen, denn dadurch würde in der Tat ein zweiter separater Rechtsstreit über die Forderung des Beklagten vor einem Gericht eines anderen Vertragsstaates provoziert. Allerdings sind zu diesem Argument zwei einschränkende Bemerkungen zu machen:[351] Zum einen wird die Prozeßökonomie durch eine gemeinsame Verhandlung von Klage- und Gegenforderung vor einem Gericht nur dann wirklich gefördert, wenn die betreffenden Forderungen konnex sind. Stehen sie hingegen nicht in einem rechtlichen Zusammenhang, so ist der bei der Prüfung der Klageforderung zusammengetragene Streitstoff für die Entscheidung über die Gegenforderung nicht verwertbar, das prozeßökonomische Interesse an einer gemein-

---

[346] Auch aus diesem Grunde ist die Auffassung des BGH (im Zweifel Annahme eines prozessualen Aufrechnungsverbots, s.o. unter 1., S. 249 ff.) und des sich ihm anschließenden Teils der Lehre abzulehnen.

[347] Siehe dazu näher oben im Dritten Abschnitt F. III. 3. b), S. 162 f. Schutzwürdige Interessen des Klägers bestehen nur daran, daß das "richtige" Gericht über Bestehen und Höhe der Gegenforderung entscheidet.

[348] Siehe dazu oben unter C. I., S. 217 f. Auf ein ausgewogeneres Kräfteverhältnis zwischen den Parteien läßt in der Regel die Vereinbarung einer wechselseitigen Gerichtsstandsvereinbarung schließen, wonach jede Partei nur vor ihrem Heimatgericht verklagt werden darf, siehe dazu näher unten unter 3. c), S. 265.

[349] Insoweit ist *Wolf*, 118, *von Hoffmann*, AWD 1973, 168, 169, *Schack*, IZVR Rz. 460, *Ahlt*, 104, *Kannengießer*, 197 und auch *Sonnenberger*, FS Firsching, 295, 304 f. zuzustimmen, siehe dazu oben unter B. II., S. 211. Vgl. auch *Gäbel*, 230. Zu weit geht aber m. E. die Ansicht, Prozeßverträgen könne von vornherein kein weitergehender Inhalt beigemessen werden als der im Vertragstext ausdrücklich fixierte (so aber *Geimer* und *Schack*, s.o. unter B. II., S. 212 sowie das *OLG Hamm* in seinem Urt. v. 7.10.1970, s.o. unter B. I. 3., Urt. Nr. *(1)*, S. 203) - damit wäre eine ergänzende Auslegung solcher Vereinbarungen generell ausgeschlossen. Im Ergebnis wie hier *Kannengießer*, 197 Fn. 358; vgl. auch Palandt/*Heinrichs*, § 157 Rz. 2.

[350] S.o. unter B. II., S. 211.

[351] Siehe dazu bereits oben Dritten Abschnitt F. III. 1., S. 144 f.

samen Verhandlung und Entscheidung der beiden Forderungen ist dann - sofern überhaupt vorhanden - als nur sehr schwach ausgeprägt zu bewerten.[352] Mehr noch, es kann hier sogar zu einer der Prozeßökonomie abträglichen Überfrachtung des Ausgangsprozesses kommen[353] (dieser Umstand ist auch der Grund für die Regelung des § 145 Abs. 2 ZPO im internen deutschen Zivilprozeßrecht). Zum anderen darf nicht vergessen werden, daß durch ein Zurückweisen der Aufrechnungseinrede als unzulässig ein Zweitprozeß über die Gegenforderung nur dann verhindert werden kann, wenn diese die Klageforderung in ihrem Wert nicht übersteigt - bleibt nämlich nach der Verrechnung der beiden Forderungen ein Restbetrag von der Gegenforderung übrig, so muß dieser trotzdem in einem weiteren Prozeß geltend gemacht werden.[354]

Zusammenfassend läßt sich folgendes Ergebnis der ergänzenden Auslegung festhalten: Auf der einen Seite kann der originäre Zweck einer internationalen Gerichtsstandsvereinbarung nur dann wirklich erfüllt werden, wenn man sie dahingehend interpretiert, daß dadurch die internationale Zuständigkeit der deutschen Gerichte zur Entscheidung über die Gegenforderung nicht nur für den Fall ihrer klageweisen, sondern darüber hinaus auch für den Fall ihrer aufrechnungsweisen Geltendmachung abbedungen sein sollte. Dadurch werden die Interessen des Klägers als Aufrechnungsgegner geschützt; schutzwürdige Interessen des Beklagten an der Entscheidung gerade des Gerichts der Klage über die Gegenforderung bestehen nicht. Auf der anderen Seite kann nach Treu und Glauben im Zweifel nicht davon ausgegangen werden, daß die Parteien, hätten sie die Möglichkeit des Unterlaufens der von ihnen geschlossenen internationalen Gerichtsstandsvereinbarung durch aufrechnungsweise Geltendmachung der davon betroffenen Forderungen bedacht, als redliche Vertragsparteien dem Beklagten den Verlust seines prozessualen Verteidigungsmittels der Aufrechnungseinrede zugemutet hätten - damit wäre eine erhebliche Beeinträchtigung der rechtlichen Position des Beklagten verbunden, während schutzwürdige Interessen des Klägers an einer Zurückweisung der Aufrechnungseinrede als unzulässig nicht bestehen.

Es stellt sich nun die Frage, wie dem soeben ermittelten hypothetischen Parteiwillen verfahrenstechnisch Rechnung getragen werden kann. Eine Möglichkeit, sowohl die Entscheidung des von den Parteien dafür ausgewählten Gerichts über die Gegenforderung sicherzustellen als auch gleichzeitig die Berücksichtigung der Verteidigungswirkungen der Aufrechnungseinrede zu gewährleisten, bietet die oben im Dritten Abschnitt entwickelte Erweiterte Aussetzungslösung.[355] Was deren Ausgestaltung im Detail, ihre argumentative Abstützung und

---

[352] In diesem Sinne auch *Kannengießer*, 176.

[353] Vgl. Banniza von Bazan, 156.

[354] Eine Widerklage wäre ja in den hier untersuchten Fällen auf jeden Fall unzulässig, da sie unzweifelhaft von der zwischen den Parteien getroffenen Gerichtsstandsvereinbarung erfaßt wird.

[355] Siehe dazu dort unter H., S. 187 ff. (Zusammenfassung) sowie unter G. II., S. 166 ff. (aus-

die Auseinandersetzung mit Gegenargumenten anbetrifft, sei auf die dort gemachten Ausführungen verwiesen.

An dieser Stelle sei nur noch einmal hervorgehoben, daß diese Lösung der vom "zwiespältigen Wesen" der Aufrechnungseinrede, ihrer Stellung *sui generis* zwischen eigener Klage und "gewöhnlichem" Verteidigungsmittel[356] beeinflußten objektiven Interessenlage am besten gerecht wird[357] - dies gilt auch für die hier untersuchte Problemlage. So hält sie als einzige konsequent am originären Zweck internationaler Gerichtsstandsvereinbarungen fest. Des weiteren werden durch sie, anders als bei der Annahme eines prozessualen Aufrechnungsverbots[358] oder der Zurückweisung der Aufrechnungseinrede als unzulässig wegen internationaler Unzuständigkeit des Gerichts der Klage für die Gegenforderung,[359] die Interessen des Beklagten in vollem Umfang gewahrt. Auf der anderen Seite gewährleistet sie im Gegensatz zur Auffassung, die das Vorliegen einer internationalen Gerichtsstandsvereinbarung mit Bezug auf die Gegenforderung im Zweifel für unbeachtlich hinsichtlich der Entscheidungszuständigkeit des Gerichts der Klage diesbezüglich hält,[360] den Schutz der Interessen des Klägers.

Die einzige Belastung, die die hier vertretene Lösung für die Parteien im Vergleich mit den anderen genannten Lösungsvorschlägen mit sich bringt, ist eine gewisse Verzögerung der endgültigen Entscheidung des Rechtsstreits. Bereits oben im Dritten Abschnitt wurde aber ausführlich dargelegt und begründet, daß dadurch die Interessen der Parteien nicht wesentlich beeinträchtigt werden (und schon gar nicht einseitig die Interessen einer Partei).[361] Was die Position des Klägers anbetrifft, so hat dieser zudem - darauf sei auch an dieser Stelle noch einmal hingewiesen - nach der hier vertretenen Lösung stets die Wahl, ob er es vorzieht, sich nicht vor einem nach der Gerichtsstandsvereinbarung für die Erkenntnis über die Gegenforderung unzuständigen Gericht gegen diese verteidigen zu müssen - dann kann er die besagte Unzuständigkeit des Prozeßgerichts rügen - oder ob es ihm wichtiger ist, eine Verzögerung des Verfahrens zu vermeiden - dann kann er sich auf die vom Beklagten erhobene Aufrechnungseinrede rügelos einlassen und so gemäß Art. 18 EuGVÜ analog beziehungsweise

---

führlich). Für eine Aussetzung des Verfahrens und den Erlaß eines Vorbehaltsurteils in den Fällen, in denen feststeht, daß die Parteien die Erkenntniszuständigkeit für die aufrechnungsweise Geltendmachung der Gegenforderung ausschließen wollten, sprechen sich auch MünchKomm-ZPO/*Peters*, § 145 Rz. 38 und *Eickhoff*, 179 aus. Erwogen, wenn auch letztlich als im Zusammenhang mit einer Schiedsgerichtsabrede nicht durchführbar verworfen, wurde ein solches Vorgehen auch vom *BGH* in seinem Urt. v. 20.12.1956, *BGHZ* 23, 17, 24, siehe dazu oben unter B. I. 2., Urt. Nr. *(1)*, S. 197 ff.

[356] Siehe dazu näher oben im Ersten Abschnitt unter E. III. 2., S. 78 ff.

[357] Vgl. dazu ausführlich oben im Dritten Abschnitt unter H., S. 187 ff.

[358] So der BGH (s. dazu oben unter B. I. 4., S. 207 ff.) und Teile der Lehre (s. dazu oben unter B. II., S. 215 f.).

[359] Ein solches Vorgehen befürwortet Stein/Jonas/*Leipold*, § 145 V Rz. 41.

[360] Siehe dazu oben unter B. II., S. 211 ff.

[361] Siehe dort unter H., S. 190 ff.

§ 39 ZPO analog die Entscheidung des Gerichts der Klage auch über die Gegenforderung ermöglichen.[362]

Auch der Umstand, daß die hier vertretene Lösung in ihrer praktischen Anwendung etwas komplizierter ist als die anderen vorgestellten Lösungsmöglichkeiten, ist - wie ebenfalls oben im Dritten Abschnitt eingehend ausgeführt wurde -[363] kein taugliches Argument gegen sie. Vielmehr ist entscheidend, daß nur der hier vertretene Lösungsweg dem hypothetischen Parteiwillen wirklich gerecht zu werden vermag, weil nur er gewährleistet, daß gleichzeitig die objektiven Interessen beider Parteien gewahrt und erhebliche einseitige Beeinträchtigungen einer der Parteien vermieden werden.

3. *Sonderkonstellationen*

Nachdem zuvor für die Grundkonstellation der hypothetische Parteiwille ermittelt worden ist, soll nun geprüft werden, ob die objektiven Interessen der Parteien in bestimmten Sonderkonstellationen, in denen die hier untersuchte Problematik daneben typischerweise auch noch vorkommt, möglicherweise anders zu gewichten sind.

a) *Aufrechnung mit konnexen Gegenforderungen*

Zunächst einmal stellt sich die Frage, ob die bisher erzielten Ergebnisse auch für die Fälle aufrechterhalten werden können, in denen Aufrechnungsforderung und Klageforderung konnex sind. Der hier bestehende enge rechtliche Zusammenhang zwischen Forderung und Gegenforderung (gegebenenfalls bis hin zu einem synallagmatischen Abhängigkeitsverhältnis) hat - aus Gründen der Prozeßökonomie, aber auch im Interesse der Vermeidung sich widersprechender Entscheidungen, durch die das vertraglich vorgesehene Verhältnis der betreffenden Ansprüche empfindlich gestört werden könnte - ein gegenüber der Grundkonstellation gesteigertes Interesse an einer einheitlichen Verhandlung und Entscheidung der beiden Forderungen in einem einzigen Verfahren zur Folge.

Daß es trotz dieser Interessenlage grundsätzlich zulässig ist, die internationale Entscheidungszuständigkeit für den Fall der aufrechnungsweisen Geltendmachung auch solcher Forderungen abzubedingen, die zur Klageforderung konnex

---

[362] Zur analogen Anwendung von Art. 18 EuGVÜ in diesem Sinne siehe *EuGH* 7.3.1985 - *Spitzley/Sommer*, Rs. C-48/84 - Slg. 1985, 787 = IPRax 1986, 27 m. Anm. *Gottwald*, 10 u. *Rauscher*, RIW 1985, 887 (dazu eingehend oben im Zweiten Abschn. unter C., S. 92 ff., dort insbes. unter III., S. 95 ff. Entspr. ist auch Art. 24 EuGVVO analog anwendbar.). Zum autonomen dt. IZPR s.o. im Dritten Abschnitt unter D., S. 114 f.

[363] Siehe dort unter H., S. 193 f.

sind, wurde bereits oben unter C. IV. festgestellt.[364] Hier stellt sich nun die Frage, ob es dem hypothetischen Willen der Parteien entspricht, aus einer internationalen Gerichtsstandsvereinbarung im Zweifel eine derartige Abrede abzuleiten.

Betrachtet man den von den Parteien durch die zwischen ihnen getroffene Vereinbarung und ihr Verhalten in der hier untersuchten Konstellation tatsächlich zum Ausdruck gebrachten Willen, so wird deutlich, daß sie für die klageweise Geltendmachung ihrer jeweiligen Forderungen bewußt unterschiedliche internationale Zuständigkeiten gewählt haben: Damit die hier untersuchte Problemlage überhaupt entstehen kann, müssen die Parteien entweder für die klageweise Geltendmachung der Gegenforderung durch die Gerichtsstandsvereinbarung ein anderes Forum gewählt haben als das für die Klageforderung international zuständige oder aber durch prorogationswidrige Klageerhebung und rügelose Einlassung hierauf nachträglich zu erkennen gegeben haben, daß sie hinsichtlich der Klageforderung von einem nach der Gerichtsstandsvereinbarung eigentlich für beide Forderungen international zuständigen Forum abweichen wollen.

Damit ist zwar noch nicht gesagt, daß getrennte internationale Zuständigkeiten auch für den Fall der aufrechnungsweisen Geltendmachung der Gegenforderung in ihrem Sinne sind. Da aber der jeweilige Verfahrensgegners nicht verpflichtet ist, etwaige Gegenforderungen vermittels der Aufrechnung im selben Verfahren geltend zu machen, sondern es jeder Seite unbenommen ist, ihre Gegenansprüche stattdessen selbständig im Wege einer eigenen Klage zu verfolgen, steht zumindest fest, daß die Parteien Entscheidungen unterschiedlicher Gerichte über ihre jeweiligen Forderungen bewußt in Kauf genommen haben. Dementsprechend ist davon auszugehen, daß ihrerseits kein erhebliches Interesse an einer einheitlichen Verhandlung und Entscheidung ihrer Forderungen in einem einzigen Verfahren bestand.

Mithin bleibt es in den Fällen der Geltendmachung der Aufrechnung mit konnexen Forderungen bei der objektiven Interessenlage, die bereits im Zusammenhang mit der Grundkonstellation ermittelt wurde. Folglich sind Zuständigkeitsvereinbarungen im Zweifel dahingehend auszulegen, daß die internationale Entscheidungszuständigkeit für die aufrechnungsweise Geltendmachung auch solcher davon erfaßter Forderungen derogiert sein soll, die zur Klageforderung konnex sind.[365]

Aufgrund der hier gegebenen Konnexität von Forderung und Gegenforderung spricht andererseits noch mehr als in der Grundkonstellation dagegen, die prozessuale Aufrechnungseinrede wegen der besagten Derogation einfach als unzulässig zurückzuweisen. Ein solches Vorgehen hätte nämlich das im Zweifel nicht im objektiven Interesse der Parteien stehende prozessuale Auseinanderreißen

[364] Siehe dort unter 1. b), S. 238. Dies geht insbes. auch aus dem Urt. des EuGH v. 9.11.1978 *Meeth/Glacetal* hervor, siehe dazu näher oben im Zweiten Abschnitt unter B. III., S. 90 ff.
[365] So auch Stein/Jonas/*Leipold*, § 145 V Rz. 41 a.

dieses rechtlichen Zusammenhangs zur Folge.[366] Insbesondere dann, wenn Forderung und Gegenforderung in einem gegenseitigen Abhängigkeitsverhältnis zueinander stehen, kann im Zweifel nicht davon ausgegangen werden, es entspräche dem hypothetischen Parteiwillen, dieses funktionelle Synallagma durch Verweisung des Beklagten auf eine gesonderte Geltendmachung der Gegenforderung zu zerstören.[367] Anderenfalls würde man zu dem untragbaren Ergebnis gelangen, die Parteien hätten sich allein durch den Abschluß der Gerichtsstandsklausel damit einverstanden erklärt, im Falle einer Klageerhebung des Gegners zur Vorleistung ohne Verrechungsmöglichkeit verpflichtet zu sein.[368]

Zusammenfassend läßt sich demnach sagen, daß die ergänzende Auslegung in der Fallgestaltung, in der die mit der Aufrechnung geltend gemachte Gegenforderung zur Klageforderung konnex ist, keinen anderen hypothetischen Parteiwillen ergibt als den bereits in der Grundkonstellation ermittelten. Hier zeigt sich lediglich noch deutlicher, daß eine Zurückweisung der prozessualen Aufrechnungseinrede als unzulässig in keinem Falle den objektiven Interessen beider Parteien gerecht zu werden vermag.

b) *Aufrechnung mit unstreitigen oder bereits rechtskräftig festgestellten Gegenforderungen*

Macht der Beklagte die Aufrechnung mit einer unstreitigen oder bereits rechtskräftig festgestellten Gegenforderung geltend, so spielt die insoweit aufgrund der Zuständigkeitsvereinbarung fehlende Erkenntniszuständigkeit des angerufenen Gerichts keine Rolle, denn es muß und darf dann gerade nicht über das Bestehen und die Höhe der Gegenforderung entscheiden - diese Entscheidung haben im ersten Fall die Parteien und im zweiten Fall ein anderes Gericht bereits verbindlich getroffen. Es bleibt dann nur noch die prozessuale Zulässigkeit des Aufrechnungseinwands zu prüfen, das Vorliegen der materiellrechtlichen Aufrechnungsvoraussetzungen festzustellen und die Gegenforderung gegebenenfalls mit der Klageforderung zu verrechnen. Zuständigkeitsinteressen des Klägers werden demzufolge nicht berührt, während andererseits die Verteidigungsinteressen des Beklagten fortbestehen. Weil in solchen Fällen demzufolge ein Vorgehen nach der Erweiterten Aussetzungslösung nicht erforderlich ist, spricht hier erst recht alles dafür, die prozessuale Aufrechnungseinrede des Beklagten zu berücksichtigen.[369]

---

[366] *G. Wagner*, IPRax 1999, 65, 75; Wieczorek/Schütze/*Hausmann*, § 38 Rz. 100; *ders.* in Reithmann/Martiny, §§ 38-40 ZPO Rz. 2286; *Schack*, IZVR Rz. 460.

[367] So auch *G. Wagner*, IPRax 1999, 65, 75; vgl. auch *Vorpeil*, RIW 1993, 529, 532.

[368] Darauf weist auch *Hausmann* in Wieczorek/Schütze, § 38 Rz. 100 sowie in Reithmann/Martiny, §§ 38-40 ZPO Rz. 2286 hin.

[369] Insoweit ist der h.L. - siehe dazu oben S. 216 (Fn. 118) - zuzustimmen. Will man hingegen mit dem *BGH* internationalen Gerichtsstandsvereinbarungen im Zweifel ein prozessuales

Anzumerken ist allerdings noch, daß bei durch ausländische Gerichte rechtskräftig festgestellten Gegenforderungen geprüft werden muß, ob die Voraussetzungen für die Anerkennung der materiellen Rechtskraft gemäß Art. 25 ff. EuGVÜ[370] beziehungsweise § 328 ZPO gegeben sind, denn anderenfalls wird doch wieder eine gerichtliche Entscheidung über die Aufrechnungsforderung erforderlich.[371]

c) Einseitig begünstigende Gerichtsstandsvereinbarungen i.S.d. Art. 17 Abs. 4 EuGVÜ

In der Grundkonstellation wurde davon ausgegangen, daß ein einziger Gerichtsstand als ausschließlich zuständig für Klagen beider Parteien vereinbart wurde. Nach Art. 17 Abs. 4 EuGVÜ ist aber auch die Vereinbarung sogenannter "einseitig begünstigender" Gerichtsstandsvereinbarungen möglich.[372] Die Partei, zu deren Gunsten die Vereinbarung abgeschlossen worden ist, behält dann das Recht, neben dem prorogierten auch jedes andere Gericht anzurufen, das aufgrund des EuGVÜ zuständig ist (eine entsprechende Vereinbarung ist grundsätzlich auch nach autonomem deutschen IZPR zulässig).

Handelt es sich im konkreten Fall bei der von der Zuständigkeitsvereinbarung begünstigten Partei um den Beklagten, so ergeben sich aus der betreffenden Vereinbarung keine spezifischen Probleme hinsichtlich der prozessualen Aufrechnungseinrede - die internationale Zuständigkeit des Gerichts der Klage zur Entscheidung über die Gegenforderung kann dann jedenfalls nicht durch die Zuständigkeitsvereinbarung derogiert sein. Vielmehr kann sich hier nur das Problem stellen, daß der Zuständigkeitskatalog des EuGVÜ (bzw. des autonomen deutschen IZPR) keine internationale Zuständigkeit des betreffenden Gerichts hergibt. Dann geht es aber nicht um die ergänzende Auslegung einer Gerichtsstandsvereinbarung, sondern es liegt ein Fall der oben im Dritten Abschnitt untersuchten Problemkonstellation vor.[373]

Aufrechnungsverbot entnehmen (siehe dazu näher oben unter B. I. 4., S. 207 ff.), so führt dies zur Unzulässigkeit bereits der Erhebung der Aufrechnungseinrede - zur Prüfung, ob die Gegenforderung unstreitig oder rechtskräftig festgestellt ist, kann es dann gar nicht mehr kommen, so daß für die entsprechenden Fälle auch keine Ausnahmen gemacht werden können (dazu siehe näher oben unter C. IV. 1. a), S. 236 f.). Dies ist ein weiterer Umstand, der gegen die betreffende Position des *BGH* und des sich ihm anschließenden Teils der Lehre spricht.

[370] Entsprechend Art. 32 ff. EuGVVO.

[371] Siehe zu alledem ausführlich - inkl. Auseinandersetzung mit weiteren Argumenten - oben im Dritten Abschnitt unter G. I., S. 164 ff.

[372] Eine korrespondierende Vorschrift ist in die EuGVVO - ausdrücklich - nicht übernommen worden; dennoch dürfte eine entsprechende Parteivereinbarung auch unter dieser neuen Verordnung gem. ihrem Art. 23 Abs. 1 S. 2 ("sofern die Parteien nichts anderes vereinbart haben") noch zulässig sein, siehe dazu *Kohler*, Revision, 22.

[373] Siehe dazu oben, S. 109 ff.

Ist hingegen im konkreten Fall der Kläger der von der betreffenden Gerichtsstandsvereinbarung einseitig Begünstigte (und wird die Aufrechnungsforderung des Beklagten ebenfalls von der Vereinbarung erfaßt), so kann sich dieser Umstand auf die Frage, ob ihr ein prozessualer Aufrechnungsausschluß zu entnehmen ist, auswirken. Eine solche Fallgestaltung spricht noch stärker als die Grundkonstellation für die Annahme, daß das nach der Zuständigkeitsvereinbarung insoweit international unzuständige Gericht der Klage nach dem hypothetischen Parteiwillen nicht über Bestehen und Höhe der Gegenforderung entscheiden dürfen sollte, denn hier kann angesichts der in der Vereinbarung zum Ausdruck gekommenen Absicht der Parteien, den Kläger zu begünstigen, erst recht nicht davon ausgegangen werden, daß diesem eine Verteidigung gegen die Gegenforderung vor einem mit der Gerichtsstandsvereinbarung derogierten Forum zugemutet werden sollte.[374]

Andererseits wird aber gerade hier die beim Abschluß der besagten Gerichtsstandsvereinbarung offensichtlich schwächere Stellung des Beklagten gegenüber dem Kläger deutlich, so daß der bereits bei der Untersuchung der Grundkonstellation angeklungene Schutzgedanke besonders relevant wird: da mit einer Zurückweisung der prozessualen Aufrechnungseinrede als unzulässig einseitige massive Beeinträchtigungen der rechtlichen Position des Beklagten verbunden sind, ist ein dahingehender hypothetischer Parteiwille nach Treu und Glauben im Zweifel nicht anzunehmen, sondern insoweit vielmehr eine eindeutig formulierte Klausel zu verlangen.[375]

Als Ergebnis kann demnach festgehalten werden, daß sich bei der ergänzenden Auslegung einseitig begünstigender internationaler Gerichtsstandsvereinbarungen noch deutlicher als in der Grundkonstellation zeigt, daß man dem hypothetischen Parteiwillen nur dann gerecht werden kann, wenn man sie einerseits dahingehend interpretiert, daß dadurch die internationale Zuständigkeit der deutschen Gerichte zur Entscheidung über die Gegenforderung auch für den Fall ihrer aufrechnungsweisen Geltendmachung abbedungen sein sollte, andererseits aber gleichzeitig die Berücksichtigung der Verteidigungswirkungen der Aufrechnungseinrede sicherstellt. Dadurch wird der Befund, daß nur die hier vertretene weiterentwickelte Aussetzungslösung den hypothetischen Parteiwillen wirklich zu gewährleisten vermag, weiter abgestützt.

d) Wechselseitige Gerichtsstandsvereinbarungen

Anstatt einen Gerichtsstand für die Klagen beider Parteien zu vereinbaren, können diese auch sogenannte "wechselseitige" (oder "reziproke") Gerichts-

---

[374] Dies übersehen *Gebauer* (in IPRax 1998, 79, 81 f.) und *Kannengießer* (auf S. 200) bei ihren jeweiligen Ausführungen zu dieser Frage. Zu den Belastungen, die dem Kläger anderenfalls erwachsen würden s.o. unter 2., S. 253 ff.

[375] Vgl. dazu oben unter 2., S. 258 ff. und auch *Rauscher*, RIW 1985, 887, 889.

standsvereinbarungen abschließen, nach der Klagen gegen den jeweils anderen Vertragspartner nur vor dessen Heimatgerichten erhoben werden dürfen.[376]

Der BGH äußerte in seinem Urteil vom 20.06.1979 die Ansicht, wenn die Parteien nicht eine von ihnen begünstigten, sondern als Gerichtsstand nur die Heimatgerichte des jeweils Beklagten zuließen, so brächten sie dadurch "mit derselben, wenn nicht noch größerer Eindeutigkeit" als in der Grundkonstellation zum Ausdruck, daß jede von ihnen gegen sie gerichtete Ansprüche aus dem Vertrag ausschließlich - das heißt auch für den Fall ihrer aufrechnungsweisen Geltendmachung - vor ihrem Heimatgericht behandelt sehen wolle.[377] Dieser Einschätzung ist voll und ganz zuzustimmen.[378] Im übrigen würde ein Zulassen der Entscheidung über die Gegenforderung des aufgrund der Gerichtsstandsvereinbarung dafür eigentlich nicht zuständigen Gerichts hier zu dem seltsamen Ergebnis der Benachteiligung desjenigen führen, der als erster klagt, denn er müßte sich dann vor den Gerichten eines fremden Staates gegen die Geltendmachung der Gegenforderung verteidigen anstatt, wie in der Gerichtsstandsvereinbarung eigentlich vorgesehen, vor seinem Heimatgericht. Hier würde also ausnahms- und unüblicherweise einmal der bei der gerichtlichen Rechtsverfolgung Langsamere belohnt.[379]

Der vom BGH daraus abgeleiteten Schlußfolgerung, die Aufrechnungseinrede sei dem Beklagten nach dem hypothetischen Parteiwillen gänzlich zu versagen, kann allerdings nicht gefolgt werden. Zum einen fällt das oben unter 1. erzielte Ergebnis, daß der bloßen Derogation der Internationalen Zuständigkeit kein prozessuales Aufrechnungsverbot mit davon betroffenen Forderungen entnommen werden kann,[380] auch bei der Auslegung von wechselseitigen Gerichtsstandsvereinbarungen nicht anders aus. Zum anderen ergeben sich hier gegen ein Abschneiden der prozessualen Aufrechnungseinrede im Vergleich mit der Grundkonstellation noch weitere Argumente.

So steht im Zeitpunkt des Abschlusses der Gerichtsstandsvereinbarung noch gar nicht fest, wer später einmal Kläger - und damit Aufrechnungsgegner - und wer Beklagter - und damit Aufrechnender - sein wird. Da die Beklagtenstellung demnach aus der Sicht *ex ante* jeder der Parteien "blühen" konnte, liegt die Annahme fern, diese hätten die Unzulässigkeit eines so wichtigen prozessualen Verteidigungsmittels gewollt, wenn sie von der insoweit bestehenden Regelungslücke gewußt hätten.[381]

---

376 Siehe dazu die Beispiele bei *Geimer*, IZPR, Rz. 1661.

377 *BGH* 20.6.1979, RIW 1979, 713, 714 (siehe dazu eingehend oben unter B. I. 2., Urt. Nr. *(4)*, S. 201 f.)

378 Wie hier *Kohler*, IPRax 1983, 265, 272.

379 Darauf weist zu Recht *Gaudemet-Tallon* in RCDIP 1981, 131, 140 hin.

380 S.o. unter, S. 249 ff.

381 So auch: *Rauscher*, RIW 1985, 887, 888; Wieczorek/Schütze/*Hausmann*, § 38 Rz. 100; *ders.* in Reithmann/ Martiny, §§ 38-40 ZPO Rz. 2286; *Kannengießer*, 196.

Zudem hätte die Nichtberücksichtigung der prozessualen Aufrechnungseinrede das im Zweifel nicht im objektiven Interesse der Parteien stehende prozessuale Auseinanderreißen des rechtlichen Zusammenhangs zur Folge, der in den Fällen der Vereinbarung wechselseitiger Gerichtsstandsvereinbarungen regelmäßig zwischen ihren beiden Forderungen besteht.[382]

Auch bei der ergänzenden Auslegung wechselseitiger internationaler Gerichtsstandsvereinbarungen zeigt sich also im Ergebnis noch klarer als in der Grundkonstellation die Notwendigkeit, sowohl die Entscheidung über die Gegenforderung durch das von der Zuständigkeitsvereinbarung dafür vorgesehene Gericht zu gewährleisten als auch gleichzeitig die Berücksichtigung der Verteidigungswirkungen der Aufrechnungseinrede sicherzustellen. Auch diese Sonderkonstellation bekräftigt also die bei der Untersuchung der Grundkonstellation gewonnene Erkenntnis, daß nur die hier vertretene weiterentwickelte Aussetzungslösung in der Lage ist, die bestehende Regelungslücke im Einklang mit dem Geist der von den Parteien getroffenen Vereinbarung und unter Wahrung der objektiven Interessen beider Parteien zu schließen.

e) Gerichtsstandsvereinbarungen in Allgemeinen Geschäftsbedingungen

Bisher wurde davon ausgegangen, daß die jeweilige internationale Gerichtsstandsvereinbarung zwischen den Parteien individuell ausgehandelt worden ist. In der Praxis kommt es aber auch nicht selten vor, daß solche Vereinbarungen als Bestandteil der Allgemeinen Geschäftsbedingungen einer der Parteien Eingang in den Vertrag finden. Es ist nun zu untersuchen, ob diese Fälle anders zu beurteilen sind als die Grundkonstellation.

Teilweise wird die Ansicht vertreten, hier sei bei der Schließung der im Hinblick auf die aufrechnungsweise Geltendmachung der von der Zuständigkeitsvereinbarung erfaßten Forderung bestehenden Vertragslücke auf die Unklarheitenregel des § 5 AGBG (jetzt: § 305c Abs. 2 BGB) zurückzugreifen.[383]

In diesem Zusammenhang stellt sich zunächst einmal die Frage, ob eine Gerichtsstandsklausel im Geltungsbereich des EuGVÜ (bzw. der EuGVVO) überhaupt nach den deutschen Vorschriften über Allgemeine Geschäftsbedingungen (§§ 305-310 BGB) beurteilt werden kann oder ob Art. 17 EuGVÜ (bzw. Art. 23 EuGVVO) insoweit als abschließend anzusehen ist. Oben unter C. II. 2. wurde festgestellt, daß im Anwendungsbereich des Art. 17 EuGVÜ allein dieser über Zulässigkeit, Form und Wirkungen von internationalen Gerichtsstandsvereinbarungen entscheidet.[384] Weiter sind sowohl die Frage, ob eine Vereinbarung im

---

[382] Siehe dazu näher oben unter a), S. 264 f.

[383] So etwa von *Sonnenberger*, FS Firsching, 295, 304 f. (s. dazu oben unter B. II., S. 212) und auch *LG Berlin* 30.1.1996, IPRax 1998, 97 (siehe dazu oben unter B. I. 3. Urt. Nr. *(7)*, S. 206 f.) m. krit. Anm. *Gebauer*, 79.

[384] S.o., S. 220 f.

Sinne des Art. 17 EuGVÜ vorliegt als auch diejenigen materiellen Anforderungen an das Zustandekommen einer internationalen Gerichtsstandsvereinbarung ausschließlich aus Art. 17 EuGVÜ selbst heraus zu bestimmen, die untrennbar mit Formvoraussetzungen verbunden sind.[385] Demnach werden all jene Vorschriften der §§ 305-310 BGB, die die wirksame Einbeziehung von Klauseln in einen Vertrag zum Gegenstand haben, durch Art. 17 EuGVÜ verdrängt[386] (also insbesondere §§ 305, 305a und 305c Abs. 1, aber auch §§ 308 Nr. 5 und Nr. 6 sowie § 309 Nr. 13 BGB; Gleiches gilt für die Generalklausel des § 307 BGB, soweit die Wirksamkeit der Gerichtsstandsklausel in Frage steht). Unter C. II. 2. wurde aber ebenfalls festgestellt, daß hinsichtlich aller übrigen materiellrechtlichen Fragen des Zustandekommens von Zuständigkeitsvereinbarungen auf nationales Recht zurückzugreifen ist.[387] Dazu gehört unter anderem auch deren Auslegung.[388] Dementsprechend steht einem Rückgriff auf die Unklarheitenregel des § 305c Abs. 2 BGB grundsätzlich nichts im Wege.[389]

Allerdings kann diese Vorschrift nur dann zur Anwendung gelangen, wenn die Auslegung im konkreten Fall zu dem Ergebnis führt, daß der Inhalt einer AGB-Klausel unklar oder mehrdeutig ist. Ergibt sie hingegen, wie in der hier untersuchten Konstellation, daß das AGB-Klauselwerk eine Lücke enthält, dann steht fest, daß nicht eine mehrdeutige Regelung vorliegt, sondern daß die betreffende Frage gar nicht geregelt wurde - hier scheidet eine Anwendung des § 305c Abs. 2 BGB aus.[390] Zudem würde ein Rückgriff auf diese Vorschrift zu unterschiedlichen Ergebnissen führen, je nachdem, ob die Gerichtsstandsklausel in den AGB des Klägers oder in denen des Beklagten enthalten wäre:[391] handelte es sich um eine Bedingung des Klägers, so wäre daraus im Zweifel zu seinen Lasten kein prozessualer Aufrechnungsausschluß zu entnehmen; wäre die Klausel hingegen in den AGB des Beklagten enthalten, so wäre im Zweifel zu dessen Ungunsten davon auszugehen, daß damit auch ein prozessualer Aufrechnungsausschluß vereinbart wurde. Sogar ein und dieselbe Gerichtsstandsklausel wäre dann in dieser Hinsicht unterschiedlich auszulegen, je nachdem, ob ihr Verwen-

---

385 Entsprechendes gilt auch für Art. 23 EuGVVO.

386 So auch die h.M., siehe z.B. MünchKomm-ZPO/*Gottwald*, Art. 17 EuGVÜ Rz. 63, *Kropholler*, EuZPR Art. 17 Rz. 17, *Schack*, IZVR Rz. 472, *Rauscher*, ZZP 104 (1991), 271, 297 ff. und *Kim*, 159, jeweils m.w.N.; *M. J. Schmidt*, RIW 1992, 173, 175; *OLG Saarbrücken* 2.10.1991, IPRax 1992, 165 m. Anm. *Rauscher*, 143.

387 S.o., S. 220 f.

388 Siehe dazu näher oben unter C. III., S. 228 ff.

389 Zu weitgehend deshalb die Aussage *Kims* (auf S. 159 f.), das EuGVÜ lasse für eine Überprüfung der Gerichtsstandsabrede nach dem AGBG (jetzt: §§ 305-310 BGB) überhaupt keinen Raum.

390 Siehe zu alledem (noch zu den entsprechenden Vorschriften des AGBG): Ulmer/Brandner/Hensen/*Schmidt*, § 6 AGBG Rz. 31 (S. 456 a.E.); Wolf/Horn/*Lindacher*, § 5 AGBG Rz. 22; MünchKomm/*Kötz*, § 5 AGBG Rz 11; *Kannengießer*, 202; *Gebauer*, JbItalR 12 (1999), 31, 52.

391 Dies kritisiert auch *Gebauer* in IPRax 1998, 79, 83 sowie in JbItalR 12 (1999), 31, 52.

der im Prozeß die Rolle des Klägers oder die des Beklagten innehätte. Ein solch zufälliges Ergebnis würde dem von den Parteien mit der Vereinbarung einer Gerichtsstandsvereinbarung verfolgten Ziel der Schaffung größtmöglicher Rechtssicherheit[392] zuwiderlaufen. Es bleibt also festzuhalten, daß bei in Allgemeinen Geschäftsbedingungen enthaltenen internationalen Gerichtsstandsvereinbarungen ein Rückgriff auf § 305c Abs. 2 BGB nicht in Frage kommt.

Zu beachten ist für die Argumentation hingegen die Vorschrift des § 309 Nr. 3 BGB. Sie betrifft zwar direkt nur die Vereinbarung materiellrechtlicher Aufrechnungsverbote, der ihr zugrunde liegende Rechtsgedanke bestätigt aber für in AGB enthaltene internationale Gerichtsstandsvereinbarungen das bereits für individuell ausgehandelte Zuständigkeitsvereinbarungen gefundene Ergebnis:[393] internationalen Gerichtsstandsvereinbarungen kann in keinem Fall der hypothetische Parteiwille entnommen werden, daß die prozessuale Geltendmachung der Aufrechnung mit davon erfaßten unstreitigen oder bereits rechtskräftig festgestellten Forderungen als unzulässig zurückgewiesen werden sollte.[394]

Als Fazit läßt sich demnach festhalten, daß die ergänzende Auslegung bei in Allgemeinen Geschäftsbedingungen enthaltenen Gerichtsstandsvereinbarungen keinen anderen hypothetischen Parteiwillen ergibt als den bereits in der Grundkonstellation ermittelten.

f) Fallkonstellation der "prorogationswidrigen Klage"

Neben den bisher untersuchten Konstellationen werden in Rechtsprechung und Lehre auch noch die beiden folgenden besonderen Fallgestaltungen diskutiert:

(1) Rügelose Einlassung des Beklagten auf prorogationswidrige Klage

Ausgangssituation:

Die Parteien haben eine internationale Gerichtsstandsvereinbarung abgeschlossen, nach der beide Seiten Ansprüche aus einem oder mehreren näher bezeichneten Rechtsverhältnissen nur vor den Gerichten eines oder mehrerer bestimmter Staaten geltend machen dürfen. Eine Partei erhebt nun Klage, allerdings vor einem nach der betreffenden Vereinbarung international unzuständigen Gericht. Der Beklagte rügt diese Unzuständigkeit jedoch nicht, sondern läßt sich zur Sache ein. Im Laufe des Verfahrens macht er die Aufrechnung mit einer Forderung geltend, die ebenfalls von der besagten Gerichtsstandsvereinbarung erfaßt wird.[395]

---

[392] Siehe dazu näher oben unter C. I., S. 217 f.

[393] Siehe dazu oben unter a), S. 262.

[394] Siehe dazu *Schlosser*, EWiR 1985, 781, 782 u. *Eickhoff*, 179.

[395] Vgl. zu dieser Fallgestaltung *BGH* 8.7.1981, RIW 1981, 703 (zu weiteren Fundstellen s.u.

In diesem Kontext wird darüber gestritten, ob der Kläger dem Beklagten einen der betreffenden Zuständigkeitsvereinbarung gegebenenfalls zu entnehmenden Aufrechnungsausschluß trotz seiner prorogationswidrigen Klageerhebung und der rügelosen Einlassung hierauf seitens des Beklagten noch entgegenhalten kann.

Der BGH[396] und im Anschluß daran Teile der Lehre[397] vertreten die Auffassung, die Klageerhebung vor dem nach der Gerichtsstandsvereinbarung unzuständigen Gericht könne nicht dahin ausgelegt werden, daß sich der Kläger dadurch mit der Zuständigkeit dieses Gerichts auch für die Aufrechnung einverstanden erkläre. Berufe sich der Kläger auf den in der Zuständigkeitsvereinbarung enthaltenen Aufrechnungsausschluß, so sei darin auch kein widersprüchliches Verhalten seinerseits zu sehen, das als Verstoß gegen den Grundsatz von Treu und Glauben zu werten wäre.[398] Lasse sich der Beklagte auf die Klage rügelos ein, so könne er nicht darauf vertrauen, daß der Kläger sich aus Fairneß auf die Gegenforderung ebenfalls rügelos einlassen werde.[399] Der Beklagte sei nicht schutzwürdig, da er seine Einlassung zur Hauptsache davon habe abhängig machen können, daß der Kläger seinerseits auf die Rüge der Unzuständigkeit für die Aufrechnungseinrede verzichte.[400]

Demgegenüber soll sich der Kläger nach anderer Ansicht auch hinsichtlich der aufrechnungsweise geltend gemachten Gegenforderung nicht mehr auf die mit dem Beklagten abgeschlossene internationale Gerichtsstandsvereinbarung berufen können, wenn er vor einem danach unzuständigen Gericht Klage erhoben und der Beklagte sich darauf rügelos eingelassen hat.[401] Dadurch werde die Zuständigkeitsvereinbarung konkludent wieder aufgehoben.[402] Jedenfalls stelle

---

Fn. 396).

396 *BGH* 8.7.1981, RIW 1981, 703 (i.V.m. 705) = NJW 1981, 2644 = ZZP 96 (1983), 364, 367 (dazu *Pfaff*, 334). Nicht hierher gehört hingegen die Entsch. des *BGH* v. 26.3.1969, *BGHZ* 52, 30 - dort ging es um die anders gelagerte, unten unter (2), S. 276 ff. behandelte Fallkonstellation (siehe dort auch zu weiteren Fundstellen des Urt.).

397 Stein/Jonas/*Bork*, § 39 II Rz. 6 a; MünchKomm-ZPO/*Patzina*, § 38 Rz. 45; *Kropholler*, Hdb. IZVR, Rz. 593; *Schulte-Beckhausen*, 180 f.

398 Fundstellen s.o. Fn. 396 u. 397.

399 Schulte-Beckhausen, 181.

400 *BGH* 8.7.1981, RIW 1981, 703 (i.V.m. 705); Stein/Jonas/*Bork*, § 39 II Rz. 6 a.

401 *Von Falkenhausen*, RIW 1982, 386, 388; *Rauscher*, RIW 1985, 887, 889 f.; Wieczorek/Schütze/*Hausmann*, § 38 Rz. 101; *Geimer*, IZPR Rz. 1418; *Gottwald*, IPRax 1986, 10, 13; *Schütze*, IZPR, 57; *Kannengießer*, 200 f.; *Gäbel*, 235; *Kim*, 203 (wenn auch mit einer etwas konfusen, nicht nachvollziehbaren Begründung). Ebenso *OLG Stuttgart*, 15.2.1989, IPRax 1989, 247 (Leitsatz m. Anm. *Jayme*), das seine Abweichung von der Entscheidung des *BGH* v. 8.7.1981 (s.o. Fn. 396) damit begründet, daß der Kl. sich in dem ihm vorliegenden Fall nicht wie dort ausdrücklich das Festhalten an der Zuständigkeitsvereinbarung vorbehalten habe. Vgl. auch *Pfaff*, ZZP 96 (1983), 334, 348 f. (zu der Parallelproblematik bei der Widerklage).

402 *Rauscher*, RIW 1985, 887, 889; *Schütze*, IZPR, 57; *Geimer*, IZPR, Rz. 1418 i.V.m. Rz. 1734. Vgl. auch *Pfaff*, ZZP 96 (1983), 334, 348 f. (zur Parallelproblematik bei der Wider-

es ein nach dem Grundsatz von Treu und Glauben unbeachtliches *venire contra factum proprium* des Klägers dar, wenn er zwar seine Forderung vor dem an sich unzuständigen Gericht einklage, seinem Gegner aber die Verteidigung mit einer Gegenforderung aus demselben Vertrag mittels der prozessualen Aufrechnungseinrede durch Berufung auf die Zuständigkeitsvereinbarung abschneiden wolle.[403] Aus Sicht des Beklagten dränge es sich geradezu auf, daß er allein dann mit einem Prozeß vor dem angegangenen Gericht einverstanden sein werde, wenn er sich dort auch effektiv verteidigen dürfe. Diese Interessenlage des Beklagten sei derart offensichtlich, daß ein redlicher Kläger sie erkennen müsse. Von einem Verzicht des Beklagten auf die Aufrechnungsmöglichkeit, welche ihm ja nach der ursprünglichen Prorogation an dem dort bestimmten Gericht zugestanden habe, habe der Kläger deshalb billigerweise nicht ausgehen können und dürfen.[404]

Zunächst einmal sollte man sich, um den Streitstand und die verwendeten Argumente richtig einordnen zu können, vergegenwärtigen, daß auch bei der Diskussion der hier untersuchten Fallgestaltung - wie schon bei der Erörterung der Grundkonstellation -[405] nicht sauber differenziert wird zwischen prozessualem Aufrechnungsverbot einerseits und Abbedingung der internationalen Zuständigkeit zur Entscheidung über die Gegenforderung auch für den Fall ihrer aufrechnungsweisen Geltendmachung andererseits. Und dies, obwohl es für die Argumentation angesichts erheblicher Unterschiede hinsichtlich Wesen und Wirkung[406] durchaus eine Rolle spielt, welche der beiden Arten Aufrechnungsausschluß man der oben im Sachverhalt beschriebenen internationalen Gerichtsstandsvereinbarung entnimmt.

Prüft man nämlich mit dem BGH, ob die prorogationswidrige Klage in Verbindung mit der rügelosen Einlassung des Beklagten hierauf dem Kläger die Möglichkeit nimmt, sich auf ein der internationalen Gerichtsstandsvereinbarung entnommenes prozessuales Aufrechnungsverbot zu berufen,[407] so ist es nur folgerichtig, diese Frage zu verneinen. Durch die rügelose Einlassung auf eine prorogationswidrige Klage wird nämlich nur eine gerichtliche Zuständigkeit begründet (Art. 18 EuGVÜ[408] bzw. § 39 ZPO). Sie vermag hingegen nicht vertrag-

---

klage). A.A. insoweit *von Falkenhausen*, RIW 1982, 386, 387 der die Gefahr sieht, daß die Prozesse sonst komplizierter würden, weil der Kläger dann bereits in der Klageschrift Vorbehalte bezüglich einer etwaigen Aufrechnung machen müsse.

403 *Von Falkenhausen*, RIW 1982, 386, 388; *Gäbel*, 235; *Kannengießer*, 200 f. Vgl. auch *Pfaff*, ZZP 96 (1983), 334, 348 f. (zur Parallelproblematik bei der Widerklage).

404 Kannengießer, 200 f.

405 Siehe dazu oben unter B. I. 4., S. 208 (zur Rechtsprechung) unten unter B. II., S. 209 f. (zur Literatur).

406 Siehe dazu im einzelnen oben unter C. IV. 1., S. 234 ff.

407 *BGH* 8.7.1981, RIW 1981, 703, 705 (zu weiteren Fundstellen s.o. Fn. 396). So auch *Kropholler*, Hdb. IZVR, Rz. 593 und Wieczorek/Schütze/*Hausmann*, § 38 Rz. 101.

408 Entspr. Art. 24 EuGVVO.

liche Vereinbarungen aufzuheben, deren Gegenstand über die Regelung der Zuständigkeit hinausgeht, wie dies bei dem Verbot, die Einrede der Aufrechnung im Prozeß geltend zu machen, der Fall ist.[409] Aus demselben Grunde - das heißt, weil die prorogationswidrige Klage in Verbindung mit der rügelosen Einlassung hierauf nur zuständigkeitsrechtliche Wirkungen entfaltet - kann die Tatsache, daß sich der Kläger anschließend auf ein vereinbartes prozessuales Aufrechnungsverbot beruft, auch nicht als widersprüchliches Verhalten seinerseits ausgelegt werden, durch das er gegen den Grundsatz von Treu und Glauben verstieße. Vom Ausgangspunkt des BGH aus gesehen, ist seine Haltung in der hier untersuchten Fallkonstellation demzufolge konsequent. Allerdings wurde ja bereits oben unter 1. aufgezeigt, daß eben dieser Ausgangspunkt - also die Annahme, einer internationalen Gerichtsstandsvereinbarung sei im Zweifel das Verbot zu entnehmen, die Aufrechnung mit davon erfaßten Forderungen im Prozeß vor anderen als den darin prorogierten Gerichten geltend zu machen - abzulehnen ist.[410]

Schwieriger liegen die Dinge, wenn man - entsprechend der oben zur Grundkonstellation vertretenen Ansicht -[411] davon ausgeht, daß mit der Gerichtsstandsvereinbarung die internationale Zuständigkeit der deutschen Gerichte auch für den Fall der aufrechnungsweisen Geltendmachung der davon erfaßten Forderungen derogiert sein soll. Dann stellt sich tatsächlich die Frage, ob sich der Kläger gegenüber der Aufrechnungseinrede des Beklagten noch auf eine Zuständigkeitsvereinbarung berufen können soll, von der er selbst bei seiner Klageerhebung abgerückt ist.

Auszugehen ist in diesem Zusammenhang zunächst einmal von Art. 18 EuGVÜ,[412] der die Wirkung der rügelosen Einlassung auf eine vor einem international unzuständigen Gericht erhobene Klage regelt. Danach handelt es sich dabei um eine Form der stillschweigenden Gerichtsstandsvereinbarung.[413] An diesen

---

[409] *Schulte-Beckhausen*, 180 f. Inkonsequent (oder aber ungenau) daher insoweit Wieczorek/Schütze/*Hausmann*, § 38 Rz. 101. Genau genommen kann noch nicht einmal die rügelose Einlassung des Klägers auf die prozessuale Aufrechnungseinrede des Beklagten das prozessuale Aufrechnungsverbot i.S.d. Art. 18 EuGVÜ analog aufheben, siehe dazu oben unter C. IV. 1. a), S. 237 f.

[410] S.o., S. 249 ff., dort auch ausführliche Begründung.

[411] S.o. unter 2., S. 252 ff.

[412] Entsprechend Art. 24 EuGVVO.

[413] Dies stellt der EuGH in seinen Entscheidungen v. 7.3.1985 - *Spitzley/Sommer*, Rs. C-48/84 - Slg. 1985, 787 = IPRax 1986, 27, 28 (siehe dazu näher oben im Zweiten Abschnitt unter C. III., S. 95) u. v. 24.6.1981 - *Elefanten Schuh/Jacqmain*, Rs. C 150/80 - Slg. 1981, 1671, 1684 ausdrücklich fest. Entsprechend auch die ganz überw. Meinung in Lit. und Rspr. der Mitgliedsstaaten, siehe *Schulte-Beckhausen*, 68 m.w.N. (die die Ansicht des EuGH selbst allerdings für falsch hält u. in Art. 18 EuGVÜ eine Präklusionsvorschrift sieht, 106). Genauso auch für die rügelose Einlassung nach § 39 ZPO der *BGH* in st. Rspr., siehe z.B. *BGH* 18.9.1986, NJW 1987, 3080 f. u. 3.4.1985, WM 1985, 1507, 1509 = NJW-RR 1987, 227 = MDR 1985, 911 = IPRspr. 1985 Nr. 136. Außerdem: *Schütze*, ZZP 90 (1977), 67, 70; *Eick-*

Umstand knüpfen *Rauscher* und *Schütze* an mit ihrer Auffassung, die Parteien hätten durch ihr Verhalten die zwischen ihnen abgeschlossene Zuständigkeitsvereinbarung konkludent wieder aufgehoben.[414] In ihrem Kern trifft diese Aussage zu: wenn die rügelose Einlassung auf eine prorogationswidrige Klage eine stillschweigende Gerichtsstandsvereinbarung darstellt, dann werden dadurch gleichzeitig anders lautende vorherige Zuständigkeitsvereinbarungen konkludent aufgehoben. Allerdings darf dabei eines nicht übersehen werden: nach Art. 18 EuGVÜ wird die internationale Zuständigkeit immer nur hinsichtlich desjenigen Streitgegenstandes begründet, auf den sich der Beklagte rügelos eingelassen hat[415] (Gleiches gilt bei der rügelosen Einlassung nach § 39 ZPO)[416].

Aus diesem Grunde kann eine prorogationswidrige Klageerhebung in Verbindung mit der rügelosen Einlassung hierauf auch nur in Bezug auf den konkret betroffenen Streitgegenstand als konkludente Aufhebung einer vorherigen anderweitigen Zuständigkeitsvereinbarung gewertet werden. Erhebt also ein Kläger in Abweichung von einer Gerichtsstandsvereinbarung Klage und läßt sich der Beklagte darauf rügelos ein, so hat das nicht etwa zur Folge, daß die betreffende Vereinbarung nun für zukünftige Klagen, die andere davon erfaßte Forderungen des jetzigen Klägers oder gar des jetzigen Beklagten zum Gegenstand haben, nicht mehr maßgebend wäre.[417] Gleiches gilt auch im Verhältnis von Klage und Widerklage: die prorogationswidrige Klageerhebung ist für sich genommen noch kein Einverständnis des Klägers dazu, daß der Beklagte vor demselben Gericht nun auch prorogationswidrig Widerklage erheben dürfte.[418]

Die Entscheidung, ob Entsprechendes auch für eine prorogationswidrig erhobene Aufrechnungseinrede gelten soll, hängt nun im wesentlichen davon ab, welchen Standpunkt man grundsätzlich zur zuständigkeitsrechtlichen Relevanz der Aufrechnungseinrede einnimmt. Vertritt man die Auffassung, daß das angerufene Gericht stets auch zur Entscheidung über aufrechnungsweise geltend gemachte Gegenforderungen international zuständig ist,[419] so wird man zu dem

---

hoff, 142 (Fn. 74); *Pfaff*, ZZP 96 (1983), 334, 348 f. A.A. insoweit: *Geimer/ Schütze*, EuZVR, Art. 18 Rz. 4 u. 10; *Geimer*, IZPR, Rz. 1396; Stein/Jonas/*Bork*, § 39 Rz. 2.

414 Im gleichen Sinne auch *Pfaff* zur Parallelproblematik bei der Widerklage, siehe zu alledem oben S. 271 (Fn. 402).

415 Ganz h.M., siehe z.B. *Geimer/Schütze*, EuZVR, Art. 18 Rz. 8 f. Für Art. 24 EuGVVO gilt nichts anderes.

416 Ebenfalls ganz h.M., siehe z.B.: *BGH* 18.9.1986, NJW 1987, 3080 f.; Wieczorek/Schütze/*Hausmann*, § 39 Rz. 6 u. 18 f.; *Geimer*, IZPR Rz. 1404 ff.; Zöller/*Vollkommer*, § 39 Rz. 7; Stein/Jonas/*Bork*, § 39 Rz. 10; MünchKomm-ZPO/*Patzina*, § 39 Rz. 4.

417 Vgl. dazu auch *Schulte-Beckhausen*, 182 f.

418 Stein/Jonas/*Bork*, § 39 Rz. 6 a; *BGH* 8.7.1981, RIW 1981, 703 f. (zu weiteren Fundstellen s.o. Fn. 396); MünchKomm-ZPO/*Patzina*, § 38 Rz. 44; *von Falkenhausen*, RIW 1982, 386, 388; *Eickhoff*, 142; *Schulte-Beckhausen*, 182 f. A.A.: *Pfaff*, ZZP 96 (1983), 334, 348 f.; *Geimer*, IZPR, Rz. 1418; Wieczorek/Schütze/ *Hausmann*, § 38 Rz. 98; *Schütze* IZPR, 57; *Rauscher*, RIW 1985, 887, 889; *Eisner*, NJW 1970, 2141, 2143.

419 Zu dieser Auffassung s.o. im Dritten Abschnitt unter D. I., S. 114 ff. u. unter F. III. 1., S.

Ergebnis gelangen, daß durch prorogationswidrige Klageerhebung und rügelose Einlassung hierauf im Sinne des Art. 18 EuGVÜ (oder des § 39 ZPO) gleichzeitig auch eine der ursprünglichen Gerichtsstandsvereinbarung entnommene Derogation der internationalen Zuständigkeit für die Gegenforderung gegenstandslos werden wird.[420]

Geht man hingegen von der oben im Dritten Abschnitt vertretenen Ansicht aus, nach der die internationale Entscheidungszuständigkeit für Klageforderung und aufrechnungsweise geltend gemachte Gegenforderung getrennt zu prüfen ist,[421] können prorogationswidrige Klageerhebung und rügelose Einlassung darauf die Zuständigkeitsvereinbarung lediglich in Bezug auf die mit der Klage verfolgte Forderung überwinden, nicht aber auch hinsichtlich der Gegenforderung. Mit anderen Worten, der Beklagte muß die Unzuständigkeit für die Klage rügen, dem Kläger bleibt es überlassen, die Unzuständigkeit für die Gegenforderung geltend zu machen.[422] Aus diesem Grunde geht auch der Einwand *Kannengießers* fehl, der Kläger könne in den betreffenden Fällen billigerweise nicht von einem Verzicht des Beklagten auf die Aufrechnungsmöglichkeit ausgehen.[423] Es ist vielmehr umgekehrt - will der Beklagte die Aufhebung der Derogation der Zuständigkeit für die Gegenforderung erreichen, dann obliegt es ihm, seine rügelose Einlassung auf die Klage von einem entsprechenden Verzicht des Klägers abhängig zu machen.[424] Demzufolge ist es auch nicht als nach dem Grundsatz von Treu und Glauben unbeachtliches widersprüchliches Verhalten zu werten, wenn der Kläger abweichend von einer Gerichtsstandsvereinbarung Klage erhebt und sich dann anschließend auf eine darin enthaltene Abbedingung der internationalen Zuständigkeit für die Gegenforderung beruft.[425]

Folgt man der hier vertretenen Erweiterten Aussetzungslösung,[426] so bedeutet dieses Ergebnis für den Beklagten aber - anders als nach der vom BGH praktizierten Zurückweisung der Aufrechnungseinrede als unzulässig -[427] keineswegs, daß er sein prozessuales Verteidigungsmittel der Aufrechnung völlig verliert. Vielmehr darf das Gericht der Klage lediglich nicht über die Vorfrage des Bestehens und der Höhe der Gegenforderung entscheiden, es hat aber, soweit das in dieser Hinsicht zuständige Gericht diese für begründet erachtet hat, die eigentliche Aufrechnungseinrede durch Verrechnung von Klage- und Gegenforde-

---

144 ff.

[420] So konsequenterweise *Kannengießer*, 200 f.

[421] Siehe dort unter F. III. 3., S. 161 ff.

[422] Stein/Jonas/*Bork*, § 39 Rz. 6 a.

[423] *Kannengießer*, 200 f., s.o. S. 272.

[424] Zu dieser Möglichkeit siehe *BGH* 8.7.1981, RIW 1981, 703 (i.V.m. 705. Zu weiteren Fundstellen s.o. Fn. 396.); *Schulte-Beckhausen*, 181; Stein/Jonas/*Bork*, § 39 Rz. 6 a.

[425] Im Ergebnis ebenso der *BGH* und Teile der Lit., s.o., S. 271 f.

[426] S.o. unter 2., S. 260 f.

[427] Siehe dazu oben unter B. I. 2., S. 197 ff. Ebenso auch Teile der Lehre (z.B. *Kropholler*, Hdb. IZVR, Rz. 593 i.V.m. Rz. 439 u. 590), siehe dazu oben unter B. II., S. 215.

rung zu berücksichtigen. Auch in dieser Fallgestaltung zeigt sich mithin, daß die Erweiterte Aussetzungslösung am besten geeignet ist, die Interessen von Kläger und Beklagtem in Einklang zu bringen.

(2) Klageerhebung abweichend von einer den Kläger im Sinne des Art. 17 Abs. 4 EuGVÜ einseitig begünstigenden Gerichtsstandsvereinbarung

Ausgangssituation:

Die Parteien haben eine internationale Gerichtsstandsvereinbarung getroffen, durch die eine von ihnen im Sinne des Art. 17 Abs. 4 EuGVÜ[428] einseitig begünstigt wird. Die durch diese Vereinbarung bevorteilte Partei erhebt nun Klage, jedoch nicht vor dem darin prorogierten Gericht, sondern vor dem Heimatgericht des Beklagten. Im Prozeß macht der Beklagte die Aufrechnung mit einer Forderung geltend, die ebenfalls von der besagten Gerichtsstandsvereinbarung erfaßt wird.[429] Die Auslegung dieser Vereinbarung ergibt, daß sie nicht nur für die klageweise, sondern auch für die aufrechnungsweise Geltendmachung der davon erfaßten Forderungen gelten soll.

Auch für diese Fallgestaltung wird die Ansicht vertreten, der Kläger könne sich nicht mehr auf den der Gerichtsstandsvereinbarung zu entnehmenden Ausschluß der Aufrechnung vor den dadurch derogierten Gerichten berufen, wenn er andererseits abweichend von der betreffenden Vereinbarung Klage erhoben habe.[430] Ein entsprechendes Verhalten des Klägers sei nämlich mit dem Sinn des Art. 17 Abs. 4 EuGVÜ unvereinbar, wonach es der Kläger in der Hand haben solle, auf eine ausschließlich ihm günstige Position zu verzichten, weil dem Beklagten daraus nur ein Vorteil, nicht aber ein Nachteil erwachse.[431] Gerade die Prorogation zugunsten einer Partei würde es dem Kläger sonst erlauben, sich den weiteren Vorteil zu verschaffen, den Beklagten mit einem Verfahren zu überziehen, in dem dieser weder aufrechnen noch widerklagen könne; die Prozeßaufrechnung aber solle dem Beklagten nicht durch die Prorogation aus der Hand geschlagen werden, wenn der Kläger aus freien Stücken davon Abstand nehme.[432] Außerdem sei es sicherlich nicht Ziel des EuGVÜ und seines Art. 17

[428] Eine korrespondierende Vorschrift ist in die EuGVVO - ausdrücklich - nicht übernommen worden; gleichwohl dürfte eine entsprechende Parteivereinbarung auch unter dieser Verordnung gem. ihrem Art. 23 Abs. 1 S. 2 ("sofern die Parteien nichts anderes vereinbart haben") weiterhin zulässig sein, siehe dazu *Kohler*, Revision, 22.

[429] Vgl. zu dieser Fallgestaltung *BGH* 26.3.1969, *BGHZ* 52, 30 = AWD 1969, 188 = NJW 1969, 1536 (für das Parallelproblem bei der Widerklage).

[430] *Rauscher*, RIW 1985, 887, 889; *Gottwald*, IPRax 1986, 10, 13; *Kannengießer*, 200. Ebenso *Michinel Álvarez*, REDI 1997-2, 47, 71.

[431] *Gottwald*, IPRax 1986, 10, 13.

[432] *Rauscher*, RIW 1985, 887, 889. Ebenso *Michinel Álvarez*, REDI 1997-2, 47, 71.

Abs. 4, in den betreffenden Fällen den Prozeß zu spalten und zwei getrennte Prozesse notwendig zu machen.[433]

Diese Ansicht ist offensichtlich geprägt vom grundsätzlichen Standpunkt ihrer Vertreter, das angerufene Gericht sei stets auch zur Entscheidung über aufrechnungsweise geltend gemachte Gegenforderungen international zuständig.[434] Selbst wenn man letzteres aber einmal als richtig unterstellt - entgegen dem oben im Dritten Abschnitt erzielten Ergebnis, daß die internationale Entscheidungszuständigkeit für Klageforderung und aufrechnungsweise geltend gemachte Gegenforderung jeweils getrennt zu prüfen ist -[435], ergeben sich gegen die zuvor geschilderte Auffassung Bedenken:

Anders als in der unter (1) behandelten Konstellation wird hier die Klage nicht vor einem durch die Vereinbarung derogierten Forum erhoben, der Kläger distanziert sich mit seinem Verhalten also auch nicht von der mit dem Beklagten abgeschlossenen Zuständigkeitsvereinbarung. Von einer konkludenten Aufhebung der betreffenden Vereinbarung kann hier demnach erst recht keine Rede sein. Aus demselben Grunde kann der Umstand, daß sich der Kläger gegenüber der aufrechnungsweise geltend gemachten Gegenforderung des Beklagten auf die der betreffenden Vereinbarung zu entnehmende Derogation beruft, nachdem er zuvor vor einem anderen Forum als dem prorogierten Klage erhoben hat, auch noch weniger als gegen den Grundsatz von Treu und Glauben verstoßendes *venire contra factum proprium* seinerseits gewertet werden als in der unter (1) behandelten Konstellation. Vielmehr ist es ja gerade die Besonderheit der einseitig begünstigenden Gerichtsstandsvereinbarung im Sinne des Art. 17 Abs. 4 EuGVÜ, daß dem dadurch Bevorteilten neben dem prorogierten Forum zusätzlich auch die nach dem Zuständigkeitskatalog des Übereinkommens eröffneten Gerichtsstände erhalten bleiben sollen. Dem durch die Vereinbarung nicht Begünstigten hingegen (hier also dem Beklagten) sollen zur Geltendmachung seiner davon erfaßten Forderungen stets nur die damit prorogierten Fora zur Verfügung stehen. Da der Kläger in der hier untersuchten Konstellation also nichts weiter tut, als von seinen vertraglich vereinbarten Rechten Gebrauch zu machen, muß sich der Beklagte demnach an dem auch in Bezug auf eine aufrechnungsweise Geltendmachung seiner Forderungen vereinbarten, für ihn ausschließlichen internationalen Gerichtsstand festhalten lassen.[436]

Auch in dieser Fallkonstellation wird die Unbill für den Beklagten aber in Grenzen gehalten, wenn man der hier vertretenen Erweiterten Aussetzungslösung folgt - er verliert dann sein prozessuales Verteidigungsmittel der Aufrech-

---

[433] *Kannengießer*, 200.

[434] Siehe dazu näher oben im Dritten Abschnitt unter D. I., S. 114 ff. und unter F. III. 1., S. 144 ff.

[435] S. dort unter F. III. 3., S. 161 ff.

[436] Vgl. dazu auch *BGH* 26.3.1969, s.o. Fn. 429. Zum Schutz des durch die einseitig begünstigende Gerichtsstandsvereinbarung benachteiligten Bekl. s.o. unter c), S. 265 ff.

nung nicht, sondern es wird nur die Entscheidung des prorogierten Gerichts über die Gegenforderung sichergestellt.[437]

4. *Begründung der Entscheidungszuständigkeit für die aufrechnungsweise Geltendmachung von Gegenforderungen durch internationale Gerichtsstandsvereinbarungen?*

Wenn man, wie hier vertreten, davon ausgeht, daß durch internationale Gerichtsstandsvereinbarungen die Zuständigkeit zur Entscheidung über die Gegenforderung im Zweifel nicht nur für den Fall ihrer klageweisen, sondern auch für den Fall ihrer aufrechnungsweisen Geltendmachung derogiert wird, dann muß konsequenterweise spiegelbildlich hinsichtlich der Prorogation das gleiche gelten: Die Gerichte eines Vertragsstaates müssen dann trotz insoweit fehlender internationaler Zuständigkeit zur Entscheidung über die Gegenforderung befugt sein, wenn die Parteien durch eine Gerichtsstandsvereinbarung ihre Entscheidungszuständigkeit für den Fall der klageweisen Geltendmachung der betreffenden Forderung begründet haben.[438]

5. *Ergebnis*

Im Zweifel ist davon auszugehen, daß die Parteien bei Abschluß einer internationalen Gerichtsstandsvereinbarung nur an die klageweise Geltendmachung der davon betroffenen Forderungen gedacht haben, ohne sich Gedanken über deren aufrechnungsweise Geltendmachung zu machen.[439] Diese Regelungslücke ist durch ergänzende Auslegung der Vereinbarung zu schließen.[440] Dabei ergibt sich im einzelnen folgender hypothetischer Parteiwille:[441]

Auf der einen Seite kann der originäre Zweck einer internationalen Gerichtsstandsvereinbarung nur dann wirklich erreicht werden, wenn man sie im Zweifel dahingehend interpretiert, daß dadurch die internationale Zuständigkeit zur Entscheidung über die Gegenforderung nicht nur für den Fall ihrer klageweisen, sondern darüber hinaus auch für den Fall ihrer aufrechnungsweisen Geltendmachung festgelegt werden sollte. Dadurch werden die Interessen des Klägers als Aufrechnungsgegner geschützt; schutzwürdige Interessen des Beklagten an der Entscheidung gerade des Gerichts der Klage über die Gegenforderung bestehen

[437] Siehe dazu oben unter 2., S. 260 ff.

[438] Die Frage, ob ein Gericht zur Entsch. über eine aufrechnungsweise geltend gemachte Gegenforderung durch eine Gerichtsstandsvereinb. international zuständig werden kann, stellt sich z.B. *Rodríguez Benot*, Los acuerdos, 443.

[439] Siehe dazu oben unter I., S. 244 f.

[440] Siehe dazu oben unter I., S. 247 f.

[441] S. dazu oben unter 2., S. 252 ff.

nicht. Auf der anderen Seite kann nach Treu und Glauben im Zweifel nicht davon ausgegangen werden, daß die Parteien, hätten sie die Möglichkeit des Unterlaufens der von ihnen geschlossenen internationalen Gerichtsstandsvereinbarung durch aufrechnungsweise Geltendmachung der davon betroffenen Forderungen bedacht, als redliche Vertragsparteien dem Beklagten den Verlust seines prozessualen Verteidigungsmittels der Aufrechnungseinrede zugemutet hätten - damit wäre eine erhebliche Beeinträchtigung der rechtlichen Position des Beklagten verbunden, während schutzwürdige Interessen des Klägers an einer Zurückweisung der Aufrechnungseinrede als unzulässig nicht bestehen.

Verfahrenstechnisch kann diesem hypothetischen Parteiwillen nur über die oben im Dritten Abschnitt entwickelte Erweiterte Aussetzungslösung in vollem Umfange Rechnung getragen werden.[442] Sie ermöglicht es, sowohl die Entscheidung des von den Parteien dafür ausgewählten Gerichts über die Gegenforderung sicherzustellen als auch gleichzeitig die Berücksichtigung der Verteidigungswirkungen der Aufrechnungseinrede zu gewährleisten. Dementsprechend ist nur sie in der Lage, die bestehende Regelungslücke im Einklang mit dem Geist der von den Parteien getroffenen Vereinbarung und unter Wahrung der objektiven Interessen beider Parteien zu schließen. Diese bei der Untersuchung der Grundkonstellation[443] gewonnene Erkenntnis hat sich bei der Überprüfung der Lösung an verschiedenen Sonderkonstellationen weiter bestätigt[444] - die Erweiterte Aussetzungslösung führt als einzige in allen untersuchten Fallgestaltungen zu angemessenen Ergebnissen.

Ein anderer hypothetischer Parteiwille ergibt sich auch nicht bei der ergänzenden Auslegung von internationalen Gerichtsstandsvereinbarungen, die in Allgemeinen Geschäftsbedingungen enthaltenen sind.[445] Insbesondere kann hier zur Schließung der Vertragslücke nicht auf die Unklarheitenregel des § 305c Abs. 2 BGB zurückgegriffen werden.

Ein Vorgehen nach der Erweiterten Aussetzungslösung ist lediglich dann entbehrlich, wenn der Beklagte die Aufrechnung mit einer unstreitigen oder rechtskräftig festgestellten Forderung geltend macht oder wenn sich der Kläger auf die prozessuale Aufrechnungseinrede gemäß Art. 18 EuGVÜ analog beziehungsweise § 39 ZPO analog eingelassen hat, ohne die aus der internationalen Gerichtsstandsvereinbarung resultierende Unzuständigkeit des Gerichts der Klage rechtzeitig zu rügen - hier darf und muß das Gericht der Klage ohne weiteres über den Aufrechnungseinwand des Beklagten entscheiden.[446]

Erhebt eine Partei vor einem anderen internationalen Gerichtsstand Klage als dem mit einer Zuständigkeitsvereinbarung prorogierten, so führt dies nicht dazu, daß sie sich fortan nicht mehr auf die der Vereinbarung im Zweifel zu entneh-

---

442 Siehe dazu oben unter 2., S. 260 f.
443 Siehe dazu genauer oben unter I., S. 248.
444 Siehe dazu oben unter 3., S. 262 ff.
445 Siehe dazu oben unter 3. e), S. 268 ff.
446 Siehe dazu oben unter 3. a), S. 262.

mende Derogation für die aufrechnungsweise Geltendmachung von ebenfalls davon erfaßten Forderungen der anderen Partei berufen darf.[447]

Schließlich wurde festgestellt, daß die internationale Zuständigkeit zur Entscheidung über die aufrechnungsweise Geltendmachung einer Forderung durch eine Gerichtsstandsvereinbarung nicht nur abbedungen, sondern auch begründet werden kann.[448]

E. Überprüfung der erzielten Ergebnisse vor dem Hintergrund der spezifischen Interessenlage im deutsch-spanischen Rechtsverkehr

I. Einführung

Die Rechtslage nach spanischem Recht kann für deutsche Gerichte bei der Auslegung von internationalen Gerichtsstandsvereinbarungen in verschiedener Hinsicht relevant werden: Das spanische Recht kann Aufrechnungsstatut sein.[449] Es kann als Statut der Gerichtsstandsvereinbarung die Maßstäbe für deren Auslegung vorgeben.[450] Es kann aber auch als Umweltrecht einer oder beider Parteien zu berücksichtigen sein; auch Erklärungsgepflogenheiten des spanischen Rechtsraumes können eine Rolle spielen, wenn eine Partei ihr Verhalten erkennbar danach ausgerichtet hat.[451] Schließlich sind bei der ergänzenden Auslegung über den Grundsatz von Treu und Glauben als normative Gesichtspunkte unter anderem auch die Grundsätze der internationalen Entscheidungsharmonie und -gerechtigkeit als Leitideale des Internationalen Privat- und Zivilprozeßrechts im allgemeinen und des EuGVÜ im besonderen zu berücksichtigen -[452] auch insoweit ist es von Bedeutung, wie die hier untersuchte Problematik von spanischen Gerichten beurteilt werden würde.[453]

Dementsprechend wird nun zu untersuchen sein, wie internationale Gerichtsstandsvereinbarungen nach spanischem Recht auszulegen sind und ob danach im Zweifel die Aufrechnung mit von der Vereinbarung erfaßten Forderungen vor den Gerichten eines anderen als dem vereinbarten Staat als ausgeschlossen anzusehen ist (unter II.[454]). Anschließend soll dann geprüft werden, ob die zuvor unter D. erarbeitete Lösung[455] vor diesem Hintergrund auch für diejenigen Fälle

[447] Siehe dazu oben unter 3. f), S. 270 ff.
[448] Siehe dazu oben unter 4., S. 278.
[449] Zu dessen Ermittlung siehe in der Einleitung dieser Arbeit unter A. I. 2., S. 3 ff.
[450] Siehe dazu oben unter C. III. 1., S. 231.
[451] Siehe dazu näher oben unter C. III. 2., S. 232 ff.
[452] Siehe dazu oben unter D. I., S. 247.
[453] Vgl. dazu *Pfaff*, ZZP 96 (1983), 334, 353 ff.
[454] Siehe unten, S. 281 ff.
[455] Siehe dort unter II. 5., S. 278 ff.

aufrechterhalten werden kann, in denen eine Verbindung zum spanischen Recht besteht, oder ob die ergänzende Auslegung hier möglicherweise einen davon abweichenden hypothetischen Parteiwillen ergibt (unter III.[456]).

II. Internationale Gerichtsstandsvereinbarungen und ihre Auswirkungen auf die prozessuale Aufrechnungseinrede im spanischen Recht

Darauf, daß Art. 17 EuGVÜ nach der Rechtsprechung des EuGH keine Regelung der hier untersuchten Problematik enthält, wurde bereits mehrfach hingewiesen.[457] Vielmehr sind Wortlaut und Sinn der jeweiligen Gerichtsstandsvereinbarung maßgeblich. Da die Auslegung von Gerichtsstandsvereinbarungen nach der Rechtsprechung des EuGH dem angerufenen nationalen Gericht obliegt,[458] wird nun zu prüfen sein, wie der spanische Richter dabei im Hinblick auf einen in einer solchen Zuständigkeitsvereinbarung möglicherweise enthaltenen Aufrechnungsausschluß vorzugehen hat.

Bevor die Frage untersucht werden kann, wie sich internationale Gerichtsstandsvereinbarungen im spanischen Recht auf die prozessuale Aufrechnungseinrede auswirken (dazu unten unter 3.[459]), werden - wie oben zum deutschen Recht geschehen -[460] vorab einige grundlegende Aspekte der rechtlichen Behandlung internationaler Gerichtsstandsvereinbarungen zu betrachten sein. So wird zu klären sein, welches Recht nach spanischem IPR auf internationale Gerichtsstandsvereinbarungen anzuwenden ist (unter 1. a)[461]) und nach welchen Regeln sie auszulegen sind (unter 1. b)[462]). Wie zum deutschen Recht wird die Frage nach Zulässigkeit und Wirkung von Aufrechnungsausschlüssen zu beantworten sein, wie sie aus internationalen Gerichtsstandsvereinbarungen abgeleitet werden (unter 1. c)[463]). Schließlich wird noch zu prüfen sein, ob sich nicht möglicherweise aus der Behandlung der Frage, wie sich eine zwischen den Parteien getroffene Schiedsvereinbarung auf die Aufrechnung mit einer dieser Vereinbarung unterworfenen Forderung auswirkt, wertvolle Erkenntnisse gewinnen lassen (unter 2.[464]).

---

[456] Siehe unten, S. 304 ff.
[457] Siehe dazu insbes.oben im Zweiten Abschnitt unter E., S. 105.
[458] *EuGH* 3.7.1997 - *Benincasa/Dentalkit*, Rs. C-269/95 - Slg. 1997, 3767, 3798 Rz. 31; 10.3.1992 - *Powell/Duffryn*, Rs. C-214/89 - Slg. 1992, 1745, Rz. 37.
[459] S. 293 ff.
[460] Siehe dazu oben unter C., S. 216 ff.
[461] S. 282 ff. Zu den Wirksamkeitsvoraussetzungen der Gerichtsstandsvereinb. nach spanischem Recht siehe *Hauschild*, 20-57 u. 86-94.
[462] S. 285 ff.
[463] S. 288 ff.
[464] S. 291 ff.

1. Vorab zu klärende Fragen

a) Das auf internationale Gerichtsstandsvereinbarungen anwendbare Recht

Oben unter C. II. 2. wurde festgestellt, daß im Anwendungsbereich des Art. 17 EuGVÜ ausschließlich dieser über Zulässigkeit, Form und Wirkungen einer internationalen Gerichtsstandsvereinbarung entscheidet.[465] Art. 22 Nr. 2 LOPJ, der im spanischen Recht die Zuständigkeitsbegründung durch internationale Gerichtsstandsvereinbarungen regelt, wird insoweit verdrängt. Bezüglich des Zustandekommens einer solchen Vereinbarung regelt Art. 17 EuGVÜ aber nur diejenigen materiellen Anforderungen, die untrennbar mit der Form verbunden sind - im übrigen ist in dieser Hinsicht auf nationales Recht zurückzugreifen.

Wie im deutschen stellt sich nun auch im spanischen Recht die Frage, ob insoweit die *lex fori* oder eventuell das nach spanischem IPR zur Anwendung berufene Sachrecht maßgebend sein soll. Bei der Antwort darauf spielt es eine Rolle, welche Rechtsnatur der Gerichtsstandsvereinbarung im spanischen Recht zugebilligt wird. Zählt man sie aufgrund ihrer Auswirkungen auf den Prozeß zum Prozeßrecht, so müßte nach dem Grundsatz *lex fori regit processum* spanisches Recht darauf Anwendung finden; zählt man sie hingegen als zwischen den Parteien vor dem Prozeß getroffene Übereinkunft zum materiellen Recht, so müßte man die nach spanischem IPR zu ermittelnde *lex causae* als dafür maßgebend ansehen.

(1) Rechtsnatur der Gerichtsstandsvereinbarung

Nach einem Teil der Literatur soll die Gerichtsstandsvereinbarung überwiegend materiellrechtlichen Charakter haben, da sie durch übereinstimmende Willenserklärungen außerhalb des Prozesses zustande komme.[466] Eine andere Ansicht sieht hingegen die prozessualen Wirkungen der Gerichtsstandsvereinbarung als maßgeblich an und ordnet sie folglich dem Prozeßrecht zu.[467] Der Regelungsgehalt der Vereinbarung sei ausschließlich auf den Prozeß ausgerichtet, sie stehe unter der aufschiebenden Bedingung der Initiierung eines Prozesses, denn ohne diese entfalte sie keinerlei Wirkungen, auch keine materiellrechtlichen.[468] *Peláez del Rosal* schließlich gelangt zu der Erkenntnis, die Gerichtsstandsvereinbarung lasse sich nicht in die traditionellen Kategorien einordnen.[469] Man könne wegen der Auswirkungen, die sie auf den Prozeß habe, nicht in vollem

---

[465] S. 220 f.

[466] *Guasp*, Der. Proc. Civ., 134; Albárcar López/*Martín-Granizo Fernández* Art. 59, S. 685; *Merino Juez*, 95.

[467] *Gómez Orbaneja*, 110 u. 188; *Blanco-Morales Limones*, 230.

[468] Vgl. *Peláez del Rosal*, 175; *TS* 03.04.1871.

[469] *Peláez del Rosal*, 172.

Umfang die Normen des materiellen Rechts auf sie anwenden, aber andererseits entziehe sie sich aufgrund des Abschlusses der Vereinbarung vor dem Prozeß auch der vollständigen Regelung durch das Prozeßrecht.[470]

Die Rechtsprechung hat sich zur Rechtsnatur der Gerichtsstandsvereinbarung bisher noch nicht eindeutig geäußert. In einem Urteil vom 30.11.1939[471] erklärte der Tribunal Supremo, daß die Gerichtsstandsvereinbarung von Prinzipien des *ordre public* beeinflußt werde, die das Zuständigkeitsrecht bestimmten ("... influido por principios de orden público que presiden la materia de competencia ...") und daß sich ihre Geltendmachung nach dem Prozeßrecht zu richten habe, das zu dem Zeitpunkt in Kraft sei, zu dem die Gerichte angerufen würden ("... que en su ejercicio habrá de ajustarse a la ley procesal que esté en vigor cuando se acuda a los tribunales ..."). Der Tribunal Supremo möchte also auf die Zulässigkeit der Geltendmachung der Gerichtsstandsvereinbarung Prozeßrecht angewendet sehen. Ob er die Gerichtsstandsvereinbarung hingegen insgesamt dem Prozeßrecht unterstellen möchte, läßt sich dieser Entscheidung nicht entnehmen[472] und auch sonst hat sich der Tribunal Supremo dazu nicht ausdrücklich erklärt. Allerdings hat das Gericht in keinem Urteil direkt materiellrechtliche Vorschriften auf Gerichtsstandsvereinbarungen angewandt, was auf eine prozeßrechtliche Einordnung derselben schließen läßt.[473]

Selbst wenn man aber mit der in Spanien wohl herrschenden Meinung die Gerichtsstandsvereinbarung dem Prozeßrecht zuordnet, drängt sich die (auch zum deutschen Recht gestellte)[474] Frage auf, wie dieses die Probleme lösen soll, die bezüglich des Zustandekommens der Vereinbarung auftreten können und für die es keine Normen enthält. Dementsprechend unterscheiden sich die verschiedenen vertretenen Auffassungen letztlich trotz der feinen terminologischen Abweichungen im Ergebnis kaum,[475] denn man ist sich insoweit einig, als die Gerichtsstandsvereinbarung als materieller Vertrag angesehen wird, der - je nach Standpunkt - mehr oder weniger stark durch das Prozeßrecht beeinflußt wird. Art. 4 Nr. 3 CC sieht die ergänzende Anwendung des CC auf andere Rechtsgebiete vor, soweit dort Regelungslücken bestehen und deshalb gehen auch diejenigen Autoren, die den prozeßrechtlichen Charakter der Gerichtsstandsvereinbarung betonen, davon aus, daß auf ihr Zustandekommen die Vorschriften des bürgerlichen Rechts anzuwenden sind.[476]

---

[470] *Peláez del Rosal*, 173.

[471] *TS* 30.11.1939, RAJ 1939, 88.

[472] Entgegen *Hauschild*, der dies aus dem Urteil ableiten zu wollen scheint (siehe dort S. 19).

[473] Hierin ist *Hauschild*, 19 zuzustimmen.

[474] Stein/Jonas/*Bork*, § 38 Rz. 45; *Rosenberg/Schwab/Gottwald*, § 66 IV 1; *BGH* 17.05.1972, *BGHZ* 59, 23, 27.

[475] Vgl. auch *Hauschild*, 19; siehe z.B. *Peláez del Rosal*, 162-180. Zur Irrelevanz der Zuordnung zu materiellem Recht oder Prozeßrecht hinsichtl. der Frage des anwendbaren Rechts: *Henckel*, 33 u. 35 sowie *Baumgärtel*, 223.

[476] De la Oliva/*M. A. Fernández*, Der. Proc. Civ., Bd. I, § 13 Nr. 30; *Fernández López/Rifá*

(2) Anwendbares Recht

Auf internationaler Ebene stellt sich weiter die Frage, welches Recht nach spanischem IPR auf die Gerichtsstandsvereinbarung anzuwenden ist. Da diese, wie zuvor festgestellt, im spanischen Recht überwiegend dem Prozeßrecht zugeordnet wird, ist gemäß dem in Art. 3 LEC ausdrücklich verankerten *Lex-fori*-Prinzip grundsätzlich spanisches Prozeßrecht für sie maßgebend. Fraglich ist allein, ob darüber hinaus für bestimmte Aspekte der Gerichtsstandsvereinbarung die *lex causae* Anwendung finden kann.

Von der oben beschriebenen herrschenden Meinung ausgehend, daß auf das Zustandekommen der Gerichtsstandsvereinbarung materielles Recht Anwendung findet, erscheint es konsequent, das Zustandekommen internationaler Gerichtsstandsvereinbarungen nach der anhand des spanischen IPR ermittelten *lex causae* zu beurteilen. Dieser Standpunkt wird auch von einigen Stimmen in der spanischen Literatur vertreten.[477] Die große Mehrheit der spanischen Autoren und der Tribunal Supremo aber wenden ausschließlich die *lex fori* an, ohne überhaupt auf die kollisionsrechtliche Problematik einzugehen.[478] Da Art. 22 Nr. 2 LOPJ keine Aussagen über das Zustandekommen einer Gerichtsstandsvereinbarung enthält, wird ergänzend auf die internen Vorschriften Art. 54 und 55 LEC[479] sowie gegebenenfalls auf die entsprechenden Normen des CC zurückgegriffen. Eine Ausnahme wird lediglich für die Frage der Geschäftsfähigkeit der Parteien gemacht, für die - ebenso wie gemäß Art. 7 Abs. 1 EGBGB im deutschen IPR - das Personalstatut als maßgeblich angesehen wird.[480]

Man könnte versuchen, die ausschließliche Anwendung des spanischen Rechts dadurch zu rechtfertigen, daß man auf die zur Ergänzung herangezogenen Vorschriften des CC nicht direkt zurückgreift, sondern sie in analoger Anwendung quasi als Teil des Prozeßrechts auffaßt, das stets in den Wirkungsbereich des *Lex-fori*-Grundsatzes gemäß Art. 3 LEC fällt. *Weigand* weißt aber zu Recht darauf hin, daß man auch für das spanische Recht (ebenso wie für das deutsche) zu einer gespaltenen Beurteilung der Zuständigkeitsvereinbarung nach

---

Soler/Valls Gombau, Bd. II, § 17 Nr. 4; *Peláez del Rosal*, 245; *Gómez Colomer*, Der. Jurisdiccional, Bd. I, 335. Entsprechend die h.M. im deutschen Recht, siehe Stein/Jonas/*Bork*, § 38 Rz. 45; *Gottwald*, FS Henckel, 295, 299; jeweils m.w.N.

[477] *Cortés Domínguez*, Der. Proc. Civ. Int., 14; *Quiñones Escámez*, RJC 1987, 657, 693; *Blanco-Morales Limones*, 230.

[478] *Amores Conradi*, REDI 1989, 113, 135; *González Granda*, 345; *Senés Motilla*, Justicia 1986, 683, 694; *Díaz Ruiz*, La Ley 1986, 1078, 1085; *TS* 10.11.1993, RAJ 1993, 8990; 20.07.1992, RAJ 1992, 6440; 18.06.1990, RAJ 1990, 4764.

[479] *TS* 10.11.1993, 20.07.1992 u. 18.06.1990, s. Fn. 478; *González Granda*, 345; *Blanco-Morales Limones*, 231; *Espinar Vicente*, 64 f.; *Amores Conradi*, REDI 1989, 113, 136; *Marín López*, 125, *Calvo Caravaca/Carrascosa González*, Der. Int. Priv., 235; *Merino Juez*, 93 f. (alle noch zu den entsprechenden Art. 56 u. 57 der alten LEC-1881). Krit. zur analogen Anwendung der Normen der örtl. Zuständigk. *González Granda*, 162.

[480] Pérez Vera/*Calvo Caravaca*, Thema XI, II. 1.

der *lex fori* einerseits und der *lex causae* andererseits gelangt, wenn man Prozeßrecht und materielles Recht nicht oberflächlich nach dem Standort der betreffenden Normen abgrenzt, sondern nach deren Sinn und Regelungsgehalt.[481] Gegen die reine *Lex-fori*-Lösung spricht zudem, daß die Wirksamkeit der Vereinbarung danach von dem Recht des jeweils angerufenen Staates abhängt. Für Zulässigkeit und Wirkungen, deren Beurteilung von *ordre-public*-Erwägungen geleitet wird, ist dieses Ergebnis unvermeidbar, soweit sie nicht einheitsrechtlich geregelt sind; für den Abschluß der Vereinbarung bringt dies den Parteien jedoch erhebliche Rechtsunsicherheit, da die Regeln über den Vertragsschluß von Land zu Land teilweise erheblich voneinander abweichen.[482] Deshalb ist eine kollisionsrechtliche Anknüpfung vorzuziehen, denn diese gewährleistet - wenigstens tendenziell - eine einheitliche Beurteilung des Abschlußtatbestandes der Vereinbarung.[483]

So wünschenswert eine Anwendung der *lex causae* auf das Zustandekommen der Vereinbarung wäre, so unwahrscheinlich erscheint es indes zum gegenwärtigen Zeitpunkt angesichts der Selbstverständlichkeit, mit der die herrschende Meinung spanisches Recht anwendet,[484] daß der Tribunal Supremo seine Rechtsprechung in näherer Zukunft ändern wird.

Festzuhalten bleibt demnach, daß in Spanien internationale Gerichtsstandsvereinbarungen ausschließlich nach der *lex fori* beurteilt werden. Eine Ausnahme bildet lediglich die Frage der Geschäftsfähigkeit der Parteien, die sich nach dem jeweiligen Personalstatut richtet.

b) Die Auslegungsregeln des spanischen Rechts

Da die Frage, ob die Parteien einer Zuständigkeitsvereinbarung mit der Derogation der spanischen internationalen Zuständigkeit auch gleichzeitig die Geltendmachung einer davon erfaßten Forderung im Rahmen der Aufrechnung ausschließen wollten, - wie oben unter D. I. festgestellt -[485] durch Auslegung der Vereinbarung zu lösen ist, ist es nun erforderlich zu untersuchen, wie die spanische Rechtsprechung bei einer solchen Auslegung vorgehen würde.

Zuvor wurde festgestellt, daß die in Spanien herrschende Meinung (inklusive der Rechtsprechung) Gerichtsstandsvereinbarungen - mit Ausnahme der Frage der Geschäftsfähigkeit der Parteien - ausschließlich nach der *lex fori* beurteilt. Daraus läßt sich ohne weiteres folgern, daß auch die Auslegung der Vereinbarung ausschließlich nach spanischem Recht und nicht etwa - wie im deutschen

---

[481] *Weigand*, 177, siehe dort auch Fn. 33.
[482] *Gottwald*, FS Henckel, 295, 298.
[483] *Basedow*, Rechtswahl, 7; *Gottwald*, FS Henckel, 295, 301, vgl. auch 309.
[484] Siehe dazu *Hauschild*, 85 u. *Weigand*, 176 f.
[485] Siehe 244.

Recht -[486] nach der *lex causae* vorzunehmen ist. Das bedeutet, daß das spanische Recht die gesetzlichen und richterrechtlichen Regeln für die Auslegung vorgibt. Da das Prozeßrecht keine Auslegungsregeln enthält, gelangen insoweit - entsprechend dem oben unter a) (1) Ausgeführten -[487] die Vorschriften des materiellen Rechts zur Anwendung, wenn auch mit den Einschränkungen, die der Charakter der Gerichtsstandsvereinbarung als Prozeßvertrag mit sich bringt. Daher soll nun ein Blick auf diese Auslegungsvorschriften des materiellen Rechts geworfen werden.

Die Auslegung hat sich im spanischen Recht nach herrschender Meinung am gemeinsamen Willen der Parteien zu orientieren, so wie er sich im Vertrag objektiviert hat - es ist also nicht allein der Erklärungswille maßgebend, sondern nach dem Grundsatz von Treu und Glauben auch die Selbstverantwortlichkeit des Erklärenden und das Vertrauen des Erklärungsempfängers in das Erklärte.[488] Dies entspricht der herrschenden Meinung im deutschen Recht.[489] Was die Vorgehensweise bei der Auslegung anbetrifft, so fällt dem deutschen Betrachter auf, daß der CC sich nicht mit Generalklauseln (wie etwa §§ 133, 157 BGB) begnügt, welche Rechtsprechung und Lehre naturgemäß einen weiten Beurteilungsspielraum eröffnen, sondern in den Art. 1281 bis 1289 ausführliche allgemeine positivrechtliche Regeln über die Auslegung von Verträgen enthält, die für den Auslegenden bindend sind.[490]

Auszugehen ist dabei gemäß Art. 1281 Abs. 1 CC zunächst vom Wortlaut der Vertragsbestimmungen. Wenn dieser klar ist und keinen Zweifel über den Willen der Vertragsparteien läßt, so ist er allein maßgebend. "Klar" im Sinne des Art. 1281 Abs. 1 CC sind nach der Rechtsprechung nur solche Bestimmungen, die absolut unzweideutig, deutlich und ohne Widerspruch untereinander sind, das heißt keine Zweifel hervorrufen, keine weiteren Bedeutungen offenlassen und keine verschiedenen Möglichkeiten zur praktischen Umsetzung eröffnen.[491] Dabei erfordert die Prüfung, ob eine Bestimmung klar und unzweideutig ist, ihrerseits bereits eine Auslegung derselben.[492] Wenn der Wortlaut dem offensichtlichen gemeinsamen Willen der Parteien entgegensteht, so geht letzterer gemäß Art. 1281 Abs. 2 CC vor. Der gemeinsame Wille ist gemäß Art. 1282 CC vor allem anhand der Handlungen der Parteien bei, nach und - obwohl in der Vor-

---

[486] Siehe dazu oben unter C. III. 1., S. 228 ff.

[487] S.o. S. 283.

[488] *Lete del Río*, Bd. II, 89 m.w.N.; st. Rspr., u.a. *TS* 01.12.1959, RAJ 1959, 4476; 27.10.1951, RAJ 1951, 2354; 23.05.1935, RAJ 1935, 1124.

[489] Palandt/*Heinrichs*, § 133 Rz. 9 m.w.N.; *BGH* 12.3.1992, NJW 1992, 1446 f. u. 5.10.1961, *BGHZ* 36, 30, 33.

[490] *Lete del Río*, Bd. II, 90. Krit. zu einer solch detaillierten gesetzl. Festschreibung von Auslegungsregeln: Zweigert/*Kötz*, § 30 II, S. 397 ff.

[491] *TS* 15.11.1980, RAJ 1980, 3627.

[492] *TS* 17.10.1985, RAJ 1985, 4900; 26.11.1962, RAJ 1962, 4684.

schrift nicht erwähnt - auch vor dem Vertragsschluß zu ermitteln.[493] Art. 1283 CC bestimmt in Ergänzung zu und als Konsequenz aus den beiden vorgenannten Artikeln, daß der Vertragstext nicht so ausgelegt werden darf, daß der Regelungsgehalt der Vereinbarung über den von den Parteien gewollten Rahmen hinaus ausgedehnt wird[494] - mit anderen Worten, der wirkliche Wille der Parteien bildet auch die Grenze für die Auslegung der Vertragsbestimmungen.

Art. 1284 CC sieht vor, daß eine Bestimmung, die verschiedene Deutungen zuläßt, im Sinne derjenigen verstanden werden muß, die am besten dazu geeignet ist, die Wirksamkeit der Klausel zu gewährleisten. Art. 1285 CC ordnet an, daß einer zweifelhaften Klausel der Sinn beizumessen ist, der sich aus der Gesamtheit der Vertragsbestimmungen ergibt. Worte, die verschiedene Bedeutungen haben können, sind nach Art. 1286 CC in dem Sinne zu verstehen, der der Natur und dem Gegenstand des Vertrages am meisten entspricht, wobei "Natur" hier den Vertragstyp meint (z.B. Kaufvertrag, Mietvertrag usw.) und "Gegenstand" die Absicht oder das Ziel, das die Parteien mit dem Vertragsschluß verfolgten.[495]

Der Grundsatz von Treu und Glauben, die Verkehrssitte und die Verkehrsgebräuche "des Landes" ("del país") sind gemäß Art. 1287 i.V.m. Art. 1258 CC zum einen zur Auslegung von Mehrdeutigkeiten und zum anderen zur Ausfüllung der Lücken im Vertragstext heranzuziehen - insbesondere bei der ergänzenden Auslegung ("integración") von Verträgen ist also auf die beiden genannten Vorschriften zurückzugreifen.[496] Gemäß Art. 1287 CC sind Lücken im Vertragstext in erster Linie durch die Einfügung solcher Klauseln zu schließen, die nach den Verkehrssitten und -gebräuchen üblicherweise vereinbart werden. Die Frage, um die Sitten und Gebräuche welchen Landes es sich dabei handelt, ist nach richtiger Ansicht anhand der IPR-Normen über vertragliche Schuldverhältnisse, die in Art. 10 Nr. 5 CC enthalten sind, zu lösen.[497] Nach anderen Meinungen soll der Ort, wo sich der Vertragsgegenstand befindet, der Ort der Vollziehung des Vertrages oder der Ort des Vertragsschlusses maßgeblich sein[498] - diese Lösungen sind aber nicht flexibel genug, um den jeweiligen Umständen des Einzelfalles gerecht zu werden. Ist das Schließen der Lücken durch das Einfügen

---

[493] Zu letzterem siehe *Lete del Río*, Bd. II, 92; *Castán Tobeñas*, 692 f.; *TS* 20.05.1996, RAJ 1996, 3793; 21.02.1986, RAJ 1986, 839; 28.04.1964, RAJ 1964, 2147.

[494] Art. 1283 CC formuliert etwas umständlicher: "Cualquiera que sea la generalidad de los términos de un contrato, no deberán entenderse comprendidos en él cosas distintas y casos diferentes de aquellos sobre que los interesados se propusieron contratar" ("Gleichgültig wie die Gesamtheit der Bestimmungen eines Vertrages lautet, sie darf nicht so verstanden werden, daß andere Dinge und andersartige Fälle als die, die die Parteien zu vereinbaren beabsichtigten, von ihm umfaßt werden").

[495] *Lete del Río*, Bd. II, 93.

[496] *Castán Tobeñas*, 690; *Lete del Río*, Bd. II, 89 u. 93 f.

[497] *López López* , 51; Lete del Río, Bd. II, 94.

[498] Vgl. *Castán Tobeñas*, 695.

entsprechender Klauseln nicht möglich, so greift Art. 1258 CC, der klarstellt, daß Verträge die Parteien nicht nur zur Erfüllung des ausdrücklich Vereinbarten verpflichten, sondern auch zu all den Folgen, die sich der Natur des Vertrages entsprechend aus dem Grundsatz von Treu und Glauben, der Verkehrssitte und dem Gesetz ergeben.

Für unklare Vertragsbestimmungen, die eine Partei der anderen einseitig gestellt hat, sieht Art. 1288 CC als Ausfluß des Grundsatzes von Treu und Glauben vor, daß ihre Auslegung diejenige Partei, die diese Unklarheiten verursacht hat (also den Verwender), nicht begünstigen darf.[499] Als die Auslegungsregeln abschließende Norm subsidiären Charakters erfaßt Art. 1289 CC schließlich die Fälle, in denen es absolut unmöglich ist, bestehende Zweifel durch die in den voranstehenden Artikeln aufgestellten Regeln auszuräumen. Bestehen diese Zweifel hinsichtlich unwesentlicher Umstände des Vertrages, so sieht Art. 1289 Abs. 1 CC für unentgeltliche Verträge die Auslegung im Sinne der geringstmöglichen Übertragung von Rechten und Werten und für entgeltliche Verträge die Auslegung im Sinne des größtmöglichen Austauschs von Werten vor.[500] Für die Fälle, in denen die Zweifel in Bezug auf den Hauptgegenstand des Vertrages bestehen, so daß sich die Absicht oder der Wille der Parteien überhaupt nicht ermitteln läßt, ordnet Art. 1289 Abs. 2 CC die Nichtigkeit des Vertrages an.

Über die genannten konkreten gesetzlichen Regelungen hinaus ist bei der Auslegung außerdem stets der Grundsatz von Treu und Glauben ("la buena fe", ausdrücklich normiert in Art. 7 Nr. 1 CC) als generelles Rechtsprinzip zu beachten (Art. 1 Nr. 4 CC).[501]

Vergleicht man diese Auslegungsvorschriften des spanischen Rechts mit der Art und Weise, wie nach herrschender Meinung im deutschen Recht bei der Auslegung von Rechtsgeschäften zu verfahren ist,[502] so ist festzustellen, daß keine wesentlichen Unterschiede bestehen. Eine Ausnahme bildet lediglich die Auslegungsregel des Art. 1289 Abs. 1 CC, für die das deutsche Recht keine Entsprechung kennt.

c) Der aus einer internationalen Gerichtsstandsvereinbarung abgeleitete Aufrechnungsausschluß

Oben unter C. IV.[503] wurden die unterschiedlichen Arten von Aufrechnungsausschlüssen untersucht, die die deutsche Rechtsprechung und Teile der Lehre internationalen Gerichtsstandsvereinbarungen im Zweifel entnehmen wollen. An

---

[499] Siehe dazu *Lete del Río*, Bd. II, 94 u. *Castán Tobeñas*, 696. Die Vorschr. ist in etwa mit § 305c Abs. 2 BGB zu vergleichen. Diese Regelung wurde später auch von Art. 10 Abs. 2 LGDCU (spanisches Verbraucherschutzgesetz) aufgegriffen.

[500] Siehe dazu im einzelnen *Lete del Río*, Bd. II, 95.

[501] *Lete del Río*, Bd. II, 96.

[502] Siehe dazu die Kommentierungen zu § 133 u. § 157 von *Heinrichs* in Palandt.

[503] S. 233 ff.

dieser Stelle stellt sich nun die Frage, ob die Vereinbarung solcher Aufrechnungsausschlüsse auch nach spanischem Recht grundsätzlich zulässig ist.

(1) Das prozessuale Aufrechnungsverbot

Wie oben unter B. dargelegt wurde, wird zum deutschen Recht von der Rechtsprechung, aber auch von Teilen der Literatur die These vertreten, die Vereinbarung eines ausschließlichen internationalen Gerichtsstands enthalte im Zweifel ein vertragliches Verbot, sich im Prozeß auf die Aufrechnung mit einer der betreffenden Vereinbarung unterfallenden Gegenforderung zu berufen.[504]

Was nun das spanische Recht angeht, so haben sich bisher, soweit ersichtlich, weder Rechtsprechung noch Literatur auch nur mit der theoretischen Statthaftigkeit solcher Vereinbarungen beschäftigt.[505] Gleichwohl ist davon auszugehen, daß die Vereinbarung solcher prozessualer Aufrechnungsverbote angesichts der Prinzipien der Vertragsfreiheit einerseits[506] und der Parteiherrschaft über den Zivilprozeß andererseits[507] auch im spanischen Recht grundsätzlich zulässig ist.[508] In der Praxis wird der Abschluß einer solchen Vereinbarung allerdings wegen des materiellrechtlichen Eintritts der Aufrechnung *ipso iure* gut zu überdenken sein - sinnvoll für beide Parteien kann ein solches prozessuales Aufrechnungsverbot nämlich nur dann sein, wenn gleichzeitig auch der Eintritt der materiellrechtlichen Aufrechnungswirkungen ausgeschlossen wird,[509] weil anderenfalls eine der Parteien Gefahr läuft, ihre Forderung ersatzlos zu verlieren. Kann der Beklagte nämlich im ersten Verfahren die Aufrechnung mit seiner Forderung aufgrund des prozessualen Aufrechnungsverbots nicht erfolgreich vor Gericht geltend machen, so wird er - wenn die Klage im übrigen begründet ist - zur Zahlung verurteilt werden. Versucht er später, die Forderung selbständig einzuklagen, besteht die Gefahr, daß die gegnerische Partei ihrerseits mit Erfolg gel-

---

504 Siehe diesbezüglich zur Rechtsprechung oben unter B. I. 4., S. 207 ff. und zur Literatur oben unter B. II., S. 209 ff.

505 So sehen etwa die Autoren, die sich mit der Entscheidung des *EuGH* vom 9.11.1978 - *Meeth/Glacetal* - Rs. 23/78 - Slg. 1978, 2133 = RIW 1978, 814 auseinandersetzen, die Frage, ob ein Gericht über die Aufrechnung mit einer Forderung entscheiden kann, für deren klageweise Geltendmachung kraft einer internationalen Gerichtsstandsvereinbarung die alleinige Zuständigkeit der Gerichte eines anderen Staates gegeben wäre, im Gegensatz zur dt. Rechtspr. und herrschenden Lehre ausschließlich als Problem der internationalen Zuständigkeit an, vgl. *Rodríguez Benot*, Los acuerdos, 444-454, *Desantes Real*, 228 f. u. *Michinel Álvarez*, REDI 1997-2, 47, 68.

506 Vgl. Art. 1255 CC.

507 Vgl. Art. 19 f., 216 u. 218 LEC. Siehe dazu auch De la Oliva/*M. A. Fernández*, Der. Proc. Civ., Bd. II, 23 (noch zur entsprechenden Vorschrift des Art. 359 LEC-1881).

508 Siehe dazu auch oben im Ersten Abschnitt unter C. I., S. 53 f.

509 Zum vertraglichen Ausschluß der materiellrechtlichen Aufrechnungswirkungen siehe näher oben im Ersten Abschnitt unter B. II. 2. b)., S. 46 f.

tend macht, die Klageforderung sei materiellrechtlich bereits gemäß Art. 1195, 1202 CC durch Aufrechnung erloschen.

Ein solches Ergebnis kann vermieden werden, wenn sich der Vereinbarung des prozessualen Aufrechnungsverbots ein konkludenter Ausschluß der materiellrechtlichen Aufrechnungswirkungen entnehmen läßt.[510] Dies ist - je nachdem, wie die Vereinbarung formuliert ist - denkbar, falls jegliche prozessuale Geltendmachung der Aufrechnung hinsichtlich der betreffenden Forderungen ausgeschlossen wurde, unabhängig von dem Gericht, vor dem das Verfahren dann später stattfindet.

Haben die Parteien hingegen die Erhebung der Aufrechnungseinrede nur vor einem oder mehreren bestimmten Gerichten ausgeschlossen, scheidet diese Möglichkeit aus: der Eintritt der materiellrechtlichen Aufrechnung kann nicht davon abhängig gemacht werden, vor welchem Gericht sie gerade geltend gemacht wird. Zu denken wäre hier allenfalls an die Zurückweisung des Aufrechnungseinwandes als unzulässig im späteren Prozeß, in dem der frühere Beklagte seine Forderung selbständig einzuklagen versucht, wegen widersprüchlichen Verhaltens (*venire contra factum proprium*) der Gegenpartei, also Verstoßes gegen den Grundsatz von Treu und Glauben ("la buena fe", Art. 7 CC; siehe jetzt auch Art. 247 LEC zur prozeßrechtlichen Ausprägung des Grundsatzes). Das widersprüchliche Verhalten wäre dann in der Tatsache zu sehen, daß die Gegenpartei im späteren Verfahren den Eintritt der materiellrechtlichen Aufrechnungswirkungen geltend macht, während sie im ersten Verfahren Klage erhoben und dabei gerade den Nichteintritt dieser Aufrechnungswirkungen vorausgesetzt hat. Die Tatsache, daß im ersten Prozeß ein materiellrechtlich falsches Urteil erlassen werden müßte, ließe sich durch diese Lösung jedoch nicht vermeiden.

Abschließend kann festgehalten werden, daß die ausdrücklich Vereinbarung eines prozessualen Aufrechnungsverbotes im Lichte der Prinzipien der Vertragsfreiheit einerseits und der Parteiherrschaft über den Zivilprozeß andererseits im spanischen Recht genauso wie im deutschen grundsätzlich zulässig ist. Es ist dabei aber zu bedenken, daß sich die Gefahr des ersatzlosen Verlustes der Forderung einer der Parteien unter bestimmten Umständen nicht völlig ausschließen läßt.

(2) Zulässigkeit der Derogation der internationalen Entscheidungszuständigkeit für die aufrechnungsweise Geltendmachung einer Forderung

Oben unter B. wurde weiter festgestellt, daß einige Stimmen in der deutschen Literatur das Problem, wie bereits das Reichsgericht und auch der EuGH, als auf der Ebene des Zuständigkeitsrechts angesiedelt sehen und prüfen, ob die Parteien die internationale Zuständigkeit der deutschen Gerichte zur Entscheidung über die Gegenforderung auch für den Fall ihrer aufrechnungsweisen Geltendma-

[510] Vgl. dazu oben im Ersten Abschnitt unter C. V. 2., S. 65 ff.

chung abbedingen wollten.[511] Die grundsätzliche Zulässigkeit derartiger Derogationsvereinbarungen wurde bereits oben unter C.[512] untersucht und letztlich bejaht.

Im Anwendungsbereich des EuGVÜ gilt in Bezug auf diese Frage auch aus der Sicht des spanischen Rechts nichts anderes, da dafür allein das Übereinkommen maßgeblich ist. Demnach kann an dieser Stelle auf die am angegebenen Ort gemachten Ausführungen verwiesen werden. Insbesondere ist im Geltungsbereich des EuGVÜ die auch zur heutigen Rechtslage im autonomen spanischen Recht zum Teil noch vertretene Auffassung, eine Derogation der internationalen Zuständigkeit der spanischen Gerichte sei de *lege lata* generell unzulässig,[513] nicht haltbar - Art. 17 des Übereinkommens läßt keinen Zweifel an der Wirksamkeit derogierender Gerichtsstandsvereinbarungen.[514]

2. *Schiedsvereinbarungen und prozessuale Aufrechnungseinrede im spanischen Recht*

Wie unter B. I.[515] festgestellt, hat der BGH mit seiner Rechtsprechung zum deutschen Recht bezüglich der Auswirkungen internationaler Gerichtsstandsvereinbarungen auf die prozessuale Aufrechnungseinrede an die vorher bereits vom Reichsgericht gefundene Lösung für die ähnliche Problematik angeknüpft, ob mit einer Gegenforderung aufgerechnet werden kann, wenn die Parteien über

---

[511] Siehe diesbezüglich zur Rechtsprechung oben unter B. I. 4., S. 207 ff., zur Literatur oben unter B. II., S. 209 ff. und zur Rspr. des EuGH oben unter B. II., S. 209 (Fn. 117).

[512] Siehe dort unter IV. b), S. 237 ff.

[513] *Arenas García*, 233-238, insbes. 236; *Álvarez González*, REDI 1993, 447-453; *Fernández Rozas/Sanchez Lorenzo*, 283-288, insbes. 288, auch 352 f. (*de lege ferenda* wird die Zulässigkeit der *derogatio fori* hingegen von den genannten Autoren durchweg begrüßt). So zunächst auch noch die spanische Rspr., siehe z.B.: *TS* 10.07.1990, RAJ 1990, 5792; 18.06.1990, RAJ 1990, 4764; 30.04.1990, RAJ 1990, 2807. Für die Zulässigkeit der *derogatio fori* auch nach geltendem autonomen span. Recht: *González Granda*, 265: "ohne jeglichen Zweifel"; *Rodríguez Benot*, Los acuerdos, 90-102, insbes. 93; *ders.*, REDI 1994, 594; *Amores Conradi*, REDI 1989, 113, 144 ff.; *Quiñones Escámez*, RJC 1987, 657, 689; *Espinar Vicente*, 69 u. 124; *Marín López*, 134; *González Campos*, REDI 1991, 192 ff. Siehe auch *Hauschild*, 81 f. und *Weigand*, 181 und mittlerweile auch die Rspr., siehe z.B.: *TS* 10.11.1993, RAJ 1993, 8980; 13.10.1993, RAJ 1993, 7514; 19.11.1990, RAJ 1990, 8982. In seinem Urteil v. 20.07.1992, RAJ 1992, 6440 erklärte der *TS* ebenfalls die grundsätzliche Zulässigkeit der Derogation, auch wenn das Urt. im übrigen schwere Fehler enthält - siehe dazu *Álvarez González*, REDI 1993, 447 ff., *Fernández Rozas/Sanchez Lorenzo*, 348, *Garcimartín Alférez*, IPRax 1993, 426 ff. und *Jayme/Kohler*, IPRax 1993, 357, 366 f. Auch in *TS* 10.11.1993, RAJ 1993, 8980 wurde grds. die Möglichkeit der *derogatio fori* anerkannt, obwohl die Gerichtsstandsklausel letztlich im konkreten Fall für ungültig erklärt wurde.

[514] *Garcimartín Alférez*, IPRax 1993, 426, 427; *Munz*, 196; *Calvo Caravaca/Carrascosa González*, Der.Int.Priv., 239. Entsprechend auch Art. 23 EuGVVO.

[515] S. 196 ff.

das ihr zugrunde liegende Rechtsverhältnis eine Schiedsvereinbarung getroffen haben. Auch im spanischen Recht könnten sich folglich aus der Behandlung der letzteren Frage möglicherweise Anhaltspunkte für die Lösung der hier letztlich interessierenden Problematik der Auswirkungen von internationalen Zuständigkeitsvereinbarungen auf die prozessuale Aufrechnungseinrede gewinnen lassen.

Das Recht der Schiedsvereinbarung ("convenio arbitral") ist im spanischen Recht in der "Ley de arbitraje" (Gesetz über die Schiedsgerichtsbarkeit) vom 05.12.1988[516] geregelt. Eine Vorschrift über die Auswirkungen von Schiedsgerichtsabreden auf die prozessuale Aufrechnungseinrede ist darin aber nicht enthalten. Die spanische Lehre hat sich mit dem Problem bisher noch nicht auseinandergesetzt und auch gerichtliche Entscheidungen, die sich mit der Frage beschäftigen, sind nicht bekannt.

Lorca Navarrete verweist zwar - als einziger - auf eine Entscheidung des Tribunal Supremo vom 30.05.1915 und gibt ihren Inhalt wie folgt wieder: "no puede alegarse la compensación si los créditos compensables han de dilucidarse por arbitraje" [517] (frei übersetzt: "die Aufrechnung kann nicht geltend gemacht werden, wenn ein Schiedsgericht über die aufrechenbaren Forderungen zu entscheiden hat"). Der Autor gibt aber für diese Entscheidung keine Fundstelle an und sie ist weder in der amtlichen Sammlung des Tribunal Supremo,[518] noch in den anderen gängigen Rechtsprechungssammlungen[519] aufzufinden. Die Entscheidung ist daher für die hier verfolgten Zwecke nicht verwertbar, zumal der Autor für den genannten Standpunkt keinerlei Begründung anführt und bereits seine Formulierung einige Fragen offenläßt: der Wortlaut legt nahe, daß die Zuständigkeit der staatlichen spanischen Gerichte hinsichtlich beider Forderungen zugunsten eines Schiedsgerichts abbedungen worden sein muß - wie soll sich in so einem Fall überhaupt die Frage stellen, ob ein staatliches Gericht über die Gegenforderung entscheiden kann, wo doch bereits die Klage nur vor dem Schiedsgericht erhoben werden kann? Etwas anderes wäre nur denkbar im Falle der rügelosen Einlassung des Beklagten, was indes eine völlig andere Fallgestaltung als die hier interessierende darstellen würde. Hinzu kommt, daß die Entscheidung ohnehin sehr alt ist, so daß fraglich wäre, ob sie überhaupt ohne weiteres auf die heutigen Gegebenheiten übertragbar wäre.

Es bleibt demnach festzuhalten, daß die Rechtslage hinsichtlich der Auswirkungen von Schiedsgerichtsabreden auf die prozessuale Aufrechnungseinrede gänzlich unklar ist, so daß sich aus ihr keine Erkenntnisse für die Behandlung der Problematik der Auswirkungen von internationalen Gerichtsstandsvereinbarungen auf die prozessuale Aufrechnungseinrede gewinnen lassen.[520]

---

[516] Gesetz Nr. 36/1988, BOE Nr. 293 v. 07.12.1988.

[517] *Lorca Navarrete*, 276.

[518] Col. Leg.

[519] Insbes. RGLJ u. Alcubilla. RDP (erst ab 1916), RAJ (ab 1930) und die anderen heute gängigen Zeitschriften (etwa Justicia, CCJC, RDPr oder ADC) erschienen damals noch nicht.

[520] Damit erübrigt sich an dieser Stelle die Auseinandersetzung mit der Frage, ob für Schieds-

3. *Die Auswirkungen internationaler Gerichtsstandsvereinbarungen auf die prozessuale Aufrechnungseinrede im spanischen Recht*

a) *Ausgangssituation*

Versucht man der Frage auf den Grund zu gehen, wie sich im autonomen spanischen Recht eine internationale Gerichtsstandsvereinbarung auf die Möglichkeit der prozessualen Geltendmachung der Aufrechnung mit einer davon erfaßten Forderung auswirkt, so stellt man fest, daß sich weder die spanische Rechtsprechung noch die spanische Lehre bisher mit diesem Problem auch nur ansatzweise beschäftigt haben.[521] Ausführungen spanischer Autoren finden sich in dieser Hinsicht lediglich zur Auslegung des Art. 17 EuGVÜ durch den EuGH in seinem Urteil vom 9.11.1978 im Fall *Meeth/Glacetal*.[522] Teilweise wird jedoch auch dabei nur die betreffende Entscheidung wiedergegeben, ohne daß ein eigener Standpunkt vertreten wird.[523] Nur vereinzelt finden sich selbständige Interpretationen des Urteils.[524] Diese Stellungnahmen werden daraufhin zu untersuchen sein, ob daraus möglicherweise inzident geäußerte eigene Ansichten der betreffenden Autoren zu der untersuchten Problematik herausgelesen werden können.

Nichtsdestotrotz wird es angesichts des weitgehenden Schweigens von Rechtsprechung und Lehre schwerfallen, konkrete abschließende Aussagen über die Rechtslage im spanischen Recht in Bezug auf die hier untersuchte Problematik zu treffen. Die Aufgabe wird mithin vor allem darin bestehen, auf der Grundlage der zuvor angesprochenen vereinzelten Stellungnahmen zum Urteil des EuGH im Fall *Meeth/Glacetal*[525] sowie anhand der im Dritten Abschnitt gewonnenen Erkenntnisse zur zuständigkeitsrechtlichen Relevanz der Aufrechnungseinrede

abreden gefundene Lösungen überhaupt ohne weiteres auf Gerichtsstandsvereinbarungen übertragen werden können - dagegen mit der Begründung, Sinn und Zweck beider würden sich nicht unerheblich unterscheiden: *Fernández Rozas/Sanchez Lorenzo*, 287; *OLG Hamm* 07.10.1970, MDR 1971, 217, 218; *OLG Hamburg* 11.11.1971, IPRspr. 1971 Nr. 134 = AWD 1973, 101. Siehe näher zur Rechtslage bei Schiedsvereinbarungen unten im Fünften Abschnitt, S. 311 ff.

[521] *Michinel Álvarez*, REDI 1997-2, 47, vgl. auch 68 ff. - eine erstaunliche Situation, bedenkt man die Häufigkeit, mit der sich die dt. Rechtspr. und Lehre mit der Problematik auseinandergesetzt haben. Zu erklären ist dies wohl durch den bereits in der Einleitung (unter A. I. 4., S. 13) angesprochenen "imperialismo jurisdiccional".

[522] So bei: *Calvo Caravaca*, Comentario, 370 f.; *Calvo Caravaca/Carrascosa González*, Der. Int. Priv., 735; *Michinel Álvarez*, REDI 1997-2, 47, 70; *Desantes Real*, 228 f.; *Rodríguez Benot*, Los acuerdos, 444 ff. Zum gen. Urt. *EuGH* 9.11.1978, Rs. 23/78 - Slg. 1978, 2133 siehe näher oben im Zweiten Abschn. unter B., S. 86 ff.

[523] So z.B. bei *Calvo Caravaca*, Comentario, 370 f. u. *Calvo Caravaca/Carrascosa González*, Der. Int. Priv., 735.

[524] So bei: *Desantes Real*, 228 f.; *Michinel Álvarez*, REDI 1997-2, 47, 70; *Rodríguez Benot*, Los acuerdos, 444 ff.

[525] Zu diesem Urteil s. Fn. 522.

im spanischem Recht[526] und unter Berücksichtigung der von der deutschen Rechtsprechung und Lehre vertretenen Standpunkte[527] die verschiedenen, nach spanischem Recht denkbaren Lösungswege zu formulieren und jeweils daraufhin zu überprüfen, inwieweit sie dem durch Auslegung zu ermittelnden Willen der Parteien gerecht zu werden vermögen. Darauf aufbauend soll dann anschließend eine Prognose gewagt werden, wie künftige Entscheidungen der spanischen Gerichte - die angesichts der Häufigkeit, mit der Zuständigkeitsvereinbarungen im internationalen Rechtsverkehr vorkommen, nicht lange auf sich warten lassen dürften - diesbezüglich wohl aussehen werden.

b) Denkbare Lösungswege

(1) Im Zweifel kein Aufrechnungsausschluß?

Zunächst einmal könnte man den Schwerpunkt auf den Charakter der prozessualen Aufrechnungseinrede als Verteidigungsmittel legen und dementsprechend dafür plädieren, internationalen Gerichtsstandsvereinbarungen im Zweifel keinen Aufrechnungsausschluß zu entnehmen.

In diesem Sinne äußert sich *Michinel Álvarez*, der aus dem Urteil des EuGH im Fall *Meeth/Glacetal*[528] herauslesen will, zwar seien bei der Auslegung der Gerichtsstandsvereinbarung die Umstände des konkreten Falles und die Interessen beider Parteien zu berücksichtigen, im Zweifel müsse die Aufrechnung aber aus prozeßökonomischen Gründen zugelassen werden.[529]

Noch weiter gehen *Rodríguez Benot* und *Desantes Real* (ersterer in enger Anlehnung an *Huet*[530]) bei ihren Ausführungen zu Art. 17 EuGVÜ im Rahmen ihrer Auslegung des betreffenden EuGH-Urteils: Sie kommen dabei zu dem Ergebnis, bei der Aufrechnung müßten aufgrund des engen Zusammenhangs zwischen der Klageforderung und dem Verteidigungsmittel des Beklagten die Erfordernisse der Prozeßökonomie dem Parteiwillen stets vorgehen, so daß das angerufene Gericht immer auch über die Aufrechnung zu entscheiden habe.[531] Neben prozeßwirtschaftlichen Überlegungen erfordere dies auch das grundlegende Recht des Beklagten zur Verteidigung, stellten doch die Klage einerseits und die Aufrechnungseinrede als Verteidigungsmittel andererseits lediglich die positive und negative Seite ein und derselben Streitfrage dar.[532]

---

[526] Siehe dort unter E. IV., S. 137 f.
[527] Siehe dazu oben unter B. I. 4., S. 207 ff. u. II., S. 209 ff.
[528] Zu diesem Urteil s. Fn. 522.
[529] *Michinel Álvarez*, REDI 1997-2, 47, 70.
[530] *Huet*, JDI (Clunet) 1979, 663, 671.
[531] *Rodríguez Benot*, Los acuerdos, 450 f. u. *Desantes Real*, 229.
[532] *Rodríguez Benot*, Los acuerdos, 451; *Desantes Real*, 229.

Die Argumentation der genannten Autoren ist allerdings in mehrfacher Hinsicht angreifbar. Zunächst einmal enthält die Entscheidung *Meeth/Glacetal*[533] keine Zweifelsregel, wie sie *Michinel Álvarez* daraus ableiten möchte. Vielmehr erfaßt Art. 17 EuGVÜ nach der in diesem Urteil zum Ausdruck gekommenen Ansicht des EuGH die betreffende Problematik überhaupt nicht.[534] Dementsprechend ist auch die Annahme von *Rodríguez Benot* und *Desantes Real* nicht haltbar, die Erfordernisse der Prozeßökonomie müßten dem Parteiwillen aufgrund des engen Zusammenhangs zwischen Klageforderung und Verteidigungsmittel stets vorgehen. Zwar schließt nach der genannten Entscheidung Art. 17 EuGVÜ nicht *per se* die Berücksichtigung der Aufrechnung mit einer Forderung aus, für deren klageweise Geltendmachung ein anderer Gerichtsstand vereinbart wurde - insoweit läßt der EuGH also noch die Belange der Prozeßökonomie durchschlagen. Auf der anderen Seite läßt der Gerichtshof aber keinen Zweifel daran, daß er am Ende dem Wortlaut und Sinn der Vereinbarung die entscheidende Bedeutung für den konkreten Einzelfall beimißt - letztlich räumt er der Parteiautonomie also deutlich Vorrang vor der Prozeßökonomie ein.[535] Dies steht auch im Einklang mit der Konzeption des EuGVÜ, das den Parteiwillen mit Rücksicht auf die Bedürfnisse des internationalen Handelsverkehrs grundsätzlich als maßgeblich betrachtet,[536] ausgenommen lediglich die in Art. 17 Abs. 3 und 5 genannten Fälle. Man würde der Idee der Parteiautonomie zuwider handeln, würde man nun prozeßwirtschaftliche Gesichtspunkte schwerer gewichten als die Ziele und Interessen, die die Parteien mit einer internationalen Gerichtsstandsvereinbarung verfolgen.[537] Dementsprechend führt das Übereinkommen Art. 6 Nr. 3 (dessen Rechtsgedanke auch auf die Aufrechnung anzuwenden ist, wie bereits im Zweiten Abschnitt festgestellt wurde)[538] nicht im Ausschlußkatalog des Art. 17 Abs. 3 EuGVÜ auf, läßt also die Abbedingung einer Zuständigkeit wegen Konnexität zu.[539] Dem Parteiwillen - auch dem hypothetischen - ist also insoweit Priorität einzuräumen, und zwar selbst dann, wenn die Gegenforderung zur Klageforderung konnex ist.

Des weiteren irren *Rodríguez Benot* und *Desantes Real* auch in der Annahme, Klage einerseits und Aufrechnungseinrede andererseits stellten lediglich die positive und negative Seite ein und derselben Streitfrage dar. Wie im Ersten Ab-

---

[533] Zu diesem Urteil s. Fn. 522.

[534] Siehe dazu näher oben im Zweiten Abschnitt unter B. III., S. 90 ff.

[535] So auch *Gottwald*, IPRax 1986, 10, 12. Siehe zu alledem näher oben im Zweiten Abschnitt unter B. III., S. 90.

[536] Siehe dazu näher oben unter C. IV. 1. b), S. 237 ff. Ebenso: *Schockweiler*, 115; *Huet*, JDI (Clunet), 1979, 663, 671. Auch *Desantes Real* räumt dies ein (auf S. 229).

[537] Siehe dazu näher oben unter C. IV. 1. b), S. 237 ff.

[538] Siehe dort unter E., S. 105.

[539] MünchKomm-ZPO/*Gottwald*, Art. 17 EuGVÜ Rz. 74; *Kropholler*, EuZPR, Art. 17 Rz. 104 u. 105 (dort Fn. 204); Stein/Jonas/*Leipold*, § 145 V Rz. 41 a; *Huet*, JDI (Clunet) 1979, 663, 671. Entspr. Art. 23 EuGVVO.

schnitt bereits ausführlich dargelegt wurde, bleibt der Gegenstand des Prozesses bei der Aufrechnung gerade nicht auf die einfache, in der Klage enthaltene rechtliche Beziehung beschränkt, wie die besagten Autoren meinen, sondern der Beklagte führt durch sie mit der Gegenforderung eine neue, unabhängige rechtliche Beziehung in den Prozeß ein, die vorher der Auseinandersetzung zwischen den Parteien noch nicht zugänglich war und über die mit Rechtskraftwirkung entschieden wird[540] (dieser Umstand bildet die Grundlage für die in der spanischen Lehre herrschende Ansicht, wonach die prozessuale Aufrechnungseinrede den Streitgegenstand des Prozesses erweitert)[541].

(2) Im Zweifel Abbedingung der internationalen Zuständigkeit auch für die aufrechnungsweise Geltendmachung der Gegenforderung?

Oben unter 1. c) (2).[542] wurde festgestellt, daß Vereinbarungen, durch die die Parteien die internationale Zuständigkeit spanischer Gerichte zur Entscheidung über die Gegenforderung auch für den Fall ihrer aufrechnungsweisen Geltendmachung abbedingen, grundsätzlich zulässig sind. Dementsprechend erscheint es - einmal angenommen, auch nach spanischem Recht sei die prozessuale Aufrechnungseinrede grundsätzlich als zuständigkeitsrechtlich relevant einzustufen -[543] durchaus denkbar, einer internationalen Gerichtsstandsvereinbarung im Zweifel die Wirkung einer entsprechenden Derogationsabrede hinsichtlich der aufrechnungsweisen Geltendmachung davon erfaßter Forderungen beizumessen.

Gelangt man bei der Auslegung zu dem genannten Ergebnis, so sind für das weitere Verfahren, ausgehend von den im Dritten Abschnitt gewonnenen Erkenntnissen,[544] zwei Vorgehensweisen denkbar: Man könnte die prozessuale Aufrechnungseinrede aufgrund der dann kraft der Gerichtsstandsvereinbarung fehlenden internationalen Zuständigkeit zur Entscheidung über die Gegenforderung in entsprechender Anwendung des Art. 438 Abs. 2 S. 2 LEC als unzulässig zurückweisen.[545] Das spanische Ausgangsgericht könnte das Verfahren in entsprechender Anwendung der Art. 42, 43 LEC i.V.m. Art. 10 LOPJ aber auch aussetzen bis das nach der Gerichtsstandsvereinbarung dafür zuständige ausländische Gericht über die Gegenforderung entschieden hat, um dann schließlich unter Berücksichtigung dieser Entscheidung gegebenenfalls die Verrechnung von Klage- und Gegenforderung vorzunehmen.[546] Es wird zu prüfen sein, durch

[540] Siehe dazu oben im Ersten Abschnitt unter C. II., S. 60 ff.
[541] S.o. im Ersten Abschnitt unter C. II., S. 61.
[542] Siehe dort, S. 290 ff.
[543] Siehe zur Rechtslage diesbezüglich näher oben im Dritten Abschnitt unter E. IV., S. 137 f.
[544] Siehe dort unter E. III., S. 133 ff.
[545] Siehe dazu - auch zu den Problemen dieser Lösung - näher oben im Dritten Abschnitt unter E. III. 2., S. 135 f.
[546] Siehe dazu näher oben im Dritten Abschnitt unter E. III. 3., S. 136.

welche Vorgehensweise sich dem hypothetischen Parteiwillen eher Rechnung tragen läßt.

(3) Im Zweifel prozessuales Aufrechnungsverbot?

Oben unter 1. c) (1).[547] wurde festgestellt, daß die ausdrückliche Vereinbarung eines vertraglichen Verbotes, sich im Prozeß auf die Aufrechnung mit einer davon erfaßten Forderung zu berufen, auch nach spanischem Recht prinzipiell zulässig ist. Dementsprechend ist die vom BGH und von Teilen der Lehre zum deutschen Recht vertretene Auffassung, daß internationalen Gerichtsstandsvereinbarungen im Zweifel ein prozessuales Aufrechnungsverbot bezüglich der davon erfaßten Forderungen zu entnehmen ist,[548] auch nach spanischem Recht grundsätzlich vorstellbar.

Tatsächlich wird eine solche Lösung allerdings weder in der spanischen Rechtsprechung noch in der Literatur vertreten oder auch nur als denkbare Möglichkeit erörtert. Wie bereits oben unter B. angesprochen, hat der EuGH in seinen Urteilen vom 9.11.1978 *Meeth/Glacetal* und vom 7.3.1985 *Spitzley/Sommer* die Frage, ob ein Gericht über die Aufrechnung mit einer Forderung entscheiden kann, für deren klageweise Geltendmachung kraft einer internationalen Gerichtsstandsvereinbarung die alleinige Zuständigkeit der Gerichte eines anderen Staates gegeben wäre, als auf der Ebene des Zuständigkeitsrechts angesiedelt betrachtet.[549] Wohl im Anschluß daran sehen die spanischen Autoren, die sich mit den genannten Entscheidungen auseinandersetzen, das Problem ebenso ausschließlich im Bereich der internationalen Zuständigkeit.[550] Soweit ersichtlich ist dies auch die Position der Lehre in den anderen Ländern des romanischen Rechtskreises, die dem Modell der Legalkompensation folgen.[551]

c) Überprüfung am durch Auslegung ermittelten Parteiwillen

Nachdem zuvor die denkbaren Lösungswege aufgezeigt wurden, soll nun überprüft werden, inwieweit sie jeweils dem Parteiwillen gerecht zu werden vermögen, wie er sich bei der Auslegung internationaler Gerichtsstandsvereinbarungen im Zweifel ergibt. Nach spanischem IPR sind die Regeln für die Ausle-

---

[547] Siehe dort, S. 289 ff.

[548] Siehe dazu oben unter B.I, S. 2 ff. u. II., S. 209.

[549] S.o. unter B. II., S. 209 (Fn. 117).

[550] Siehe *Rodríguez Benot*, Los acuerdos, 444-454; *Desantes Real*, 228 f.; *Michinel Álvarez*, REDI 1997-2, 47, 68; *Calvo Caravaca*, Comentario, 370 f.; *Calvo Caravaca/Carrascosa González*, Der. Int. Priv., 735. In diesem Sinne bereits das *RG*, s.o. unter B. I. 1., S. 197 ff. Ebenso Teile der deutschen Lehre, s.o. unter B. II., S. 209 ff.

[551] Siehe z.B. *Gaudemet-Tallon*, RCDIP 70 (1981), 136 ff.; *dieselbe*, RCDIP 74 (1985), 687 f.; *Huet*, JDI (= Clunet) 1979, 663 ff.

gung solcher Zuständigkeitsvereinbarungen - wie oben unter 1. a) festgestellt wurde -[552] ausschließlich der *lex fori* zu entnehmen.

Was die Feststellung des Vorliegens einer ausfüllungsbedürftigen Regelungslücke angeht, so gilt das zum deutschen Recht Ausgeführte[553] an dieser Stelle entsprechend. Insbesondere werden auch im spanischen Rechtsraum in der Praxis allenfalls materiellrechtliche Aufrechnungsausschlüsse[554] ausdrücklich vereinbart, während aus der gerichtlichen Praxis kein Fall bekannt ist, in dem Parteien im Rahmen einer Gerichtsstandsvereinbarung oder auch unabhängig davon ausdrücklich die prozessuale Geltendmachung der Aufrechnung mit einer bestimmten Forderung abbedungen hätten. Mehr noch, wie oben unter a)[555] festgestellt wurde, haben sich bisher weder die spanische Rechtsprechung noch die Lehre auch nur ansatzweise mit den Auswirkungen internationaler Gerichtsstandsvereinbarungen auf die prozessuale Aufrechnungseinrede nach autonomem spanischem Recht beschäftigt. Vor diesem Hintergrund kann, falls nicht anderwietige konkrete Anhaltspunkte gegeben sind, im Vergleich mit den zum deutschen Recht gemachten Ausführungen erst recht nicht angenommen werden, daß Parteien aus dem spanischen Rechtsraum die Aufrechnungsfrage beim Abschluß einer Zuständigkeitsvereinbarung als regelungsbedürftigen Vertragspunkt erkannt haben. Mithin ist hier erst recht vom Vorliegen einer ausfüllungsbedürftigen Regelungslücke auszugehen.

Wie die deutsche enthält auch die autonome spanische Rechtsordnung kein dispositives Recht, durch das die betreffende Lücke in internationalen Gerichtsstandsvereinbarungen geschlossen werden könnte. Die demnach erforderliche ergänzende Auslegung ("integración") wird durch Art. 1287 i.V.m. Art. 1258 CC geregelt.[556] Gemäß Art. 1287 CC sind Lücken im Vertragstext in erster Linie durch die Einfügung solcher Klauseln zu schließen, die nach den Verkehrssitten und -gebräuchen üblicherweise vereinbart werden. Ist dies, wie bei der hier untersuchten Problematik, nicht möglich, so greift Art. 1258 CC, der klarstellt, daß Verträge die Parteien nicht nur zur Erfüllung des ausdrücklich Vereinbarten verpflichten, sondern auch zu all jenen Folgen, die sich der Natur des Vertrages entsprechend aus dem Grundsatz von Treu und Glauben, der Verkehrssitte und dem Gesetz ergeben. Mit anderen Worten ist bei der Ergänzung der vertraglichen Regelung - wie im deutschen Recht -[557] darauf abzustellen, was die Parteien bei einer angemessenen Abwägung ihrer Interessen nach Treu und Glauben als redliche Vertragspartner vereinbart hätten, wenn sie den nicht geregelten Fall bedacht hätten. Ihre Grenzen findet die ergänzende Auslegung im Parteiwillen

---

[552] Siehe dort unter (2), S. 284 f.

[553] S.o. unter D. I., S. 244 ff.

[554] Zum materiellrechtlichen Aufrechnungsausschluß s.o. im Ersten Abschnitt unter B. II. 2. b), S. 46.

[555] Siehe dort, S. 293.

[556] Zu den Auslegungsregeln des spanischen Rechts siehe näher oben unter 1. b), S. 285 ff.

[557] Siehe dazu oben unter D. I., S. 247.

und im Vertragsinhalt - Art. 1283 CC bestimmt, daß der Vertragstext nicht so ausgelegt werden darf, daß der Regelungsgehalt der Vereinbarung über den von den Parteien gewollten Rahmen hinaus ausgedehnt wird.

Diese Regeln unterscheiden sich nicht wesentlich davon, wie nach herrschender Meinung im deutschen Recht bei der ergänzenden Auslegung von Rechtsgeschäften vorzugehen ist.[558] Dementsprechend kann an dieser Stelle hinsichtlich der Ermittlung des hypothetischen Parteiwillens weitestgehend auf die oben unter D. gemachten Ausführungen verwiesen werden.[559] Insbesondere ist der oben unter b) (3) vorgestellte Lösungsweg, wonach aus der bloßen Derogation der spanischen internationalen Zuständigkeit für ein bestimmtes Rechtsverhältnis im Zweifel ein vertragliches Verbot abzuleiten ist, vor spanischen Gerichten die Aufrechnung mit Forderungen aus dem betreffenden Rechtsverhältnis prozessual geltend zu machen,[560] auch nach spanischem Recht letztlich nicht gangbar - internationalen Gerichtsstandsvereinbarungen eine derartige Abrede über die Zulässigkeit der Erhebung bestimmter prozessualer Einreden zu entnehmen, würde deren Vertragsgegenstand über die Regelung der internationalen Entscheidungszuständigkeit hinaus erweitern und ist deshalb gemäß Art. 1283 CC unzulässig.[561] Zudem ist zu bedenken, daß - entsprechend dem oben unter D. zum deutschen Recht Ausgeführten -[562] auch bei spanischem Recht als Aufrechnungsstatut die Vereinbarung eines prozessualen Aufrechnungsverbots für die Parteien überhaupt nur dann sinnvoll wäre, wenn sie mit einem Ausschluß der materiellrechtlichen Aufrechnungswirkungen verbunden wäre.[563] Daß ein solcher materiellrechtlicher Aufrechnungsausschluß indes keinesfalls aus einer internationalen Gerichtsstandsvereinbarung abgeleitet werden kann, wurde bereits ausführlich dargelegt und begründet.[564] Insbesondere kann der Eintritt der materiellen Aufrechnung kraft Gesetztes gemäß Art. 1195, 1202 CC nicht davon abhängig gemacht werden, vor welchen Gerichten sie gerade geltend gemacht wird.[565]

Vielmehr ist - im Sinne des oben unter b) (2) vorgestellten Lösungsweges -[566] im Zweifel davon auszugehen, daß durch eine internationale Gerichtsstandsvereinbarung die internationale Zuständigkeit zur Entscheidung über davon erfaßte Forderungen über den Fall ihrer klageweisen Geltendmachung hinaus auch für

[558] Zur weitgehenden Übereinstimmung der spanischen und deutschen Auslegungsregeln insgesamt s.o. unter 1. b), S. 285 ff., insbes. S. 288.

[559] Siehe dort, S. 244 ff.

[560] S.o. unter b) (3), S. 297 f.

[561] Vgl. dazu oben unter D. II. 1., S. 249 ff., dort auch eingehendere Begründung.

[562] Siehe dort unter II. 1., S. 250.

[563] Siehe dazu näher oben unter 1. c) (1), S. 289 f.

[564] S.o. unter D. II. 1., S. 250 f.

[565] Siehe dazu näher oben unter 1. c) (1), S. 290 f.

[566] Siehe dort, S. 296 f.

den Fall ihrer aufrechnungsweisen Geltendmachung festgelegt werden sollte.[567] Ließe man stattdessen, dem oben unter b) (1) beschriebenen Lösungsweg folgend,[568] im Zweifel das Gericht der Klage auch über die Gegenforderung entscheiden, so würden dadurch die von den Parteien mit dem Abschluß der internationalen Gerichtsstandsvereinbarung verfolgten Ziele untergraben und unter Verletzung des bei der ergänzenden Auslegung gemäß Art. 1287 i.V.m. Art. 1258 CC zu berücksichtigenden Grundsatzes von Treu und Glauben die Interessen des Klägers einseitig beeinträchtigt.[569]

Auf der anderen Seite ist aber nach Treu und Glauben - aus den oben unter D. genannten Gründen -[570] nicht anzunehmen, daß die Parteien, hätten sie die Regelungslücke erkannt, als redliche Vertragsparteien dem Beklagten die Möglichkeit zur prozessualen Geltendmachung der Aufrechnung gänzlich verbaut hätten. Verfahrenstechnisch kann dem hypothetischen Parteiwillen demnach nicht durch eine Zurückweisung der Aufrechnungseinrede als unzulässig nach Art. 438 Abs. 2 S. 2 LEC analog, sondern nur durch eine Aussetzung des Verfahrens in entsprechender Anwendung der Art. 42, 43 LEC i.V.m. Art. 10 LOPJ Rechnung getragen werden, um dann nach Entscheidung über die Gegenforderung durch das nach der Gerichtsstandsvereinbarung dafür zuständige ausländische Gericht gegebenenfalls eine Verrechnung von Klage- und Gegenforderung vornehmen zu können.[571] Für eine solche Lösung spricht auch das als normatives Kriterium im Rahmen des Grundsatzes von Treu und Glauben bei der ergänzenden Auslegung zu berücksichtigende[572] Prinzip, wonach der Beklagte - als Ausfluß des Rechtes auf effektive Verteidigung gemäß Art. 24 CE - alle seine Verteidigungsmittel grundsätzlich in dem gegen ihn angestrengten Prozeß geltend machen dürfen muß.[573] Zwar wurde oben im Dritten Abschnitt festgestellt, daß die

---

567 Siehe dazu näher oben unter D. II. 2., S. 252 ff. Zu dieser Einschätzung gelangt auch *Rodríguez Benot* (in Los acuerdos, S. 446) im Rahmen seiner Ausführungen zum Urt des *EuGH* v. 9.11.1978 *Meeth/Glacetal*, auch wenn er letztlich die Auffassung vertritt, dieser hypothetische Parteiwille müsse hinter die Belange der Prozeßökonomie zurücktreten, siehe dazu oben unter b) (1), S. 294 ff.

568 Siehe dort, S. 294 ff.

569 Siehe dazu näher die entsprechenden Ausführungen zum deutschen Recht oben unter D. II. 2., S. 252 ff.

570 Siehe dazu dort unter II. 2., S. 258 ff.

571 Siehe dazu näher oben unter D. II. 2., S. 260 ff.

572 Zur Frage, inwieweit objektive Kriterien bei der ergänzenden Auslegung zu berücksichtigen sind, s.o. unter D. I., S. 247.

573 Zu diesem Prinzip s. *TC* 6.3.1984, Recurso de amparo Nr. 452/83 (dazu *Tapia Fernández*, 187 Fn. 231). Ähnlich zum dt. Recht der Beschl. des *BVerfG* v. 7.10.1980, *BVerfG*E 55, 72, 94, wonach der Grundsatz der Waffengleichheit den Richter verpflichtet, den Prozeßparteien die Möglichkeit einzuräumen, "alles für die gerichtliche Entscheidung Erhebliche vorzutragen und alle zur Abwehr des gegnerischen Angriffs erforderlichen prozessualen Verteidigungsmittel geltend zu machen." (ebenso *BVerfG* Beschl. v. 25.7.1979, *BVerfG*E 52, 131, 156).

Regel "der Richter der Klage ist auch der Richter der Einrede"[574] auf die Aufrechnungseinrede nicht ohne weiteres anwendbar ist und insbesondere ein unzuständiges Gericht nicht über die Gegenforderung entscheiden darf, da die Aufrechnungseinrede vor dem Hintergrund der Tatsache, daß durch sie der Streitgegenstand erweitert wird und über sie mit Rechtskraftwirkung entschieden wird, nicht als gewöhnliche prozessuale Einrede qualifiziert werden kann.[575] Gleichwohl ist entsprechend der objektiven gesetzlichen Wertung die Berücksichtigung des Verteidigungsmittels der Aufrechnungseinrede als solches - durch Verrechnung von Forderung und Gegenforderung gemäß der durch Art. 1202 CC angeordneten Aufrechnungswirkung - als Regelfall anzusehen.

Hinsichtlich der oben unter D. II. 3. untersuchten Sonderkonstellationen[576] ergeben sich im spanischen Recht ebenfalls keine Besonderheiten gegenüber den zum deutschen Recht gewonnen Erkenntnissen - auch insoweit kann also auf die dort gemachten Ausführungen verwiesen werden.[577]

d) *Versuch einer Prognose der künftigen Rechtsprechung des Tribunal Supremo*

Eine Prognose der künftigen Haltung des Tribunal Supremo fällt nicht leicht in Anbetracht des bereits angesprochenen Schweigens des positiven spanischen Zivilprozeßrechts und der eher spärlichen Beiträge seitens der Lehre zur hier untersuchten Problematik. Einen weiteren Unsicherheitsfaktor bildet das lange Zeit bestehende Mißtrauen vieler spanischer Richter gegenüber jedweder ausländischen Gerichtsbarkeit, das auf die lange Abwesenheit Spaniens aus der internationalen Gemeinschaft und seinen "imperialismo jurisdiccional"[578] zurückzuführen ist und das sich auch nach dem EG-Beitritt des Landes 1986[579] gelegentlich noch in Entscheidungen des Tribunal Supremo offenbart hat.[580]

---

[574] In der neuen LEC ist dieser Grundsatz zwar nicht mehr wie in Art. 55 der alten LEC-1881 ausdrücklich geregelt, an seiner Fortgeltung besteht aber kein Zweifel, vgl. die Motive des Gesetzes.

[575] Siehe dazu oben im Dritten Abschnitt unter E. II., S. 122 ff.

[576] Siehe dort, S. 262 ff.

[577] Insbesondere gilt das oben unter D. II. 3. e) auf S. 268 ff. zur Anwendbarkeit und Einschlägigkeit von § 305c Abs. 2 BGB Ausgeführte auch für die entsprechenden Vorschriften des spanischen Rechts, Art. 1288 CC u. Art. 10 Abs. 2 LGDCU (zu diesen Rechtsnormen s.o. unter 1. b), S. 288, insbes. Fn. 499).

[578] Siehe dazu oben in der Einleitung dieser Arbeit unter A. I. 4., S. 13.

[579] Beitrittsvertrag der EG m. Spanien u. Portugal v. 12.6.1985, ABl. EG 1985 Nr. L 302/1 sowie Beitrittsbeschluß des Rates gem. Art. 98 EGKSV gleichen Datums.

[580] Vgl. *Fernández Rozas/Sánchez Lorenzo*, 135 f. Als Beisp. sei genannt *TS* 20.07.1992, RAJ 1992, 6440 - siehe dazu krit. *Álvarez González*, REDI 1993, 447 ff., *Fernández Rozas/Sánchez Lorenzo*, 348, *Garcimartín Alférez*, IPRax 1993, 426 ff. u. *Jayme/Kohler*, IPRax 1993, 357, 366 f.

Vor diesem Hintergrund und in Anbetracht der Tatsache, daß die entsprechende Auffassung in der spanischen Lehre überhaupt nicht vertreten, ja noch nicht einmal als denkbare Möglichkeit diskutiert wird, ist es m.E. eher unwahrscheinlich, daß der Tribunal Supremo die Linie der Rechtsprechung des BGH einschlagen wird, also aus internationalen Gerichtsstandsvereinbarungen im Zweifel ein prozessuales Aufrechnungsverbot mit davon erfaßten Forderungen ableiten wird, mit der Folge der Zurückweisung der Aufrechnungseinrede als unzulässig.

Zu rechnen ist, nicht zuletzt auch angesichts des weitgehend fehlenden Problembewußtseins in der spanischen Lehre bezüglich der zuständigkeitsrechtlichen Relevanz der prozessualen Aufrechnungseinrede generell,[581] wohl viel eher mit der Möglichkeit, daß sich der oberste spanische Gerichtshof auf den Standpunkt stellen könnte, Fragen der internationalen Zuständigkeit stellten sich im Zusammenhang mit der Aufrechnung überhaupt nicht, da diese lediglich ein Verteidigungsmittel sei. Dies hätte zur Konsequenz, daß auch eine die Gegenforderung betreffende internationale Gerichtsstandsvereinbarung auf die Zuständigkeit des angerufenen Gerichts für die Aufrechnung ohne Wirkung bleiben müßte. Die Folgen der betreffenden Auffassung wären aus Sicht des Tribunal Supremo durchaus begrüßenswert, da dadurch das schwierige, positivrechtlich nicht geregelte Problem vermieden werden könnte, wie im Falle einer Unzuständigkeit des angerufenen Gerichts für die Gegenforderung zu verfahren wäre und zugleich die Stellung des (zumeist spanischen) Beklagten gestärkt würde, ohne daß das Verfahren durch ein etwaiges Aussetzen und Abwarten der Entscheidung eines ausländischen Gerichts verzögert würde.

Was die zuvor angesprochene zurückhaltende Einstellung der spanischen Rechtsprechung gegenüber ausländischen Gerichten angeht, ist allerdings mittlerweile eine deutliche Tendenz zur Öffnung erkennbar.[582] Vor dem Hintergrund dieser Entwicklung geben die gründliche Auseinandersetzung der spanischen Lehre mit der Sonderstellung der Aufrechnungseinrede unter den prozessualen Verteidigungsmitteln[583] und die in der neueren Literatur geäußerte Kritik an einer unreflektierten Bejahung der Entscheidungsbefugnis des Gerichts der Klage hinsichtlich der Gegenforderung auch bei fehlender internationaler Zuständigkeit für deren selbständige Geltendmachung[584] Anlaß zu der Annahme, daß die spanische Rechtsprechung in Zukunft auch für die mit der Geltendmachung der Aufrechnung im Prozeß verbundenen Fragen der Zuständigkeit sensibilisiert

---

[581] Siehe dazu oben im Dritten Abschnitt unter E., S. 120 ff.

[582] Dies wird nicht zuletzt anhand der jüngeren Urteile des *Tribunal Supremo* deutlich, die die *derogatio fori* nun auch nach autonomem spanischen Recht für zulässig erachten, siehe dazu oben, Fn. 513.

[583] Vor allem durch *Tapia Fernández*, insbes. 71 ff. u. 186 ff. Siehe im übrigen oben im Ersten Abschnitt unter C. II., S. 60 ff. sowie im Dritten Abschnitt unter E. II., S. 121 ff.

[584] Siehe z.B. *Michinel Álvarez* in REDI 1997-2, 47, 66 und *García Gutiérrez*, RJUAM 1 (1999), 119, 135 u. 144, dazu näher oben im Dritten Abschn. unter E. III. 1., S. 135 f.

sein wird und der herrschenden Lehre letztlich insoweit folgen wird, als daß die - später in Rechtskraft erwachsende - Entscheidung eines dafür unzuständigen Gerichts über die Gegenforderung nicht zugelassen werden kann.[585]

Ist dieser Punkt erst einmal erreicht und somit auch die Erforderlichkeit der internationalen Zuständigkeit für die Gegenforderung als Voraussetzung für die Entscheidung über ihr Bestehen oder Nichtbestehen erkannt, so besteht kaum ein Zweifel daran, daß der Tribunal Supremo internationale Gerichtsstandsvereinbarungen im hier vertretenen Sinne dahingehend auslegen wird, daß nur das in der Gerichtsstandsvereinbarung bestimmte Gericht über die betreffende Forderung entscheiden darf, auch wenn sie als Gegenforderung über die Aufrechnungseinrede geltend gemacht wird. Denn das zur Entscheidungszuständigkeit im Falle der klagewiesen Geltendmachung Vereinbarte ist aufgrund der insoweit übereinstimmenden Interessenlage ohne weiteres auf die Erkenntniszuständigkeit im Falle der aufrechnungsweisen Geltendmachung übertragbar.[586]

Mit Art. 42, 43 LEC i.V.m. Art. 10 LOPJ stehen dann Vorschriften zur Verfügung, deren Rechtsgedanke auf den Willen des Gesetzgebers schließen läßt, daß das zur Entscheidung über die Gegenforderung unzuständige Gericht das Verfahren auszusetzen und die Entscheidung des zuständigen Gericht diesbezüglich abzuwarten hat.[587] Dafür, daß der oberste spanische Gerichtshof - wie hier vertreten und im Unterschied zum Standpunkt des BGH - zu der Auffassung gelangen wird, daß das angerufene Gericht die Verrechnung von Klage- und Gegenforderung vorzunehmen hat, nachdem das zuständige Gericht das Bestehen der Gegenforderung festgestellt hat, spricht vor allem, daß mit dieser Lösung die Interessen beider Parteien am besten in Einklang zu bringen sind:[588] einerseits würde die Aufrechnungseinrede des Beklagten berücksichtigt und ihm so die Möglichkeit zur effektiven Verteidigung seiner Rechte gegeben und andererseits bliebe dem Kläger die Wahlmöglichkeit, die Unzuständigkeit des Prozeßgerichts zur Erkenntnis über die Gegenforderung zu rügen, um sich nicht vor einem unzuständigen Gericht gegen diese verteidigen zu müssen oder aber sich auf die vom Beklagten erhobene Aufrechnungseinrede gemäß Art. 18 EuGVÜ[589] rügelos einzulassen, um so im Interesse der schnellstmöglichen Erlangung eines Vollstreckungstitels eine Verzögerung des Verfahrens zu vermeiden.

Durch eine Entscheidung im Sinne der hier vertretenen Auffassung könnte der Tribunal Supremo zudem der Rechtsprechung des Tribunal Constitucional gerecht werden, wonach der Beklagte - als Ausfluß des Rechtes auf effektive Verteidigung gemäß Art. 24 CE - alle seine Verteidigungsmittel grundsätzlich in dem gegen ihn angestrengten Prozeß geltend machen dürfen muß.[590] Ein ent-

---

[585] Siehe dazu oben im Dritten Abschnitt unter E. II., S. 123.
[586] Siehe dazu im einzelnen oben unter c), S. 299 f. u. unter D. II. 2., S. 252 ff.
[587] Siehe dazu näher oben im Dritten Abschnitt unter E. III. 3., S. 136 u. unter II., S. 130 ff.
[588] Siehe dazu näher oben unter c), S. 300 f. u. unter D. II. 2., S. 252 ff.
[589] Entspr. Art. 24 EuGVVO.
[590] Siehe dazu näher oben unter c), S. 300.

sprechendes Vorgehen würde - ganz im Sinne der Rechtsprechung des Tribunal Supremo -[591] gerade auch einer gegebenenfalls bestehenden synallagmatischen Verknüpfung von Klage- und Gegenforderung Rechnung tragen und so der Wahrung der materiellen Gerechtigkeit dienen, weil dadurch eine Verrechnung der beiden Forderungen in jedem Fall sichergestellt wäre. Überdies wäre auch dem Interesse an der Harmonie zwischen materiellem Recht, wo - bei spanischem Recht als Aufrechnungsstatut - Art. 1195, 1202 CC den Eintritt der Aufrechnungswirkung *ipso iure* vorsehen, und Prozeßrecht gedient.

III. Konsequenzen für die Behandlung internationaler Gerichtsstandsvereinbarungen mit Bezug zur spanischen Rechtsordnung

Nachdem zuvor untersucht wurde, wie internationale Gerichtsstandsvereinbarungen nach spanischem Recht auszulegen sind und ob danach im Zweifel die Aufrechnung mit von der Vereinbarung erfaßten Forderungen vor den Gerichten eines anderen als dem vereinbarten Staat als ausgeschlossen anzusehen ist, ist nun zu überlegen, welche Auswirkungen die dabei gewonnenen Erkenntnisse auf die Auslegung internationaler Gerichtsstandsvereinbarungen durch deutsche Gerichte haben und ob die oben unter D. erzielten Ergebnisse[592] mit dieser spezifischen Interessenlage des deutsch-spanischen Rechtsverkehrs vereinbar sind.

1. Spanisches Recht als Aufrechnungsstatut

Zunächst einmal ist es möglich, daß das spanische Recht im konkreten Fall Aufrechnungsstatut ist. Dann stellt sich die Frage, ob sich die oben unter D. für das deutsche Internationale Zivilprozeßrecht erarbeitete Lösung[593] mit der materiellrechtlichen Funktionsweise der Aufrechnung nach spanischem Recht vereinbaren läßt.

Daß dem so ist, wurde bereits oben im Dritten Abschnitt festgestellt.[594] Durch ein Vorgehen im Sinne der hier vertretenen Erweiterten Aussetzungslösung würde dem Bedürfnis nach Harmonie zwischen dem spanischen materiellen Recht, wo die Aufrechnung gemäß Art. 1195, 1202 CC *ipso iure* eintritt,[595] und dem deutschen Prozeßrecht in vollem Umfange Rechnung getragen (anders als durch die vom BGH praktizierte Lösung, wonach im Zweifel ein prozessuales Aufrechnungsverbot anzunehmen ist - Folge davon ist gegebenenfalls der Erlaß ei-

[591] Siehe dazu oben im Ersten Abschnitt unter D., S. 67 ff.
[592] Siehe dort unter II. 5., S. 278 ff.
[593] Fundstelle s.o. bei Fn. 592.
[594] Siehe dort unter H., S. 271 f.
[595] Siehe dazu näher oben im Ersten Abschnitt unter B. II. 3., S. 47 ff.

nes materiell unrichtigen Urteils und damit eine empfindliche Störung der besagten Harmonie)[596].

2. *Spanisches Recht als Statut der internationalen Gerichtsstandsvereinbarung*

Ist das spanische Recht im konkreten Fall Statut der Gerichtsstandsvereinbarung,[597] so gibt es die Regeln für deren Auslegung vor.[598] Nun wurde oben unter II. 1. b) festgestellt, daß sich die Auslegungsregeln des deutschen und spanischen Rechts nicht wesentlich voneinander unterscheiden.[599] Insoweit ergeben sich für den deutschen Richter also keine Schwierigkeiten.

Weiter ist das Statut der Gerichtsstandsvereinbarung daraufhin zu überprüfen, ob dispositives Recht vorhanden ist, durch das die in Bezug auf die Aufrechnungsfrage bestehende Regelungslücke geschlossen werden könnte.[600] Auch dies ist, wie oben unter II. 3. c) festgestellt wurde,[601] im spanischen Recht nicht der Fall.

3. *Spanisches Recht als Umweltrecht einer der Parteien*

Über die genannten Fälle hinaus kann das spanische Recht im Rahmen der Auslegung - wie oben unter C. III. festgestellt wurde -[602] auch dann relevant werden, wenn mindestens eine der Parteien ihr Erklärungsverhalten augenscheinlich an der spanischen Rechtsordnung, Sprache und/oder den im spanischen Rechtsraum herrschenden Gepflogenheiten ausgerichtet hat und der Erklärungsempfänger dies nach Treu und Glauben erkennen mußte. Ein starkes Indiz für die Orientierung des Erklärungsverhaltens an der spanischen Rechtsordnung ist die Verwendung der spanischen Sprache für den gesamten Vertrag oder zumindest die auszulegende Klausel.[603] Im Zweifel ist davon auszugehen, daß sich die erklärenden Parteien jeweils nach ihrem Umweltrecht gerichtet haben.[604]

Ist das spanische Recht in diesem Sinne bei der Auslegung einer internationalen Gerichtsstandsvereinbarung zu berücksichtigen, so hat das in Bezug auf die hier untersuchte Problematik im einzelnen folgende Auswirkungen: Zunächst

---

596 Siehe dazu näher oben unter II. 1. c) (1), S. 289 ff.
597 Zu dessen Ermittlung s.o. unter C. II. 4., S. 227 f.
598 Siehe dazu näher oben unter C. III.1., S. 228 ff.
599 Siehe dort, S. 285 ff.
600 Siehe dazu näher oben unter C. III.1., S. 231 f.
601 Siehe dort, S. 298.
602 Siehe dazu näher dort unter 2., S. 232 ff.
603 Vgl. *Weick*, 619. Siehe im übrigen oben unter C. III. 2., S. 233.
604 S.o. unter C. III. 2., S. 233.

einmal wird dann - dies hat sich oben unter II. 3. c)[605] gezeigt - noch deutlicher als bei der ausschließlichen Maßgeblichkeit deutscher Erklärungsgepflogenheiten,[606] daß im Zweifel nicht anzunehmen ist, daß beide Parteien die Aufrechnungsfrage beim Abschluß einer Zuständigkeitsvereinbarung als regelungsbedürftigen Vertragspunkt erkannt haben. Denn es ist nicht nur aus der spanischen Gerichtspraxis genauso wenig wie aus der deutschen ein Fall bekannt, in dem Parteien im Rahmen einer Gerichtsstandsvereinbarung oder auch unabhängig davon ausdrücklich die prozessuale Geltendmachung der Aufrechnung mit einer bestimmten Forderung abbedungen hätten. Mehr noch, wie oben unter II. 3. a)[607] festgestellt wurde, haben sich bisher weder die spanische Rechtsprechung noch die Lehre auch nur ansatzweise mit den Auswirkungen internationaler Gerichtsstandsvereinbarungen auf die prozessuale Aufrechnungseinrede nach autonomem spanischem Recht beschäftigt. Mithin ist, wenn mindestens eine der Parteien ihr Erklärungsverhalten erkennbar nach der spanischen Rechtsordnung und/oder den Erklärungsgepflogenheiten des spanischen Rechtsraumes gerichtet hat, erst recht vom Vorliegen einer ausfüllungsbedürftigen Regelungslücke in der internationalen Gerichtsstandsvereinbarung hinsichtlich der Aufrechnungsfrage auszugehen.

Weiter kann das spanische Recht als Umweltrecht mindestens einer der Parteien auch bei der angesichts dieser Regelungslücke erforderlichen ergänzenden Auslegung relevant werden.[608] Zwar liegt in der hier untersuchten Fallkonstellation gerade keine Parteierklärung vor, die man daraufhin untersuchen könnte, wie sie nach spanischen Erklärungsgepflogenheiten zu verstehen ist. Das spanische Recht kann aber als Umweltrecht durchaus auch bei der ergänzenden Auslegung eine Rolle spielen. Zum einen stellt sich die Frage, ob im spanischen Rechtsraum nicht möglicherweise eine Verkehrssitte existiert, nach der in internationalen Gerichtsstandsvereinbarungen gewöhnlich bestimmte Abreden in Bezug auf die Aufrechnungsfrage getroffen werden - im Ergebnis ist dies im spanischen Rechtsraum genauso wenig der Fall wie im deutschen. Zum anderen geht es bei der Bestimmung des hypothetischen Parteiwillens um die Ermittlung der objektiven Interessen beider Parteien, wobei - gleichsam als Basis dafür - über den Grundsatz von Treu und Glauben auch die in einer Rechtsgemeinschaft an-

---

[605] Siehe dort, S. 298.

[606] Zur Situation bei ausschließl. Maßgeblichkeit dt. Erklärungsgepflogenheiten s.o. unter D. I., S. 244 ff.

[607] Siehe dort, S. 293.

[608] An dieser Stelle sei noch darauf hingewiesen, daß die zuvor erwähnte Regel, wonach im Zweifel anzunehmen ist, daß jede Partei sich nach ihrem Umweltrecht gerichtet hat, bei der ergänzenden Auslegung noch in verstärktem Maße zu gelten hat: hier geht es nicht um die Auslegung tatsächlich abgegebener Erklärungen und die Erforschung des Sinns, den die Parteien diesen beigemessen haben, sondern um die Ermittlung des *hypothetischen* Parteiwillens durch angemessene Abwägung der Interessen beider Parteien unter Berücksichtigung des Grundsatzes von Treu und Glauben.

erkannten objektiven Werte als normative Kriterien zu berücksichtigen sind.[609] Hat also eine Partei ihr Erklärungsverhalten erkennbar an der spanischen Rechtsordnung ausgerichtet, so sind bei der Ermittlung ihres objektiven Interesses die objektiven Werte und gesetzlichen Grundentscheidungen dieser Rechtsordnung zu berücksichtigen.

In diesem Zusammenhang ist in erster Linie die bereits mehrfach angesprochene Rechtsprechung des Tribunal Constitucional zu erwähnen, wonach der Beklagte - als Ausfluß des Rechts auf effektive Verteidigung gemäß Art. 24 CE - alle seine Verteidigungsmittel grundsätzlich in dem gegen ihn angestrengten Prozeß geltend machen dürfen muß.[610] Aus diesem Grunde ist entsprechend der objektiven gesetzlichen Wertung die Berücksichtigung des Verteidigungsmittels der Aufrechnungseinrede als solches - durch Verrechnung von Forderung und Gegenforderung gemäß der durch Art. 1202 CC angeordneten Aufrechnungswirkung - als Regelfall anzusehen. Dementsprechend ist bei Maßgeblichkeit des spanischen Rechts als Umweltrecht nach Treu und Glauben im Zweifel genauso wenig wie bei ausschließlicher Beurteilung nach Maßstäben des deutschen Rechts[611] davon auszugehen, daß die Beteiligten als redliche Vertragsparteien ein prozessuales Aufrechnungsverbot vereinbart und so dem späteren Beklagten die Möglichkeit zur prozessualen Geltendmachung der Aufrechnung gänzlich abgeschnitten hätten, wenn sie die in der Zuständigkeitsvereinbarung hinsichtlich der Aufrechnungsfrage bestehende Regelungslücke erkannt hätten. Die unter D. erarbeitete Lösung[612] hingegen wird der betreffenden objektiven gesetzlichen Wertung in vollem Umfange gerecht.

Stehen Forderung und Gegenforderung in einem gegenseitigen Abhängigkeitsverhältnis, so ist darüber hinaus die Grundentscheidung des spanischen Rechts zu beachten, wonach solche synallagmatischen Verknüpfungen prinzipiell zu respektieren sind.[613] Auch dieser objektiven Wertung wird durch die unter D. erarbeitete Lösung Rechnung getragen.[614] Hingegen spricht sie, sofern spanisches Recht im konkreten Fall als Umweltrecht zu berücksichtigen ist, dagegen, im Sinne der BGH-Rechtsprechung im Zweifel ein prozessuales Aufrechnungsverbot anzunehmen, weil dadurch das zwischen Klage- und Gegen-

---

[609] Siehe dazu näher oben unter D. I., S. 247 f. (ergänzende Auslegung nach dt. Recht) sowie unter E. II. 1. b), S. 287 f. (ergänzende Auslegung nach spanischem Recht).

[610] *TC* 6.3.1984, Recurso de amparo Nr. 452/83 (s. dazu *Tapia Fernández*, 187 Fn. 231). Ähnlich zum dt. Recht der Beschl. des *BVerfG* v. 7.10.1980, *BVerfG*E 55, 72, 94, wonach der Grundsatz der Waffengleichheit den Richter verpflichtet, den Prozeßparteien die Möglichkeit einzuräumen, "alles für die gerichtliche Entscheidung Erhebliche vorzutragen und alle zur Abwehr des gegnerischen Angriffs erforderlichen prozessualen Verteidigungsmittel geltend zu machen." (ebenso *BVerfG* Beschl. v. 25.7.1979, *BVerfG*E 52, 131, 156).

[611] Siehe dazu näher oben unter D., S. 244 ff., dort insbes. unter II. 2., S. 258 ff.

[612] Siehe dort unter II. 5., S. 278 ff.

[613] Siehe dazu näher oben im Ersten Abschnitt unter D., S. 67 ff.

[614] Siehe dazu bereits oben unter II. 3. d), S. 304.

forderung bestehende funktionelle Synallagma zwangsläufig prozessual auseinandergerissen würde.

4. *Die normativen Gesichtspunkte der internationalen Entscheidungsharmonie und -gerechtigkeit*

Als weitere normative Gesichtspunkte sind bei der ergänzenden Auslegung internationaler Gerichtsstandsvereinbarungen über den Grundsatz von Treu und Glauben die Prinzipien der internationalen Entscheidungsharmonie und -gerechtigkeit als Leitideale des Internationalen Privat- und Zivilprozeßrechts im allgemeinen und des EuGVÜ im besonderen zu berücksichtigen.[615] Dementsprechend muß sich jede für das deutsche Internationale Zivilprozeßrecht entwickelte Lösung auch daran messen lassen, ob sie in den Fällen, in denen die auszulegende Zuständigkeitsvereinbarung einen Bezug zur spanischen Rechtsordnung aufweist, zu Ergebnissen führt, die mit denjenigen vereinbar sind, zu denen ein spanisches Gericht für die hier untersuchte Problematik gelangen würde.[616]

Oben unter II. 3. d)[617] wurde festgestellt, daß es - auch wenn eine Prognose der künftigen spanischen höchstrichterlichen Rechtsprechung im übrigen eher schwerfällt - unwahrscheinlich ist, daß der Tribunal Supremo die Linie der Rechtsprechung des BGH einschlagen wird, also aus internationalen Gerichtsstandsvereinbarungen im Zweifel ein prozessuales Aufrechnungsverbot mit davon erfaßten Forderungen ableiten wird, mit der Folge der Zurückweisung der Aufrechnungseinrede als unzulässig. Demzufolge führt die betreffende BGH-Rechtsprechung zumindest im deutsch-spanischen Rechtsverkehr zu einer Beeinträchtigung des internationalen Entscheidungseinklangs[618] - ist ein deutsches Gericht mit dem Verfahren befaßt, wird dem Beklagten in der hier untersuchten Konstellation die prozessuale Aufrechnungseinrede abgeschnitten; findet der Prozeß hingegen vor einem spanischen Gericht statt, kann er dieses Verteidigungsmittel geltend machen. Eine solche ungerechtfertigte Benachteiligung der vor einem deutschen Gericht beklagten Partei wird durch die unter D. erarbeitete Lösung[619] vermieden. Diese gewährleistet die internationale Entscheidungsharmonie und -gerechtigkeit im deutsch-spanischen Rechtsverkehr in jedem Falle - das heißt unabhängig davon, ob der Tribunal Supremo sich ebenfalls für eine Aussetzungslösung entscheiden oder sich auf den Standpunkt stellen wird, daß eine die Gegenforderung betreffende internationale Gerichtsstandsvereinbarung auf die Zuständigkeit des angerufenen Gerichts zur Entscheidung über dieselbe

[615] Zur Frage, inwieweit objektive Kriterien bei der ergänzenden Auslegung zu berücksichtigen sind, s.o. unter D. I., S. 247.
[616] Vgl. dazu *Pfaff*, ZZP 96 (1983), 334, 353 ff.
[617] Siehe dort, S. 301 ff.
[618] Vgl. dazu auch *Pfaff*, ZZP 96 (1983), 334, 356.
[619] Siehe dort unter II. 5., S. 278 ff.

ohne Wirkung zu bleiben hat -[620], weil sie die Berücksichtigung der prozessualen Aufrechnungseinrede in ihrem eigentlichen Verteidigungsgehalt durch Verrechnung von Klage- und Gegenforderung sicherstellt.

IV. Ergebnis

Es hat sich gezeigt, daß die oben unter D. gefundene Lösung[621] auch einer Überprüfung anhand der spezifischen Interessenlage im deutsch-spanischen Rechtsverkehr standzuhalten vermag. Zum einen wird durch sie - anders als etwa durch die vom BGH praktizierte Vorgehensweise - die Harmonie zwischen der materiellrechtlichen Funktionsweise der Aufrechnung nach spanischem Recht und dem deutschen Prozeßrecht gewährleistet.[622] Zum anderen ist sie ohne weiteres mit den spanischen Regeln zur Auslegung internationaler Gerichtsstandsvereinbarungen,[623] aber auch mit den Erklärungsgepflogenheiten des spanischen Rechtsraums und den objektiven Wertentscheidungen der spanischen Rechtsordnung vereinbar.[624] Darüber hinaus trägt sie den Prinzipien der internationalen Entscheidungsharmonie und -gerechtigkeit Rechnung, indem sie - im Gegensatz zu der vom BGH praktizierten Vorgehensweise - gewährleistet, daß Beklagte vor deutschen Gerichten nicht schlechter gestellt werden als vor spanischen Gerichten.[625]

[620] Zu beiden Möglichkeiten s. näher oben unter II. 3. d), S. 301 ff.
[621] Siehe dort unter II. 5., S. 278 ff.
[622] S.o. unter III. 1., S. 304.
[623] S.o. unter III. 2., S. 305.
[624] S.o. unter III. 3., S. 305.
[625] S.o. unter III. 4., S. 308.

Fünfter Abschnitt: Die Auswirkungen von Schiedsvereinbarungen auf die Zulässigkeit des Aufrechnungseinwands

A. Einführung

Die Parteien können die Entscheidungszuständigkeit der deutschen Gerichte nicht nur durch eine internationale Gerichtsstands-, sondern auch durch eine Schiedsvereinbarung abbedingen (vgl. §§ 1025 ff. ZPO) - in diesem Fall wird nicht die Zuständigkeit der Gerichte eines anderen Staates begründet, sondern die eines nichtstaatlichen Schiedsgerichts. Die Schiedsvereinbarung gibt dann eine prozeßhindernde Einrede gegen die (Hauptsache-)klage vor einem staatlichen Gericht, vermittels derer der Beklagte die Abweisung der betreffenden Klage als unzulässig erreichen kann (§ 1032 Abs. 1 ZPO).[1] Auch in dieser Konstellation stellt sich aus der Sicht der staatlichen deutschen Gerichte[2] die Frage, ob die betreffende Vereinbarung im Zweifel dahingehend auszulegen ist, daß auch die Aufrechnung mit davon erfaßten Forderungen nur vor dem als zuständig vereinbarten Schiedsgericht geltend gemacht werden darf.

Diese Fallgestaltung ist derart eng mit dem im vorigen Abschnitt untersuchten Parallelfall verwandt, in denen die Parteien eine internationale Gerichtsstandsvereinbarung abgeschlossen haben, daß dabei im wesentlichen die gleichen Punkte anzusprechen sein werden. Soweit sich für die Behandlung von Schiedsvereinbarungen nichts Abweichendes ergibt, wird daher, um unnötige Wiederholungen zu vermeiden, auf die dort gemachten Ausführungen verwiesen werden. Im übrigen werden die gegenüber der Interessenlage bei internationalen Gerichtsstandsvereinbarungen bestehenden Besonderheiten herauszuarbeiten sein, um schließlich prüfen zu können, ob diese eine abweichende Beurteilung der Situation bei Schiedsvereinbarungen erforderlich machen.

B. Bisherige Auffassungen in Rechtsprechung und Lehre

Da die hier einschlägigen höchstrichterlichen Entscheidungen die Basis bildeten, auf der der BGH seine Rechtsprechung zu der im vorigen Abschnitt behandelten Parallelproblematik bei internationalen Gerichtsstandsvereinbarungen

---

[1] MünchKomm-ZPO/*Münch*, § 1029 Rz. 50.

[2] Nur aus dieser Perspektive, die auch im Rest der Arbeit eingenommen wird, soll das Problem untersucht werden. Für die korrespondierenden Probleme aus der Sicht der Schiedsgerichte - Aufrechnung vor einem Schiedsgericht mit einer Gegenforderung, für die im Falle der selbständigen Geltendmachung ein ordentliches Gericht zuständig wäre - ist in der vorliegenden Arbeit kein Raum. Insoweit sei verwiesen auf *Schreiber*, ZZP 90 (1977), 395, 413 ff. und *Kannengießer*, 203 ff.

aufgebaut hat, wurden sie bereits dort ausführlich mit vorgestellt. Dementsprechend sei insoweit darauf verwiesen.[3]

An dieser Stelle soll nur noch einmal zusammenfassend in Erinnerung gerufen werden, daß die aktuelle Linie der BGH-Rechtsprechung dahin geht, aus Schiedsvereinbarungen im Zweifel ein vertragliches Verbot abzuleiten, vor ordentlichen Gerichten die Aufrechnung mit Forderungen geltend zu machen, die solchen Vereinbarungen unterfallen.[4] Nach dem Schiedsvertrag seien die Parteien gehalten, das Zustandekommen des Schiedsspruches zu fördern und alles zu unterlassen, was jenes Ziel vereiteln könne.[5] Damit hätten sie sich verpflichtet, die Prüfung, ob die Forderung bestehe, nicht dem ordentlichen Gericht zu unterbreiten. Demzufolge dürfe im ordentlichen Prozeß die Aufrechnung mit einer Gegenforderung nicht beachtet werden, wenn letztere mit einer rechtswirksamen Schiedsabrede versehen sei.

Anders als im Fall der im vorigen Abschnitt behandelten Parallelproblematik bei internationalen Gerichtsstandsvereinbarungen[6] ist die Rechtsprechung des BGH in Bezug auf Schiedsvereinbarungen in der Lehre auf weitgehende Zustimmung gestoßen.[7] Teilweise wird allerdings abweichend davon die Ansicht vertreten, die Aufrechnungseinrede dürfe in einem solchen Fall nicht als unzulässig zurückgewiesen werden, sondern das ordentliche Gericht habe das Verfahren nach § 148 ZPO auszusetzen[8] und gegebenenfalls ein Vorbehaltsurteil nach § 302 ZPO zu erlassen.[9] Zudem ist auch hier, wie bereits im Vierten Abschnitt im Zusammenhang mit internationalen Gerichtsstandsvereinbarungen, das bisher in der Wissenschaft noch kaum zur Kenntnis genommene und noch weniger problematisierte Phänomen zu beobachten, daß bei der Diskussion, obwohl man sich scheinbar mit ein und derselben Fragestellung beschäftigt, zum

---

[3] S.o. im Vierten Abschnitt unter B. I., S. 196 ff.

[4] *BGH* 20.12.1972 - VIII ZR 186/70, AWD 1973, 165, 166 f. m. Anm. *von Hoffmann*, 168 = *BGHZ* 60, 85 = NJW 1973, 421 = MW 1973, 86; *BGH* 22.11.1962, *BGHZ* 38, 254 = BB 1963, 578 = AWD 1963, 26 = NJW 1963, 243 = JZ 1963, 681 = IPRspr 1962-63 Nr. 35 = WM 1963, 23 = ZZP 76 (1963), 461. Ebenso bereits das *RG* in seinen Urt. v. 21.11.1911, JW 1912, 132 Nr. 3, v. 1.3.1929, *RGZ* 123, 348 u. v. 3.7.1936, HRR 1936, Nr. 1419.

[5] *BGHZ* 38, 254, 258.

[6] Zur Haltung der Lit. in jener Frage s.o. im Vierten Abschnitt unter B. II., S. 209 ff.

[7] Musielak/*Stadler*, § 145 Rz. 24; Palandt/*Heinrichs*, § 387 Rz. 14; MünchKomm-ZPO/*Peters*, § 145 Rz. 35; MünchKomm/*von Feldmann*, § 387 Rz. 26; Stein/Jonas/*Schlosser*, § 1025 Rz. 37 m.w.N.; Wieczorek/*Schütze*, § 1025 Rz. 68; Zöller/*Greger*, § 145 Rz. 20; Baumbach/Lauterbach/*Albers*, § 1029 Rz. 22; Thomas/Putzo/*Reichold*, § 145 Rz. 23; *Schreiber*, ZZP 90 (1977), 395, 413; *Rosenberg/Schwab/Gottwald*, § 105 III 1. f.; *Geimer*, IZPR Rz. 3818; *Jauernig*, ZPO, § 45 III., S. 178. Differenzierend: *Kannengießer*, 210 ff.

[8] So etwa: MünchKomm-ZPO/*Peters*, § 145 Rz. 35; Baumbach/Lauterbach/*Albers*, § 1029 Rz. 22; *Wieser*, Prozeßr., § 387 Rz. 8; Thomas/Putzo/*Reichold*, § 145 Rz. 23; *Kannengießer*, 213; *Schreiber*, ZZP 90 (1977), 395, 415 ff.

[9] So z.B.: MünchKomm-ZPO/*Peters*, § 145 Rz. 35; Baumbach/Lauterbach/*Albers*, § 1029 Rz. 22; *Wieser*, Prozeßr., § 387 Rz. 8. S. a. *Schreiber*, ZZP 90 (1977), 395, 416 f.

Teil von völlig unterschiedlichen Ausgangspunkten ausgegangen wird: Während einige Autoren das Problem als auf der Ebene des Zuständigkeitsrechts angesiedelt ansehen und die Ansicht vertreten, eine Schiedsvereinbarung entziehe den staatlichen Gerichten die Entscheidungsbefugnis auch für den Fall der aufrechnungsweisen Geltendmachung einer dieser Vereinbarung unterfallenden Forderung,[10] möchte ein anderer Teil des Schrifttums wie der BGH daraus ein vertragliches Verbot ableiten, die Aufrechnung in einem Prozeß vor einem staatlichen Gericht geltend zu machen.[11] Daß mit den beiden Betrachtungsweisen indes jeweils höchst unterschiedliche Konsequenzen verbunden sind, wurde bereits oben im Vierten Abschnitt hinreichend aufgezeigt, insoweit sei auf die dort gemachten Ausführungen verwiesen.[12]

C. Das auf Schiedsvereinbarungen und ihre Auslegung anwendbare Recht

Die Frage, ob die Aufrechnung mit einer Forderung ausgeschlossen ist, für deren klageweise Geltendmachung die Zuständigkeit eines Schiedsgerichts vereinbart wurde, ist - insoweit ist man sich allgemein einig - durch Auslegung der betreffenden Vereinbarung zu lösen.[13] Um diese Auslegung vornehmen zu können, ist vorab zu klären, welches Sachrecht aus der Sicht der deutschen Gerichte für die Beurteilung von Schiedsvereinbarungen und deren Auslegung maßgeblich ist.

Zunächst einmal ist festzuhalten, daß das EuGVÜ in Bezug auf Schiedsvereinbarungen gemäß Art. 1 Abs. 2 Nr. 4 EuGVÜ keine Anwendung findet.[14] Im übrigen gilt das oben im Vierten Abschnitt unter C. II. zur internationalen Gerichtsstandsvereinbarung Gesagte[15] weitgehend entsprechend für Schiedsvereinbarungen: Auch die Schiedsvereinbarung ist nach herrschender Meinung ein materiellrechtlicher Vertrag über prozeßrechtliche Beziehungen.[16] Dementspre-

---

[10] So z.B.: Zöller/*Greger*, § 145 Rz. 20; Wieczorek/*Schütze*, § 1025 Rz. 68; MünchKomm-ZPO/*Peters*, § 145 Rz. 35; *Jauernig*, ZPO, § 45 III., S. 178.

[11] So z.B.: Baumbach/Lauterbach/*Albers*, § 1029 Rz. 22; Musielak/*Stadler*, § 145 Rz. 24; Palandt/*Heinrichs*, § 387 Rz. 14; *Rosenberg/Schwab/Gottwald*, § 105 III 1. f.

[12] Siehe dort unter C. IV., S. 233 ff.

[13] S. z.B.: Soergel/*von Hoffmann*, Art. 32 Rz. 53; *Kannengießer*, 210. I.d.S. auch *Schreiber*, ZZP 90 (1977), 395, 413.

[14] Und zwar selbst dann nicht, wenn die Wirksamkeit einer Schiedsvereinbarung und damit die Anwendbarkeit des EuGVÜ in Frage steht, siehe *EuGH* 25.7.1991, Rs. C-190/89 - *Marc Rich & Co AG/Societa Italiana Impianti* -, Slg. 1991, 2855 = NJW 1993, 189 = IPRax 1992, 312 m. Anm. *Haas*, 292 = EuZW 1993, 136 m. Anm. *Wiegand*, EuZW 1992, EuZW 1992, 529. Siehe auch *von Hoffmann*, § 3 Rz. 201. Vgl. weiter *Schlosser*, EuGVÜ, Art. 1 Rz. 23-25. Genauso jetzt Art. 1 Abs. 2 d) EuGVVO.

[15] Siehe dort unter 4., S. 227 f.

[16] Siehe dazu z.B. MünchKomm/*Martiny*, vor Art. 27 Rz. 84, Baumbach/Lauterbach/*Albers*,

chend beurteilen sich ihre Zulässigkeit und prozessualen Wirkungen nach der *lex fori*, während sich ihr rechtsgeschäftliches Zustandekommen nach der *lex causae* richtet.[17]

Die Beantwortung der Frage, welches Recht im konkreten Fall *lex causae* ist, ist allerdings bei Schiedsvereinbarungen etwas komplizierter als bei internationalen Gerichtsstandsvereinbarungen. Im Geltungsbereich internationaler Abkommen sind dafür vorrangig diese maßgebend,[18] im übrigen das autonome deutsche IPR. Wichtigste internationale Abkommen sind diesbezüglich aus deutscher Sicht das New Yorker UN-Übereinkommen über die Anerkennung und Vollstreckung ausländischer Schiedssprüche vom 10. Juni 1958[19] (in der Folge "UNÜ") - das entgegen seinem Wortlaut nicht nur im Anerkennungs- und Vollstreckungsverfahren zu berücksichtigen ist, sondern auch bereits im Einredestadium -[20] und das Europäische Übereinkommen über die internationale Handelsschiedsgerichtsbarkeit vom 21. April 1961[21] (in der Folge "EuÜ"). Das EuÜ kann neben dem UNÜ angewendet werden und ergänzt dieses (siehe Art. X Abs. 7 EuÜ).[22]

Beide Übereinkommen verlangen für die Schiedsvereinbarung Schriftform (Art. II UNÜ bzw. Art. I Abs. 2 a EuÜ). Rechts- und Geschäftsfähigkeit der Parteien bestimmt nach beiden Übereinkommen deren jeweiliges Personalstatut (Art. V Abs. 1 a UNÜ bzw. Art. VI Abs. 2 EuÜ). Statut der Schiedsvereinbarung, und damit für ihr Zustandekommen und ihre Wirksamkeit im übrigen maßgebend, ist nach beiden Übereinkommen in erster Linie das von den Parteien ausdrücklich oder stillschweigend gewählte Recht (Art. V Abs. 1 a UNÜ bzw. Art. VI Abs. 2 a EuÜ). Haben die Parteien keine Rechtswahl vereinbart, so kommt es auf das Recht des Staates an, in dem der Schiedsspruch ergehen soll (Art. V Abs. 1 a UNÜ analog[23] bzw. Art. VI Abs. 2 b EuÜ), hilfsweise auf das Recht, welches das angerufene Gericht nach seinen Kollisionsnormen anzuwenden hat (Art. VI Abs. 2 c EuÜ).[24]

§ 1029 Rz. 10 und *Kronke*, RIW 1998, 257, 258, jeweils m.w.N.

[17] MünchKomm/*Martiny*, vor Art. 27 Rz. 84 m.w.N.; Baumbach/Lauterbach/*Albers*, § 1029 Rz. 11 m.w.N.

[18] Baumbach/Lauterbach/*Albers*, § 1025 Rz. 6.

[19] BGBl. 1961 II, 122. Zu den Vertragsstaaten siehe *Jayme/Hausmann*, Nr. 242 Fn. 1. Im Verhältnis zu Spanien ist das UN-Übk am 10.8.1977 in Kraft getreten, BGBl. 1977 II, 630.

[20] MünchKomm/*Martiny*, vor Art. 27 Rz. 86.

[21] BGBl. 1964 II, 426. Zu den Vertragsstaaten siehe *Jayme/Hausmann*, Nr. 243 Fn. 1. Im Verhältnis zu Spanien ist das EU-Übk am 10.8.1975 in Kraft getreten, BGBl. 1975 II, 929.

[22] MünchKomm/*Martiny*, vor Art. 27, Rz. 89 m.w.N.

[23] Für das vor einem Anerkennungsverfahren liegende Einredestadium ist die genannte Vorschrift insoweit analog heranzuziehen, siehe MünchKomm/*Martiny*, vor Art. 27 Rz. 87 m.w.N.

[24] S. insgesamt zur Rechtslage nach den beiden Übereinkommen MünchKomm/*Martiny*, vor Art. 27 Rz. 86-91.

Ist das autonome deutsche Recht maßgebend, so ist gemäß § 1025 Abs. 1 u. Abs. 4 ZPO zwischen inländischen und ausländischen Schiedsverfahren zu unterscheiden. Dabei liegt ein inländisches Schiedsverfahren dann vor, wenn "der Ort des schiedsrichterlichen Verfahrens im Sinne von § 1043 Abs. 1 [ZPO] in Deutschland liegt" (so § 1025 Abs. 1 ZPO). Ist dies der Fall, so finden die §§ 1026 ff. ZPO Anwendung. Liegt der Schiedsort im Sinne von § 1043 Abs. 1 ZPO hingegen im Ausland, so sind gemäß § 1025 Abs. 4 i.V.m. § 1061 Abs. 1 ZPO das UNÜ und daneben sonstige Staatsverträge maßgeblich (§ 1061 Abs. 1 ZPO ist trotz seines Wortlauts nicht nur retrospektiv für die abschließende Repressivkontrolle von Bedeutung, sondern auch bereits für das Einredestadium;[25] andererseits hat diese Vorschrift aber aufgrund des Vorrangs des UNÜ und der Rücknahme des von der Bundesrepublik Deutschland gemäß Art. I Abs. 3 S. 1 UNÜ zunächst erklärten Vertragsstaatenvorbehalts,[26] durch die der Geltungsbereich des Übereinkommens aus deutscher Sicht auch auf das Verhältnis zu Nichtvertragsstaaten ausgedehnt wurde - vgl. Art. I Abs. 1 S. 1 i.V.m. Abs. 3 S. 1 UNÜ -, mittlerweile weitgehend nur noch deklaratorischen Charakter). Da die einschlägigen Vorschriften des UNÜ und des daneben ergänzend anwendbaren EuÜ bereits zuvor vorgestellt worden sind, können sich die Betrachtungen in der Folge auf inländische Schiedsverfahren im Sinne von § 1025 Abs. 1 i.V.m. § 1043 Abs. 1 ZPO konzentrieren.

Im Zusammenhang mit Schiedsvereinbarungen sind in kollisionsrechtlicher Hinsicht folgende sechs Statute gedanklich sauber auseinanderzuhalten:[27] das vom Schiedsgericht anzuwendende Verfahrensrecht (bei inländischen Schiedsverfahren gemäß § 1025 Abs. 1 i.V.m. § 1043 Abs. 1 ZPO zwingend deutsches Schiedsverfahrensrecht)[28] und das seiner Entscheidung zugrunde zu legende materielle Recht (§ 1051 ZPO) - welche beide die Schieds*vereinbarung* als solche nicht direkt betreffen und deshalb hier nicht von unmittelbarem Interesse sind - sowie das auf die objektive und die subjektive Schiedsfähigkeit, die Formvoraussetzungen und schließlich das materielle Zustandekommen der Schiedsvereinbarung anzuwendende Recht (Schiedsvereinbarungsstatut).

Die objektive Schiedsfähigkeit, also die Frage, welche Art von Ansprüchen Gegenstand von Schiedsvereinbarungen sein kann, richtet sich bei inländischen Schiedsverfahren zwingend nach deutschem Recht (dies ergibt sich aus § 1059 Abs. 2 Nr. 2 a ZPO)[29], mithin also nach § 1030 ZPO. Die subjektive Schiedsfähigkeit einer Partei, welche von ihrer Rechts- und Geschäftsfähigkeit abhängt,[30] bestimmt sich nach dem Recht, das für sie persönlich maßgebend ist (dies folgt

---

[25] MünchKomm-ZPO/*Münch*, § 1029 Rz. 14 f.

[26] Erklärung: BGBl. 1961 II, S. 121; 1987 II, S. 389. Zurücknahme: BGBl. 1999 II, S. 7.

[27] Vgl. MünchKomm-ZPO/*Münch*, § 1029 Rz. 13 u. § 1051 Rz. 6.

[28] Zöller/*Geimer*, § 1025 Rz. 1 u. 3-5; Baumbach/Lauterbach/*Albers*, § 1025 Rz. 3; MünchKomm-ZPO/*Münch*, § 1031 Rz. 9.

[29] MünchKomm-ZPO/*Münch*, § 1030 Rz. 12 f.

[30] MünchKomm-ZPO/*Münch*, § 1029 Rz. 19; *Kronke*, RIW 1998, 257.

aus § 1059 Abs. 2 Nr. 1 a F. 1 ZPO), also nach ihrem gemäß Art. 7 EGBGB zu ermittelnden Personalstatut.[31]

Bei der Ermittlung des für die Formvoraussetzungen und das materielle Zustandekommen der Schiedsvereinbarung maßgeblichen sowie des vom Schiedsgericht seiner Entscheidung zugrunde zu legenden Sachrechts stößt man auf das Problem der Konkurrenz der insoweit einschlägigen Vorschriften der ZPO zu Art. 11, 27 ff. EGBGB: Stellen erstere gegenüber letzteren eine vorrangige *lex specialis* dar oder gebührt letzteren der Vorrang, weil sie aus dem EVÜ stammen und demzufolge für die Bundesrepublik Deutschland völkerrechtlich verbindlich sind? Die Bundesregierung ging in ihrer Begründung - im Gegensatz zu der im Bericht der vorbereitenden Kommission zur Neuordnung des Schiedsverfahrens vertretenen Auffassung -[32] davon aus, daß der Gesetzgeber auch hinsichtlich der Bestimmung des von Schiedsgerichten anwendbaren Rechts an die Regelungen des EVÜ gebunden sei.[33] Es ist anzunehmen, daß dies der Grund für die Ungereimtheiten ist, die man teilweise in der Lehre hinsichtlich der Frage antrifft, welche Normen nun vorrangig anzuwenden sind.[34]

Einigkeit herrscht aber jedenfalls insoweit, als daß die Normen des Zehnten Buches der ZPO die Art. 11, 27 ff. EGBGB nicht - wie von der Begründung der Bundesregierung übertrieben unterstellt -[35] lediglich im gesamten getreu wiedergeben, sondern sie zum Teil modifizieren[36] (so richten sich etwa die Formvoraussetzungen von Schiedsvereinbarungen in inländischen Schiedsverfahren gemäß § 1025 Abs. 1 i.V.m. § 1043 Abs. 1 ZPO in Abweichung von der Anknüpfung des Art. 11 Abs. 1 u. 2 EGBGB ausschließlich und zwingend nach der deutschen Vorschrift des § 1031 ZPO)[37]. Daher sollten die §§ 1025 ff. ZPO m.E.

---

[31] MünchKomm-ZPO/*Münch*, § 1029 Rz. 19; *Kronke*, RIW 1998, 257; Zöller/*Geimer*, § 1025 Rz. 15.

[32] Kommission zur Neuordnung des Schiedsverfahrensrechts, Bericht mit einem Diskussionsentwurf zur Neufassung des Zehnten Buchs der ZPO, hrsg. v. *Bundesministerium der Justiz*, 1994, S. 166 f.

[33] BT-Drs. 13/5274, 52 f.

[34] So wollen z.B. *Albers* oder auch *Kronke* einerseits auf die Schiedsvereinbarung Art. 11, 27 ff. EGBGB anwenden (Baumbach/Lauterbach/*Albers*, § 1029 Rz. 11; *Kronke*, RIW 1998, 257, 258 f.), sehen aber andererseits in Bezug auf das vom Schiedsgericht in der Sache anwendbare Recht § 1051 ZPO als "Sonder-Kollisionsrecht" (so *Albers* a.a.O. bei § 1051 Rz. 1) bzw. "besonderes Vertragskollisionsrecht für Schiedsgerichte" (so *Kronke* a.a.O., 262) an, das unter Beachtung des EVÜ "die Art. 27 ff. EGBGB modifiziert" (so *Albers* a.a.O. bei § 1051 Rz. 1; im selben Sinne *Kronke* a.a.O., 262).

[35] BT-Drs. 13/5274, 52.

[36] *Solomon*, RIW 1997, 981 ff. (ausführlich); *Kronke*, RIW 1998, 257, 262; Baumbach/Lauterbach/*Albers*, § 1051 Rz. 1; Zöller/*Geimer*, § 1025 Rz. 11, vgl. auch § 1051 Rz. 2 f.

[37] MünchKomm-ZPO/*Münch*, § 1031 Rz. 9. Zumindest mißverständlich sind daher die Ausführungen von *Kronke* in RIW 1998, 257, 259, Formstatut sei "gemäß Art. 11 Abs. 1 EGBGB Geschäftsrecht, also das Schiedsvereinbarungsstatut, oder aber das Recht des Ortes, an dem die Vereinbarung abgeschlossen wurde; sie muß (nur) einem der beiden Rechte genügen" - diese Aussagen können allenfalls für i.S.d. § 1025 Abs. 1 ZPO *ausländische* Schiedsverfahren

zunächst einmal als *lex specialis* herangezogen werden.[38] Im übrigen erscheint eine Orientierung an den Vorschriften des EGBGB und gegebenenfalls auch ein ergänzender Rückgriff auf darin enthaltene weitergehende Bestimmungen sinnvoll (dabei ist insbesondere an Art. 27 Abs. 3 u. 4, 29, 29 a, 30, 31, 32 u. 34 EGBGB zu denken).[39]

Demnach ist bei inländischen Schiedsverfahren das vom Schiedsgericht seiner Entscheidung zugrunde zu legende materielle Recht primär nach § 1051 ZPO zu ermitteln.[40] Die Formwirksamkeit von Schiedsvereinbarungen richtet sich - wie bereits zuvor festgestellt - gemäß § 1025 Abs. 1 i.V.m. § 1043 Abs. 1 ZPO nach der Vorschrift des § 1031 ZPO. Das hier in erster Linie interessierende Statut der Schiedsvereinbarung schließlich, welches für ihr materielles Zustandekommen maßgeblich ist, bestimmt sich nach § 1059 Abs. 2 Nr. 1 a F. 2 u. 3 ZPO.[41] Danach können die Parteien ausdrücklich oder konkludent eine selbständige Rechtswahl für die Schiedsvereinbarung[42] treffen (§ 1059 Abs. 2 Nr. 1 a F. 2 ZPO).[43] Haben sie keine solche Rechtswahl getroffen, so gilt subsidiär deutsches Recht als Gültigkeitsmaßstab (§ 1059 Abs. 2 Nr. 1 a F. 3 ZPO).[44]

Dem auf diese Weise nach staatsvertraglichen Übereinkommen beziehungsweise autonomem deutschem Recht ermittelten Schiedsvereinbarungsstatut sind, da die Fragen nach dem Zustandekommen und dem Inhalt eines Vertrags untrennbar miteinander verbunden sind, auch die Maßstäbe für die Auslegung der Schiedsvereinbarung zu entnehmen.[45]

---

aufrecht erhalten werden (dazu s. näher MünchKomm-ZPO/*Münch*, § 1031 Rz. 11).

[38] So z.B. auch MünchKomm-ZPO/*Münch*, § 1029 Rz. 14 f. und ausführlich *Solomon*, RIW 1997, 981 ff.

[39] Vgl.: MünchKomm-ZPO/*Münch*, § 1029 Rz. 15 u. 17 sowie § 1051 Rz. 5; Zöller/*Geimer*, § 1051 Rz. 3 u. 5; *Kronke*, RIW 1998, 257, 262. Krit. *Solomon*, RIW 1997, 981 ff.

[40] Ausführlich dazu MünchKomm-ZPO/*Münch*, § 1051 Rz. 1 ff. sowie *Solomon*, RIW 1997, 981 ff.

[41] Diese Vorschrift ist, obwohl sie ihrem Wortlaut nach retrospektiv angelegt und auf die abschließende Repressivkontrolle zugeschnitten ist, auch bereits im Einredestadium zu beachten (vgl. § 1032 Abs. 1 a.E. ZPO - Wirksamkeitskontrolle), MünchKomm-ZPO/*Münch*, § 1029 Rz. 14 f.

[42] Diese ist völlig unabhängig von einer etwaigen Rechtswahl für den Hauptvertrag zu sehen (vgl. § 1040 Abs. 1 S. 2 ZPO - *Autonomieprinzip*), siehe MünchKomm-ZPO/*Münch*, § 1029 Rz. 16.

[43] MünchKomm-ZPO/*Münch*, § 1029 Rz. 14 u. 16; MünchKomm/*Martiny*, vor Art. 27 Rz. 92 m.w.N.; Baumbach/Lauterbach/*Albers*, § 1029 Rz. 11 m.w.N. Vgl. auch Zöller/*Geimer*, § 1025 Rz. 10. Vgl. dazu weiter oben im Vierten Abschnitt unter C. II. 3. c), S. 222.

[44] MünchKomm-ZPO/*Münch*, § 1029 Rz. 14; Zöller/*Geimer*, § 1025 Rz. 11 a.E. Diese Regelung entspricht den in Art. V Abs. 1 a UNÜ bzw. Art. VI Abs. 2 b EuÜ getroffenen.

[45] Vgl. dazu oben im Vierten Abschn. unter C. III., S. 228 ff., insbes. 1., S. 231 f. S. weiter: MünchKomm-ZPO/*Münch*, § 1029 Rz. 18; Reithmann/Martiny/*Hausmann*, Rz. 2374, 2423, 2493; Soergel/*von Hoffmann*, Art. 32 Rz. 53; *Kannengießer* 206. Für inländische Schiedsverfahren ergibt sich dies bereits aus der ergänzenden analogen Anwendung v. Art. 32 Abs. 1 Nr. 1 EGBGB (so auch MünchKomm-ZPO/*Münch*, § 1029 Rz. 18).

D. Lösung

Wie bereits zuvor erwähnt, ist für die Frage, ob die Aufrechnung mit einer Gegenforderung ausgeschlossen ist, für deren klageweise Geltendmachung die Zuständigkeit eines Schiedsgerichts vereinbart wurde, nach einhelliger Meinung der Wille der Parteien maßgeblich.[46] Dieser ist im Wege der Auslegung der betreffenden Zuständigkeitsvereinbarung zu ermitteln. Die Maßstäbe für die Auslegung sind dabei - wie zuvor unter C. festgestellt wurde - dem Statut der Schiedsvereinbarung zu entnehmen. Als Grundlage für die weitere Prüfung soll nun davon ausgegangen werden, daß in dieser Hinsicht deutsches Recht zur Anwendung gelangt.

Fehlt - wie zumeist - eine entsprechende ausdrückliche Vereinbarung und lassen sich auch aus den näheren Umständen keine eindeutigen Hinweise auf den Parteiwillen diesbezüglich entnehmen, so wird - entsprechend den oben im Vierten Abschnitt für die Parallelproblematik bei internationalen Gerichtsstandsvereinbarungen getroffenen Feststellungen -[47] im Zweifel davon auszugehen sein, daß die Parteien bei Abschluß der Schiedsvereinbarung nur an die klageweise Geltendmachung der davon betroffenen Forderungen gedacht haben, ohne sich Gedanken über deren aufrechnungsweise Geltendmachung zu machen, so daß diesbezüglich eine ausfüllungsbedürftige Regelungslücke vorliegt, die im Wege der ergänzenden Auslegung der Vereinbarung durch Ermittlung des hypothetischen Parteiwillens zu schließen ist.[48]

Was die vom BGH und von Teilen der Lehre vertretene Ansicht anbelangt, aus der Begründung der Zuständigkeit eines Schiedsgerichts für ein bestimmtes Rechtsverhältnis sei im Zweifel auf den hypothetischen Parteiwillen zu schließen, die prozessuale Geltendmachung der Aufrechnung mit Forderungen aus dem betreffenden Rechtsverhältnis solle vor staatlichen Gerichten verboten sein, so ist sie aus den gleichen Gründen abzulehnen, die bereits bei der Stellungnahme zur entsprechenden Ansicht des BGH in Bezug auf internationale Gerichtsstandsvereinbarungen dargelegt wurden: Ein derartiges prozessuales Aufrechnungsverbot, das sich bereits gegen die Zulässigkeit der Erhebung der prozessualen Aufrechnungseinrede richtet,[49] aus einer Schiedsvereinbarung abzuleiten, die schon *per definitionem* ausschließlich die Regelung von Fragen der gerichtlichen Entscheidungsbefugnis für einen bestimmten Sachverhalt entsprechend dem Parteiwillen zum Inhalt hat, bedeutet, die sich aus dem Vertragsinhalt ergebenden Grenzen zu sprengen und den Vertragsgegenstand in unzulässiger Weise

---

[46] S. z.B.: Soergel/*v. Hoffmann*, Art. 32 Rz. 53; *Kannengießer*, 210. I.d.S. a. *Schreiber*, ZZP 90 (1977), 395, 413.

[47] Siehe dort unter D. I., S. 244 ff.

[48] MünchKomm-ZPO/*Münch*, § 1029 Rz. 46. Vgl. dazu weiter (auch näher zum korrekten Vorgehen bei der ergänzenden Auslegung) oben im Vierten Abschnitt unter D. I., S. 246 ff.

[49] Siehe dazu näher oben im Vierten Abschnitt unter C. IV. 1., S. 234 ff.

durch eine den Grundsatz der Privatautonomie verletzende freie richterliche Schöpfung zu erweitern.[50]

Im übrigen erfordert die Ermittlung des hypothetischen Parteiwillens eine sorgfältige Abwägung der Parteiinteressen. Auch diesbezüglich kann wieder weitgehend auf die oben im Vierten Abschnitt zur Parallelproblematik bei internationalen Gerichtsstandsvereinbarungen gemachten Ausführungen verwiesen werden.[51] Zusätzlich zu den dort dargelegten Interessen spielen für die Parteien allerdings beim Abschluß einer Schiedsvereinbarung noch weitere Gesichtspunkte eine Rolle.

So wird etwa die Zuständigkeit eines Schiedsgerichts oft deshalb vereinbart, weil die ausgewählten Schiedsrichter für die Beurteilung eines Sachverhalts besondere Erfahrung, juristische Kenntnisse und/oder technischen Sachverstand mitbringen (man denke etwa an die hoch spezialisierten Schiedsgerichte für Fragen der Seeschiffahrt oder bestimmte Wirtschaftszweige wie z.B. den Kaffee- oder Getreidehandel, die Wertpapierbörsen oder das Bauwesen)[52] und die Parteien ihnen deshalb eher zutrauen, ein für alle Seiten tragbares, gerechtes Urteil zu fällen. Umgekehrt werden Schiedsvereinbarungen nicht selten aus Mißtrauen gegenüber den sonst zuständigen staatlichen Gerichten heraus abgeschlossen, etwa im Handel mit Entwicklungsländern oder sonstigen Ländern mit politisch unzuverlässigen Systemen (man denke z.B. an Staaten wie China, Kuba oder einige afrikanische Länder).[53] Häufig wollen die Parteien mit der Vereinbarung eines Schiedsgerichts auch verhindern, daß bestimmte sensible Informationen (etwa in Bezug auf know how oder auch Preisgestaltungen) oder auch die Tatsache, daß überhaupt vor einem Gericht gestritten wird, publik werden - vor Schiedsgerichten gilt, anders als vor staatlichen Gerichten, nicht der Grundsatz der Öffentlichkeit.[54]

All diese soeben genannten Parteiinteressen würden im Falle der Entscheidung eines staatlichen Gerichts auf eine aufrechnungsweise Geltendmachung der Gegenforderung hin in genau demselben Maße beeinträchtigt wie im Falle der Entscheidung auf eine selbständige Klage hin. Auch der von den Parteien vielfach mit der Vereinbarung von Schiedsgerichten verfolgte Zweck der Kostenersparnis - Schiedsverfahren können gegenüber staatlichen Gerichtsverfahren wesentlich kostengünstiger sein - kann durch eine streitige Verhandlung der aufrechnungsweise geltend gemachten Gegenforderung vor einem staatlichen Gericht beeinträchtigt werden, denn dadurch wird gemäß § 19 III GKG der Streitwert erhöht. Zudem können dem staatlichen Gericht dabei wegen der bereits angesprochenen, gegebenenfalls in dieser Hinsicht fehlenden speziellen Sach-

[50] Siehe dazu näher oben im Vierten Abschnitt unter D. II. 1., S. 249 ff. (dort auch detailliertere Begründung). Vgl. außerdem MünchKomm-ZPO/*Münch*, § 1029 Rz. 46.

[51] Siehe dort unter D. II. 2., S. 252 ff.

[52] Vgl. MünchKomm-ZPO/*Münch*, vor § 1025 Rz. 9.

[53] MünchKomm-ZPO/*Münch*, vor § 1025 Rz. 10 m.w.N.

[54] Siehe dazu näher MünchKomm-ZPO/*Münch*, vor § 1025 Rz. 32.

kenntnis möglicherweise auch Gutachterkosten entstehen, die vor dem vereinbarten Schiedsgericht ausgeblieben wären.

Nimmt man die soeben vorgestellten objektiven Parteiinteressen zu den bereits oben im Vierten Abschnitt dargelegten[55] hinzu, so ergibt sich ein noch klareres Bild als bei der Parallelproblematik bei internationalen Gerichtsstandsvereinbarungen: Die von den Parteien mit dem Abschluß einer Schiedsvereinbarung verfolgten Ziele können nur dann wirklich erreicht werden, wenn man die betreffende Vereinbarung dahingehend auslegt, daß damit die Entscheidungsbefugnis der staatlichen deutschen Gerichte nicht nur für die klageweise, sondern auch für die aufrechnungsweise Geltendmachung der davon erfaßten Forderungen abbedungen sein soll. Staatliche Gerichte im Falle der aufrechnungsweisen Geltendmachung der betreffenden Forderungen über diese entscheiden zu lassen, hieße, den von den Parteien eindeutig zum Ausdruck gebrachten Willen ignorieren, daß darüber nur das vereinbarte Schiedsgericht entscheiden soll;[56] denn der von den Parteien mit der Schiedsvereinbarung verfolgte Zweck, also neben den oben im Vierten Abschnitt geschilderten gegebenenfalls auch die hier zuvor vorgestellten Beweggründe der Geheimhaltung, des besonderen Vertrauens in spezielle Sachkenntnis des Schiedsgerichts hinsichtlich der Gegenforderung oder auch des eventuell insoweit bestehenden Mißtrauens gegenüber der sonst zuständigen staatlichen Gerichtsbarkeit, würde durch eine Entscheidung des staatlichen Gerichts auch dann vereitelt, wenn diese Entscheidung "nur" auf eine aufrechnungsweise Geltendmachung der betreffenden Forderung hin erginge.

Bisweilen wird gegen dieses Ergebnis und für eine Entscheidungsbefugnis des staatlichen Gerichts im Falle der aufrechnungsweisen Geltendmachung der betreffenden Forderung das Argument ins Feld geführt, die Zuständigkeitsverlagerung weg von staatlichen Gerichten hin zu Schiedsgerichten sei eher restriktiv zu beurteilen, weil die Zuständigkeit der staatlichen Gerichte der gesetzlich vorgesehene Normalfall, die Zuständigkeit der Schiedsgerichte dagegen die Ausnahme sei; solle die Ausnahme gelten, so müsse dies eben klar genug zum Ausdruck gebracht werden.[57] Dieses Argument ist - bei näherer Betrachtung - nicht stichhaltig. Daß die Ausnahme der Zuständigkeitsverlagerung hin zu einem Schiedsgericht für die betreffende Forderung gelten soll, haben die Parteien ja durch die Schiedsvereinbarung bereits klar und zweifelsfrei zum Ausdruck gebracht. Der damit verfolgte Zweck, daß aufgrund der zuvor geschilderten Interessenlage nur das Schiedsgericht über die betreffende Forderung entscheiden soll, kann aber, wie gesehen, eben gerade nur dann erreicht werden, wenn die staatlichen Gerichte über die betreffende Forderung überhaupt nicht, das heißt auch nicht auf ihre aufrechnungsweise Geltendmachung hin entscheiden dürfen.

---

[55] Siehe dort unter D. II. 2., S. 252 ff.

[56] Vgl. dazu MünchKomm-ZPO/*Münch*, § 1029 Rz. 48: "Im Zweifel dürfte .. [mit einer Schiedsvereinbarung] umfassende Entscheidungskompetenz [des Schiedsgerichts] angestrebt sein."

[57] Siehe z.B. *Kannengießer*, 211.

Es bleibt also festzuhalten, daß Schiedsvereinbarungen im Zweifel dahingehend auszulegen sind, daß damit die Entscheidungsbefugnis der staatlichen deutschen Gerichte nicht nur für die klageweise, sondern auch für die aufrechnungsweise Geltendmachung der davon erfaßten Forderungen abbedungen sein soll. Davon ausgenommen sind, entsprechend dem oben im Vierten Abschnitt Ausgeführten,[58] auch hier die Fälle, in denen die Gegenforderung unstreitig oder bereits rechtskräftig festgestellt ist, denn hier ist keine Entscheidung des Schiedsgerichts über die Gegenforderung mehr erforderlich, so daß die beschriebenen Parteiinteressen insoweit nicht beeinträchtigt werden können. Allerdings sollte man hier zusätzlich noch eine Vollstreckbarkeitserklärung eines staatlichen Gerichts für die betreffende vorliegende Schiedsgerichtsentscheidung über die Gegenforderung verlangen, weil anderenfalls die Gegenforderung durch die Aufrechnung gleichsam vollstreckt würde, ohne daß dem Kläger der Schutz durch das Vollstreckbarerklärungsverfahren zugute käme.[59] Ausgenommen sind, ebenfalls entsprechend zu den Feststellungen oben im Vierten Abschnitt,[60] weiter auch die Fälle, in denen sich der Kläger auf die Aufrechnungseinrede einläßt, ohne die aus der Schiedsvereinbarung resultierende Unzuständigkeit des staatlichen Gerichts hinsichtlich der Gegenforderung rechtzeitig zu rügen (dies folgt aus dem Rechtsgedanken des § 1032 Abs. 1 ZPO).

In den übrigen Fällen, in denen die Aufrechnung mit einer streitigen Forderung geltend gemacht wird und der Kläger die aus der Schiedsvereinbarung resultierende Unzuständigkeit des staatlichen Gerichts für die Gegenforderung rügt, stellt sich weiter die Frage, ob die prozessuale Aufrechnungseinrede aus diesem Grunde als unzulässig zurückzuweisen ist, wie dies im Ergebnis der BGH - wenn auch, wie oben unter B. dargelegt, über den Weg der Annahme eines prozessualen Aufrechnungsverbots -[61] mit Zustimmung von Teilen der Lehre praktiziert.

Hier fällt das Ergebnis nicht anders aus als oben im Vierten Abschnitt für die Parallelproblematik bei internationalen Gerichtsstandsvereinbarungen:[62] Während keine Interessen des Beklagten an der Entscheidung gerade des Gerichts der Klage über die Gegenforderung bestehen, die vor dem Hintergrund von Sinn und Zweck der zwischen den Parteien geschlossenen Schiedsvereinbarung ins Gewicht fielen, würde sich seine rechtliche Position erheblich verschlechtern, wenn ihm die Berücksichtigung der von ihm erhobenen Aufrechnungseinrede gänzlich verweigert würde (die für den Beklagten damit verbundenen Nachteile wurden in dieser Arbeit bereits mehrfach im einzelnen geschildert, worauf an dieser Stelle verwiesen werden kann)[63]. Im Zweifel kann nicht davon ausgegan-

---

[58] Siehe dort unter D. II. 3. b), S. 264 f.

[59] *Kannengießer*, 205 f.

[60] Siehe dort unter D. II. 2., S. 257.

[61] Siehe dazu dort, S. 311 sowie die Stellungnahme dazu unter D., S. 318.

[62] Siehe dort unter D. II. 2., S. 258 ff.

[63] Siehe oben im Dritten Abschnitt unter F. III. 2., S. 157 ff. und auch im Vierten Abschnitt

gen werden, daß die Parteien, hätten sie die Möglichkeit des Unterlaufens der von ihnen geschlossenen Schiedsvereinbarung durch aufrechnungsweise Geltendmachung der davon betroffenen Forderungen bedacht, die betreffende Problematik nach Treu und Glauben als redliche Vertragsparteien in einer Weise geregelt hätten, die eine solch massive einseitige Beeinträchtigung der Interessen des Beklagten zur Folge hat.[64] Dies gilt um so mehr angesichts der Tatsache, daß schutzwürdige Interessen des Klägers an einer Zurückweisung der Aufrechnungseinrede als unzulässig nicht bestehen.[65]

Das Ergebnis der ergänzenden Auslegung läßt sich demnach wie folgt zusammen fassen: Auf der einen Seite kann der originäre Zweck einer Schiedsvereinbarung nur dann wirklich erfüllt werden, wenn man sie dahingehend interpretiert, daß dadurch die Befugnis der staatlichen Gerichte zur Entscheidung über die Gegenforderung nicht nur für den Fall ihrer klageweisen, sondern darüber hinaus auch für den Fall ihrer aufrechnungsweisen Geltendmachung abbedungen sein sollte. Auf der anderen Seite kann nach Treu und Glauben im Zweifel nicht davon ausgegangen werden, daß die Parteien, hätten sie die Möglichkeit des Unterlaufens der von ihnen geschlossenen Schiedsvereinbarung durch aufrechnungsweise Geltendmachung der davon betroffenen Forderungen bedacht, als redliche Vertragsparteien dem Beklagten den Verlust seines prozessualen Verteidigungsmittels der Aufrechnungseinrede zugemutet hätten - damit wäre eine erhebliche Beeinträchtigung der rechtlichen Position des Beklagten verbunden, während schutzwürdige Interessen des Klägers an einer Zurückweisung der Aufrechnungseinrede als unzulässig nicht bestehen.

Wie bei der Parallelproblematik der internationalen Gerichtsstandsvereinbarungen bietet auch hier einzig die oben im Dritten Abschnitt entwickelte Erweiterte Aussetzungslösung[66] eine überzeugende Möglichkeit, dem ermittelten hypothetischen Parteiwillen Rechnung zu tragen (was deren Ausgestaltung im Detail, ihre argumentative Abstützung und die Auseinandersetzung mit Gegenargumenten anbetrifft, sei auf die dort gemachten Ausführungen verwiesen). Dies gilt auch für die oben im Vierten Abschnitt unter D. II. 3. behandelten Sonderkonstellationen,[67] soweit sie im Zusammenhang mit Schiedsvereinbarungen auftreten können - die dort gemachten Ausführungen lassen sich ganz analog auf die Situation bei Schiedsvereinbarungen übertragen.

---

unter D. II. 2., S. 258.

[64] Auch aus diesem Grunde ist die Auffassung des BGH (im Zweifel Annahme eines prozessualen Aufrechnungsverbots, siehe die Stellungnahme dazu o. S. 318) und des sich ihm anschließenden Teils der Lehre abzulehnen.

[65] Siehe dazu näher oben im Dritten Abschnitt unter F. III. 3. b), S. 162 f. Schutzwürdige Interessen des Klägers bestehen nur daran, daß das "richtige" Gericht über Bestehen und Höhe der Gegenforderung entscheidet.

[66] Siehe dazu dort unter H., S. 187 ff. (Zusammenfassung) sowie unter G. II., S. 166 ff. (ausführlich).

[67] Siehe dort, S. 262 ff.

E. Ergebnis

Im Zweifel ist davon auszugehen, daß die Parteien bei Abschluß einer Schiedsvereinbarung nur an die klageweise Geltendmachung der davon betroffenen Forderungen gedacht haben, ohne sich Gedanken über deren aufrechnungsweise Geltendmachung zu machen. Diese Regelungslücke ist durch ergänzende Auslegung der Vereinbarung zu schließen. Dabei geht der hypothetische Parteiwille grundsätzlich dahin, daß die Entscheidungsbefugnis der staatlichen deutschen Gerichte nicht nur für die klageweise, sondern auch für die aufrechnungsweise Geltendmachung der von der Schiedsvereinbarung erfaßten Forderungen abbedungen sein soll. Andererseits kann nach Treu und Glauben im Zweifel aber nicht davon ausgegangen werden, daß die Parteien, hätten sie die Möglichkeit des Unterlaufens der von ihnen geschlossenen Schiedsvereinbarung durch aufrechnungsweise Geltendmachung der davon betroffenen Forderungen bedacht, als redliche Vertragsparteien dem Beklagten den Verlust seines prozessualen Verteidigungsmittels der Aufrechnungseinrede zugemutet hätten.

Verfahrenstechnisch kann diesem hypothetischen Parteiwillen nur über die oben im Dritten Abschnitt entwickelte Erweiterte Aussetzungslösung in vollem Umfange Rechnung getragen werden. Ein Vorgehen nach der Erweiterten Aussetzungslösung ist lediglich dann entbehrlich, wenn der Beklagte die Aufrechnung mit einer unstreitigen oder rechtskräftig festgestellten Forderung geltend macht oder wenn sich der Kläger auf die prozessuale Aufrechnungseinrede eingelassen hat, ohne die aus der Schiedsvereinbarung resultierende Unzuständigkeit des staatlichen Gerichts für die Gegenforderung rechtzeitig zu rügen - hier kann das staatliche Gericht der Klage ohne weiteres auch über die Gegenforderung entscheiden.

Sechster Abschnitt: Die "compensación judicial" des spanischen Rechts im deutschen Zivilprozeß

A. Problemstellung

Im Ersten Abschnitt hat sich gezeigt, daß das spanische Recht - ähnlich wie andere romanische Rechtsordnungen, die dem Modell der Legalkompensation folgen - eine Variante der Aufrechnung kennt, die dem deutschen Recht unbekannt ist: das Rechtsinstitut der "compensación judicial" ("richterliche" oder "gerichtliche" Aufrechnung).[1] Dabei beseitigt der Richter in Ausübung einer richterlichen Gestaltungsbefugnis ein bestehendes materiellrechtliches Hindernis, aufgrund dessen die "gesetzliche Aufrechnung" ("compensación legal") nicht gemäß Art. 1195 ff. CC *ipso iure* eintreten konnte. In der Regel handelt es sich bei diesem Aufrechnungshindernis um die fehlende Liquidität einer Forderung (obgleich in Rechtsprechung und Literatur immer wieder betont wird, daß die "compensación judicial" theoretisch auch fehlende Durchsetzbarkeit oder Fälligkeit überwinden kann, ist aus der Praxis bisher keine Entscheidung bekannt, in der ein Gericht sie einmal in einer anderen Konstellation als der fehlenden Liquidität einer Forderung vorgenommen hätte)[2], deren Höhe dann in den Entscheidungsgründen des Urteils nach freiem richterlichen Ermessen festgesetzt wird.[3] Da damit alle ihre Voraussetzungen vorliegen, tritt die gesetzliche Aufrechnung mit den in Art. 1202 CC vorgesehenen Wirkungen automatisch ein, woraufhin der Richter Klage- und Gegenforderung zu verrechnen hat[4] (mit der Folge der vollen beziehungsweise teilweisen Abweisung der Klage - ein gesonderter Ausspruch zur "compensación judicial" erfolgt im Tenor des Urteils nicht)[5], genauso wie er es auch sonst auf Geltendmachung einer "gewöhnlichen", außerprozessual eingetretenen gesetzlichen Aufrechnung hin tut. Im Un-

---

[1] Siehe dort unter B. V., S. 51 ff. Im italienischen Recht "compensazione giudiziale", s. Art. 1243 Abs. 2 Codice Civile und im französischen Recht "compensation judiciaire", siehe z.B. *Kannengießer*, 55 f. und *G. Wagner*, IPRax 1999, 65, 69.

[2] Siehe dazu näher oben im Ersten Abschnitt unter B. V., S. 52.

[3] Je nach Fall erfordert dies entweder die Einschätzung eines bestimmten Verhaltens (Vorsatz, Fahrlässigkeit oder Schuld) oder die Bewertung von Gütern bzw. Vermögen oder Schäden, siehe dazu z.B. *TS* 1.2.1995, La Ley 1995, 968 sowie oben im Ersten Abschnitt unter B. II. 1., S. 44.

[4] Siehe dazu z.B. *Albaladejo*, Curso, 168; Albaladejo/*López Vilas*, 412; *De Arrillaga*, 484; *Tapia Fernández*, 67; *TS* 1.2.1995, La Ley 1995, 968. Ähnlich wird wohl auch nach französischem Recht verfahren, siehe *Kannengießer*, 55 und *Wagner*, IPRax 1999, 65, 69.

[5] Siehe dazu *TS* 16.11.1993, La Ley 1994, 833; 17.7.2000, La Ley 2000, 3287; 8.6.1998, La Ley 1998, 2660. Vgl. auch *TS* 27.12.1995, La ley 1996, 647. Dies ergibt sich bereits logisch zwingend aus der Tatsache, daß die "compensación judicial" über eine bloße prozessuale Einrede geltend gemacht wird, siehe dazu oben im Ersten Abschnitt unter C. I., S. 53 ff.

terschied zum letztgenannten Fall[6] vollzieht sich die Aufrechnung bei der "compensación judicial" allerdings erst zum Zeitpunkt des Wirksamwerdens des Urteils mit Wirkung *ex nunc*, weil hier ja erst das Urteil die nach Art. 1195 ff. CC erforderlichen Voraussetzungen für ihren Eintritt komplettiert.[7]

Erhebt nun der Beklagte in einem deutschen Prozeß die Aufrechnungseinrede und erfüllen Haupt- und/oder Gegenforderung nicht die nach dem als Aufrechnungsstatut maßgeblichen spanischen Recht erforderliche materiellrechtliche Aufrechnungsvoraussetzung der Liquidität, so stellt sich die Frage, ob auch das deutsche Gericht die richterliche Aufrechnung vornehmen kann. Das Problem besteht dabei darin, daß die "compensación judicial" als richterliche Gestaltungsbefugnis aus der Sicht des spanischen Rechts dem Prozeßrecht zuzurechnen ist. Ausländisches Prozeßrecht aber findet vor deutschen Gerichten gemäß dem *Lex-fori*-Prinzip grundsätzlich keine Anwendung,[8] so daß der deutsche Richter eigentlich die dem deutschen Zivilprozeßrecht unbekannte richterliche Aufrechnung nicht vornehmen dürfte - der Beklagte würde in voller Höhe unterliegen.

Es ist heute allerdings weitgehend anerkannt, daß die *Lex-fori*-Regel nicht uneingeschränkt gelten kann, sondern Ausnahmen unterliegen muß, deren Umfang und Tragweite indes umstritten sind.[9] Dementsprechend wird nun zu prüfen sein, ob für die "compensación judicial" des spanischen Rechts eine solche Ausnahme vom *Lex-fori*-Prinzip zu machen ist, ob deutsche Gerichte sie also trotz ihrer - zumindest aus der Sicht des spanischen Rechts - prozeßrechtlichen Natur vorzunehmen haben.

B. Rechtslage

I. Keine gesetzliche Regelung

Die einzige gesetzliche Bestimmung des autonomen deutschen Rechts, die Fragen des Internationalen Privatrechts im Zusammenhang mit der Aufrechnung regelt, ist, wie im Verlaufe dieser Arbeit bereits mehrfach festgestellt wurde, Art. 32 Abs. 1 Nr. 4 EGBGB. Nach dieser Vorschrift ist für "die verschiedenen Arten des Erlöschens" schuldvertraglicher Verpflichtungen, also grundsätzlich auch für die Aufrechnung, dasjenige Sachrecht maßgeblich, welches nach den Art. 27 ff. EGBGB auf das den betroffenen Verpflichtungen zugrunde liegende

---

[6] Zum Vollzug der Aufrechnung in diesem Fall s.o. im Ersten Abschnitt unter B. II. 3., S. 50.
[7] Siehe zu alledem näher oben im Ersten Abschnitt unter B. V., S. 51 ff.
[8] Siehe dazu näher unten unter C. I., S. 330 f.
[9] Siehe dazu näher unten unter C. I., S. 331.

Vertragsverhältnis anzuwenden ist[10] - maßgeblich ist insoweit also grundsätzlich nicht die *lex fori*, sondern die auf die entsprechende Weise zu ermittelnde *lex causae*. Dabei ist allerdings zu beachten, daß es sich bei Art. 32 Abs. 1 Nr. 4 EGBGB um aus dem EVÜ (siehe dessen Art. 10 Abs. 1 d) in das autonome deutsche Recht inkorporiertes Einheitsrecht handelt, so daß gemäß Art. 36 EGBGB bei der Anwendung der Vorschrift einheitsrechtliche Erwägungen zu berücksichtigen sind.[11] Nun bestimmt Art. 1 Abs. 2 h EVÜ, daß die Vorschriften des Übereinkommens nicht auf "das Verfahren" anwendbar sind - demnach fallen die verfahrensrechtlichen Aspekte der Aufrechnung aus dem Anwendungsbereich des Art. 10 Abs. 1 d EVÜ und somit auch des diesem entsprechenden Art. 32 Abs. 1 Nr. 4 EGBGB heraus.[12]

Die Herausnahme des Verfahrensrechts aus dem Anwendungsbereich des EVÜ ist freilich keineswegs gleichbedeutend mit einer Anordnung der Geltung der *Lex-fori*-Regel für diesen Bereich. Vielmehr diente die Aufnahme von Art. 1 Abs. 2 h in das EVÜ dazu, keinen Zweifel daran aufkommen zu lassen, daß die Vertragsstaaten ihre Freiheit behalten sollten, welches Recht sie auf einzelne verfahrensrechtliche Probleme für anwendbar erklären wollen.[13]

Mit anderen Worten, Art. 32 Abs. 1 Nr. 4 EGBGB beziehungsweise Art. 10 Abs. 1 d EVÜ führen hinsichtlich der hier zu untersuchenden Problematik nicht viel weiter: Die Frage, ob die richterliche Aufrechnung im deutschen Zivilprozeß vorzunehmen ist, bleibt für die Fälle der Aufrechnung mit Forderungen aus vertraglichen Schuldverhältnissen genauso unbeantwortet wie für die nicht vom

---

[10] Zur Ermittlung des Aufrechnungsstatuts siehe näher oben im Dritten Abschnitt unter B. I., S. 110 f.

[11] Siehe dazu die Kommentierung bei Palandt/*Heldrich* zu Art. 36 EGBGB sowie *BGH* 26.10.1993, *BGHZ* 123, 384, *Junker*, RabelsZ 55 (1991), 674 ff. (m.w.N.) (insbes. S. 694 f.: "... hat der deutsche Richter im Grunde genommen so zu entscheiden, als sei das Übereinkommen für ihn unmittelbar anwendbares Recht."), *Nolte*, IPRax 1985, 71, 75 f., *Jayme/Kohler*, IPRax 1989, 337, 343 und *Jayme*, IPRax 1986, 265 f.

[12] Dabei ist die Frage, was unter "Verfahren" i.S.d. Art. 1 Abs. 2 h EVÜ zu verstehen ist, eigentlich gem. Art. 18 EVÜ ihrerseits auf dem Wege der autonomen Auslegung zu beantworten, vgl. dazu *Basedow*, Qualifikation, 140 ff. Allerdings stößt man bei dem Versuch einer solchen autonomen Auslegung auf praktische und theoretische Schwierigkeiten, vgl. *Basedow*, Qualifikation, 142. In der Wirklichkeit hat sich das Ideal der autonomen Auslegung nur durchsetzen können, wo eine Instanz mit supranationaler Autorität eine solche Entscheidungsgewalt hat (*Basedow*, a.a.O.; *Junker*, RabelsZ 55 (1991), 674, 686 m.w.N.; *von Hoffmann*, IPR, § 6 Rz. 26; *Jayme/Kohler*, IPRax 1985, 65, 70) - die Übertragung einer solchen Auslegungskompetenz für das EVÜ auf den EuGH wird zwar angestrebt, die betreffenden Auslegungsprotokolle (Erstes Brüsseler Protokoll v. 19.12.1988, ABl.EG 1989 Nr. L 48/1 und Zweites Brüsseler Protokoll v. 19.12.1988, ABl.EG Nr. L 48/17) sind aber bisher noch nicht in Kraft getreten. Auch in dieser Arbeit muß der Versuch einer entsprechenden autonomen Auslegung des Art. 1 Abs. 1 Abs. 2 h EVÜ unterbleiben, denn er würde ihren Rahmen sprengen.

[13] Siehe dazu *Giuliano/Lagarde*, Bericht über das EVÜ, Art. 14 (i.V.m. den Ausführungen zu Art. 1 unter Nr. 9).

Anwendungsbereich der genannten Vorschriften erfaßten Fälle der Aufrechnung mit Forderungen aus außervertraglichen Schuldverhältnissen.

II. Bisherige Stellungnahmen in Rechtsprechung und Literatur

Die Frage der Zulässigkeit der "compensación judicial" des spanischen Rechts im deutschen Zivilprozeß ist bisher, soweit ersichtlich, weder Gegenstand gerichtlicher Entscheidungen gewesen, noch in der Literatur erörtert worden. Aber auch darüber hinaus sind Ausführungen zur Möglichkeit der Vornahme gerichtlicher Aufrechnungen des romanischen Rechtskreises durch deutsche Gerichte rar. Die wenigen Stellungnahmen, die zu finden sind, beschäftigen sich fast ausnahmslos mit der Situation im deutsch-italienischen Rechtsverkehr (daneben wird lediglich die "compensation judiciaire" des französischen Rechts kurz erwähnt)[14] und fallen recht knapp aus - eine eingehendere dogmatische Auseinandersetzung mit der Problematik hat noch nicht stattgefunden.

Die Haltung der Rechtsprechung ist uneinheitlich. Am 16.10.1991 hatte sich das LG Darmstadt mit der Frage auseinanderzusetzen, ob die Vornahme der italienischen "compensazione giudiziale" gemäß Art. 1243 Abs. 2 Codice Civile in einem deutschen Verfahren möglich ist. In seinem Urteil erklärte es dazu kurz und knapp:[15] "Die ... für den Fall einer nicht liquiden Gegenforderung im italienischen Recht vorgesehene gerichtliche Aufrechnung scheidet hier aus. Denn darin läge ein gerichtliches Verfahren, welches nach dem für die Verfahrensarten allein maßgeblichen deutschen Recht nicht zulässig wäre."

Zu einem anderen Ergebnis kam hingegen das LG München I in seinem Urteil vom 20.3.1995:[16] "Hinsichtlich der richterlichen Aufrechnung (Art. 1243 Abs. 2 c.c.) ist zunächst davon auszugehen, daß dieses dem deutschen Recht unbekannte Rechtsinstitut als materiell-rechtliche Bestimmung zu qualifizieren ist, d.h., daß es sich nicht um eine rein prozeßrechtliche Vorschrift handelt. Die unterschiedliche Ausgestaltung der Aufrechnung in verschiedenen Rechtssystemen darf nicht zu einer Rechtsverweigerung vor deutschen Gerichten führen ... Die Anwendung des Art. 1243 Abs. 2 c.c. scheitert nicht daran, daß es sich um einen richterlichen Gestaltungsakt handelt." Eine dogmatische Begründung, warum dieser richterliche Gestaltungsakt seiner Ansicht nach als materiellrechtliche Bestimmung zu qualifizieren ist, bleibt das Gericht schuldig, es wird ausschließlich vom angestrebten Ergebnis her argumentiert.

---

[14] Von *Schack*, IZVR Rz. 354 a.E.

[15] *LG Darmstadt*, 16.10.1991, JbItalR 6 (1993), 225, 226.

[16] *LG München I*, 20.3.1995, IPRax 1996, 31, 33. (m. Anm. *Kindler*, 16). Im Ergebnis scheiterte die gerichtliche Aufrechnung im betreffenden Fall allerdings daran, daß die bestrittene Forderung des Beklagten nicht leicht und sofort feststellbar war.

Das OLG Stuttgart wiederum schloß sich in seinem Urteil vom 21.8.1995 der Auffassung des LG Darmstadt an und führte aus:[17] "Im Rahmen des deutschen Zivilprozesses, welcher der lex fori untersteht, entfällt die Möglichkeit der gerichtlichen Aufrechnung nach Art. 1243 Abs. 2 cc, die Aufrechnungsmöglichkeit hängt lediglich von den materiell-rechtlichen Voraussetzungen des italienischen Rechts ab (vgl. Landgericht Darmstadt, IPRspr 1991, Seite 105)."

In der Literatur hat die Ansicht des LG München I mehr Zuspruch gefunden. So befindet *Kronke* in einer Anmerkung zum oben zitierten Urteil des OLG Stuttgart:[18] "M.E. zu einfach ist die Feststellung des *Senats*, im Rahmen des deutschen Zivilprozesses entfalle die Möglichkeit der gerichtlichen Aufrechnung wegen des lex-fori-Prinzips. Dieses wird zunehmend differenzierter beurteilt. ... Das LG München I (aaO) hat deshalb die Durchführung der 'compensazione giudiziale' nicht *a limine* für ausgeschlossen erachtet" (die Hervorhebungen sind bereits im zitierten Originaltext enthalten). *Kindler* führt in seiner Anmerkung zum betreffenden Urteil des LG München I aus:[19] "Zu begrüßen ist, daß das Gericht die prozeßrechtliche Einkleidung der 'compensazione giudiziale' nicht als Vorwand dafür heranzieht, eine Aufrechnung in dieser Form von vornherein für undurchführbar vor deutschen Gerichten zu erklären. Auch in anderen Zusammenhängen ist anerkannt, daß Gestaltungsklagen nach ausländischem Recht vor deutschen Gerichten möglich sein müssen: Wenn das deutsche IPR ausländisches Recht zur Anwendung beruft, dann hat das deutsche Prozeßrecht auch die zu seiner Durchsetzung erforderlichen prozessualen Instrumente zur Verfügung zu stellen." Dieser Auffassung schließt sich auch *Gebauer* an:[20] Zwar verlange das vom deutschen IPR berufene italienische Sachrecht eine Verrichtung, die für die Aufrechnung im inländischen Verfahrensrecht nicht vorgesehen sei. Doch würden damit die Grenzen der wesenseigenen Zuständigkeit deutscher Gerichte sicher nicht überschritten. Im selben Sinne äußern sich *Schack*[21] und *Spellenberg*: "Wenn .. das Vertrags- bzw. Aufrechnungsstatut eine Aufrechnung durch Richterspruch vorsieht (zB Art. 1243 Abs. 2 it. c.c.), so kann der deutsche Richter entsprechend entscheiden. Das deutsche Verfahrensrecht kennt Gestaltungsurteile durchaus."[22]

---

[17] *OLG Stuttgart*, 21.8.1995, RIW 1995, 943, 944 (dazu Anm. *Kronke* in IPRax 1996, 139).
[18] *Kronke*, IPRax 1996, 139, 140.
[19] *Kindler*, IPRax 1996, 16, 21.
[20] *Gebauer*, JbItalR 12 (1999), 31, 56.
[21] *Schack*, IZVR Rz. 354 a. E
[22] MünchKomm/*Spellenberg*, Art. 32 EGBGB Rz. 54. Vgl. auch *Vischer/Oser*, Rz. 1124 aus Sicht des schweizerischen Rechts.

C. Erarbeitung eines Lösungsansatzes

I. Ausgangslage

Die bisherigen Betrachtungen haben gezeigt, daß der Weg zu einer Lösung der Problematik - wie bereits oben unter A.[23] angedeutet wurde - unweigerlich über eine Auseinandersetzung mit der Frage nach der Reichweite des *Lex-fori*-Prinzips führt.

Das *Lex-fori*-Prinzip besagt, daß, während in materieller Hinsicht je nach Maßgabe des IPR des Forumstaates auf den konkreten Fall gegebenenfalls auch ausländisches Recht anzuwenden sein kann, ein Gericht grundsätzlich nur sein eigenes nationales Prozeßrecht anzuwenden hat: *lex fori regit processum.* Wenngleich die *Lex-fori*-Regel nur in wenigen Rechtsordnungen positivrechtlich festgeschrieben worden ist (so zum Beispiel in Art. 3 der spanischen LEC oder in Art. 27 des Einführungsgesetzes zum italienischen Codice Civile)[24], dominiert sie doch weltweit.[25] Auch im deutschen Recht ist ihre grundsätzliche Geltung gewohnheitsrechtlich anerkannt.[26] Die Zuordnung einer Rechtsfrage zum materiellen Recht oder Prozeßrecht ist dabei nach herrschender Meinung grundsätzlich aus der Sicht des deutschen Rechts als der *lex fori* vorzunehmen.[27]

Auf der Basis der beschriebenen Grundregeln geht man in Deutschland - wie bereits oben im Dritten Abschnitt festgestellt wurde -[28] folgerichtig allgemein davon aus, daß für die materiellrechtlichen Aspekte der Aufrechnung die *lex*

---

[23] S.o., S. 326.

[24] Für weitere Nachweise siehe z.B. *Geimer*, IZPR Rz. 319 oder *Herbert Roth*, 1045.

[25] Siehe dazu Stein/Jonas/*Schumann*, 20 Aufl., Einl. Rz. 736 m.w.N.; *Haunhorst*, 31; *Coester-Waltjen*, Internat. Beweisrecht, Rz. 102 m.w.N.; *Stalev*, 37 u. 39 m.w.N.; *Radtke*, 3; *Linke*, IZPR, Rz. 37.

[26] Siehe dazu z.B.: *BGH* 27.6.1984, NJW 1985, 552, 553 = IPRax 1985, 224 = FamRZ 1984, 1001; *BGH* Beschl. v. 14.10.1981, IPRax 1983, 37, 39; *OLG Stuttgart* 4.10.1988, IPRax 1990, 113, 114; *OLG Karlsruhe* 14.7.1981, IPRax 1982, 75, 76; Stein/Jonas/*Schumann*, 20. Aufl., Einl. Rz. 736 m.w.N.; Stein/Jonas/*Schlosser*, vor § 606 Rz. 17; MünchKomm/*Sonnenberger*, Einl. IPR Rz. 397; *Geimer*, IZPR Rz. 319; *Kropholler*, IPR, § 56 IV (S. 553 ff.); *Jaeckel*, 25 u. 202 f.; *Schröder*, Internat. Zust., 525; *Leipold*, Lex fori, 27; *Basedow*, Qualifikation, 136; *Radtke*, 3; *Böhm*, 108 u. 137; *Neuhaus*, RabelsZ 20 (1955), 201, 257; *Herbert Roth*, 1046; *Niederländer*, RabelsZ 20 (1955), 1; *von Craushaar*, 11. Hinterfragt wird der Grundsatz von *Grunsky*, ZZP 89 (1976), 241, 252 ff., *Schack*, IZVR Rz. 44, *Szászy*, 212 ff., *Coester-Waltjen*, Internat. Beweisrecht, Rz. 144 u. 145, *Heldrich*, 18 ff. sowie *Isaak Meier*, 42 (zum schweizerischen Recht), wobei auch diese Autoren im Ergebnis häufig zur Anwendung der *lex fori* gelangen, siehe dazu näher unten unter II. 5., S. 339 ff.

[27] Siehe z.B.: Stein/Jonas/*Schumann*, 20 Aufl., Einl. Rz. 737; MünchKomm/*Sonnenberger*, Einl. IPR Rz. 459; Zöller/*Geimer*, IZPR Rz. 2; *Geimer*, IZPR, Rz. 314; *Schack*, IZVR Rz. 47; *Herbert Roth*, 1051; *Basedow*, Qualifikation, 134 u. 136; *Jaeckel*, 61; *Linke*, IZPR, Rz. 49; *Böhm*, 118; *v. Craushaar*, 11.

[28] Siehe dort unter B. I., S. 110.

causae maßgebend sein muß, während sich ihre verfahrensrechtlichen Aspekte grundsätzlich nach der *lex fori* richten.[29]

Jedoch besteht heute gleichzeitig auch Einigkeit dahingehend, daß das *Lex-fori*-Prinzip keine uneingeschränkte Geltung beanspruchen kann.[30] Wie seine Grenzen genau zu definieren sind, darüber gehen die Meinungen allerdings auseinander.[31] Die unterschiedlichen Ansätze, mit denen in Rechtsprechung und Lehre versucht wird, die Reichweite des *Lex-fori*-Prinzips dogmatisch zu erfassen, werden nun zu analysieren sein, um schließlich einen eigenen Lösungsansatz formulieren zu können.

II. In Rechtsprechung und Lehre vorgeschlagene Lösungsansätze

1. Vermehrte materiellrechtliche Einordnung über sogenannte "autonome Qualifikationsmethode"

Ein vielfach verfolgter dogmatischer Ansatz zur - in diesem Fall eher verdeckten[32] - Eingrenzung des Anwendungsbereichs der *Lex-fori*-Regel ist die Ausdehnung der materiellrechtlichen Qualifikation.[33] Dabei wird zwar grundsätzlich an der besagten Regel festgehalten, gleichzeitig aber durch vermehrte materiellrechtliche Einordnung von Rechtsfragen die Anzahl der Fälle verringert, auf die sie Anwendung findet. Zur vermehrten materiellrechtlichen Einordnung gelangt man, indem man internationalrechtlich nach anderen Kriterien zwischen materiellem Recht und Prozeßrecht abgrenzt als im internen deutschen

---

[29] Heute ganz h.M., siehe z.B. *BGH* 20.6.1979 NJW 1979, 2477; *Dageförde*, RIW 1990, 873, 874; Reithmann/*Martiny*, Rz. 284; MünchKomm/*Spellenberg*, Art. 32 Rz. 55; Wieczorek/Schütze/*Hausmann*, Art. 6 EuGVÜ, Rz. 38; Soergel/*Kegel*, vor Art. 7 EGBGB Rz. 639; Zöller/*Geimer*, Art. 2 EuGVVO Rz. 23; *Geimer*, NJW 1973, 951, 953; *Geimer/Schütze*, EuZVR, Art. 6 Rz. 65; *Sonnenberger*, FS Firsching, 295, 304; *Kannengießer*, 128; *Böhm*, 123 f.

[30] *BGH* 22.3.1967, *BGHZ* 47, 324 = NJW 1967, 2109; MünchKomm/*Sonnenberger*, Einl. IPR Rz. 397; Stein/ Jonas/*Schumann*, 20 Aufl., Einl. Rz. 737; *Heldrich*, 17 u. 22; *Schröder*, Internat. Zust., 525 u. 797; *Jaeckel*, 68 ff.; *von Craushaar*, 1 f. u. 31 f.; *Niederländer*, RabelsZ 20 (1955), 1, 32; *v. Bar*, § 5 Rz. 371; *Geimer*, IZPR Rz. 325 ff.; *Kropholler*, IPR, § 56 IV (S. 553 f.); *Herbert Roth*, 1046; *Jayme*, RabelsZ 32 (1968), 323, 335; *Jayme*, FamRZ 1972, 301, 302; *Schlosser*, Gestaltungsklagen, 304; *Isaak Meier*, 42; *Böhm*, 107; *Schack*, IZVR Rz. 40 ff.; *Leipold*, Lex fori, 27; *Grunsky*, ZZP 89 (1976), 241; *Radtke*, 19 f.; *Stalev*, 43 ff. Vgl. auch *Linke*, IZPR Rz. 37 ff. Auch *Basedow*, Qualifikation, 139 f. räumt dies ein und läßt Ausnahmen zu, "wo der Bezug zum materiellen Recht eindeutig überwiegt", siehe S. 140.

[31] Siehe dazu z.B. MünchKomm/*Sonnenberger*, Einl. IPR Rz. 294 ff. m.w.N., *Linke*, IZPR Rz. 41, *Herbert Roth*, 1045 f., *Böhm*, 107 ff. oder *Jaeckel*, 62 ff.

[32] Herbert Roth, 1046.

[33] Zum Begriff der "Qualifikation" siehe näher MünchKomm/*Sonnenberger*, Einl. IPR Rz. 444 ff. m.w.N.

Recht (sogenannte "autonome Qualifikationsmethode")[34] - Probleme, die intern als verfahrensrechtlich betrachtet werden, werden internationalrechtlich als materiellrechtlich qualifiziert und damit der kollisionsrechtlichen Verweisung zugänglich gemacht. Dieser Ansatz wird in unterschiedlichen Intensitätsstufen propagiert, die nun im einzelnen vorgestellt werden sollen.

a) Materiellrechtliche Qualifikation von Prozeßnormen mit engem Bezug zum materiellen Recht

Einige Autoren möchten Normen, die nach herkömmlichem Verständnis prozeßrechtlicher Natur sind, dann als materiellrechtlich qualifizieren, wenn sie einen engen Bezug zum materiellen Recht aufweisen.

Eher zurückhaltend ist dabei noch die Position von *Basedow*, für den die prozeßrechtliche Qualifikation und damit die Anwendung der *lex fori* im Interesse der Leistungsfähigkeit der Justiz die Regel bleiben muß.[35] Jedenfalls seien alle Regeln, die den Verfahrensablauf steuern, der deutschen *lex fori* zu entnehmen.[36] Im übrigen kämen Ausnahmen durch materiellrechtliche Qualifikation nur in Betracht, wo der Bezug zum materiellen Recht eindeutig überwiege;[37] dies sei zum Beispiel bei Beweislastregeln der Fall, die im Grunde materiellrechtliche Vorschriften für *Non-liquet*-Situationen seien.[38]

Niederländer ist der Ansicht, die deutschen Gerichte sollten all jene Bestimmungen, von deren Anwendbarkeit der Ausgang eines Rechtsstreits objektiv abhängen kann, als materielle Vorschriften bewerten und demzufolge dem maßgeblichen ausländischen Recht entnehmen.[39] Das Prozeßrecht des Ortes, an dem der Rechtsstreit geführt werde, dürfe die vom maßgeblichen ausländischen Recht bestimmte Rechtslage in den wesentlichen Punkten nicht verändern.[40] Der internationale Entscheidungseinklang müsse die Richtschnur dafür sein, wie weit die materiell zuständige Rechtsordnung heranzuziehen sei.[41] Dementsprechend seien zum Beispiel die Vorschriften über die Partei- und Prozeßfähigkeit, die Prozeßführungsbefugnis, die Voraussetzungen der Rechtsschutzformen, das Rechtsschutzbedürfnis, das Feststellungsinteresse, das Beweisrecht, soweit es streitentscheidend sei, und die Zulässigkeit von Beweismitteln zum materiellen

---

[34] Siehe dazu *Grunsky*, ZZP 89 (1976), 214, 246 und Stein/Jonas/*Schumann*, 20. Aufl., Einl. Rz. 739.
[35] *Basedow*, Qualifikation, 140, vgl. auch 145.
[36] *Basedow*, Qualifikation, 139 f.
[37] *Basedow*, Qualifikation, 140, vgl. auch 145.
[38] *Basedow*, Qualifikation, 139 f.
[39] *Niederländer*, RabelsZ 20 (1955), 1, 19 u. 39 ff., insbes. 42.
[40] *Niederländer*, RabelsZ 20 (1955), 1, 32.
[41] *Niederländer*, RabelsZ 20 (1955), 1, 35.

Recht zu rechnen.[42] Zum Prozeßrecht zählt der Autor - wegen ihres ausschließlich prozeßordnenden Charakters - hingegen die Normen, die lediglich die Gerichtsorganisation sowie die Form und den technischen Ablauf des Verfahrens regeln.

Neuhaus sieht den Gesichtspunkt des "funktionellen Zusammenhangs" als maßgeblich an.[43] Nach seiner Auffassung gibt es einige Vorschriften, die auf der Grenze zwischen Recht und Rechtsschutz liegen und sowohl mit dem materiellen Recht als auch mit dem Prozeßrecht verknüpft sind.[44] Wegen dieses engen Zusammenhangs seien gewisse Mischnormen, auch wenn sie nach der herkömmlichen Ansicht als Prozeßnormen bewertet würden, dem materiellen Recht "als dessen Zubehör" zuzuschlagen und somit dem maßgeblichen ausländischen Recht zu entnehmen. Dabei gelangt der Autor in vielerlei Hinsicht zu ähnlichen Ergebnissen wie *Niederländer*. Allerdings weist er anders als dieser auch die Bestimmungen über die Rechtskrafterstreckung dem materiellen Recht zu.[45]

b) Qualifikation im Zweifel als materiellrechtlich (materiellrechtsfreundliche Qualifikation)

Einige Stimmen in der Literatur gehen noch einen Schritt weiter und propagieren die generelle Regel, in Zweifelsfällen sei möglichst materiellrechtlich zu qualifizieren.[46]

So erklärt etwa *Schumann*, bei Qualifikationszweifeln seien Rechtsfragen, sofern nicht die Voraussehbarkeit und Berechenbarkeit des Verfahrens beeinträchtigt oder der deutsche verfahrensrechtliche *ordre public* verletzt werde, möglichst materiellrechtlich einzuordnen und damit der *lex fori* zu entziehen,[47] weil dies die Möglichkeit gebe, die Geltungsanordnungen des materiellen ausländischen Rechts weitgehend zu berücksichtigen. Der Autor macht aber bei der materiellrechtsfreundlichen Qualifikation nicht halt, sondern tritt hinsichtlich bestimmter Fälle gar für eine Durchbrechung des *Lex-fori*-Grundsatzes ein: die kraft IPR angeordnete Anwendung ausländischen Rechts könne den deutschen Richter gegebenenfalls zwingen, Prozeßinstitute dieses fremden Rechts anzuwenden, wenn vergleichbare deutsche Prozeßvorschriften fehlten und anderenfalls das ausländische Recht nicht vollzogen werden könne; denn der Grundsatz der *lex fori* dürfe nicht zur Rechtsverweigerung im materiellen Recht führen.[48]

---

[42] *Niederländer*, RabelsZ 20 (1955), 1, 40 ff.
[43] *Neuhaus*, RabelsZ 20 (1955), 201, 237.
[44] *Neuhaus*, RabelsZ 20 (1955), 201, 237 f.
[45] *Neuhaus*, RabelsZ 20 (1955), 201, 238.
[46] Gegen eine solche generelle Zweifelsregel ausdrücklich *Herbert Roth*, 1052 u. 1060 sowie *Jaeckel*, 71 - die Qualifikationsfrage sei statt dessen von Fall zu Fall zu entscheiden.
[47] Stein/Jonas/*Schumann*, 20. Aufl., Einl. Rz. 738.
[48] Stein/Jonas/*Schumann*, 20. Aufl., Einl. Rz. 743 u. 832. Siehe dazu auch Stein/Jonas/*Schlos-*

Ähnlich äußert sich auch *von Bar*: Bedürfe es in einem konkreten Fall einer Entscheidung, ob sich die IPR-Verweisung an Vorschriften des deutschen formellen Rechts breche oder ob dieses unter dem Eindruck der vom materiellen Recht angeordneten Geltung von Auslandsrecht fortzuschreiben sei, so solle die Antwort im Zweifel zugunsten der Verwirklichung des anwendbaren ausländischen Sachrechts und damit zugunsten eines "Primates des IPR" ausfallen.[49]

2. *Weite Auslegung der Kollisionsnormen*

Neben der soeben vorgestellten großzügigen Einordnung von Rechtsfragen als materiellrechtlich nach autonomen (das heißt, vom internen deutschen Recht abweichenden) Qualifikationskriterien werden in der Lehre auch noch andere dogmatische Ansatzpunkte für eine Einschränkung des Anwendungsbereichs der *Lex-fori*-Regel vorgeschlagen. So wird etwa versucht, statt dessen über eine Ausdehnung der Reichweite der Kollisionsnormen des IPR auch Rechtsfragen, die zwar aus der Sicht des deutschen Rechts verfahrensrechtlich einzuordnen sind, die aber einen engen Bezug zum materiellen Recht aufweisen, noch der Verweisung auf die *lex causae* zu unterwerfen.

Dieser Ansatz wird beispielsweise von *Radtke* vertreten. Seiner Ansicht nach gibt es im Prozeßrecht Vorschriften, deren Zweckverfolgung in der Einflußnahme auf das materielle Privatrecht liegt.[50] Dem Willen der Kollisionsnorm werde aber nur dann entsprochen, wenn gleichzeitig all jene Vorschriften beachtet würden, die auf das Sachrecht einwirkten.[51] Nehme nämlich eine Verfahrensnorm auf das materielle Recht Einfluß, so ergebe sich die materielle Rechtsposition des Rechtssuchenden erst aus der Sachnorm und der prozessualen Vorschrift zusammen. Dementsprechend umfasse die Verweisung der Kollisionsnormen neben dem materiellen Recht auch ausländische Verfahrensnormen mit privatrechtlichem Inhalt.[52]

In diesem Sinne äußert sich auch *Jaeckel*: Bei der Einordnung von Gestaltungsrechten oder diesen entsprechenden Klagerechten müsse der Verweisungsinhalt der deutschen internationalprivatrechtlichen Kollisionsnorm grundsätzlich auch Sachnormen mit prozessualen Elementen umfassen, um dem Kläger die Durchsetzung seiner subjektiven Rechte auch im Inland zu ermöglichen.[53] Das Interesse am inneren Entscheidungseinklang könne durch eine weite Auslegung der internationalprivatrechtlichen Kollisionsnorm erreicht werden.[54]

---

ser, vor § 606 III Rz. 17a.
[49] *Von Bar*, § 5 Rz. 371.
[50] *Radtke*, 31.
[51] *Radtke*, 32 f.
[52] *Radtke*, 32.
[53] *Jaeckel*, 59.
[54] *Jaeckel*, 60.

In dieselbe Richtung gehen die Ausführungen von *Sonnenberger*.[55] Seiner Meinung nach können Verfahrensvorschriften mit der Sachnorm der *lex causae* in so engem Zusammenhang stehen, daß sie als "Annexnormen" als zu ihr gehörig zu qualifizieren sind.[56]

Auch der Lösungsvorschlag *Herbert Roths* kann hierher gezählt werden. Der Autor tritt zunächst für eine kontrollierte ergebnisorientierte Qualifikation in dem Sinne ein, daß die Interessen des Gerichtsstaates an der Anwendung seines Verfahrensrechts zu berücksichtigen seien, wie sie in Vorhersehbarkeit, Praktikabilität, Einheit und Effektivität des Verfahrens zum Ausdruck kämen.[57] Diese Qualifikation kann dann nach seiner Ansicht die Einordnung eines Rechtssatzes als genuines Prozeßrecht, als genuines materielles Recht oder als eine Normenschicht ergeben, die gleichermaßen materiellrechtliche und prozessuale Elemente aufweist.[58] Das Gebiet des genuinen Prozeßrechts, zu dem unter anderem das gesamte Gerichtsorganisationsrecht, die gesetzlichen Zuständigkeitsbestimmungen, Formen und Fristen für Klagen und Rechtsmittel, Entscheidungsformen sowie alle den äußeren und inneren Gang des Verfahrens betreffenden Normen zu zählen seien, unterfalle dem Geltungsanspruch der *Lex-fori*-Regel.[59] Auf das genuine materielle Recht komme über das IPR des Forumstaates die *lex causae* zur Anwendung,[60] was allerdings keineswegs bedeute - und hier kommt jetzt das weite Verständnis der Kollisionsnormen des IPR zum Tragen -, daß eine Heranziehung "sachrechtsbezogenen" ausländischen Verfahrensrechts ausgeschlossen wäre. Denn der Rechtsanwendungsbefehl des IPR in Bezug auf die Anwendung ausländischen Rechts sei unkontrolliert und erfasse daher alle ausländischen Rechtssätze, die zur Durchsetzung erforderlich seien;[61] ob es sich dabei auch um ausländisches dienendes Verfahrensrecht handele, sei bis zu Schwelle der wesenseigenen Zuständigkeit deutscher Gerichte unerheblich; erst diese bezeichne dann wiederum den Geltungsanspruch der *Lex-fori*-Regel. Im Grenzbereich der dritten Qualifikationsschicht schließlich, zu der der Autor etwa die Beurteilung der materiellen Rechtskraft ausländischer Urteile, die Prüfung des Feststellungsinteresses bei der Feststellungsklage nach § 256 Abs. 1 ZPO, die Klage auf künftige Leistungen nach den §§ 257-259 ZPO oder die Abänderungsvoraussetzungen des § 323 ZPO rechnet, könne die *Lex-fori*-Regel ebenfalls keine norma-

---

[55] MünchKomm/*Sonnenberger*, Einl. IPR RZ. 400 ff. u. 472.

[56] MünchKomm/*Sonnenberger*, Einl. IPR RZ. 472 u. 466.

[57] *Herbert Roth*, 1051 f. u. 1060.

[58] *Herbert Roth*, 1053 f. u. 1060.

[59] Herbert Roth, 1054.

[60] Herbert Roth, 1056.

[61] Dementsprechend könne z.B., so der Autor auf S. 1056, das dt. Scheidungsgericht nach richtiger Auffassung Folgesachen von Amts wegen in den Verbund mit einbeziehen, wenn das ausländische Recht das vorsehe, selbst wenn über diese nach dt. Recht nur auf Antrag zu entscheiden sei (§ 623 Abs. 3 ZPO).

tive Kraft entfalten.[62] Vielmehr müsse für den betreffenden Rechtssatz im Anschluß an den Qualifikationsvorgang eine gesonderte prozessuale Kollisionsnorm entwickelt werden, wobei im Wege einer Schwerpunktbetrachtung ein Überwiegen der verfahrensrechtlichen oder der materiellrechtlichen Elemente festzustellen sei. Lasse die Schwerpunktbetrachtung kein Überwiegen eines der beiden Rechtsgebiete erkennen, so komme es zu einer Kumulation von *lex fori* und *lex causae* in dem Sinne, daß die *lex fori* die Wirkungen der *lex causae* begrenze.

Auch *Horst Müller* möchte die Berufung der *lex causae* auf bestimmte, eng mit dem materiellen Recht verknüpfte verfahrensrechtliche Fragen ausdehnen. Er unterscheidet zwischen "abstrakten" und "sachrechtsverbundenen" Verfahrensnormen.[63] Zu den ersteren zählt er die prozessualen Ordnungsvorschriften, wie etwa die Bestimmungen über Ladung, Prozeßvertretung und mündliche Verhandlung. Diese seien stets der deutschen *lex fori* zu entnehmen.[64] Unter den Begriff der "sachrechtsverbundenen" Verfahrensnormen faßt er die Vorschriften zusammen, welche auf bestimmte materielle Normen zugeschnitten sind und deren Durchführung dienen sollen. Ihr Inhalt werde von diesen wesentlich bestimmt. Hier sei die Verknüpfung des Prozeßrechts mit dem materiellen Recht so stark, daß beide internationalrechtlich nicht eigene Wege gehen könnten, weil sie voneinander losgelöst ihren Sinn verlieren würden.[65] Aufgrund dieser Koppelung innerhalb eines "Systemzusammenhangs" sei vor der Anwendung einer deutschen sachrechtsverbundenen Verfahrensnorm stets zu prüfen, ob sie im Rahmen der anzuwendenden *lex causae* die Funktion entfalten könne, die sie nach deutschem Recht habe.[66] Nur wenn dies der Fall sei, sei die deutsche Verfahrensnorm in gleichem Maße geeignet, das ausländische materielle Recht richtig durchzuführen - ansonsten könne sie nicht angewandt werden.[67] Vielmehr müsse man dann die *lex causae* auch für den Systemzusammenhang für zuständig erklären, weil sie nur so die Möglichkeit zu voller Entfaltung habe.

3. *Ausnahmsweise Durchbrechung des Lex-fori-Prinzips*

Eine weitere Gruppe von Autoren tritt für eine Durchbrechung des *Lex-fori*-Prinzips in Ausnahmefällen ein.[68] Dabei wird ganz ähnlich argumentiert wie dies die zuvor unter 2. vorgestellten Stimmen aus der Lehre tun und man gelangt

[62] *Herbert Roth*, 1056 ff. u. 1060.
[63] *Horst Müller*, 249.
[64] *Horst Müller*, 250.
[65] *Horst Müller*, 250.
[66] *Horst Müller*, 251.
[67] *Horst Müller*, 252.
[68] *Schröder*, Internat. Zust., 527 f.; *Böhm*, 137 f.; Stein/Jonas/*Schumann*, 20. Aufl., Einl. Rz. 743 u. 832.

letztlich auch zu ähnlichen Ergebnissen. Der feine Unterschied besteht darin, daß man nicht auf deren dogmatische Konstruktion der Ausdehnung der kollisionsrechtlichen Verweisungsnorm des IPR zurückgreift, sondern vielmehr gänzlich auf die Wahrung des Scheins der Allgemeingültigkeit der *Lex-fori*-Regel verzichtet und direkt dafür plädiert, in Bezug auf bestimmte, eng mit dem materiellen Recht verbundene verfahrensrechtliche Fragen veritable Ausnahmen von der *Lex-fori*-Regel zu machen.

So führt etwa *Schröder* aus, zwar sei für verfahrensrechtliche Fragen grundsätzlich die *lex fori* maßgeblich, es gebe aber einige wenige Nahtstellen, bei deren qualifikationsweiser Sektion man auf Widerstände stoßen könne.[69] Unter dieser Voraussetzung dürfe man das untrennbare Verfahrenszubehör der berufenen ausländischen Sachnormen mit in das inländische Verfahren hineinziehen und hier verwirklichen, wobei das inländische Verfahren zur Not anzupassen, zu harmonisieren sei.[70]

Auch *Böhm* hält an der grundsätzlichen Geltung der *Lex-fori*-Regel für verfahrensrechtliche Fragen fest.[71] Es gebe aber Ausnahmen, in denen die unmittelbare Heranziehung ausländischen Prozeßrechts in Betracht komme.[72] Darüber hinaus gebe es einen ganz wesentlichen Zwischen- und Überschneidungsbereich von materiellem und Prozeßrecht, der sich eindeutiger und schematischer Zuordnung *a priori* entziehe, weil prozessuale und materielle Komponenten funktionell eng verknüpft seien (dazu zählt der Autor insbesondere die vielfältigen Rechtsschutzformen). Ihre sachgerechte Qualifikation erfordere die entsprechende Zerlegung in Teilfragen, und zwar in verfahrensrechtlich zu deutende Momente, für die die *lex fori* maßgeblich sei (wie etwa die bestimmten Arten von Ansprüchen zugehörigen Klagetypen und ihre spezifischen Erfordernisse, zum Beispiel das rechtliche Interesse *in abstracto*) und in solche verfahrensrechtliche Elemente, die den Merkmalen des materiellen Rechts funktionell gleichwertig und daher von der *lex causae* beherrscht seien (wie zum Beispiel die Beweislastregeln).[73]

Auch *Kronke* hält Durchbrechungen der *Lex-fori*-Regel zugunsten der *lex causae* für notwendig, "wo das Verfahren das materielle Recht bestimmen kann"[74] und deshalb "die IPR-Entscheidung durch Einfluß des Verfahrensrechts desavouiert zu werden droht".[75]

---

[69] *Schröder*, Internat. Zust., 527.

[70] *Schröder*, Internat. Zust., 527 f.

[71] *Böhm*, 137 (wobei der Autor freilich der Ansicht ist, die Zuordnung zum mat. Recht oder Verfahrensr. müsse und könne für den internat. Rechtsverkehr gar nicht dieselbe sein wie innerhalb der eigenen Rechtsordnung für reine Inlandssachverh. - insoweit verfolgt er also den oben unter 1., S. 331 vorgestellten Lösungsansatz).

[72] *Böhm*, 137 f.

[73] *Böhm*, 138.

[74] Soergel/*Kronke*, Art. 38 Anh. IV Rz. 124.

[75] Soergel/*Kronke*, Art. 38 Anh. IV Rz. 125.

4. *Keine direkte Anwendung, sondern nur "Berücksichtigung" ausländischen Verfahrensrechts*

Während alle bisher vorgestellten Lösungsansätze (bei konsequenter Verfolgung) in gewissen Ausnahmefällen zu einer direkten Anwendung ausländischen Verfahrensrechts führen - sei es über eine Qualifikation der betreffenden Rechtsfrage als materiellrechtlich, sei es über eine Ausdehnung der Kollisionsnormen des IPR oder über eine Durchbrechung der *Lex-fori*-Regel -, spricht *von Craushaar* lediglich von einer "Berücksichtigung" ausländischen Verfahrensrechts. Er teilt das Verfahrensrecht ein in "technische Verfahrensvorschriften", die ihre Entstehung prozeßökonomischen und sozialen Erwägungen sowie Gesichtspunkten prozessualer Zweckmäßigkeit verdankten[76] - hier dulde der Grundsatz der *lex fori* keine Durchbrechung -[77] und "sachrechtsbezogene Verfahrensvorschriften" (insoweit lehnt sich der Autor an die Vorschläge *Horst Müllers* und *Neuhaus'* an), die bei der Maßgeblichkeit einer ausländischen *lex causae* nicht anwendbar seien, weil sie allein einer inländischen Sachrechtsregelung dienten.[78] Wo dies möglich sei, sei die Lücke mit Hilfe der verbleibenden allgemeinen deutschen Verfahrensnormen, der positivrechtlichen wie der aus dem Prozeßrecht zu entwickelnden Prozeßgrundsätze und Verfahrensweisen zu schließen.[79] Nur wo das Heranziehen ausländischen Verfahrensrechts unbedingt erforderlich sei, um die Verwirklichung des fremden Sachrechts zu sichern, sei dieses zu berücksichtigen. Letzteres sei etwa bei den ausländischen "sachrechtsergänzenden Verfahrensnormen" [80] der Fall, da nur so eine richtige Anwendung des entsprechenden ausländischen materiellen Rechts, wie sie von unseren Kollsionsnormen gefordert werde, gewährleistet sei.[81] Aus der kollisionsrechtlichen Verweisung ergebe sich deren Vorrangstellung vor dem inländischen allgemeinen Prozeßrecht. Die "Berücksichtigung" ausländischer sachrechtsergänzender Verfahrensnormen zwinge allerdings nicht zu ihrer direkten Anwendung. Vielmehr sei es Aufgabe der deutschen Gerichte, ihnen im Wege der Anpassung und Angleichung an ähnliche deutsche Verfahrensregelungen Rechnung zu tragen.

Den zuvor zitierten Ausführungen *von Craushaars* hat sich *Haunhorst* - insoweit vollumfänglich - angeschlossen.[82]

---

76 *Von Craushaar*, 61.

77 *Von Craushaar*, 64.

78 *Von Craushaar*, 31 u. 65.

79 *Von Craushaar*, 31 f.

80 Damit meint *von Craushaar* Vorschriften, die im Verein mit materiellen Normen inländische Sachrechtsinstitute formen und gestalten, s. S. 46 u. 52.

81 *Von Craushaar*, 57.

82 *Haunhorst*, 113 ff. u. 117 (s. a. S. 25 u. 43): keine "Anwendung" ausländischer Verfahrensvorschriften, sondern nur "Berücksichtigung" auf dem Wege der Anpassung des dt. Verfahrensrechts.

In diesem Sinne ist wohl auch die Formulierung von *Jayme* zu verstehen, obwohl sich das Verfahren grundsätzlich nach der *lex fori* richte, sei doch nach Möglichkeit solchen Verfahrensvorschriften der *lex causae* "Rechnung zu tragen", die eng mit dem Sachrecht verbunden seien.[83]

5. *Grundsätzliches Infragestellen des Lex-fori-Prinzips*

Während alle bisher vorgestellten Ansätze die grundsätzliche Geltung der *Lex-fori*-Regel zur Basis haben, halten einige Stimmen in der Literatur diese als Ausgangspunkt einer Lösung für gänzlich verfehlt und suchen statt dessen nach anderen Ansatzmöglichkeiten. Im einzelnen werden dabei folgende Vorschläge gemacht:

a) *Zumutbarkeit der Ausrichtung des prozessualen Verhaltens am deutschen Verfahrensrecht*

Grunsky stellt, ausgehend vom engen Zusammenhang, in dem materielles Recht und Verfahrensrecht stehen, die Frage, was es eigentlich rechtfertige, im Verfahrensrecht eine andere Rechtsordnung anzuwenden als im materiellen Recht.[84] Er erhebt die Transparenz und Vorhersehbarkeit des Verfahrensrechts zum entscheidenden Kriterium und gelangt zu dem Ergebnis, nur soweit es der ausländischen Partei möglich sei und ihr auch zugemutet werden könne, ihr prozessuales Verhalten am deutschen Verfahrensrecht auszurichten, seien allein die inländischen Bestimmungen anzuwenden.[85] Soweit dagegen auch das Verfahrensrecht an nicht mehr einseitig abänderbare Umstände anknüpfe, erfordere der Zusammenhang zwischen materiellem Recht und Verfahrensrecht, daß in beiden Bereichen die gleiche Rechtsordnung angewandt werde.[86] Absehen möchte *Grunsky* von den von ihm vorgeschlagenen Entscheidungskriterien allerdings für die gesamte Gerichtsorganisation und die gesetzliche Zuständigkeitsbestimmung - hier erscheint es ihm zuviel verlangt, "wollte der deutsche Staat auch noch seine Behördenorganisation in den Dienst der Durchsetzung ausländischen materiellen Rechts stellen".[87]

---

[83] *Jayme*, RabelsZ 32 (1968), 323, 335. Ähnlich *ders.*, FamRZ 1972, 301, 302: "Deshalb sollte man nach Möglichkeit bei der Anwendung ausländischer Sachnormen zugleich auch die sie ergänzenden sachrechtsbezogenen Verfahrensvorschriften *beachten*, um eine Verfälschung des ausländischen Rechts zu vermeiden" (Hervorhebung durch den Verfasser). Vgl. auch *OLG Karlsruhe* 14.7.1981, IPRax 1982, 75, 76.

[84] *Grunsky*, ZZP 89 (1976), 241, 252 f.

[85] *Grunsky*, ZZP 89 (1976), 241, 254 f.

[86] *Grunsky*, ZZP 89 (1976), 241, 255.

[87] *Grunsky*, ZZP 89 (1976), 241, 256.

b) *Eigenes Verfahrenskollisionsrecht*

Eine Gruppe von Autoren schließlich setzt sich für ein eigenes Verfahrenskollisionsrecht ein.[88] Das IZVR müsse Spielraum für die Anwendung ausländischen Verfahrensrechts lassen, wenn nur so der Rechtsanwendungsbefehl des IPR sinnvoll ausgeführt werden könne. Der materiellrechtlichen Verflochtenheit prozeßrechtlicher Regeln sei Rechnung zu tragen, weil Zusammengehöriges von der gleichen Rechtsordnung geregelt und das ausländische Rechtsinstitut in seiner funktionalen Gesamtheit erfaßt werden solle.[89] Dementsprechend sei die *lex fori* als Ausgangspunkt verfehlt.[90] Auch könne das betreffende Ziel nicht durch eine weite Auslegung der internationalprivatrechtlichen Norm erreicht werden, vielmehr sei eine besondere kollisionsrechtliche Erfassung der entsprechenden materiellrechtlich verflochtenen Verfahrensvorschriften erforderlich.[91] Man müsse, wie im IPR, unvorbelastet nach dem Schwerpunkt des Rechtsverhältnisses suchen, nach dem nationalen Verfahrensrecht, mit welchem es am engsten verbunden sei; das IZVR sei also der *lex fori* ebenso vorzuschalten wie das IPR dem materiellen Recht.[92] Eine allgemeine IZVR-Regel lasse sich nicht aufstellen, die richtige Anknüpfung könne sinnvoll nur im Rahmen der konkreten Einzelfragen behandelt werden.[93] Im Ergebnis freilich werde die *lex fori* durchaus für den überwiegenden Teil der verfahrensrechtlichen Fragen zur Anwendung gelangen.[94]

III. Stellungnahme

Die Betrachtung der verschiedenen in der Lehre vertretenen Ansätze hat deutlich gemacht, daß - läßt man die unterschiedliche dogmatische Herangehensweise zunächst einmal außen vor - immerhin insoweit Einigkeit besteht, als daß die

---

[88] *Schack*, IZVR Rz. 44; *Coester-Waltjen*, Internat. Beweisrecht, Rz. 145 u. 173; *Heldrich*, 18 ff.; *Szászy*, 231 u. 255. I.d.S. wohl auch *Isaak Meier*, 42 (für das schweizerische Recht) sowie *Stalev*, 39 ff., insbes. 52 f. Auch *Geimer* scheint damit zu sympathisieren, siehe *Geimer*, IZPR Rz. 333 sowie Zöller/*Geimer*, IZPR Rz. 4. Für bestimmte Fälle auch der bereits oben unter 2. auf S. 335 zitierte *Herbert Roth*, unter V. 3., 1056 ff.

[89] *Coester-Waltjen*, Internat. Beweisrecht, Rz. 173; *Schack*, IZVR Rz. 44; *Heldrich*, 19 f. (vgl. auch 260 f.); *Geimer*, IZPR Rz. 57; *Isaak Meier*, 42; *Stalev*, 47.

[90] *Schack*, IZVR Rz. 44; *Coester-Waltjen*, Internat. Beweisrecht, Rz. 144; *Heldrich*, 18 ("unzulässige Vereinfachung"); *Geimer*, IZPR Rz. 333 ("... ist die h.M., die nur Randberichtigungen des lex-fori-Prinzips zuläßt, zu zaghaft") und Zöller/*Geimer*, IZPR Rz. 4; *Szászy*, 231; *Isaak Meier*, 42.

[91] *Coester-Waltjen*, Internat. Beweisrecht, Rz. 173 u. 145; *Heldrich*, 18 f.

[92] *Schack*, IZVR Rz. 44; *Szászy*, 231 u. 255; *Heldrich*, 18 f.

[93] *Schack*, IZVR Rz. 44; *Geimer*, IZPR Rz. 333; Zöller/*Geimer*, IZPR Rz. 4. I.d.S. auch *Coester-Waltjen*, Internat. Beweisrecht, 258.

[94] *Coester-Waltjen*, Internat. Beweisrecht Rz. 173; *Schack*, IZVR Rz. 44; *Heldrich*, 18 f.; *Szászy*, 231; *Stalev*, 40.

Lex-fori-Regel sich in einem Spannungsfeld mit dem kollisionsrechtlichen Anwendungsbefehl des IPR bewegt und daher keine uneingeschränkte Geltung beanspruchen kann.

Bei dem Versuch, das angesprochene Spannungsfeld auszuloten, sollte der Ausgangspunkt zunächst einmal die Beschäftigung mit den die *Lex-fori*-Regel tragenden Gründen sein. Traditionell ist in erster Linie versucht worden, die Maxime aus dem öffentlich-rechtlichen Charakter des Verfahrensrechts herzuleiten.[95] Das Zivilverfahrensrecht regele die hoheitliche Tätigkeit der Gerichte und sei von diesen von Amts wegen zu beachten. Für die internationale Anwendung öffentlich-rechtlicher Normen gelte das Territorialitätsprinzip, so daß die Gerichte das Verfahrensrecht des Gerichtsstaates, also die *lex fori*, anzuwenden hätten. Diese Argumentation vermag zumindest heute nicht mehr zu überzeugen, ist man sich doch einig darin, daß weder das Zivilverfahrensrecht der Durchsetzung staatlicher Machtinteressen dient, noch der Grundsatz der Unanwendbarkeit ausländischen öffentlichen Rechts unbeschränkte Geltung beanspruchen kann.[96] Ebensowenig läßt sich der generelle Geltungsanspruch des *Lex-fori*-Prinzips auf die angebliche Unverträglichkeit ausländischen Prozeßrechts mit dem deutschen *ordre public* stützen: mögen einige wenige prozeßrechtliche Einrichtungen (wie etwa der Grundsatz des rechtlichen Gehörs gemäß Art. 103 GG) zu jenen Verfahrensnormen gehören, auf deren Durchsetzung wir bestehen, also zum Anwendungsbereich des deutschen *ordre public* zu zählen sein, so gilt dies sicher nicht für die Gesamtheit der Verfahrensvorschriften; dementsprechend ließe sich mit diesem Argument ein Rückgriff auf die *lex fori* allenfalls in Ausnahmefällen rechtfertigen.[97]

Heute wird die Berechtigung der *Lex-fori*-Regel vornehmlich in Erfordernissen der praktischen Vernunft und Zweckmäßigkeit gesehen.[98] Gerichtsaufbau und Verfahrensregeln stünden in einem organischen Zusammenhang und seien aufeinander abgestimmt.[99] Die Effizienz des inländischen Verfahrens litte erheblich, wenn ausländisches Recht zur Verfahrenssteuerung maßgeblich wäre, begleiteten doch prozessuale Fragen den Rechtsstreit von der Einreichung des Ge-

---

[95] So z.B.: *Riezler*, 94; *v. Craushaar*, 21 ff.; *Radtke*, 11 f. u. 20.

[96] *Schröder*, Internat. Zust., 528; *Geimer*, IZPR Rz. 321; *Schack*, IZVR Rz. 41; *Jaeckel*, 27 ff., insbes. 37 f.; *Neuhaus*, RabelsZ 20 (1955), 201, 257.

[97] Siehe zu alledem *Geimer*, IZPR Rz. 321, Stein/Jonas/*Schumann*, 20. Aufl., Einl. Rz. 743 und *Neuhaus*, RabelsZ 20 (1955), 201, 257 sowie ausführlich *Coester-Waltjen*, Internat. Beweisrecht, Rz. 103 ff., *Haunhorst*, 33, *Jaeckel*, 43 ff. (insbes. 46 f.), *Radtke*, 10 f., *v. Craushaar*, 23 u. *Grunsky*, ZZP 89 (1976), 241, 244, jeweils m.w.N.

[98] *Geimer*, IZPR Rz. 322 f.; MünchKomm/*Sonnenberger*, Einl. IPR Rz. 397; *Herbert Roth*, 1051 f.; *Basedow*, Qualifikation, 138-140; *Kropholler*, IPR, § 56 IV 5., S. 555; *Jaeckel*, 203. Ebenso bereits *Schröder*, Internat. Zust., 798, *Heldrich*, 20 f., *Neuhaus*, RabelsZ 20 (1955), 201, 257 u. *Schlosser*, Gestaltungsklagen, 308. Vgl. auch *Schack*, IZVR Rz. 43, Soergel/*Kronke*, Art. 38 Anh. IV Rz. 124, *Haunhorst*, 32 f., *Coester-Waltjen*, Internat. Beweisrecht Rz. 136 ff., *Linke*, IZPR Rz. 37 u. *Isaak Meier*, 42.

[99] *Basedow*, Qualifikation, 139.

suchs um Rechtsschutz bis zum Abschluß der Vollstreckung in unendlicher Vielfalt.[100] Damit das Gericht in jeder Phase des Verfahrens wisse, wie es auf die Wendungen der Parteien, auf neue Angriffe, neue Einreden, neue Beweisanträge, neues Bestreiten und Geständnisse schnell und sicher zu reagieren habe, müsse man ihm das vertraute heimische Verfahrensrecht an die Hand geben.[101]

Richtig daran ist, daß das Interesse an der Erhaltung der Leistungsfähigkeit der Justiz in der Tat dafür spricht, daß die Gerichte grundsätzlich ihr eigenes Verfahrensrecht anwenden. Es müssen ihnen rechtliche Instrumente zur Verfügung stehen, mit Hilfe derer sie alle Fragen, die ausschließlich den Fortgang des Verfahrens betreffen, zügig entscheiden können, ohne auf eine langwierige Ermittlung ausländischen Rechts verwiesen zu werden. Auch für die Parteien muß klar sein, wie zu prozedieren ist. So leuchtet etwa ohne weiteres ein, daß die Durchführung einer mündlichen Verhandlung nach fremdem Prozeßrecht erhebliche praktische Schwierigkeiten hervorrufen würde (besonders deutlich wird dies, wenn man sich einmal vorstellt, für die Festlegung der Gerichtssprache wäre nicht § 184 GVG, sondern die entsprechende Vorschrift einer fremden Rechtsordnung maßgeblich). Auch würde wohl niemand auf die Idee kommen, das Gerichtsverfassungsrecht der *lex causae* zu entnehmen und etwa die Verhandlung vor Geschworenen zu verlangen, nur weil Schuldstatut das Recht eines US-Bundesstaates ist und dieses einen "jury trial" vorsieht.[102] Entsprechendes läßt sich für die Streitwertgrenzen, das Zustellungswesen, die Prozessmaximen, die Klagerücknahme und -erweiterung, die Arten der statthaften Rechtsmittel und die Rechtsmittelfristen sagen.[103]

Mit Praktikabilitätserwägungen allein läßt sich die Geltung der *lex fori* allerdings nur für die Fälle rechtfertigen, in denen - wie in den zuvor genannten Beispielen - durch die Anwendung ausländischen Verfahrensrechts in einem solchen Maße Schwierigkeiten entstünden, daß dieselbe den deutschen Gerichten nicht lediglich unbequem, sondern unter dem Gesichtspunkt der Leistungsfähigkeit der Justiz schlechterdings unzumutbar erscheint.[104] Unbequem ist die Anwendung fremden Rechts schließlich immer, da es zunächst auf mehr oder weniger aufwendige Weise ermittelt werden muß und der Umgang damit nicht so vertraut ist - mit dem Unbequemlichkeitsargument ließe sich also in jedem Fall der Verzicht auf die Anwendung ausländischen Rechts begründen (auch der Verzicht auf die Anwendung ausländischen materiellen Rechts), es ist daher als solches nicht tragfähig.[105] In jenen Fällen, in denen die Belastung der deutschen

---

[100] *Geimer*, IZPR Rz. 322; *Basedow*, Qualifikation, 138 u. 140; *Schack*, IZVR Rz. 43; *Heldrich*, 20; *Schröder*, Internat. Zust., 798; *Neuhaus*, RabelsZ 20 (1955), 201, 257.

[101] *Basedow*, Qualifikation, 138; *Schröder*, Internat. Zust., 798.

[102] *Geimer*, IZPR Rz. 322; *von Hoffmann*, IPR § 3 Rz. 8.

[103] *Jaeckel*, 47.

[104] Vgl. *Coester-Waltjen*, Internat. Beweisrecht Rz. 138 f.

[105] *Von Hoffmann*, IPR § 3 Rz. 8; *Haunhorst*, 32 f. Vgl. auch *Coester-Waltjen*, Internat. Beweisrecht Rz. 137 f.

Gerichte durch die Anwendung fremden Verfahrensrechts nicht die Unzumutbarkeitsgrenze erreichen würde, läßt sich das Festhalten an der *Lex-fori*-Regel aus Praktikabilitätserwägungen heraus dementsprechend nur rechtfertigen, wenn ein weiteres Moment hinzutritt. Dies kann zum Beispiel die "Neutralität" der betreffenden Verfahrensnorm sein. Mit anderen Worten: wo das Ergebnis der Sachentscheidung ohnehin nicht davon beeinflußt wird, ob man die betreffende Norm dem deutschen oder einem ausländischen Verfahrensrecht entnimmt (dies wird etwa bei den rein technischen, den äußeren Verfahrensablauf betreffenden Prozeßvorschriften der Fall sein), ist die auf Praktikabilitätserwägungen gestützte Bevorzugung der *lex fori* hinnehmbar.[106]

Ein weiteres Argument zur Rechtfertigung der *Lex-fori*-Regel bringt *Haunhorst* ins Spiel. Sie zeigt überzeugend auf, daß im Rahmen des Verfahrensrechts überhaupt kein kollisionsrechtlich relevanter Auslandsbezug denkbar ist, der eine fremde Verfahrensordnung im Einzelfall zum gegenüber der *lex fori* sachnäheren Recht machen könnte.[107] So stellt die Staatsangehörigkeit der Prozeßbeteiligten, ebenso wie ihr gewöhnlicher Aufenthalt, keinen geeigneten Anknüpfungspunkt zur Berufung eines ausländischen Verfahrensrechts dar, weil ihre Nähe zum Verfahren allein über die Funktion, die sie darin innehaben, begründet wird; persönliche Verbindungen zu einer bestimmten Verfahrensrechtsordnung bestehen nicht.[108] Daher ist der über die Staatsangehörigkeit oder den gewöhnlichen Aufenthalt bestehende Bezug zu einer ausländischen Rechtsordnung für die Frage, welches Verfahrensrecht anzuwenden ist, kollisionsrechtlich nicht relevant.[109] Mithin bleibt für die Begründung eines Auslandsbezuges allein die Anwendbarkeit ausländischen materiellen Rechts.[110] Dabei handelt es sich allerdings um eine bloß mittelbare Herstellung einer Auslandsberührung, die nicht unmittelbar auf tatsächlichen Umständen beruht, sondern letztlich durch die kollisionsrechtliche Behandlung auf materiellrechtlicher Ebene vermittelt wird. Eine solche akzessorische, vom anwendbaren Recht abhängige Rechtsanwendungsentscheidung zugunsten eines ausländischen Verfahrensrechts ist aber keine Rechtsanwendungsentscheidung auf Verfahrensebene.[111] Wegen des Fehlens eines "echten", das heißt rechtlich relevanten Auslandsbezuges ist somit stets das Verfahrensrecht des Forums - kollisionsrechtlich gesprochen - das sachnächste Recht, was die Berechtigung der *Lex-fori*-Regel bestätigt.[112]

Auf welche Argumente man das Festhalten an der *Lex-fori*-Regel auch immer stützt, in keinem Fall darf - auch dies hat die Betrachtung der verschiedenen in

[106] *Von Hoffmann*, IPR § 3 Rz. 8 u. 7. Vgl. auch *Coester-Waltjen*, Internat. Beweisrecht Rz. 137 ff.

[107] *Haunhorst*, 36-42 f.

[108] *Haunhorst*, 38-40.

[109] Haunhorst, 40.

[110] *Haunhorst*, 42 f.

[111] *Haunhorst*, 42 m.w.N.

[112] *Haunhorst*, 42 f.

der Lehre vorgeschlagenen Ansätze oben unter II.[113] verdeutlicht - der Gegenpol des eingangs[114] angesprochenen Spannungsfeldes, in dem sie sich bewegt, vergessen werden: der kollisionsrechtliche Anwendungsbefehl des IPR. Das IPR ordnet über seine Kollsionsnormen an, daß ein bestimmter Sachverhalt materiellrechtlich nach den Vorschriften einer bestimmten Rechtsordnung zu beurteilen ist (vgl. Art. 3 Abs. 1 S. 1 EGBGB). Sieht der Rechtsanwendungsbefehl die Maßgeblichkeit ausländischen materiellen Rechts vor, so hat der deutsche Richter dieses Recht im Interesse des internationalen Entscheidungseinklangs möglichst so anzuwenden, wie es die Gerichte des betreffenden Landes selbst anwenden würden.[115] Nun ist zu bedenken, daß der jeweilige nationale Gesetzgeber nicht darauf beschränkt ist, die Rechtsbeziehungen der Parteien nur im rein materiellrechtlichen Bereich zu regeln, er kann seine rechtspolitischen Ziele auch durch verfahrensrechtliche Vorschriften verfolgen - materielles Recht und Verfahrensrecht sind also als rechtstechnische Instrumente grundsätzlich austauschbar.[116] Dementsprechend ist man sich, das hat sich bei der Betrachtung der verschiedenen in der Lehre vertretenen Ansätze unter II.[117] gezeigt, allgemein darin einig, daß sich das gerichtliche Verfahren und die daraus hervorgehende Sachentscheidung nicht immer vollständig voneinander trennen lassen, sondern daß manchmal das Sachrecht die Ausgestaltung des Verfahrens bestimmt.[118] Ist eine verfahrensrechtliche Regelung derart mit dem materiellen Recht verflochten, so ist dem, auch diesbezüglich herrscht Einigkeit, Rechnung zu tragen. Denn in solchen Fällen läßt sich das angewandte Verfahrensrecht nicht beliebig austauschen, ohne dadurch zugleich das materiellrechtliche Ergebnis zu verändern und

---

[113] S.o., S. 331 ff.

[114] S.o., S. 340.

[115] Soergel/*Kegel*, vor Art. 3 Rz. 188 ff. m.w.N.; *Niederländer*, RabelsZ 20 (1955), 1, 35; *Haunhorst*, 25 f.

[116] *Coester-Waltjen*, Internat. Beweisrecht Rz. 132 u. 170; *Geimer*, IZPR Rz. 56; *Radtke*, 31 ff.; *Looschelders*, 372 f.; *Jayme*, FamRZ 1972, 301, 302; vgl. auch Münch-Komm/*Sonnenberger*, Einl. IPR Rz. 400 u. *Stalev*, 45 ff. Dies wird auch deutlich, wenn man sich die unterschiedlichen Ausgestaltungen von Rechtsinstituten in den verschiedenen nationalen Rechtsordnungen vor Augen führt (so sind z.B. die Verjährung oder auch die Aufrechnung im *common law* anders als im dt. Recht verfahrensrechtlich ausgestaltet, siehe *Geimer*, IZPR Rz. 351 u. 352 m.w.N.).

[117] S.o., S. 331 ff.

[118] Ganz h.M., siehe z.B.: *Geimer*, IZPR Rz. 324; *Kropholler*, IPR, § 56 IV, S. 553 ff.; *Coester-Waltjen*, Internat. Beweisrecht, Rz. 132; *Schack*, IZVR Rz. 41 ff.; *Haunhorst*, 29; *Jaeckel*, 55 f.; Soergel/*Kronke*, Art. 38 Anh IV Rz. 124; Stein/Jonas/*Schumann*, 20. Aufl., Einl. Rz. 743; *von Bar*, § 5 Rz. 371; *von Hoffmann*, IPR § 3 Rz. 11; *Jayme*, FamRZ 1972, 301, 302; *ders.*, RabelsZ 32 (1968), 323, 335; *Böhm*, 113 u. 115; *Basedow*, Qualifikation, 139 f.; *Schröder*, Internat. Zust., 527 f.; *Schlosser*, Gestaltungsklagen, 304; *Radtke*, 31; *Neuhaus*, RabelsZ 20 (1955), 201, 237 f.; *Herbert Roth*, 1054; *Niederländer*, RabelsZ 20 (1955), 1, 39 f.; *Horst Müller*, JbIntR 5 (1954), 239, 249 f.; *v. Craushaar*, 2; *Stalev*, 45 ff.; *Grunsky*, ZZP 89 (1976), 241, 252 (nach dessen Meinung alle Verfahrensvorschrift auf das Sachrecht ausgerichtet sind); *OLG Karlsruhe* 14.7.1981, IPRax 1982, 75, 76.

damit den Rechtsanwendungsbefehl des IPR zu verfälschen.[119] Das nationale Verfahrensrecht ist keineswegs uneingeschränkt zur Verwirklichung jeglichen materiellen Rechts geeignet.[120] Überall dort, wo der kollisionsrechtliche Rechtsanwendungsbefehl des IPR nur durch die Berücksichtigung ausländischen Verfahrensrechts sinnvoll ausgeführt werden kann, muß die *lex fori* zurückweichen[121] - die von der berufenen Rechtsordnung vorgesehene funktionale Einheit der betreffenden rechtlichen Institution muß gewahrt bleiben.[122]

Diese aufgrund des kollisionsrechtlichen Anwendungsbefehls gebotene Berücksichtigung fremden Verfahrensrechts findet allerdings ihrerseits - auch darüber herrscht, wie sich oben unter II.[123] gezeigt hat, weitgehend Einigkeit - ihre Schranken dort, wo die sogenannte "wesenseigene Zuständigkeit"[124] der deutschen Gerichte endet.[125] Nach der Definition des BGH verläuft diese Grenze

---

[119] Soergel/*Kronke*, Art. 38 Anh. IV Rz. 125; *Jayme*, IPRax 1982, 56, 57. I.d.S. auch *Niederländer*, RabelsZ 20 (1955), 1, 32, *Radtke*, 33 u. *Isaak Meier*, 42.

[120] *Schack*, IZVR Rz. 41; *Niederländer*, RabelsZ 20 (1955), 1, 32.

[121] *Schack*, IZVR Rz. 44; *Geimer*, IZPR Rz. 325; *Heldrich*, 21 u. 22; *Radtke*, 32 f. u. 134, vgl. auch 2; *Coester-Waltjen*, Internat. Beweisrecht, Rz. 132; Stein/Jonas/*Schumann*, 20. Aufl., Einl. Rz. 832, vgl. auch Rz. 737, 738 a.E. u. 743; Soergel/*Kronke*, Art. 38 Anh. IV Rz. 125; *Linke*, IZPR, Rz. 38; *Jayme*, RabelsZ 32 (1968), 323, 335 i.V.m. 328 f.; *ders.*, FamRZ 1972, 301, 302; *ders.*, IPRax 1982, 56, 57; *Horst Müller*, JbIntR 5 (1954), 239, 250; *Grunsky*, ZZP 89 (1976), 241, 252; *Haunhorst*, 113 ff., vgl. a. 28; *Kindler*, IPRax 1996, 16, 21; *Gebauer*, JbItalR 12 (1999), 31, 56. I.d.S. auch: *v. Bar*, § 5 Rz. 371; *Schlosser*, Gestaltungsklagen, 304 u. 309; *Niederländer*, RabelsZ 20 (1955), 32 ff.; *v. Craushaar*, 57; *Stalev*, 48 f.; *Jaeckel*, 48, 72 f.; *Isaak Meier*, 42; *BGH* 22.3.1967, *BGHZ* 47, 324, 333 = NJW 1967, 2109; *LG München I* 20.3.1995, IPRax 1996, 31, 33.

[122] *Coester-Waltjen*, Internat. Beweisrecht, Rz. 170 u. 173; *Geimer*, IZPR, Rz. 57; MünchKomm/*Sonnenberger*, Einl. IPR Rz. 400 f.; *Stalev*, 47. I.d.S. auch: *Horst Müller*, JbIntR 5 (1954), 239, 252; *Jayme*, FamRZ 1972, 301, 302; *Niederländer*, RabelsZ 20 (1955), 1, 32; *Schröder*, Internat. Zuständigkeit, 527 f. *Radtke*, 31 ff.

[123] S.o., S. 331 ff.

[124] Dieser Begriff wurde in der nationalsozialistischen Zeit von *Fritz Reu* geprägt (s. dort, 171 ff.). Obwohl er nicht unproblematisch ist - krit. dazu u.a.: *Kropholler*, IPR § 57 II 1., S. 561 ("wenig anschaulich und sogar irreführend"); *Heldrich*, 265 f. ("entbehrt wie jeder auf das 'Wesen' abstellende juristische Begriff der Klarheit") -, hat er sich mittlerweile weitgehend etabliert, siehe dazu ebenfalls *Heldrich*, 266 ("Trotzdem empfiehlt sich seine Verwendung, da Übereinstimmung darüber zu bestehen scheint, was mit dem wenig anschaulichen Ausdruck gemeint ist und da ferner - wie Fritz Kahn in anderem Zusammenhang einmal gesagt hat - eine eingebürgerte schlechte Bezeichnung oft sogar besser ist als eine nicht eingebürgerte gute.") sowie *Neuhaus*, Grundbegriffe, 403 ff., *Linke*, IZPR Rz. 44, *Geimer*, IZPR Rz. 1989, Stein/Jonas/*Schumann*, 20. Aufl., Einl. Rz. 762, *Böhm*, 123 u. 125, *Herbert Roth*, 1056, *v. Bar*, IPR § 5 Rz. 371 a.E., *Radtke*, 107 ff. und *Haunhorst*, 1 ff.

[125] *BGH* 22.3.1967, *BGHZ* 47, 324, 333 f. = NJW 1967, 2109; *Heldrich*, 22 u. 255 ff.; *Schlosser*, Gestaltungsklagen, 305 ff., insbes. 307 unten; *Neuhaus*, Grundbegriffe, 403; Stein/Jonas/*Schumann*, 20. Aufl., Einl. Rz. 762; *Kropholler*, IPR, § 57 II, S. 560 ff.; *Geimer*, IZPR Rz. 1989; *Linke*, IZPR Rz. 44; *v. Hoffmann*, IPR § 3 Rz. 12; *Looschelders*, 189; *v. Craushaar*, 57; *Böhm*, 123 u. 125; *Herbert Roth*, 1056; *Niederländer*, RabelsZ 20 (1955), 1,

dort, "wo die .. deutschen Gerichten aufgegebene Tätigkeit von den sonstigen richterlichen Aufgaben so wesensverschieden wäre, daß sie völlig aus dem in Deutschland dem Richter obliegenden Aufgabenbereich herausfiele."[126] Daraus folgt, daß das Rechtsinstitut der "wesenseigenen (Un-)Zuständigkeit" deutschen Gerichten ein Ablehnen der Berücksichtigung ausländischen Verfahrensrechts nur in ganz seltenen Ausnahmefällen erlaubt.[127]

So einig man sich im Grundsatz über die Pole und den Rahmen des beschriebenen Spannungsfeldes ist, so schwer tut man sich andererseits mit der genauen Bestimmung der Grenzlinie, ab der die Verflechtung zwischen materiellem Recht und Verfahrensrecht so eng ist, daß die *Lex-fori*-Regel zurückweichen muß. Die Betrachtung der verschiedenen in der Lehre vertretenen Ansätze unter II.[128] hat deutlich gemacht, daß eine allgemeingültige und doch gleichzeitig präzise, auf hinreichend bestimmten, klaren Kriterien basierende und daher für die Praxis verwendbare Definition der Voraussetzungen, unter denen eine Rechtsfrage der *lex fori* zu unterwerfen ist, bisher noch nicht gelungen ist und sich wohl auch in Zukunft nicht ohne weiteres formulieren lassen wird.[129] Für erfolgversprechender hält man heute die Verfolgung einer induktiven Methode über die Untersuchung einzelner Bereiche des IZPR.[130]

Vielfältig sind auch, das hat sich ebenfalls oben unter II.[131] gezeigt, die dogmatischen Ansätze, über die versucht wird, fremdem Prozeßrecht im deutschen Verfahren Rechnung zu tragen. Weil sich aber auf den verschiedenen rechtstechnischen Wegen weitgehend gleiche Ergebnisse erzielen lassen - ob man den Anwendungsbereich der *Lex-fori*-Regel nun durch das Zulassen von Ausnahmen oder statt dessen durch vermehrte materiellrechtliche Einordnung von Rechts-

49; *v. Bar*, IPR § 5 Rz. 371 a.E.; *Radtke*, 107 ff.; MünchKomm/*Sonnenberger*, Einl. IPR Rz. 402. Grds. krit. zu dieser Rechtsfigur: *Scheucher*, ZfRV 1963, 183, 185 (sieht die "wesenseigene Zust." als systemwidriges Institut, als eine der "hinterhältigsten Mausefallen international-privatrechtlicher Anknüpfung und richtiger Anwendung ausländischen Rechts" an); *Jayme*, Religiöses Recht, VIII., These Nr. 2, S. 37 ("Dieses Dogma ist überholt"); *Haunhorst*, 177 (eines Rechtsinstituts der "wesenseigenen (Un-)Zuständigkeit" bedürfe es nicht); skeptisch auch Stein/Jonas/*Schlosser*, vor § 606 Rz. 17a.

126 *BGH* 22.3.1967, *BGHZ* 47, 324, 333 f. Zu anderen Definitionsversuchen siehe *Haunhorst*, 8 f. m.w.N.

127 Zu dieser Einschätzung gelangen auch *Heldrich*, 22 u. 274, *Kropholler*, IPR § 56 II 2. a.E., S. 563 sowie *Schlosser*, Gestaltungsklagen, 308 ff. I.d.S. auch *Jayme*, Religiöses Recht, 12. Vgl. weiter *Niederländer*, RabelsZ 20 (1955), 1, 49.

128 S.o., S. 331 ff.

129 Zöller/*Geimer*, IZPR Rz. 4; *Geimer*, IZPR Rz. 333; *Schack*, IZVR Rz. 44; MünchKomm/*Sonnenberger*, Einl. IPR Rz. 397; *Linke*, IZPR Rz. 41; *Jaeckel*, 72 u. 203. I.d.S. auch *Schröder*, Internat. Zust., 523 f. sowie *Böhm*, 107 u. 118 f. Die vorliegende Arbeit bietet aufgrund ihrer Konzeption von vornherein nicht den geeigneten Rahmen, sich am Entwurf einer entsprechenden universellen Formel auch nur zu versuchen.

130 *Geimer*, IZPR Rz. 333; *Schack*, IZVR Rz. 44; *Coester-Waltjen*, Internat. Beweisrecht, Rz. 258 (speziell zum Beweisrecht), vgl. auch Rz. 164; *Schröder*, Internat. Zust., 524.

131 S.o., S. 331 ff.

fragen oder über entsprechende kollisionsrechtliche Verweisung einschränkt,[132] ist im Grunde genommen unerheblich -[133] und auch die zentralen verwendeten Argumente austauschbar sind, ist die Frage, auf welche Weise man den von allen Seiten angestrebten Erhalt der funktionalen Einheit zwischen fremdem materiellen Recht und eng damit verflochtenem Verfahrensrecht letztlich erreicht, als eher zweitrangig einzustufen.[134] Aus diesem Grunde und angesichts der Tatsache, daß die vorliegende Arbeit nicht den geeigneten Rahmen dafür bietet, erscheint es gerechtfertigt, an dieser Stelle auf eine tiefgreifende Auseinandersetzung mit den verschiedenen dogmatischen Ansätzen zu verzichten. Ein paar grundsätzliche Bemerkungen dazu seien aber dennoch erlaubt.

Was die oben unter II. 5. b)[135] vorgestellte Ansicht anbelangt, nach der entsprechend zum IPR das nationale Verfahrensrecht zu ermitteln ist, zu welchem die engste Verbindung besteht, so hat *Haunhorst* ihre Schwachstelle überzeugend aufgedeckt: Im Rahmen des Verfahrensrechts ist überhaupt kein selbständiger kollisionsrechtlich relevanter Auslandsbezug denkbar, der eine fremde Verfahrensordnung im Einzelfall zum gegenüber der *lex fori* sachnäheren Recht machen könnte.[136] Die einzig mögliche relevante Auslandsberührung ist die Anwendbarkeit ausländischen materiellen Rechts. Eine akzessorische Anknüpfung daran, also eine vom anwendbaren Sachrecht abhängige Rechtsanwendungsentscheidung zugunsten eines ausländischen Verfahrensrechts, ist jedoch keine Rechtsanwendungsentscheidung auf Verfahrensebene. Mit anderen Worten: es existieren keine Anknüpfungspunkte, die einen eigenständigen und gleichzeitig rechtlich relevanten Bezug zu einem ausländischen Verfahrensrecht herstellen könnten - die Existenz solcher Anknüpfungspunkte wäre aber unentbehrliche Voraussetzung für die Schaffung eines eigenen Verfahrenskollisionsrechts.

Das von *Grunsky* verwandte Kriterium der Zumutbarkeit der Ausrichtung des prozessualen Verhaltens am deutschen Verfahrensrecht[137] ist zu unbestimmt, als daß es eine klare Entscheidung ermöglichen würde, auf welche Fälle der Anwendungsbereich des *Lex-fori*-Prinzips zu beschränken ist.[138] Dies zeigt sich nicht zuletzt daran, daß der Autor sich bei der Prüfung einzelner Rechtsinstitute selbst nicht immer konsequent an seine Thesen halten kann.[139]

---

[132] Siehe zu all diesen Ansätzen oben unter II., S. 331 ff.

[133] Siehe dazu: *Heldrich*, 271; *Stalev*, 54; *Grunsky*, ZZP 89 (1976), 241, 245 f.; *Böhm*, 137; *Coester-Waltjen*, Internat. Beweisrecht, Rz. 7 f.

[134] So sehen das z.B. auch *Heldrich*, 21 (vgl. auch 209) oder *Kropholler*, IPR § 56 IV, S. 553.

[135] S.o., S. 340 f.

[136] *Haunhorst*, 36-42 f., s. dazu o., S. 343.

[137] *Grunsky*, ZZP 89 (1976), 241, 254 f., siehe dazu näher oben unter II. 5. a), S. 339.

[138] *Schack*, IZVR Rz. 45; *Radtke*, 30 f.; *Jaeckel*, 70; *Coester-Waltjen*, Internat. Beweisrecht, Rz. 253.

[139] So etwa bei der Einstufung von Urteilswirkungen oder bei einzelnen Fristbestimmungen, siehe dazu näher *Radtke*, 31 und *Geimer*, IZPR Rz. 333 sowie weiter *Jaeckel*, 70.

Der Ansatz, über eine materiellrechtliche Einordnung von Rechtsfragen, die traditionellerweise dem Verfahrensrecht zugeordnet werden, zu einer vermehrten Anwendung ausländischen Prozeßrechts zu gelangen,[140] überzeugt ebenfalls nicht. Bei diesem dogmatischen Kunstgriff handelt es sich letztlich um nichts anderes als einen inkonsequenten "Etikettenschwindel",[141] der aus der Motivation heraus vorgenommen wird, auf diese Weise gleichsam durch die Hintertür den Schein der Allgemeingültigkeit der *Lex-fori*-Regel wahren und somit einer grundsätzlichen Auseinandersetzung mit diesem Prinzip und seiner Reichweite aus dem Weg gehen zu können. In ernsthafte Erklärungsnöte gerät man mit diesem Ansatz zudem spätestens dort, wo eine Rechtsfrage trotz enger Verflechtung mit dem materiellen Recht so spezifisch verfahrensrechtliche Charakteristika aufweist, daß man sie nicht als materiellrechtlich qualifizieren und im deutschen Verfahren einfach so anwenden kann, als ob es sich dabei um Sachrecht handelte.[142]

Eher zu überzeugen vermag der Vorschlag, eng mit dem materiellen Recht verflochtene Verfahrensfragen rechtstechnisch noch der Verweisung auf die *lex causae* zu unterwerfen, indem man die Kollisionsnormen des IPR entsprechend weitreichend interpretiert.[143] Hier wird - ebenso wie bei dem Ansatz, in bestimmten Fällen veritable Ausnahmen vom *Lex-fori*-Prinzip zuzulassen -[144] auf den zuvor angesprochenen Etikettenschwindel verzichtet; traditionell als verfahrensrechtlich eingestufte Fragen müssen nicht künstlich in materielles Recht "umgemünzt" werden. Auch ist der dogmatische Ausgangspunkt hier richtig gewählt: in der Tat sind es die Kollisionsnormen des IPR, deren Rechtsanwen-

[140] Siehe dazu oben unter II. 1., S. 331 ff.

[141] I.d.S. auch *Grunsky*, ZZP 89 (1976), 241, 246 ("Es führt nur zu vermeidbaren Mißverständnissen, wenn man hinter der Fassade vertrauter Begriffe mit Kriterien arbeitet, die man hinter eben diesen Begriffen nicht vermutet."). So werden etwa die Beweislastvorschriften - siehe *Basedow*, Qualifikation, 139 f. -, die Zulässigkeit von Beweismitteln, die Voraussetzungen der Rechtsschutzformen - siehe *Niederländer*, RabelsZ 20 (1955), 1, 40 ff. - oder die Frage der Rechtskrafterstreckung - siehe *Neuhaus*, RabelsZ 20 (1955), 201, 238 - kurzerhand zu materiellem Recht erklärt.

[142] Dies merkt auch *Grunsky* in ZZP 89 (1976), 241, 247 krit. an. Zu denken ist in diesem Zusammenhang z.B. an die Fälle, in denen die *lex causae* im Gegensatz zum dt. Sachrecht keinen materiellrechtlichen Auskunftsanspruch vorsieht, weil auf der verfahrensrechtlichen Ebene der Amtsermittlungsgrundsatz gilt (so etwa das US-amerikanische "Discovery"-Verfahren. Siehe dazu z.B. *Looschelders*, 372 f. oder MünchKomm/*Sonnenberger*, Einl. IPR Rz. 546 (zu Fall d), jeweils m.w.N.) oder etwa der Fall der Auflösung eines Schuldvertrags durch konstitutives Urt., wie ihn z.B. Art. 1184 Abs. 3 des französischen Code Civil, Art. 1427 des italienischen Codice Civile oder Art. 1300 ff. des spanischen CC vorsehen. Dementsprechend formuliert *Jaeckel* (auf S. 71): "Die Vielfalt der fremden Prozeßordnungen schließt es aus, in der materiellrechtsbezogenen Qualifikation eine allseitig verwendbare Formel zu vermuten, die die auftretenden Probleme im internationalen Prozeßrecht bewältigt."

[143] Siehe dazu oben unter II. 2., S. 334 ff.

[144] Siehe dazu oben unter II. 3., S. 336 f.

dungsbefehl eine Berücksichtigung eng mit dem materiellen Recht verflochtener Verfahrensvorschriften gebietet.[145] Allerdings muß sich auch dieser Vorschlag Kritik gefallen lassen. Zum einen äußert *Coester-Waltjen* dogmatische Bedenken, die sich ihrer Ansicht nach aus dem klassischen Kollisionsrechtsverständnis ergeben:[146] Verweise eine internationalprivatrechtliche Norm für die Regelung einer bestimmten Rechtsfrage auf ausländisches Recht, so sei nicht die gesamte ausländische Rechtsordnung, sondern nur der Teil im Bereich des ausländischen Rechts berufen, der die fraglichen Rechtsprobleme regele. Dieser Grundsatz der beschränkten Berufung des ausländischen Rechts werde durchbrochen, wenn die materiellrechtlich verflochtenen Verfahrensvorschriften das anwendbare materielle Recht aufgrund ein und derselben Kollisionsnorm ergänzen könne. Wolle man eine solche Durchbrechung aber zulassen, so müsse eine Erklärung dafür gefunden werden, warum die verfahrensrechtlichen, nicht aber die mit der Thematik verflochtenen Regelungen aus anderen Nachbargebieten angewandt werden könnten. Zum anderen führt dieser Ansatz, wenn man ihn konsequent verfolgt, über die kollisionsrechtliche Verweisung im Ergebnis - ebenso wie der Vorschlag, in Ausnahmefällen eine Durchbrechung der *Lex-fori*-Regel zuzulassen - zu einer direkten Anwendung ausländischen Prozeßrechts im deutschen Verfahren. Eine solche direkte Anwendung fremder Verfahrensvorschriften stellt aber einen recht massiven Eingriff in die systematische Einheit des vom deutschen Recht vorgesehenen Prozeßablaufs[147] dar und kann daher erhebliche Konflikte mit dem deutschen Verfahrensrecht heraufbeschwören.[148]

Vorzuziehen ist deshalb der oben unter II. 4. vorgestellte Ansatz, wonach eng mit dem materiellen Recht verflochtene ausländische Verfahrensvorschriften nicht direkt anzuwenden, sondern lediglich auf dem Wege der Anpassung des deutschen Prozeßrechts zu berücksichtigen sind.[149] Rechtstechnisch gesehen

---

[145] Siehe dazu näher oben, S. 344 ff.

[146] *Coester-Waltjen*, Internat. Beweisrecht, Rz. 172.

[147] Damit ist die systematische Abfolge aufeinander bezogener und aufbauender Verfahrensschritte und -stadien, die den Prozeß ausmacht, gemeint, vgl. dazu *Böhm*, 117.

[148] Auch in diesem Zusammenhang ist z.B. an die Fälle zu denken, in denen nach dem berufenen ausländischen Verfahrensrecht der Amtsermittlungsgrundsatz gilt, weil die *lex causae* im Gegensatz zum dt. Sachrecht keinen materiellrechtlichen Auskunftsanspruch kennt (so etwa das US-amerikan. "Discovery"-Verfahren) - siehe dazu z.B. *Looschelders*, 372 f. und MünchKomm/*Sonnenberger*, Einl. IPR Rz. 546 (zu Fall d), jeweils m.w.N. sowie *OLG Stuttgart* 4.10.1988, IPRax 1990, 113, 114 - oder etwa an den Fall, in dem das berufene fremde Prozeßrecht im Ehetrennungsverfahren die Mitwirkung der Staatsanwaltschaft vorsieht (so z.B. Art. 70 Abs. 1 Nr. 2 des italienischen CPC - wie soll die dt. Staatsanwaltschaft die Interessen der italienischen Öffentlichkeit wahrnehmen? Siehe zu der entsprechenden Vorschrift und zu den Schwierigkeiten, die die dt. Justiz im Umgang damit hat *AG München* 15.3.1982, *AG Köln* 25.2.1982, *OLG München* 13.5.1982, *OLG Karlsruhe* 4.12.1981 und die Anm. von *Jayme* dazu, allesamt IPRax 1982, 204 sowie weiter *OLG Karlsruhe* 14.7.1981, IPRax 1982, 75 und *Jayme*, IPRax 1982, 56).

[149] Siehe dazu dort, S. 338 f.

läuft dies nicht etwa letztlich ebenfalls auf eine Berufung des betreffenden ausländischen Verfahrensrechts über die Kollisionsnormen des IPR hinaus, wie sie zuvor kritisiert wurde. Vielmehr wird hier eben gerade keine absolute Identität des deutschen Verfahrens mit dem Verfahren der berufenen Rechtsordnung angestrebt, denn diese wäre unerreichbar und auch unerwünscht, wie sich bei der Betrachtung der für die *Lex-fori*-Regel sprechenden Gründe gezeigt hat.[150] Statt dessen wird lediglich eine Disharmonie, die entsteht, weil das Verfahrensrecht der *lex fori* nicht dazu geeignet ist, dem vom IPR berufenen Sachrecht uneingeschränkt zur Durchsetzung zu verhelfen, dadurch aufgelöst, daß der funktionalen Einheit der betreffenden Rechtsfigur Rechnung getragen wird, indem die Funktion eng mit dem materiellen Recht verflochtener Verfahrensvorschriften der berufenen Rechtsordnung vom entsprechend angepaßten deutschen Prozeßrecht mit übernommen wird.[151] Diese Methode ist nicht nur die dogmatisch sauberste, auf diese Weise gelingt es auch am besten, das bereits mehrfach angesprochene Spannungsfeld, in welchem sich die *Lex-fori*-Regel bewegt, auszutarieren: einerseits wird die Durchsetzung des kollisionsrechtlichen Anwendungsbefehls des IPR im weitest möglichen Umfang gewährleistet[152] und auf der anderen Seite wird gleichzeitig durch das grundsätzliche Festhalten am *Lex-fori*-Prinzip dem Praktikabilitätsinteresse an der Anwendung des heimischen, vertrauten Verfahrensrechts weitgehend Rechnung getragen.[153]

IV. Formulierung eines Lösungsansatzes

Anhand der bisher gewonnenen Erkenntnisse läßt sich nun folgender rechtstechnischer Lösungsansatz formulieren:

1. Grundsätzlich wenden die deutschen Gerichte das Verfahrensrecht der *lex fori* an. Diese Regel kann als gewohnheitsrechtlich anerkannt angesehen werden.[154] Für sie sprechen Praktikabilitätserwägungen,[155] aber auch der Umstand, daß das Verfahrensrecht der *lex fori* kollisionsrechtlich gesehen stets das sachnächste Recht ist.[156]
2. Wird aufgrund ihrer engen Verflechtung mit dem anzuwendenden Sachrecht die Berücksichtigung verfahrensrechtlicher Vorschriften der berufenen Rechtsordnung erforderlich, um eine Disharmonie zwischen *lex causae* und

[150] Siehe dazu oben, S. 341 f.
[151] Siehe dazu *Haunhorst*, 115 f. u. 117 f. Vgl. auch *von Craushaar*, 57 sowie allg. MünchKomm/*Sonnenberger*, Einl. IPR Rz. 537.
[152] Siehe zu diesem Ziel näher oben, S. 343 f.
[153] Zu diesem Interesse siehe näher oben, S. 341 ff.
[154] Siehe dazu näher oben unter C. I., S. 330.
[155] Siehe dazu näher oben unter III., S. 341 ff.
[156] Siehe dazu näher oben unter III., S. 343.

dem Verfahrensrecht der *lex fori* aufzulösen und die unverfälschte Anwendung des kollisionsrechtlich berufenen Sachrechts zu gewährleisten, so ist das deutsche Verfahren entsprechend anzupassen.[157] Die äußerste Grenze für eine solche Modifikation des deutschen Verfahrensrechts bildet die sogenannte "wesenseigene (Un-)zuständigkeit" der deutschen Gerichte.[158]

Zwar vermag auch dieser Lösungsvorschlag die entscheidende Frage nicht grundsätzlich zu klären, wo genau die Trennlinie verläuft, ab der die Verflechtung ausländischen Verfahrensrechts mit dem berufenen Sachrecht so eng ist, daß seine Berücksichtigung erforderlich wird, um eine Verfälschung des materiellrechtlichen Ergebnisses zu vermeiden. Man ist sich aber ohnehin - wie bereits oben unter III. festgestellt wurde -[159] allgemein darin einig, daß eine generell abstrakte Beantwortung dieser Frage bisher noch nicht gelungen ist und wohl auch in Zukunft schwer fallen wird und daß statt dessen die Verfolgung einer induktiven Methode über die Untersuchung einzelner Bereiche des IZPR erfolgversprechender scheint. Dementsprechend soll nun anhand des soeben formulierten Ansatzes konkret geprüft werden, ob die Vorschriften des spanischen Rechts über die "compensación judicial" im deutschen Verfahren zu berücksichtigen sind und, wenn ja, wie dies im einzelnen zu geschehen hat.

D. Einordnung der "compensación judicial" des spanischen Rechts

Auf der ersten Stufe des zuvor erarbeiteten Ansatzes ist von der grundsätzlichen Geltung der *Lex-fori*-Regel auszugehen. Daher ist nun zunächst einmal zu prüfen, ob die "compensación judicial" materiellrechtlich oder verfahrensrechtlich einzuordnen ist. Diese Qualifikationsentscheidung ist, wie bereits oben unter C. I. festgestellt wurde,[160] aus der Sicht des deutschen Rechts als der *lex fori* zu treffen.

---

[157] Siehe dazu näher oben unter III., S. 349 f. Im Ergebnis ebenso *BGH* 22.3.1967, *BGHZ* 47, 324, 338 f. Die Anpassung des dt. Verfahrens ist hier der theoretisch ebenfalls denkbaren Möglichkeit der Anpassung des berufenen Sachrechts grds. vorzuziehen, weil dabei das anzuwendende ausländische materielle Recht gegenüber der letztgenannten Vorgehensweise in geringerem Maße verfälscht wird und dadurch die Durchsetzung des Rechtsanwendungsbefehls des dt. IPR und somit auch der internationale Entscheidungseinklang in höherem Maße gewährleistet wird (So auch *Haunhorst*, 120 sowie allgemein zur materiellrechtlichen Lösung *von Hoffmann*, § 6 Rz. 37 und MünchKomm/*Sonnenberger*, Einl. IPR, Rz. 549. A.A. wohl *Looschelders*, 189 f.: die materiellrechtliche Anpassung gehe der Abwandlung des inländischen Verfahrensrechts vor).

[158] Siehe dazu oben unter III., S. 345. S. weiter *Heldrich*, 270.

[159] Siehe dort, S. 346.

[160] Siehe dort S. 330.

Das Rechtsinstitut der Aufrechnung ist nach den Vorstellungen des deutschen Rechts grundsätzlich materiellrechtlich zu qualifizieren; ausgenommen sind lediglich die Fragen, die die Geltendmachung der Aufrechnung im Prozeß betreffen.[161] Bei der "compensación judicial" handelt es sich aber, wie eingangs dieses Abschnitts unter A. festgestellt wurde, um eine besondere Variante der Aufrechnung nach spanischem Recht,[162] die eines richterlichen Aktes bedarf, um ihre Wirkungen entfalten zu können: der Richter beseitigt dabei mit dem Urteil ein bestehendes materiellrechtliches Aufrechnungshindernis, woraufhin die gesetzliche Aufrechnung gemäß Art. 1195 ff. CC mit Wirkung *ex nunc* eintreten kann.[163] Dieses Erfordernis einer richterlichen Gestaltung gibt der Rechtsfigur der "compensación judicial" auch aus der Sicht des deutschen Rechts einen spezifisch verfahrensrechtlichen Charakter.[164]

Weil die "compensación judicial", wie gesehen, auch nach den deutschen Vorstellungen verfahrensrechtlicher Natur ist, können die sie betreffenden Vorschriften des spanischen Rechts im deutschen Prozeß keine (direkte) Anwendung finden, denn hierfür ist nach der *Lex-fori*-Regel allein das deutsche Verfahrensrecht maßgeblich. Dies wiederum führt zu der mißlichen Situation, daß zwar sowohl das spanische als auch das deutsche Recht für sich genommen eine Aufrechnung mit illiquiden Forderungen ermöglichen, andererseits aber das Aufeinandertreffen von spanischem materiellen Recht (wonach die Liquidität von Forderung und Gegenforderung Voraussetzung für den Eintritt der Aufrechnung ist)[165] und deutschem Verfahrensrecht (welches das vom spanischen Recht zur Überwindung des Aufrechnungshindernisses der fehlenden Liquidität bereitgestellte verfahrensrechtliche Instrument der "compensación judicial" nicht kennt) zur Folge hat, daß der vor einem deutschen Gericht beklagten Partei in den betreffenden Fällen die Aufrechnungsmöglichkeit verbaut wird. Eine solche Rechtsverweigerung als Folge eines von der Anwendung der *Lex-fori*-Regel

---

[161] Siehe dazu näher oben im Ersten Abschnitt unter E. III. 1., S. 76. Siehe weiter *Geimer*, IZPR Rz. 352, MünchKomm/*Spellenberg*, Art. 32 Rz. 51 m.w.N. sowie *Vischer/Oser*, Rz. 1110 u. 1123 f.

[162] Ähnlich im französischen Recht die "compensation judiciaire" und im italienischen Recht die "compensazione giudiziale" gem. Art. 1243 Abs. 2 Codice Civile, siehe dazu oben S. 325, Fn. 1.

[163] Siehe zu alledem oben unter A., S. 325.

[164] Vgl.: *OLG Stuttgart* 21.8.1995, RIW 1995, 943, 944; *LG Darmstadt* 16.10.1991, JbItalR 6 (1993), 225 f.; *Kindler*, IPRax 1996, 16, 21. Siehe auch *Vischer/Oser*, Rz. 1124 (aus der Sicht des schweizerischen Rechts). Vgl. weiter *BGH* Beschl. v. 14.10.1981, IPRax 1983, 37, 39 und *Jaeckel*, 59. Soweit die Rechtsfigur der richterlichen Aufrechnung materiellrechtlich qualifiziert wird - so z.B. *LG München I* 20.3.1995, IPRax 1996, 31, 33 und im Anschluß daran *Gebauer*, JbItalR 12 (1999), 31, 41 u. 56 -, erfolgt dies in erklärter Abweichung von der traditionellen dt. Einordnung nach der oben unter C. II. 1., S. 331 f. vorgestellten sog. "autonomen" Qualifikationsmethode.

[165] Siehe dazu näher oben im Ersten Abschnitt unter B. II. 1., S. 44.

verursachten Normenmangels kann, insoweit ist man sich allgemein einig, in keinem Fall hingenommen werden.[166]

Vielmehr ist die Rechtslage nach der vom IPR zur Anwendung berufenen Rechtsordnung, wie oben unter C. III. festgestellt wurde, angesichts der rechtstechnischen Austauschbarkeit von materiellem Recht und Verfahrensrecht stets in ihrem funktionalen Gesamtzusammenhang zu sehen.[167] Im Hinblick auf die Rechtsfigur der "compensación judicial" des spanischen Rechts bedeutet dies, daß ihrer Funktion im Gesamtgefüge des spanischen Aufrechnungsrechts Rechnung zu tragen ist. Der spanische Gesetzgeber hat den Parteien damit auf der verfahrensrechtlichen Ebene bewußt die Möglichkeit eingeräumt, das Fehlen bestimmter, von ihm auf der materiellrechtlichen Ebene normierter Voraussetzungen für den Eintritt der Aufrechnung (hier ist insbesondere an die Liquidität der betroffenen Forderungen zu denken)[168] mit Hilfe des Gerichts zu überwinden.[169] Versagte man nun der die Aufrechnung geltend machenden Partei vor deutschen Gerichten diese prozeßrechtliche Korrekturmöglichkeit der "compensación judicial", so risse man die beschriebene Gesamtkonzeption des spanischen Aufrechnungsrechts auseinander, mit der Folge der Verfälschung des davon beabsichtigten materiellrechtlichen Ergebnisses. Dies ließe sich mit dem Rechtsanwendungsbefehl der Kollisionsnormen des deutschen IPR nicht vereinbaren. Demnach müssen die Vorschriften des spanischen Rechts über die "compensación judicial" auch in Prozessen vor deutschen Gerichten in jedem Fall Berücksichtigung finden.

Dem oben unter C. IV. formulierten Ansatz folgend sind die betreffenden Vorschriften des spanischen Rechts von den deutschen Gerichten aber nicht direkt anzuwenden, sondern vielmehr auf dem Wege einer entsprechenden Anpassung des deutschen Verfahrens zu berücksichtigen.[170] Dies bedeutet im einzelnen folgendes:

Erhebt der Beklagte in einem deutschen Prozeß die Aufrechnungseinrede und erfüllen Haupt- oder Gegenforderung nicht die nach dem als Aufrechnungsstatut maßgeblichen spanischen Recht erforderliche materiellrechtliche Aufrechnungsvoraussetzung der Liquidität, so müßte das deutsche Gericht, entsprechend dem

---

[166] Siehe z.B. Stein/Jonas/*Schumann*, 20. Aufl., Einl. Rz. 743, *Niederländer*, RabelsZ 20 (1955), 1, 32 f. oder *Stalev*, 47 u. 48 f. I.d.S. auch: *BGH* 22.3.1967, *BGHZ* 47, 324, 333 = NJW 1967, 2109; *LG München I* 20.3.1995, IPRax 1996, 31, 33; *v. Bar*, § 5 Rz. 371; *Radtke*, 32 f.; *v. Craushaar*, 2 u. 57; *Haunhorst*, 113; *Heldrich*, 21 f.; *Linke*, IZPR Rz. 38; *Horst Müller*, JbIntR 5 (1954), 239, 250; *Gebauer*, JbItalR 12 (1999), 31, 56; *Kindler*, IPRax 1996, 16, 21. Vgl. weiter: *OLG Stuttgart* 4.10.1988, IPRax 1990, 113, 114; *Basedow*, Qualifikation, 151 ff.; MünchKomm/*Sonnenberger*, Einl. IPR Rz. 546; *Jaeckel*, 59; *Jayme*, RabelsZ 32 (1968), 323, 328.

[167] Siehe dort, S. 344 ff.

[168] Siehe dazu näher oben im Ersten Abschnitt unter B. II. 1., S. 44.

[169] Zur Wirkungsweise der "compensación judicial" siehe oben unter A., S. 325.

[170] Siehe dazu näher dort, S. 350. Allgemein zur Anpassung: MünchKomm/*Sonnenberger*, Einl. IPR Rz. 532 ff. und *Looschelders*, 6 ff., jeweils m.w.N.

eingangs unter A. zum spanischen Recht Ausgeführten,[171] die Höhe der betreffenden Forderung - je nach Fall auf der Grundlage der Einschätzung eines bestimmten Verhaltens (Vorsatz, Fahrlässigkeit oder Schuld) oder der Bewertung von Gütern beziehungsweise Vermögen oder Schäden - in den Entscheidungsgründen des Urteils nach freiem richterlichen Ermessen festsetzen. Diese Aufgabe ist den deutschen Richtern durchaus vertraut; sie begegnet ihnen auch in Prozessen ohne Auslandsberührung in den Fällen des § 287 ZPO. Die entsprechenden Anforderungen des spanischen Verfahrensrechts lassen sich also mit Hilfe des deutschen Prozeßrechts über eine analoge Anwendung der genannten Vorschrift ohne Schwierigkeiten bewältigen.

Ist die Höhe der zuvor nicht liquiden Forderung einmal festgesetzt, so liegen alle vom spanischen Sachrecht geforderten Voraussetzungen der Aufrechnung vor. Dementsprechend tritt sodann die gesetzliche Aufrechnung mit den in Art. 1202 CC vorgesehenen Wirkungen automatisch ein, woraufhin das deutsche Gericht Klage- und Gegenforderung zu verrechnen und die Klage entsprechend dem Saldo vollumfänglich beziehungsweise teilweise abzuweisen hätte - ein gesonderter Ausspruch zur "compensación judicial" im Tenor des Urteils erfolgt nach spanischen Recht nicht.[172] Auch insoweit werden an den deutschen Richter keine dem deutschen Prozeßrecht unbekannten Anforderungen gestellt - auch bei deutschem Recht als Aufrechnungsstatut muß er als Konsequenz aus § 389 BGB Haupt- und Gegenforderung miteinander verrechnen und daraufhin die Klage in voller Höhe beziehungsweise teilweise abweisen.

Es läßt sich also festhalten, daß die Berücksichtigung der Vorschriften des spanischen Prozeßrechts über die "compensación judicial" auf dem Wege einer Anpassung des deutschen Verfahrens ohne Schwierigkeiten bewerkstelligt werden kann, weil die dabei vom Gericht geforderten Verrichtungen dem deutschen Zivilprozeßrecht ohnehin bekannt sind. Dementsprechend stellt sich hier auch nicht die Frage der "wesenseigenen Zuständigkeit" der deutschen Gerichte.[173] Diese äußerste Schranke für die Modifikation des deutschen Verfahrens ist, wie oben unter C. III. festgestellt, erst dort überschritten, "wo die .. deutschen Gerichten aufgegebene Tätigkeit von den sonstigen richterlichen Aufgaben so wesensverschieden wäre, daß sie völlig aus dem in Deutschland dem Richter obliegenden Aufgabenbereich herausfiele."[174] Dies kann niemals der Fall sein, wo sich die Ausübung der dem deutschen Gericht aufgegebenen Tätigkeit, wie hier, ohne Schwierigkeiten mit den Mitteln des inländischen Verfahrensrechts bewältigen läßt.[175] Mithin steht der Berücksichtigung der "compensación judicial" des spanischen Rechts durch deutsche Gerichte auf dem Wege der Anpassung des

---

[171] Siehe dort, S. 325.

[172] Siehe zum entsprechenden Vorgehen des spanischen Richters näher oben unter A., S. 325.

[173] Siehe dazu näher oben unter C. III., S. 345.

[174] *BGH* 22.3.1967, *BGHZ* 47, 324, 333 f. = NJW 1967, 2109.

[175] *Heldrich*, 267 f. u. 269. Vgl. weiter *Schlosser*, Gestaltungsklagen, 308 f. und Stein/Jonas/*Schumann*, 20. Aufl., Einl. Rz. 762.

deutschen Verfahrens in der zuvor beschriebenen Weise nichts im Wege. Angemerkt sei noch, daß das entsprechende Vorgehen in den Entscheidungsgründen möglichst deutlich dargelegt werden sollte, um so etwaigen Mißverständnissen vorzubeugen.

Bei der Übertragung dieser Ergebnisse auf die Situation bei der richterlichen Aufrechnung nach italienischem beziehungsweise französischem Recht ist zu bedenken, daß sich die Sachlage dort etwas komplizierter gestaltet als bei der "compensación judicial" nach spanischem Recht. Einmal abgesehen von der Tatsache, daß in diesen Rechtsordnungen das materiellrechtliche Aufrechnungserfordernis der Liquidität anders aufgefaßt wird als im spanischen Recht,[176] liegt der wesentliche Unterschied darin, daß die "compensazione giudiziale" gemäß Art. 1243 Abs. 2 des italienischen Codice Civile wie auch die "compensation judiciaire" des französischen Rechts anders als die spanische "compensación judicial"[177] nicht über eine prozessuale Einrede in den Prozeß eingeführt werden kann, sondern über eine Widerklage geltend gemacht werden muß.[178] Hier stellt sich daher die Frage, ob neben den jeweiligen Vorschriften über die richterliche Aufrechnung auch dieses formale Erfordernis im deutschen Verfahren zu berücksichtigen ist.

Ebenso wie die Rechtsfigur der richterlichen Aufrechnung ist das Erfordernis ihrer Geltendmachung in Form einer Widerklage nach traditionellem Verständnis zweifellos dem Verfahrensrecht zuzuordnen.[179] Der *Lex-fori*-Regel und dem oben unter C. IV. formulierten Ansatz[180] folgend können die dieses Erfordernis betreffenden ausländischen Vorschriften daher im deutschen Verfahren keine unmittelbare Anwendung finden. Nach deutschem Prozeßrecht wiederum ist die Geltendmachung der richterlichen Aufrechnung in Form einer Widerklage nicht möglich, weil damit nur der Eintritt der Aufrechnung und als Folge davon das

---

[176] Während man im spanischen Recht unter einer liquiden Forderung i.S.d. Art. 1196 Nr. 4 CC völlig unabhängig von ihrer Streitigkeit oder Unstreitigkeit eine solche versteht, deren Höhe genau bestimmt ist oder durch nichts weiter als eine einfache Rechenoperation bestimmt werden kann (siehe dazu näher oben im Ersten Abschnitt unter B. II. 1., S. 44), bedeutet Liquidität im italienischen (siehe dazu *Gebauer*, JbItalR 12 (1999), 31, 40 f. und *Kannengießer*, 14-16) und französischen (siehe dazu *Kannengießer*, 52 f. und *G. Wagner*, IPRax 1999, 65, 69) Recht, daß die Forderung entscheidungsreif ist, d.h., bestrittene Forderungen sind danach grundsätzlich nicht liquide. Ausnahmsweise wird Liquidität allerdings sowohl im italienischen (siehe dazu *Gebauer*, a.a.O. und *Kannengießer*, 14-16) als auch im französischen (*Kannengießer*, 52 f.) Recht dort angenommen, wo eine Forderung zwar bestritten ist, dieses Bestreiten aber mißbräuchlich, weil offensichtl. unbegründet erscheint.

[177] Siehe dazu näher oben im Ersten Abschnitt unter C. I., S. 55 ff.

[178] Siehe zum italienischen Recht *Kindler*, IPRax 1996, 16, 21 und *Gebauer*, JbItalR 12 (1999), 31, 41 und zum französischen Recht *Wagner*, IPRax 1999, 65, 69 und *Kannengießer*, 55, jeweils m.w.N.

[179] Vgl. z.B.: *Basedow*, Qualifikation, 136; *Herbert Roth*, 1053; *Jaeckel*, 59.

[180] Siehe dazu näher dort, S. 350.

Erlöschen der Klageforderung begehrt wird,[181] die Widerklage des deutschen Rechts aber einen selbständigen Antrag auf Verurteilung des Klägers voraussetzt - sie stellt einen eigenständigen prozessualen Angriff dar, der vom Schicksal der (Haupt-)Klage unabhängig ist;[182] es ist aber nicht ersichtlich, wie der bloße Antrag auf Durchführung der richterlichen Aufrechnung für sich allein Bestand haben könnte, wenn die Klage beispielsweise zurückgenommen oder als unzulässig zurückgewiesen würde. Die richterliche Aufrechnung des italienischen beziehungsweise des französischen Rechts müßte im deutschen Prozeß demnach über die prozessuale Aufrechnungseinrede geltend gemacht werden.

Durch diese verfahrensrechtlichen Unterschiede wird aber, anders als im Falle der Vorschriften über die richterliche Aufrechnung als solche, kein Normenmangel zulasten einer der Parteien ausgelöst: ob die richterliche Aufrechnung über eine Widerklage oder über eine prozessuale Einrede geltend gemacht wird, spielt für das materiellrechtliche Ergebnis keine Rolle - auf beiden Wegen kann die beklagte Partei das (gegebenenfalls teilweise) Erlöschen der Klageforderung durch Aufrechnung und dadurch eine (gegebenenfalls teilweise) Abweisung der Klage erreichen.[183] Das von den italienischen und französischen Prozeßrechten vorgesehene formale Erfordernis der Geltendmachung über eine Widerklage ist also im Hinblick auf die Sachentscheidung "neutral";[184] das von der berufenen Rechtsordnung beabsichtigte materiellrechtliche Ergebnis wird hier durch die Anwendung des deutschen Prozeßrechts nicht verfälscht, die Durchsetzung des Rechtsanwendungsbefehls der Kollisionsnormen des IPR nicht beeinträchtigt. Eine Anpassung des deutschen Verfahrensrechts ist mithin insoweit nicht erforderlich. Es bleibt vielmehr dabei, daß auch die richterliche Aufrechnung nach italienischem beziehungsweise französischem Recht - genau wie die "compensación judicial" des spanischen Rechts - im deutschen Prozeß in der Form der prozessualen Aufrechnungseinrede geltend zu machen ist,[185] woraufhin das Ge-

---

[181] Siehe dazu *Wagner*, IPRax 1999, 65, 69 und *Kannengießer*, 55: auch nach italienischem und französischen Recht besteht die richterliche Aufrechnung nur darin, daß das Gericht die Aufrechnungsforderung liquide macht, damit die Voraussetzung für den Eintritt der gesetzlichen Aufrechnung herbeiführt und daraufhin den Saldo zwischen Klage- und Gegenforderung berechnet.

[182] Siehe z.B. *Jauernig*, ZPO, § 46 I, S. 181.

[183] Insoweit als dem Beklagten auf die richterliche Aufrechnung hin ein Saldo zugesprochen werden kann (siehe diesbezüglich zum italienischen Recht *Gebauer*, JbItalR 12 (1999), 31, 41 und *Kannengießer*, 43 f. sowie zum französischen Recht *Kannengießer*, 55, jew. m.w.N.), kommt das berufene Sachrecht ohnehin nicht zur Anwendung - der über die bloße Aufrechnung hinausgehende Teil der Gegenforderung entzieht sich dem Aufrechnungsstatut, siehe dazu *Gebauer*, JbItalR 12 (1999), 31, 41 und *Kannengießer*, 131, jeweils m.w.N.

[184] Zur Bedeutung des Neutralitätsarguments siehe näher oben, S. 342 f.

[185] Für dieses Ergebnis sprechen auch Erwägungen der Rechtssicherheit und Vorhersehbarkeit für die Parteien: es kann von deutschen Beklagten (und der Beklagte wird bei Verfahren vor deutschen Gerichten wegen des Grundsatzes *actor sequitur forum rei* zumeist eine deutsche Partei sein) nicht erwartet werden, mit dem Erfordernis zu rechnen, die Aufrechnung bei

richt dann in der zuvor im Zusammenhang mit der Anpassung des deutschen Verfahrens an die Erfordernisse des spanischen Rechts beschriebenen Weise zu verfahren hat.

E. Ergebnis

Die prozeßrechtlich zu qualifizierende Rechtsfigur der "compensación judicial" des spanischen Rechts kann im deutschen Prozeß gemäß der *Lex-fori*-Regel keine (direkte) Anwendung finden. Die deutschen Gerichte haben sie aber gleichwohl auf dem Wege der Anpassung des deutschen Verfahrens zu berücksichtigen. Im einzelnen ist dabei wie folgt vorzugehen: Das deutsche Gericht setzt die Höhe der nicht liquiden Forderung in den Entscheidungsgründen des Urteils in entsprechender Anwendung des § 287 ZPO nach freiem richterlichen Ermessen fest. Damit tritt, weil nun alle vom spanischen Sachrecht geforderten Voraussetzungen vorliegen, die gesetzliche Aufrechnung automatisch ein, woraufhin das deutsche Gericht Klage- und Gegenforderung zu verrechnen und die Klage entsprechend dem Saldo (gegebenenfalls teilweise) abzuweisen hat; ein gesonderter Ausspruch zur "compensación judicial" ist in den Tenor des Urteils nicht aufzunehmen. Die Frage der "wesenseigenen Zuständigkeit" der deutschen Gerichte stellt sich in diesem Zusammenhang nicht, da sich die Ausübung der diesen dabei aufgegebenen Tätigkeiten ohne Schwierigkeiten mit den Mitteln des inländischen Verfahrensrechts bewältigen läßt.

Diese am Beispiel der "compensación judicial" des spanischen Rechts gefundenen Ergebnisse lassen sich - entgegen den Urteilen des OLG Stuttgart vom 21.8.1995 und des LG Darmstadt vom 16.10.1991 -[186] ohne weiteres auf die Situation bei der richterlichen Aufrechnung nach italienischem beziehungsweise französischem Recht übertragen.

Maßgeblichkeit des italienischen oder französischen Rechts als Aufrechnungsstatut mittels einer Widerklage geltend machen zu müssen.

[186] Siehe dazu näher oben unter B. II., S. 328 f.

ZUSAMMENFASSUNG DER ERGEBNISSE

Ziel der Arbeit war es, einen Beitrag zur Klärung der Probleme zu leisten, die sich deutschen Gerichten bei der Prüfung ihrer internationalen Zuständigkeit im Zusammenhang mit der Aufrechnung stellen können.[1] Dabei sollte das spanische Recht als Bezugsrechtsordnung dienen, um anhand des Beispiels des deutsch-spanischen Rechtsverkehrs jeweils herausarbeiten zu können, welche Anforderungen andere Aufrechnungssysteme - insbesondere das Modell der Legalkompensation der romanischen Rechtsordnungen - an die für das deutsche IZPR zu entwickelnden Lösungen stellen. Bevor die zentralen Fragestellungen dieser Arbeit angegangen werden konnten, war dementsprechend zunächst einmal ein Blick darauf zu werfen, wie die Aufrechnung im spanischen Recht geregelt ist.

I. Die Aufrechnung im spanischen Recht

Wie im deutschen lassen sich im spanischen Recht verschiedene Arten der Aufrechnung unterscheiden, von denen nur die "compensación legal" (gesetzliche Aufrechnung) als Grundform in den Art. 1195 ff. CC eine gesetzliche Regelung erfahren hat. Wie das deutsche kennt auch das spanische Recht daneben eine nicht gesetzlich geregelte Form der Aufrechnung, bei der Voraussetzungen und Wirkungen durch vertragliche Vereinbarungen zwischen den Parteien bestimmt werden können ("compensación convencional"). Darüber hinaus finden sich im spanischen Recht zwei weitere, von der spanischen Rechtsprechung und Lehre entwickelte Aufrechnungsformen, die dem deutschen Recht nicht bekannt sind: die freiwillige Aufrechnung ("compensación facultativa"), bei der ein den Eintritt der gesetzlichen Aufrechnung verhindernder Umstand einseitig durch den dadurch Begünstigten ausgeräumt wird, und die richterliche Aufrechnung ("compensación judicial"), bei der das Gericht in seinem Urteil ein bestehendes Aufrechnungshindernis beseitigen kann.

Die Voraussetzungen, an die der Código Civil die Aufrechnung knüpft, ähneln im wesentlichen denen, die das BGB vorsieht. Anzumerken ist, daß nach spanischem Recht anders als nach deutschem die Liquidität der beiden sich gegenüberstehenden Forderungen materiellrechtliche Aufrechnungsvoraussetzung ist. Unter einer liquiden Forderung wird dabei eine solche verstanden, deren Höhe genau bestimmt ist oder durch nichts weiter als eine einfache Rechenoperation bestimmt werden kann.

Der grundlegende Unterschied zwischen den Aufrechnungssystemen des deutschen und des spanischen Rechts liegt in der Art und Weise, wie sich die Aufrechnung in ihrer Grundform dort jeweils vollzieht. Während die Aufrech-

[1] Wobei der Begriff "internationale Zuständigkeit" in diesem Zusammenhang in einem weiten Sinne verstanden wurde, siehe dazu näher oben in der Einleitung der Arbeit unter A. I. 3., S. 10.

nung im deutschen Recht ein durch Willenserklärung gegenüber dem Aufrechnungsgegner auszuübendes Gestaltungsrecht ist, entfaltet sie im spanischen Recht ihre Wirkungen *ipso iure* unabhängig vom Willen der Parteien in dem Moment, in dem sich zwei Forderungen aufrechenbar gegenüberstehen.

Trotz dieses Aufrechnungseintritts *ipso iure* kann die Aufrechnung auch im spanischen Recht vom Gericht nicht in dem Sinne von Amts wegen beachtet werden, als daß es sie gegen den übereinstimmenden Willen beider Parteien berücksichtigen könnte oder etwa von sich aus Ermittlungen anstellen dürfte, ob die Klageforderung möglicherweise bereits kraft Gesetzes durch Aufrechnung mit irgendeiner Gegenforderung des Beklagten erloschen ist.

Genauso wenig wie im deutschen läßt sich der Aufrechnungseinwand im spanischen Recht in die gängigen Kategorien des Zivilprozeßrechts einordnen. Aus der Perspektive beider Rechtsordnungen fällt er in mehrfacher Hinsicht aus dem Rahmen der übrigen Verteidigungsmittel heraus und nimmt als Institut *sui generis* eine Sonderstellung zwischen einer eigenen (Wider-)Klage und einem "gewöhnlichen" Verteidigungsmittel ein. Da er Charakteristika beider prozessualer Rechtsinstitute aufweist, können auf ihn weder die Regeln über die "gewöhnlichen" Verteidigungsmittel, noch die Vorschriften über die Widerklage ohne weiteres und in vollem Umfang angewandt werden. Vielmehr muß bei der Lösung prozeßrechtlicher Fragen jeweils darauf geachtet werden, daß sein "zwiespältiges Wesen" angemessene Berücksichtigung findet.

In der spanischen Rechtsprechung und Lehre herrscht wie in der deutschen Einigkeit dahingehend, daß im Falle einer prozessualen Nichtberücksichtigung der Aufrechnung ein Bedürfnis nach Anpassung der materiellen Rechtslage besteht, weil der Beklagte seine Aufrechnungsforderung sonst ersatzlos verlieren würde. Wie sich allerdings eine solche Harmonisierung von Urteil und materieller Rechtslage rechtskonstruktiv erreichen läßt, ist in beiden Rechtsordnungen noch nicht für alle möglichen Fallkonstellationen geklärt.

Anders als im deutschen Recht findet im spanischen nach herrschender Meinung bei Forderungen, die in einem synallagmatischen Verhältnis zueinander stehen, keine Aufrechnung im eigentlichen Sinne statt, das heißt die gesetzlichen Vorschriften der Art. 1195 ff. CC gelangen hier nicht zur Anwendung. Diese Abgrenzung der Situation der synallagmatischen Forderungen von der Aufrechnung, wie sie in Art. 1195 bis 1202 CC geregelt ist, dient allerdings nur der Klarstellung, daß zum einen nicht alle der genannten Vorschriften auf erstere passen und daß vor allem die Voraussetzungen des Art. 1196 CC darauf keine Anwendung finden sollen, damit die gegenseitige Abhängigkeit der Leistungen in jedem Fall berücksichtigt werden kann und das vertragliche Gleichgewicht gewahrt bleibt. Im Ergebnis nimmt das Gericht aber dennoch eine Verrechnung der beiden Forderungen vor, deren Resultat - nämlich das Erlöschen der Forderungen - sich letztlich nicht von dem der Aufrechnung unterscheidet. Im Prozeß sind synallagmatische Gegenforderungen auf die gleiche Weise geltend zu machen, wie nichtsynallagmatische Gegenansprüche.

Insgesamt wurde festgestellt, daß sich die beiden Aufrechnungssysteme des deutschen und des spanischen Rechts, obwohl sie auf einer auf den ersten Blick so unterschiedlichen Konzeption basieren - hier Erklärungsaufrechnung, dort Legalkompensation -, hinsichtlich der in der Praxis erzielten Ergebnisse in beachtlichem Maße annähern. Besonders aufgefallen ist dabei die weitgehende Übereinstimmung beider Rechtsordnungen hinsichtlich der prozeßrechtlichen Behandlung der Aufrechnung, die mit Inkrafttreten der neuen LEC sogar noch leicht angewachsen ist. Als wichtigste Ursachen für die beobachtete Annäherung wurden einerseits die Rückwirkungsfiktion des § 389 BGB, durch die der Eintritt der Aufrechnungswirkungen im deutschen Recht letztlich auf den auch im spanischen Recht maßgeblichen Zeitpunkt, in dem die betreffenden Forderungen einander zur Aufrechnung geeignet gegenübergetreten sind, zurückverlegt wird, und andererseits die Tatsache ausgemacht, daß auch im spanischen Recht sowohl der materiellrechtliche Aufrechnungseintritt als auch dessen gerichtliche Berücksichtigung letztendlich doch vom Parteiwillen abhängig gemacht werden. Der einzige Unterschied zwischen beiden Rechtsordnungen, der aus deutscher Sicht wirklich kollisionsrechtliche Probleme aufwerfen kann, ist die richterliche Aufrechnung ("compensación judicial") des spanischen Rechts, und zwar hinsichtlich der Frage, ob sie auch von deutschen Gerichten vorzunehmen ist.[2]

II. Der vom EuZPR vorgegebene Rahmen

Da dem europäischen Zivilprozeßrecht im deutsch-spanischen Rechtsverkehr Vorrang vor den autonomen Zivilprozeßrechten zukommt, war sodann zu untersuchen, ob Ersteres abschließende Regelungen in Bezug auf die zuständigkeitsrechtliche Behandlung der Aufrechnung in seinem Anwendungsbereich enthält beziehungsweise welchen Rahmen es dem autonomen Recht in dieser Hinsicht vorgibt. Die eingehende Analyse der zu diesem Thema ergangenen Entscheidungen des EuGH ergab folgendes Gesamtbild:

Art. 6 Nr. 3 EuGVÜ regelt nur die Widerklage und findet auf das Verteidigungsmittel der Aufrechnung überhaupt keine Anwendung. Dementsprechend kann aus dem Übereinkommen selbst keine Regel des Inhalts entnommen werden, der Richter der Klage sei zwangsläufig immer auch für die Entscheidung über die Aufrechnungseinrede zuständig. Andererseits läßt sich daraus ebensowenig ableiten, das angerufene Gericht müsse für die klageweise Geltendmachung der Gegenforderung international zuständig sein, um über die Aufrechnung entscheiden zu können. Zulässigkeit und Voraussetzungen für die Geltendmachung der Aufrechnung richten sich vielmehr ausschließlich nach nationalem Recht.

---

[2] Dazu siehe näher unten unter VI., S. 371 f.

Trotzdem ist der Rechtsgedanke des Art. 6 Nr. 3 EuGVÜ derart anzuwenden, daß die Aufrechnung mit konnexen Forderungen erst recht unabhängig davon zulässig sein muß, ob das angerufene Gericht für deren klageweise Geltendmachung zuständig wäre, wo doch in diesem Fall sogar für den selbständigen Angriff mittels einer Widerklage der Gerichtsstand des Sachzusammenhangs eröffnet ist (ein solcher Erst-recht-Schluß ist allerdings für die Fälle nicht möglich, in denen Art. 6 Nr. 3 EuGVÜ aufgrund des Bestehens eines ausschließlichen Gerichtsstands für die vom Beklagten geltend gemachte Forderung gemäß Art. 16 EuGVÜ unanwendbar ist).

Art. 17 EuGVÜ schließt die Aufrechnung mit einer Forderung, für deren klageweise Geltendmachung ein anderer Gerichtsstand vereinbart wurde, von Gesetzes wegen weder aus noch läßt er sie zu, es kommt diesbezüglich vielmehr auf Wortlaut und Sinn der betreffenden Gerichtsstandsvereinbarung an. Demnach besteht grundsätzlich die Möglichkeit, die internationale Zuständigkeit des angerufenen Gerichts für die Entscheidung über die Gegenforderung durch eine Gerichtsstandsvereinbarung wirksam abzubedingen, das Übereinkommen räumt der Privatautonomie mithin deutlich Vorrang vor prozeßökonomischen Erwägungen ein.

Die rügelose Einlassung des Klägers auf den Aufrechnungseinwand überwindet gemäß Art. 18 EuGVÜ sowohl eine gegebenenfalls kraft nationalen Gesetzesrechts als auch eine kraft Gerichtsstandsvereinbarung bestehende Unzuständigkeit des angerufenen Gerichts zur Entscheidung über die Aufrechnung.

Zusammenfassend läßt sich festhalten, daß das EuGVÜ eine Lücke enthält, was die Grundsatzfrage nach der internationalzuständigkeitsrechtlichen Relevanz der Aufrechnung anbelangt. Es kommt daher insoweit auf das jeweilige nationale Recht an.

III. Zuständigkeitsrechtliche Relevanz der prozessualen Aufrechnungseinrede im IZPR

Als erster Schwerpunkt der Arbeit war die Grundsatzfrage nach der zuständigkeitsrechtlichen Relevanz der Aufrechnungseinrede im Internationalen Zivilprozeßrecht zu klären: hängt die Befugnis zur Entscheidung über eine aufrechnungsweise geltend gemachte Forderung davon ab, daß das mit dem Verfahren befaßte Gericht nach den Vorschriften des gesetzlichen Zuständigkeitssystems für ihre selbständige Geltendmachung international zuständig wäre?

Zunächst wurde festgestellt, daß für die Frage der zuständigkeitsrechtlichen Relevanz der prozessualen Aufrechnungseinrede sowohl aus der Sicht des deutschen wie auch des spanischen Rechts die jeweilige *lex fori* maßgeblich ist, also einerseits das deutsche und andererseits das spanische Internationale Zivilprozeßrecht.

Um bereits bei der Suche nach einer angemessenen Lösung das Ziel der Rechtsvereinheitlichung im Geltungsbereich des EuGVÜ sowie die internationale Entscheidungsharmonie und Entscheidungsgerechtigkeit als Leitideale des Internationalen Privat- und Zivilverfahrensrechts berücksichtigen zu können, wurde sodann ein Blick auf die Rechtslage im spanischen Recht geworfen. Daran sollte exemplarisch untersucht werden, ob die Tatsache, daß die Aufrechnung in einigen Rechtsordnungen materiellrechtlich gesehen kraft Gesetzes eintritt, möglicherweise bereits für sich genommen eine bestimmte zuständigkeitsrechtliche Behandlung der prozessualen Aufrechnungseinrede indiziert, um auf diese Weise Reibungen zwischen dem deutschen Verfahrensrecht und den materiellrechtlichen Vorgaben der betreffenden Aufrechnungsstatute vermeiden zu können.

Dabei wurde festgestellt, daß auch im spanischen Recht keineswegs selbstverständlich von der Geltung des Grundsatzes "*iudex actionis est iudex exceptionis*" ausgegangen wird. Im internen spanischen Zivilprozeßrecht wird in der Lehre gar überwiegend die genaue Einhaltung der Normen über die sachliche Zuständigkeit sowie der richtigen Verfahrensart und des richtigen Rechtswegs auch in Bezug auf die Gegenforderung gefordert (eine Auffassung, die hinsichtlich der richtigen Verfahrensart durch Art. 438 Abs. 2 S. 2 LEC nun ausdrücklich bestätigt wird). Im Bereich des Internationalen Zivilprozeßrechts zeigte sich eine beachtliche Parallelität bei der Diskussion der betreffenden Problematik in der spanischen und der deutschen Rechtswissenschaft, sowohl was die jeweils vertretenen Standpunkte als auch was die dabei verwendeten Argumente anbelangt (dies ist auch nicht weiter verwunderlich angesichts der bereits bei der rechtsvergleichenden Betrachtung festgestellten Übereinstimmungen in beiden Rechtsordnungen bezüglich der generellen prozeßrechtlichen Behandlung der Aufrechnung)[3].

Dementsprechend ist die in der deutschen Diskussion vielfach geäußerte Auffassung[4] nicht haltbar, wonach der bloße Umstand, daß eine Rechtsordnung dem Modell der Legalkompensation folgt, für sich genommen bereits dafür sprechen soll, die Entscheidungsbefugnis des Gerichts der Klage hinsichtlich einer aufrechnungsweise geltend gemachten Gegenforderung nicht davon abhängig zu machen, daß es für die betreffende Forderung auch im Falle ihrer selbständigen Geltendmachung international zuständig wäre.

Als richtiger Ansatz zur Beantwortung der Frage nach der internationalzuständigkeitsrechtlichen Relevanz der Aufrechnung wurde die Orientierung am Sinn und Zweck der Festlegung internationaler Zuständigkeiten durch das EuGVÜ bzw. das autonome deutsche Recht ausgemacht. Hiernach war die Lösung letztlich über eine sorgfältige Abwägung der Parteiinteressen zu suchen.

[3] Siehe oben unter I., S. 361.

[4] Siehe dazu die Fundstellen oben in der Einleitung der Arbeit unter A. I. 4., S. 11, Fn. 62.

Bei der betreffenden Abwägung zeigte sich, daß es weder der Ansicht, die die Aufrechnungseinrede als zuständigkeitsrechtlich irrelevant ansehen möchte, noch dem vom BGH und Teilen der Lehre vertretenen zweiten Lösungsweg, wonach die Aufrechnung als unzulässig zurückzuweisen ist, wenn der Richter der Klage im Falle der selbständigen Geltendmachung der Gegenforderung international nicht zur Entscheidung über diese zuständig wäre, gelingt, einen angemessenen Ausgleich zwischen den unterschiedlichen internationalverfahrensrechtlichen Interessen der Parteien zu schaffen; vielmehr werden jeweils einseitig entweder vitale Kläger- oder Beklagteninteressen zurückgestellt.

Der Schlüssel zu einer Lösung, die einen angemessenen Ausgleich zwischen den Interessen beider Parteien zu schaffen vermag, liegt darin, gleichzeitig sowohl der Funktion der Aufrechnung als prozessuales Verteidigungsmittel als auch der Tatsache Rechnung zu tragen, daß sie in einigen Aspekten der Widerklage ähnelt, weil sie eine Entscheidung über das Bestehen und die Höhe der Gegenforderung erforderlich macht. Die internationalzuständigkeitsrechtliche Bewertung dieses "zwiespältigen Wesens" der Aufrechnungseinrede ergab, daß ihr zwar kompetenzrechtliche Relevanz zuzumessen ist, soweit über die Vorfrage des Bestehens und der Höhe der Gegenforderung entschieden wird. Was allerdings die Berücksichtigung ihrer eigentlichen Verteidigungswirkungen durch Verrechnung von Forderung und Gegenforderung anbetrifft, so weist diese keinen kompetenzrechtlichen Bezug auf.

Aus dieser Feststellung ergab sich zunächst die Konsequenz, daß die Aufrechnung vom Gericht der Klage dann in jedem Fall zu berücksichtigen ist, wenn die Gegenforderung unstreitig oder bereits rechtskräftig festgestellt ist - hier fehlt jeglicher kompetenzrechtliche Bezug, weil die Vorfrage des Bestehens und der Höhe der Aufrechnungsforderung keiner Klärung mehr bedarf. Bei durch ausländische Gerichte rechtskräftig festgestellten Gegenforderungen ist allerdings noch zu prüfen, ob die Voraussetzungen für die Anerkennung der materiellen Rechtskraft gemäß Art. 25 ff. EuGVÜ beziehungsweise § 328 ZPO gegeben sind, denn anderenfalls wird doch wieder eine gerichtliche Entscheidung über die Aufrechnungsforderung erforderlich.

Bei streitigen Gegenforderungen liegen die Dinge etwas komplizierter. Hier ist sicherzustellen, daß das dafür international zuständige Gericht über die Gegenforderung entscheidet, gleichzeitig aber auch die Verteidigungswirkungen der Aufrechnung Berücksichtigung finden. Keine Probleme ergeben sich diesbezüglich immer dann, wenn das Gericht der Klage nach dem Zuständigkeitskatalog des EuGVÜ beziehungsweise des autonomen deutschen IZPR ohnehin auch bei klageweiser Geltendmachung der Gegenforderung zur Entscheidung über diese zuständig wäre - hier kann es auch im Falle der aufrechnungsweisen Geltendmachung über sie entscheiden. Gleiches gilt gemäß Art. 18 EuGVÜ analog bzw. § 39 ZPO analog, wenn der Kläger sich rügelos auf die Aufrechnungseinrede einläßt. Wird die Aufrechnung mit einer konnexen Gegenforderung geltend gemacht, ist das Gericht der Klage nach den Rechtsgedanken des Art. 6

Nr. 3 EuGVÜ beziehungsweise des § 33 Abs. 1 ZPO ebenfalls stets ohne weiteres zur Entscheidung über diese Forderung befugt. Ist keine internationale Zuständigkeit des Gerichts der Klage für die (streitige) Gegenforderung gegeben, so ist wie folgt vorzugehen:

1. Das Gericht der Klage hat sich auf Rüge des Klägers hin (oder von Amts wegen, falls aufgrund des Art. 16 EuGVÜ beziehungsweise nach autonomem deutschen IZPR eine ausschließliche internationale Zuständigkeit der Gerichte eines anderen Vertragsstaates für die Gegenforderung besteht - im Anwendungsbereich des EuGVÜ ergibt sich dies aus dem Rechtsgedanken des Art. 19 EuGVÜ) für international unzuständig zur Entscheidung über die Gegenforderung zu erklären; dies ergibt sich in einem Umkehrschluß aus der Entscheidung des EuGH "*Spitzley/Sommer*" [5] beziehungsweise für das autonome deutsche Recht aus § 39 ZPO.
2. Sobald der Streit über die Klageforderung entscheidungsreif ist, ist ein Vorbehaltsurteil nach § 302 Abs. 1 ZPO zu erlassen, um dem Kläger schon einmal einen vorläufig vollstreckbaren Titel an die Hand zu geben. Um im Interesse des Beklagten die materiellrechtlichen Funktionen der Aufrechnung zu erhalten, ist in der Regel gemäß § 707 S. 1 ZPO auf seinen Antrag hin anzuordnen, daß die Zwangsvollstreckung aus dem Vorbehaltsurteil nur gegen Sicherheitsleistung stattfinde; zwingend ist eine entsprechende Anordnung jedenfalls dann, wenn die Insolvenz des Klägers zu befürchten oder seine wirtschaftliche Lage unklar ist.
3. Das gemäß § 302 Abs. 4 S.1 ZPO noch anhängige deutsche Nachverfahren ist sodann nach Art. 22 Abs. 1 EuGVÜ analog i.V.m. § 148 ZPO beziehungsweise ausschließlich gemäß § 148 ZPO analog auszusetzen.
4. Dem Beklagten ist in Rechtsanalogie zu §§ 275 Abs. 1, Abs. 3 und Abs. 4, 276 Abs. 3, 283, 356, 364 Abs. 3 S. 1 sowie 431 i.V.m. 428 ZPO eine Frist zu setzen, innerhalb derer er bei dem dafür zuständigen ausländischen Gericht die Feststellung zu beantragen hat, daß seine Gegenforderung bis zu dem (von ihm behaupteten) Eintritt der Aufrechnungswirkungen bestanden hat. Versäumt er es unentschuldigt, diesen Vorgaben innerhalb der ihm gesetzten Frist nachzukommen, so ist sein Aufrechnungseinwand gemäß § 296 Abs. 1 ZPO analog zurückzuweisen und das Vorbehaltsurteil für vorbehaltlos zu erklären.
5. Sollte ausnahmsweise einmal ein ausländisches Gericht eine entsprechende Feststellungsklage als unzulässig abweisen, so wäre eine internationale Notzuständigkeit der deutschen Gerichte anzunehmen, innerhalb derer das Ausgangsgericht über die Gegenforderung zu entscheiden hätte. Gleiches hat für den Fall zu gelten, daß dem ausländischen Urteil über die Gegenforderung in

[5] *EuGH* 7.3.1985, Rs. C-48/84, Slg. 1985, 787 = IPRax 1986, 27.

Deutschland ausnahmsweise nach Art. 27 f. EuGVÜ beziehungsweise nach § 328 ZPO die Anerkennung zu versagen ist.
6. Hält der Beklagte die ihm gesetzte Frist zwar ein, verzögert aber dann die Betreibung des ausländischen Verfahrens in vorwerfbarer Weise, so kann das deutsche Gericht auf Antrag des Klägers nach § 155 ZPO die Aussetzung des deutschen Verfahrens aufheben, was dann ebenfalls die Folge der Zurückweisung des Aufrechnungseinwands nach sich zieht.
7. Sollte ausnahmsweise einmal ein ausländisches Verfahren zur Herbeiführung der Entscheidung über die Gegenforderung für den Kläger unzumutbar lange dauern, so wäre zu prüfen, ob in dieser Verzögerung nicht eine Verletzung der Rechtsschutzgarantie des Art. 19 Abs. 4 GG und damit des verfahrensrechtlichen *ordre public* zu sehen wäre, aufgrund derer das Gericht gemäß §§ 150, 155 ZPO analog auf Antrag des Klägers das Verfahren wieder aufzunehmen und im Rahmen einer internationalen Notzuständigkeit selbst über die Gegenforderung zu entscheiden hätte.
8. Liegt schließlich eine rechtskräftige Entscheidung des ausländischen Gerichts über die Gegenforderung vor, so kann das deutsche Ausgangsverfahren nach § 152 S. 2 ZPO analog i.V.m. § 250 ZPO fortgesetzt werden.

IV. Internationale Gerichtsstandsvereinbarungen als prozessuale Aufrechnungsverbote

Der zweite Schwerpunkt der Arbeit lag in der Beschäftigung mit der Frage, ob internationale Gerichtsstandsvereinbarungen dahingehend auszulegen sind, daß davon erfaßte Forderungen auch im Wege der Aufrechnung nicht vor den Gerichten eines anderen als dem vereinbarten Staat geltend gemacht werden dürfen. Dabei war zunächst zu ermitteln, welchem Recht solche Vereinbarungen und insbesondere ihre Auslegung unterliegen und wie bei ihrer Auslegung im einzelnen vorzugehen ist.

Es wurde festgestellt, daß sich Zulässigkeit und Wirksamkeitsvoraussetzungen einer Gerichtsstandsvereinbarung außerhalb des Anwendungsbereichs des EuGVÜ nach der *lex fori* und innerhalb des Anwendungsbereichs des Übereinkommens ausschließlich nach dessen Art. 17 beurteilen. Was ihr Zustandekommen anbelangt, so regelt Art. 17 EuGVÜ diejenigen materiellen Anforderungen, die untrennbar mit der Form verbunden sind, unmittelbar. Für die übrigen materiellen Fragen des Zustandekommens sind die Art. 7 Abs. 1 EGBGB sowie Art. 27 bis 37 EGBGB in entsprechender Anwendung maßgeblich.

Die Parteien können gem. Art. 27 EGBGB analog ausdrücklich oder konkludent eine selbständige Rechtswahl für die Gerichtsstandsvereinbarung treffen. Wurde eine solche Rechtswahl nicht getroffen, so ist die Rechtsordnung zu ermitteln, zu der die Gerichtsstandsvereinbarung die engsten Verbindungen aufweist (Art. 28 Abs. 1 S. 1 EGBGB analog). Immer dann, wenn eine Gerichtsstandsabrede im Hinblick auf einen (einzigen) schuldrechtlichen Vertrag vereinbart wird, ist es im Zweifel sinnvoll, die diesbezügliche Willenseinigung nach dem gleichen Sachrecht zu beurteilen wie den Hauptvertrag. Wurde die Gerichtsstandsvereinbarung hinsichtlich mehrerer Hauptverträge, die unterschiedlichen Rechtsordnungen unterliegen, abgeschlossen oder bezieht sie sich nicht auf einen schuldrechtlichen Vertrag, so ist ein selbständiges Prorogationsstatut für die Zuständigkeitsvereinbarung zu ermitteln. Dabei werden die engsten Verbindungen regelmäßig zu der *lex fori* des prorogierten Gerichts bestehen.

Für die Frage, ob die Aufrechnung mit einer Gegenforderung ausgeschlossen ist, für deren klageweise Geltendmachung das mit der Hauptforderung befaßte Gericht aufgrund einer Zuständigkeitsvereinbarung international nicht zuständig wäre, ist der Wille der Parteien maßgeblich. Dieser ist im Wege der Auslegung der betreffenden Zuständigkeitsvereinbarung zu ermitteln. Die Maßstäbe für die Auslegung sind dabei - falls die Parteien diesbezüglich keine eigenständige Rechtswahl getroffen haben - den gesetzlichen und richterrechtlichen Regeln der vom IPR des Forums berufenen *lex causae*, also des Statuts der Gerichtsstandsvereinbarung, zu entnehmen.

Gelangt in dieser Hinsicht deutsches Recht zur Anwendung, so ist im Zweifel davon auszugehen, daß die Parteien bei Abschluß einer internationalen Gerichtsstandsvereinbarung nur an die klageweise Geltendmachung der davon betroffenen Forderungen gedacht haben, ohne sich Gedanken über deren aufrechnungsweise Geltendmachung zu machen. Diese Regelungslücke ist durch ergänzende Auslegung der Vereinbarung zu schließen.

Entgegen der Auffassung des BGH und des sich ihm anschließenden Teils der Lehre ist es dabei nicht möglich, aus der bloßen Derogation der deutschen internationalen Zuständigkeit für ein bestimmtes Rechtsverhältnis ein vertragliches Verbot abzuleiten, vor deutschen Gerichten die Aufrechnung mit Forderungen aus dem betreffenden Rechtsverhältnis prozessual geltend zu machen. Ein derartiges prozessuales Aufrechnungsverbot, das sich bereits gegen die Zulässigkeit der Erhebung der prozessualen Aufrechnungseinrede richtet, aus einer internationalen Gerichtsstandsvereinbarung abzuleiten, die bereits *per definitionem* ausschließlich die Regelung von Fragen der gerichtlichen Entscheidungszuständigkeit für einen bestimmten Sachverhalt entsprechend dem Parteiwillen zum Inhalt hat, bedeutet, die sich aus dem Vertragsinhalt ergebenden Grenzen zu sprengen und den Vertragsgegenstand in unzulässiger Weise durch eine den Grundsatz der Privatautonomie verletzende freie richterliche Schöpfung zu erweitern.

Bei richtiger ergänzender Auslegung ergibt sich vielmehr folgender hypothetischer Parteiwille: Auf der einen Seite kann der originäre Zweck einer internationalen Gerichtsstandsvereinbarung nur dann wirklich erreicht werden, wenn man sie im Zweifel dahingehend interpretiert, daß dadurch die internationale Zuständigkeit zur Entscheidung über die Gegenforderung nicht nur für den Fall ihrer klageweisen, sondern darüber hinaus auch für den Fall ihrer aufrechnungsweisen Geltendmachung festgelegt werden sollte. Dadurch werden die Interessen des Klägers als Aufrechnungsgegner geschützt; schutzwürdige Interessen des Beklagten an der Entscheidung gerade des Gerichts der Klage über die Gegenforderung bestehen nicht. Auf der anderen Seite kann nach Treu und Glauben im Zweifel nicht davon ausgegangen werden, daß die Parteien, hätten sie die Möglichkeit des Unterlaufens der von ihnen geschlossenen internationalen Gerichtsstandsvereinbarung durch aufrechnungsweise Geltendmachung der davon betroffenen Forderungen bedacht, als redliche Vertragsparteien dem Beklagten den Verlust seines prozessualen Verteidigungsmittels der Aufrechnungseinrede zugemutet hätten - damit wäre eine erhebliche Beeinträchtigung der rechtlichen Position des Beklagten verbunden, während schutzwürdige Interessen des Klägers an einer Zurückweisung der Aufrechnungseinrede als unzulässig nicht bestehen.

Verfahrenstechnisch kann diesem hypothetischen Parteiwillen nur über die oben unter III. beschriebene Erweiterte Aussetzungslösung[6] in vollem Umfange Rechnung getragen werden. Diese Erkenntnis bestätigte sich bei einer Überprüfung der Lösung an verschiedenen Sonderkonstellationen, in denen internationale Gerichtsstandsvereinbarungen ebenfalls vorkommen können - die Erweiterte Aussetzungslösung führte als einzige in allen untersuchten Fallgestaltungen zu angemessenen Ergebnissen. Ein anderer hypothetischer Parteiwille ergab sich auch nicht bei der ergänzenden Auslegung von internationalen Gerichtsstandsvereinbarungen, die in Allgemeinen Geschäftsbedingungen enthaltenen sind. Insbesondere kann hier zur Schließung der Vertragslücke nicht auf die Unklarheitenregel des § 305c Abs. 2 BGB zurückgegriffen werden.

Ein Vorgehen nach der Erweiterten Aussetzungslösung ist lediglich dann entbehrlich, wenn der Beklagte die Aufrechnung mit einer unstreitigen oder rechtskräftig festgestellten Forderung geltend macht oder wenn sich der Kläger auf die prozessuale Aufrechnungseinrede gemäß Art. 18 EuGVÜ analog beziehungsweise § 39 ZPO analog eingelassen hat, ohne die aus der internationalen Gerichtsstandsvereinbarung resultierende Unzuständigkeit des Gerichts der Klage rechtzeitig zu rügen - hier darf und muß das Gericht der Klage ohne wieteres über den Aufrechnungseinwand des Beklagten entscheiden.

Weiter vermochte die gefundene Lösung auch einer Überprüfung anhand der spezifischen Interessenlage im deutsch-spanischen Rechtsverkehr standzuhalten. Durch sie wird - anders als etwa durch die vom BGH praktizierte Vorgehensweise - die Harmonie zwischen der materiellrechtlichen Funktionsweise der Aufrechnung nach spanischem Recht und dem deutschen Prozeßrecht gewährleistet. Zum anderen ist sie ohne weiteres mit den spanischen Regeln zur Auslegung von internationalen Gerichtsstandsvereinbarungen, aber auch mit den Erklärungsgepflogenheiten des spanischen Rechtsraums und den objektiven Wertentscheidungen der spanischen Rechtsordnung vereinbar. Darüber hinaus trägt sie den Prinzipien der internationalen Entscheidungsharmonie und -gerechtigkeit

[6] Siehe oben, S. 365 f.

Rechnung, indem sie - im Gegensatz zu der vom BGH praktizierten Vorgehensweise - gewährleistet, daß Beklagte vor deutschen Gerichten nicht schlechter gestellt werden als vor spanischen Gerichten.

V. Die Auswirkungen von Schiedsvereinbarungen auf die Zulässigkeit des Aufrechnungseinwands

Sodann wurde die eng mit der zuvor behandelten Problematik verwandte Frage untersucht, ob eine Schiedsvereinbarung im Zweifel dahingehend auszulegen ist, daß auch die Aufrechnung mit davon erfaßten Forderungen nur vor dem als zuständig vereinbarten Schiedsgericht geltend gemacht werden darf.

Hierbei wurde zunächst festgestellt, daß sich auch die Zulässigkeit und die prozessualen Wirkungen einer Schiedsvereinbarung nach der *lex fori* beurteilen, während sich ihr rechtsgeschäftliches Zustandekommen nach der *lex causae* richtet. Im Geltungsbereich internationaler Abkommen sind insoweit vorrangig diese maßgebend, im übrigen das autonome deutsche Recht. Wichtigste internationale Abkommen sind diesbezüglich aus deutscher Sicht das UNÜ und das EuÜ. Beide Übereinkommen verlangen für die Schiedsvereinbarung Schriftform. Rechts- und Geschäftsfähigkeit der Parteien bestimmt nach beiden Übereinkommen deren jeweiliges Personalstatut. Schiedsvereinbarungsstatut, und damit für Zustandekommen und Wirksamkeit der Schiedsvereinbarung im übrigen maßgebend, ist nach beiden Übereinkommen in erster Linie das von den Parteien ausdrücklich oder stillschweigend gewählte Recht. Haben die Parteien keine Rechtswahl vereinbart, so kommt es auf das Recht des Staates an, in dem der Schiedsspruch ergehen soll, hilfsweise auf das Recht, welches das angerufene Gericht nach seinen Kollisionsnormen anzuwenden hat.

Ist das autonome deutsche Recht maßgebend, so ist zwischen inländischen und ausländischen Schiedsverfahren zu unterscheiden. Dabei ist ein inländisches Schiedsverfahren dann gegeben, wenn "der Ort des schiedsrichterlichen Verfahrens im Sinne von § 1043 Abs. 1 [ZPO] in Deutschland liegt" (so § 1025 Abs. 1 ZPO). Ist dies der Fall, so finden die §§ 1026 ff. ZPO Anwendung. Liegt der Schiedsort im Sinne von § 1043 Abs. 1 ZPO hingegen im Ausland, so sind gemäß § 1025 Abs. 4 i.V.m. § 1061 Abs. 1 ZPO das UNÜ und daneben sonstige Staatsverträge maßgeblich.

Bei inländischen Schiedsverfahren richtet sich die objektive Schiedsfähigkeit zwingend nach deutschem Recht, mithin also nach § 1030 ZPO. Die subjektive Schiedsfähigkeit einer Partei, welche von ihrer Rechts- und Geschäftsfähigkeit abhängt, bestimmt sich nach dem Recht, das für sie persönlich maßgebend ist, also nach ihrem gemäß Art. 7 EGBGB zu ermittelnden Personalstatut. Das vom Schiedsgericht seiner Entscheidung zugrunde zu legende materielle Recht ist primär nach § 1051 ZPO zu ermitteln. Die Formwirksamkeit von Schiedsvereinbarungen richtet sich nach § 1031 ZPO. Das hier in erster Linie interessierende

Statut der Schiedsvereinbarung schließlich, welches für ihr materielles Zustandekommen maßgeblich ist, bestimmt sich nach § 1059 Abs. 2 Nr. 1 a) F. 2 u. 3 ZPO. Danach können die Parteien ausdrücklich oder konkludent eine selbständige Rechtswahl für die Schiedsvereinbarung treffen. Haben sie keine solche Rechtswahl getroffen, so gilt subsidiär deutsches Recht als Gültigkeitsmaßstab.

Für die Frage, ob die Aufrechnung mit einer Gegenforderung ausgeschlossen ist, für deren klageweise Geltendmachung die Zuständigkeit eines Schiedsgerichts vereinbart wurde, ist der Wille der Parteien maßgeblich. Dieser war im Wege der Auslegung der betreffenden Zuständigkeitsvereinbarung zu ermitteln. Die Maßstäbe für die Auslegung waren dabei dem Statut der Schiedsvereinbarung zu entnehmen.

Gelangt in dieser Hinsicht deutsches Recht zur Anwendung, so ist im Zweifel davon auszugehen, daß die Parteien bei Abschluß der Schiedsvereinbarung nur an die klageweise Geltendmachung der davon betroffenen Forderungen gedacht haben, ohne sich Gedanken über deren aufrechnungsweise Geltendmachung zu machen, so daß diesbezüglich eine ausfüllungsbedürftige Regelungslücke vorliegt, die im Wege der ergänzenden Auslegung der Vereinbarung durch Ermittlung des hypothetischen Parteiwillens zu schließen ist.

Genausowenig wie bei internationalen Gerichtsstandsvereinbarungen ist es entgegen der Ansicht des BGH und des sich ihm anschließenden Teils der Lehre bei Schiedsvereinbarungen möglich, daraus ein prozessuales Aufrechnungsverbot abzuleiten. Denn eine Schiedsvereinbarung hat schon *per definitionem* ausschließlich die Regelung von Fragen der gerichtlichen Entscheidungsbefugnis für einen bestimmten Sachverhalt entsprechend dem Parteiwillen zum Inhalt. Diese sich aus dem Vertragsinhalt ergebenden Grenzen würden durch die Ableitung eines Verbots, das sich bereits gegen die Zulässigkeit der Erhebung der prozessualen Aufrechnungseinrede richtet, gesprengt und der Vertragsgegenstand in unzulässiger Weise erweitert.

Bei der ergänzenden Vertragsauslegung spielten neben den bereits im Zusammenhang mit der Parallelproblematik bei internationalen Gerichtsstandsvereinbarungen ermittelten objektiven Parteiinteressen noch weitere Beweggründe eine Rolle. So können die Parteien mit einer Schiedsvereinbarung zum Beispiel bezwecken, daß bestimmte sensible Informationen nicht an die Öffentlichkeit dringen sollen. Grund für die Übertragung der Entscheidungsgewalt auf ein Schiedsgericht kann auch das besondere Vertrauen in dessen Erfahrung oder spezielle Sachkenntnis hinsichtlich der Gegenforderung sein oder umgekehrt eventuell insoweit bestehendes Mißtrauen gegenüber der sonst zuständigen staatlichen Gerichtsbarkeit (etwa bei politisch unzuverlässigen Systemen). Auch Kostenerwägungen können für den Abschluß einer Schiedsvereinbarung eine Rolle spielen.

All die genannten Parteiinteressen sprechen, zusätzlich zu den bereits im Zusammenhang mit der Parallelproblematik bei internationalen Gerichtsstandsvereinbarungen dargelegten Erwägungen, dafür, die Entscheidung eines staatlichen

Gerichts über einer Schiedsvereinbarung unterworfene Forderungen auch dann nicht zuzulassen, wenn diese "nur" aufrechnungsweise geltend gemacht werden, denn die betreffenden Interessen würden in diesem Fall in genau demselben Maße beeinträchtigt, wie im Falle der Entscheidung eines staatlichen Gerichts auf eine selbständige Klage hin. Andererseits kann nach Treu und Glauben im Zweifel aber nicht davon ausgegangen werden, daß die Parteien, hätten sie die Möglichkeit des Unterlaufens der von ihnen geschlossenen Schiedsvereinbarung durch aufrechnungsweise Geltendmachung der davon betroffenen Forderungen bedacht, als redliche Vertragsparteien dem Beklagten den Verlust seines prozessualen Verteidigungsmittels der Aufrechnungseinrede zugemutet hätten.

Auch diesem hypothetischen Parteiwillen kann verfahrenstechnisch nur über die oben unter III. beschriebene Erweiterte Aussetzungslösung[7] in vollem Umfange Rechnung getragen werden. Ein Vorgehen nach der Erweiterten Aussetzungslösung ist lediglich dann entbehrlich, wenn der Beklagte die Aufrechnung mit einer unstreitigen oder rechtskräftig festgestellten Forderung geltend macht oder wenn sich der Kläger auf die prozessuale Aufrechnungseinrede eingelassen hat, ohne die aus der Schiedsvereinbarung resultierende Unzuständigkeit des staatlichen Gerichts für die Gegenforderung rechtzeitig zu rügen - hier darf und muß das staatliche Gericht der Klage ohne weiteres über den Aufrechnungseinwand des Beklagten entscheiden.

VI. Die "compensación judicial" des spanischen Rechts im deutschen Zivilprozeß

Im letzten Abschnitt der Arbeit wurde schließlich die Frage untersucht, ob der deutsche Richter die richterliche Aufrechnung ("compensación judicial") des spanischen Rechts, wenn dieses Aufrechnungsstatut ist, im deutschen Zivilprozeß vornehmen darf.

Dabei wurde zunächst festgestellt, daß es sich bei der "compensación judicial" um eine besondere Variante der Aufrechnung nach spanischem Recht handelt, die eines richterlichen Aktes bedarf, um ihre Wirkungen entfalten zu können: der Richter beseitigt dabei mit dem Urteil ein bestehendes materiellrechtliches Aufrechnungshindernis - in der Regel das der fehlenden Liquidität einer der betroffenen Forderungen -, woraufhin die gesetzliche Aufrechnung gemäß Art. 1195 ff. CC mit Wirkung *ex nunc* eintreten kann. Aufgrund dieses Erfordernisses einer richterlichen Gestaltung ist die Rechtsfigur der "compensación judicial" aus der Sicht des deutschen Rechts verfahrensrechtlich zu qualifizieren.

Grundsätzlich wenden die deutschen Gerichte nur das Verfahrensrecht der *lex fori* an. Dementsprechend können die Vorschriften des spanischen Rechts über

[7] Siehe oben, S. 365 f.

die "compensación judicial" im deutschen Prozeß keine (direkte) Anwendung finden. Dies führt allerdings zu der mißlichen Situation, daß zwar sowohl das spanische als auch das deutsche Recht für sich genommen eine Aufrechnung mit illiquiden Forderungen ermöglichen, andererseits aber das Aufeinandertreffen von spanischem materiellen Recht und deutschem Verfahrensrecht (welches das vom spanischen Recht zur Überwindung des Aufrechnungshindernisses der fehlenden Liquidität bereitgestellte verfahrensrechtliche Instrument der "compensación judicial" nicht kennt) zur Folge hat, daß der vor einem deutschen Gericht beklagten Partei in den betreffenden Fällen die Aufrechnungsmöglichkeit verbaut wird. Eine solche Rechtsverweigerung als Folge eines von der Anwendung der *Lex-fori*-Regel verursachten Normenmangels kann nicht hingenommen werden. Daher müssen die Vorschriften des spanischen Rechts über die "compensación judicial" auch in Prozessen vor deutschen Gerichten in jedem Fall Berücksichtigung finden.

Dies hat auf dem Wege der Anpassung des deutschen Verfahrens zu geschehen. Im einzelnen ist dabei wie folgt vorzugehen: Das deutsche Gericht setzt die Höhe der nicht liquiden Forderung in den Entscheidungsgründen des Urteils in entsprechender Anwendung des § 287 ZPO nach freiem richterlichen Ermessen fest. Damit tritt, weil nun alle vom spanischen Sachrecht geforderten Voraussetzungen vorliegen, die gesetzliche Aufrechnung automatisch ein, woraufhin das deutsche Gericht Klage- und Gegenforderung zu verrechnen und die Klage entsprechend dem Saldo (gegebenenfalls teilweise) abzuweisen hat; ein gesonderter Ausspruch zur "compensación judicial" ist in den Tenor des Urteils nicht aufzunehmen. Die Frage der "wesenseigenen Zuständigkeit" der deutschen Gerichte stellt sich in diesem Zusammenhang nicht, da sich die Ausübung der diesen dabei aufgegebenen Tätigkeiten ohne Schwierigkeiten mit den Mitteln des inländischen Verfahrensrechts bewältigen läßt.

Diese am Beispiel der "compensación judicial" des spanischen Rechts gefundenen Ergebnisse lassen sich - entgegen den Urteilen des OLG Stuttgart vom 21.8.1995 und des LG Darmstadt vom 16.10.1991 -[8] ohne weiteres auf die Situation bei der richterlichen Aufrechnung nach italienischem beziehungsweise französischem Recht übertragen.

---

[8] *OLG Stuttgart*, 21.8.1995, RIW 1995, 943, 944; *LG Darmstadt*, 16.10.1991, JbItalR 6 (1993), 225, 226.

LITERATURVERZEICHNIS

Ahlt, Michael: Die Aufrechnung im internationalen Privatrecht, Diss. Regensburg 1977

Albaladejo, Manuel: Comentarios al Código Civil y Compilaciones Forales, tomo XVI, vol. 1°, Madrid 1980, zit.: Albaladejo/*Bearbeiter*

Albaladejo, Manuel: Curso de Derecho Civil Español, tomo II, 3. Aufl., Barcelona 1984, zit.: *Albaladejo*, Curso

Albaladejo, Manuel: Derecho civil, tomo II, vol. 1°, 10. Aufl., Barcelona 1997, zit.: *Albaladejo*, Der. Civ.

Albárcar López, José Luis: Ley de Enjuiciamiento Civil, Doctrina y Jurisprudencia, Bd. 1, Madrid 1994, zit.: Albárcar López/*Bearbeiter*

Almagro Nosete, José: in: Instituciones de Derecho Procesal - Proceso Civil, hrsg. von José Almagro Nosete und José Tomé Paule, 2. Aufl., Madrid 1994

Alternativkommentar zur Zivilprozeßordnung: hrsg. von Ernst Ankermann, Neuwied 1987, zit.: AK-ZPO/*Bearbeiter*

Álvarez González, Santiago: Anm. zum Urteil des Tribunal Supremo vom 20.7.1992, RAJ 1992, 6440, in: REDI 1993, 447

Álvarez Vigaray, Rafael: El efecto automático de la compensación, in: Estudios de Derecho Civil en Honor del Prof. Castán Tobeñas, tomo IV, Pamplona 1969, 37 ff.

Amores Conradi, Miguel: La nueva estructura del sistema español de competencia judicial internacional en el orden civil: Art. 22 LOPJ, in: REDI 1989, 113

Arenas García, Rafael: El control de oficio de la competencia judicial, Madrid 1996

Arrillaga, José Ignacio de: Compensación, in: NEJ, tomo IV, Barcelona 1952

Aull, Jacques Matthias: Der Geltungsanspruch des EuGVÜ: "Binnensachverhalte" und Internationales Zivilverfahrensrecht in der Europäischen Union, Frankfurt/Main 1996

Bacher, Gabriela: Zuständigkeit nach EuGVÜ bei Prozeßaufrechnung, in: NJW 1996, 2140

Banniza von Bazan, Ulrike: Der Gerichtsstand des Sachzusammenhangs im EuGVÜ, dem Lugano-Abkommen und im deutschen Recht, Frankfurt/Main 1995

Bar, Christian von: Internationales Privatrecht, Bd. 1, München 1987

Basedow, Jürgen: Das Statut der Gerichtsstandsvereinbarungen nach der IPR-Reform, in: IPRax 1988, 15

Basedow, Jürgen: Qualifikation, Vorfrage und Anpassung im Internationalen Zivilverfahrensrecht, in: Materielles Recht und Prozeßrecht und die Auswirkungen der Unterscheidung im Recht der internationalen Zwangsvollstreckung, hsrg. von Peter F. Schlosser, Bielefeld 1992, S. 1 ff., zit.: *Basedow*, Qualifikation

Basedow, Jürgen: Rechtswahl und Gerichtsstandsvereinbarungen nach neuem Recht, Hamburg 1987, zit.: *Basedow*, Rechtswahl

Baumbach, Adolf/Lauterbach, Wolfgang/Albers, Jan/Hartmann, Peter: Zivilprozeßordnung, 62. Aufl., München 2004, zit.: Baumbach/Lauterbach/*Bearbeiter*

Baumgärtel, Gottfried: Wesen und Begriff der Prozeßhandlung einer Partei im Zivilprozeß, Berlin 1957

Berger, Klaus Peter: Der Aufrechnungsvertrag, Tübingen 1996

Bettermann, Karl August: Beschwer und Beschwerdewert, Streitwert und Kostenverteilung bei der Prozeßaufrechnung, in: NJW 1972, 2285

Bettermann, Karl August: Rechtshängigkeit und Rechtsschutzform: Eine prozeßrechtliche Abhandlung, Detmold 1949, zit.: *Bettermann*, Rechtshängigkeit

Birk, Rolf: Aufrechnung bei Fremdwährungsforderungen und internationales Privatrecht, in: AWD 1969, 12

Blanco-Morales Limones, Pilar: El Seguro Español en el Derecho Internacional Privado (Derecho Comunitario), Madrid 1989

Blomeyer, Arwed: Zivilprozeßrecht, 2. Aufl., Berlin 1985

Böhm, Peter: Die Rechtsschutzformen im Spannungsfeld von lex fori und lex causae, in: FS Hans W. Fasching, Wien 1988, 107 ff.

Bötticher, Eduard: Die "Selbstexekution" im Wege der Aufrechnung und die Sicherungsfunktion des Aufrechnungsrechts, in: FS für Hans Schima, Wien 1969, 95 ff.

Bülow, Arthur/Böckstiegel, Karl-Heinz: Internationaler Rechtsverkehr in Zivil- und Handelssachen, Loseblattsammlung, Grundwerk 2. Aufl., München 1973, zit.: Bülow/Böckstiegel/*Bearbeiter*

Bunge, Jürgen: Zivilprozeß und Zwangsvollstreckung in England: eine Gesamtdarstellung mit internationalem Zivilprozeßrecht und einer Bibliographie, Berlin 1995

Calvo Caravaca, Alfonso-Luis/Carrascosa González, Javier: Introducción al derecho internacional privado, Granada, 1997, zit.: *Calvo Caravaca/ Carrascosa González*, Der. Int. Priv.

Calvo Caravaca, Alfonso-Luis: Comentario al Convenio de Bruselas relativo a la competencia judicial y a la ejecución de resoluciones en materia civil y mercantil, Madrid 1994, zit.: *Calvo Caravaca*, Comentario

Castán Tobeñas, José: Derecho civil español commún y foral, tomo III, 16. Aufl., Madrid 1992

Coester-Waltjen, Dagmar: Die Aufrechnung im internationalen Zivilprozeß, in: FS für Gerhard Lüke, München 1997, 35 ff., zit.: *Coester-Waltjen*, FS Lüke

Coester-Waltjen, Dagmar: Internationales Beweisrecht, Ebelsbach 1983, zit.: *Coester-Waltjen*, Internat. Beweisrecht

Cortés Domínguez, Valentín: Derecho Procesal Civil Internacional, Madrid 1981, zit.: *Cortés Domínguez*, Der. Proc. Civ. Int.

Cortés Domínguez, Valentín: in: Derecho Procesal Civil, hrsg. von Valentín Cortés Domínguez, Vicente Gimeno Sendra und Víctor Moreno Catena, 2. Aufl. Madrid 1992, zit.: *Cortés Domínguez*, Der. Proc. Civ., 2. Aufl.

Cortés Domínguez, Valentín: in: Derecho Procesal Civil, Parte General, hrsg. von Valentín Cortés Domínguez, Vicente Gimeno Sendra und Víctor Moreno Catena, 3. Aufl., Madrid 2000, zit.: *Cortés Domínguez*, Der. Proc. Civ.

Craushaar, Götz von: Die internationalrechtliche Anwendbarkeit deutscher Prozeßnormen - Österreichisches Erbrecht im deutschen Verfahren, Karlsruhe 1961

Dageförde, Carsten: Aufrechnung und internationale Zuständigkeit, in: RIW 1990, 873

Desantes Real, Manuel: La Competencia Judicial Internacional En La Comunidad Europea, Barcelona 1986

Díaz Ruiz, Emilio: Jurisdicción española y contratos de financiación internacional, in: La Ley 1986, 1078

Diez-Picazo, Luis: Fundamentos del derecho civil patrimonial, Bd. II - Las relaciones obligatorias, 5. Aufl., Madrid 1996

Dohm, Christian: Die Einrede ausländischer Rechtshängigkeit im deutschen Internationalen Zivilprozeßrecht, Berlin 1996

Eickhoff, Wolfgang: Inländische Gerichtsbarkeit und internationale Zuständigkeit für Aufrechnung und Widerklage unter besonderer Berücksichtigung des Europäischen Gerichtsstands- und Vollstreckungsübereinkommens, Berlin 1985

Eidenmüller, Horst: Europäische Verordnung über Insolvenzverfahren und zukünftiges deutsches internationales Insolvenzrecht, in: IPRax 2001, 2

Eisner, Frederick W.: Gerichtsstandsvereinbarungen und Widerklage im internationalen Wirtschaftsverkehr, in: NJW 1970, 2141

Espinar Vicente, José María: Derecho Procesal Civil Internacional: Competencia Judicial Internacional; Reconocimiento y Ejecución De Actos y Decisiones Extranjeros, Madrid 1993

Eujen, Heiko: Die Aufrechnung im internationalen Verkehr zwischen Deutschland, Frankreich und England, Frankfurt/Main 1975

Falkenhausen, Joachim Freiherr von: Ausschluß von Aufrechnung und Widerklage durch internationale Gerichtsstandsvereinbarungen, in: RIW 1982, 386

Falkenhausen, Joachim Freiherr von: Internationale Gerichtsstandsvereinbarungen und unerlaubte Handlungen, in: RIW 1983, 420

Fenech Navarro, Miguel: Derecho Procesal Civil, 2. Aufl., Madrid 1986

Ferid, Murad: Internationales Privatrecht, 3. Aufl., Frankfurt/Main 1986

Fernández López, Miguel Ángel/Rifá Soler, José/Valls Gombau, José Francisco: Derecho procesal práctico, Madrid 1992

Fernández Rozas, José Carlos/Sánchez Lorenzo, Sixto: Curso de derecho internacional privado, 3. Aufl., Madrid 1996

Firsching, Karl/Hoffmann, Bernd von: Internationales Privatrecht, 4. Aufl., München 1995, zit.: *Firsching/v. Hoffmann*, 4. Aufl.

Firsching, Karl/Hoffmann, Bernd von: Internationales Privatrecht, 5. Aufl., München 1997, zit.: *Firsching/v. Hoffmann*, 5. Aufl.

Frigge, Bettina: Externe Lücken und internationales Privatrecht im UN-Kaufrecht (Art. 7 Abs. 2), Frankfurt/Main (u.a.) 1994

Gäbel, Johannes K.: Neuere Probleme zur Aufrechnung im IPR - Unter besonderer Berücksichtigung deutsch-amerikanischer Rechtsverhältnisse, Diss. München 1983

García Gutiérrez, Laura: Competencia judicial internacional y compensación de créditos (conclusiones al hilo de la doctrina del Tribunal de Justicia de las Comunidades Europeas), in: RJUAM 1 (1999), 119

Garcimartín Alférez, F.: The first application of the EEC Judgments Convention by the Spanish Tribunal Supremo, in: IPRax 1993, 426

Gaudemet-Tallon, Hélène: Anm. zu EuGH 13.7.1995 - Danvaern/Otterbeck, Rs. 341/93 - Slg. 1995-I, 2053, in: RCDIP 85 (1996), 146

Gaudemet-Tallon, Hélène: Anm. zu EuGH 7.3.1985 - Spitzley/Sommer, Rs. 48/84 - Slg. 1985, 787, in: RCDIP 74 (1985), 687

Gaudemet-Tallon, Hélène: Anm. zu EuGH 9.11.1978 - Meeth/Glacetal, Rs. 23/78 - Slg. 1978, 2133, in: RCDIP 70 (1981), Nr. 1, 136

Gaudemet-Tallon, Hélène: Gerichtsstandsvereinbarungen im Brüsseler Übereinkommen, in: Internationale Zuständigkeit und Urteilsanerkennung in Europa, hrsg. von EuGH, Köln (u.a.) 1993, zit.: *Gaudemet-Tallon*, Gerichtsstandsvereinbarungen

Gaul, Hans Friedhelm: Der Widerruf der Rechtsmittlerücknahme nach rechtskräftigem Verfahrensabschluß unter Berücksichtigung des gleichen Problems beim Rechtsmittelverzicht, in: ZZP 74 (1961), 49

Gebauer, Martin: Die Aufrechnung nach italienischem Recht vor deutschen Gerichten - prozessuale und materiellrechtliche Probleme, in: Jahrbuch für italienisches Recht, Bd. 12 (1999), 31 ff., zit.: *Gebauer*, JbItalR 12 (1999)

Gebauer, Martin: Internationale Zuständigkeit und Prozeßaufrechnung (zu LG Berlin, 30.1.1996, IPRax 1998, 97), in: IPRax 1998, 79

Geimer, Reinhold/Schütze, Rolf A.: Europäisches Zivilverfahrensrecht - Kommentar zum EuGVÜ und zum Lugano Übereinkommen, München 1997, zit.: *Geimer/Schütze*, EuZVR

Geimer, Reinhold/Schütze, Rolf A.: Internationale Urteilsanerkennung, Bd. I/1. Halbband, München 1983, zit.: *Geimer/Schütze*, Internat. Urteilsanerkennung

Geimer, Reinhold: Anm. zu EuGH 13.7.1995 - Danvaern/Otterbeck, Rs. 341/93 -, EuZW 1995, 639, in: EuZW 1995, 640

Geimer, Reinhold: EuGVÜ und Aufrechnung: Keine Erweiterung der internationalen Entscheidungszuständigkeit - Aufrechnungsverbot bei Abweisung der Klage wegen internationaler Unzuständigkeit, in IPRax 1986, 208

Geimer, Reinhold: Internationales Zivilprozeßrecht, 3. Aufl., Köln 1997, zit.: *Geimer*, IZPR

Geimer, Reinhold: Urteilsanmerkung zu BGH, Urteil von 20.12.1972 - VIII ZR 113/71, in: NJW 1973, 951

Geimer, Reinhold: Zur internationalkompetenzrechtlichen Perspektive der Prozeßaufrechnung: Die internationale Zuständigkeit Deutschlands für die Aufrechnungsforderung als Voraussetzung für die Beachtung der Aufrechnung im deutschen Prozeßrecht, in: IPRax 1994, 82

Gimeno Sendra, Vicente: in: Derecho Procesal Civil, Parte General, hrsg. von Valentín Cortés Domínguez, Vicente Gimeno Sendra und Víctor Moreno Catena, 3. Aufl., Madrid 2000, zit.: *Gimeno Sendra*, Der. Proc. Civ.

Giuliano, Mario/Lagarde, Paul: Bericht über das Übereinkommen über das auf vertragliche Schuldverhältnisse anzuwendende Recht, in: ABl.EG 31.10.1980, Nr. C 282, S. 1-50 = BT-Drs. 10/503 v. 29.10.1983, S. 33-79, zit.: *Giuliano/Lagarde*, Bericht über das EVÜ

Giuliano, Mario: La giurisdizione civile italiana e lo straniero, Milano 1970

Gómez Colomer, Juán Luis: in: Derecho Jurisdiccional, hrsg. von Juán Montero Aroca, Manuel Ortells Ramos und Juán Luis Gómez Colomer, Bd. I, Barcelona 1993 und Bd. II, Barcelona 1994, zit.: *Gómez Colomer*, Der. Jurisdiccional, Bd.

Gómez Colomer, Juán Luis: in: El nuevo proceso civil: (Ley 1/2000), hrsg. von Juán Montero Aroca, Juán Luis Gómez Colomer, Alberto Montón Redondo und Silvia Barona Vilar, Valencia 2000, zit.: *Gómez Colomer*, El nuevo proceso civil

Gómez de Liaño González, Fernando: El proceso civil, Oviedo 1992

Gómez Orbaneja, Emilio/Herce Quemada, Vicente: Derecho Procesal Civil, Bd. 1, 8. Aufl., Madrid 1976

González Campos, Julio D.: Anm. zum Urteil des Tribunal Supremo vom 18.6.1990, RAJ 1990, 4764, in: REDI 1991, 192

González Campos, Julio D.: Derecho internacional privado, Parte especial, 6. Aufl., Madrid 1995, zit.: *González Campos*, Der. Int. Priv.

González Granda, Piedad: Extensión y límites de la jurisdicción española - Análisis sistemático del art. 22 de la Ley Orgánica del Poder Judicial, Barcelona 1992

González Palomino, José: La compensación y su efecto, in: Estudios Jurídicos de Arte menor, Pamplona 1964, 9 ff.

Gottwald, Peter: Die Prozeßaufrechnung im europäischen Zivilprozeßrecht, in: IPRax 1986, 10

Gottwald, Peter: Internationale Gerichtsstandsvereinbarungen: Verträge zwischen Prozeßrecht und materiellem Recht, in: FS für Henckel, Berlin 1995, 295 ff., zit.: *Gottwald*, FS Henckel

Gruber, Joachim: Auslegungsprobleme bei fremdsprachigen Verträgen unter deutschem Recht, in: DZWiR 1997, 353

Grunsky, Wolfgang: EWG-Übereinkommen über die gerichtliche Zuständigkeit und die Vollstreckung gerichtlicher Entscheidungen in Zivil- und Handelssachen im deutsch-italienischen Rechtsverkehr, in: RIW 1977, 1

Grunsky, Wolfgang: Lex fori und Verfahrensrecht, in: ZZP 89 (1976), 241

Guasp, Jaime: Derecho procesal civil, Bd. 1, 3. Aufl., Madrid 1968, zit.: *Guasp*, Der. Proc. Civ.

Guasp, Jaime: Los límites temporales de la cosa juzgada, in: ADC 1948, Nr. 1

Gutiérrez Sanz, María Rosa: La reconvención en el proceso civil español, Barcelona 1993

Habscheid, Walther J.: Bemerkungen zur Rechtshängigkeitsproblematik im Verhältnis der Bundesrepublik und der Schweiz einerseits und den USA andererseits, in: FS für Zweigert, Tübingen 1981, 109 ff., zit.: *Habscheid*, FS Zweigert

Habscheid, Walther J.: Parteivereinbarungen über die internationale Zuständigkeit nach deutschem und schweizerischem Recht, in: FS für Hans Schima, Wien 1969, 175 ff., zit.: *Habscheid*, FS Schima

Hahn, C.: Materialien zur Civilprozeßordnung, 1. Abtlg., in: Die gesammelten Materialien zu den Reichs-Justizgesetzen/2, Berlin 1880

Haunhorst, Sabine: Die "wesenseigene (Un-)Zuständigkeit" deutscher Gerichte, Diss. Osnabrück 1992

Hauschild, Malte Hans-Georg: Gerichtsstandsvereinbarungen in Spanien und Portugal und das Beitrittsübereinkommen zum EuGVÜ von San Sebastián, Diss. Hamburg 1995

Hausmann, Rainer: Einheitliche Anknüpfung internationaler Gerichtsstands- und Schiedsvereinbarungen?, in: FS für Werner Lorenz, Tübingen 1991, 359 ff., zit.: *Hausmann*, FS Lorenz

Heldrich, Andreas: Internationale Zuständigkeit und anwendbares Recht, Berlin/Tübingen 1969

Henckel, Wolfram: Prozeßrecht und materielles Recht, Göttingen 1970

Héron, Jacques: Droit judiciaire privé, Paris 1991

Heß, Burkhard: Aktuelle Perspektiven der europäischen Prozessrechtsangleichung, in: JZ 2001, 573

Hoffmann, Bernd von: Ausschließliche oder fakultative Gerichtsstände in internationalen Geschäftsbedingungen?, in: AWD 1972, 571

Hoffmann, Bernd von: Internationale Zuständigkeit und Aufrechnung, in: AWD 1973, 165

Hoffmann, Bernd von: Internationales Privatrecht, 6. Aufl., München 2000, zit.: *von Hoffmann*, IPR

Horn, Norbert: Das Recht der internationalen Anleihen, Frankfurt 1972

Huet, André: Anm. zu EuGH 9.11.1978 - Meeth/Glacetal, Rs. 23/78 - Slg. 1978, 2133, in: JDI (=Clunet) 1979, 663

Jaeckel, Fritz: Die Reichweite der lex fori im internationalen Zivilprozeß, Berlin 1995

Jakobs, Arnold: Vorprozessuale Vereinbarungen über die deutsche internationale Zuständigkeit, Diss. Mannheim 1974

Jauernig, Othmar: Bürgerliches Gesetzbuch, 9. Aufl., München 1999, zit.: Jauernig/*Bearbeiter*, BGB

Jauernig, Othmar: Zivilprozeßrecht, 26. Aufl., München 2000, zit.: *Jauernig*, ZPO

Jayme, Erik/Abend, Martin: Zum Wahldomizil des Vollstreckungsgläubigers im Vollstreckungsstaat nach Art. 33 Abs. 2 EuGVÜ, in: IPRax 1987, 209

Jayme, Erik/Haack, Hansjörg: Reziproke Gerichtsstandsklauseln - EuGVÜ und Drittstaaten, in: IPRax 1985, 323

Jayme, Erik/Hausmann, Rainer (Hrsg.): Internationales Privat- und Verfahrensrecht – Textausgabe, 10. Aufl. München 2000

Jayme, Erik/Kohler, Christian: Das Internationale Privat- und Verfahrensrecht der EG nach Maastricht, in: IPRax 1992, 346

Jayme, Erik/Kohler, Christian: Das Internationale Privat- und Verfahrensrecht der EG - Stand 1989, in: IPRax 1989, 337

Jayme, Erik/Kohler, Christian: Europäisches Kollisionsrecht 1995 - Der Dialog der Quellen, in: IPRax 1995, 343

Jayme, Erik/Kohler, Christian: Zum Stand des internationalen Privat- und Verfahrensrechts der Europäischen Gemeinschaft, in: IPRax 1985, 65

Jayme, Erik: Anm. zu BGH 22.3.1967, BGHZ 47, 324, in: RabelsZ 32 (1968), 323 ff.

Jayme, Erik: Anm. zu LG Rottweil 27.10.1971, in: FamRZ 1972, 301

Jayme, Erik: Anm. zu OLG Stuttgart 15.2.1989, in: IPRax 1989, 247

Jayme, Erik: Ausländische Rechtsregeln und Tatbestand inländischer Sachnormen - Betrachtungen zu Ehrenzweigs Datum-Theorie, in: GS für Albert A. Ehrenzweig, Karlsruhe 1979, 35 ff.

Jayme, Erik: Das neue IPR-Gesetz - Brennpunkte der Reform, in IPRax 1986, 265

Jayme, Erik: Forum non conveniens und anwendbares Recht, in: IPRax 1984, 303

Jayme, Erik: Kollisionsrecht und Bankgeschäfte mit Auslandsberührung, Berlin 1977, zit.: *Jayme*, Bankgeschäfte

Jayme, Erik: Narrative Normen im Internationalen Privat- und Verfahrensrecht, Tübingen 1993, zit.: *Jayme*, Narrative Normen

Jayme, Erik: Rechtssicherheit und Vorhersehbarkeit als Grundwerte des Internationalen Privatrechts - Betrachtungen zum Lebenswerk von Karl Firsching, in: Gerechtigkeit im Internationalen Privatrecht im Wandel der Zeit: Beiträge zur akademischen Gedächtnisfeier für Karl Firsching am 14.12.1989 von Peter Gottwald, Erik Jayme und Bernd von Hoffmann, Bielefeld 1992, 31 ff., zit.: *Jayme*, Rechtssicherheit

Jayme, Erik: Sprachrisiko und Internationales Privatrecht beim Bankverkehr mit ausländischen Kunden, in: FS für Bärmann, München 1975, 509 ff., zit.: *Jayme*, FS Bärmann

Jayme, Erik: Zur Mitwirkung des Staatsanwalts bei der Bestätigung einer einverständlichen Ehetrennung nach italienischem Recht, in: IPRax 1982, 56

Jenard, Paul: Bericht zu dem Übereinkommen über die gerichtliche Zuständigkeit und die Vollstreckung gerichtlicher Entscheidungen in Zivil- und Handelssachen vom 27.9.1968 und zum Auslegungsprotokoll vom 3.6.1971, in: ABl.EG 5.3.1979, Nr. C 59, S. 1-70, zit.: *Jenard*, Bericht zum EuGVÜ

Jung, Harald/Sandrock, Otto: Die internationale Gerichtsstandsvereinbarung in einigen ausländischen Rechtsordnungen, in: Handbuch der internationalen Vertragsgestaltung, Bd. II, hrsg. von Otto Sandrock, Heidelberg 1980, E § 18

Junker, Abbo: Die einheitliche europäische Auslegung nach dem EG-Schuldvertragsübereinkommen, in: RabelsZ 55 (1991), 674

Kannengießer, Matthias N.: Die Aufrechnung im internationalen Privat- und Verfahrensrecht, Tübingen 1998

Karl, Anna-Maria: Die Anerkennung von Entscheidungen in Spanien, Tübingen 1993

Kaufmann-Kohler, Gabrielle: La clause d'élection de for dans les contrats internationaux, Basel, Frankfurt/Main 1980

Kawano, Masanori: Der prozessual unberücksichtigte Aufrechnungseinwand und seine materiellen Folgen, in: ZZP 94 (1981), 1

Kegel, Gerhard/Schurig, Klaus: Internationales Privatrecht, 8. Aufl., München 2000

Kegel, Gerhard: Anm. zu BGH 12.5.1993, NJW 1993, 2753, in: NJW 1993, 561

Kegel, Gerhard: Probleme der Aufrechnung: Gegenseitigkeit und Liquidität rechtsvergleichend dargestellt, Berlin/Leipzig 1938, zit.: *Kegel*, Aufrechnung

Kim, Yong Jin: Internationale Gerichtsstandsvereinbarungen, Frankfurt/Main 1995

Kindler, Peter: Sachmängelhaftung, Aufrechnung und Zinssatzbemessung: Typische Fragen des UN-Kaufrechts in der gerichtlichen Praxis, in: IPRax 1996, 16

Kohler, Christian: Die Revision des Brüsseler und des Luganer Übereinkommens über die gerichtliche Zuständigkeit und die Vollstreckung gerichtlicher Entscheidungen in Zivil- und Handelssachen - Generalia und Gerichtsstandsproblematik -, in: *Peter Gottwald* (Hrsg.), die Revision des EuGVÜ, Bielefeld 2000, S. 1 ff., zit.: *Kohler*, Revision

Kohler, Christian: Gerichtsstandsklauseln in fremdsprachigen AGB, in: IPRax 1991, 299

Kohler, Christian: Internationale Gerichtsstandsvereinbarungen: Liberalität und Rigorismus im EuGVÜ, in: IPRax 1983, 265

Kohler, Christian: Pathologisches im EuGVÜ: Hinkende Gerichtsstandsvereinbarungen nach Art. 17 Abs. 3, in IPRax 1986, 340

Kötz, Hein: Vertragsauslegung - eine rechtsvergleichende Skizze, in: FS für Zeuner, Tübingen 1994, 219 ff.

Kotzebue, Rurik de: Compensation et procédure: essai de critique et de science juridique pure, Lausanne 1945

Kronke, Herbert: Anm. zu OLG Stuttgart 21.8.1995, in: IPRax 1996, 139

Kronke, Herbert: Internationale Schiedsverfahren nach der Reform, in: RIW 1998, 257

Kropholler, Jan: Besprechung von Wolfgang Eickhoff, Inländische Gerichtsbarkeit und internationale Zuständigkeit für Aufrechnung und Widerklage unter besonderer Berücksichtigung des Europäischen Gerichtsstands- und Vollstreckungsübereinkommens, in: ZZP 100 (1987), 352

Kropholler, Jan: Europäisches Zivilprozeßrecht, 6. Aufl., Heidelberg 1998, zit: *Kropholler*, EuZPR

Kropholler, Jan: Internationale Zuständigkeit, in: Handbuch des Internationalen Zivilverfahrensrechts, Bd. I, hrsg. vom Max-Planck-Institut für Ausländisches und Internationales Privatrecht, Tübingen 1982, S. 183 ff., zit.: *Kropholler*, Hdb. IZVR

Kropholler, Jan: Internationales Privatrecht, 4. Aufl., Tübingen 2001, zit.: *Kropholler*, IPR

Lacruz Berdejo, José Luis: Elementos de derecho civil, tomo II, vol. 1°, 3. Aufl., Barcelona 1994

Larenz, Karl: Lehrbuch des Schuldrechts, Erster Band, Allgemeiner Teil, 13. Aufl., München 1982

Leipold, Dieter: Anm. zu BGH 12.5.1993, ZZP 107 (1994), 211, in: ZZP 107 (1994), 216

Leipold, Dieter: Lex fori, Souveränität, Discovery, Grundfragen des internationalen Zivilprozeßrechts, Heidelberg 1989, zit.: *Leipold*, Lex fori

Lete del Río, José Manuel: Derecho de obligaciones, Bd. I, 3. Aufl., Madrid 1995 und Bd. II, 2. Aufl., Madrid 1995, zit.: *Lete del Río*, Bd.

Ley de Enjuiciamiento Civil comentada y con jurisprudencia: hrsg. von "La Ley", Madrid 2000, bearbeitet von José María Paz Rubio, Francisco Achaerandio Guijarro, Asunción de Andrés de Herrero, Ángel Vicente Illescas Rus, Leopoldo Puente Segura und Celestino Salgado Carrero, zit.: *LEC comentada*

Linke, Hartmut: Anm. zu EuGH 4.2.1988 - Hoffmann/Krieg, Rs. 145/86 -, RIW 1988, 820, in: RIW 1988, 822

Linke, Hartmut: Internationales Zivilprozeßrecht, 2. Aufl., Köln 1995, zit.: *Linke*, IZPR

Lledó Yagüe, Francisco: Comentarios a la nueva Ley de Enjuiciamiento Civil, Madrid 2000, zit.: Lledó Yagüe/*Bearb.*

Löber, Burckhardt: Abkommen Deutschland-Spanien über Urteilsvollstreckung, Niederlassung, Doppelbesteuerung, technologische Zusammenarbeit, 4. Aufl., Frankfurt/Main 1988, zit.: *Löber*, Abkommen

Löber, Burckhardt: Anm. zu LG Karlsruhe 24.8.1984, RIW 1986, 385, in: RIW 1986, 387

Löber, Burckhardt: Handbuch der Niederlassung in Spanien, 3. Aufl., Frankfurt/Main 1987, zit.: *Löber*, Handbuch

Looschelders, Dirk: Die Anpassung im Internationalen Privatrecht, Heidelberg 1995

Lorca Navarrete, Antonio María: in: La teoría y la práctica del proceso civil y su concordancia con el proceso laboral y contencioso-administrativo, hrsg. von Antonio María Lorca Navarrete, Isidoro Álvarez Sacristán und Joaquín Silguero Estagnan, Madrid 1997

Lorenz, Werner: Internationaler Filmverleih: Forum Selection, Choice of Law, Unconscionability, in: IPRax 1989, 22

Lorenz, Werner: Vom alten zum neuen internationalen Schuldvertragsrecht, in: IPRax 1987, 269

Lüderitz, Alexander: Auslegung von Rechtsgeschäften, Karlsruhe 1966

Luepfert, Johanna Adelheid: Konnexität im EuGVÜ, Berlin 1997

Mandrioli, Crisanto: Corso di diritto processuale civile I, 10. Aufl., Turin 1995

Mangold, Werner: Die Abtretung im europäischen Kollisisonsrecht unter besonderer Berücksichtigung des spanischen Rechts, Frankfurt/Main (u. a.) 2001

Mankowski, Peter: Anm. zu EuGH 13.7.1995 - Danvaern/Otterbeck, Rs. 341/93 - Slg. 1995-I, 2053, in: ZZP 109 (1996), 376

Manresa y Navarro, José María: Comentarios a la Ley de Enjuiciamiento Civil, tomo III, Madrid 1955, zit.: *Manresa y Navarro*, LEC

Manresa y Navarro, José María: Comentarios al Código Civil español, Bd. VIII, S. 815, Madrid 1967, zit.: *Manresa y Navarro*, CC

Mansel, Heinz-Peter: Gerichtsstandsvereinbarungen und Ausschluß der Streitverkündung durch Prozeßvertrag, in: ZZP 109 (1996), 61

Mansel, Heinz-Peter: Rechtsvergleichung und europäisches Einheitsrecht, in: JZ 1991, 529

Marín López, Antonio: Derecho internacional privado español, Bd. I, 6. Aufl., Granada 1992

Martiny, Dieter: Europäisches Internationales Vertragsrecht - Erosion der Römischen Konvention?, in: ZEuP 1997, 107

Martiny, Dieter: Internationales Vertragsrecht zwischen Rechtsgefälle und Vereinheitlichung, in: ZEuP 1995, 67

Mazza, Francesca: Prozeßaufrechnung und Föderalismus in Italien - Tagung der Deutsch-Italienischen Juristenvereinigung in Celle, in: IPRax 1999, 503

Medicus, Dieter: Allgemeiner Teil des BGB, 7. Aufl., Heidelberg 1997

Meier, Isaak: Privatrecht und Prozeßrecht, in: Materielles Recht und Prozeßrecht und die Auswirkungen der Unterscheidung im Recht der internationalen Zwangsvollstreckung, hsrg. von Peter F. Schlosser, Bielefeld 1992, S. 1 ff.

Merino Juez, María Begoña: La prórroga de la competencia judicial internacional, in: Cuadernos Europeos de Deusto, Nr. 18, 1998, 67 ff.

Merlin, Elena: Compensazione e processo, tomo II, Milano 1994

Miaja de la Muela, Adolfo: El "imperialismo jurisdiccional" español y el Derecho internacional, in: Miscellany in honour of Charlambos N. Fragistas, Bd. III, Thessaloniki 1968, 87 ff.

Michinel Álvarez, Miguel-Ángel: Sobre la interpretación del Artículo 6.3° del Convenio de Bruselas de 27 de Septiembre de 1968, in: REDI 1997, 2, 47 ff.

Ministerio de Justicia (Hrsg.): Comentario del Código Civil, Bd. II, Madrid 1991, zit.: Min. de Justicia/*Bearbeiter*

Mittenzwei, Ingo: Rechtshängigkeit der im Prozeß zur Aufrechnung gestellten Forderung?, in: ZZP 85 (1972), 466

Montero Aroca, Juán: in: El nuevo proceso civil: (Ley 1/2000), hrsg. von Juán Montero Aroca, Juán Luis Gómez Colomer, Alberto Montón Redondo und Silvia Barona Vilar, Valencia 2000, zit.: *Montero Aroca*, El nuevo proceso civil

Morelli, Gaetano: Diritto processuale civile internazionale, Padova 1954

Moreno Mocholi, Miguel: Reconvención y Compensación, in: RDPr. 1951, 487

Müller, Horst: Der Schuldausspruch bei Ehescheidung durch deutsche Gerichte nach ausländischem Recht, in: JbIntR 5 (1954), 239

Münchener Kommentar zum Bürgerlichen Gesetzbuch: Bd. 10, Einführungsgesetz zum Bürgerlichen Gesetzbuche (Art. 1 - 38), Internationales Privatrecht, 3. Aufl., München 1998, hrsg. von Hans Jürgen Sonnenberger, zit.: MünchKomm/*Bearbeiter*

Münchener Kommentar zur Zivilprozeßordnung: hrsg. von Gerhard Lüke und Alfred Walchshöfer, Bd. 1, 2. Aufl., München 2000, Bd. 3, 2. Aufl., München 2001, zit.: MünchKomm-ZPO/*Bearbeiter*

Munz, Christoph: Das spanische System der internationalen Zuständigkeiten und seine künftige Einfügung in das EuGVÜ, Diss. Bonn 1984

Musielak, Hans-Joachim: Kommentar zur Zivilprozeßordnung, 3. Aufl., München 2002, zit. Musielak/*Bearbeiter*

Nagel, Heinrich/Gottwald, Peter: Internationales Zivilprozeßrecht, 4. Aufl., Münster 1997

Neuhaus, Paul Heinrich: Die Grundbegriffe des internationalen Privatrechts, 2. Aufl., Tübingen 1976, zit.: *Neuhaus*, Grundbegriffe

Neuhaus, Paul Heinrich: Internationales Zivilprozeßrecht und Internationales Privatrecht, in: RabelsZ 20 (1955), 201

Niederländer, Hubert: Materielles Recht und Verfahrensrecht im Internationalen Privatrecht, in: RabelsZ 20 (1955), 1

Nolte, Georg: Zur Technik der geplanten Einführung des EG-Schuldvertragsübereinkommens in das deutsche Recht aus völkerrechtlicher Sicht, in: IPRax 1985, 71

Oliva Santos, Andrés de la/Fernández, Miguel Ángel: Derecho procesal civil, Bd. I und Bd. II, 4. Aufl., Madrid 1995, zit.: *jeweiliger Bearbeiter*, Der. Proc. Civ., Bd.

Oliva Santos, Andrés de la: Compensación y proceso civil de declaración, in: La Ley 1982, Bd. 1, 918 ff.

Orduña Moreno, Javier: in: Derecho de obligaciones y contratos, 3. Aufl., hsrg. von María del Rosario Valpuesta Fernández, Valencia 1998, 299 ff.

Otte, Karsten: Anm. zu BGH 12.5.1993, NJW 1993, 2753, in: EWiR Art. 6 EuGVÜ 9/93, 877

Pagenstecher, Max: Gerichtsbarkeit und internationale Zuständigkeit als selbständige Prozeßvoraussetzungen, in: RabelsZ 11 (1937), 337

Palandt, Otto (Begr.): Bürgerliches Gesetzbuch, 63. Aufl., München 2004, zit.: Palandt/*Bearbeiter*

Peláez del Rosal, Manuel: La competencia territorial en el proceso civil, Barcelona 1974

Peña y Bernaldo de Quirós, Manuel: Facultad de compensar y encargo de custodia, in: Estudios jurídicos en homenaje al profesor Federico de Castro, Bd. II, Madrid 1975, 448 ff.

Pfaff, Dieter: Widerklagezuständigkeit bei prorogationswidriger Klageerhebung - Zur Auslegung von Gerichtsstandsvereinbarungen, in: ZZP 96 (1983), 334

Pfeiffer, Thomas: Internationale Zuständigkeit und prozessuale Gerechtigkeit, Frankfurt/Main 1995

Philip, Allan: Set-Offs and Counterclaims under the Brussels Judgements Convention, in: IPRax 1997, 97

Piekenbrock, Andreas: Internationale (Prozeß-)Aufrechnung - Beklagter kann stets den Vermögensgerichtsstand geltend machen, in: RIW 2000, 751

Plaza, Manuel de la: Derecho Procesal Civil Español, Madrid 1944

Prieto-Castro y Ferrándiz, Leonardo: Tratado de derecho procesal civil, Bd. I, 2. Aufl., Pamplona 1985

Puig Brutau, José: Fundamentos de Derecho Civil, tomo I, vol. 2°, Barcelona 1959

Quiñones Escámez, Ana: Evolución de la admisibilidad de la cláusula atributiva de competencia internacional en el derecho español y comparado, in: RJC 1987, 657

Rabel, Ernst: The Conflict of Laws: A Comparative Study, Ann Arbor 1960

Radtke, Manfred: Der Grundsatz der lex fori und die Anwendbarkeit ausländischen Verfahrensrechts, Diss. Münster 1982

Ramos Méndez, Francisco: Derecho Procesal Civil, Bd. 1, 3. Aufl., Barcelona 1986

Rausch, Franz-Joseph: Die Aufrechnung im französischen, englischen und deutschen Recht, insbesondere im IPR, Diss. Bonn 1937

Rauscher, Thomas: Gerichtsstandsbeeinflussende AGB im Geltungsbereich des EuGVÜ, in: ZZP 104 (1991), 271

Rauscher, Thomas: Zuständigkeitsvereinbarung und rügelose Einlassung nach dem EuGÜbK, in: RIW 1985, 887

Reinhart, Gert: Zur einheitlichen Auslegung vereinheitlichter IPR-Normen nach Art. 36 EGBGB, in: RIW 1994, 445

Reischl, Klaus: Verfahrenskonzentration durch Aufrechnungseinrede im europäischen Zivilprozeß, Anm. zu *EuGH* 08.05.2003 - *Gantner/Basch*, Rs. C-111/01 - IPRax 2003, 443, in: IPRax 2003, 426

Reithmann, Christoph/Martiny, Dieter: Internationales Vertragsrecht, 5. Aufl., Köln 1996, zit.: Reithmann/Martiny/*Bearbeiter*

Reithmann, Christoph: Zur Auslegung von Auslandsverträgen, in: RIW 1956, 15

Reu, Fritz: Die Staatliche Zuständigkeit im Internationalen Privatrecht, Marburg 1938

Riezler, Erwin: Internationales Zivilprozeßrecht und prozessuales Fremdenrecht, Berlin 1949

Rodríguez Benot, Andrés: España en el espacio judicial europeo: ¿Primeros tropiezos jurisprudenciales?, in: REDI 1994, 587

Rodríguez Benot, Andrés: Los acuerdos atributivos de competencia judicial internacional, Madrid 1994, zit.: *Rodríguez Benot*, Los acuerdos

Rojo Ajuria, Luis: Anm. zum Urteil des Tribunal Supremo vom 21.4.1988, CCJC 1988, 449, in: CCJC 1988, 453

Rosenberg, Leo/Schwab, Karl Heinz/Gottwald, Peter: Zivilprozeßrecht, 15. Aufl., München 1993

Roth, Günter H.: Internationalrechtliche Probleme bei Prorogation und Derogation, in: ZZP 93 (1980), 156

Roth, Herbert: Die Reichweite der lex-fori-Regel im internationalen Zivilprozeßrecht, in: Beiträge zur Rechtswissenschaft, FS für Stree und Wessels, Heidelberg 1993, S. 1045

Schack, Haimo: Derogation des Vermögensgerichtsstandes zwischen deutscher lex fori und ausländischem Prorogationsstatut - zu BGH 24.11.1988, IPRax 1990, 41, in: IPRax 1990, 19

Schack, Haimo: Internationales Zivilverfahrensrecht, 2. Aufl., München 1996, zit.: *Schack*, IZVR

Schenke, Wolf-Rüdiger/Ruthig, Josef: Die Aufrechnung mit rechtswegfremden Forderungen im Prozeß, in: NJW 1993, 1374

Scheucher, Leo: Rezension zu FS Dölle, in: ZfRV 1963, 183

Schilken, Eberhard: Anm. zu BGH 28.2.1991, ZZP 105 (1992), 83, in: ZZP 105 (1992), 88

Schilken, Eberhard: Zivilprozeßrecht, 3. Aufl., Köln 2000, zit.: *Schilken*, ZPO

Schlesinger, Piero: [Stichwort:] Compensazione. Diritto civile., in: Novissimo Digesto Italiano, hrsg. von Antonio Azara und Ernesto Eula, Torino 1957

Schlosser, Peter F.: Anm. zu EuGH 7.3.1985 - Spitzley/Sommer, Rs. 48/84 - Slg. 1985, 787, in: EWiR 1985, 781 (Art. 18 EuGVÜ, 1/85)

Schlosser, Peter F.: EuGVÜ, München 1996, zit.: *Schlosser*, EuGVÜ

Schlosser, Peter: Gestaltungsklagen und Gestaltungsurteile, Bielefeld 1966, zit.: *Schlosser*, Gestaltungsklagen

Schmidt, Eike: Die Prozeßaufrechnung im Spannungsfeld von Widerklage und prozessualer Einrede, in: ZZP 87 (1974), 29

Schmidt, Michael Johannes: Kann Schweigen auf eine Gerichtsstandsklausel in AGB einen Gerichtsstand nach Art. 17 EuGVÜ/LugÜ begründen?, in: RIW 1992, 173

Schockweiler, Fernand: Gerichtsstandsvereinbarungen im Brüsseler Übereinkommen, in: Internationale Zuständigkeit und Urteilsanerkennung in Europa, hrsg. vom EuGH, Köln (u.a.) 1993, 107

Schreiber, Klaus: Prozeßvoraussetzungen bei der Aufrechnung, in: ZZP 90 (1977), 395

Schröder, Jochen: Auslegung und Rechtswahl, in: IPRax 1985, 131

Schröder, Jochen: Internationale Zuständigkeit, Opladen 1971, zit.: *Schröder*, Internat. Zust.

Schulte-Beckhausen, Sabine: Internationale Zuständigkeit durch rügelose Einlassung im Europäischen Zivilprozeßrecht, Bielefeld 1994

Schumann, Ekkehard: Die Prozeßökonomie als rechtsethisches Prinzip, in: FS für Karl Larenz zum 70. Geburtstag, München 1973, 271 ff.

Schütze, Rolf A.: Deutsches Internationales Zivilprozeßrecht, Berlin 1985, zit.: *Schütze*, IZPR

Schütze, Rolf A.: Zur internationalen Zuständigkeit aufgrund rügeloser Einlassung, in: ZZP 90 (1977), 67

Senés Motilla, Carmen: Sistema de competencia judicial internacional en el ámbito civil: El artículo 22 de la LOPJ, in: Justicia 1986, 683

Siehr, Kurt: Zum Vorentwurf eines EWG-Übereinkommens über das Internationale Schuldrecht, in: AWD 1973, 569

Soergel, Hans T. (Begr.): Bürgerliches Gesetzbuch, Bd. 10, 12. Aufl., Stuttgart/Berlin/Köln usw. 1996, zit.: Soergel/*Bearbeiter*

Solomon, Dennis: Das vom Schiedsgericht in der Sache anzuwendende Recht nach dem Entwurf eines Gesetzes zur Neuregelung des Schiedsverfahrensrechts, in: RIW 1997, 981

Sonnenberger, Hans Jürgen: Rechtsfragen beim Seetransport von Stückgut durch englische Verfrachter, in: FS für Firsching, München 1985, 295 ff., zit.: *Sonnenberger*, FS Firsching

Staehelin, Matthias: Gerichtsstandsvereinbarungen im internationalen Handelsverkehr Europas: Form und Willenseinigung nach Art. 17 EuGVÜ/LugÜ, Diss. Basel 1993

Stalev, Zivko: Der Fremde im Zivilprozeß. Der Grundsatz der lex fori und seine Durchbrechung, in: Zeitgenössische Fragen des internationalen Zivilverfahrensrechts, hrsg. von Erhardt Gralla, Tübingen/Basel 1972, S. 31 ff.

Staudinger, Julius von (Begr.): Kommentar zum Bürgerlichen Gesetzbuch. Zitierte Bände: Art. 27-37, 10 EGBGB, 13. Bearb., Berlin 2002; CISG, 13. Aufl., Berlin 1994; §§ 244-248 BGB, 13. Bearb., Berlin 1997 u. §§ 362-396 BGB, Neubearbeitung, Berlin 2000. Zitierweise: Staudinger/*Bearbeiter* u. Art. 27-37, 10 EGBGB, 12. Aufl., Berlin 1998, zit.: Staudinger/*Bearbeiter*, 12. Aufl.

Stein, Friedrich/Jonas, Martin: Kommentar zur Zivilprozeßordnung, 21. Aufl., Bd. 1, Tübingen 1993, u. Bd. 2, Tübingen 1994, zit.: Stein/Jonas/*Bearbeiter* und 20. Aufl., Bd. 1, Tübingen 1984, zit.: Stein/Jonas/*Bearbeiter*, 20. Aufl.

Stöve, Elisabeth: Gerichtsstandsvereinbarungen nach Handelsbrauch, Art. 17 EuGVÜ und § 38 ZPO, Heidelberg 1993

Stürner, Rolf: Das europäische Zivilprozeßrecht - Einheit oder Vielfalt?, in: Wege zu einem europäischen Zivilprozeßrecht, Tübinger Symposium zum 80. Geburtstag von Fritz Baur, hrsg. von Wolfgang Grunsky, Tübingen 1992, 10 ff.

Szászy, Istvan: International Civil Procedure: A comparative study, Leiden 1967

Tapia Fernández, Isabel: La compensación en el proceso civil, Madrid 1988

Taupitz, Jochen: Europäische Privatrechtsvereinheitlichung heute und morgen, Tübingen 1993

Thomas, Heinz/Putzo, Hans: ZPO mit Gerichtsverfassungsgesetz, 23. Aufl., München 2001

Tirado Robles, Carmen: La competencia judicial en la Unión Europea: comentarios al Convenio de Bruselas, Barcelona 1995

Triebel, Volker/Balthasar, Stephan: Auslegung englischer Vertragstexte unter deutschem Vertragsstatut - Fallstricke des Art. 32 Abs. 1 Nr. 1 EGBGB, in: NJW 2004, 2189

Ulmer, Peter/Brandner, Hans Erich/Hensen, Horst-Diether: AGB-Gesetz, 9. Aufl., Köln 2001, zit.: Ulmer/Brandner/Hensen/*Bearbeiter*

Varvitsiotis, Dimitrios: Einführung in die Rechtsnatur der Aufrechnungseinrede im Zivilprozeß, Frankfurt/Main (u.a.) 1987

Vischer, Frank/Oser, David: in: Internationales Vertragsrecht, 2. Aufl., von Frank Vischer, Lucius Huber und David Oser, Bern 2000

Vitta, Edoardo: Diritto internazionale privato, Bd. 3, Torino 1975

Vorpeil, Klaus: Aufrechnung bei währungsverschiedenen Forderungen, in: RIW 1993, 529

Wagner, Gerhard: Die Aufrechnung im Europäischen Zivilprozeß, in: IPRax 1999, 65

Weick, Günter: Zur Auslegung von internationalen juristischen Texten, in: Geschichtliche Rechtswissenschaft - Freundesgabe für Alfred Söllner, Gießen 1990, 607 ff.

Weigand, Frank-Bernd: Der deutsch-spanische Rechtsverkehr: Zuständigkeit, Anerkennung, Vollstreckung, Frankfurt/Main 1992

Weyland, Peter: Zur Frage der Ausschließlichkeit internationaler Gerichtsstandsvereinbarungen, in: Gedächtnisschrift für Arens, München 1993, 417 ff., zit.: *Weyland*, GS Arens

Wieczorek, Bernhard/Schütze, Rolf A.: Zivilprozeßordnung und Nebengesetze, Bd. 1, 1. Teilbd., 3. Aufl., Bonn 1994, zit.: Wieczorek/Schütze/*Bearbeiter*

Wieser, Eberhard: Prozeßrechts-Kommentar zum BGB, Köln 1999, zit.: *Wieser*, Prozeßr.

Wieser, Eberhard: Zurechenbarkeit des Erklärungsinhalts?, in: AcP 184 (1984), 40

Wild, Peter E.: Die Verrechnung im IPR unter besonderer Berücksichtigung der schweizerischen und der US-amerikanischen Rechtsordnungen, Diss. St. Gallen 1992

Wirth, Hans-Rainer: Gerichtsstandsvereinbarungen im internationalen Handelsverkehr, in: NJW 1978, 460

Wolf, Alfred: Das Ausführungsgesetz zu dem EWG-Gerichtsstands- und Vollstreckungsübereinkommen, in: NJW 1973, 397

Wolf, Manfred/Horn, Norbert/Lindacher, Walter F.: AGB-Gesetz, 4. Aufl., München 1999

Wolf, Manfred: Anm. zu BGH 12.5.1993, NJW 1993, 2753, in: LM EGÜbK Nr. 39 [10/1993], Bl. 4

Wolf, Martin: Die Aufrechnung im internationalen Privatrecht, Diss. Münster 1989

Wolff, Martin: Das Internationale Privatrecht Deutschlands, 3. Aufl., Berlin (u.a.) 1954

Wood, Philip R.: English and International Set-off, London 1989

Woolf, Lord Harry Kenneth: The declaratory judgment, 2. Aufl., London 1993

Zeuner, Albrecht: Zur Bemessung der Rechtskraft in Fällen der Aufrechnung - BGHZ 89, 349, in: JuS 1987, 354

Zimmermann, Walter: Zivilprozeßordnung, 5. Aufl., Heidelberg 1998

Zitelmann, Ernst: Internationales Privatrecht, Bd. 2, Leipzig 1912

Zöller, Richard (Begr.): Zivilprozeßordnung, 24. Aufl., Köln 2004, zit.: Zöller/*Bearbeiter* u. 21. Aufl., Köln 1999, zit.: Zöller/*Bearbeiter*, 21. Aufl.

Zweigert, Konrad/Kötz, Hein: Einführung in die Rechtsvergleichung auf dem Gebiete des Privatrechts, 3. Aufl., Tübingen 1996

STUDIEN ZUM VERGLEICHENDEN UND INTERNATIONALEN RECHT

Herausgeber: Bernd von Hoffmann, Erik Jayme und Heinz-Peter Mansel

Band 1 Ferdinand Henke: Die Datenschutzkonvention des Europarates. 1986.

Band 2 Peter Czermak: Der express trust im internationalen Privatrecht. 1986.

Band 3 Peter Kindler: Der Ausgleichsanspruch des Handelsvertreters im deutsch-italienischen Warenverkehr. Eine rechtsvergleichende und kollisionsrechtliche Untersuchung. 1987.

Band 4 Wilhelm Denzer: Stellung und Bedeutung des Engineers in den FIDIC-Bauvertragsbedingungen. 1988.

Band 5 Marijan-Maximilian Lederer: Die internationale Enteignung von Mitgliedschaftsrechten unter besonderer Berücksichtigung der französischen Enteignungen 1982. 1989.

Band 6 Rainer Esser: Klagen gegen ausländische Staaten. 1990.

Band 7 Chang Jae-Ok: Auf dem Weg zu einer Materialisierung des Immateriellen ? Personen-, Persönlichkeitsschutz und Geldersatz des immateriellen Schadens in rechtsvergleichender Hinsicht am Beispiel des koreanischen und japanischen Zivilrechts unter besonderer Berücksichtigung des deutschen Rechts. 1990.

Band 8 Paul-Frank Weise: Lex mercatoria. Materielles Recht vor der internationalen Handelsschiedsgerichtbarkeit.1990.

Band 9 Werner Born: Der Auftrittsvertrag für Musikgruppen im Bereich der Rock- und Popmusik. 1990.

Band 10 Ralf Erich Jürgens: IPR und Verfassung in Italien und in der Bundesrepublik Deutschland. 1990.

Band 11 Rainer Gildeggen: Internationale Schieds- und Schiedsverfahrensvereinbarungen in Allgemeinen Geschäftsbedingungen vor deutschen Gerichten. 1991.

Band 12 Klaus Grabinski: Die kollisionsrechtliche Behandlung des Durchgriffs bei rechtlich verselbständigten Unternehmen in privater oder öffentlicher Hand. 1991.

Band 13 Dieter Stummel: Konkurs und Integration. Konventionsrechtliche Wege zur Bewältigung grenzüberschreitender Insolvenzverfahren. 1991.

Band 14 Joachim Güntzer: Die Rechtsstellung des Geschäftsführers im spanischen Aktienrecht. Die Neuregelung des spanischen Aktienrechts nach dem Beitritt Spaniens zur EG. 1991.

Band 15 Sabine Isenburg-Epple: Die Berücksichtigung ausländischer Rechtshängigkeit nach dem Europäischen Gerichtsstands- und Vollstreckungsübereinkommen vom 27.9.1968. Untersuchungen zum Anwendungsbereich von Art. 21 EuGVÜ unter schwerpunktmäßiger Behandlung der Frage nach der Bestimmung eines europäischen Streitgegenstandsbegriffs. 1992.

Band 16 Ulrich Nickl: Die Qualifikation der culpa in contrahendo im Internationalen Privatrecht. 1992.

Band 17 Theo Rauh: Leistungserschwerungen im Schuldvertrag. Eine rechtsvergleichende Untersuchung des englischen, US-amerikanischen, französischen und deutschen Rechts unter besonderer Berücksichtigung der gerichtlichen Praxis. 1992.

Band 18 Bernadette Chaussade-Klein: Vorvertragliche "obligation de renseignements" im französichen Recht. 1992.

Band 19 Josef Sievers: Verbraucherschutz gegen unlautere Vertragsbedingungen im französischen Recht. Vom Code civil zum "Code de la consommation" – die Entstehung eines Sonderprivatrechts für Verbraucher. 1993.

Band 20 Achim Schäfer: Grenzüberschreitende Kreditsicherung an Grundstücken, unter besonderer Berücksichtigung des deutschen und italienischen Rechts. 1993.

Band 21 Eugenio Hernández-Breton: Internationale Gerichtsstandsklauseln in Allgemeinen Geschäftsbedingungen. Unter besonderer Berücksichtigung des deutsch-südamerikanischen Rechtsverkehrs (dargestellt am Beispiel Argentinien, Brasilien und Venezuela). 1993.

Band 22 Ingo Reng: Unterhaltsansprüche aufgrund nichtehelicher Lebensgemeinschaft – Internationales Privatrecht und ausländisches materielles Recht. 1994.

Band 23 Stefanie Roloff: Die Geltendmachung ausländischer öffentlicher Ansprüche im Inland. 1994.

Band 24 Katharina Ludwig: Der Vertragsschluß nach UN-Kaufrecht im Spannungsverhältnis von Common Law und Civil Law. Dargestellt auf der Grundlage der Rechtsordnungen Englands und Deutschlands. 1994.

Band 25 Malte Diesselhorst: Mehrparteienschiedsverfahren. Internationale Schiedsverfahren unter Beteiligung von mehr als zwei Parteien. 1994.

Band 26 Manfred Kost: Konsensprobleme im internationalen Schuldvertragsrecht. 1995.

Band 27 Wolff-Heinrich Fleischer: Das italienische Wettbewerbsrecht und die Probleme des selektiven Parfümvertriebs unter Berücksichtigung der Rechtslage in Frankreich und Deutschland. 1995.

Band 28 Angelika Fuchs: Lateinamerikanische Devisenkontrollen in der internationalen Schuldenkrise und Art. VIII Abschn. 2 b) IWF-Abkommen. 1995.

Band 29 Jacques Matthias Aull: Der Geltungsanspruch des EuGVÜ: "Binnensachverhalte" und Internationales Zivilverfahrensrecht in der Europäischen Union. Zur Auslegung von Art. 17 Abs. 1 S. 1 EuGVÜ. 1996.

Band 30 Hartmut Ost: EVÜ und fact doctrine. Konflikte zwischen europäischer IPR-Vereinheitlichung und der Stellung ausländischen Rechts im angelsächsischen Zivilprozeß. 1996.

Band 31 Stefan Wagner: Die Testierfähigkeit im Internationalen Privatrecht. 1996.

Band 32 Wolfgang Jakob Hau: Positive Kompetenzkonflikte im Internationalen Zivilprozeßrecht. Überlegungen zur Bewältigung von *multi-fora disputes*. 1996.

Band 33 Markus Schütz: UN-Kaufrecht und *Culpa in contrahendo*. 1996.

Band 34 Volker Geyrhalter: Das Lösungsrecht des gutgläubigen Erwerbers. Ein "vergessener" Kompromiß und die Auswirkungen auf das heutige deutsche Recht unter besonderer Berücksichtigung des internationalen Sachenrechts. 1996.

Band 35 Andreas Kramer: Abwicklungsstörungen bei Kaufverträgen. Die Lieferung vertragswidriger Sachen im deutschen und italienischen Recht. 1996.

Band 36 Petra Krings: Erfüllungsmodalitäten im internationalen Schuldvertragsrecht. 1997.

Band 37 Tonja Gaibler: Der rechtsgeschäftliche Irrtum im französischen Recht. 1997.

Band 38 Dirk Otto: Rechtsspaltung im indischen Erbrecht. Bedeutung und Auswirkungen auf deutsch-indische Nachlaßfälle. 1997.

Band 39 Gregor W. Decku: Zwischen Vertrag und Delikt. Grenzfälle vertraglicher und deliktischer Haftung dargestellt am Beispiel der Berufs- und Expertenhaftung zum Schutze des Vermögens Dritter im deutschen und englischen Recht. 1997.

Band 40 Ulrike Höpping: Auswirkungen der Warenverkehrsfreiheit auf das IPR unter besonderer Berücksichtigung des Internationalen Produkthaftungsrechts und des Internationalen Vertragsrechts. 1997.

Band 41 Andreas Bartosch: Die vermögensrechtlichen Beziehungen der Ehegatten bei bestehender Ehe im englischen Recht – Eigentum, Besitz, Schuldvertrag. 1997.

Band 42 Helene Boriths Müller: Die Umsetzung der europäischen Übereinkommen von Rom und Brüssel in das Recht der Mitgliedstaaten. Dargestellt am Beispiel Deutschlands und Dänemarks. 1997.

Band 43 Bernd von Hoffmann / Myong-Chang Hwang (eds.): The Public Concept of Land Ownership. Reports and Discussions of a German-Korean Symposium held in Seoul on October 7-9, 1996. 1997.

Band 44 Oliver Heeder: Fraus legis. Eine rechtsvergleichende Untersuchung über den Vorbehalt der Gesetzesumgehung in Deutschland, Österreich, der Schweiz, Frankreich und Belgien unter besonderer Berücksichtigung des Internationalen Privatrechts. 1998.

Band 45 Heinrich Schütt: Deliktstyp und Internationales Privatrecht. Dargestellt an grenzüberschreitenden Problemen der Arzthaftung. 1998.

Band 46 Axel Steiner: Die stillschweigende Rechtswahl im Prozeß im System der subjektiven Anknüpfungen im deutschen Internationalen Privatrecht. 1998.

Band 47 Martina Schulz: Der Eigentumsvorbehalt in europäischen Rechtsordnungen. Rechtsvergleichende Untersuchung des deutschen, englischen und französischen Rechts unter besonderer Berücksichtigung von Erweiterungen und Verlängerungen. 1998.

Band 48 Karin Dreher: Die Rechtswahl im internationalen Erbrecht. Unter besonderer Berücksichtigung des italienischen IPR-Reformgesetzes N. 218 vom 31. Mai 1995. 1999.

Band 49 Giuliano Gabrielli: Das Verhältnis zwischen der Anfechtung wegen Eigenschaftsirrtums und den Gewährleistungsansprüchen im deutschen, österreichischen und italienischen Recht. 1999.

Band 50 Bernd von Hoffmann / Myong-Chan Hwang (eds.): Developments in Land Law. Reports and Discussions of a German-Korean Symposium held in Berlin and Trier on July 21-24, 1997. 1999.

Band 51 Volker Heidbüchel: Das UNCITRAL-Übereinkommen über unabhängige Garantien und Standby Letters of Credit. Vergleiche mit den Richtlinien der Internationalen Handelskammer, dem deutschen, englischen und US-amerikanischen Recht. 1999.

Band 52 Jan Christoph Nordmeyer: Pflichtteilsansprüche und Wiedervereinigung. Eine systematische Analyse der Ausgleichsansprüche nach BGB-Pflichtteilsrecht unter besonderer Berücksichtigung der durch den Wiedervereinigungsprozeß eingetretenen Wertveränderungen. 1999.

Band 53 Bettina Linder: Vertragsabschluß beim grenzüberschreitenden Verbraucherleasing. 1999.

Band 54 Almontasser Fetih: Die zivilrechtliche Haftung bei Vertragsverhandlungen. Eine rechtsvergleichende Studie zum deutschen, französischen, ägyptischen und islamischen Recht. 2000.

Band 55 Sona Rajani: Die Geltung und Anwendung des Gemeinschaftsrechts im Vereinigten Königreich von Großbritannien und Nordirland. Der Grundsatz der Parlamentssouveränität im Wandel. 2000.

Band 56 Joachim Kayser: Gegenmaßnahmen im Außenwirtschaftsrecht und das System des europäischen Kollisionsrechts. Eine Analyse der EU-Abwehrverordnung gegen die Auswirkungen extraterritorialer Rechtserstreckung eines Drittlandes. 2001.

Band 57 Albrecht Conrad: Qualifikationsfragen des Trust im Europäischen Zivilprozeßrecht. 2001.

Band 58 Bernd Borgmann: Die Entsendung von Arbeitnehmern in der Europäischen Gemeinschaft. Wechselwirkungen zwischen Kollisionsrecht, Grundfreiheiten und Spezialgesetzen. 2001.

Band 59 Aleksandar Jaksic: Arbitration and Human Rights. 2002.

Band 60 Islamisches und arabisches Recht als Problem der Rechtsanwendung. Symposium zu Ehren von Professor Emeritus Dr. iur. Omaia Elwan. Veranstaltet vom Institut für ausländisches und internationales Privat- und Wirtschaftsrecht der Universität Heidelberg und der Gesellschaft für Arabisches und Islamisches Recht e.V. Herausgegeben von Herbert Kronke, Gert Reinhart und Nika Witteborg. 2001.

Band 61 Patrick Fiedler: Stabilisierungsklauseln und materielle Verweisung im internationalen Vertragsrecht. 2001.

Band 62 Werner Mangold: Die Abtretung im Europäischen Kollisionsrecht. Unter besonderer Berücksichtigung des spanischen Rechts. 2001.

Band 63 Eike Dirk Eschenfelder: Beweiserhebung im Ausland und ihre Verwertung im inländischen Zivilprozess. Zur Bedeutung des US-amerikanischen discovery-Verfahrens für das deutsche Erkenntnisverfahren. 2002.

Band 64 Bernd Ehle: Wege zu einer Kohärenz der Rechtsquellen im Europäischen Kollisionsrecht der Verbraucherverträge. 2002.

Band 65 Heiko Lehmkuhl: Das Nacherfüllungsrecht des Verkäufers im UN-Kaufrecht. 2002.

Band 66 Jochen Nikolaus Schlotter: Erbrechtliche Probleme in der Société Privée Européenne. IPR-Harmonisierung im einheitlichen Europäischen Rechtsraum. 2002.

Band 67 Konrad Ost: Doppelrelevante Tatsachen im Internationalen Zivilverfahrensrecht. Zur Prüfung der internationalen Zuständigkeit bei den Gerichtsständen des Erfüllungsortes und der unerlaubten Handlung. 2002.

Band 68 Tobias Bosch: Die Durchbrechungen des Gesamtstatuts im internationalen Ehegüterrecht. Unter besonderer Berücksichtigung deutsch-französischer Rechtsfälle. 2002.

Band 69 Ursula Philipp: Form im amerikanischen Erbrecht. Zwischen Formalismus und harmless error. 2002.

Band 70 Christian Stefan Wolf: Der Begriff der wesentlich engeren Verbindung im Internationalen Sachenrecht. 2002.

Band 71 André Fomferek: Der Schutz des Vermögens Minderjähriger. Ein Vergleich des deutschen und des englischen Rechts unter Berücksichtigung des schottischen und irischen Rechts. 2002.

Band 72 nicht erschienen

Band 73 Markus Dreißigacker: Sprachenfreiheit im Verbrauchervertragsrecht. Der Verbraucher im Spannungsfeld zwischen kultureller Identität und Privatautonomie. 2002.

Band 74 Vassiliki Myller-Igknay: Auskunftsansprüche im griechischen Zivilrecht. Auswirkungen im deutsch-griechischen Rechtsverkehr sowie im deutschen internationalen Privat- und Verfahrensrecht. 2003

Band 75 Stefan Bruinier: Der Einfluss der Grundfreiheiten auf das Internationale Privatrecht. 2003.

Band 76 Nika Witteborg: Das gemeinsame Sorgerecht nichtverheirateter Eltern. Eine Untersuchung im soziologischen, rechtsgeschichtlichen, verfassungsrechtlichen, rechtsvergleichenden und internationalen Kontext. 2003.

Band 77 Peter Stankewitsch: Entscheidungsnormen im IPR als Wirksamkeitsvoraussetzungen der Rechtswahl. 2003.

Band 78 Jan Wilhelm Ritter: Euro-Einführung und IPR unter besonderer Berücksichtigung nachehelicher Unterhaltsverträge. Eine Untersuchung mit Blick auf das deutsche, französische und schweizerische Recht. 2003.

Band 79 Wolf Richard Herkner: Die Grenzen der Rechtswahl im internationalen Deliktsrecht. 2003.

Band 80 Ira Ditandy: Internationale Zuständigkeit. Neuregelung durch die LOPJ 1985. Vergleich mit dem europäischen Vorbild und Auswirkungen auf das spanische internationale Zivilverfahrensrecht. 2003.

Band 81 Andrea Verena Schefold: Werbung im Internet und das deutsche Internationale Privatrecht. 2004.

Band 82 Klaus Herkenrath: Die Umsetzung der Richtlinie 93/13/EWG über missbräuliche Klauseln in Verbraucherverträgen in Deutschland, dem Vereinigten Königreich, Frankreich und Italien. Auswirkungen nationaler Umsetzungstechniken auf dem Harmonisierungserfolg. 2003.

Band 83 Alexander Thünken: Das kollisionsrechtliche Herkunftslandprinzip. 2003.

Band 84 Barbara v. Daumiller: Die Rechtswahl im italienischen internationalen Erbrecht: und ihre Auswirkungen im deutsch-italienischen Rechtsverkehr. 2003.

Band 85 Robert Mödl: Macht, Verantwortlichkeit und Zurechnung im Konzern. Eine rechtsvergleichende Untersuchung auf der Grundlage des deutschen, spanischen und US-amerikanischen Rechts. 2003.

Band 86 Ursula Kerpen: Das Internationale Privatrecht der Persönlichkeitsrechtsverletzungen. Eine Untersuchung auf rechtsvergleichender Grundlage. 2003.

Band 87 Barbara Ploeckl: Umgangsrechtsstreitigkeiten im deutsch-französischen Rechtsverkehr. Bestehende internationale und nationale Regelungen und der geplante *europäische Besuchstitel*. 2003.

Band 88 Katrin Wannemacher: Die Außenkompetenzen der EG im Bereich des Internationalen Zivilverfahrensrechts. Der räumliche Anwendungsbereich des Art. 65 EGV am Beispiel der EuGVO und der EheVO. 2003.

Band 89 Maren B. Eilinghoff: Das Kollisionsrecht der ungerechtfertigten Bereicherung nach dem IPR-Reformgesetz von 1999. 2004.

Band 90 Patrick Niehr: Die zivilprozessuale Dokumentenvorlegung im deutsch-englischen Rechtshilfeverkehr nach der deutschen und der englischen Prozessrechtsreform. 2004.

Band 91 Anna Christina Gördes: Internationale Zuständigkeit, Anerkennung und Vollstreckung von Entscheidungen über die elterliche Verantwortung. Die VO(EG) Nr. 1347/2000, ihre geplanten Änderungen und das Verhältnis beider zum Minderjährigen- und Kinderschutzabkommen. 2004.

Band 92 Martin Rädler: Rechtsbehelfe des Käufers eines Unternehmens oder einer unternehmerischen Beteiligung gegen den Verkäufer im deutschen und französischen Recht. 2004.

Band 93 Marc-Yngve Dietrich: Rechtsstellung und Beteiligung der Gläubiger im französischen Insolvenzverfahren. 2004.

Band 94 Katia Niemann: Die rechtsgeschäftliche und organschaftliche Stellvertretung und deren kollisionsrechtliche Einordnung. Deutschland und England im Vergleich. 2004.

Band 95 Daniel Ludwig: Neuregelungen des deutschen Internationalen Insolvenzverfahrensrechts. Eine Untersuchung unter vergleichender Heranziehung der Europäischen Insolvenzverordnung. 2004.

Band 96 Cordelia Faulenbach: Der gemeinschaftsrechtliche Vorbehalt im europäischen Wettbewerbsrecht. Die Herkunftslandanknüpfung der E-Commerce-Richtlinie unter dem Einfluss der Grundfreiheiten. 2004.

Band 97 Ulf Dörner: Der Vertragsgerichtsstand nach dem Protokoll von Buenos Aires. 2004.

Band 98 Martin Schmidhuber: Verhaltenskodizes im nationalen und grenzüberschreitenden elektronischen Geschäftsverkehr. Zur Frage der Integration der Selbstregulierung durch Private in die staatliche Rechtsordnung. 2004.

Band 99 Florian Kienle: Die fehlerhafte Banküberweisung im internationalen Rechtsverkehr. Unter besonderer Berücksichtigung des Artikels 4A US Uniform Commercial Code. 2004.

Band 100 Thomas Alexander Brandt: Die Adoption durch eingetragene Lebenspartner im internationalen Privat- und Verfahrensrecht. 2004.

Band 101 Florian Pulkowski: Subunternehmer und Internationales Privatrecht. Der Subunternehmer als Quasi-Verbraucher im Europäischen Kollisionsrecht. 2004.

Band 102 Ulrich Becker: Grundrechtsschutz bei der Anerkennung und Vollstreckbarerklärung im europäischen Zivilverfahrensrecht. Bestimmung der Grenzen für die Einführung eines europäischen Vollstreckungstitels. 2004.

Band 103 Thomas Badelt: Aufrechnung und internationale Zuständigkeit unter besonderer Berücksichtigung des deutsch-spanischen Rechtsverkehrs. 2005.

Band 104 Florian D. Wagner: Vorvertragliche Aufklärungspflichten im internationalen Franchising. Zur Harmonisierung von Delikts- und Vertragsstatut im internationalen Privatrecht unter besonderer Berücksichtigung der Franchise-Gesetzgebung des US-Bundesstaates Kalifornien. 2005.

Band 105 Vera Heine: Die Umsetzung der *EG-Richtlinie über missbräuchliche Klauseln in Verbraucherverträgen* im englischen und deutschen Recht. 2005.

Band 106 Alexander Franz: Überregionale Effektentransaktionen und anwendbares Recht. Eine kollisionsrechtliche Untersuchung unter besonderer Berücksichtigung der Vorschrift des § 17 a DepotG. 2005.

Band 107 Hanna-Maria Uhlenbrock: Gesetzliche Regelungen für nichteheliche Lebensgemeinschaften in Deutschland und Frankreich. Ein Vergleich des Unterhaltsrechts bei der eingetragenen Lebenspartnerschaft und beim Pacte civil de Solidarité. 2005.

FSC
www.fsc.org
MIX
Papier | Fördert
gute Waldnutzung
FSC® C083411

Kolibri 360 GmbH
Ferdinand-Jühlke-Straße 7
99095 Erfurt, Deutschland
produktsicherheit@kolibri360.de

Druck:
CPI Druckdienstleistungen GmbH
im Auftrag der
Kolibri 360 GmbH
Ferdinand-Jühlke-Str. 7
99095 Erfurt